【中华儒学论丛·第五辑】

儒学与当代社会

第四届全国儒学社团联席会议论文集

吴 光 牛廷涛 主编

刘学智 石秉宪 执行主编

陕西师范大学出版总社

图书代号:ZH18N0400

图书在版编目(CIP)数据

儒学与当代社会:第四届全国儒学社团联席会议论文集/吴光等主编. —西安:陕西师范大学出版总社有限公司,2018.5

ISBN 978-7-5613-9942-2

Ⅰ.①儒… Ⅱ.①吴… Ⅲ.①儒学—文集 Ⅳ.①B222.05-53

中国版本图书馆 CIP 数据核字(2018)第 072348 号

儒学与当代社会
——第四届全国儒学社团联席会议论文集
RUXUE YU DANGDAISHEHUI
DISIJIE QUANGUO RUXUE SHETUAN LIANXIHUIYI LUNWENJI

吴光 等 主编

责任编辑	侯海英 王 森	
出版发行	陕西师范大学出版总社	
	(西安市长安南路 199 号 邮编 710062)	
网 址	http://www.snupg.com	
印 刷	北京京华虎彩印刷有限公司	
开 本	787 mm×1092 mm 1/16	
印 张	38.5	
字 数	500 千	
版 次	2018 年 5 月第 1 版	
印 次	2018 年 5 月第 1 次印刷	
书 号	ISBN 978-7-5613-9942-2	
定 价	120.00 元	

中国孔子基金会·文库
China Confucius Foundation

儒 学 与 当 代 社 会

——第四届全国儒学社团联席会议论文集

中 国 孔 子 基 金 会　编
陕 西 省 孔 子 学 会

《第四届全国儒学社团联席会议论文集》编委会

前　言

在 2015 年贵阳孔学堂召开的第三届全国儒学社团联席会议上,中国孔子基金会和全国儒学社团联席会议秘书处通过相关程序,决定第四届儒学社团联席会议在西安举行,由陕西省孔子学会具体承办。陕西孔子学会将此事向陕西省文化厅做了汇报,得到刘宽忍厅长的大力支持,并将此次会议纳入在陕西举行的第十一届中国艺术节子项目予以资助。同时,本次会议得到华山论剑西凤酒运营公司董小军董事长、太白秦岭旅游集团王政军董事长、陕西师范大学甘晖书记和游旭群校长的大力支持。正是由于他们在道义上的大力支持和经济上的鼎力相助,才使我们成功地举办了这次会议。为此,大会组委会对他们的支持表示衷心感谢!

陕西作为中华文明和中华民族的发祥地之一,具有极为丰富的历史文化遗存。距今八十多万年的蓝田猿人在这里繁衍生息,六七千年前的半坡氏族在这里创造了繁荣的母系社会文明。之后,人文始祖炎黄二帝在这里拉开了中华文明的大幕,周秦汉唐在这里书写了中华文明史上的灿烂篇章。八十年前,老一辈革命家在延安艰苦奋斗十三载,为新中国的诞生谱写了一曲壮丽的凯歌。

在陕西这块富饶壮阔的土地上,还发生了事关儒学发展的诸多重大事件。周公在此制礼作乐,奠定了儒家礼乐文明的文化基因。汉武帝在此采纳董仲舒建议,"罢黜百家,表彰六经",从此儒学被定于一尊。马融、郑玄在此注经,把汉代儒家经学推向峰巅。唐代大儒孔颖达在此主持编纂《五经正义》,"从此经学无异议",儒学迎来了崭新的发展。北宋大儒张载在此俯读仰思,创立了学风笃实、注重践履的关学学派,开创并奠定了宋代理学的基础。所以,在这里举办第四届儒学社团联席会议,研讨儒学的核心价值,带有鲜明的文化寻根意义。同时,西安又是一座古老而又高度现代化了的城市,他正好处在历史与现代的交汇点上,所以,在这里研讨儒学的当代价值,也具有在新时代开创儒学发展局面的特殊意义。习近平总书记 2015 年在陕西考察时指出,"陕西是民族之根,延安是民族之魂,黄帝陵是中华文明的精神标识。""要看千年的中国去西安",这是习近平同志对作为丝绸之路起点——西安地位的认肯,更是对代表中华文明的陕西文化的郑重推介。

也正是陕西这块有深厚文化积淀和现代气息的神奇土地,才吸引了全国各地的学者聚集在这里,成功举办了第四届全国儒学社团联席会议。这次会议有来自全国各地儒学社团的负责人和专家学者160余人,提交论文80余篇,计70余万字。论文涉及的内容丰富,范围广泛。但是限于论文集的篇幅,编委会根据论文的大致方向和研讨内容进行了必要的筛选和分类。由于编者的能力和水平所限,加之时间紧迫,在编辑过程中会有不少错误,诚请各位与会者和读者批评指正。

第四届全国儒学社团联席会议组委会

2017 年 8 月 15 日

目 录

儒学与核心价值观

中国当代儒学复兴的新态势新方向①

吴　光

关于儒学复兴的形势与方向,我在 2011 年发表的《当代中国儒学复兴的形势与发展方向》一文已作论述。在该文中,我概括了儒学复兴的十大标志:一是儒学的会议连绵不断,二是儒学组织如雨后春笋,三是孔子学院遍布世界,四是各个地方恢复孔庙、书院,传播儒学,五是各个地方树立孔子与大儒的铜像,六是各地的儿童读经、成人读经活动普遍展开,七是各种儒学的期刊(包括电子期刊)和出版物大量涌现,八是儒学的会讲、讲座遍布全国,九是各级政府对儒学的态度正在改变,十是主流意识形态增加了许多儒学元素。

近年来,又出现了一些新态势、新动向。在此谈谈我的几点粗浅认识。

首先一点是当今文化发展的时代特点。毋庸置疑,我们这个时代是全球化的时代。在这个全球化时代,互联网遍布全球,带来了文化交流方式、沟通方式的改变,形成了价值观念的趋同化。随着互联网的普及,文化交流越来越频繁,文化不再是一种孤立的存在,而是一种互动的、互补的,甚至也有批判的、互斥的一面。中国在经济全球化进程中,发展相当迅猛,以 2010 年经济总量成为全球第二大经济体为标志,已经崛起成为一个经济大国。如果说 1978 年至 2010 年是改革开放的时代,那么可以说 2010 年以后的中国进入了和平崛起新时代。特别是以 2016 年杭州 G20 峰会为标志,中国已经成为一个世界性大国,这已经是明确无误的事实。特别是涉及中国核心利益的领域,比如台湾问题、南海问题、东海问题等,都引起了世界的关注。中国还有一个非常引人注目的举措是反腐败,不仅在国内深得民心,而且在世界上也产生了很大影响。再就是习近平总书记提出的中国梦,也越来越得到全国人民和世界人民的理解。

在思想文化领域,近年来在中国出现了一个新的文化热。在 20 世纪 80 年代曾有个文化热,那个文化热在当时其实是西学热。"文化大革命"以后我们

---

① 本文是笔者在浙江省儒学学会 2016 年会上的主题报告,收入本书时略有删节。

面向世界,改革开放,在意识形态方面重新反思中国文化。那个西学热以电视连续剧《河殇》为标志。当时提出了"走向蔚蓝色文明"口号,认为黄土文明落后了,要拥抱海洋文明。所以20世纪80年代的文化热并不是真正的中国文化热、儒家文化热,而是西学热。儒家文化在20世纪80年代还是受批判的。例如,1988年在新加坡开的一次儒家文化研讨会,当时有不少人(例如包遵信、金观涛等),就非常强烈地断言儒家文化阻碍现代化发展。现在兴起的文化热比起20世纪80年代的文化热更加深刻、更加广泛,可以说是以儒学复兴为主导的国学热,新儒家、新佛家和新道家出现。尤其是习总书记自2012年中共十八大主政以来,他关于中国传统文化的一系列讲话产生了极大的拨乱反正作用。其中最重要的讲话有这么几次,一是2013年8月19号,在全国宣传工作会议上的讲话,提出了中华文化的"四个讲清楚",其实四个讲清楚归根到底就是一个讲清楚,就是把中国传统文化讲清楚。二是2013年11月26日,在视察曲阜的时候,和曲阜的一些学者以及山东省委、省政府的领导座谈时,发表了重要讲话,其核心思想就是提出了"以德兴国、以文化人"的治国战略。他说"国无德不兴、人无德不立"。三是在2014年2月24日在中央政治局第13次学习会上的讲话,这个讲话提出了中华传统文化核心价值的"六德"论,提出要"深入挖掘和阐发中华优秀传统文化讲仁爱、重民本、守诚信、崇正义、尚和合、求大同的时代价值,使中华优秀传统文化成为涵养社会主义核心价值观的重要源泉"。这个作为提炼中华传统文化核心价值的"六德"论,概括得非常好,也可以说是对社会主义核心价值观论述的一种补充。四是2014年9月24日在人民大会堂金色大厅纪念孔子诞辰2565周年国际学术研讨会暨国际儒学联合会第五次代表大会开幕会上的讲话。这个讲话的核心思想就是儒学主导、多元发展的中国传统文化,对解决当今时代所面临的问题的15条启示,包括仁者爱人、以民为本、知行合一、实事求是、和而不同、经世致用、清廉奉公等等。这是值得我们反复去领会的。五是2016年9月3—5日在杭州G20峰会上的讲话,再次强调了"民惟邦本",以人民为中心的民本思想与多元包容的文化观。许多人说儒学在当代有什么现实意义啊?有什么现实启示啊?总书记在这一系列讲话里面就深刻、精辟地回答了这个问题。

我认为,这些重要讲话标志着我们党的意识形态发生了一个重要的变化。这个变化就是正面面对儒家,可以说现在进入了一个尊儒的新时代,但又和汉代董仲舒的"独尊儒术,罢黜百家"不一样。我们现在不排斥其他文化的发展,可以说是一个"尊儒而不独尊,尊孔而不神化孔子"的新时代。北京大学的著名哲学家张岱年先生在 20 世纪 80 年代曾有一个概括,他说清末以前是尊孔的时代,民国以来是反孔的时代,我们现在是研孔的时代。现在,我认为我们已经超越了研孔的时代,可以说已经进入了新的尊孔时代。但过去是把孔夫子神化,现在的孔夫子是个圣人,但不是神。所以我们并不神化孔子,我们进入了一个尊儒尊孔的新时代。这是我们国家意识形态领域发生变化的一个重大标志。这是我对当今时代特色的一个理解。

第二点,谈谈儒学复兴的新态势。对于近年来儒学复兴的新态势,我从五个方面来概括:

一是最高领导带头尊儒、尊孔、尊王阳明。过去没有党政最高领导到曲阜去发表讲话,尤其是没有发表过尊儒的讲话,还受到过去那种批儒批孔的影响。习近平总书记是第一个到曲阜去发表尊孔尊儒讲话的领导人,他号召要宣传我们的孔子,宣传儒家文化。还有就是带头尊王阳明。现在阳明学已经成为一个显学了,这个显学是怎么起来的?过去几十年浙江的学者和全国的学者都努力研究王阳明,编校整理《王阳明全集》,编著出版《阳明学研究丛书》,在学界有些影响,但不是很大。但习近平总书记几次讲了王阳明以后,全国上下对王阳明都非常有兴趣。2011 年 5 月,习近平当时是国家副主席的时候,在贵州大学中国文化研究院作了一个重要讲话,是全面理解王阳明如何践行知行合一的讲话,还有两会期间对贵州代表团的讲话。去年总书记又到了贵州讲王阳明,对贵州的阳明学研究是一个很大的推动。现在全国很多地方都开阳明学研讨会。我昨天上午在余姚参加了宁波市委宣传部组织的座谈会,谈"阳明心学的现实意义"。最近在江西、贵州、广东都要开阳明学会议,所以我认为最高领导带头尊孔、尊儒、尊王阳明,这是儒学复兴的一个新现象。

二是省级儒学会遍布全国。我们浙江省儒学学会带头做了一件好事,这件事是做得比较成功的,就是我们在 2013 年与中国孔子基金会共同发起召开了"全国省级以上儒学社团负责人联席会议",现在已经形成一个常态了,定名为"全国儒学社团联席会议"(简称全国儒联)。2013 年由浙江省儒学学会承办在杭州开,2014 年由中国孔子基金会承办在曲阜开,2015 年由贵州孔学堂承办在贵阳开,2016 年由陕西孔子学会承办在西安开。参加这个联席会议的省级以上儒学社团越来越多。2013 年只有 37 家,2014 年扩展到 44 个,2015 年扩展到 50 个,今年就更多了,而且每年都出版论文集,定名为《中华儒学论丛》,中国孔子基金会推我和牛廷涛副秘书长做主编,每一届主办单位负责人做执行主编。

三是孔子学堂像雨后春笋般发展起来。中国孔子基金会制定了一个"千堂计划",计划用三年时间在全国建立1000个孔子学堂,我们浙江已经有好几家在联系了,有的已经挂牌了,就是由中国孔子基金会主导在全国各地建立的孔子学堂。我们浙江打算跟基层的文化礼堂建设结合起来,推广孔子学堂。

四是阳明心学成为显学。习近平总书记论王阳明,尤其是论王阳明的知行合一,他讲了十多次,前些时候中纪委的方正出版社约我去做了一次访谈,主要以习总书记论王阳明的知行合一为纽带,关于阳明思想的一个论述。习总书记最近提出了"共产党人的心学"这么一个新概念。总书记强调从养德养心开始,指出共产党人的党性修养、党性锻炼,应该吸收王阳明的心学思想,所以叫共产党人的心学。当然,这个概念的内涵还有待深入具体的阐述。

五是干部学儒学、学国学的积极性大增。我们浙江省儒学学会组织策划了《干部儒学读本》,是我与王宇、王晓华副秘书长合作编著的,由中国人民大学出版社出版,出版以后,《中华读书报》《光明日报》《中国纪检监察报》都发表了知名人士的书评,比如《光明日报》发表的是华东师范大学陈卫平教授的书评,《中华读书报》是贵州省文史馆馆长、贵州省文联主席顾久先生发表的书评,《中国纪检监察报》发表的是国务院参事室文史司司长、中国国学中心常务副主任李文亮同志的书评。这几个书评一发影响就比较大,销量也比较大。看来我们对《干部儒学读本》的策划是受到欢迎的。

第三点,讲一下当代儒学发展的新形态。当代新儒学是从现代新儒学继承而来的,现代新儒学有新心学、新理学、新经学、新仁学等等,这些形态都有一些当代的继承者。在这些形态里面以新仁学比较集中,比如杜维明先生的"文明对话论"、牟钟鉴先生的"新仁学"论,陈来先生的"仁学本体论",还有郭齐勇等先生的"民间儒学"论。我也提出一个"民主仁学"论。这是仁学的各种形态,可谓众花齐放。新心学也有多种形态,从陆王心学到现代新儒家的熊十力、牟宗三的新心学,一直到习近平总书记最近提出的"共产党人的心学"概念,可谓别开生面。新经学也后继有人,尤其是中国艺术研究院中国文化研究所的所长刘梦溪先生,他特别推崇马一浮的六艺论。马一浮所谓"六艺"论,就是"六经"论。其所谓国学就是六艺之学,也就是一种新经学,从某种意义上说,刘梦溪也可以说是新经学的传人。总之,各种新儒学的论述非常踊跃,竞相出台。比如说台湾林安梧的"后新儒学""公民儒学"论述,山东社科院文化所所长涂可国提出的"社会儒学"论,山东大学儒学高等研究院副院长颜炳罡提出的"民间儒学"论,山东大学黄玉顺教授提出的"生活儒学"论,北京师范大学李景林教授提出的"教化儒学"论。还有深圳行政学院蒋庆先生提出的"政治儒学"论,也是一家之言。这个"政治儒学"论其实是一种"新儒教"论。我自己则提出了"民主仁学"论,在报刊上发表过几篇文章,如果大家有兴趣可以在网上搜索,我就不多谈了。总之我认为,当代儒学的发展应该面向大众、面向生活、面向现代,其发展方向是多元发展、和而不同的。各种学说互相影响,互动互补,发展到一定阶段,就会出现当代新儒学的几大学派,就像宋明理学最终形成理学派、心学派、事功学派一样。

总之,当今儒学复兴的总体形势是"形势大好,困难不少,道路曲折,前途光明",作为儒者,我们应当自觉认清形势,提高文化自信,为深入推动儒学与中华民族的伟大复兴而尽心尽力!

(作者系浙江省社会科学院研究员,兼浙江省儒学学会执行会长,中国孔子基金会副会长)

道德仁义礼："蜀学"核心价值观论稿

舒大刚　申圣超

中华学术的修身和致用的优良传统，大凡成熟的学术在追求广博的同时，也形成了精要可行的核心价值。自老聃、孔子而后的诸子圣贤，其学术思想皆各有所主旨，也各自形成了简明的核心价值结构。《吕氏春秋·不二》总结说："老聃贵柔，孔子贵仁，墨翟贵廉（兼），关尹贵清，子列子贵虚，陈骈贵齐，阳生贵己，孙膑贵势，王廖贵先，兒良贵后。"①可见，诸子学术都有自己的核心内涵和主体精神，构成了诸子学术的重要归趋和实现价值。实际上，综观中华学术史，一切成熟的学术都无不如此，历史上曾经煊赫一时、盛行一世的"蜀学"也不例外。蜀学发展源远流长，上可比于齐鲁，下可方驾中原，自来享有"蜀学之盛，冠天下而垂无穷"②"蜀儒文章冠天下"③之美誉。作为一支历史悠久、内涵丰富的文化类型和学术流派，蜀学根植于巴蜀大地，但影响绝不限于巴蜀文化圈，它对周边乃至中原地区都产生了辐射作用，促进了中国传统文化和学术思想的繁荣。蜀学何以能产生如此广泛的影响？是与其博大的内容和精深的内核分不开的。本文所要揭示的"道德仁义礼"，就是历史上"蜀学"在价值体系方面的成功构建和重要创新。当然核心价值的形成和构建，也可能随着时代变化而发展变化，但是综观前后文献，"蜀学"在核心价值上表现出来的总体精神、固定结构和历史继承与创新，还是比较一致和连贯的，这一现象也是十分明显的。

一、从孔夫子到董仲舒：儒家核心价值观的继承与演变

孔子以"仁"为核心的"仁智勇"和"仁义礼"结构：孔子在他的言行中，曾

---

① 《吕氏春秋·审分览·不二》，许维遹《吕氏春秋集释》本，中华书局 2009 年版，第 467—468 页。
② ［宋］吕陶：《府学经史阁落成记》，见《净德集》卷一四，文渊阁《四库全书》本。
③ ［宋］席益：《府学石经堂图籍记》，见《全蜀艺文志》卷三六，文渊阁《四库全书》本。

经提出过多种价值观念，但最核心的还是"仁"，所以《吕氏春秋》说"孔子贵仁"是正确的。那么，如何行仁或辅仁呢？《论语·宪问》曰："君子道者三，我无能焉：仁者不忧，知者不惑，勇者不惧。"将仁、智、勇搭配。《中庸》云："天下之达道五，所以行之者三。曰：君臣也，父子也，夫妇也，昆弟也，朋友之交也。五者，天下之达道也。知、仁、勇三者，天下之达德也，所以行之者一也。（略）子曰：'好学近乎知，力行近乎仁，知耻近乎勇。知斯三者，则知所以修身；知所以修身，则知所以治人；知所以治人，则知所以治天下国家矣。'"《中庸》将仁智勇称为"三达德"，同时又将仁义礼组合到一起，"仁者人也，亲亲为大；义者宜也，尊贤为大。亲亲之杀，尊贤之等，礼所生焉"。由此可见，"仁智勇""仁义礼"便是孔子思想的核心内容。儒家"祖述尧舜，宪章文武，宗师仲尼"（《汉书·艺文志》），其思想渊源上可追溯于尧、舜传统，中则继承于周文、周武和周公，晚则师事乎孔夫子，因此孔子所构建的核心价值体系，对后世儒家学派的发展演变具有重要的定型作用。

孔子之后，"儒分为八"，"有子思之儒，有孟氏之儒，有孙氏之儒"（《韩非子·显学》），子思、孟子、荀子（即孙氏）是孔子之后对儒家学术具有重大推动作用的三大家。子思系孔子之孙，孟子又学于子思之门人，前后相承形成了"思孟学派"。子思祖述其先祖之意，形成以"四端"（仁义礼智）为核心的"五行"（仁义礼智圣）结构，得到孟子的极大弘扬。《孟子·尽心下》说："仁之于父子也，义之于君臣也，礼之于宾主也，知之于贤者也，圣人之于天道也，命也，有性焉，君子不谓命也。"①朱熹注《孟子》"圣人之于天道也"引"或曰"："'人'，衍字。"这个说法已被新出土文献证实，此处的"圣人"应为"圣"字，即指"圣"者的德行。孟子将"仁义礼智"称为"四德"或"四端"并加以大力提倡。《孟子·离娄上》也说："仁之实，事亲是也。义之实，从兄是也。智之实，知斯二者弗去是也。礼之实，节文斯二者是也。"《孟子·告子上》云："恻隐之心，仁也；羞恶之心，义也；恭敬之心，礼也；是非之心，智也。仁义礼智，非由外铄我也，我固有之也，弗思耳矣。"可见"仁义礼智"是孟子强调的核心观念，其最高境界便是成为圣人，于是将"仁、义、礼、智"与"圣"结合形成"五行"。孟子的这套主张，就其学术渊源来讲，应当始于子思。这个理论曾受到荀子的批判，从中可以看出其渊源关系。《荀子·非十二子》："案往旧造说，谓之'五行'……

---

① ［汉］赵岐注，［宋］孙奭疏：《孟子注疏》，北京大学出版社1999年版，第463—464页。

案饰其辞而只敬之,曰'此真先君子之言也。'子思唱之,孟轲和之。"①照荀子的说法,思、孟曾经"案往旧造说"形成"五行"说,不过这个"五行"具体指的什么,荀子并没有列出,但其为五种德目是可以肯定的。唐杨倞《荀子注》曰:"五行:五常,仁、义、礼、智、信是也。"杨氏说"五行"又称"五常",即仁义礼智信。杨倞之说殆本于郑玄。郑玄注《乐记》"道五常之行"说:"五常,五行也。"郑玄又在注子思《中庸》时,开宗明义便是"木神则仁,金神则义,火神则礼,水神则智,土神则信",暗示了子思"五行"说就是后来的"五常"。但这个说法未必正确,据现存文献记载,仁义礼智信并称"五常",始于汉代董仲舒。战国时,仁义礼智四德是与"圣"搭配的。② 新出土郭店楚简《五行》篇说:"仁形于内谓之德之行,不形于内谓之行;义形于内谓之德之行,不形于内谓之行;礼形于内谓之德之行,不形于内谓之行;智形于内谓之德之行,不形于内谓之行;圣形于内谓之德之行,不形于内谓之(德之)行。德之行五,和谓之德;四行和,谓之善。善,人道也;德,天道也。"③(马王堆帛书《五行》略同,而以"仁知义礼圣"为序)汉初贾谊《新语·六术》曰:"天地有六合之事,人有仁、义、礼、智、圣之行。"④仍然沿用了战国时期思孟学派核心价值观的搭配法。

战国后期,作为"孙氏之儒"的荀子,也建立起"仁义礼乐"的核仁体系。荀子告诉士人的学习和成德路径说:"将原先王,本仁义,则礼正其经纬蹊径也。若挈裘领,诎五指而顿之,顺者不可胜数也。不道礼宪……不可以得之矣。故隆礼,虽未明,法士也;不隆礼,虽察辩,散儒也。"⑤在荀子看来,"仁义礼"是成其为雅儒的必备条件。又《荀子·荣辱篇》提出"先王之道,仁义之统,诗书礼乐之分",⑥在"仁义礼"之外又涉及"诗书"。不过他在前一篇认为,"诗书故而不切",凭据诗书而欲究大道,"犹以指测河,以戈舂黍",是绝对不行的,"诗书"在此仅为虚设,具体所重仍为仁义礼乐。⑦ 在荀子思想中,仁义仍然是其核心中的核心,《荀子·议兵篇》载:"陈嚣问于荀卿子曰:'先生议兵,常以仁义为

---

① 王先谦:《荀子集解》,中华书局 1988 年版,第 110—111 页。
② 李耀仙:《子思孟子"五行"说考辨》,见《先秦儒学新论》,巴蜀书社 1991 年版。
③ 刘钊校释:《郭店楚简校释》,福建人民出版社 2003 年版,第 69 页。
④ [汉]贾谊著,阎振益、钟夏校注:《新书·六术》,中华书局 2000 年版,第 316 页。
⑤ 王先谦:《荀子集解》,中华书局 1988 年版,第 18—20 页。
⑥ 王先谦:《荀子集解》,中华书局 1988 年版,第 80 页。
⑦ 王先谦:《荀子集解》,中华书局 1988 年版,第 16 页。

本。仁者爱人，义者循理，然则又何以兵为？"①《荀子·性恶篇》又提出："凡禹之所以为禹者，以其为仁义法正也。然则仁义法正有可知可能之理"②云云。法正即礼，《劝学》谓"礼乐法而不说"③，可见"仁义礼乐"是荀子比较固定的核心观念。《荀子·大略篇》还对这四个概念进行解说："仁，爱也，故亲。义，理也，故行。礼，节也，故成。仁有里，义有门。仁非其里而虚之，非仁也。义非其门而由之，非义也。推恩而不理，不成仁，遂理而不敢，不成义，审节而不知，不成礼，和而不发，不成乐。故曰仁义礼乐，其致一也。君子处仁以义，然后仁也。行义以礼，然后义也，制礼反本成末，然后礼也。三者皆通，然后道也。"④仁义礼乐相辅相成，然后致"道"也。由此可见，荀子的核心价值观已然具有"道仁义礼乐"的意涵。

自战国以来，随着列国纷争、纵横盛行的局势蔓延，世儒已经重视"忠信"的价值。《荀子·王霸篇》在强调"仁义"的同时，还提升了"忠信"的地位："致忠信，著仁义，足以竭人矣。"⑤至西汉董仲舒便形成了"仁义礼智信"的固定搭配。董仲舒十分重视"信"，《春秋繁露·楚庄王》云《春秋》尊礼而重信"，《汉书·董仲舒传》说"《春秋》之义，贵信而贱诈"，等等。于是以"信"易"圣"，将思、孟学派"仁义礼智圣"的"五行"观改造成为"仁义礼智信"，构成"仁、义、礼、智、信五常之道"。⑥他认为此五者可以常行不替，是与天地长久的经常法则（"常道"），故号称"五常"。伴随着汉武帝"罢黜百家，表章六经"文化政策的推行，"仁、义、礼、智、信"便成为中国价值体系中的核心要素而影响了中国两千余年。为了神化"五常"之教，董仲舒进而将"五常"与阴阳五行哲学联系起来，在他看来，人类有五常之行，天地有五行之理，二者互相照应，互相影响。于是他将五常与五行相配起来，《春秋繁露·五行相生》："东方者木，农之本，司农尚仁，进经术之士，道之以帝王之路，将顺其美，匡救其恶。……南方者火也，本朝司马尚智，进贤圣之士，上知天文，其形兆未见，其萌芽未生，昭然独见存亡之机，得失之要，治乱之源。……中央者土，君官也，司营尚信，卑身贱体，夙兴夜寐，称述往古，以厉主意。……西方者金，大理司徒也，司徒尚义，臣死

---

① 王先谦：《荀子集解》，中华书局 1988 年版，第 330 页。
② 王先谦：《荀子集解》，中华书局 1988 年版，第 523 页。
③ 王先谦：《荀子集解》，中华书局 1988 年版，第 16 页。
④ 王先谦：《荀子集解》，中华书局 1988 年版，第 580 页。
⑤ 王先谦：《荀子集解》，中华书局 1988 年版，第 254 页。
⑥ 《汉书》卷五六《董仲舒传》，中华书局 1962 年版，第 2505 页。

君,而众人死父,亲有尊卑,位有上下,各死其事。……北方者水,执法司寇也,司寇尚礼,君臣有位,长幼有序。"董仲舒以"五行"释"五常",以"天道"释"人道",不仅将社会道德规范神秘化,更赋予其绝对权威性,从而完成了思孟学派没有完成的道德哲学化、伦理终极化的过程。

二、独辟蹊径:"蜀学"的核心价值观构建

孕育于巴蜀大地的古代"蜀学",也有自己的核心价值观,那就是"道德仁义礼"。据现存文献,其固定搭配的系统构建实始于汉代严遵。

《道德指归·上德不德篇》云:

天地所由,物类所以,道为之元,德为之始,神明为宗,太和为祖。道有深微,德有厚薄,神有清浊,和有高下。清者为天,浊者为地;阳者为男,阴者为女。人物禀假,受有多少,性有精粗,命有长短,情有美恶,意有大小。或为小人,或为君子,变化分离,剖判为数等。故有道人,有德人,有仁人,有义人,有礼人。敢问彼人何行,而名号殊谬以至于斯?庄子曰:虚无无为,开导万物,谓之道人。清静因应,无所不为,谓之德人。兼爱万物,博施无穷,谓之仁人。理名正实,处事之义,谓之义人。谦退辞让,敬以守和,谓之礼人。凡此五人,皆乐长生。[1]

这是对《老子》"失道而后德,失德而后仁,失仁而后义,失义而后礼"等五德对立学说的修补,也是对儒道相反状态的矫正。严氏之说,构建了兼容易、儒、道的"道、德、仁、义、礼"一体的核心价值观念。这一体系的构建,是由天地、阴阳、男女、厚薄、性命、情意、神明、太和等发展衍化而来,与蜀中"天皇、地皇、人皇"之"三才"构建是一脉相承的。

严遵之外,学而有体系的蜀学中人也多采用这一体系。如汉王褒《四子讲德论》:"圣主冠道德,履纯仁,被六艺,佩礼文,屡下明诏,举贤良,求术士,招异伦,拔骏茂。"[2]

扬雄《法言·问道》:"道、德、仁、义、礼譬诸身乎?夫道以导之,德以得之,仁以人之,义以宜之,礼以体之。天也。合则浑,离则散。"[3]将道德仁义礼五德

---

① [汉]严遵:《道德指归》卷一《上德不德》,明津逮秘书本。
② [梁]萧衍:《文选》卷五一《四子讲德论》,中华书局1997年版,第715页。
③ [汉]扬雄著,韩敬注:《法言注》,中华书局1992年版,第74页。

视为一个人的修养所必须。又卷四《问神》："事系诸道、德、仁、义、礼。"①《太玄·玄攡》："虚形万物所道之谓道也,因循无革天下之理得之谓德也,理生昆群兼爱之谓仁也,列敌度宜之谓义也,秉道、德、仁、义而施之之谓业也。"②或又根据董仲舒"五常"直接冠以"道德",而成"七德"搭配。扬雄《剧秦美新》："神明所祚,兆民所托,罔不云道、德、仁、义、礼、智。"③

后有唐人赵蕤更从人的行动的角度,完整地阐释了"道德仁义礼"以及"智信"的重要性及其相互关系。他在《长短经·量才》中也说："故道、德、仁、义定而天下正。"④又《定名》曰："故称之曰道、德、仁、义、礼、智、信。夫道者,人之所蹈也,居知所为,行知所之,事知所乘,动知所止谓之道。德者,人之所得也,各得其所欲谓之德。仁者,爱也,致利除害,兼爱无私谓之仁。义者,宜也,明是非,立可否谓之义。礼者,履也,进退有度,尊卑有分谓之礼。智者,人之所知也,以定乎得失是非之情谓之智。信者,人之所承也,发号施令,以一人心谓之信。"⑤

宋人张商英继承了赵蕤的基本理路,在其所传《黄石公素书》卷一《原始章》中说："夫道、德、仁、义、礼五者,一体也。道者,人之所蹈,使万物不知其所由。德者,人之所得,使万物各得其所欲。仁者,人之所亲,有慈惠恻隐之心,以遂其生成。义者,人之所宜,赏善罚恶,以立功立事。礼者,人之所履,夙兴夜寐,以成人伦之序。"⑥可见,张商英对赵氏学说的继承,但在对五德的具体表述和解说上,却又有所推进和提升。甚至从《素书》的分章布局中,也可看出他对从严遵、扬雄以来"道德仁义礼"核心价值的继承和推崇:首章《原始》(即严遵"德为之始"),第二曰《正道》(即严氏"道为之元"),第三曰《求人之志》(即儒家"仁孝为本"),第四曰《本德宗道》(即扬雄、赵蕤"道以导之""德以得之"),第五曰《遵义》(即扬、赵"义者宜也"),第六曰《安礼》(即扬、赵"礼得体也""礼者履也"),等等。

苏东坡《六一居士集序》："著礼、乐、仁、义之实,以合于大道。"⑦"礼乐仁

① [汉]扬雄著,韩敬注:《法言注》,中华书局1992年版,第374页。
② [汉]扬雄著,郑万耕校注:《太玄校注》,中华书局2014年版,第256页。
③ [汉]扬雄:《扬子云集》卷四,文渊阁《四库全书》本。
④ [唐]赵蕤:《长短经》卷一《量才》,文渊阁《四库全书》本。
⑤ [唐]赵蕤:《长短经》卷八《定名》,文渊阁《四库全书》本。
⑥ [汉]黄石公撰,[宋]张商英注:《素书》不分卷,明汉魏丛书本。
⑦ [宋]苏轼著,孔凡礼校点:《苏轼文集》,中华书局1986年版,第315—316页。

义"之上还有"大道"。又其《范文正公文集叙》："其于仁、义、礼、乐、忠、信、孝、弟,盖如饥渴之于饮食,欲须臾忘而不可得;如火之热,如水之湿,盖其天性有不得不然者。"①"仁义礼乐忠信孝悌"是由其天性决定的,天即道,性即德,其中也暗含了"道德仁义礼"的价值判断。又在《儒者可与守成论》中说:"圣人之于天下也,无意于取也,譬之江海,百谷赴焉,譬之麟凤,鸟兽萃焉,虽欲辞之,岂可得哉! 禹治洪水(略)契为司徒,而五教行,弃为后稷,而蒸民粒,世济其德,至于汤武拯涂炭之民,而置之于仁寿之域,故天下相率而朝之,此三圣人者(略)岂有二道哉? 周室既衰,诸侯并起力征争夺者,天下皆是也。德既无以相过,则智胜而已矣。智既无以相倾,则力夺而已矣。至秦之乱,则天下荡然,无复知有仁义矣。汉高帝(略)五年而并天下,虽稍辅于仁义,然所用之人,常先于智勇,所行之策,常主于权谋(略)故陆贾讥之曰:陛下以马上得之,岂可马上治之? 叔孙通亦曰:儒者难与进取,可与守成。于是酌古今之宜与礼乐之中。"②"圣人"至"岂可得哉",讲"道法自然"问题。此后,"禹""契""稷"以"道德"治天下,"汤、武"以"仁义"得天下。秦毁弃"仁义",汉高祖恢复"仁义",重建"礼乐"政治。苏东坡的这段文字虽是叙述历史,但也阐释了"道—德—仁义—礼乐"的转化规律。

苏子由也在《古史》的老子传后发表议论说:"孔子以仁义教人而以礼乐治天下,仁义礼乐之变无穷,而其称曰'吾道一以贯之'。苟无以贯之,则因变而行义,必有支离而不合者矣。《易》曰'形而上者谓之道,形而下者谓之器';《语》曰'君子上达,小人下达'。而孔子自谓'下学而上达'者。洒埽应对,《诗》《书》《礼》《乐》皆所从学也。而君子由是以达其道,小人由是以得其器。达其道,故万变而致一;得其器,故有守而不荡。此孔子之所以两得之也。盖孔子之为人也周,故示人以器而晦其道,使达者有见,而未达者不眩也。老子之自为也深,故示人以道而略其器,使达者易入,而不恤其未达也。要之,其实皆志于道,而所从施之有先后耳。"③孔子注重实践,故以仁义礼乐教人,至于道则悬于空中以待其人。老子以超脱自处,不恤于器使之为,故追求形上之道而忽略形下之器。他又在《老子解》注释"绝圣弃智"说:"孔子以仁义礼乐治天下,老子绝而弃之,或者以为不同。《易》曰'形而上者谓之道,形而下者谓之器',孔

---

① [宋]苏轼著,孙凡礼校点:《苏轼文集》,中华书局 1986 年版,第 311—312 页。
② [宋]苏轼著,孔凡礼校点:《苏轼文集》,中华书局 1986 年版,第 39—40 页。
③ 曾枣庄、舒大刚主编:《三苏全书》第三册,语文出版社 2001 年版,第 225 页。

子之虑后世也深,故示人以器而晦其道,使中人以下守其器,不为道之所眩,以不失为君子。而中人以上,自是以上达也。老子则不然,志于明道而急于开人心,故示人的以道而薄于器,以为学者惟器之知,则道隐矣,故绝仁义弃礼乐以明道。夫道不可言,可言皆其似者也。达者因伪以识真,而昧者执似以陷于伪。故后世执老子之言以乱天下者有之,而学孔子者无大过。因老子之言以达道者不少,而求之于孔子者常苦其无所从入。二圣人者,皆不得已也,全于此,必略于彼矣。"①其思维形式也与上述引文相同。他又在"是谓复命"下注说:"命者,性之妙也。性犹可言,至于命则不可言矣。《易》曰'穷理尽性以至于命'。圣人之学道,必始于穷理,中于尽性,终于复命。仁义礼乐,圣人之所以接物也。而仁义礼乐之用,必有所以然者……知其所以然而后行之,君子也,此之谓穷理。……圣人外不为物所蔽,其性湛然,不勉而中,不思而得,物至而能应,此之谓尽性。……君之命曰命,天之命曰命,以性接物而不知其为我,是以寄之命也,此之谓复命。"②说在"仁义礼乐"的背后还有"理""性"与"命",理就是道,性与命就是德。由此可见,"道德仁义礼乐"也是苏辙思想的重要框架和内容。

　　此外,明代杨升庵《瑑语》保存了道家的思想,"仁义起而道德迁,礼法兴而淳朴散"③。稍后的来知德却承袭了蜀学自严遵以来融合儒道,会通道德仁义礼的传统,"冠道德,履仁义,衣百家,佩六艺"④。此后,直至晚清刘沅创立"刘门道"、民国段正元创道德学社,巴蜀学人皆致力于会通三教(甚至五教),突出道德仁义礼乐,将儒家精神与道家修养结合起来。

　　由上可以看出,蜀人在使用"道德仁义礼"这五个概念时是有意识的、自觉的,而且是完整的、系统的。而且从王褒、严遵、扬雄以下,至赵蕤、张商英等人,在使用和解释这些概念时,是互相连贯,互相继承,层层推进的,具体来讲是前有所承,后出转精的。蜀学核心价值观的一贯性和发展性由此可见一斑。蜀学之所以产生"道德仁义礼"的组合,与蜀人身兼儒学、道学两种身份有关。严遵专精《大易》、耽于《老》《庄》,扬雄出入儒道、撰着《太玄》《法言》,赵蕤纵横百家,张商英涵融三教,都突出地代表了蜀学博杂、贯通百氏等特点。

① 曾枣庄、舒大刚主编:《三苏全书》第五册,语文出版社 2001 年版,第 422 页。
② 曾枣庄、舒大刚主编:《三苏全书》第五册,语文出版社 2001 年版,第 417 页。
③ [明]杨慎:《升庵集》卷六五,文渊阁《四库全书》补配文津阁《四库全书》本。
④ [清]黄宗羲:《明文海》卷一三八来知德《答问》,清涵芬楼钞本。

三、其他地区学人对"道德仁义礼"的运用

在巴蜀文献之外,其他文献中也有列举"道德仁义礼"的现象。但这些文献的时间或在严遵、扬雄之后,或与其他诸事并列,不是过晚,就是太过泛化,缺乏核心观念的原创性。兹略举数例,说明如下:

《鬼谷子·内揵》曰:"故圣人立事,以此先知而揵万物,由夫道、德、仁、义、礼、乐、忠、信、计、谋,先取《诗》《书》,混说《损》《益》,议论去就,欲合者用内,欲去者用外。外内者必明道数。"①将道家(道德)、儒家(仁义礼乐)、纵横家(计谋)等观念并列。不过苏秦、张仪虽然曾学于楚人鬼谷子,但是《鬼谷子》一书却不起于先秦。此书不见于《汉志》著录,《说苑》引有"鬼谷子"的话又不见于今本,故《四库全书总目》提要采明儒胡应麟《笔丛》之说,以为"《隋志》有《苏秦》三十一篇,《张仪》十篇,必东汉人本二书之言,荟萃为此,而托于鬼谷,若子虚、亡是之属"。馆臣又据《隋志》著录有《鬼谷子》皇甫谧注,认为"则为魏晋以来书,固无疑耳"②。无论是东汉所荟萃,还是魏晋所流传,都在严遵《道德指归》之后矣。

《北史·序传》:"(李)或七子,并彭城王勰女丰亭公主所生,以道、德、仁、义、礼、智、信为名。"③将道家与儒家观念合用,也只出于命名,不涉及正规的价值体系。

受巴蜀文化影响的唐代陇西李筌,在《太白阴经》中说"夫用探心之数者,先以道、德、仁、义、礼、乐、忠、信,诗、书、经、传、子、史"④云云,似乎将蜀学"道、德、仁、义、礼"并重的组合,进而与"礼、乐、忠、信"和文献载体"经、传、子、史"相搭配,形成了更加广博的核心价值结构和文化体系。但是这一搭配混淆概念、制度和文献,实在不能称为核心价值。

唐玄宗时曾经主纂《三教珠英》的张说融合了儒道核心观念。《大唐封禅坛颂》:"封禅之义有三,帝王之略有七。七者何?传不云乎:道、德、仁、义、礼、

---

① 《鬼谷子》,许富宏《集校集注》本,中华书局 2008 年版,第 53—56 页。
② [清]永瑢等撰:《四库全书总目提要》卷一一七《子部》二七,乾隆武英殿本。
③ [唐]李延寿等撰:《北史》卷八八《序传》,中华书局 1974 年版,第 3334 页。
④ [唐]李筌:《太白阴经》卷一《人谋上》,虞山毛氏汲古阁抄本。

智、信,顺之称圣哲,逆之号狂悖。"①明明是转引他人,他却称说"传云",也许正是受《道德指归》《太玄》《法言》以及《鬼谷子》等文献的影响。

张君房《云笈七签》卷五六《元气论》:"是知道、德、仁、义、礼此五者,不可斯须暂离,可离者非道德仁义礼也。道则信也,故尊于中宫,曰黄帝之道。德则智也,故尊于北方,曰黑帝之德。仁则人也,故尊于东方,曰青帝之仁。义则时也,故尊于西方,曰白帝之义。礼则法也,故尊于南方,曰赤帝之礼。然三皇称曰大道,五帝称曰常道,此两者同出异名。"②《华阳国志·蜀志》称开明王朝"未有谥列,但以五色为主,故其庙称青、赤、黑、黄、白帝也"③。可见,"青帝、赤帝、黑帝、黄帝、白帝"等"五帝"系统是蜀人的历史传统。道教创立于巴蜀,教义中吸收了许多巴蜀文化观念,如吸收蜀人"天皇、地皇、人皇"的三皇观念,创立道教的前三皇、中三皇、后三皇的鬼神和信仰体系。总的来说,《云笈七签》借鉴了巴蜀文化中"五帝""五行"等思想内容而融会贯通。

张商英所注《素书》,系统解释了"道德仁义礼"。该书虽题西汉黄石公,以为圯上老人以授张良者,但并非真正的汉代作品。稍后的晁公武《郡斋读书志》就揭示其书"庞乱无统,盖采诸书以成之者也"④。南宋黄震《黄氏日抄》卷五六更系统地辩驳曰:"《素书》六篇,曰原始、曰正道、曰求人之志、曰本德宗道、曰遵义、曰安礼。其说以道、德、仁、义、礼五者为一体,虽于指要不无所取,而其间言语杂出,多生于卑谦损节,背理者寡。特非圯上老人授子房于乱世之书耳。张商英乃妄为训释,取《老子》'失道而后德,失德而后仁,失仁而后义,失义而后礼'之说以言之,与本书五者一体之说正相反;甚至为之《后序》,谓'晋乱,有盗发子房冢,于玉枕中获此书',何其鄙欤!幸此言出于商英,识者固所不屑观尔。"⑤清《四库全书总目》该书提要:"晁公武谓商英之言,世未有信之者。至明都穆《听雨纪谈》以为'自晋迄宋,学者未尝一言及之,不应独出于商英',而断其有三伪。胡应麟《笔丛》亦谓'其书中悲莫悲于精散,病莫病于无常',皆仙经、佛典之绝浅近者。盖商英尝学浮屠法于从悦,喜讲禅理,此数语皆近其所为。前后注文,与本文亦多如出一手。以是核之,其即为商英所伪撰

① [唐]张说:《张燕公集》卷一二,四部丛刊景明嘉靖本。
② [宋]张君房著:《云笈七签》卷五六《元气论》,四部丛刊景明正统道藏本。
③ [晋]常璩著,刘琳校注:《华阳国志新校注》,四川大学出版社2014年版,第103页。
④ [宋]晁公武,孙猛校证:《郡斋读书志》,上海古籍出版社1990年版,第486页。
⑤ [南宋]黄震:《黄氏日钞》卷五六《读诸子》,元刻本。

明矣。"①张商英为蜀中新津人，其为是说也固宜。

柳开《河东集》卷六《答臧丙第三书》："圣人之道，岂以复能删定赞修于《诗》《书》《礼》《乐》《大易》《春秋》，即曰果在于我也，但思行其教而已。其为教也，曰道、德、仁、义、礼、乐、刑、政，得其时，则执而行之，化于天下；不得其时，则务在昭明于圣人之德音，兴存其书，使不陨坠，何必删定赞修乎？"②这里将"道德"（道家）与"仁义礼乐"（儒家）"刑政"（法家）结合起来，是出于修齐治平的全面考虑，并不是要构建核心价值体系。

又卷七《请家兄明法改科书》："夫法者，为士之末者也，乱世之事也。皇者用道德，帝者用仁义，王者用礼乐，霸者用忠信；亡者不能用道、德、仁、义、礼、乐、忠、信，即复取法以制其衰坏焉，将用之峻则民叛而生逆，将用之缓则民奸而起贼，俱为覆败之道。"③也是将道家（道德）、儒家（仁义礼乐）、法家（忠信）以及亡国者（以法制衰）的观念和方法相提并列，只是出于治世与乱世的考量，也不是为了构建核心价值观念。

王禹偁《小畜集》卷一四《译对》："古者巢居穴处，茹毛饮血，无君臣、父子、夫妇、长幼之制，无道、德、仁、义、礼、乐、刑、政之法，蠢然而生，仆然而毙。当是时，天下之人皆如是尔。是以伏羲、神农、黄帝氏始善译者也，以皇道译天下之人心，故饮食、衣服、器械、耒耜、牛马之用作焉。少昊、颛顼、高辛、唐虞又善译者也，以帝道译天下之人心，故君臣、父子、夫妇、长幼之制行焉。夏、商、周又善译者也，以王道译天下之人心，故道、德、仁、义、礼、乐、刑、政之法兴焉。三代之下，译天下者或非其人，故诸侯之善译者，以霸道译之，齐桓、晋文，译霸之杰也。"④此处也是客观地叙述历史，"皇道、帝道、王道、霸道"等概念随着社会的变迁而演变。其中将"王道"定义为"道、德、仁、义、礼、乐、刑、政"，也是出于治道的考虑，是方法而非核心价值。

曾子固《说非异》曰："人不能相持以生，于是圣人者起，绍天开治，治者罔不云道、德、仁、义、礼、智，六达而不悖，然后人乃克羣游族处，生养舒愉，歷选列辟，无有改此者也。独浮屠崛起西陲荒忽枭乱之地，假汉魏之衰世，基潜迹，文

① ［清］永瑢等撰：《四库全书总目提要》卷九九《子部九》，乾隆武英殿本。
② ［宋］柳开：《河东集》卷六《答臧丙第三书》，四部丛刊景旧抄本。
③ ［宋］柳开：《河东集》卷七《请家兄明法改科书》，四部丛刊景旧抄本。
④ ［宋］王禹偁：《小畜集》卷一四《译对》，四部丛刊景宋本。

诡辩,奋丑行,至晋终梁,破正擅邪,鼓行中国。"①在儒、释、道三教争论中,曾氏强调儒之"仁义礼智",道之"道德",而贬斥佛法之"诡辩"和"丑行"。

《二程遗书》卷二五:"老子曰:'失道而后德,失德而后仁,失仁而后义,失义而后礼。'则道、德、仁、义、礼分而为五也。"②出于批判老子之说,程颐才将"道德仁义礼"连言,目的是要把此五者统于一个"理"字之下,理才是他的核心观念。这种提法还见于晁说之《晁氏客语》:"尧舜之为善,与桀跖之为恶,其自信一也。老子曰:'失道而后德,失德而后仁,失仁而后义,失义而后礼。'则道、德、仁、义、礼分而为五也。"③

朱熹《孟子精义》:"孟子曰:'人之有四端,犹其有四体也。'夫四体与生俱生,一体不备谓之不成人,阙一不可,亦无先后之次。老子言:'失道而后德,失德而后仁,失仁而后义;失义而后礼。礼者忠信之薄而乱之首。'此可谓不知道、德、仁、义、礼者之言也。谓礼为忠信之薄,是特见后世为礼者之敝耳。先王之礼,本诸人心,所以节文仁义是也,顾所用如何,岂有先后?"④该文主旨在驳老子之言,并非有意建立核心价值体系。

清人陆世仪《思辨录辑要》卷二〇:"取士与养士不同,取士不论诗、赋、词、曲,总只此几个聪明才辨之士,无往不可以自见。养士必须道、德、仁、义、礼、乐、诗、书,所以古之王者,只重养士不重取士。"⑤此处只是简单列举作为教学科目的"道德仁义礼乐"与"诗书",并未作更多、更深入的意义诠释。

由此看来,虽然巴蜀之外的学人也时或连言"道德仁义礼",但皆未有系统解说,并不是核心价值的有意构建。从文献上看,巴蜀学人既将五词连言,又对五个概念进行了全面系统的诠释,从而构建成一个价值体系,成为他们信守终身的价值观念。

结语

在蜀学的核心价值构建中,以"道、德"为统率,以"仁、义、礼"为实行,这样

---

① [宋]佚名撰:《宋文选》卷一三曾子固《说非异》,文渊阁《四库全书》本。
② [宋]程颐、程颢:《二程集》,中华书局1981年版,第324页。
③ [宋]晁说之:《晁氏客语》不分卷,宋百川学海本。
④ [宋]朱熹著,黄坤、张祝平校点:《论孟精义》,朱杰人、严佐之、刘永祥主编:《朱子全书》第七册,上海古籍出版社2002年版,第690页。
⑤ [清]陆世仪:《思辨录辑要》卷二〇,文渊阁《四库全书》本。

一个学术体系,体现出以下几个层次的价值和意义:

一是实现了道家与儒家的和谐统一。老子言道德而贬仁义,孔子讲仁义而重礼乐,不免都各有侧重,也各有偏颇,蜀学将二者结合起来,是巴蜀地区多教并存、诸学互补文化氛围的集中反映。

二是实现了形上与形下的统一。《易》曰:"形而上者谓之道,形而下者谓之器。"道主于无形,德生于有形,仁义礼乐更是身体力行的日用常行。自然无形是道家追求的终极目标,老子主张:"人法地,地法天,天法道,道法自然。"孔子则罕言命与天道,墨家更是反对天命而倡言鬼神。蜀学将形上之道德,与形下之仁义礼乐结合起来,纠正上述各家的偏执,更利于在现实中贯彻和推广。

三是理论与实践结合、务虚与务实结合。道德偏于理论,仁义礼偏重实践。道德如果缺乏仁义礼乐,则道德必为虚位。仁义礼乐如果缺乏道德,则仁义礼乐沦于庸俗。蜀学将二者结合,使仁义礼乐具有道德的哲学基础,也使道德学说更具有切实可行的价值。

蜀学的"道德仁义礼"结构,是中国哲学史上"知行合一"的最好范本,认真发掘和发挥这一价值体系,是解决儒学缺乏本体的终极关怀、道家缺乏日用常行的现实关怀之偏颇的有效途径,对于改善当下华而不实的学风和人心不古的世风皆有十分重要的理论意义和现实价值。

(作者分别为四川大学国际儒学研究院教授、四川大学马克思主义学院讲师)

儒家文化核心价值观及其现代意义

王国良

习近平总书记近年来发表了一系列关于弘扬中国传统文化的重要论述,特别强调要讲清楚中华文化积淀着中华民族最深沉的精神追求,是中华民族生生不息、发展壮大的丰厚滋养;讲清楚中华优秀传统文化是中华民族的突出优势,是我们最深厚的文化软实力;强调要深入挖掘和阐发中华优秀传统文化"讲仁爱、重民本、守诚信、崇正义、尚和合、求大同"的时代价值,使中华优秀传统文化成为涵养社会主义核心价值观的重要源泉。习近平同志在"七一"讲话中又重点强调中华民族的"文化自信"。一个没有文化自信的民族不可能有自己的道路。儒家文化核心价值是中国传统文化价值观的主流,在几千年的中国历史发展中始终起着积极作用,特别是经历近百年艰辛曲折革命历程考验证明仍然具有先进意义的价值观,这些核心价值观构成中国优秀传统文化的话语体系。儒家文化有四种核心价值薪火相传,能够"跨越时空,超越国度""有永恒魅力,有时代价值",构成中华文化软实力。这四种精神是:仁义精神、民本精神、生生不息精神、天下主义精神。仁义精神是治国理政价值取向,也是个人立身处世的基本价值依据;民本精神是指注重人民的生存与发展,把民意看成是政权合法性的基础;生生不息精神是指注重生命生存、自强有为的精神;天下主义是指破除宗教、国家的界限,针对全天下而发表思想文化原理,以建立人类命运共同体,构建全人类共同价值观为自己的责任。本文依次论述,以求正于方家学人。

一、仁义精神

仁义是儒家哲学基本价值观的第一原则。不讲仁义,离开仁义,儒家价值观许多具体细目都将失去基础。"仁"的基本内涵是普遍的关爱人类,并延伸到对自然万物的一体关照。"樊迟问仁,子曰'爱人'"(《论语·颜渊》),平等爱人可说是仁的基本含义。"爱人"就是对一切人的尊重和爱敬之情,把人当作是具有平等人格的人而对待,即"出门如见大宾,便民如承大祭"(《论语·颜渊》),"居处恭,执事敬,与人忠"(《论语·子路》)。孔子提出一条君子"可以终身行之"的基本社会交往准则是"己所不欲,勿施于人"(《论语·颜渊》)。这是推己及人的行为方式,即不要根据自己的思想情感意愿去类推他人。自己不愿意的,勿强求他人。这就是仁的品格体现在社会交往方面的含义。"夫仁者,己欲立而立人,己欲达而达人"(《论语·雍也》)。这是从正面出发对他人的类推,自己有所树立,有所成就,也要允许别人有所树立,有所成就;或者说,自己有所树立,有所成就,应该有助于、有利于别人有所树立,有所成就,而不是损害别人的成就和利益,表现出君子"厚德载物"的襟怀风度。"君子成人之美,不成人之恶,小人反是"(《论语·颜渊》),在具体的行为方式上君子应该"温良恭俭让以得之"(《论语·学而》),行"恭宽信敏惠"(《论语·阳货》)于天下。甚至要具备"不念旧恶"(《论语·公冶长》)的宽容精神。孟子也认为"君子莫大乎与人为善"(《论语·公孙丑上》)。这都可以说是"仁者爱人"的原则在社会交往中的运用,使人际关系充满和谐的人情味。

但这并不意味着要君子无原则地讨好取媚他人,君子应该以"贞""直""忠信"立身,"以直抱怨,以德报德(《论语·宪问》),反对"巧言令色",不搞虚假表面的一套。对于那些不得罪人的滑头"乡愿",孔孟都斥之为"德之贼也"。

"义"的基本内涵是"适宜",延伸为恰当、公平、公正。孔子说"君子义以为上"(《论语·阳货》),儒家判断是非有一个标准,即"义以为上",见利应该思义,义就是适宜正当的行为①,衡之于利欲,应是"可欲之谓善"(《孟子·尽心下》)。"无欲其所不欲"(《孟子·尽心上》)。如果"非其有而取之,非义也"(《孟子·尽心上》)。"君子喻于义,小人喻于利"(《论语·里仁》),"君子之于天下也,无适也,无莫也,义之与比"《论语·里仁》。孔子在这里明确把"义"即公平公正看作天下普遍使用的原则。孟子把仁义连在一起使用,提倡行仁义,荀子提出"义之所在,不倾于权,不顾其利,举国而与之不为改视"(《荀子·荣辱》)。

物质利欲不能有损个体品格,权威势力、外在诱惑也都不能改变个人意志的坚定性,君子应该"当仁不让于师"(《论语·卫灵公》)。"乐其道而忘人之势"(《孟子·尽心上》),"志意修则骄富贵、道义重则轻王公"(《荀子·修身》)。"富

---

① 《中庸》:义者,宜也。

贵不能淫,贫贱不能移,威武不能屈"(《孟子·滕文公下》)。只要个体选择正确,行为光明正大,就"难狎""难胁",就能够做到"不诱于誉,不恐于诽,率道而行。端然正己,不为物倾侧"(《荀子·非十二子》))。这就不愧为"诚君子"。

唐代韩愈提出"博爱之谓仁"(《原道》),宋儒把仁解释为"生""生意","天地生物之心",以仁作为生命本体。近代谭嗣同吸收佛教"众生平等"的学说,在《仁学》中把"仁"解释为"通",仁就是众生平等,万物平等。毛泽东同志对"仁义"做出现代解释:"要特别忠于大多数人民,孝于大多数人民,而不是忠孝于少数人。对大多数人有益处的,叫作仁;对大多数人利益有关的事情处理得当,叫义。对农民的土地问题、工人的吃饭问题处理得当,就是真正的行仁义。"(《关于国民精神总动员的号召》)习近平同志明确把"讲仁爱"认定为中华民族核心价值,并且说"亲仁善邻,国之宝也"(《在俄罗斯"中国旅游年"开幕式上的致辞》光明日报 2013 年 3 月 23 日),把仁义拓展运用到国际关系,由此建立合作共赢、共同发展的国际关系新秩序。而有的国家却把国家间的政治定义为"争强权",一味追求"强权统治下的和平",实际上就是搞霸权主义。这种国际关系绝对不合理不公正,也不可能长久维持。只有建立亲仁善邻的国际关系新秩序,才能真正有利于世界和平。

由仁义形成一系列基本价值观,在中国历史上长期起着积极作用,并为广大人民所熟知:仁义,仁爱,仁民爱物,仁政,仁义礼智信,智仁勇,仁人志士,仁至义尽,仁厚,仁慈,义勇,当仁不让,恻隐之心,博爱,敬爱,忠信,与人为善,恭宽信敏惠,温良恭俭让,信义和平,礼义廉耻,正义,道义,仗义,有情有义,义不容辞,义无反顾,义愤填膺,见义勇为,等等。

儒家哲学历来追求崇高人格理想,以君子、圣贤为理想,严于律己,正己正人,坚持正义,宁死不屈,宁折不弯,舍生取义,杀身成仁,路见不平、拔刀相助。对崇高人格的追求与西方个人自由价值观各有特色。

仁义价值观在现代经济交往中创发出"互惠互利""合作双赢"等新观念,在国际交往中创发出"共同发展""人类命运共同体"等新观念。

二、民本精神

中国的民本思想源远流长。一般认为民本思想就是要统治者关注民生。但仔细分析儒家民本思想,可以分为两个层次:(一)执政者应重视人民的利益甘苦,为人民谋福利,即"民为邦本";(二)民心、民意构成政权合法性的基础,即"得民心者得天下"。

相传民本思想起源于夏代。《尚书·五子之歌》借太康兄弟之口述大禹的训诫说"民为邦本,本固邦宁",意思是说,人民是构成国家政治稳定的根本基础,只有基础巩固、稳固,才能实现国家的长治久安。春秋时期,民本思潮再度兴起,以孔孟为代表的儒家继承了民本思潮与传统,将其拓展弘扬到空前的高度,并滋生民主思想的萌芽,对君主专治政体构成某种威胁,至少是使民本意识成为后世知识分子士大夫阶层的普遍共识。《左传·桓公六年》说:"所谓道,忠于民而信于神也。上思利民,忠也。"孔子说"务民之义,敬鬼神而远之"(《论语·雍也》)。孔子之道就是忠民利民,孔子认为执政最根本的一条就是要取信于民,"自古皆有死,民无信不立"(《论语·颜渊》)。民本政治要求为政以德行仁,使民以宽,使民以时,节用而爱人,因民之所利而利之,简言之即利国利民。在君主政体框架内,孔子要求儒臣在行政层面限制君主个人私欲,决不允许通过损害社稷人民利益来满足君主纯属个人的意志欲求。孟子进一步开拓了孔子的民本政治道路,提出仁政学说。仁政的内容极其丰富,包括抽象的原则与具体的政策,如"视民如伤""与民同乐""制民之产""省刑罚、薄税敛、深耕易耨""关市讥而不征"等等,同时要"格君心之非"(《孟子·离娄上》),所谓"君心之非"就是"好色""好货"之类属于个人的奢侈贪欲。孟子提出"民为贵,君为轻,社稷次之"(《孟子·尽心下》),把人民放在第一位,这是非常可贵的思想(后面将论及,孟子这里已有民主思想的萌芽)。荀子也提倡为政要重视人民利益,"足国之道,节用裕民而善臧其余"(《荀子·富国》)。他还形象地第一次将君民关系比喻为舟与水的关系,这一比喻在后世(如魏征)经常被引用:"君者,舟也;庶人者,水也;水则载舟,水则覆舟","故君人者,欲安,则莫若勤政爱民矣"(《荀子·王制》)。

儒家的民本思想中已包含民主思想的萌芽,即把民心、民意看成是政权合法性的基础。早在《尚书·洪范》中就有"谋及庶人"的说法。春秋时期开明政治家子产不毁乡校的传说也多少体现了民本民主意识。孟子对民本意识的提升,表现在对君主权力的合法性进行了探讨。据《孟子·万章上》记载,万章问:"尧以天下与舜,有诸?"孟子曰:"否,天子不能以天下与人。"万章问孟子,有没有尧把天下让给舜这回事,孟子认为,天子个人无权把天下让给某个人,天子只有推荐权,实际上一个人统治权的获得,是"天与之,人与之","天与之"是

"使之主祭,而百神享之,是天受之",而"使之主事,而事治,百姓安之,是民受之也"。从"天受"这方面看,孟子仍未摆脱"君权神授"模式,从民受方面看,颇有民主思想萌芽。从孟子本人思想倾向看,则是从"天受"走向"民受"。因为天自己不能表达意见,必须借助"行与事示之""天视自我民视",最终仍是以民意来决定君主权力正当与否。孟子在与万章讨论禹"不传于贤,而传于子"是否合法时提出自己的解释,按照孟子的解释,禹原来是推荐益,而不是推荐自己的儿子启,但在禹死后,"朝觐讼狱者不之益而之启,曰:吾君之子也。讴歌者不讴歌益而讴歌启,曰:吾君之子也"(《孟子·万章上》)。因此,启继禹获得权位,是人民选择的结果。由此看来,民意才是君主权力的基础,"得乎丘民而为天子"(《孟子·尽心下》),如果违反民意,失去民心,不论是通过禅让还是通过继世获得权位,都将被废除,例如桀纣之类,残民以逞,暴殄天物,就被废除,身弑而国亡。荀子也同样把"天下所归"视为君主权是否合法的基础,并与孟子一样,承认在下位者有"诛暴国之君,若诛独夫"(《荀子·正论》)的革命权力。荀子思想的高峰处在于提出"天子唯其人"(《荀子·正论》),即天子的条件只根据本人的才能品格决定,"能则天下归之,不能则天下去之"(《荀子·儒效》),人民的选择最终决定君主在位的合法性。《礼记·礼运》篇借孔子之口说,"大道之行也,天下为公。选贤与能,讲信修睦",已达到先秦民主思想的巅峰,是儒家学派人物经过几百年的奋发努力,不息抗争而获致的思想成果。"天下为公",传统的解释是统治权不为一家一姓私有,后来多按《吕氏春秋·贵公》篇的解释来理解,即"天下非一人之天下,天下之天下也"。

　　自秦以后,民本思想经历代思想家提倡而绵延不绝。明清之际,有黄宗羲出,再次高举民本民主的大旗,沉痛批判专制君主是"天下之大害"(《明夷待访录·原君》)。黄宗羲认为,君和臣共同的职责是为"天下万民","天下之治乱,不在一姓之兴亡,而在万民之忧乐"(《明夷待访录·原臣》),黄宗羲痛斥秦汉以来所建立的君主专制制度是"非法之法"。他高出孔孟之处在于,对民主制度方面的思考透露出近代民主的黎明曙光。近代维新派与革命派在宣传民主共和思想时,多借用中国的民本思想来阐释西方的民主思想,梁启超肯定黄宗羲的《明夷待访录》"确实含有民主主义精神"[1],并与谭嗣同辈将其书节钞印发,"秘密散布,于晚清思想之骤变,极有力焉"(《清代学术概论·六》)。孙中

---

[1]　梁启超:《中国近三百年学术史》,中国书店 1985 年版,第 47 页。

山借"天下为公"来阐发民权主义,认为"提倡人民的权利,便是公天下的道理。……天下为公,人人的权利都是很平等的"(《对驻广州湘军的演说》)。民本思潮终于在近代汇入民主的潮流中去。

民本诚然不等于民主,但可以向民主方向发展。而且民本思想在历史上也主要是起积极进步作用,对统治者的言论和行动起到一定的约束和牵制作用,对苛政暴政也起到防范作用。在民主制度建立以前,民本意识可能是最有效的维护人民利益的思想潮流之一。应该指出,即使建立了民主制度,也不能遗弃民本思想,不能得鱼忘筌,得意忘象,民本意识仍能对执政者权力的运用起到约束的积极作用,缓解人民与执政者之间可能发生的冲突。事实证明,许多实行民主制的国家,执政者反而对民生漠不关心。现在国家领导人提倡以人为本,以民为本,关注民生,同时在政治方面依靠群众,走群众路线,不断扩大和完善人民群众的合法权利,就是对民本思想的继承与发展。

三、生生不息精神

中华文明和中国哲学具有源远流长的重"生"传统,远古先哲很早就认识到天地具有生人生物的功能。《诗经·大雅·烝民》中有"天生烝民,有物有则"①,《左传》中有"民受天地之中以生"②。孔子曾说道:"天何言哉?四时行焉,百物生焉,天何言哉?"③天不说话,只是运行不已,产生万物,表明儒家认为天的功能就是"生"。荀子认为,人与自然万物相生相养的前提依然是人与自然同根同源,并肯定"生"为自然之本,"天地者,生之本也"④,万物与人都是由自然的长期演化发展而产生,"列星随旋,日月递炤,四时代御,阴阳大化,风雨博施,万物各得其和以生,各得其养以成",人也是因自然天功的作用而"形具而神生"⑤。《易传》中说"天地之大德曰生"⑥,肯定了自然界生生不息,天地的根本德行就是"生"。《系辞上传》一开篇便阐释了天地生人生物的创化过程,"在天成象,在地成形,变化见矣。是故刚柔相摩,八卦相荡。鼓之以雷霆,润

---

① 程俊英译注:《诗经译注》,上海古籍出版社 2004 年版。
② 《左传·成公十三年》,见杨伯峻译注:《春秋左传注》,中华书局 1981 年版,第 860 页。
③ 《论语·阳货》,见杨伯峻译注:《论语译注》,中华书局 2006 年版,第 211 页。
④ 《荀子·礼论》,见安小兰译注:《荀子》,中华书局 2007 年版,第 161 页。
⑤ 《荀子·天论》,见安小兰译注:《荀子》,中华书局 2007 年版,第 111 页。
⑥ 《系辞下传》,见周振甫译注:《周易译注》,中华书局 1991 年版,第 255 页。

之以风雨,日月运行,一寒一暑,乾道成男,坤道成女。乾知大始,坤作成物"①。在天上成为(日月风雷云雨)的现象,在地上成为(山川草木鸟兽)的形态。刚与柔相互摩擦,八卦(天地雷风水火山泽)互相冲激。用雷电鼓动,用雨水滋润,日月的运行构成一寒一暑,阳化为男,阴则成为女。阳成为创造之始,阴配合着生成万物。

《易传》中说"生生之为易"②,"易"就是讲变化,即阴阳的化生万物,是生生不停的。万物的创生不是偶然完成的,而是持续不断生成的过程,有着无限的生机。《乾》卦辞曰:"元、亨、利、贞。"这四个字代表了生命演进的四个不同的时期,即始、通、和、正,有始有终,形成一个生生不息的循环系统。

以朱熹为代表的宋代儒学的积极价值,就在于把孔孟仁学与《周易》的"生生之德"结合起来,认为仁的重要内涵是"生",宇宙最高本体"理"是"生之理",仁、生、理相同,这是理学家对孔孟仁学的创新。

朱熹认为人性的内涵就是仁义礼智,"在人,仁义礼智,性也"③。"性是实理,仁义礼智皆具"④。仁作为本体原则,朱熹给仁的内涵充实了新的内容,仁是生的意思,仁是生生、生生不息,是生物之心。这样,仁道与《易传》中的易道结合、统一起来了。"仁者,天地生物之心"⑤的命题与《易传》中的"生生之谓易""天地之大德曰生"等命题结合起来,使"生生不息"成为儒家哲学的最高原则。

王阳明第一次把良知提升为宇宙万物的本体,良知的实质精神与《易传》中的生生不息的生命精神有着内在的联系。王阳明曾宣称:"良知即是易。其为道也屡迁,变动不居,周流六虚,上下无常,刚柔相易,不可为典要,惟变所适。此知如何捉摸得,见得透时,便是圣人。"⑥如能认识良知的灵活变化,就能真正把握良知的本质,也就自成圣人。良知的最积极意义表现为良知的奋发进取、自强有为的精神:"诸君只要常常怀个'遁世无闷,不见是而无闷'之心,依此良知忍耐做去,不管人非笑,不管人毁谤,不管人荣辱,任他工夫有进有退,我只是

---

① 《系辞上传》,见周振甫译注:《周易译注》,中华书局1991年版,第229页。
② 《系辞上传》,见周振甫译注:《周易译注》,中华书局1991年版,第234页。
③ 《朱子语类》卷四,中华书局1986年版,第63—64页。
④ 《朱子语类》卷四,中华书局1986年版,第63—64页。
⑤ 《朱子语类》卷六,中华书局1986年版,第112页。
⑥ 《王阳明全集》,上海古籍出版社1992年版,第1173页。

这致良知的主宰不息,久久自然有得力处,一切外事亦自能不动。"①良知说蕴含的自强精神,也是先秦儒学中倡导行动的"力行"精神的再生,是对孔子的"发愤忘食,乐以忘忧,不知老之将至"(《论语·述而》)的奋斗精神的继承与弘扬。

戴震创造性地把气本体论与生命本体论结合起来,提出"气化流行,生生不息"的宇宙本体论,把人类看成是气化生生的产物,把生生确立为人的本质,以生命为本体实现人性的重建,天人合一的重建,系统提出中国生存论哲学的基本原理,完成"生生不息"由体达用的统一。

戴震把气本体论与生命本体论结合起来,提出"气化流行,生生不息"②的伟大命题,把物质一元论、宇宙发生论、过程演化论融为一体,是真正的"即存有、即活动"的本体论,是中国哲学本体论的综合创新。"气化流行",指物质运动变化运行不已,"生生不息",指生人生物滋长、绵延、发展、扩张。戴震突出"生生不息"这一中国哲学的伟大原理,"天地之气化,流行不已,生生不息""一阴一阳,流行不已,生生不息"③。

戴震尤其重视生命动力性的"生生"的意义,"生生者,化之原,生生而条理者,化之流",生生之谓仁,"生生,仁也"!"生生之呈其条理,显诸仁也"④。对于人类来说,"饮食男女,养生之道也,天地之所以生生也"⑤。人类也是气化流行的产物,"气化曰阴阳,曰五行",阴阳五行杂糅万变而生人生物,"凡分形气于父母,即为分于阴阳五行,人物以类滋生,皆气化之自然"⑥。

戴震把生和仁结合起来,认为只有生的满足和实现才是仁的实现,不仅是个人的生的实现,而且同时是他人以至全体人的生的实现,才完成了仁,"人之生也,莫病于无以遂其生。欲遂其生,亦遂人之生,仁也。欲遂其生,至于戕人之生而不顾者,不仁也"⑦。这也就是孔子说的"己欲立而立人,己欲达而达人"(《论语·雍也》),可以说,戴震继承了孔孟的真精神。

生生不息渗透到中国文化的血脉中,转化为自强不息、刚健有为的中华民族

① 《王阳明全集》卷三《语录三》,上海古籍出版社1992年版,第101页。
② 《孟子字义疏证》卷中,见《戴震集》,上海古籍出版社2009年版,第287页。
③ 《绪言》上,见《戴震集》,上海古籍出版社2009年版,第356页。
④ 《原善》上,见《戴震集》,上海古籍出版社2009年版,第333页。
⑤ 《原善》下,见《戴震集》,上海古籍出版社2009年版,第347页。
⑥ 《孟子字义疏证》卷中,见《戴震集》,上海古籍出版社2009年版,第291页。
⑦ 《孟子字义疏证》卷下,见《戴震集》,上海古籍出版社2009年版,第311页。

优秀传统,"野火烧不尽,春风吹又生"。自强有为的精神激励中华民族自信、自尊、自强,致力于对至善理想的追求,在艰难挫折中奋发图强,为理想不懈奋斗。

四、天下主义精神

20世纪90年代以来,全球化理论风行世界,这种理论认为全球化就是西方化,就是西方的自由民主人权观念、市场经济、科学技术将支配世界,包括英语将成为世界性语言。甚至有人宣称"历史终结"(福山),西方文明将取代其他所有文明而成为普世文明。但福山先生所说的"普世文明",并非来自对全人类共同价值的总结概括,而是排斥其他文明,认为西方文明"应该"成为普世文明,强迫世界其他地区接受。然而我们也听到来自西方的恰恰相反的论点,认为中华文明有可能成为统一世界的文化基础。早在20世纪70年代,西方著名历史学家汤因比就声称,"将来统一世界的大概不是西欧国家,也不是西欧化的国家,而是中国"①。汤因比认为,统一世界,要具有世界主义、天下主义理想,现在各民族中具有最充分准备的,是两千年来培育了这种独特思维方法的中华民族,"在漫长的中国历史长河中,中华民族逐步培育起来了世界精神"。西方长期以来并未建立世界普适性文化,而是对其他地区强行推行自己的政治文化理念。

世界共进大同之域可能是极为漫长而复杂的过程。但汤因比教授有一点看法经得起检验,即中国儒家文化中确实具有天下主义传统。梁启超早在《先秦政治思想史》中就提出中国文化有天下主义精神,认为我国先哲言政治,皆以"天下"为对象,先秦学者皆是针对全天下而积极地发表其学理上之意见,这是世界主义之真精神。

天下主义,或者说世界主义,就是破除宗教、国家的界限,针对全天下而发表思想文化原理,以建立普适天下的世界和平与秩序,提高全人类的文明教养为自己的责任。与天下主义相区别,西方文化长期以来培育出一种个人主义传统。绝大多数西方学者和政治家都承认个人主义是西方文明的传统。

天下主义发端于春秋战国时代,当时许多思想家都不以种族国家为念,而是着眼于全天下提出政治原理、思想学说,思以其学易天下,以安定天下、引导

---

① 《展望二十一世纪——汤因比与池田大作对话录》,北京国际文化出版公司1985年版,第287页,289页。

天下从无序走向有序为己任。孔子说："君子之于天下也，无适也，无莫也，义之与比。"（《论语·里仁》）君子对于任何国家、任何人，既不刻意亲密，也不随意疏远，而是根据道义准则做出选择判断，这是历史上第一次意义明确的天下主义的宣示，表达了天下主义的精华。天下主义是道义主义，也是文化主义。文化只有高低之分，没有国界畛域的区分。孔子曾欲"乘桴浮于海"，"欲居九夷"，当有人怀疑九夷之地愚陋不可居时，孔子曰："君子居之，何陋之有？"（《论语·子罕》）这里传达的信息是很清楚的，君子所到之处传布文化教育，可以改变九夷之地朴野愚陋的境况。故孔门中有"四海之内皆兄弟"的思想。孟荀都是自任以天下之重，以"天下之归心"为己任，"达则兼济天下""夫天未欲平治天下也，如欲平治天下，当今之世，舍我其谁也"（《孟子·公孙丑下》）。荀子活动于战国后期，此时已是"四海之内若一家""无幽闲隐僻之国"，荀子高举天下主义大旗，提出"仁眇天下，义眇天下，威眇天下"（《荀子·王制》），主张以文化统一天下。

天下主义通过《易传》《大学》《中庸》《春秋·公羊传》的阐释而成为系统的文化主义原理，对后世思想观念文化起到构造性影响。《易传》从天地人统一的普遍原理出发，提出普适天下的哲理观念，"观乎天文，以察时变，观乎人文，以化成天下"（《易经·彖传》），"圣人感人心而天下和平"（《易经·彖传》），"与天地相似，故不违。知周乎万物而道济天下"（《周易·系辞上》），"举而措之天下之民谓之事业"（《周易·系辞上》）。《易传》作者认为"天下同归而殊途，一致而百虑"（《周易·系辞下》）。《大学》之道，就是个人从认知开始，以平治天下为最高目标，即格物致知，诚意正心，修身齐家治国平天下，这也是儒家核心内容的内圣外王之道。《中庸》提出要立天下之大本，"为天下道，为天下法，为天下则"，把文明教化向全世界传播："君子是以声名洋溢乎中国，施及蛮貊，而溥溥如天，渊泉如渊；舟车所至，人力所通；天之所覆，地之所载，日月所照，霜露所坠；凡有血气者，莫不尊亲"。梁启超先生认为天下主义"其气象如何伟大，理想如何崇高"，即此数语，"已可概见"（《先秦政治思想史·本论》）。《春秋·公羊传》分"三世"说明天下主义之进化轨迹：第一是"据乱世"，"内其国而外诸夏"；第二是"升平世"，"内诸夏而外夷狄"；第三是"太平世"，"夷狄进至于爵，天下远近大小若一"（《公羊传·隐公元年注》）。

近代以来，持和平的天下主义的中国与好战的、掠夺的民族主义的西方相遇，没有以先进武器为后盾的天下主义遭到失败，开始转向民族主义而获得成功。但正如池田大作所说，"中国人的民族主义是对鸦片战争以来，包括日本在内的外国侵略势力，做出的不得已的反应"。"我想所谓民族主义是对外反应的一个方面，基本上还是大力推行这世界主义，中华主义"①。当然，我们今天总结历史教训，已经可以明确地做出结论，要实行天下主义，必须建设强大的军事力量作为后盾。现在中国人民正阔步走上强盛之路，致力于中华民族的伟大复兴，努力实现中国梦，同时积极带动世界其他地区共同发展，积极打造"人类命运共同体"，努力探索构建"全人类共同价值观"。

天下主义内蕴于中国文化之中，与中国文化的其他优秀成分如水乳交融，密不可分。在现代历史发展中，又融入了马克思主义国际主义的合理成分。中华民族的伟大复兴，同时也意味着天下主义文化的复兴。当今的世界仍然是放大了的战国时代，至少是天下并不太平。有少数国家动辄以武力相威胁，推行强权政治。虽然现在有联合国机构，可以协商讨论解决国际问题，但没有根本的约束力，有些国家为了达到自己的目的，可以避开联合国、绕开联合国独断专行。没有天下主义理念的贯彻，世界和平的伟大理想就不可能实现。因此，从中国天下主义文化中衍生发展出来的"人类命运共同体"和"全人类共同价值"观念，当为促进世界和平与发展、促进世界共进大同做出积极贡献。

儒家文化核心价值是中国传统文化价值观的主流，在几千年的中国历史发展中始终起着积极作用。儒家文化有四种核心价值薪火相传，能够"跨越时空，超越国度""有永恒魅力，有时代价值"，这四种精神是：仁义精神、民本精神、生生不息精神、天下主义精神。仁义精神是治国理政价值取向，也是个人立身处世的基本价值依据；民本精神是指注重人民的生存与发展，把民意看成是政权合法性的基础；生生不息精神是指注重生命生存、自强有为的精神；天下主义是指破除宗教、国家的界限，针对全天下而发表思想文化原理，以建立人类命运共同体、构建全人类共同价值观为自己的责任。儒家核心价值能够成为培育社会主义核心价值观的哲学基础和文化支撑，势将在中华民族伟大复兴过程中持续发挥积极作用。而且，这四种精神传统本身也将在经济社会文化发展中创新转化，有助于当代中国自身话语体系建设，有助于形成中国精神与中国力量，为当代中国价值观建设作出重要贡献。

（作者系安徽省孟子思想研究会成员）

---

① 《展望二十一世纪》，国际文化出版公司 1985 年版。

由"天道命理诠释"到"实践境遇自构"

——儒家核心价值观之话语场域、语用边界与功能限度辩证

袁祖社

人类文明史上,博大精深的儒家文化及其所确立的社会价值的规制方法和实现方式,在血亲宗法本位的"伦理共同体"本位的传统中国社会历史上曾发挥过重要作用。近代以后,受西方理性主义文明价值观以及工业社会生存与生活形态的冲击,其逐渐被边缘化了。

基于学术共同体的立场,对儒家文化之核心价值观何以具有普遍性的理论品格和实践品格,何以能够在与现代文明的核心价值观的对话中实现一种有效的交融,从而在自我形态的变革中新生等问题,作必要的诠释和新创性辩护,无疑是必要的。

但问题是,当下和未来,儒家文化之核心价值观所面临的是一个更为紧迫和现实性的问题——现代性转化问题,而其核心,则仍然是一个"传统"与"现代"的深度纠结问题,一个学术文化的"正统""道统"和"学统"之间关系的深度弥合问题。除非能够找到一种新的化解和走出这种固有的紧张和冲突的有效路径,否则,这场看似热闹的争论和所谓"识见",依然无法为我们这个价值观迷茫、迷失和混乱的时代提供多少具有智识性的学术新见。充其量只是换了一种说法,重复一个老套和老旧的说辞而已。

一、儒家文化与基本价值观:内涵指认与学理辨析

"儒家核心价值观"(或称"儒学核心价值观")是一个语义不甚明晰的表达,很容易让人产生困惑、狐疑与不解:一是"儒家基本价值"或者儒家文化的基本价值理念究竟是什么,有哪些核心主张?二是究竟何为"儒家核心价值观",以及在何种意义上要提出并强调"儒家核心价值观"?三是"儒家核心价值观"是相对于何种核心价值观而言的?在一个由现代性文明的理论话语和

意识形态规制主宰的时代,我们究竟应该在何种意义上谈论"儒家核心价值观"?"儒家核心价值观"是否是一种本质上已经过时了的话语,我们是否需要对其进行理论上的重构?进而言之,我们是为了主动因应现代性文化框架内所谓"普世价值"的智识性挑战,从而在民族文化本位的意义上,以自我辩护的姿态与立场,表明儒家核心价值观念的合法性与在场性?抑或是基于特定思想文化、制度与政治意识形态的现实关切,对"社会主义核心价值观"作学理与实践融通意义上的新诠释?除却话语、语用意义上的辨析,儒家核心价值思路的努力所指,依然是延续了近百年的"道统"与"正统"纷争中精神重构的情结与使命:现代性文化扬弃实践中的返本开新。

(一)关于中国哲学的价值观的认识

在现代思想史和观念史的意义上,以现代价值哲学的理论范式自觉观照中国哲学,张岱年先生是最早的开拓者和倡导者之一。依张先生之见,虽然"价值论"的名称是近代才有的,但是关于价值的思想学说,则不论中国与西方,都是古已有之。"在中国,至少可上溯到孔子;在西方,至少可上溯到柏拉图。在先秦时代,孔子'仁者安仁'的价值观,与墨子以'国家百姓人民之大利'为最高准绳的价值观,有重要的分歧"。张先生进而指出:"价值观的主要问题有二:一为价值的类型与层次的问题,二为价值的意义与标准的问题。价值不止一、二个,可分为不同的类型,如真为认识的价值、善为行为的价值、美为艺术的价值等。一件事物对人有用,可以说具有功用价值。如果对人有用的即有价值,人本身也应该有一定的价值。价值虽有不同的类型,但又必有共同的本质,这即为价值的意义所在。价值更有基本的标准,符合一定标准才能称为价值。此标准何在?这是一个更根本的问题。"(参见张岱年:《中国古典哲学的价值观》,载《学术月刊》1985 年第 7 期)

20 世纪 80 年代以来,运用价值理论视域和范式,系统研究、整理和深度挖掘与开显中国哲学之新的学术气象方面,著名学者赵馥洁先生做出了独到、突出的贡献(比较有代表性的论文,如《论中国哲学价值思维的融通性特征》,载《人文杂志》1998 年第 2 期;《论中国哲学认识论与价值论的融通及其意义》,载《人文杂志》2002 年第 4 期;《中国传统哲学本质上是价值哲学》,载《人文杂志》2010 年第 1 期等多篇;《中国传统哲学价值论》,陕西人民出版社 1991 年版等数部）。赵先生明确断言：“价值论是中国传统哲学的核心，中国传统哲学本质上是价值哲学。”儒、墨、道、法虽然旨趣有异，但却殊途同归，百虑一致，都把致思的最终趋向确定在世界对人的意义上，归结到价值理想的追求上。与西方哲学的异隔性、分析性思维方式不同，中国哲学价值思维的突出特征是融通性、综合性。无论是对价值与本体、价值与历史、价值与人生、价值与认识的关系，还是对价值各类型间的关系，中国哲人都将其视为相互贯通，相互渗透，相互融合的。

就儒家基本价值观念，著名学者张茂泽先生在《论儒家的价值观》一文中，提出了有一定启发意义和学理深度的洞见。张先生明确指认，理解儒家价值观，必须抓住一个核心范畴——“道”。“道”作为古代儒家终极价值范畴，至少包含有三种意义，构成了价值本体的内在要素或层次或方面或阶段。具体来说，一是所谓“生命价值”，这是生生不已之源，古人一般以“气”范畴表示；二是所谓“人性价值”，这是世界的规范，至善、中庸、和谐都是对这个价值的不同描述。至善从最高价值、终极价值的存在形态说，中庸从价值本体的抽象运动方式或运动规律说，和谐从价值本体的必有功能作用说，古人多以性或理范畴表示；三是所谓“精神价值”，孔子说“为仁由己”，“我欲仁，斯仁至”。《中庸》说“从容中道”，“赞天地之化育，与天地参”，孟子则说“万物皆备于我”，理学家所谓“仁者与天地万物同体”，心学家所谓“心即理”，都强调价值本体的主体作用。以上三种价值的综合，才能构成儒家价值整体形态，缺一不可。（参见张茂泽：《论儒家的价值观》，载周树智主编：《价值哲学发展论》，陕西人民出版社，2009 年版）

毋庸讳言，由于历史、文化传统、制度、生活信念之不同，同是“价值论”，中国与西方（古今）都有本质的不同。此一不同，不仅表现在理论范式、理论特质之不同，更重要的是目的、旨趣之深刻差别。一方面，总体而言，中国传统所谓“价值”在话语表达和理趣上，虽不乏中国文化与思想理论智识上所谓形上的关切和超越的意向，譬如，《庄子·秋水》的寓言中就明确设问：“然则我何为乎，何不为乎？吾辞受趣舍，吾终奈何？”（“既然这样，那么我应该做些什么呢？又应该不做什么呢？我将怎样推辞或接纳、趋就或舍弃，我终究将怎么办？”）《秋水》篇虽然以“夫固将自化”对此一问题做了否定性回答。但“辞受趣舍”无疑涵摄了重要的价值思维智慧。另一方面，就整个中国哲学之根本的所指、所欲而言,依然是当下的、现世的、经验的实用理性关切。就包括儒家哲学在内的整个中国哲学而言,所谓"价值",其根本义、普遍义和终极义,无非是以人伦共同体生活圈内的"道德价值"和核心关切的。在这个问题上,几成共识的定见是,传统儒家文化、传统儒学所表征的,无非内圣外王的道德(人格与境界)之学,从修身齐家到治国平天下,社会的道德信念与集体化的道德实践,成为儒家文化价值观的核心。就中国哲学之价值思维的现实化语境而言,在古代汉语中,通常认为,与"价值"概念相近或相当的,是"好""善""贵"等,而且这几个词经常混用,其理论意涵之狭隘和有限性是显而易见的,缺少超出人伦共同体之外的对象性关切。

(二)关于儒家核心价值观的见解

在这个问题上,中国哲学界之看法并不一致。学者蒙培元先生指出:"儒学是德性之学,其核心是仁。仁是人类最真实的情感,又有理性的普遍形式,我称之为情感理性。仁是人的理性自觉。仁表现在家庭关系中,就是亲情。家庭亲情不仅使人的情感得到安慰,而且是人类幸福的源泉。在社会政治层面,仁主要体现在对人的尊重和关怀,形成以'仁民'为核心的社会政治伦理,其深层意蕴是以人为目的,而不是将人视为实现其他目的的工具。在人与自然界的关系上,仁的体现是'爱物''万物一体',这是中国古代的深层生态学。""儒学是德性之学,不同于西方的智性学说。智性的最高成就是纯粹理性(或自由理性)发展出近代的科学民主;德性的最高成就是情感理性,以'仁民爱物''万物一体'为最高境界。二者各有特点和贡献。"(参见蒙培元:《儒学的核心价值及其意义》,载《社会科学战线》2009年第8期)杜维明先生认为,儒家的"恕道"和"仁道",可以作为全球伦理的基本原则。儒家的恕道为"己所不欲,勿施于人",儒家的仁道为"己欲立而立人,己欲达而达人"。(参见杜维明:《儒家的核心价值》,载《竞争力》2006年第3期)有学者认为,"儒家核心价值观是儒家关于个体、社会、自然及其相互关系的基本价值取向和根本观点,是儒家文化的内核。仁爱、民本、和谐是儒家核心价值观的三个基本价值理念"。(参见杨芳:《儒家核心价值理念及其当代价值》,载《学术论坛》2011年第9期)

有学者对儒学诞生以来,儒家核心价值观的变迁历程作了简要的梳理,概括出其清晰的线索和脉络。指出,孔子是儒学的奠基者,他在对弟子或当政者的谈话中提出了 20 多个道德范畴,经过历代大儒的丰富发展,逐渐形成了一整套儒家价值观的观念体系。孔子谈得最多的是仁与礼,但也论及义、知、圣、和、忠、恕、敬、恭、宽、信、敏、惠、温、良、俭、让、中庸等价值观念。孟子继承了孔子、子思的仁学思想而有所发展,其核心价值观念是仁、义、礼、智四端之心,认为仁是恻隐之心,义是羞恶之心,礼是恭敬之心,智是是非之心,并断言"仁义礼智根于心"。孟子同时多次阐述了恻隐、恭敬、辞让、善恶、诚信、良知、民本等价值观念。介乎孟荀之间的稷下儒家则提出了"礼、义、廉、耻,国之四维"(《管子·牧民》)的核心价值观思想,认为"礼、义、廉、耻"乃支撑国家的四大精神支柱,如果四大支柱倒塌了,国家就必然走上覆灭之路。后儒便以"礼、义、廉、耻"加上"孝、悌、忠、信"合称为八德,作为儒家修身、齐家、治国、平天下的道德准则。而自西汉至清末长达两千年的封建社会,基本上把儒家的核心价值观概括为"三纲五常",即所谓"君为臣纲,父为子纲,夫为妇纲"和"仁义礼智信",但实际上只注重贯彻"三纲"伦理,而没有真正落实"五常"道德。(参见吴光:《重塑儒学核心价值观"一道五德"论纲》,载《哲学研究》2016 年第 6 期)那么在儒学核心价值观念体系中,哪些观念是最核心、最重要的呢? 就是仁爱、和谐、诚信、中庸这四大范畴。(参见吴光:《论儒学的核心价值观念》,载 2008 年《国际儒学联合会论文集》)有学者指出,儒家传统核心价值观却是核心价值观研究中非常重要的一个组成部分,也是理解和继承中华传统文化,弘扬民族精神的关键。"和"是儒家传统价值观体系的核心,而"生"是这一核心的发展方向。"亲亲""仁民"与"爱物"则是该体系的层次。而"天人合一"则是其整体的框架与模式。(参见李煌明:《论儒家传统核心价值观体系的结构》,载《云南师范大学学报》2009 年第 2 期)另有学者指出,仁爱、敬诚、忠恕、孝悌、信义等基本观念的主要内涵是普遍的、稳定的,是东亚各儒学大师的精神追求和信念、信仰,在不同时空环境中对社会文化具有价值导向的功能。(参见杨杰:《仁义礼智信道德观及其实现价值》,载《齐齐哈尔大学学报》2006 年第 5 期)

　　从上述研究文献可以看出,中国哲学界关于究竟何谓"中国哲学的价值观""儒家价值理念""儒家基本价值观"以及"儒家核心价值观"问题,尽管在理解与规定方面并不完全一致,但是内在的理趣方面,并无实质性的理趣分殊和义理歧见。在这个问题上,文献所呈的多数,就智识层面而言,依然是基于过往纯粹理论经验化描述层面的"是什么"重复性追问,而对于"何以是""以何是""应是何"等更为根本性的建设性对策层面的深层问题,基本是依照中国思想文化的"知性逻辑",或语焉不详,或付之阙如,或不可可否(或者想当然地认为,后两种追问已经包含在前提之中了,完全是多余的可置之不理的话题),凡此种种,无非是对"失语"状态的无奈掩饰而已。

问题的症结是:儒家核心价值观是否就是仁义礼智信以及与之相关的诸多不同的文化规制,如果我们不满意这样的规制,我们是否有能力在所有这些表层的话语之外,重新提炼、凝练新的内容表达(这方面汉语文化圈内,已经有许多学者在尝试着这方面的工作)?

二、"亲共同体时代"精神生活自我观照的话语表达:传统血亲与宗法本位的政治共同体何以能够实现儒家文化核心价值观的圆融

文化的核心和灵魂是价值与价值观。在一切思想、理论、文化、制度无一例外都具有深刻的人性根基,是助人为人、成人的意义上,任何一个社会、任何一个时代的价值观主张和实践思维智慧,其实都可视之为一种特有的"成为方式"。

儒家核心价值观是传统社会神学目的论的宇宙本体观、经验本位的知性认识论、循环论的历史观,以及现实、现世关切本位的生存与生活价值观等多因素支配下产生的。

儒家核心价值观借以确立自我权威地位,有其独特的圆融化的话语生产、表达与传播方式。作为传统社会的意识形态,儒家核心价值观在维护、阐释社会的政治秩序之正当性,治理民众道德与心性秩序,确立良好的社会风习方面,曾经做出了非常重要的贡献。其成功经验在于"体系化的完备的顶层理论设计""制度化的分级推进实践"以及将"核心价值观融入国民教育全过程的生活化努力"。传统儒家与儒学在宣传、强化、传承、保障作为封建社会核心文化与意识形态之核心价值观的实践方面,可谓不遗余力。有学者指出,"儒家道德文化有着丰富而厚重的传承核心价值观的经验和教训。其基本经验在于形上立道,形下行道;明确主流、多元一核;政府立道,志士弘道;先尊德性,后道问学。基本教训在于徒法不利于推行核心价值观,不"依人建极",亦不利于核心价值观的传承。(参见陈力祥:《儒家传承核心价值观之经验与教训》,载《道德与文明》2009 年第 2 期)

就儒家核心价值观之内隐的理论特质而言,没有人否认,与近代西方文化的核心价值观之"认识你自己"的自我证成方式相异,在一个本质上是血亲与宗法本位的"家国同构""国社同构"的"大共同体"的制度安排与生存规制中,政治伦理化或者伦理政治的成功实践,基本上奠定了其核心价值观的文化底色,即至少从表面上、从形式上看,传统儒家文化之核心价值观的自我证成方式是"温情脉脉"的"自我照看"与"自我观照"式的。如果说,一部西方文化的核心价值观是生命和生活个体在自由、个性和人性怒放中自我放逐,最后自我迷失和自我堕落的历史,那么儒家文化之核心价值观在根本意义上,就是成就生命个体之整全的道德人格和境界的方式。个体通过接收、践行这一价值观,实现了与其他个体、家庭、社会以及国家的实质性融合,获得了具有这一历史时代的"类群性"特质,在此基础上完成了"成人"的历程。

可以说,正是这种珍重自我生命、圆融人格、提升生命境界、升华人性的价值观的熏陶、践履和实现方式,体现了儒家文化在境界上区别于西方文化核心价值观的特异性、优越性品质以及独有的思想光华。由此,可以归纳出儒家文化之核心价值观自我圆融的三个突出特征。其一是核心价值观之话语表达方面的自明性、自洽性:自我圆融(前已述及);其二,是上述家国同构社会的同质性便于儒家核心价值观的实践:权力的话语注脚;三是自然天成的"心理契约"的达成。儒家的核心价值观之所以能够在民间获得广阔的生存空间,取得了统治者比较满意的"教化与规训"的效果,成功的关键,还是切近了民众的生活现实,获得了民众的"信任":民众真信、真用。儒家文化之核心价值观的最为优越之处在于,它不仅仅依靠威权的力量实现价值观的上层建筑规制,它更看重的是如何在政府的意识形态和民众的接受之间,建立一种长久性的"心理契约"。这一点,充分体现了中国传统社会之"治国平天下"的高超智慧。当然,相较于复杂的历史传统、社会与人性现实,即使再完备的理论体系,也都有其力所不及之处。不仅如此,儒家核心价值观由于其理念自身的地域性、民族性、狭隘性以及智识层面的自我设限性等特点,其在具体的实践中其实也并非是一帆风顺的,其真正的社会效果也是有限的。

客观地讲,迄今为止,尚没有一种理论可以实现与现实的"无缝结合"。倘如此,人类社会的演进,就会是一直充满种种美好。但现实并不如此,儒家核心价值观的历史和现状亦是如此。普通民众对于儒家核心价值观教化的现状,心态是复杂的。既有所谓"夜不闭户""路无拾遗"的赞美,同时也有"人心不古""世风如下""满口的仁义道德,满肚子的男盗女娼"以及鲁迅等新文化运动的倡导者在反思儒家文化之核心价值观时所作出的所谓"礼教杀人"的无奈慨叹。

三、对共同体的疏离与自我实存性的确证:现代性理性文化规制的冲击与洗礼及其所导致的儒家核心价值观在现代公民社会的规制不断减弱的根源

从人类历史的长时段和宏阔视野着眼,中国历史无疑只是整个人类历史的极为有限的一部分。从"文明论""进步论"的立场着眼,已经接近"成熟态""完型态"的儒家文化及其核心价值观的衰落,是必然的。当然,遵循历史理性和历史辩证法的逻辑,这一衰落恰恰是民族文化与价值观获得"新生"的开始,是迈向自我否定历程中必经的新的开端。一方面,核心价值观就其理论品质和存在逻辑,更重要的是属于"工具主义"范畴,其理论建制与最重要的实践,首先是契合其所处时代的"历史理性",为其取得合法的"政治""经济""思想文化"以及民众"日常生活"的延展和渗透,提供不懈的、坚实有理的论证。其次,核心价值观的使命所向,是政治和意识形态的。另一方面,核心价值观之所以能够获得更进一步的存在,理由还在于,其一诞生,就明确而强势地指向民众的日常生活领域,要为日常生活领域提供行为规范与伦常日用的信念论证与支撑。

立足现代社会的生存情境,依照现代公民社会的制度氛围与精神生活逻辑,辩证地、历史地看待儒家的核心价值观,我们必须在下述问题上达成一种基本的共识:那就是必须透过儒家核心价值观的具象内容,而深究其内在的旨趣。这一思路的确立,不仅仅是基于某种历史的兴趣,更重要的是赋予儒家核心价值观以应有的观念史的地位和意义。面对"儒家核心价值观何以能现实化"这一在某种层面和某种意义上已经近乎"宏大"的时代新主题,提出何种"核心",谁之"价值观",儒家是谁,儒家在哪里,等等这样的"是什么""怎么样""应如何"的理性质疑和追问,对于儒家文化的信仰者、守护者和研究者来说,无疑是一个近乎滑稽、可笑且不值得回答的无聊的小问题。就已有不乏丰富的研究成果来看,除了重复或者诠释传统文化的核心价值观的话语和理念以外,长期以

来，一代代学者并没有提出能够真正适合这个时代的新主张。

如果从现实、当下甚至未来着眼，或问：当我们强调儒家核心价值观的现实化的时候，其深层次的理论指向和价值目标究竟是什么？难道不是要让儒家的核心价值观在一个文化与价值观以及多种社会思潮并生、共在的复杂博弈的"价值观场域"中，进入主战场去"拼搏""厮杀""竞争"，从而为自己争得一席之地吗？如果儒家文化一直或者始终在场、强势主导，且仍然是民众伦常日用之生活实践中优先选择和认同的价值理性信仰，政府倡导、学者论证和辩护还有必要吗？反过来，如果我们承认在当代社会这样一个"世俗化"的社会，世纪起引导、主导和规制作用的，根本上并非是"儒家核心价值观"，也即儒家核心价值观处于严重的"缺场"或者"不在场"状态，那么，此种尴尬的情景下，凭什么让诸多非儒家文化及其核心价值观圈内的客体、受众接受和认同一个并不具有中心和主导地位的儒家的核心价值观主张呢？质言之，传统儒家文化之价值思维智慧和对个体的规制方式所发生功用的情景发生改变了。面对新的生存情景，儒家核心价值观变得"非圆融"了，也即难以自圆其说，更遑论与其他异质化的核心价值观实现实质上的话语沟通了。换句话说，儒家文化所主张、所持有的核心价值观是一种本质上不具有，也难以具有"普世性"的价值思维智慧，其最重要的理由在于，就话语表达方式及其指向来看，它是一种具有确定理论边界的自我封闭的体系。对于一个生存与生活质态发生了双重变化的中国社会而言，儒家核心价值逐渐从内在主导变为外在影响。这其中之深刻的理由有二：一是现代性是儒家文化永远迈不过去的大坎。儒家文化的核心价值观之坚持者之所以在现实中屡屡碰壁，就是因为越出儒家文化的本有边界，发了一个根本实现不了的宏愿。二是在对现代性的积极适应中不断着眼于自我变革，才是儒家文化核心价值观具有现代意义的重要选择。

这里不得不重复一下这个说法：思考这一问题的一个几成共识的前提就是，近代以来的社会，在思想、制度、生活和文化规制上，已经完全是"现代性"的了。包括儒家核心价值观在内的许多主张基本上在社会生活的各领域销声匿迹，没有多少市场和用武之地了。除了我们这些自封为、自命为"为天地立心，为生命立命"的学者们的一腔古典激情，现代社会的芸芸众生们，几乎不识、不辨、不明儒家核心价值观究竟为何物，究竟有何用。这里面有一个更为根本、更为核心的重要的问题：我们这个正在全力迈向、全面接受现代性文化锻造的现代社会,究竟有没有在恰当的意义上形成、确立了心甘情愿地接受、认同儒家核心价值观规范的人群共同体及其与之相适应的人格特质和精神心理气质?客观地讲,上述这样一种思想场域如果没有形成和确立,那么,儒家核心价值观的倡导者、推崇者、践行者,虽然在该学术共同体内可以非常容易地不断地以升级形态被鼓噪,实际上却是"盛名之下,其实难副",即难以从根本上避免和消除其"孤独的异在"的命运。如果秉持文化客观主义之价值中立立场,对包括儒家文化与思想学术之主体的学术共同体的我们反躬自问:受现代性文化侵染和深度洗礼的我们,在思想、行为、生活信念、人生态度、家国天下情怀、自我关切等诸多方面的规范理性养成方面,究竟有多少成分是受了"儒家核心价值观"的熏陶和影响? 我们自己在面对和应对来自家庭、事业、工作、功名、人类事物争端、紧张和对立方面,又是以何种方式运用了儒家核心价值观的道德思维智慧? 有学者在《清点我们人性的财富》中之发人深省的深刻发问,或许能给这个问题提供一个具有启发性的注脚:"事到如今,当我们清点在这个世界上所获得的财富时,是否也可以同时清点我们人性的财富如何? ——我们的理性是否变得更加坚实和精粹? 我们的感受是否变得更加敏锐和灵动? 我们的心灵是否变得更加正直、勇敢和良善? 我们在道德上是否变得更加清晰和富有力量? 我们在语言和行为两个方面是否变得更加中肯和忠直? 当清晨或者夜晚我们在镜子前打量自己时,是否对自己的容貌还算满意? 它有没有被消耗、摧毁得全然失掉光彩和内涵? 以及我们的身材,它看起来是否没有被各种负担完全压垮、彻底失掉了形状?"

与共同体疏离,是现代性文化及其核心价值观的理性之明目张胆的大"狡计"。现代性社会从来不隐瞒自己的这一思想目标,并顽固地讲这一目标的达成作为现代性成功的标志。现代性是西方文化中心主义的造物,狭隘、偏执是其与生俱来具有的秉性。现代性的坚持者们从来就不认为、不主张所有民族,所有不同文化,都可以拥有自己各不相同的核心价值观,以及本民族独有的精神家园。出于此一立场,现代性试图用启蒙以来所确立的西方的文化与价值观念规制、重构其他民族和文化的价值观概念。现代性的这种成问题的文化立场已经得到后现代文化之无情的质疑物欲批判。在后现代文化看来,任何一种试图将某一文化的核心价值普遍化的主张,都是一种必须警惕的可怕的霸权。不仅如此,即使现代性之西方文化中心主义自我证成和自我确立的过程,也是一个不断冲破既有的文化与价值边界，重新建构和重塑自我的过程。由此，创造儒家文化核心价值观现代实践的"新形态""新质态"，从而有功于这一伟大时代之优良的精神生活，是应有之义。

四、结语：后传统时代"共同体"的再造与儒家核心价值观的功能边界厘定：以生活在别处的姿态重塑新时代中国民众的心性秩序

首先，"后传统时代"中的"后传统"并非表明与旧传统的决裂，而是表明，我们时代是一个"传统再造的时代"，是一个"传统"的边界和功能不断拓展和延伸的时代。核心价值观贵在实践，贵在成效的取得，贵在民众的认同和口碑。历史上，儒家的核心价值观曾经是贯通传统社会政治、经济、思想文化以及民众日常生活领域的唯一规范。现代社会生活与传统社会有很大不同，儒家文化及其核心价值观的作用范围受到了非常大的明显的限制，它无法也不能进入政治权力领域，成为主导性的观念。旧的体制、制度不在了，文化与核心价值的全部优势：曾经的设计者、执行者和载体——传统的知识分子消失了，民众也没有了。所谓"皮之不存，毛将附焉？"凭什么接受这一核心价值观？

如果儒家文化的信奉者和传承者们，为了证明自己的"当代性"和"在场性"逻辑，抛却学术理性和学者尊严与气节，想方设法进入、迎合、讨好体制内，目的只是为了更好地讨口饭吃，听命于权力的逻辑和某种政治统治的需要，丧失自己的学术自性，而不是因为核心价值观自身的吸引力等，绝对是一件非常可悲的事情。核心价值观现实化问题上，首先需要明确的一点就是，现代社会是一个基于启蒙理念而得以建制的。传统儒家文化及其核心价值观之所以能够赢得民众、赢得历史，其最突出的一个品质就是"身体力行"，不断丰富自己的直接现实性和实践性内蕴。儒家核心价值观的重建和现实化，至少要在对当代社会的文化、理论、制度、价值信仰、生活形态等全面慎思明辨的基础上，寻找自己切入、进入现代社会精神生活身处的恰当而合理的路径。否则，除了儒家文化共同体内部的一厢情愿的热情，其与现实的改变就会陷入不切实际的乌托邦。

其次，要依靠自身的魅力，做出一系列具有长远意义的，真正"新民""明明德"的以及"匡扶时弊""拯救世道人心"的实质性的大事、实事，于社会风气的

改变,民风的优良淳朴,风清气正的社会的形成,让整个社会和民众普遍地、真切地感受到这种文化价值观的内在魅力和有形、无形的强大感染力,真正走进、深入民众内心深处,触动其灵魂,从而让正在生成中的"中华文明新形态"以及全新面貌的中国新型、心质的文化在自信地走向世界的时候,让全世界都能够明显地看到中国传统文化和核心价值观的因素的介入和作用,这是我们这一代中国传统文化的守护者和传人所应努力的目标和使命。我们必须承认的一个客观的事实是,儒家核心价值观衰落以后,中华民族作为一个族群共同体依然存在。但是,支撑这一共同体的主导性的核心思想,模塑其文化灵魂和心性秩序的,已经不再绝对不是儒家文化了。

再次,儒家核心价值观现代性转化的方略,在于话语场域(discursive field)、语用边界与功能限度的创制过程中,着力点和着重点的确定。儒家文化与价值观现代性转化的过程,抛却其中的理智性识见与探索勇气,充满了迷茫与纠结。一般认为,从儒家现代化的整个进程来看,儒家的调适和重建方式主要有:"西学中源""中体西用"、以"中学"释"西学"或以"西学"释"中学"、"中西会通""接续主义""全盘西化"或"充分世界化"本位文化""本位"或"民族本位""西体中用""合题""化西""创造性转化"等12种。在"现代化共识"形成(1919—1935年前后)以前,儒家现代化的总体架构是"体用论"("中体西用");而后是"创化论"("创造性转化")。坦率地讲,上述努力尽管用心精勤,但收效甚微。

其一,就话语场域而言,儒家核心价值观念和语义之能指和所指,都有很大的模糊和不确定性,正是这一缺陷,决定了其局限性之所在。儒家核心价值观之话语表达方式,就学科属性而言,应该恰当地被理解为一种中国传统文化意义上的"伦理关切"和道德价值信念的有限规制。而就其实践过程中的"意义生成""意义传播"和"意义规约"而言,则基本上是在"私人领域"(个体之修身养性和健全之道德人格养成)中得以发生的。一言以蔽之,儒家所谓核心价值观现实化的全部内容,仅仅是适应于社会伦理(道德)价值之教化领域。

其二,就语用边界而言,在儒家核心价值观的现代性转化过程中,必须清楚地意识到,其在内容结构上的一个最大缺陷和先天之不足,就是无法对现代法治、民主政治国家的行为规范提供有效的规范。换言之,在家国同构,"社会"严重缺位的传统社会中,儒家核心价值观所要达到的核心的、首要的目标,仅仅是修身、齐家、治国、平天下。人为地、一厢情愿地扩大儒家核心价值观的功用范围和领域,无论在何种意义上,都是一种不太明智的价值逻辑之僭越。

其三,就功能限度而言,现代性社会是个体自由、权利本位的法治社会,其本质特征之一,是"领域分离"与对立的不可调和。这种情境对核心价值观发挥作用方式和效度,提出了前所未有的更高的要求。在《资本主义文化矛盾》中,当代美国著名文化学者丹尼尔·贝尔将"现代社会视为三个截然不同领域的不协调混合:社会机构(主要是技术经济秩序)、政治和文化"(参见丹尼尔·贝尔著:《资本主义文化矛盾》,严蓓雯译,江苏人民出版社,2007 版第 1 页)。在该书的初版序言中,贝尔重申此一观点:"此书中详述的观点是,以上三个领域——经济、政治和文化——受互相对抗的轴心原则所统治:对经济来说,是效益;对政治来说,是平等;对文化来说,是自我实现(或自我满足)。由此造成的分裂构成了西方社会过去 150 年来的紧张关系和社会冲突。"(《资本主义文化矛盾》,第 2 页)贝尔提醒人们,在西方当代社会,上述三个领域相互间不存在所谓"简单的决定性关联",而是各自依照不同的模式和节奏变化,遵照不同的,甚至相反方向的"轴心原则"加以调节,三者之间存在矛盾,难以调和并日益趋于分裂(讲等级、重权威的科层体制是经济领域强调的法则,平等的参与和被统治者的同意是政治生活的基本通则。经济领域崇尚效率和理性,文化则纵容感性和反抗。经济领域重视角色分割和专业分工,而文化强调自我的满足和自我实现)。贝尔因此忧心忡忡地指出:"我们可以辨识出社会不同结构之间的张力:即拥有官僚和等级制度的社会结构(主要是技术经济结构)与形式上相信平等和参与的政治之间的紧张关系;以角色分配和专门化为根本基础组织起来的社会结构和关注自我和'整个'人之提高和完成的文化之间的紧张关系。在这些矛盾中,可以洞察到许多潜在的社会冲突,……可以清楚地看见社会领域的分裂。"(《资本主义文化矛盾》,第 12 页)

最后,儒家核心价值观现代性转化之着重点、着力点和生活化场域的澄明。

其一,着重点的确立:积极寻求与主导性意识形态对话、融合的方略,为民间社会的行为规范确定具有创新意义的"新纲常"。传统儒家文化及其价值观就其理论属性而言,是非常狭窄的,其主要是伦理层面的。也即儒家的价值学说,本质上是属于单一的"美德伦理"范畴,是"内在价值论"或"道德至上论"。至于其在国家层面、社会层面所起到的规制与教化灌输功能,是理论思想"外溢效应"的结果。在这方面,国内著名学者伦理学家何怀宏做了值得称道的工作。其所著《新纲常》堪称开儒家核心价值观之现代性转化之新风气的典范之作。

其二,着力点的确定:必须划定儒家核心价值观确定的作用范围。民众的心性秩序这个工作不做好或者做得不到位,就会出现价值观上的不必要的"僭越",僭越实践处处碰壁,其结果只能是儒家文化及其核心价值观自己"失落"。

其三,走出学者的书斋,淡化学术性:寻求新的组织化、制度化、生活化实践的依托形态。传统社会儒家文化核心价值观的实践,依托的就是制度化实践的力量。现代社会,儒家文化的非意识形态地位决定了,对它的实践不可能提高到制度化的高度。但是,只要我们承认儒家核心价值观依然是具有生命力和活力的思想主张,就必须寻找其进入制度的入口。(一)民众是儒家核心价值观的现实的载体,新时期民众是否理解、接受、认同儒家的核心价值观是一个需要认真对待的话题。从目前来看,儒家文化核心价值观的现代性呼吁,基本上是学者自己在自说自话,自误自乐;(二)价值观的现代性践行,依靠的不仅仅是宣传、教化,而是需要在吸收现代公民社会的法律、政治、宗教、道德、艺术等多种形式和丰富资源的基础上,找准自己的入口和持续的发力点。

其四,从"价值澄明"走向"品格再造":在生活化之途中并持续地通过生活化之途,将儒家核心价值观有效融入国民教育的全过程,是为上策。

(作者工作单位为陕西师范大学政治经济学院、马克思主义学院)

论价值观的对接①

朱康有

国家意识形态具有一定的规范性及其软性的强制力,其充实和完善与价值观的构建密切相关。价值观的构建不是一朝一夕之功。不是说当我们一朝醒来,城镇和乡村的大街小巷都挂满、贴满了"社会主义核心价值观"的二十四个字,这个价值观就深入人心、为人所遵循了。习主席讲,培育和弘扬社会主义核心价值观必须立足中华优秀传统文化;牢固的核心价值观,都有其固有的根本。就我的理解,这里讲的"立足"和"固有的根本",意义是一致的,那就是,今天说的"社会主义核心价值观"不是横空出世,而是从中华优秀传统文化中"生发"出来的。我们不否认在后天的成长过程中,一棵参天大树需要吸收大量外在的能量和营养,但没有"种子"的基因和先天沃土与水分的培植、灌溉,或许带来的只能是杂草丛生的结果。贴在墙上标语式的、口号式的价值观,一阵风就可以将其吹卷得无影无踪;"牢固的核心价值观",需要深根厚植,接通民族文化的精神命脉。尽管人们对我国优秀传统文化核心价值观的概括不完全一致,实质则是相通的。今天,我们需要做的一个重要方面就是,让古今两种看似不同的价值观实现"对接"。

一、"两创"和"寻根"

"创新性转换"和"创造性发展"是我们提出的对传统文化的承继原则,当然亦适应于对传统文化中价值观的赓续。比如说,有人提出应该发扬"孝悌忠信,礼义廉耻,仁爱和平"的价值观,其中不乏扬弃和"新解",总的来说,"传统"因素多一些。其实,概念的传承本身也是具有流动性的,在不同的时代往往被

---

　　① 基金项目:马克思主义理论研究和建设工程重大项目(同时为国家社科基金重大项目)(批准号:2015MZD044)子课题"意识形态建设视域中的马克思主义与中国传统文化"。

赋予新的语义,人们头脑中所思考的并不一定是古代的"文本",更多的是注入了那个时代社会场域下的人际关系。为此,我们不能认定有人一讲到某些"古语",就扣上"复古",甚至"倒退"的帽子。"古语"引入的"语境"发生变化了,必然带来其语义在"上下文"里的某种调整。极端地说,即使我们穿上了汉代的衣服,恢复了以前的礼仪,那也只是现代生活的一种调剂和反叛,很难说你就"穿越"到了古时候,"复原"几乎是不可能的。

习主席强调,要深入挖掘传统文化中"讲仁爱、重民本、守诚信、崇正义、尚和合、求大同"的时代价值,使之成为涵养社会主义核心价值观的源泉。这十八个字的概括,其内容在传统文化中都有体现,但如此归纳,涉及个人、社会、国家乃至世界层面,还是第一次。如果纯粹从文字表述上看,我们今天讲的社会主义核心价值观除了"诚信"一语外,与之基本上没有再相同的("和谐"与"和合"部分相通)。尤其是如"自由、平等、民主"等的提法,有人认为中华文化中缺乏这些价值观,完全采自于西方近代。于是,社会上主张西化的人士,力图用西式的价值观来解读它。另一方面,也有人从中国古代找到相关的字眼,证明我们自古以来并不缺乏这些内容。比如《生生不息——从传统经典名句领悟社会主义核心价值观》①一书的编者,他们的理解显然是后者。

"不以行骗为可耻,而以骗不到钱为耻辱",像这种电信诈骗中的价值观颠倒,人们非常容易辨别其是非。对于左和右、中和西、古和今等极端主张及争议,许多人则难辨其正反。此乃典型的"持之有据,言之成理",偏于一隅,安于成理,扰乱了常道,迷惑了人心。价值认同的撕裂,造成共识降低、分歧加重。真是"公说公有理,婆说婆有理","你走你的阳关道,我走我的独木桥",硝烟四起,火药味剧浓,价值离心倾向明显。

"核心价值观"出台的意图,显然是欲弥合分歧,最大限度地凝聚价值导向。人们在社会生活中提出的各种主张、各种观点,背后皆反映了一定的价值标准。由于发展的非全面性,这些价值标准既有形成它们那个阶段的合理性,同时又有时空局限带来的偏执性。不能否认的是,某些价值认知历经长期的检验和磨炼,其适用的普遍性得到加强,在历史的长河中流传下来,固化在民族文化的记忆中,成为恒久引导该民族自强不息、积极向上的正信息、正能量。没有

① 《月读》编辑部编:《生生不息——从传统经典名句领悟社会主义核心价值观》,中华书局2015年版。

这些价值认知,我们的民族几千年来能够文明昌盛,在许多方面领先于世界,几乎是不可能的。当然,核心价值观散则为万殊,体现在方方面面,其语义的延伸、外延的扩展,包容了整个社会生活。毋宁说,这些核心价值观是"浓缩""凝聚"的普遍之理,它们可以展开为形色万象。

现代工商社会形态的转变,使得源之于农业社会的这些普遍价值,不断经受着各种考验。比如"孝道"及其向社会和国家层面的拓展"以孝治天下"等伦理治理方式,究竟还能否传承? 在最近几年民间社会以及部分企业的儒学推广普及中,人们能够惊奇地发现:孝的实质和精神确实发挥了令人意想不到的功能。苏州固锝电子股份有限公司董事长吴念博用"家道"文化治理企业,把儒家的教育融入企业文化中,构造出一个"幸福企业"的模式;作为"上市"企业,该公司的本土文化管理模式在海内外引起了巨大反响。吴董事长诠释了什么是幸福的企业。他认为,家族是社会的核心,圣贤教育是从家道开始的;因此,建立家文化,要把企业变成家来进行管理;21世纪的企业不只是用"管"理,还要用"化",教化、感化。员工幸福的标准是首先必须具有孝敬的品德:"百善孝为先",幸福的员工首先在家必须是个好儿女,女员工在家必须是好妻子、好媳妇,男员工必须是好丈夫。一个人在家中有孝敬父母的品德,到企业才是好员工,接着才是好干部、好的志愿者。该公司不但倡导这一理念,而且还为实践这一理念创造条件。比如说,"幸福宝宝"每季度享受关怀补贴,父母全年有三次带薪假期并补贴车费;把员工父母看作自己的父母,在职员工的父母、公婆、岳父母,80周岁以上可享受公司每月提供的养老金200元。实践证明,这种"化员工为家人"的教育带动了企业的构建,也产生了非常好的社会反响——全国政协副主席马培华、被尊称为韩国国师的金容沃教授、印度尼西亚宗教部NAZR副部长、日本前首相鸠山由纪夫、联合国教科文组织大会第三十六届主席卡塔琳女士、全球商业道德与法规主管协会执行董事基恩斯等著名人士实地参观后,给予了高度评价。[①] 我们看到,固锝公司的探讨,对我们古老文化"圣贤教育"的现代转换无疑具有重大创新的意义。

一方面是传统价值观的转换和创新发展,"根"上发出新芽和枝条;另一方面,今天倡导的价值观向下深植,找到根源:古今价值观实现对接为时不

---

① 吴念博:《中国传统家文化在现代企业的落实——圣贤教育成就幸福企业》,中华优秀传统文化与现代企业管理暨国际儒联第八次儒学普及工作座谈会发言稿。

远。在我们党的第一代领导人中,毛泽东同志从马克思主义的中国化层面汲取了大量优秀的传统文化及其价值观,为中国共产党的文化自信工作做出了杰出的典范。经统计,十八大以来在治国理政实践中国家领导人引用古语达上千处。特别是习主席的用典已经为我们树立了转化、创新的绝佳样板。这些用典,既体现了古老价值观的内涵,又容纳了当代赋予的新义。显然,这种使用方法,抽象继承其普遍之理,运用于今日之不同场合、不同背景,增强了感染力、说服力。

令人印象最为深刻的是,习主席将优秀传统文化与"八观"结合起来,这一点在我们党历史上还是第一次。比如他讲到,"中国传统文化博大精深,学习和掌握其中的各种思想精华,对树立正确的世界观、人生观、价值观很有益处"①(2014 年国际儒学大会上增加"审美观"),"大力宣传中华民族的优秀文化和光荣历史,继承五四运动以来的革命文化传统,通过多种方式加强爱国主义、集体主义、社会主义教育,引导人们树立和坚持正确的历史观、民族观、国家观、文化观,增强做中国人的骨气和底气"②。其中的"八观",反映并"对接"了古今核心价值观。笔者提出此观点,亦望当今学界能对此做深入研究。

二、开放和借鉴

一百多年来,我们总是在"古今中外"的问题上徘徊、打转,甚至提出不少极端的观点,引发实践中一些偏颇的行为趋向。历史并非只是"胜王败寇"书写的,其中隐含着历史道义的伸张。毋庸置疑的是,马克思主义这一作为指导思想文化的最大输入,不仅改变了 20 世纪中国的现实,还在持续影响着中国下一步的发展前景。如今,伴随经济全球化、信息互联网共享的趋势,强势的西方文化对我们的影响愈益显著。这里,我并不想引入系统论证明的观点:系统的生存有赖于和外部环境在物质、能量、信息上的交换;我们只是从总体上得出一条出乎很多人意料、五味杂陈的"中庸"观——中西混合、保持一定"张力"的文化交融似乎为大多数情况下的现实抉择。这说明,价值观的构建,既要从古老

---

① 习近平:《在中央党校建校 80 周年庆祝大会暨 2013 年春季学期开学典礼上的讲话》,载《人民日报》2013 年 3 月 3 日。

② 中共中央宣传部:《习近平总书记系列重要讲话读本(2016 年版)》,学习出版社 2016 年版,第 203 页。

文化中"寻根",实现对接,同时也要汲取外来文化因素,有一定程度的"嫁接",保持土壤的更新,促进活力之迸发、生机之盎然。

一概否定甚或抵制外来文化、主张张扬本土传统文化的人士,他们或许忘记了,佛学这个我们传统文化的鼎足之一,即源于"西土"(印度)。今天,我们中国人如果离开了佛学文化,就可能无法张口言语——很多佛学的语词已经浸入我们思维者的概念世界。使人大跌眼镜的是,佛学文化在印度本土失去了进一步舒展的空间,在"东土"的中华大地上却开花结果,且激发了儒学、道学向前进步的动力。分析个中缘由,先秦时期奠定的儒家、道家思想无疑为有人斥之为"异端"的佛学的后来移植和铺展作了文化上的准备,大量的翻译才能在"格义"中寻找到共同点和对接点。双方有激烈的批判,有时候的对撞甚至带有一定的"血腥味",但最终在互相保持特色中又互相吸收。一些学者可以出入佛老、返之"六经",亦可以"释迦"身份认同儒学为"大乘"、尊孔子为佛菩萨。我一向认为,今天我们要弘扬传统文化,就要撇开各家思想门派之高下意气纷争,从整体上对待各家各派中的优秀部分,融之于今天的文化构建中。实际上,这种看法,也恰恰与我们党对"中国优秀传统文化"的高度认同不谋而合。

盲目崇信西方文化、认为中国要发展必须全盘西化的人士,也不要忘记我们是在一个什么样的文化土壤上迈开脚步的。不错,我们是引入了俄国、欧洲的马克思主义,但指引中华民族走向胜利的,是中国化的马克思主义,而不是王明等人的教条式马克思主义。即使在今天,一些羡慕西式"民主、自由、平等"价值观者,他们心里也可能非常清楚,嫁接过来的"自由、平等"价值观,只能改换门庭,适应一个倡导集体主义、维护等差社会秩序的国度实情。我们往往夸大了异域文化的"美妙",不知道"水土不服"的后果有多严重。这个世界的制度文化大多数采用的是西式标准,但最多只能作为"附庸"式的存在,发达起来者寥寥无几不说,带给世界的问题似乎更多。我们也不要忘记,一个具有五千年文明史的中华文化具有极大的包容性胸襟,在同化外来因子中不断走向壮大不是不可能的。显然,我们在历史上并不排斥外来文明,而善于吸收多样性的外来精华。这并不是说,我们今天已经做得很好,相反,要扑下身子去努力的空间真是太大了。我们不能止步,不能有任何的自傲。

中华民族的复兴,并不仅仅是物质力量的崛起,更非殖民霸道、零和博弈式的旧路。它一定是文明的复兴,为此,这就必须能够唤出足以引领世界的文化软性力量。文化的突破口,引领世界的价值追求在哪里?有人根本不相信这一点,认为在相当长的时期内,建国只有二百多年的美式西方文化仍是全球文明、全球价值的领头羊。可能他们的说法至少在目前有一定的道理,靠军事武力和金融手段支撑的文明确实非常伟大,但他们同样低估了一个悠久文明复兴的实力和追寻梦想的"高大上"。我们并非一群暴富起来的"土豪"。尽管问题重重,我们依然有克制的乐观期待。希望世人在客观看待 GDP"老二"的事实面前,更多地关注中国人在解决国际问题上所贡献的智慧。这些智慧,实际上更多地反映了中国人的价值观普适性。比如说,我们提出建立新型大国关系,保持世界和谐,关注人类命运共同体,难道其中没有社会主义的中华文明价值观自信?因此,在向世界兜售物廉价美的"中国制造"商品的同时,我们也在输出着自己独特的文化价值观。当然,前提是我们要争取并创造更多的机会,能在国际舞台上发出自己的声音。祈愿愈益壮大的"走出去"的中国人队伍都带着这样一份文化交流的使命,而不是给人一种(西方经济学把人假设为)自私的、物欲的理性动物形象。

　　没有什么必要羞羞答答的,我们亦应公开宣称:在开放中学习、借鉴外来的价值观,其中自然包含了近代西方人民的自由、民主、平等等合理的价值追求,以丰富我们的制度文明、科学精神。但应注意的是,打开窗户的同时,那些不健康、不文明的东西也随之而入,如何将之过滤到最小最少,确为互联网时代令主体国家非常头疼的一件事。更不要说,一些虚伪地假借自由、平等、人权等理念,秉承强者主导、丛林法则的国家主体,凭借贸易、技术等手段,背后横加干涉、搞乱他国政治、经济、文化,从中渔利,做出许多上不得台面的勾当。我们面临着很多无声无形的较量,堂而皇之地道义与龌龊不齿的行为交织,貌似正义的公然傲慢与强词夺理的喧声噪音混淆。没有文化自信作支撑的价值自守,人云亦云,随人起舞,立足点偏移,就会成为其他价值观的应声虫,正如习主席指出的:"如果没有自己的精神独立性,那政治、思想、文化、制度等方面的独立性就会被釜底抽薪。"[1]因此,学习和借鉴是在文化自信、价值观自信基础上的学习和借鉴,离开这一主体自身的正向认同,只能导向价值观的混乱。如此而言,"礼敬"自我成长起来的文化氛围和传统,其智慧的回馈将可能大于人们的想象。切勿将外来的价值观简单地移植到本土,实行所谓的国际化接轨,在对比

---

① 中共中央文献研究室:《习近平关于全面深化改革论述摘编》,中央文献出版社 2014 年版,第 88 页。

中迷失了自我,那样的中外价值观"对接"将是"无根"的,生命力和影响力都不会长久。

三、修身和立德

没有人去详尽统计近年来我们在大规模开发中比如征地等引起的直接暴力或间接暴力(由于问题得不到解决而造成的死亡)事件,其暴露出矛盾的尖锐化冲击着无论是国家层面的和谐、社会层面的公正,还是个人层面的友善等价值观。孔子曾经发出"听讼,吾犹人也。必也使无讼乎"的感叹,如果从双方提供的"证据"来看,大家似乎都有理,没有办法去断案;即使断案成功,也是各打五十大板,冲突依然被掩盖起来。价值观的构建初衷虽然并非一定着眼于去解决那些很棘手的矛盾,但我们仍能找到一种链接古今价值观的途径,使之为化解可能出现的矛盾服务。

由现代人构建的规范或标准,倾向于以此来制约他人,自己似不在其中。于是,全球治理出现了双重甚至多重标准:明明在国内或针对某些国家是一套"合理"的标准,面向其他不同民族、不同价值观国度的人们却是另一套。国家内部的治理也常常出现心口不一、言行不一、台上台下不一等情况,很多腐败官员典型的"双面"人生实际上为此做了注脚。在社会和个体层面,怨恨、恼怒、发泄等不良情绪的发生说明,扭曲的心态和行为恰恰没有把"自我"的角色放入去换位思考。分析《共产党宣言》中极力从经济上反对私有制和私有观念的原因,可能除了有改变外部"不公正"现实的指向外,还有人们心理世界"观念"束缚。中国传统儒家提出解决的办法和锁钥在于:礼让和修身,即针对自我进行克制的生命更新式锻炼。至今流传的"六尺巷"的真实案例,反映古人处理矛盾做出一定"退步"时的海阔天空。佛学文化进一步从意识深层让人们觉醒:"自我"诸多情形下是为"我执",打破其牢笼,真实的"法我"则能内外合一,物我合一,他我融合;甚至"极端"地认为,天下除我之外的人从法性平等着眼看皆为"未来佛",任何情况下不是他们"错"了,而是"我"错了,体现了一种极为深入反思的境界。

很多人并没有意识到,把核心价值观等同于"德"的内在原因是什么,为什么领导人反复强调道德认知的重要性。长期以来,我们重视"以发展来解决发展中产生的问题"这样一个外在思路,恰恰忽视了传统价值观对人的内在资源的开发。社会戾气(不良社会心态)的产生难道仅仅与贫困等相关？一些对策的提出及其实施，仍然是从根底上把人看作是物质性的满足而已,严重忽视丰富的人的精神世界的深度。道德的自觉和修养,绝不只是"自律"的简单内涵所能意尽,乃为人的内在规律性发展的提升。窃以为,它把古今价值观真正地对接起来,并使之落地。这样讲,一方面是基于对传统"人道"方法论原则即儒家反求诸己(道家的尊道贵德、"以身观身",佛学文化的智慧心性修为与此类似)的理论上的认知,一方面亦是基于对近年来民间儒学孝道文化实践上的反思。从这些角度反思目前针对党员特别是领导干部开展的党性修养教育方法,我觉得,若仅仅从学习外在的章程和纪律的约束入手,仍不免"两张皮",化党性修养为内在的自律,把党性修养真正变成共产党人的"心学",不借鉴我们古老的文化,成效就可能大打折扣。

　　如上所论的"对接",就为今人看起来外来化的价值观找到了文化的土壤。比如说,"平等"观在传统文化中的含义即有平均的、相对的、绝对的等各种意蕴,"自由"观则有与外在世界协调的心灵和精神层面的自主、自控等丰富内涵。既脚踩大地,把价值观落实到己身,落实到点滴言行中,在功利化的社会中"红尘练心"(南怀瑾语),矜持细行,终成大德,又仰望星空,高扬理想的旗帜、信念的风帆,着眼精神的价值、德性的价值,激发内在动力,提升生命质量,超脱名缰利锁,虚中见实,实现境界飞跃。您知晓什么是古老《易经》所讲的"内文明"吗？您知晓什么是中国文化讲的身心高度一致的"和谐"吗？我们今人看似极为平易的这些价值观范畴,其实在传统文化的哲理内核中有着极其深广的语义。体味愈深广,诸位皆可悟解其中意趣,明了这些不藉异化于身外之教而自能实现人文、人道实证超越的至言不虚。工商社会兴许最难逾越的是资本的必然逻辑,人为物役,人为物化,富千贫锥,朱门酒臭,自然的砝码将失去天然的平衡。能否利用资本的力量,驾驭资本的术巧,超越资本的限制,灼验着共产党人宗旨的磐石。"孔颜之乐"、"吾与点也"的儒圣之追求,为我们提供了一幅个人精神生活的"幽适"与群体的熙融恬足意境,与每个人自由全面发展、一切人的发展相协调的理想社会何等类似。"价值"的衡量,在抽象中多了一份经济实用功效的考量,"价值观"则进一步抽去有象的累赘,升华为隐存的信息参照,光耀着信念魂灵的指引,无形中丰饶了精神之"钙",支撑起中华精神的大厦。

　　(作者系国防大学马克思主义教研部教授)

中国先秦和谐价值观的逻辑结构

涂可国

在人类社会早期,和谐观念即在古希腊和古中国几乎同时产生,只是由于受温带大陆性气候和宗法家庭制度的双重影响,传统中国的和谐观念不仅较为浓厚,而且一直延续下来。和谐价值观是中华文化的重要组成部分,儒、释、道作为中华文化的思想主体,一贯推崇和谐之道,而儒家最为倡导贵和尚中,重和、尚和构成了儒家核心价值观之一。和谐不仅已成为中华民族精神的有机要素,成为中华民族国民性的重要体现,同时还成为传统中国社会人赖以待人处世的"为人之道",成为中国人立德、立功、立言的有益生存智慧,更为重要的是,和谐经过历代思想家的概括、总结和广大民众社会实践的锤炼,形成了中国极为悠久的价值观念、价值目标和价值取向,从而成为当代社会主义核心价值观体系中"和谐"价值观的文化基因和思想来源。

根据时代条件和思想特质的不同,中国和谐价值观大致经历了先秦、秦汉至明清时期和现当代三个大的发展阶段。早在夏商周三代文化中,和谐概念即被提出并得到运用,由《诗》《书》《礼》《易》《乐》和《春秋》所构成的六经,蕴含着较为丰富的和谐思想,像《左传》就描绘了一幅社会和谐的壮丽图景:"如乐之和,无所不谐。"先秦是中国和谐价值观思想的原发时期,包括儒家、道家、墨家等在内的许多思想家、政治家不仅提出了"和谐""和善""和合""和中"等重要范畴,展开了"和同"之辨,还深刻阐发了天人和谐、身心和谐、人际和谐和社会和谐等各种和谐形态,较为全面地指明了达到和谐的道路、方法和手段。先秦和谐价值观对中国社会产生了极为广泛的影响,锻造了古代中国尚和的思维模式和认识论原则,构建了中华民族悠久的重和传统和致和文化特质。

和谐是一个以和谐为基本表征的,包括多个要素、多个层次、多个方面的有机系统,先秦思想家所阐发的和谐同样是一个内涵丰富、层次有序的观念体系。对和谐可以从宇宙观、人生观、治理之道、思维模式等不同角度加以解读,我曾经立足于社会理想维度诠释过中和之道①,本文将从价值观视野观照先秦时期诸子所阐释和倡导的和谐观念。围绕和谐的内涵、类型、作用、意义及其在中国社会和中国文化中的地位和影响等一系列问题,前贤已经做了精深研究,有的学者经过反复论证认为"和谐"是传统中国包括儒家的核心价值观要素,有的学者(如张立文教授)甚至建构了和合学和中国和学,这里,我将从宏观总体角度对中国先秦时期和谐价值观的逻辑结构加以系统梳理,以求教于各位方家。

一、和谐价值观的丰富内涵

和谐是什么呢?《尔雅》认为"和"与"谐"具有同一性,二者可以互训,它解释道:"谐,和也。"可见《尔雅》特别强调和谐并不是指完全统一、一团和气,而是指事物多样性的有机统一。许慎《说文解字》解释说:"和,相应也。"在中国夏商周三代,"和"不仅是事物的一种客观状态,更是受到推崇的道德品性和伦理价值。不论是《周易》所说的"和兑,吉""鸣鹤在阳,其子和之",还是《尚书》中所言说的"自作不和,尔惟和哉。尔室不睦,尔惟和哉。尔邑克明,尔惟克勤乃事""时惟尔初,不克敬于和,则无我怨",都表明"和"已具备了人伦的意蕴。不仅如此,以儒家为主的先秦诸子百家从不同层面还开创性地提出了与"和谐"有关的和谐、和合、和同和乐和等一系列范畴并做了奠基性的解释。

(一)和谐

先秦经典对"和""和谐"作了开创性的说明和解释,为当今人类界定了"和谐"的基本内涵。根据段玉裁《说文解字注》,"和"同"禾""盉"等,可以互训,表示音乐、味道和禾苗的调和及和谐。远至西周时期,中国先民就已产生朴素的阴阳和谐观念。《尚书》提出的"协和万邦""燮和天下"和"神人以和"等论断中的"和",大致相当于"调和""整合""协调"的意思。《国语·周语》说:"气无滞阴,亦无散阳,阴阳序次,风雨时至,嘉生繁祉,人民和利,物备而乐成""阳伏而不能出,阴迫而不能蒸,于是有地震。"这是对阴阳五行和谐很好的表达。基于此,不论是周易还是儒家、道家都深刻揭示了"和""和谐"的内涵。

---

① 参见拙著《儒学与人的发展》,齐鲁书社 2011 年版。在该书中,我把儒家所理解的中和分为作为中和基础的自然中和、作为方法论的实践中和、作为价值观的伦理中和、作为治国方略的政治中和、作为主体基础的心性中和五种主要类型。

一是周易之和。中华民族原典《易经》对"和"作了精致的阐释,旨在说明世上万事万物处于互有相容、彼此协调的最佳理想状态。《易经》中"和"字有两见,如《兑卦》:"初九,和兑,吉。"孔颖达疏曰:"初九居兑之初,应不在一,无所私说,说之和也,说物以和,何往不吉。"①这里的"和"就具有"和谐""和善"之意。除此之外,《易传》还提出了十分重要的"太和"观念。《乾卦·彖辞》曰:"乾道变化,各正性命,保合太和,乃利贞。"即是说,天道大化流行,万物各得其正,只要保持完满的和谐,万物就能顺利发展,凡事就能无往不利。

二是道家之和。道家创始人老子提出"万物负阴而抱阳,冲气以为和。"(《老子·第四十二章》)的阴阳之和思想,他认为天地万物之道蕴涵着阴阳两个相反方面,阴阳相互作用而构成了"和"。"和"是宇宙万物的本质以及天地万物生存的基础,《老子》讲"物以和为常""夫明白于天地之德者,此之谓大本大宗,与天和者也;所以均调天下,与人和者也。与人和者,谓之人乐;与天和者,谓之天乐。"故王弼在老子《道德经》注释中指出:"万物之生,吾知其主,虽有万形,冲气一焉。"(《老子·第七十章》)"一"虽然为道、为"无",但是由万物之阴阳归为"一"的过程则是和的最高境界,由此突出了和的价值和地位。与老子相同,庄子十分推崇"和",凸显了贵和的鲜明价值取向。《庄子》讲:"适性为治,失和为乱。""师克在和不在众。"特别是庄子明确地创设了"德和"概念,这就是"德之和"的道德价值观:

> 古之治道者,以恬养知;知生而无以知为也,谓之以知养恬。知与恬交相养,而和理出其性。夫德,和也;道,道也。德无不容,仁也;道无不理,义也;义明而物亲,忠也;中纯实而反乎情,乐也;信行容体而顺乎文,礼也。礼乐遍行,则天下乱矣。彼正而蒙己德,德则不冒,冒则物必失其性也。(《庄子·缮性》)

三是儒家之和。儒家从不同方面阐发了"和"。首先是礼和。孔子弟子有子曰:"礼之用,和为贵。"(《论语·学而》)这代表了孔子的思想,认为治国处事、礼仪制度,以"和"为价值标准。其次是天和。先秦儒家的"和"凸现其本体论意义外,《荀子》的"万物各得其和以生"。再次是政和。孔子所讲的"和"十分突出它作为"为政之道"的一面,不论是他所说的"尊五美,屏四恶,斯可以为政矣"(《论语·尧曰》),还是他所讲的"宽以济猛,猛以济宽,政是以和"(《左传·昭公二十年》),都表明孔子倡导政治之和。孟子之所以强调"天时不如地

---

① 王弼注,孔颖达疏:《周易正义》,北京大学出版社 2000 年版。

利,地利不如人和"(《孟子·公孙丑下》),目的是以此宣扬他心目中的"仁政"。荀子提出了"群和之道"和"比中而行之"的"先王之道",以维护政治统治秩序。

(二)和合

中华和合思想源远流长,"和""合"早在夏商周三代时期就已经出现。"和""合"二字都见之于甲骨文和金文。"和"的初义是声音相应和谐,"合"的本义是上下唇的合拢。殷周之时,"和"与"合"是单一概念,尚未联用。《尚书》中的"和"是指对社会、人际关系诸多冲突的处理,"合"指"相合""符合"。春秋时期,"和""合"二字联用并举,构成"和合"范畴。《国语·郑语》称:"商契能和合五教,以保于百姓者也。"[1]韦昭注:"五教:父义、母慈、兄友、弟恭、子孝。"[2]意思是说商契能把五教加以和合,使百姓安身立命。

《管子》也将"和""合"并举,指出:"畜之以道则民和,养之以德则民合,故能习。习故能偕,偕习以悉,莫能伤也。"[3]认为畜养道德,人民就和合;和合便能和谐,和谐所以团聚;和谐团聚,就不会受到伤害,从而突出了"和合"的重要作用。墨子认为和合是处理人与社会关系的根本原理,指出天下不安定的原因在于父子兄弟结怨仇,而有离散之心,所以,他认为:"内者父子兄弟作愿恶,离散不能相和合。"[4]。战国时期的荀子也认为"万物各得其和以生"(《荀子·天论》),而"人之欢欣和合之时,则夫忠臣孝子亦惮诡而有所至矣"(《荀子·天论》)。

以上记载说明,在先秦时期,和合文化就已经产生和发展。所谓和合的"和",指和谐、祥和,调和;"合"则是指融合、契合。"和"包含着"合"的意思,就是由相和的事物融合而产生新事物。"和合"连讲,意在说明事物是由不同的元素和条件组成的,"不同"的元素在矛盾、差异的前提下,能够统一于一个相互依存的共同体中;不同的事物能够通过和合吸取各个事物的优长而避免其短,使之达到最佳或者最优的组合,促进新功能的产生、新事物的萌发,以此促动事物的不断发展。

思想史家钱穆先生强调中华文化的和合精神。他说:"中国人常抱着一个

① 徐元诰撰,王树民、沈长云点校:《国语集解》,中华书局2002年版,第466页。
② 徐元诰撰,王树民、沈长云点校:《国语集解》,中华书局2002年版,第466页。
③ 黎翔撰,梁运华整理:《管子校注》,中华书局2004年版,第176页。
④ 孙诒让撰,孙启治点校:《墨子间诂》,中华书局2001年版,第74页。

天人合一的大理想,觉得外面一切异样的新鲜的所见所值,都可融会协调、和凝为一。这是中国文化精神最主要的一个特性"①,并指出:"文化中发生冲突,只是一时之变,要求调和,乃是万世之常。"②认为西方文化似乎冲突性更大,而中华文化则调和力量更强,中华文化的伟大之处乃在最能调和,使冲突之各方兼容并包、共存并处、相互调剂。钱穆还以他自己独到的眼光考察了历史和现实中的中西方文化性格和国民性格,指出:

> 西方人好分,是近他的性之所欲。中国人好合,亦是近他的性之所欲。今天我们人的脑子里还是不喜分,喜欢合。大陆喜欢合,台湾亦喜欢合,乃至……全世界的中国人,这都喜欢合。③

著名中国哲学史家张岱年同样重视中国的和合精神,指出:"合有符合、结合之义。古代所谓合一,与现代语言中所谓统一可以说是同义语。合一并不否认区别,合一是指对立的双方彼此又有密切相连不可分离的关系。"④他还说:"近来许多同志宣扬'和合'观念,这是有重要意义的。'和合'一词起源很早。用两个字表示,称为'和合';用一个字表示,则称为'和'。……许多不同的事物之间保持一定的平衡,谓之和,和可以说是多样性的统一。'和实生物',和是新事物生成的规律。"⑤

张立文指出,和合是中华人文精神的精髓和首要价值,它是指自然、社会、人际、心灵、文明中诸多形相、无形相的互相冲突、融合,与在冲突、融合的动态变易过程中诸多形相、无形相和合为新结构方式、新事物、新生命的总和;中国传统文化中特有的和合思想体现了人道精神、差分精神、包容精神、生生精神、和爱精神,为此他提出了著名的和合之学。

(三)和同

一是史伯的和同哲学。对"和同"揭示最为深刻、影响最大的莫过于史伯"和实生物,同则不继"的和同论。《国语·郑语》记述了史伯关于和同的论述:

> 夫和实生物,同则不继。以他平他谓之和,故能丰长而物归之。若以同禆

---

① 钱穆:《中国文化史导论》,上海三联书店1988年版,第162页。
② 钱穆:《中国文化精神》,台北三民书店1971年版,第51页。
③ 钱穆:《从中国历史来看中国国民性及中国文化》,香港中文大学出版社1982年版,第27页。
④ 张岱年:《中国哲学中"天人合一"思想的剖析》,载《北京大学学报》1985年第1期。
⑤ 张岱年:《漫谈和合》,载《社会科学研究》1997年第5期。

同,尽乃弃矣。故先王以土与金木水火杂,以成百物。是以和五味以调口,刚四支以卫体,和六律以聪耳,正七体以役心,平八索以成人,建九纪以立纯德,合十数以训百体。出千品,具万方,计亿事,材兆物,收经入,行垓极。故王者居九垓之田,收经入以食兆民,周训而能用之,和乐如一。夫如是,和之至也。于是乎先王聘后于异性,求财于有方,择臣取谏工而讲以多物,务和同也。声一无听,物一无文,味一无果,物一不讲。王将弃是类也而与专制同。天夺之明,欲无弊,得乎?①

史伯认为阴阳和而万物生,完全相同的东西则无所生。可见和合中包含了不同事物的差异,矛盾多样性的统一,才能生物,才能发展。显而易见,史伯所言的"和",是讲将不同质态的成分、方面加以混合、调和,使事物处于相辅相成、相互协调的统一关系之中,它既包括对物质的整合,又包括人际关系和人的身心协调,同时还包括政治上的和合。

二是晏婴的和同哲学。晏婴在同齐国齐景公的一次对话中论述了"和与同异"观点。齐景公觉得他与臣子梁丘据的关系是"和",晏婴表示不同意,认为"据亦同也,焉得为和",然后指出:

和如羹焉,水火醯醢盐梅以烹鱼肉,燀之以薪,宰夫和之;齐之以味,济其不及,以泄其过。君子食之,以平其心。君臣亦然:君所谓可,而有否焉;臣献其否,以成其可。君所谓否,而有可焉;臣献其可,以去其否。是以政平而不干,民无争心。……先王之济五味、和五声也,以平其心,成其政也。声亦如味,一气,二体,三类,四物,五声,六律,七音,八风,九歌,以相成也。清浊,小大,短长,疾徐,哀乐,刚柔,迟速,高下,出入,周疏,以相济也。君子听之,以平其心,心平德和。故《诗》曰:'德音不瑕'。今据不然。君所谓可,据亦曰可;君所谓否,据亦曰否。若以水济水,谁能食之? 若琴瑟之专一,谁能听之? 同之不可也如是。(《左传·昭公二十年》)

这里,晏婴从调羹讲起,认为只有各种佐料、火候等相互交融,才有味道;然后,指明在政治上只有君臣所说的话都有否有可,互有商讨,才能做到政平民和。他的和同哲学从日常生活、艺术活动和政治行为多种角度说明"和"与"同"异,它是指将不同质态因素加以整合。

三是儒家的和同哲学。在处理人与人之间的关系时,孔子强调:"君子和

① 徐元诰撰,王树民、沈长云点校:《国语集解》,中华书局 2002 年版,第 470 页。

而不同,小人同而不和。"(《论语·子路》)所谓"和而不同",意思是说,君子注重从事物差异和矛盾中去把握统一和平衡,而小人则追求绝对的无原则的同一、专一、单一,这就从道德人格角度说明了孔子推崇的是那种包容、调和、和解等君子型人格。既承认差异,又和合不同的事物,通过互济互补,达到统一、和谐,这与"同而不和"、取消不同事物的差异的专一观念形成对照。

(四)乐和

《尚书·舜典》对乐和做了说明:"八音克谐,无相夺伦,神人以和。"这表明由八音的协调可以带来神人的和顺和融合。音乐的熏陶教化,可以使社会人心无怨无过,达到中和太平。先秦时期,孔子也肯定了乐致和的功能,他认为《诗经·关雎》可谓"乐而不淫,哀而不伤"(《论语·八佾》),良好的音乐(如韶乐)会给人带来快乐而不会造成淫伤。就音乐对于中和的助成作用,荀子同样作了充分肯定。他认为"乐合同,礼别异"(《荀子·乐论》),实现中和的重要途径就是"审一以定和"(《荀子·乐论》)。不难理解,这个"一"不仅是指"礼",也是指"乐"。荀子特别强调礼乐中人心、化风气、敦教化,借以维持中和秩序的作用,指出:"乐行而志清,礼修而行成,耳目聪明,血气和平,移风易俗,天下皆宁,美善相乐。"(《荀子·乐论》)荀子之所以重视乐教,就在于他认识到乐教有助于达成社会之中和,故他说"乐也者,和之不可变者也","乐者,天下之大齐也,中和之纪也,人情之所必不免也"(《荀子·乐论》),这种以音乐为中"纪纲"论反映了荀子在高度推崇音乐功用的前提下高度重视以乐教培养中和理想人格。荀子对音乐导致社会之和(不仅是和谐)推崇备至,以至于给人以夸大之嫌。他指出"君臣上下同听之,则莫不和敬;闺门之内,父子兄弟同听之,则莫不和亲;乡里族长之中,长少同听之,则莫不和顺"(《荀子·乐论》),这里,乐教的作用被荀子发挥至可以使不同社会主体达到和敬、和亲和和顺的境地。不仅如此,荀子还认为声乐教化能够使"民和不流""齐而不乱"(《荀子·乐论》)。

(五)中和

"中"作为表示事物的某种实然状态,它的本义主要是指中央、中间等。起初它是指中帜,也就是在某一地方树立的徽帜,后引申为中央和权威。《论语·尧曰》曰:"尧曰:'咨!尔舜!天之历数在尔躬,允执其中。四海困穷,天禄永终。'舜亦以命禹。"这里所提及的"中"并非朱熹所训释的不偏不倚、恰好的"道理"，而是指代表某种权威的中帜。即使是《孟子·尽心上》的"中天下而立，定四海之民"和《荀子·大略》的"王者必居天下之中，礼也"所说的"中"，同样是指中央之地。

这里之所以讲"中"，是由于它与"和"密切相关，是由于"中"还具有不偏不倚、无过与不及的内涵。老子把"中"同"和"有机联系了起来，他如前所讲的"万物负阴而抱阳，冲气以为和"的"冲"也可作"中"解，它表示的是激荡、汇通等含义。而孔子之所以说"天之历数在尔躬，允执其中"（《论语·尧曰》），推崇尧，就在于他表现出"持中"的伦理特质，进而展现了"和政"的风范。不仅如此，孔子特别重视人的中和品格塑造。所以他讲"中庸之为德也"（《论语·雍也》），"君子中庸，小人反中庸"（《中庸》），并提倡"君子无所争"（《论语·八佾》），不仅在于"过"与"不及"游离了"中"的轨道，逾越了"中"的伦理限度，因而他表示否定与轻视，更在于"中"体现了"和"的精神。

二、天人和谐价值观

天人关系是中国先秦思想家所关注的一个基本问题，他们致力于天人之辨，并提出了"天人合一"宇宙观。"天人合一"鲜明地体现了那一时期人类追求人与自然和谐的根本精神，它强调人与天地万物的统一，以实现人和自然万物的和谐发展。

古人所谓的"天"意义虽然复杂，但是其含义大致可以分为三种：一是意志之天，二是义理之天，三是自然之天。中国古代"天人合一"的思想传统历经了一个逐渐演化的过程。"天人合一"如果从思想史上进行追溯的话，可以一直追溯到颛顼时代。在那个时代，"绝地天通"这一现象的出现代表了一种特殊形态的"天人合一"思想的存在。到了西周时期，天被看作是有意志的人格神，是自然和社会的最高主宰，从这个意义上说，天人关系即神人关系。《尚书·洪范》中说："惟天阴骘下民。……天乃赐禹'洪范'九畴，彝伦攸叙。"天保佑民众，因而把九类大法赐给禹，安排人伦规范。这一观点肯定"天"（神）与人之间有着某种相通的关系，是中国古代"天人合一"思想的萌芽。

先秦时期思想家特别强调"天人合德"。早在西周时期，"天"与"德"就密切相关。周代开创了"以德辅天"的天人合德思想传统，要求人们"以德配天"。《周易》提出天地人"三才"的思想，将人与天地相提并论；《周易·文言》从人格的最高理想和最终境界论述了人与天地的合一:"夫大人者,与天地合其德,与日月合其明,与四时合其序,与鬼神合其吉凶,先天而天弗违,后天而奉天时。"所谓"先天",即为天之先导,在自然变化未发生之前加以引导;所谓"后天"即顺天而为,从天而动;与"天地合其德"即人与自然界要互相适应、相互协调。

孔子对于天人关系虽然语焉未详,但是,他明确主张敬天法天,"天何言哉? 四时行焉,百物生焉,天何言哉"(《论语·阳货》),四时运行、万物生长是天的意志的体现,因此,天在古人心目中是一切现象和自然变化的最终根源,也是宇宙的最高本体。于是,人类社会就要以"天意"来建立尊卑秩序。这样的秩序才会与天协调,在此基础上,天人关系才会和谐。

战国时期,孟子的天人观具有浓厚的德性伦理色彩,并且提出了"天人合心"的思想。孟子认为"君子所性,仁义礼智根于心"(《孟子·尽心上》),这句话说明,孟子认为道德之心先天具有,因此人们修身的功夫只要落实在对本心的发明上就可以。他还讲"尽其心者,知其性也;知其性,则知天矣"(《孟子·尽心上》)。从这句话中可以看出,孟子认为人的心性是沟通天人关系的桥梁,他要求人们以道德规范约束自己、扩充善端,来实现知天达命的目的,这一目的一旦达到,那么天性与人性、天心与人心就能够内在地统一。实际上,孟子是主张人可通过"尽心知性知天"的途径,达到"上下与天地同流"的精神境界。

作为先秦思想集大成者,荀子是中国天人相分思想的典型代表。他不仅强调了人最为天下贵这一凸现人的主体性命题,还发展出制天命而用之、与天地参、明于天人之分等思想。这些天人相分观点不像汉代以来一些抑荀派人物所批评的那样是对正统儒家的反动,只是利用老子道家无意志的天改铸孔子"赏善罚恶"的有意志的天、弱化敬天畏命,从而把孔子思想中的人本主义观念推向极致而已。正如牟钟鉴所言,荀子虽然明于天人之分,提出"制天命而用之"的主张,其基本思路仍未脱离天人一致的轨道,只是更看重人的特殊性和能动性罢了①。荀子思想之精深不仅在于他超迈落后生产力和小农自然经济时代的限囿而高扬了人的主体性,因为"天人之分"属于现代性的,它确立了人的族类本质,也在于他在天人观上讲究辩证法——既承认天人相分又强调天人合一——认为人间之礼、人道与天道一致,天生人成,并提出"天德"范畴,把天人

---

① 参见牟钟鉴:《儒学价值的新探索》,齐鲁书社 2001 年版,第 47—48 页。

之间的"分"与"合"综合起来，这，也符合首次提出"天人合一"概念的张载的理念。张岱年也曾指出："荀子虽然强调'天人之分'，却也不否认天与人有统一的关系"①。荀子取消了天对人的道德本体意义，把天作为完全自然意义上的存在。基于此，他提出"明于天人之分"的观点，认为自然之天的运行不以人的意志为转移，也不会因为人的好恶而改变，所谓"天行有常，不为尧存，不为桀亡"（《荀子·天论》）。天对于人虽然看似远离，不再作为人类生命乃至道德的本源，但是，天人是不可分离的，人们可以"制天命而用之"，但人与天地自然又是可以和谐共存的。

道家对于"天人合一"的和谐观也有明确的认识。老子不仅提出了"道生一，一生二，二生三，三生万物。万物负阴而抱阳，冲气以为和"（《老子·第四十二章》）的宇宙阴阳之和思想，同时主张"人法地，地法天，天法道，道法自然"（《老子·第四十二章》），指出天、地、人三才"道以贯之"，人生追求的目的不是认识、征服自然，而是泛爱万物、与自然合二为一。老子还讲"知和曰常"（《老子·第四十二章》），认为"和"是万事万物的常规状态。庄子认为，人与天地都是由气构成的，人是自然的一部分，天与人是统一的，因而反对人为，主张"无以人灭天"，推崇通过"坐忘""心斋"的忘我体验来达到"天地与我并生，而万物与我为一"（《庄子·齐物论》）的天人合一的精神境界。虽然庄子的观点是消极的、不科学的，但是他提出的人与自然在本质上是统一和谐的观点，却又有着一定的合理性。

先秦思想家在天人关系的问题上大都主张"天人合一"，但事实上他们对于"合一"的理解却并不一致，所谓的"天人合一"大致可以分为四类：一是以孟子为代表，天人合一即天人相通。天道与人性合而为一，天的道德属性包含于人性之中，天的法则根源于人间道德，天德寓于人心，人心与天心相通。二是以老、庄为代表的天人相混不分。人是属于自然的一部分，是自然界的一种存在形式，人性的真谛就是自然性，故而应当忘己、无己，把自己完全融化于自然之中。三是《易传》中的天人合德的人生最高境界和最高理想，天有高尚的德，人应该效法天德，向自然学习，与天合德。四是以荀子为代表的人定胜天式的天人合一，这一类观点将天、人区别开来，揭示了"天之所能"与"人之所能"两者之间彼此制约、互相作用的辩证关系，认为天人之分与天人之合互为条件，没有

----

① 张岱年：《中国哲学大纲》，中国社会科学出版社1982年版，第178页。

"分"也就无所谓"合",主张天、人各司其职、相互为用,以此实现天人和谐。

鉴于古代思想家大多价值与事实不分,故天人之学中所蕴含的天人合一观点应是本来合一(本体论)与应归合一(价值论)兼而有之。从"天人合一"对人与自然关系的认知来看,先秦思想家把天、地、人三才看成一个整体系统,强调天道与人道、自然与人为的息息相通、和谐统一,这成为天人关系思想的核心理念。

立足于"天人合一"的宇宙观,懂得"天地万物为一体"的道理,人类便会有热爱自然的感情,便会在行动上促使各种生命蓬勃发展,因此,以儒家为代表的先秦思想家普遍怀有仁民爱物、热爱大自然、追求人与自然和谐的人文情感和伦理情怀。孔子说:"知者乐水,仁者乐山。"(《论语·雍也》)仁智之人,对自然界的山水充满了爱。孟子主张"亲亲而仁民,仁民而爱物"(《孟子·尽心上》),"恩足以及禽兽"(《孟子·梁惠王上》)。他还说:"君子之于禽兽也,见其生,不忍见其死;闻其声,不忍食其肉。是以君子远庖厨也。"(《孟子·梁惠王上》)句句"不忍",强烈地表现出了儒家对其他生物的同情和眷顾。这种对自然界及万物的热爱和关怀,是儒家的一贯传统,也是儒家生态伦理、自然和谐思想的重要内容,它旨在激起人类强烈的保护生物生存的情感,追求"上下与天地同流"的境界,从而表达了对自然界生命意义的崇敬与热爱之情,也是对人与自然和谐的生命体悟。

三、人的和谐价值观

从逻辑上讲,人的和谐分为两个大的方面:一是人的自我和谐,尤其是人的身心和谐;二是人际和谐,包括人与人的和谐和人与社会的和谐。先秦思想家对人的和谐的这两个方面均做了深入的理性思考,提出了一系列相关的和谐价值观。

(一)和谐人格

一是"和而不同"。儒家在汲取前贤和同思想的基础上,提出了贵和的君子的待人处世之道。孔子强调"君子和而不同,小人同而不和"(《论语·子路》),推崇那种包容、调和、和解等君子型人格。除此之外,孔子还就和谐君子型人格提出了"君子和而不流"(《中庸》),"君子中庸,小人反中庸"(《中庸》），"君子无所争"（《论语·八佾》）等要求和特质。孔子的弟子有子也讲："礼之用，和为贵。先王之道，斯为美；小大由之。有所不行，知和而和，不以礼节之，亦不可行也。"《中庸》中孔子也要求人"和而不流"。所谓"和而不同"本质上是指在承认和尊重差异、多样性的前提下进行有机协调、融合、统一。"和"并不是"不争"，而是允许不同意见、不同个性的存在，有时人与人之间合理的斗争、竞争与冲突反而是促进关系和谐发展的必要条件。即便是争，"争也君子"，争必须合理合情合法。孔子说过"君子矜而不争"（《论语·卫灵公》），孔子所说的"不争"是指个人要学会自重，学会尊重别人，而不要去作无原则的争执，不要一味争强好胜。儒家之"和而不同"，并不鼓励人一味忍让、顺从，而是尊重人的个性与独立人格，孔子就说："君子和而不流，强哉矫！中立而不倚。"（《中庸》）孔孟之所以反对乡愿人格，就在于它为和而和，随波逐流，盲目顺从、跟从，缺乏是非善恶观念，不知保持个人的独立性。孟子也极为鄙视只知附和顺从的人，认为"以顺为正者，妾妇之道也"（《孟子·滕文公下》）。二是"群而不党"。孔子倡导人要学会群处的待人处世之道。他明确提出了两条君子处理己群关系的规范："君子矜而不争，群而不党"（《论语·卫灵公》）和"君子周而不比，小人比而不周"（《论语·为政》）。所谓"君子矜而不争，群而不党"，就是指作为一个君子庄重矜持而不与人相争、合群团结而不结党营私；所谓"君子周而不比，小人比而不周"，就是指君子合群但不勾结、小人勾结但不合群。这些虽然是作为德位合一的君子所应秉持的为政之道，但它们也不失为普通百姓所应追求的人格理想，代表着儒家处理己群关系的为人之道。群体是由个人所组成的集合体，它是个人赖以生存和发展的环境和条件。据此，孔子才提出"群而不党"和"周而不比"。此外，孔子还基于伦理主义的处世之道强调指出"群居终日，言不及义，好行小惠，难矣哉"（《论语·卫灵公》）。"群居"本无可厚非，因为这是人的本性也是人生存发展的需要，但如果整天聚集在一块，所言谈的又都不符合道义而只是卖弄小聪明，那就不可救药或难以教导。依照孔子"群而不党""周而不比"等有关合群的精神，每个人在处理己与他、个人与群体的关系时，就应遵循"群和之道"或"和而不同"的待人处世之道，做到以和处众。

荀子则提倡"群居和一之道"（《荀子·荣辱》），这一"群居之道"并非"同而不和"而是"和而不同"，它不排斥差别，但是，"群居和一之道"又强调同一性，强调人的群居生活应当和谐统一，强调将差异性的事务加以整合。为此荀子引述古语"斩而差，枉而顺，不同而一"，并将此称之为人伦。

荀子还从人类本体论维度揭示了人的"合群乐群"问题。他这样说：

古之所谓仕士者，厚敦者也，合群者也，乐富贵者也，乐分施者也，远罪过者也，务事理者也，羞独富者也。今之所谓仕士者，污漫者也，贼乱者也，恣睢者也，贪利者也，触抵者也，无礼义而唯权势之嗜者也。（《荀子·非十二子》）

和孔孟一样，荀子富有浓厚的崇古情结，他对比古今"仕士者"的人生态度指出古代"仕士者"乐于"合群"。鉴于此处"合群"之"合"当解为聚集、聚合、会聚、联合、符合、适合、和睦、和谐、融洽（和合）等含义。荀子还从儒家"道统"角度论及了人的"群居"理想："今以夫先王之道、仁义之统，以相群居，以相持养，以相藩饰，以相安固邪。"（《荀子·荣辱》）对个体来说，合群、乐群不光是为人的本性和需要，也反映了个人的社群主义价值取向。是选择独处、自处还是倾向群居、合群，虽然属于个人的生活方式、生活趣味和性格特质问题，他人无可指责，不能强求，但是它未尝不牵涉到个人的群体取向人生价值观，在某种意义上"合群"代表着个人更愿意追求集体生活，更关心集体的成长，更倾心集体的责任。

（二）致和之道

身心和谐是和谐最为重要的方面之一，所谓人和最重要的是身心和谐。在中国哲学家看来，身和心的关系很微妙，它们往往难以区分得很清楚，身心两者是有机统一的，这一点完全不像西方思想中身与心或者说肉体和精神可以截然两分。而由于人是社会的主体，因而修养是和谐的重要基础，先秦思想家十分重视人的修养对于和谐的作用。

为此先秦思想家主要提出了正心与修身工夫。正心和修身是紧密相关的两个概念。古代思想中，尤其是儒家所说的"修身"的"身"并非仅仅指血肉之躯。在《说文》中有"身，躬也。象人之形"的说法，这是身的本义。在儒家看来，"身"这个词除了表示人的形体之外，它的意义还会延伸到与身体有关的功能，如视、听、言、动以及随之而产生的七情六欲，等等。因此，修身之"身"在儒家思想中含有个体生命的精、气、神，往往被作为"生命"的承载者。正心和修身在功夫论意义上是一致的。心为人们提供了在现实生活中的行为目标，身体成为了实现这一目标的重要因素，身心两者通过一个道德的实现过程而紧密地联系在一起。在道德呈现的时候，身体成为现实化的心，并作为心的一种存在方式。从这个意义上说,"身"不再仅仅是四肢和躯干,它成为了有形的心。不同在于,正心属于内在的沉潜,表现为"慎独"等防检的功夫;而修身是在具体的伦理实践中展开心意,不断地在行住坐卧,饮食起居中检验自己的内心的想法,让心意更加笃实。总之,正心是修身的前提,修身是正心的落实。两者紧密相关,有机结合,共同构成了和谐一体的修养功夫。这不仅是古代儒家学说的特色,也是道家、中国佛学所一贯秉承的工夫论。

儒家把修身修己不仅看作外在的言谈举止、出处辞受、仪表风度等修饰,更是把它转换成个人内在的道德养成。孔子提出了修己以敬、安人、安百姓,同时还表示自己的忧患所在是人不修德。他在《论语·述而》一章中讲:"德之不修,学之不讲,闻义不能徙,不善不能改,是吾忧也。"为了做到身心和谐,孔子还具体提出了许多正心修身的工夫。

一是杀生成仁。当大义当前、需要牺牲个人生命的时候,孔子认为首要的任务应该是保全道义。他说:"志士仁人,无求生以害仁,有杀生以成仁。"(《论语·卫灵公》)但是,仁的重要性不仅在于能够作为人的本质,从而可以挺立人的精神,还在于它能够作为身体内在生命力影响身体的状况。孔子所讲的"智者乐,仁者寿"(《论语·雍也》),说明道德对于身体所起的正面作用。这样的作用不只是从德性提高有益身体健康这一角度而言的,更多的还是从内在德性总是要通过身体才能展现这一角度来说的,尽管这种展现是德性的自然流露而非人们的刻意表现,如《易·文言》:"君子黄中通理,正位居体,美在其中,而畅于四肢,发于事业。"

二是自我"三戒"。孔子对人的成长的告诫涉及正心可以致和。他说:"君子有三戒:少之时,血气未定,戒之在色;及其壮也,血气方刚,戒之在斗;及其老也,血气既衰,戒之在得。"(《论语·季氏》)孔子告诫人们要"戒色""戒斗""戒得",一方面是为了保证身体健康,另一方面也是更为重要的,他意欲从德行的内在要求上来说明"三戒"对人性修养的重要性。比如,孔子主张少年应当戒色,表面的理由是少年血气未定,色欲易伤身体,其实细加追究就会发现,孔子对于色欲的警惕并不完全是为健康考虑的。他认为君子应该"去谗远色,贱货而贵德"(《中庸》),良好的风气应该自上而下:"诸侯不下渔色。故君子远色以为民纪。"(《礼记·坊记》)他慨叹未见当世之人"好德如好色"。这些都在说明孔子对色的审慎是与德性有关的,也就是说孔子其实更多地考虑到民风教化的问题而不是身体的健康与否。由此看来,孔子提出"三戒"的目的是要让人遵循礼的要求,以血气之"身"彰显德性存在。

三是"为礼"要敬。孔子也主张"为礼"要敬,"临丧"要哀,即"行礼"应该是由内在的真情实感来促动,并不是仅仅为了应付伦理的一般要求。这说明,孔子肯定人们内在的道德自觉性,并给予了这种自觉性以优先权。比如,当宰我认为服"三年之丧"时间太久,认为改为一年就可以的时候,孔子对宰我提出批评。孔子用的方式是启发式的,他问宰我:"食夫稻,衣夫锦,于女安乎?"(《论语·阳货》)这就是要提醒宰我,礼是内在亲情和道德感的真实表达,礼的实施要跟从内心的情感和道德动机,而不是基于外在的利益。因此,只有"心安"才会让礼成为表达自我内心的行为方式,才会让礼具备应有的意义。孔子对于"行礼"的这种态度实际上是肯定了道德情感或者道德动机作为行为出发点的合理性。

四是自我克制。孔子说"小不忍,则乱大谋"(《论语·卫灵公》),一个人不善于克制自己的情绪,缺少律己之心,就会因小失大,难以成就大事。可以说,忍是一种合理的等待,是一种无为而至有为的人生策略;适当的容忍和退却,是为了更大的进步和成功。更进一步,为人做事要防微杜渐,做到"不以恶小而为之,不以善小而不为"。

亚圣孟子同样阐释了修身的重要性,他在儒学史上较为完善地发展出存养修身学说。所谓存养,即是存心、养性,亦可称"尽心""尽性",保持"良心"和善性不失,进而扩而充之,使自己发展成为圣贤、君子。他在《孟子·尽心上》中说:"修身以俟之,所以立命也""君子之守,修其身而天下平",等。孟子引证孔子的话说:"孔子曰:'操则存,舍则亡;出入无时,莫知其乡。'惟心之谓与?"(《孟子·告子上》)为使善心善性不致丧失,孟子一方面要求人要"求放心",这乃是"存心"的逻辑必然,他认为"学问之道无他,求其放心而已矣"(《孟子·告子上》);另一方面在讲到道德修养时,他又提出"养气"主张,他说:"我知言,我善养吾浩然之气"(《孟子·公孙丑上》)。孟子还讲:"君子所性,仁义礼智根于心。其生色也,睟然见于面,盎于背,施于四体,四体不言而喻。"(《孟子·尽心上》)从这一角度说,身心是互相关联、有机统一的。因为内在的精神可以通过身体表现出来,能够"见于面,盎于背",因此,身体表现着精神,精神也在展现着身体,二者相互渗透,难以完全割裂。

荀子也从两方面阐述了身心双修以致和谐问题。一方面是正心。他认为:"圣人知心术之患,……兼陈万物而中悬衡焉"(《荀子·解蔽》)。为此,他吸收了《管子》所提出来的"治必以中""定心以中""正心在中"等"静因之道",力主"治心在于中"。治心的根本在于认识和把握"中和之道",这即是"道之所善,中则可从,畸则不可为"(《荀子·天论》);而要"知道",又必须做到"心意修,德行厚,知虑明"(《荀子·天论》)。除"治心"之外,荀子还提出了诚以养心的致中和之道(《荀子·解蔽》)。另一方面是遵礼。如何达至"和"呢?荀子认为除了"义以分则和,和则一"(《荀子·王制》)之外,最关键的是遵礼。因为礼具有给人以求、养人之欲、区分等级、维持秩序、促进和谐等多种作用,由礼可以"分",由"分"可致"和"。荀子指出:"凡用血气、志意、知虑,由礼则治通,不由礼则勃乱提僈;食饮、衣服、居处、动静,由礼则和节,不由礼则触陷生疾;容貌、态度、进退、趋行,由礼则雅,不由礼则夷固僻违,庸众而野。"(《荀子·修身》)由此可见,礼的致中和功能多种多样,不但可以使人变得文明高雅,而且还使人身心和谐。荀子为了致身心和谐而提出来的正心、养心、定心、治心和由礼等概念,在和谐价值观思想发展史上明确将和谐纳入主体心智结构之中,为后来心性和谐价值观的发展做出了突出贡献。

四、社会和谐价值观

社会和谐是指个体、社会群体以及整个不同社会群体之间多重关系的和谐,既包括人与人、人与社会之间的和谐共处,也包括各民族、宗教间、种族、国家等社会群体之间的和谐。中国先秦时期社会和谐价值观源远流长,丰富多样,主要可以类分为老子和庄子的自然主义社会和谐价值观和以孔子、孟子和荀子为代表的人文主义社会和谐价值观。这两种社会和谐价值观之间存在不同的内涵、特色、旨趣,以及不同社会背景和历史规定性,如果说自然主义社会和谐价值观重自然之为,讲究自处、自知、自强、自胜、自富和自由的话,那么人文主义社会和谐价值观重仁礼教化(名教),重"为公"。不过儒道两家不同类型的社会和谐价值观模式之间不但存在相互吸收和渗透,而且它们之间也表现出共同的社会价值取向,且不说以儒家为代表的人文主义社会和谐价值观讲究仁道,即使是老庄社会和谐价值观也并不排斥道德。先秦儒道思想家之所以贵和,就在于和谐以其具有巨大的社会价值而成为人类追求的理想目标。他们认为,和谐不仅可以化育万物,还能够带来政治公正、国泰民安和政治通畅,同时和谐之道还能提升整合人心,使人养身长寿,从而使整个社会有序协调发展。

（一）老庄道家社会和谐价值观

老庄道家社会和谐思想是小农经济与自然经济的产物,它们的共同特点是较为重视人与自然的和谐,崇尚自然、古朴、原始,向往田园牧歌式的生活,在此基础上,老庄道家阐发了其社会和谐思想。

老子设想的和谐社会的最基本特征即是"小国寡民",这就是:

小国寡民。使有什伯之器而不用,使民重死而不远徙。虽有舟舆,无所乘之;虽有甲兵,无所陈之。使人复结绳而用之。至治之极。甘美食,美其服,安其居,乐其俗。邻国相望,鸡犬之声相闻,民至老死不相往来。(《老子·第八十章》。)

这里,老子所追求的理想社会是一种"安居乐业""安土重迁"的和谐社会。在这种乌托邦社会里,不仅国小、人少,而且虽有各种器物、文字、舟车、甲兵等人类文明成果,却废弃不用,人民永远定居在一个闭塞的小天地里,彼此孤立,自给自足。显然这是一个既没有战争也没有矛盾的人间乐土。老子对理想社会的和谐状态描述旨在消除一切器物文明对人性的侵蚀,将文化所造就的人还原为没有任何印记的自然状态的人。

老子所期望的社会和谐和和谐社会之所以反对物质文明和文化知识的发展,是基于他的如下历史文化观,即当人民越多"忌讳""利器",就会越来越贫穷,国家就越来越混乱:"民多利器,国家滋昏;人多伎巧,奇物滋起"(《老子·第五十七章》);社会人伦秩序存在着各种矛盾、"悖论"现象:"大道废,有仁义;智慧出,有大伪;六亲不和,有孝慈;国家昏乱,有忠臣。"(《老子·第十八章》);而物质上的发明会给人带来异化和损伤:"五色令人目盲;五声令人耳聋;五味令人口爽;驰骋畋猎,令人心发狂;难得之货,令人行妨。是以圣人为腹不为目。故去彼取此。"(《老子·第十二章》)本来,随着人类社会的发展,在进入文明时代以后,统治者的贪欲成为历史发展的杠杆,社会矛盾越来越多,老子看到了社会不和谐方面的事实,揭露了"人之道"是"损不足以奉有余"(《老子·第七十七章》),"民之饥,以其上食税之多,是以饥。民之难治,以其上之有为,是以难治。民之轻死,以其上求生之厚,是以轻死"(《老子·第七十五章》)。但是他把民众难治、轻死完全归咎于社会生产力的发展和科学技术的进步,归咎于人类知识的发达,甚至归咎于统治者的"有为",显然是因噎废食、以偏概全了。

为了达到社会和谐,老子从社会和个人两方面提出了"绝圣去智""不尚贤""无为而治"等社会整合方案。一方面,就社会来说,为了实现社会和谐,老子主张要完全按"道"行事,做到无知无欲、无为而治,抛弃文化、知识和价值:

不尚贤,使民不争;不贵难得之货,使民不为盗;不见可欲,使民心不乱。是以圣人之治,虚其心,实其腹,弱其志,强其骨。常使民无知无欲,使夫知者不敢为也。为无为,则无不治。(《老子·第三章》)

古之善为道者,非以明民,将以愚之。民之难治,以其智多。故以智治国,国之贼;不以智治国,国之福。(《老子·第六十五章》)

绝圣弃智,民利百倍;绝仁弃义,民复孝慈;绝巧弃利,盗贼无有。此三者以为文,不足,故令有所属:见素抱朴,少私寡欲,绝学无忧。(《老子·第十九章》)

在老子看来,只有舍弃圣智、仁义、功利等所谓"文明"的东西,使人民"见素抱朴,少私寡欲,绝学无忧",才能使人民获得更多的利益,才能使人民恢复本有的父慈子孝,才能防止盗贼。为了达到社会和谐,老子还力主无为而治("以无事取天"),反对与自然相对待的"名",反对礼治,反对法治,反对一切礼教与政令。他认为无为而治的结果,是"民莫之令而自均"(《老子·第三十二章》),意即人民自然而然地返回到平均平等的状况,而人世间的一切纷争都会止息。这种企图通过采用"柔弱""退守""无知无欲""绝圣弃智"的无为而治策略达到社会和谐的想法,显然是一种弱式的愚民、消极政策,也违背了历史发展规律。

另一方面,就个人来说,为了达到社会和谐,老子要求做到致虚、守静、知足、无为等。一是顺势而为,循道而行。老子认为任何事物都有其自身固有的发展变化的"势",有其客观规律("道"),只有顺势而为、不留痕迹("无为"),才能用力少而收效大("有为")。作为圣人不应强行追求功名、富贵、权势,不淫乐、不奢侈、不骄傲,"是以圣人去甚,去奢,去泰"(《老子·第二十九章》)。二是致虚守静。老子认为,要达到和谐的社会状态,个人必须"致虚极,守静笃。万物并作,吾以观复。夫物芸芸,各复归其根。归根曰静,静曰复命。复命曰常,知常曰明。不知常,妄作凶"(《老子·第十六章》)。这意思是说,万民万物的一切活动,必须恢复到其根本,只有这样,才能做到无知无欲、不争不乱,从而走向平静;而归于平静是自然赋予人的德性,这即是天赋;回复天赋,可以致太平,这乃是社会永恒法则,不遵循社会法则而妄为,必定带来凶祸。老子还强调:"多言数穷,不如守中。"(《老子·第五章》)人说多了,就会碰壁,所以不如效法天地,保持内心的谦和。他认为"静胜躁,寒胜热。清静为天下正"(《老子·第四十五章》)。三是知足常乐。老子说:"罪莫大于可欲,祸莫大于不知足,咎莫大于欲得。故知足之足,常足矣。"(《老子·第四十六章》),"治人事天,莫若啬"(《老子·第五十九章》)。四是防微杜渐。意即"图难于其易,为大于其细"(《老子·第六十三章》)。由此可见,为了社会和谐,老子倡导清静无为、知足常乐、图易为细、朴素吝啬等人生态度。

庄子继承和发展了老子的社会和谐思想。他所构想的和谐社会国度,可以用"至德之世""至治之世""建德之国""无何自己乡"等来表达。庄子所设想的社会和谐,不仅没有君子小人的分别,也没有"尚贤""使能"的社会体制。它的主要特征是天人合一,人完全回归自然、同万物融为一体。庄子断言在和谐国度里,人失去了文化本性而回归于自然,剩下的只有人的自然本性。他要求人回到原始的、人畜不分的"民如野鹿"、与万物融为一体的混沌世界:"故至德之世,其行填填,其视颠颠。当是时也,山无蹊隧,泽无舟梁;万物群生,连属其乡;禽兽成群,草木遂长。"(《庄子·马蹄》)在"至德"的世界里,人民行为朴拙无心,没有路径通道,没有船只桥梁。同时,"夫至德之世,同与禽兽居,族与万物并,恶乎知君子小人哉。同乎无知,其德不离;同乎无欲,是谓素朴。素朴而民性得矣"(《庄子·马蹄》)。

可见,庄子虽同老子一样主张"素朴",但为了所谓的社会和谐,他更进一步走向极端,否弃一切技术文明,反对一切文明和知识。之所以如此,一是因为在庄子看来,"故绝圣弃知,大盗乃止;摘玉毁珠,小盗不起;焚符破玺,而民朴鄙;掊斗折衡,而民不争"(《庄子·胠箧》)。这即是说,全盘毁弃一切文明生活,否定一切礼义法制,才能使天下归于安宁,才能使社会达到"至德之世",才能使民风趋于纯朴。二是因为庄子认为"有机械者必有机事,有机事者必有机心。机心存于胸中则纯白不备,纯白不备则神生不定,神生不定者,道之所不载也。吾非不知,羞而不为也"(《庄子·天地》)。有"机械"必有"机心",有"机心"必然破坏人心灵的"无知"原始状态而导致"神生不定""道之不载"的后果。三是因为庄子认为仁义、礼乐等人类文明之所以产生,正是因为道德、纯朴、自然、性情等遭到了毁弃、破坏,而这恰是工匠和圣人的罪过。用他的话来说就是:"纯朴不残,孰为牺尊?白玉不毁,孰为珪璋?道德不废,安取仁义?性情不离,安用礼乐?五色不乱,孰为文采?五声不乱,孰应六律?夫残朴以为器,工匠之罪也;毁道德以为仁义,圣人之过也。"(《庄子·马蹄》)

为了实现"至德之世"的社会和谐,首先,庄子主张任由自然之道,力行"无为而治"。他断言以儒家为代表的各家学说用于治理社会的礼义规范、智慧方术都是累赘无用之物,都应舍弃,而正确的社会整合举措则是"以不治治天下",任其自然而抛弃一切社会规则,做到清心寡欲。他抨击圣人之道,倡导实行"坐忘""顺物自然而无容私焉,而天下治矣"(《庄子·应帝王》)。其次,庄子强调"命"对人生的主宰作用,要求人完全屈服于命:"为善无近名,为恶无近刑。缘督以为经,可以保身,可以全生,可以养亲,可以尽年。"(《庄子·养生主》)不论为善为恶,最重要的是不被名声所累、不为刑罚所苦;个人只有顺从自然之中道,才能在保身全生、养亲长寿。再次,庄子反对当时列国之间的兼并战争以及各国统治者内部的纷争,主张人不要求名争智,因为"名也者,相轧也;知也者,争之器也。二者凶器,非所以尽行也"(《庄子·人世间》)。名声也好,智慧也好,不过是相互倾轧、争斗的工具。

(二)儒家社会和谐思想

孔子、孟子、荀子所处的时代是"礼崩乐坏""天下无道""人心不古"的乱世。针对社会不安宁、政局不稳定的现状,他们提出了一系列治国、安民、平天下的社会和谐主张。

孔子关于社会和谐的主要内容大致有:一是人际和谐,即重仁爱人,做到"泛爱众",和而不同,重礼好义,致中和,主忠信。二是社会有序。即由忠君孝亲、差序有等,讲究"父父子子、君君臣臣",人人各安其位,达到社会政治和谐。三是天下为公。孔子推崇的理想社会是那种天下为公,有而不与的"大同"社会。在这个社会里,"老者安之,朋友信之,少者怀之"(《论语·公冶长》)。四是整体均平,即是"不患寡而患不均,不患贫而患不安。盖均无贫,和无寡,安无倾"(《论语·季氏》)。在财富分配上力求公平。五是社会安定,既无刑杀又无诉讼:"听讼,吾犹人也。必也使无讼乎!"(《论语·颜渊》),"善人为邦百年,亦可以胜残去杀矣"(《论语·子路》)。为实现社会和谐,孔子提出了为政以德、孝悌为本、尚仁重义、依礼而行、诚实守信、安贫乐道、富而教之等主张,要求统治者对民要轻徭薄赋,平时不要过分剥削、过分虐待,做到"节用而爱人,使民以时""养民也惠""使民也义"。

如果说孔子所极力追求的是天下有道、四海统一、近悦远来、老安少怀的美好社会的话,那么孟子孜孜追求的是建立一个政治清明、天下统一、君民同乐、彼此亲睦的和谐理想社会。为此,他提出了一系列社会整合主张。首先,要坚持以民为本。孟子深刻总结了夏、商、周三代天下得失的经验教训,认为"得其民""得其心"而"王天下";反之,"失其民""失其心"而"失天下"。他认为要达到天下大治,就必须乐民爱民。这就需要省刑薄敛,爱惜"民财",重视"民事","不违农时",恤民,仁民,保民,乐民,顺民,不扰民,施泽于民。反之,违逆势时,"暴民","殃民",就会"身危国削"或"身弑国亡"(《孟子·离娄上》)。其次是进行合理的社会分工。一个和谐的社会应该是有着合理的社会分工、人人各安其位、各得其所、各尽所能的社会。孟子反对代表墨家思想的许行弟子陈相主张的人人不分贵贱,都应从事生产劳动的观点,而认为要维持国家的社会经济生活秩序,必须实行必要的社会分工:"有大人之事,有小人之事。……或劳心,或劳力;劳心者治人,劳力者治于人;治于人者食人,治人者食于人,天下之通义也。"(《孟子·滕文公上》)有了合理的社会分工,就能够互通有无、互惠互利,从而为社会和谐创造相应的物质文化条件,满足人类不同层次、不同群体需求。再次是实行仁政。孟子从人性善出发,主张统治者要实行仁政,做到尊王贱霸。他认为,以力假仁的霸道难以服人,而以德行仁的王道则能使人心悦诚服。他根据历史经验说:"三代之得天下也以仁,其失天下也以不仁。国之所废兴存亡者亦然。天子不仁,不保四海;诸侯不仁,不保社稷;卿大夫不仁,不保宗庙;士庶人不仁,不保四体。"(《孟子·离娄上》)王道和霸道成为决定国家兴衰存亡的关键:如果不仁而行霸道,就会使国家陷入危亡;反之,如果依仁而行王道,就可以使国家富强和发展。

战国时期的荀子吸收借鉴了当时诸子百家学说,提出了突出礼乐教化的社会和谐思想,大致包括以下内容。第一,分工明确。荀子提出了著名的"明分使群"观点。他说:"故人生不能无群;群而无分则争,争则乱,乱则离,离则弱,弱则不能胜物。"(《荀子·王制》)他认为有了某种相对固定的社会分工,家与国才能安定,社会才能得到很好治理:"有分义,则容天下而治;无分义,则一妻一妾而乱。"(《荀子·大略》)有了明确的社会角色分工,社会秩序才不致紊乱,整个社会就能出现人人各得其所、各尽所能的和谐有序状态,才能达到"至平"社会。第二,等差有序。在《荀子·君道》篇中,荀子又提出了"尚贤使能,等贵贱,分亲疏,序长幼"的社会理想。荀子充分肯定了等级名分对于社会秩序的重要性,认为治国之道最重要的是区分社会不同等级名分,使人人各安其位。他讲:"先王案为之制礼义以分之,使有贵贱之等,长幼之差,知愚、能不能之分,皆使人载其事而各得其宜,然后使悫禄多少厚薄之称,是夫群居和一之道也。"(《荀子·荣辱》)第三,礼义有度。隆礼和重法是荀子社会思想的核心内容之一。他除了强调要注意赏善罚恶、实施严刑峻法外,还从不同角度论述了社会必须隆礼、循礼、重礼。他说:"古者圣人以人之性恶,以为偏险而不正,悖乱而不治,故为之立君上之埶以临之,明礼义以化之,起法正以治之,重刑罚以禁之,使天下皆出于治,合于善也。"(《荀子·性恶》)如果不对人类进行礼义刑罚的管理,整个社会就会陷入以强欺弱、以众凌寡的混乱状态。礼作为一种社会规范和准则还具有划分社会等级、维护社会秩序的作用:"礼也者,贵者敬焉,老者孝焉,长者弟焉,幼者慈焉,贱者惠焉。"(《荀子·大略》)可见,在荀子那里,礼具有给人以求、养人之欲、区分等级、维持秩序、保持社会和谐运行的作用。荀子认为,治理国家以达到和谐稳定强盛,还要正确认识和处理义和利之间的关系,因为"义胜利者为治世,利克义者为乱世。上重义则义克利,上重利则利克义"(《荀子·大略》)。所以荀子一再强调要做到先义后利,重义轻利。

（作者系山东社会科学院文化研究所所长、研究员）

儒学核心价值观的形成及现代意义

祝业精

两千五百多年前儒家学派出现之后,经过历史的更迭,朝代的变换,经由历代先哲丰富其内涵,发展其要义,不断完善与充实,早已形成了一套完备的儒家思想框架。其中最主要的两部分就是仁与礼,其余部分由义、知、圣、和、忠、恕、敬、恭、宽、信、敏、惠、温、良、俭、让、中庸等价值观念充实其中。孟子宣扬得最多的是仁、义、礼、智,但也多次阐述了恭顺、礼让、善恶、诚实、守信、民本等价值观念。从西汉时期开始一直到两千年后的清朝末期,封建社会所宣扬的儒家思想中,其核心部分被称为"三纲五常",也就是我们经常说的"君为臣纲,父为子纲,夫为妻纲"和"仁义礼智信",但是在落实当中人们对"三纲"的贯彻尤为注重,而对"五常"道德着实是忽略了①。

那么在儒家学派所概括出的核心价值观念框架中,最重要与最具代表性的是什么呢? 就是仁爱、和谐、诚信、中庸这四大范畴。深入发掘和分析中华优秀传统文化讲求仁爱、注重民本、坚守诚信、追求正义、崇尚和合、向往大同的时代价值,把中国精华的传统文化转化成滋养社会主义核心价值观的源源不断的力量②。

一、儒学核心价值观的形成

(一)仁爱

"仁爱",就是"仁者人也,仁者爱人",强调以人为本,提倡道德自觉,以此衍生出以民本升华为民主的人文精神形成过程。明末清初思想家黄宗羲提到

---

① 郭沂:《儒学核心价值观历史演变和现代价值》,载《浙江学刊》2010 年第 6 期。
② 吴晓霞:《先秦儒家理想人格思想及其对大学生健全人格塑造的价值》,兰州交通大学硕士学位论文,2013 年 6 月。

过"天下为主,君为客"的理论,就是传统儒家"仁爱"精神与民本思想向民主思想初步转型的体现。

仁与礼是孔子学说的两个主要理论框架。仔细研究这两个框架,我们能打通孔子思想的基本路径,同时又能了解到儒家思想贯穿古今的不可替代的影响。孔子的思维体系以仁为根系,以礼为枝叶,构建出仁礼合一的思维大树。在这一庞大的思维网络中,孔子把传统文化的演变衍生出礼,孔子对传统的开创阐述为仁。在礼乐文化传统中提炼出的仁,用仁诠释礼,用礼阐释仁,礼中有仁,仁中有礼,相辅相成,使礼乐文化焕发出真实存在的意义以及内涵。这也是孔子对中国优秀传统文化历久弥新所带来的空前绝后的意义,也是儒学思想的根本所在。在儒家思想中,仁是由心散发出来的,礼是外在修饰的。孔子提出仁,开辟了人们内在无限的思维与想象。也开启了包含儒学思想的中国文化广泛延展的无限可能。仁则是发挥了其增强人文气息以及加强人文践行的作用。也是渗透进入伦纲常的内在化表现。以仁为价值发展导向,不断填充夯实礼乐文化内在含义。从而使人类文明向更高层次迈进才是孔子的本意。

(二)和谐

"和谐"体现的是人类与自然、人类与社会、人类与人的共同繁衍生息的精神。这是对人类理想社会境界的探索,是人类永恒发展的必然需要。《礼记·礼运》宣传的"大同"构思,在根本上体现出"多元和谐"的"太和"的人生理想。所谓"太和",便是高度的和谐愿望。

春秋时期,"和"的流传已经覆盖甚广,应用已十分广泛,从音律和顺、五味调和到人际和合,从四时转换到万物生息,无不引入"和"的概念。如,儒家讲"和为贵""致中和""和而不同",等等,孔子对于中国传统和谐思想体系的形成与完善,其贡献卓著,其功劳无人堪比。首先,孔子及其思想的形成有着特殊的根源。其次,儒家、道家、墨家等都对和谐思想有一定的研究和见地。老子也曾构建了理想中的和谐社会的美好景象,"小国寡民。使有什伯之器而不用,使民重死而不远徙。虽有舟舆,无所乘之,虽有甲兵,无所陈之。使民复结绳而用之。甘其食,美其服,安其居,乐其俗。邻国相望,鸡犬之声相闻,民至老死不相往来"(《老子·第八十章》),这是一个不依靠科学技术,复古到原始的,没有任何先进文化印记的安定而又和谐的社会愿景。墨子希望建成一个"兼相爱"充满人性并且和谐相处的理想社会,他提倡希望彼此之间互助互爱,即"有力者疾以助人,有财者勉以分人,有道者劝以教人"(《墨子》)。孔子的弟子有子说过"其为人也孝弟,而好犯上者,鲜矣。不好犯上,而好作乱者,未之有也。君子务本,本立而道生。孝弟也者,其为仁之本与"(《论语·学而》)。孟子讲"尧舜之道,孝弟而已矣",等等。当代的许多专家学者对儒家思想中人际关系的和谐之道,在整理和理解的过程中,并没有将其本意全部阐释出来,如对家庭内人际和谐的研究。家庭内代表性的人际关系主要有父子、兄弟和夫妇,但是很多人把注意力盯在"孝悌"之上,并且也没有深入研究。实际上,先秦儒家对于家庭集体的和谐相处关系,有着一定的强调,如"父父,子子""父慈,子孝,兄良,弟悌,夫义,妇听,长惠,幼顺""父子笃,兄弟睦,夫妇和,家之肥也"等等。

(三)诚信

"诚信"体现了诚朴求是、尊重客观规律、遵守诚信、遵守礼仪、遵守法度精神。"诚"即内心真诚,思维无妄,"信"对"诚"起到了守护维持的作用。在儒家思想中一直建议人们对"诚信"付诸行动中,重视言行一致,知行合一。"诚信"之德,是个人安身之本,是国家立国之策。

《中庸》和《孟子》两个文种都把"诚"升华为天道的高度。《中庸》说:"诚者,天之道也;诚之者,人之道也。""诚者自成也,而道自道也。诚者物之始终,不诚无物,是故君子诚之为贵。诚者非自成己而已也,所以成物也。成己仁也;成物知也。性之德也,合外内之道也,故时措之宜也。"内心表现出至诚的人才能显露出其本性,才能实现其真实本性,把仁善的品德体现在社会方方面面,这样才能使天地万物的本性得到前所未有的实现。如果人们无论何时何地都能发扬善心从而爱惜万物。人列三才与天地并称。儒家这种至美的思维境界让我们每个人为之向往,也让我们不断去努力。《孟子·离娄上》也讲"诚者,天之道也;思诚者,人之道也"。诚是人生当中最淳朴自然的原始状态,而对于"诚"的向往,则是人们自主性的体现。

儒家思想中之所以把"诚"比作是万物的天性,正是因为他具有一种神圣而富有灵性的道德规范。《中庸》从多个方面指出"诚"在人的德性当中所体现的重要点和必要点。一是诚能使人明善:"诚则明矣,明则诚矣";二是至诚可以使人转变:"其次致曲,曲能有诚,诚则形,形则著,著则明,明则动,动则变,变则化。唯天下至诚为能化";三是诚能让我们内心澄澈。"至诚之道,可以前知","唯天下至诚,为能尽其性;能尽其性,则能尽人之性;能尽人之性,则能尽物之性；能尽物之性，则可以赞天地之化育；可以赞天地之化育，则可以与天地参矣"①。正是在《中庸》主诚思想的基础上，孟子把"思诚"界定为人之道，同时说明了诚的意义所在②。心诚能让人理性做人，诚以待人，感动别人，孟子把"思诚""至诚"设定为基本准则，还告诉我们感化人的作用。还将"诚"进行深化，将其转化为人生基本道德准则让人们去领会发扬。

（四）中庸

"中庸"即推行"中道"，告诉人们远离极端，体现了自我规范、自我修持、自我提醒和自我完备。告诉我们要树立公平、求是、协调的作风。我们知道的"执其两端，用其中也"，是一种辩证统一的，和谐的思想思路与行事作风。

"中庸"是儒家思想的另一个重要概念。"中庸"源自于《论语·雍也》。原句为："中庸之为德也，其至矣乎！民鲜久矣。"孔子把"中庸"阐释为崇高的品德。在经他的门人弟子加以充实弘扬，总结出完整的"中庸"体系。朱熹在《中庸章句》里解释，"中者不偏不倚，无过无不及之名""庸，平常也"。因此我们可以了解到"中庸"中心思想是"过为己甚"，实质上属于质量互变规律中"度"的规定性。中庸之道本身不是一个一成不变的机械性质的概念，而是一个瞬息万变的动态思维。即"君子之中庸也，君子而时中"。世界万物都是对立统一的，也是相互矛盾着的，所以"中庸"这样一个介于两者之间的思维，对事物发展起到了决定性的作用。

中庸思想融入到了天地万物的各个方面，从日常生活的方方面面到人与自然社会，繁复的人类社会与自然界，都遵循着和谐的平衡生存方式。在践行的过程中，"中庸"作为人们熟悉事物和处理问题的方式，正是来源于对事物的正确理解，也是最恰当的方式。中庸在儒家思想中既是道德情操，又是办事方式。孔子首先提出"中庸"这个概念。在《论语·雍也》中，子曰："中庸之为德也，其至矣乎！民鲜能久矣。"这里，把中庸诠释为一种崇德高尚的境地。在儒家看来，"喜、怒、哀、乐之未发，谓之中，发而皆中节，谓之和。中也者，天下之大本也。和也者，天下之达道也"（《中庸》）。中庸是事物瞬息万变的平衡，稳定，和谐的完美体现。"中""和"同时被视为宇宙万物基本原则，中庸的法则不但是

---

① 李祥俊：《儒学人与自然关系论探析》，载《北京师范大学学报（社会科学版）》2006 年第 4 期。

② 王秀臣：《"礼义"的发现与〈孔子诗论〉的理论来源》，载《江海学刊》2006 年第 6 期。

万物之道,又是为人处事之道。中庸的字义正好可以作为调节平衡的传统生存核心,在让人们身心得到平衡的同时,对正确认识世界观和方法论有着积极向往的一面。这样对人们的行事方法提供了有效的指导思想,让人们心中有尺度,不偏不倚,不卑不亢,多圆融,少戾气。尽管周遭世界瞬息万变,那我们的心,也是岿然不动的生生不息。

孔子认为,中庸不是一成不变的、固有的,"中"的方法准则要根据时代以及形势的变化而与其相适应。但不论外在世界怎么变化,衡量对与错的标尺是永远不变的。这是孔子中庸思想体现真理性的地方。体现了儒家以建立和谐秩序、谋求和谐发展为最终目的的精神实质。

二、儒学核心价值观与社会主义核心价值观的关系

党的十八大报告指出:"倡导富强、民主、文明、和谐,倡导自由、平等、公正、法治,倡导爱国、敬业、诚信、友善,积极培育和践行社会主义核心价值观。"这一论述汇聚了中国传统文化的主体思想,总结了体现现阶段汇集全国各族人民共同认识的社会主义核心价值观的根本宗旨和具体内容,充分展现社会主义核心价值观对我们的新的期望和新的要求[1]。

《礼记·礼运》描写了一个"天下为公"的"大同"社会,孔子入世为邦,其最终目的就是建立一个天下为公,以德治、礼治为要求的理想社会。孔子着重强调人们之间关系的和谐,告诫学生"言忠信,行笃敬",孔子提醒我们"己欲立而立人,己欲达而达人"的等差之爱实现爱自己及他人的境界。[2] 他首先树立了"老者安之,朋友信之,少者怀之"的志向,而且高度评价"修己以安百姓""博施于民而能济众"的高尚胸怀。也正像他表达的:"大道之行也,天下为公,选贤与能,讲信修睦。"由此可见,儒家所描绘出的社会蓝图,是全方位的和谐盛世。这样的蓝图中,人们生活和谐,相处友好,积极努力,齐创盛世。这是儒家政治理想的最高点。比如:富强、民主、文明、和谐是体现在国家层面的价值导向。早在东汉时期,班固就在《汉书》中表达出"国富民安"的观点,只有国家安定强大,生活在国家之内的人民才能安居乐业。"民主"的内涵出自《孟子》,当

---

① 蓝红:《社会主义核心价值观与我国公民道德建设》。
② 李冉冉:《儒学与社会主义核心价值观的关系探析》,载《商》2015 年第 41 期。

中提出"民为贵,社稷次之,君为轻",只有达到民贵才能达到理想的民主层次,顺应人民的意愿才能表现出以民为贵。"文明"便是儒家思想所说的"礼",一直重视礼让的社会氛围,着重于构建和谐社会。"和谐"依托着文明而生,"和谐社会"表述,来源于先人又高于先人。当今社会提出的"和谐"是马克思主义引导下的和谐社会理论。马克思认为,人是社会的人,社会是人的社会。这就是说,人应当融入社会,社会也应当融入人①。

我们可以从社会主义核心价值观中看出,它与儒学核心价值观是径直继承而不是间接的。其中社会层面最终转化为个人层面,其目的也完全是为了人民利益,国家与人民视为一体,提倡爱国的儒家思想最终必然是回馈于人民。"为国为民"与《大学》中"修身齐家治国平天下"呼吁遥相呼应。通常我们提起"爱国",我们应该会想到岳母在岳飞背上所刺的"精忠报国"四个字,"忠"也是儒家价值观念的核心之一,儒家学派虽提倡民贵君轻的理念,但不是封建制度的倡导者。真正想表达的是"尽心曰忠",做一个忠贞之士。曾子所说的"为人谋而不忠乎",也是价值观中"敬业"的古代释义。诚心敬业做事,谦虚认真做人,即是爱国。提到"诚信",儒家仁、义、礼、智、信"五常"中,"信"字赫然占据一席。"仁、义、礼"三常与"仁者爱人""己所不欲,勿施于人"等内容,就使儒家站在"友善"的角度审视问题。社会主义核心价值观与儒家思想,站在历史的高度完美的相合相成②。

社会主义核心价值观和儒家思想源自一脉,但并不是没有区别的,而是与所有的传承如出一辙,是继续传承和延续发展的关系。比如,社会主义核心价值观中的"自由、平等、公正、法治",儒家学说当中没有提到,这便是继承之后的开创性发展。儒家提倡的五常当中"智"的道理,"格物、致知、诚意、正心"的正确观念,"忠、孝、悌、节、恕、勇、让"的高贵品质,同样是对于一个国家正确价值观的树立和良好品德的宣扬,儒家思想可以对其进行进一步的补充与提供支持。社会主义核心价值观和儒家思想实是彼此依靠,相辅相成,出自同宗。

---

① 中国网:《弘扬优秀传统文化与培育核心价值观》。
② 张小平、陆信礼:《论儒学价值观在社会主义核心价值体系中的作用——对儒学与马克思主义互动关系的一点思考》,载《马克思主义研究》2012 年第 5 期。

三、儒学核心价值观的当代影响

悠久的中华文明的大树结出社会主义核心价值之果。这就是告诉我们当今培育和践行社会主义核心价值观,要依据历史总结出的经验,作为精神层面的依据。中国数千年文明变化不断,沧海桑田,尽管历史的舞台变幻莫测,但儒学核心价值观却从未改变其内涵,始终作为指导国家前行、衡量社会发展、警醒个人存世的一项重要准则,渗透到各行各业的方方面面。借用一句名言"无所逃于天地之间",也就是说,儒学的核心价值观有着很广阔的时间范围与空间。

改革开放以后,随着我国综合国力的不断提升,我国政治、经济的不断发展,思想和社会的不断进步,人们的思想观念和社会价值体系正经历着巨大的考验与变化。伴随着中西文化交流的日趋深切,多元价值观的形成也成为必然。当代人们的价值观念,也呈现出各种各样的特色。在当代价值观多元化格局下,尽管积极、正能量的价值观仍占据一席之地,但品德缺失的现象也着实让人心寒。掺杂到当代社会教育中的急功近利与恶性竞争,影响到了儒学以和为贵的价值核心,现代的教育当中,人文素质教育遭到了弱化。同时也弱化了儒学精髓在社会道德教育中的位置。我们应该在现代教育中把握社会历史的传播承袭,汲取儒学精髓,树立主流价值观,这对于加强社会主义核心价值观有着重大的现实意义。

文化是一个全方位立体的统一整体,其本质内涵是价值思维和思考方法,尤其是内涵丰富的儒家文化在人们的价值观、人生观和世界观的养成中有着重要作用。人和自然的和谐,人与人之间的和谐,天人合一的观念,重义轻利的价值观念是儒家以人为核心的德行之学,其核心价值虽然不同的人有不同的认识,但总的来说还是可以达成共识的。儒学的核心价值是整体的儒学中出现最多的词汇,也是儒学中起统领作用的核心观念。孔子传道授业解惑,将仁的思维渗透到人与自然、人与社会、人与万物等一切哲学领域,形成了完整的价值体系。"仁"是一个包罗万象的范畴,可以包括"恭、信、宽、敏、惠"等五个方面。在社会的人文教育、德育教育方面,教育工作者应该注重儒家文化中的经典思想对大学生价值观的影响,在教育教学中加大儒家经典文化的教育①。

在华夏五千年的文明演变中,衍生出许许多多人类文明与文化,想要让中华民族优秀的传统文化与现代文明相适应,相协调,让大众愿意去了解学习,并且将其推广开来,我们就应该将其赋予丰富内涵,让其历久弥新,并弘扬光大,把继承弘扬传统文化的时代使命、基于本国又面向世界的现代中国文化衍生出的新的文化成果弘扬出去,将世界各国人民所传承的灿烂文化与中华文化进行融合与借鉴,切磋与交流并对融合后的中华文化加以赋予新的生命含义,让其迸发出新的生命活力与光彩。

研究儒学核心价值观的意义,可以概括为以下几个方面:

(一)有利于培养崇高的理想信念

儒家哲学思想包含多重含义,蕴含着天道、地道和人道。孔子说"朝闻道,夕死可矣",希望人们弘毅致远以弘道,不但追求崇高的社会理想,同时可以感受到精神与情感的提升把社会理想渗透到人们内心化以人的情感需求。这对于树立崇高的理想信念,把个人信念与国家理想融为一体,把个人奋斗融合到实现社会主义现代化的前行奋斗中,为实现中华民族的伟大复兴而努力,无疑是有帮助的。

(二)有利于树立强烈的责任感和使命感

在儒家思想的过程中,重责任、讲担当,已经成为天下有识之士的无形中的责任。宋代范仲淹"先天下之忧而忧,后天下之乐而乐",把较强的文化担当作为责任层面中的最高理想,把胸怀天下的责任意识渗透到人们对人格的培养和向往上。无论是孔子诚朴求是的"君子"形象,还是孟子超脱世俗、浩然于世的"大丈夫"人格,无不体现他们的勇于担当品质。这将激励人们肩负起高度的社会责任和时代使命,为实现中华民族的伟大复兴而努力奋进。

(三)有利于养成高尚的道德情操

儒家崇尚"德"。在政治上"为政以德,譬如北辰,居其所而众星共之"。在法律上"德主而刑辅","治之经,礼与刑,君子以修百姓宁。明德慎罚,国家既治四海平"。[①] 关于经济发展,儒家倡导"君子爱财取之有道"。儒家强调无论

---

① 阎乃胜:《荀子道德教育思想的时代特征——兼论社会大变革对道德教育思想的影响》,山东师范大学硕士学位论文,2007 年 4 月。

做人还是为政,都要修身。儒家文化对于道德的重视以及精辟的修养身心方式,在培育和践行社会主义核心价值观方面,尤其是对于青少年道德素质的提高,有着无可替代的积极作用。

(四)有利于保持积极向上的精神风貌

儒家所提倡的"刚健有为、自强不息",要求人们有高度的自主意识,自觉培养迎难而进、发奋图强的精神,强调在困难面前不低头、不退却,迎难而上、锐意进取,这必将激励一代又一代中国人始终保持昂扬向上的精神风貌,开拓创新,锐意进取,为中华民族屹立于世界之林,始终走在时代前列而不懈努力。

(五)有利于提升高度的民族气节

儒家的荣辱观,对于我们树立社会主义核心价值观具有普遍的现实指导意义。因主观内在原因所导致的荣辱为义荣、义辱,因客观外在原因所导致的荣辱为势荣、势辱。所谓"君子可以有势辱,而不可以有义辱","君子无爵而贵,无禄而富,无言而信,不怒而威,穷处而荣,独居而乐。"①儒家这种关于荣辱之内外两端的划分,以及对于义荣的高度重视,体现了其重视精神气节、重视内在追求的基本价值取向,这对于提高人们的精神境界,在全社会树立良好风气,提升民族的精神气节助益良多。

(六)有利于弘扬浩然的社会正气

儒家对是非之心的重视,提醒了一代又一代人在大是大非面前,在国家民族生死存亡之际,舍生取义,谱写了无数可歌可泣的壮丽诗篇。儒家文化作为中国传统文化的主体,几千年来已深深融注于中华民族的血液之中,可以说"中华民族的兴衰荣辱,都能从不同角度显示出与儒家不同程度上的关联",在培育和践行社会主义核心价值观的过程中,儒家文化的历史地位和社会影响都不容忽视②。

孔子所传授的儒家学说以及在博大的中华文明基础上发展起来的儒家思想,对中华伟大文明的发展影响深远。儒家思想与中华民族发展过程中迸发出

---

① 宋业春:《先秦儒家荣辱观研究》。
② 刘辉:《儒学对培育和践行社会主义核心价值观的积极意义》,载《新长征》2014 年第 10 期。

的百家争鸣的其他思想一样,承载了五千年中华文明的奋斗史与发展史。其中人们的精神思维、文化成果以及各种活动,都处处体现着中华民族的精神追求。也是中华民族保持生命力、不断强盛的源源动力。孔子继往开来,删述六经,构成了中国传统文化价值体系的基本框架,同时也凸显了以"仁爱"为核心的主旨精神。培育和践行社会主义核心价值观一定要依托中华优秀传统文化。

习近平总书记指出:"深入挖掘和阐发中华优秀传统文化讲仁爱、重民本、守诚信、崇正义、尚和合、求大同的时代价值,使中华优秀传统文化成为涵养社会主义核心价值观的重要源泉。"在五千多年的文明演变过程中,伟大的中华民族荣生出博大精深的灿烂文化。为了使中国文化中最基本的核心与当代文化相适应、相协调,应当以人民群众所喜爱的方式进行推广与传播。

(作者工作单位为长春市孔子研究会)

创新是中国儒学的核心价值之一

余怀彦

汉以前,创新是中国儒学的核心价值和主导价值,中华民族是一个伟大创新的民族。这一点在全世界是没有争议的。《易经》是儒学的根,它把天地人的关系讲得很透,天地人被称为三才,而人被称为三才的中心,形成了人与天的关系,人与地的关系,人与人的关系。虽然有点神秘,要人们根据自己的处境去慢慢体会,但把复杂的主客体的世界统一起来了。孔子说"五十以学《易》,可以无大过矣""化而裁之谓之变,推而行之谓之通""滔滔者天下皆是也""百家争鸣""和而不同",这些话说明了那时人人都在创新!

因此,世界各国把中国先秦儒学称为"早熟的智慧"。

汉以后,创新不再是官方的中国儒学的核心价值,也不再是中国儒学的主导价值。因为秦汉建立了中国的皇权专制社会,汉武帝推行罢黜百家,独尊儒学。

但由于当时官方的控制力有限,虽说是"罢黜百家",但仍然是罢"而不"黜"。其他各家仍有广泛的活动空间。另外,对外交流仍很频繁,这种交流必然刺激创新。

现实的生产活动和军事活动也在刺激创新。在民间,许多地方和方面,虽然当时很多人相信天命,但却认为"惟命不于常"(《周书·康诰》),甚至"人定胜天"。虽然已经极大地加强了王权的权威,但仍然承认"将在外军令有所不受",周亚夫灭七国,就是一个典型。

中国人的创新能力受到极大削弱是在宋以后,以"三纲"为代表的宋明理学,简称朱子学,被法制化,被抬高到神圣不可侵犯的地位。但在这个阶段,也不是一点创新能力和机会都没有了,宋明理学中还有张载的"气学"。张载因其气论而大受赞赏,"如皎日丽天,无幽不烛"[①](王夫之语)。"气"的观点,中

---

① 《张载集》,第409页。

国古已有之,但大多语焉不详,如庄子的"野马也,尘埃也,生物之以息相吹也";东汉王充的"天地合气,万物自生"。中国历史上谈"气"的哲学家还有不少,闪光点也还有一些。然而,只有到了张载这里,"气"才成了颇为系统和完整的学说。在他看来,充斥宇宙无非气,这较之中国传统的"五行"(金木水火土)学说,是一个认识上的大飞跃,"气"比之"五行",更具普遍性,更少受物象的束缚。

张载指出,气的宇宙由太虚和万物构成。"太虚即气"①,"太虚"是气的一种,是不可见的物,但并非无,较之可见的(万)物,它是更根本的,或可称之为"气"的本然状态,"气之本体";万物亦由气化而成,它是气的另一种存在形式,气有阴阳、清浊之分,"由气化,有道之名"。由阴阳、清浊之道的各种组合,气产生了万物:"气块然太虚,升降飞扬,未尝止息,……浮而上者阳之清,降而下者阴之浊,其感通聚结,为风雨,为雪霜,万品之流行,山川之融结,糟粕煨烬,无非此教。"②也就是说,太虚和万物都是气的存在形式,它们是一体的,气聚而为万物,散而为太虚,变易而各乘其时,各居其位,死生一致,死而不亡,这种变化是有规律的,万物一体之"道"和"理"均在其中也。这也就是"天道"或"天理","气不能不聚而为万物,万物不能不散而为太虚"③。如此循环往复,以至于无穷。这也就是说,"天地之间,气一而已"。人作为宇宙的一分子,自然也是由气构成:"乾称父,坤称母,予兹藐焉乃浑然中处。故天地之塞吾其体,天地之帅吾其性,民吾同胞,物吾与也。"④

平心而论,张载这种宇宙观,在气的一元论的基础上,已经较好地说明了世界的统一性和它的发展变化的道理,在他那个时代,于世界上无疑是最先进的。

中国创新能力最差的是明代。朱元璋夺得天下后,实行最严格最残酷的专制,反对孔子的"仁学",更反对孟子的"有德者居天下"的"义学",主张"君权神授"。将违背"三纲"与"十恶不赦"挂钩。科举取士采用八股文。对于稍有异议的,一律"格杀勿论"。对外逐步实行海禁,禁绝民间与海外的往来。

但也不能说,中国人的创新能力就完全灭绝。

事物都是相对而出的,有正必有反,反者道之动。中国儒学并不是铁板一

---

①　《张载集》,第409页。

②　《张载集》,第8页。

③　《张载集》,第7页。

④　《张载集》,第62页。

块的。就在程朱理学被官化、法制化、程式化登峰造极时，中国儒学的另一高峰——阳明心学诞生了！王阳明的学说就是在这样一个特殊条件下产生出来的。它是王阳明在极端痛苦的境遇下，经过反复思考后的突然顿悟。它并不是什么玄思妙想，而是非常务实和诚朴的行动哲学，是在危机中，为自己，当然也是为国家和社会，求生存和求发展的学说。它主要由三部分构成：

一、心即理

理在自己心中，在自己的良知里，"千言万语，是非诚伪，到前便明。合得的便是，合不得的便非"①。换句话说，就是要以自己的"心"，作为判断一切是非的依据。或者说，以自己的良知或理性，作为判断一切是非的标准。这就意味着，不能以任何权威，哪怕是权威如一国之君，不能以任何伟大人物，哪怕是伟大英明如孔子，作为判断是非的标准。"我就是我"，他人的看法，只能作为自己的参考。这里，王阳明并没有否定权威或伟大人物的意思，只是说，任何权威，任何伟大人物，都是有对有错的，他们的观点同样可能有时代和个人的局限性，需要用我们自己的良知或理性来进行判断。如果我们的良知或理性认为，这个权威或伟大人物的观点，是对的，是有益于"公"的，即使是和我们个人的利益或观点相反的，我们也要支持它，拥护它，为实现他提出的宏图而奋斗；反之，如果我们的良知或理性认为，这个权威或伟大人物的观点，是错的，是有害于"公"的，即使是和我们个人的利益或观点相同的，我们也要提出反对，"必绳愆纠缪，以引君于道也"。不管有多大压力，都要"守正不挠"；不管有多少利诱，"不阿意顺旨，以承君之欲也"，"虽万钟有弗屑也"②。王阳明知道这样做的风险性，但他视之为自己应尽的责任。这里的"公"，按照中国传统的理解，应当指的是广大民众的利益。

在王阳明看来，在是非问题上，权威和庸常应当是一律平等的，每个人都要随时随地坚持真理，修正错误。每个人的"言"，也包括自己的在内，都要用"公"来检验，看其是否有利于广大民众，是否能给老百姓带来快乐。众所周知，历史上许多专制政府的统治者，是不承认普通民众有判断是非的能力和权

① 《王阳明全集》，第93页。
② 《王阳明全集》，第841—842页。

利的,他们希望,一切由他们说了算。而王阳明的"心即理",却告诉每一个民众,这种能力和权利,本来就是属于你自己的,"向之求理于外,误也"。这个世界,没有救世主。只有你自己,才应当为你所作出的判断负责;只有你自己,才是你生命的主人;只有你自己,才是你世界的主宰。王阳明这里把"公"和"对的"联系起来,但没有对"公"作更详细的说明;他虽然把实践引入认识论,但并没有明确把它引入真理论。然而,无论如何,他的这个观点,无疑体现了一种开放的独立思考的理性精神,一种解放思想、实事求是的科学精神,一种要让人民群众真正当家做主的精神,一种勇往直前的主体精神。

二、知行合一

王阳明主要是强调行,强调实践。"知而不行,只是未知"。简言之,即说的,知道的,一定要去做,不管有多少艰难困苦,都要去实现它。不能知而不行,更不能说一套,做一套,"外冠裳而内禽兽"。这主要针对当时官场和学术界空谈心性,言行不一,言为圣贤,行若猪狗,口号大话满天飞,赃事丑事时时行的坏作风。

同时,要用"行"来检验"知"是否成功,来实现"知"的梦想,"真知即所以为行,不行不足以谓知""知是行之始,行是知之成"。它代表的是一种说实话,办实事,实心实学和艰苦奋斗的精神。

三、致良知

致者,行也;致者,至也。在王阳明看来,良知,人人皆有,小偷、强盗、杀人犯、贪官、骗子亦不例外。但"致良知",达至良知,却不容易。这里包含有两层意思:一层是,不管别人怎么议论,不管有多大压力,只要自己认为是真理的,是符合良知的,都要敢于坚持去做,敢于说真话,更要敢于实现它;如果是错误的,违背良知的,就要立即纠正。另一层是,良知,也可以理解为良心,这就意味着要诚心诚恳地关爱和帮助别人,把别人的痛苦当作自己的痛苦,"己所不欲,勿施于人"。不做任何有害于别人的事,要做有益于民众,使民众快乐的事。一句话,"致良知",就是要克服"私"字,实现公平正义。良知是本体,人人皆有,但许多人的良知都为病态的私欲所蒙蔽,所以才言行不一,假话真说,口称"一切为民",实则不择手段谋取私利,甚至去做伤天害理的黑心事。王阳明认为,良知,仅仅停留在"知"是毫无意义的,也可以看成是"无"。良知不是一种现存的知识,因此光靠书本和说教是不能解决问题的,不能"拔本塞源",那些贪官和骗子总是言之凿凿,说得比谁都好听。只有经过实践,有了不同的比较,言行达到一致,才能成为"有"。只有身体力行,经过千锤百炼,脱胎换骨,以巧妙的方式,战胜千难万苦,战胜各种威胁利诱,才有可能达到天人合一、心物两忘的良知境界。它既表示了良知的本源性,又表示了良知的复归,是一个艰难的"事上磨炼"的过程,需要有攀登万仞高山的韧性和耐心,也需要有实现良知的智慧和技巧。

这三个部分或这三种精神是有机统一的,丢掉了其中任何一个部分或一种精神,都会造成对王阳明学说的曲解,都会误入歧途或流入空疏。当然,王阳明晚年又指出,"心即理"和"知行合一",都可以包含在"致良知"的过程中。因此,他的学说,也可以用"致良知"三个字来代表;"致良知",也就是通常所说的"良知之道"。如果从认识发展的角度来说,"心即理",可以作为认识发展的第一阶段,即"无"的阶段;"知行合一",可以作为认识发展的第二阶段,即"有"的阶段;"致良知",可以作为认识发展的第三阶段,即"生成"的阶段。"致良知",是在行动中充分发挥广大民众的主体精神,身体力行,实现良知。

它是中国以至世界最富创新精神的哲学之一,是孔孟儒学的真正继承者,代表了中国人的精气神,它推动中国人正在走向伟大创新和人人创新的时代。

(作者工作单位为贵阳王阳明学会)

儒学核心价值观在社会主义
核心价值观中的体现

赵平略

　　儒学的核心价值观就是仁、义、礼、智、信,是早期儒家学者经过长时间提炼总结出来的价值观,得到了中国古代社会的广泛认可,可以说,已经上升为中国古代社会的价值观。社会主义核心价值观是 2013 年 12 月 23 日,由中国共产党新闻网公布,中共中央办公厅印发的。在《关于培育和践行社会主义核心价值观的意见》中,社会主义核心价值观的基本内容是:富强、民主、文明、和谐,自由、平等、公正、法治,爱国、敬业、诚信、友善。24 字核心价值观分三个层面:富强、民主、文明、和谐,是国家层面的价值目标;自由、平等、公正、法治,是社会层面的价值取向;爱国、敬业、诚信、友善,是公民个人层面的价值准则。实际上,这一表述亦有过较长时间的总结和提炼。儒学的价值观与社会主义的核心价值观提炼时间不同,一个是古代中国社会,一个是现代中国社会,但二者亦有着许多共同之处。

　　儒家核心价值观是社会主义核心价值观的重要基础。中国的社会主义制度是在中国这个土壤中发展起来的,也离不开中国这个土壤的诸多特点,作为社会主义的核心价值,自然也离不开中国传统文化的各种影响,脱离了中国传统文化,中国特色的社会主义就会是一句空话。儒家文化作为中国传统文化中的重要成分,也是最有影响的成分,当然会影响着中国特色的社会主义核心价值观。

　　让国家富强,以保证国民能够生活幸福,能够免受外来势力的欺侮,这是每一个当政者的仁爱之心,也是每一个当政者义不容辞的责任。而如何让国家富强,则考验着当政者的智力。同时,也是当政者对国民的承诺,是当政者赢得国民信任与支持的条件。让国家富强,其实就是要求当政者要做到仁、义、礼、智、信。

　　每一个当政者都只是在代表人民行使权力,因而,尊重人民的意愿,接受人民的监督,也是当政者的义。共产党号召人民起来推翻国民党的反动政权时,其中一个重要原因就是国民党搞独裁,搞专制,不搞民主。在社会主义制度下,实现广泛而真实的民主,实际也是共产党兑现自己的承诺,是共产党的信念。同时,实现真实的民主,就能更好地集中广大人民的智慧,能使当政者少走弯路,从而使国家更加富强,这也是当政者的智。如前面所分析的,使国家更加富强,也是当政者的仁爱之心。因而,实现民主,也是当政者的仁、义、礼、智、信。

让社会更加文明、和谐,让老百姓生活得更幸福,同样是当政者的仁爱之心,同样是当政者的职责,同样是当政者实现自己对国民的承诺。要使社会更加和谐与文明,同样需要当政者的智慧。也就是说,将国家建成文明、和谐的国家,同样需要当政者的仁、义、礼、智、信。当然,也需要每一个社会成员的仁、义、礼、智、信。

每一个人都希望自己的正当自由不受无理的、非法的干涉,保证每一个人的正当自由也就是全社会的责任。同时,每一个人也理应自觉地尊重他人的正当自由。因而,营造一个自由的社会环境,就是每一个人的仁与义。而干涉他人的正当自由,则不符合礼。尊重他人的正当自由,也就是守礼。每一个人都希望社会尊重他的正当自由,则实际上是每个人与社会有一个约定,就是要尊重他人的正当自由,所以,尊重他人的正当自由,实际上也是守信。千方百计窥探他人的隐私,就承担了一份守住他人隐私的责任。尽可能地控制他人,也就多了一份控制的担子。侵犯他人的正当自由,实际上是加重了自己的负担。所以,尊重他人的正当自由,同时也就减轻自己身上的压力,是一种智慧。所以,营造一种自由宽松的环境保证每一个人的正当自由,同样体现着儒学仁、义、礼、智、信的价值观。

平等地对待他人,是仁爱之心的表现。希望他人平等地对待自己,不因为自己的金钱、地位等方面受到歧视,也是每一个人的愿望。因而,人们实际上与他人有一个约定,就是要平等地待人。平等待人,其实也是信。自然,也是礼与义。平等地待人,才能得到平等对待。这时,面对权贵时就不会使自己感到压迫,面对弱小时就不会使自己自高自大。平等待人,其实也是一种智慧。

公正、法治也是如此。一个犯错误的人总希望自己受到的处罚是合法的,而不是除了受到法律的惩罚以外,还会受到更多的惩罚。薄熙来在济南中级人民法院受审时就肯定济南中院很人道,也就是说济南中院没有给他司法以外的处罚。"文化大革命"批判刘少奇时是说,要批倒批臭叛徒、内奸、工贼刘少奇,将其批倒批臭,打倒在地,再踏上一只脚。刘少奇有什么罪,就按他所犯的罪行处理就是了,该判多少年,就让他坐多少年牢就是了。但由于当时法治遭到践踏,说刘少奇犯了罪,却并没有对他进行审判,生了病,也不给他治,以致刘少奇最后冤死狱中。批倒批臭,把刘少奇的名字打一个大叉,或倒着写,这都是一个人格上的侮辱,是法外施法。每个人,其实都希望这个社会是一个法治社会,自己的财产不会无端地消失,自己的人身不会无端受到攻击。那么,努力营造一个法治社会的环境,就是每一个人应尽的责任与义务。无权的人守法,有权有势的人不滥用法律武器徇私舞弊,打击报复,公报私仇。这就是每一个人的义,做到这一点,也就是礼,是在守信。尊重法律,维护法治,当然也是仁。

公民希望国家强大,为国家强大而努力,也是每一个公民的责任。因而,对公民来说,爱国是义,是合礼,也是守信。而国家民主、文明、富强,公民们就会生活得更幸福,因而,爱国也是智,是仁。

在一个岗位工作,拿一份工资,就意味着一份责任。在私营企业,是拿着企业主的钱,承担了企业主的托付。在行政事业单位,则是拿着纳税人的钱,一方面承受着人民的信任,一方面承受着上级的信任,更是有着双重责任。因而,做好自己的本职工作,就是对得起他人信任,是义,是礼,也是信。做烧饼的保证烧饼的质量,保证原料的卫生,品质好;教书的千方百计挖掘学生的潜力,提升学生的素质;当领导的真心实意地为人民服务,不滥用纳税人的钱拉关系,走后门。这也是有着仁爱之心的表现。而做好自己的本职工作,也更有利于自己的发展,因而,这也是智。

在所有的交换关系中,坚持诚信,首先是信。其次,也是仁,因为诚信待人,就意味着对人是尊重的。也是义,是礼,我们希望他人对我们诚信,我们就应该对他人诚信。只有诚信才能换来诚信,讲诚信的人更能收获诚信,所以,诚信也是智。

我们在大街上走着,如果迎面来的一个陌生人用冷漠或蔑视的眼光扫你一眼,这会使自己很长时间不舒服的,甚至许久都忘不了这样的眼神。所以,友善也是人们的基本需要,不仅是对家人要爱,对朋友要爱,对同事要善,就是对路人,也要怀着一颗友善之心。时刻保持着这种友善之心,就是仁。如前所分析的那样,也包含着义、礼、智、信。

总之,在社会主义核心价值观中,其实都包含着儒家的核心价值观,即仁、义、礼、智、信。这绝不是贬低社会主义核心价值观的意义,恰恰相反,这正说明社会主义核心价值观不是闭门造车,不是一厢情愿,而是吸取了中国传统文化中的优秀成果,吸收了世界先进文化的优秀成果。社会主义的优越性不在于其与资本主义的不同,而在于其对于优秀文化、优秀成果的吸纳。当年,我们认为社会主义的优越性就是公有制,是计划经济。今天,公有制已经不占优势,计划经济已经让位于市场经济,但我们还是社会主义。这说明,社会主义的特点不是公有制,不是计划经济。我们始终提的是坚持改革开放,改革,就是要改掉那些不利于社会发展,不利于人民生活水平提高,不利于广大人民群众幸福的各种条条框框,改掉这些,不等于就不是社会主义了。我们仍然是社会主义。所以,社会主义不等于我们今天正在运行的各种形式。而在这些改革中,我们既会吸收中国传统文化中的优秀成果,也会吸取资本主义社会的优秀成果。所以说,社会主义的优越性正在于它对优秀文化传统的吸纳。

在谈到儒家应该如何对待佛教与道教时,王阳明的弟子张元冲与王阳明有一段对话,值得我们借鉴:"元冲曰:'二氏作用,亦有功于吾儒者,不知亦当兼取否?'先生曰:'说兼取便不是了。圣人尽性至命,何物不具,何待兼取?二氏之学皆我之学,即吾尽性至命中,完养此身谓之仙,不染世累谓之佛。后世儒者不见圣学之全,故与二氏成二见耳。辟之厅堂三间,共为一室,儒者见佛氏则割左边一间与之,见老氏则割右边一间与之,而己则自处于中间,皆举一而废百也。'"当时,一些激进的儒家学者谈到佛家、道教,就是一味地排斥。王阳明认为,儒家中可以有道家的成分,也可以有佛家的成分。儒家主张摆脱世俗名利的束缚,获得身心的自由,这就是佛家的主张。儒家主张爱身、养生,这就是道家的主张。以为是儒家,就非要与佛家反着来,与道教反着来。这一反,就把二家的优秀的东西也反掉了。视野再开阔一些的时候,还要反掉基督教的优秀的东西,反来反去,儒家也就成了一个怪胎了。

这样的教训我们当年其实很多,因为资产阶级讲人性,当年我们就反人性,因而,就有了"文化大革命"时期的残酷斗争。耿直的彭德怀被斗死了,想改正大跃进错误的刘少奇被斗死了。但愿这样的事情不再发生。

(作者系贵阳学院阳明学与黔学研究院院长,贵州省阳明学会副会长兼秘书长)

传统中道思想的转承与社会主义
核心价值观的培育践行

魏　涛

　　中国素以"礼义之邦"著称于世,受到世界各国的仰慕和尊敬。可是近代以来,国人特别是一些激进知识分子在"五四"时期,将国家落后的原因归咎于传统文化,对"礼教"给予猛烈批判,认为礼教一无是处,必欲尽除而后快,礼义传统遭受重创。实际上这种批判是过于情绪化的。不重视礼义之教,使我们与"礼义之邦"渐行渐远,国人的道德形象和国家形象受损。在经历了百年曲折坎坷之后,在中华民族出现文化复兴曙光的新形势下,在实现中国梦的过程中,我们越来越深刻地体会到对国人进行礼义之教和重塑中国礼义之邦的国家形象的重要性,为此,就必须重申礼义的价值,重建当代的礼义精神。而这里的关键,则在于要把握传统礼义的根本精神——中道。

一、传统思想的精粹在于中道

　　首先,中道思想是传统儒家为中国文化所开辟出来的一个鲜明的中国特色的文化路径。在清华简《保训》中,李学勤先生首先认定这是周文王临终时训诫太子的"遗言",这位太子就是周武王姬发。① 人们惊奇地发现,周文王临终时谆谆嘱托的竟然就是一个中字。他要求了解民情,了解人生,深入社会,认识社会,从而准确把握矛盾,尽量处事以中。《逸周书·五权解》记载,武王临终时,同样希望儿子尽力做到"中"。于是,他对辅佐成王的周公说:"先后小子,勤在维政之失。"要他勤勤恳恳,力求避免政治上出现偏失。武王还希望儿子"克中无苗"。"苗"通"谬",即谬误、偏失。意思是尽力做到适中无邪,以"保"成王在位。武王接着说:"维中是以,以长小子于位,实维永宁。"既要

---

　　① 李学勤:《周文王遗言》,载《光明日报》2009 年 4 月 13 日;李学勤:《论清华简〈保训〉的几个问题》,载《文物》2009 年第 6 期。

"保"其在位,又要"长"其于位,使他在王位上尽快成长起来。那么,怎么成长?就是要"维中是以","以"的意思是"用",即维中是用。文王、武王以后,周人认真遵行了"中"的思想。西周时期,"中道"思想很受重视。周人重视"中道",是因为他们以"中道"为"人道"。《逸周书·武顺解》有一个重要论述,反映了那时人们的观念:"天道尚左,日月西移;地道尚右,水道东流;人道尚中,耳目役心。"显然,此后孔子儒家的"中道"哲学与《保训》里的"中"应该是一脉相承的。梁涛先生也指出:"孔子以前,中国古代已存在重视中道的思想传统,孔子、子思都试图通过中来统一仁、礼的关系,'合外内之道'。"①孔子"祖述尧舜,宪章文武",对历史文化站在历史的高端上进行了系统地凝练和提升。用梁漱溟先生的话说,"孔子以前的中国文化差不多都集中在孔子的手里",孔子所继承的前人成果,其精髓恐怕应该就是"中道"思想。从尧舜时代到西周时期的文王、武王,这个"道统"传承直接影响了孔子的学说,直到子思作《中庸》,将孔子儒家的中庸思想记录下来。《中庸》所包含的,实际是中国两千多年的思想成果,"致中和,天地位,万物育焉"。汉唐时期,思想家们说的"道统"便是"中道"的传承统绪。从董仲舒的"德莫大于和,道莫正于中",扬雄的"动化天下,莫上于中和",王充的"阴阳和则万物育",到王弼、郭象的"自然之分尽为和",王通的"直其中者,其惟圣人乎"的中道思想的不同侧面的传承,儒家的中道思想深刻影响了汉唐时期的文脉传承和思想建构。尽管自韩柳之后的儒者大多视汉唐诸儒偏离了原始儒家的发展轨道,但持中、守中的价值理念却以思想暗流一直对于百姓的日用伦常施发着潜在的影响。这样的历史事实是不可以抹杀的。理学的产生与发展尽管是在批判佛老流于空虚之困,但对于佛老产生了重要影响。二程把儒家的中道观推&到广大精微完备严密的极致之境,并对后世产生了巨大的影响。朱熹在《中庸章句》前言中说:"子程子曰:不偏之谓中,不易之谓庸。中者,天下之正道,庸者,天下之定理。此篇乃孔门传授心法,子思恐其久而差也,故笔之于书,以授孟子。其书始言一理,中散为万事,末复合为一理,放之则弥六合,卷之则退藏于密,其味无穷,皆实学也。善读者玩索而有得焉,则终身用之,有不能尽者矣。"(《四书章句集注》)可见,儒家学者对中道理论是何等重视。朱熹通过注释《中庸》等,在沿着周、程、张的中道观

---

① 梁涛:《清华简〈保训〉与儒家道统说再检讨》,见孙熙国、李翔海主编:《北大中国文化研究》第2辑,社会科学文献出版社 2012 年版。

前进的同时,阐发了自己的中道观,使之更加严密完善。周程张朱之后的儒家学者,沿着他们的思维路径继续前进,使中道作为大本、达道至德,而日臻完整,深入人心。于中可见儒家的宇宙论与道德论方法论修养论的统一性、相融性。① 通过中西哲学的比较可见,孔子把中庸、亚里士多德把中道都视为一种至高的美德。孔子对中庸思想极为推崇,他在《论语·雍也》中说"中庸之为德也,其至矣乎",认为中庸是至德,是道德的最高境界。孔子推崇中庸,要求君子的道德修养既不能"过"也不能"不及",主张"君子矜而不争,群而不党""君子贞而不谅""君子惠而不费,劳而不怨,欲而不贪,泰而不骄,威而不猛"。孔子认为,如果违背了中庸之道,美德就会变成恶德,"恭而无礼则劳,慎而无礼则葸,勇而无礼则乱,直而无礼则绞",也就是说,做任何事都不能过度。亚里士多德在伦理观上把中道视为一种美德。他认为,美德就是既能使人成为善人,又能使人圆满地完成其功能的品性,这种品性也就是中道或恰到好处。在中的问题上,古希腊文化埋藏有相应的因子,但在后来的西方文化中并未占主流,也未产生重要的社会影响。而中国传统的中道思想却广泛影响了社会生活的方方面面,形成了一个在庞朴先生看来独具中国特色的"一分为三"的辩证法。

其次,中道思想是儒释道思想的最终会归点。《尚书·大禹谟》中有"人心惟危,道心惟微,惟精惟一,允执厥中"的"执中"之论,此为后世儒家学者视为儒家道统的"十六字心传",产生了巨大的影响。"中"为总括全文的极致,即"道心"为大中至正的最高原则,"从容中道"的最佳功能。罗汝芳在《近溪语录》中解释道"虞廷说:道心惟微夕,微前难见,所以要精,精则不杂,方才能一,一则无所不统",故能"允执厥中"。这个解释是符合"中道"原义的。"中庸"作为道德论方法论,是孔子儒家思想的核心。在佛教中国化过程中,正是那些大德高僧有效实现了与中国本土以中道思想为核心的儒家思想的融合,才开创了中国历史上第一次外来文化中国化的成功范例。《般若经》流行后,般若直观思维方式日益成为佛教观察、认识事物的基本模式。继《般若经》之后的小品《宝积经》就宣扬用般若观察、认识事物的基本模式。继《般若经》之后的小品《宝积经》就宣扬用般若作为观察一切现象的"根本正观"。小品《宝积经》超越了单纯的空观,主张既是空观,又不着空观,既离去"实有"一边,也离去

---

① 姜国柱:《儒家的中道观》,载《南京政治学院学报》1998 年第 1 期。

"空观"一边,即离去两边,提倡"中道",并把这种"中道"固定地运用到"正观"方面,形成了中道观。龙树在《般若经》和《宝积经》的思想基础上继续前进,他把"中道观"即"中观"作为彻底批判偏执一边的部派佛教的基本武器,作为阐发中观学派理论的根本方法,从而进一步丰富和发展了佛教"中道观"的理论。① 龙树所谓的中道介于有与非有的断定之间。所说道理,不堕极端,脱离两边。其思想广泛深远地影响了后世佛教理论的建构。道家思想的创立者老子在《道德经》中提出了很多耳熟能详的理念如:天网恢恢,疏而不失;千里之行,始于足下;上善若水;天长地久;无为而治;以柔克刚,柔弱胜刚强;……天下万物生于有,有生于无;有无之相生;清静可以为天下正;无为而无不为;祸兮,福之所倚;福兮,祸之所伏;治大邦,若亨小鲜;图难于其易,为大于其细;不敢为天下先;哀兵必胜;善胜敌者,不与;知者不博,博者不知;知者不言,言者不知等等,至今仍有现实的借鉴意义。这些理论的核心即在于"贵柔"和"无为",这里的贵柔和无为不是绝对的柔和无所作为,而是倡导要把握万事万物的尺度,不可过分的改变事物自身的运行规律,把握好有与无之间的尺度,进而去发挥人的主体性。在这个意义上,与儒家的中道思想无疑具有一定的相通性。综上,我们说,无论是儒家、佛家还是道家那里,实际上都是要强调在认识世界和改造世界的过程中要把握好分寸,掌握好火候,即都在自觉地践行着中道思想,避免极端化的思想倾向。而这也成为宋明以来儒释道三家能够会通的重要原因。中国思想史发展到后期,可以讲既没有纯粹的儒家,也没有纯粹的佛家和道家,借由中道思想的暗流,它们在自觉不自觉地走向了合流与融通。

最后,中道思想为中华文化赢得了广泛的世界认同。重视和谐、和合被认为是中华文化最鲜明的特征。中华文化精神上追求"天人合一",政治上崇尚"礼乐教化",文化上主张"和而不同"。这些理念越来越得到世界的认同,对当今世界的和平产生着重要影响。在以"儒学与世界的和平与发展"为主题的"国际儒学联合会第五次代表大会暨纪念孔子诞辰2565周年国际学术研讨会"上,来自世界50多个国家和地区的专家学者对中国儒学在当今世界的价值予以广泛认同,而使得中国文化世界影响力不断提升的最为重要的原因恐在于传统的中道思想。有现代西方学者经过审慎的中西比较之后说道:"在孔子学说的影响下,伟大的中华民族比世界上别的民族更和睦和平地共同生活了几千

---

① 方立天:《般若思维简论》,载《江淮论坛》1989年第5期。

年。"又说："孔子提出的方法是简单的。也许你不会马上就喜欢它,但是其中却蕴含着比人们第一眼所看到的更多的智慧。"孔子的智慧来源于他对以往历史的总结。历史给了孔子一个制高点,在他的时代,似乎没有人比他更有仁德,也没有人比他更博学、更睿智。他与常人所不同的,就在于他立足更高,所见更远。他思考人性、思考人道,同时也思考天地之道,他整体、系统而动态地观察世界。从他敬仰的"先圣""先王"那里,他看到了"允执其中",看到了"中道"。通过继承、凝练与提升,孔子达到了他认识世界的最高境界。不理解"中庸",就难以真正了解孔子。近些年中国文化在走向世界过程中所开创的一个又一个良好的局面,除了与中国的综合国力日渐提升有很大关系之外,中道思想价值越来越被认同则成为其中一个重要的原因。

二、中道思想与传统礼义精神的践行

中道思想作为中国文化对人类文明的突出贡献,对中国社会所施发的影响往往通过"中""时中""中庸""中和"等概念在社会实践的具体活动展示出来。这中间最关键的就是历朝历代人们对"中庸"的理解与践行。对于"中庸",历代学者都做出过很多解释。"中庸"十分神奇,也并不复杂,甚至可以说十分简单,因为"中庸"就是"执中",就是"用中"。无论从《易经》,还是借助新出土的地下文献(即郭店楚简《五行》),都证明"中庸"即"用中"。那么,怎么用中呢?笔者以为,可以从"以礼为治"和"以礼为教"两个层面来做一个把握。

首先,中道思想深刻地影响了传统社会以礼治国的实践主导了"以礼治中"为主导的社会治理思想的形成与完善。宋代以前孔子故里曲阜孔庙的大门名曰"中和门",后更名为"大中门",可以想象宋代人心目中孔子"中道"思想的极其重要地位。孔子的"中道"思想之所以受到重视,是因为它是一种行为方式,是指导人们的重要思维方式,具有重要的、普遍的指导意义。无论为人处世还是国家治理,"中道"的应用体现在"以礼制中"。西周时期用"中"来教养国中子弟,其实就是教育引导他们"守礼"。同样,人的行为符合"中道",也就是明理修身,循道而行。《逸周书》说"人道尚中",同时说"人道曰礼"。礼,自然就是事物的道理,正如《孔子家语》中说的"礼也者,理也",《礼记·礼器》也说"礼也者,合于天时,设于地财,顺于鬼神,合于人心,理万物者也"。把握"人道",就应该了解事物的本质,了解社会和人生的发展规律。不然,要做到中,也只是空想。人们要守礼、要修身,就是需要把握好行为的尺度和原则。如儒家特别提倡敬、恭、勇,这些都是优良的品质,值得提倡,但也不能简单化。孔子说:"敬而不中礼,谓之野;恭而不中礼,谓之给;勇而不中礼,谓之逆。"敬,做过了头,就流于粗野;恭,做过了头,就流于奉承或者谄媚;勇,做过了头,就流于忤逆。所以,孔子说:"夫礼,所以制中也。"以礼制中,就是以"礼"(即"理")为行为准则,做事遵从客观规律。把握这一方法,就要"不过",也不要"不及";要不偏不倚,不保守,不冒进。例如"信"与"恭",孔子弟子有子说:"信近于义,言可复也。恭近于礼,远耻辱也。因不失其亲,亦可宗也。"人生境界高的人,不会像"硁硁然小人",而应像孟子所说,"言不必信,行不必果,惟义所在"。又如"和",有子说:"礼之用,和为贵。先王之道,斯为美,小大由之。有所不行,知和而和,不以礼节之,亦不可行也。"这就是说,不能为"和"而和,要以礼节"和"。这也是"中"的要求。每一个人刚出生时都天真无邪。随着年龄的增长,人对外部世界产生了一种认知。在外物的诱导下,"好"与"恶"的情感产生了。人被外物所"化"往往是无休无止的,如果是这样,"好"与"恶"的情感就应该有所节制,不然就会滑向危险的边缘。这个"节"能够作为人"情欲"与"天理"之间的平衡,以防止"人化于物",防止"灭天理而穷人欲",避免产生人间的罪恶。这个"节"就是"礼",处理得当即是"中"。

另一方面,作为致力社会和合的中庸思想指导了中国传统教化实践并产生了重要影响。为了使人们的行为符合社会规范,孔子强调"以刑教中"。所谓"以刑教中",不是指单纯的强制性的以刑罚强迫人们遵守"中道"的要求。正如政治治理中"徒法不足以自行"的道理一样,"以刑教中"还具有树立典型、正确引导的意义,而且这应该是"中道"方法教育中重要的方面。从实质上讲,"中庸之道"就是修身之道,也是君子之道。孔子主张仁政德治,他教育弟子,非常强调个人修养,教以诗书,导以孝悌,用仁义礼乐加以引导和启示,以成就道义、德行。这是人具体的修行方式与途径。《中庸》说:"喜怒哀乐之未发,谓之中;发而皆中节,谓之和。"心里对外界的正常反应是喜怒哀乐,这是人情之"中";其表达时有度有节,其结果被称作"和"。人心里面的那个"中",是人正常的情绪与心境,它的正常、适度、有节的表达,才会得到"和"的结果。而人"发而中节",决定于心里的那个"中"。没有"中",就没有和"。在儒家看来,人之执中,首先应当"知中",从而正确对待升迁进退,因为"上下无常"、"进退无恒",重要的是不断"进德修业",关键的时候才能"及时",抓住机遇。其次,就是在道德践履中达中、致中。中庸之道作为传统儒家修行的法宝,其基本点在于教育人们自觉地进行自我修养、自我监督、自我教育、自我完善,把自己培养成为具有理想君子人格的人,其理论的基础在于人道应当符合天道,天人合一,尽心知性知天,做到将人的理性与情感统一起来,完善自己内心的品德和智慧,在此基础上处理好各种人际关系,进而使天下国家达到太平和合的理想境界,实现"天地位焉,万物育焉"的和谐愿望。"中和"之境的"和谐"不是暂时的,它建立在"礼"的牢固基础上,具有相对的稳定性。儒家既主张"以和为贵",同时又强调"以礼节和"。礼贵得"中",知有所"节"则知所"中",能得中庸之常道,不偏不倚,恰到好处。无论对个人、家庭还是社会、国家,乃至整个世界,"和"都极其重要。要保持"和",重要的是守礼、有道,遵循共同的行为准则。人有恒心,坚守德行,才能与周围的人相处融洽。

三、中道思想的融入与社会主义核心价值观的培育践行

任何时代、社会、国家都离不开社会教化与核心价值观的确立与弘扬,这是整合社会秩序、培养公民素养的必要措施。在探讨建立当代中国核心价值观、进行公民道德建设的过程中,我们要吸取人类文明的一切优秀成果,其中自然包括中华民族的优良传统。在中国古代,凡是重视"外王"即社会治理的学派都比较重视"礼义"精神的教化培养。在中华民族伟大复兴之际,在努力弘扬传统文化、重建当代中国核心价值观与中国精神之时,非常有必要重建礼义精神,重树"礼义之邦"的国家形象,以彰显"文明之邦"的风采,这里的关键在于能够把中道思想融入其中,不断推进当代中国精神的建构。

第一,以中道思想为衡准,推进等差伦理与平等伦理在当代人们道德践履中的统一。当代中国,平等价值观深入人心,而传统的等差伦理精神却被丢弃殆尽。应该看到,历史上的平等观念显然有其进步意义,但在人与人的生存与交往中,又不可能是完全相同的。不同、差异或者说不平等、有等差是一种更趋真实的人际关系状态。实际上,现实的人伦关系必然是等差和平等的统一,平等只是相对的,而等差则是绝对的。在理论上,恩格斯曾写过《论权威》一文,承认在社会生活和人际关系中要有权威的存在,这实际上就是承认了人与人关系中现实的不平等,如果人与人真是完全平等的,那就不用再倡导平等价值观和伦理观了。因此,我们只能坚持平等与等差的统一。人与人之间的伦理义务

只能在承认个体差别的基础上,倡导人从各自的角色出发主动承担起自己的伦理义务,建立起合理的相待之道。我们自"五四"以来只注重批判等差伦理的不合理性,如它维护了封建等级制度和专制,压抑了晚辈和下位者个性的发展,是"大利于长上而不利于幼下的"(蔡尚思语)。这种批判对于建立当代的平等价值观发挥了重要的启蒙作用,功不可没,但似乎少有人反思这其中的片面性。① 说等差伦理观维护了封建等级制度和封建专制,这种观点与其说是一种批判,不如说是一种历史描述,因为一定的社会基础总要产生相应的伦理观。既便说等差伦理压抑了幼下的个性,可能有这方面的因素存在,但也不尽然。中国伦理的等差精神强调各按自己的伦理身份而尽自己的伦理义务,实际上处于上位的人不仅有地位和价值的尊荣,也有其更为深重的伦理责任,或者说,等差伦理是一种旨在强调各自角色责任的伦理。而在传统伦理中将其落到实处的就是礼。楼宇烈先生认为:"'礼'是让我们辨明社会中每个人的身份,明白与这个身份对应的责任和义务,然后按照所应承担的责任和义务去做人、做事。"②这句话虽然是在说"礼",实际内容却准确地阐释了"礼义"化作人的品质的精神实质,也是中国所谓"礼教"所要达成的最终目的,因此,这种"礼教"或"礼义之教"并不是"吃人的礼教",而是"成人的礼教",使人成为一个真正的、有道德的人,由这样的人组成的国度必然会成为一个"礼义之邦"和"文明之邦"。反过来说,如果国家所倡导的价值观不能变成国人的伦理精神与行为品质,那就成了一纸空文。如父尊子卑、父主子从,已有"父父"是说父亲首先要像个父亲,尽父亲的责任,才会有"子子"即子女也得像个子女即尽自己爱敬忠顺的孝道义务。几十年来,片面强调平等带来的负面影响随处可见,现在子女都成"小皇帝"了,"家严家慈"都变成"我家老爷子、老婆子"了。为什么当代社会会出现那么多杀亲案、灭门案、杀师案,甚至一个单位的副手杀正手、妻子害丈夫等人伦颠倒的事,原因可能有很多,但与我们一味强调平等伦理观或许有一些关联,因为人们不知道自己在人伦关系中是谁了,即自己的名分是什么,责任又是什么。因此才犯上作乱,人伦颠倒,礼崩乐坏。这里的关键在于偏离了礼义的精神实质即"中道"。

第二,弘扬礼让精神,谨守中道,抑制过分竞争。西方价值观强调个体本

---

① 肖群忠:《礼依之邦与礼义精神的重建》,载《江海学刊》2014 年第 3 期。
② 楼宇烈:《儒家的礼乐教化》,载《光明日报》2013 年 5 月 27 日。

位,个人利益最大化,权利优先,必然鼓励竞争。竞争价值观是以资源的有限性作为假设前提的,竞争是将对方置于与自己对立而非合作的立场上考虑问题的。如果竞争不能以道德的手段(由于利害关系,这种机率可能是很高的)进行,就变成了明火执仗的利益争抢。礼义之教并不绝对排斥竞争,而是要区分正当与非正当、文明与野蛮之竞争。《论语·八佾》篇云:"子曰:'君子无所争,必也射乎! 揖让而升,下而饮,其争也君子。'"即是说竞争也必是君子之争。当今社会的过分竞争已使国人心浮气燥、心力疲惫。争抢带来了普遍的道德缺失,人际关系紧张,社会风气败坏。中国近年来开车的人越来越多,随之而来的就是交通事故频发。据统计数据显示,我国每年因车祸死亡人数近 6 万人,伤近 60 万人,十多年来一直居于世界首位,成为中国人第四大死亡肇因。在城市生活中,交通事故为什么频发? 就是因为中国人没有普遍的规则意识,道德素质低下,更为深层的原因就是这种争抢的价值心理,任意变线、插队,抢在别人之先,毫不顾及别人的路权和心理感受。中道精神的贯彻与落实,将使得人们相互之间本着礼让精神,形成一种和谐、优雅的人际关系,避免在竞争中两败俱伤,实现社会资源效益的最大化。

第三,将传统的中道思想融入到社会主义核心价值观的培育与践行当中。20 世纪初叶,孙中山先生曾提出了新八德:即忠孝仁爱,信义和平。它不同于宋代提出的旧八德即孝悌忠信,礼义廉耻。有人研究得出结论,认为宋代强调家族本位,因此,孝悌受到重视,而在民国初年,我中华民族备受外族欺凌,因此,以忠为首德,体现出以国为本的导向。从上述分殊思维的角度看,忠孝仁爱,属于个体层面的德性,而信义和平则是人与人、国与国之间交往所应遵守的道德规范。到了 1934 年,国民政府在南昌发起"新生活运动",在"八德"的基础上,加上了"礼义廉耻",成为他们长期推广的核心价值观,简称"四维八德"。显然,"四维"是借用管子思想,从政治层面提倡的核心价值观。当时政府试图以"四维"整合思想,规范社会,振兴民族,在特定时期确实发挥了一定的积极作用。但在推进传统价值观进行时代转换的时候,其实并没很好的把握其与西方现代思想之间的关系,所以在国民道德的提升方面并没有发挥重要的推动作用。当代中国,正在进行核心价值观的凝练和倡导,我们更是要注意协调好各种思想资源之间的关系。礼义精神所倡导的实质价值导向与伦理义务,具有鲜明的民族性,是我们民族的优良文化传统,对针砭、克服当代社会由于西方文化价值观所带来的消极影响具有重要意义。如果将西方的价值观不加分析地全盘吸收,而拒斥中国传统精神,这样的核心价值观可能会与中国的历史经验与民众的文化心理相脱节,甚至造成误导。如一味地强调自由、平等这些西方的基本价值,可能仅会增强人的权利意识、个人意识;但倡导中国的礼义等差精神,则能增强人的他者与义务意识。建构中国当代的核心价值观,不能脱离和抛弃中国的优良传统,应坚持吸取古今中外的一切合理因素,"要把中国梦所代表的主流意识形态,与中国的传统文化及世界一切先进文化资源结合起来"①。有人说目前我们的社会主义核心价值观将传统的仁义礼智信的传统价值观已经完全否定了。其实不然,从形式上好像我们的确看不到传统的表达,其内容都在社会主义核心价值观中进行了充分地吸收,但又结合时代特点进行了新的创造和提升,赋予原有的价值观念以新的含义,所以从形式上我们似乎看不到传统"仁义礼智信"的影子,实际上它成为整个社会主义核心价值观的重要思想渊源。习总书记在今年的五四讲话和国际儒联第五次代表大会开幕式上的讲话中将儒家的正心、诚意、格物、致知、修身、齐家、治国、平天下与社会主义核心价值观及其他异域文明进行了会通式解读,让我们看到社会主义核心价值观为中华优秀传统文化注入新的时代内涵,实现了中华优秀传统文化的创造性转化。以中道思想协调好中国传统文化、马克思主义、西方思想三者之间的关系,作为社会主义国家的现代礼义之邦的打造才不会走向偏失,从而有效抵制文化保守主义和全盘西化论。

需要补充说明的是,重建当代的礼义精神,并不是要在社会主义核心价值观之外另起炉灶,而是通过在传统中道思想的指引下,为社会主义核心价值观的培育和践行披荆斩棘,获得更加有力的民族文化支撑,进而真正彰显出价值观重构的中国特色。"礼义之邦"作为一种总体性的评价语言,再抽象些,或者再有高度点,实际上就是指"文明之邦"。我们经常说我国自古以来就是"礼义之邦",在某种意义上说就是文明之邦。当代中国,欲成为文明大国而不仅是经济强国,就必须以中道精神为指导,再塑"礼仪之邦"之文明风范,弘扬"礼义"国之精魂,使中华民族能以"文明之邦"的形象屹立于世界民族之林。

(作者系郑州大学嵩阳书院副教授,河南省二程邵雍研究会秘书长)

---

① 王蒙:《寄希望于文化》,载《光明日报》2013 年 8 月 19 日。

试论当今社会中产阶层儒家
"士人"价值观的培育

陈斗书

中国共产党十六大报告中提出,未来若干年,在我国要大力发展中等收入阶层。中等收入阶层也就是我们通常所说的中产阶级,阶级两字很容易让人联想到阶级对立和严重社会分化,所以用中产阶层的称谓较为合适。中产阶层无论从经济地位、政治地位、文化地位、社会地位来看,都应该处于目前阶段社会的中间水平。

中产阶层是社会稳定的基石,能否形成以中产阶层为主体的"橄榄型"社会结构,是一个国家或地区能否长远稳定发展的重要基础,也是实现高品质民主的前提条件。

在历史上乃至于今天,我国的社会形态大都表现为两头大、中间小的"哑铃型"社会,即社会的一端是为数不少权贵,社会的另一端是劳苦大众,居于其间的中产阶层人数少,地位低,影响力小。随着社会生产力的发展和市场经济的勃兴,中产阶层队伍逐步壮大,对社会的影响也越来越大,社会逐步演变为两头小、中间大的"橄榄型"社会。

"哑铃型"社会由于存在上层权贵与底层民众的鲜明对立,因而充满着社会动荡甚至战乱,是火药味十足的。而到了"橄榄型"社会后,由于相当一部分底层民众上升为中产阶层,且上层权贵与底层民众在整个社会中的比重变轻,因而社会将变得相对稳定。

中产阶层是天生的温和改革派,因为他们对于只能依靠特权才能获得富贵的社会强烈不满,具有推动社会变革的内在动力,同时他们具有较高的文化素养和专业特长,他们对依靠个人努力和自身所长可以取得成功的公平竞争的社会环境充满向往,因而他们会积极参与民主政治和公平社会的制度设计和建设。中产阶层往往倾向于改革和改良,而不太倾向于采取对社会破坏较大的激烈暴力行动。

相对而言,底层民众往往因贫穷而缺乏专业特长和文化知识,他们对上层权贵的奢华生活和优越社会地位充满嫉妒、愤恨和向往,因此他们一般倾向于采取激烈的暴力行动,推翻上层权贵的统治,并将统治权攫为己有,再重新建立起一个两极分化的"哑铃型"社会。中国数千年的历史进程就生动地证明了这一点,越是经济发达的国家和地区,"橄榄形"社会的结构形态越明显,政治和社会文明程度也越高。

今天,我们国家正在快速地向"橄榄形"社会过渡。中产阶层快速壮大,据相关数据统计,目前,中国中产阶层人群已达到3.5亿人。当然,衡量中产阶层的标准不同,人数上有相当大的争议。包括衡量中产阶层的标准也是众说纷纭,但有一个基本的共识是:

首先,中产阶层在经济上实现了小康,有了稳定的物质和精神生活保证;其次,接受了良好的教育并具有较强的职业能力;再其次,具有良好的公民、公德意识和相应的修养,注重社会形象和社会地位;同时,还具有较强的社会责任感和担当精神。

目前,我国中产阶层产生和晋升的渠道及来源主要有:改革开放后出现的私营企业主;职业经理人;社会中介组织的负责人;具有中、高级职称的各类市场稀缺的专业技术人才;传媒、演艺、体育界的明星大腕。

在我国还有一个不能回避的事实是,就财富指标而言,还有几类人也跻身于中产阶层,一是在新旧体制交替中不当得利者;一是在股票发行中利用特殊身份得利者;一是靠拆迁致富者;一是垄断国企的实际操控者。这部分人群的财富积累多多少少带有一定的原罪或者说偶然性,致使我国中产阶层的身份复杂化,这也造成世人们对中产阶层的整体评价过低,甚至对在中国是否存在真正的中产阶层产生怀疑。

而我们日常看到的财富新贵们的现实表现也确实难以与理想的中产阶层形象画上等号。金钱至上,诚信缺失,藐视法律和社会公德,公然践踏公序良俗,缺乏社会责任感,没有敬畏心,有钱就任性,一言以蔽之:为富不仁。这几年最令世人担忧的食品安全背后,就站着一个无良的中产者群体,这种不择手段的财富追求直接威胁到人类的健康。

这种现象产生的原因是多方面的,但概括起来应该是:中产者知识、技能和职业能力在快速的提升,财富在快速的积累,而作为中产者所必备的道德品质和个人素养却没有得到相应的培育;没有形成与中产阶层相适应的良好的社会文化氛围,财富新贵在野蛮生长,而其价值观是扭曲的。

解决这个问题的唯一途径是社会核心价值体系的构建,创造与中产阶层相适应的良好的社会文化,不断提高中产者的文明素养和高尚追求。只有这样,才能真正实现国家的和谐稳定,民主富强,公平正义,才能实现中华民族的强国梦。

构建社会核心价值体系,无疑应该从西方现代哲学思想中吸取自由、民主、人权、法制等文明成果,更重要的是要从中华优秀传统文化中吸取养分。优秀的中华传统文化才是我们的根,只有灵根自植,兼收并蓄,才能开花结果。中华传统文化中的"士"文化,正是我们今天中产阶层应该继承和弘扬的优秀传统文化,传统儒家"士人"价值观,正是我们今天中产者所需要借鉴和培育的核心价值观。

清末以前,中国社会存在着一个庞大的"士"、"士人"群体,他们是社会的中坚力量,他们以"仁爱、信义、和谐"为基本信念,是中国古代社会基本价值、准则(道)的坚守者、维护者,具有自觉的使命感、责任感,以"任重道远"自策、自勉。他们在文化传承、社会批判、道德教化、匡救社会危机等方面为国家繁荣与稳定,为文明的延续做出了历史性的贡献。

这个"士""士人"群体与当今的中产阶层颇为类似,这里不妨对这个群体的产生、发展,其价值观的形成,对社会的影响和贡献做一个简单的梳理和回顾。

在夏商周(西周)时期,士是最低一级的贵族,多为卿大夫的家臣,是负责具体事务工作的有一定技能的人,也是与庶民最接近的一个阶层。比如负责祭祀的叫"儒士",中下级军官叫"武士",负责占卜、星象的叫"术士"。他们大都接受过礼、乐、射、御、书、数"六艺"的教育,一般卿大夫会封给食地,也有没有封地的,靠俸禄为生。士与其他贵族一样,是世袭的,并且旁系的卿大夫会降格为士,士的队伍也是不断补充和壮大的。这有点像今天的专业技术人才,只是服务对象不同而已。

春秋战国时期,私学产生,由"学在官府"变为"学在四夷",庶民有了接受教育的机会,打破了专业技能和文化知识只掌握在"贵族士"手里的垄断局面,使庶民有机会晋升为事实上的士。所以春秋以后,士不再是贵族宗法等级的身份象征,而演变成了一个知识阶层的统称。

战国时期,群雄争霸,士作为具有专业技能和文化知识的人才,为卿大夫日益倚重,形成养士之风,著名的如楚国的春申君、赵国的平原君、齐国的孟尝君、魏国的信陵君养士数千,士的身价也越来越高,这个时候的士已经是名副其实的中产阶层。

随着士的市场需求加大,培养什么样的士,士需要具备什么样的人格,摆在了教育者的面前,最先思考这个问题的是孔子。孔子说:"士志于道"(《论语·里仁》)。"意思是作为一名真正的士,应终身不懈地向往、追求、维护"道";并且还说"人能弘道"(《论语·卫灵公》),士应该是"道"的弘扬者。孔子这里所说的"道"就是"仁",是"克己复礼"、"仁而爱人"。是孔子第一个从灵魂、品格、理想等方面明确了士人的标准,孔子成了理想士人精神的开创性塑造者。

但是,孔子也犯了一个明显的错误,他给优秀士人指明的方向是"学而优则仕"(《论语·子张》)。"学得文武艺,货与帝王家",士人最好的出路是从政做官,这大大限制了优秀士人直接为社会创造物质财富的路径,后世士人甚至以从事工商业为耻。这也是中国工商业文明晚于西方国家来临的原因之一。并且因此形成的"官本位"现象延续至今,为什么当今公务员考试那么热闹,这也是根源所在。

秦汉魏晋时期,士人的命运可谓波诡云谲,跌宕起伏。首先是秦始皇焚书坑儒,儒士成了地下党,法家独领风骚。到汉武帝时,儒家咸鱼翻身,扬眉吐气,取得政治经济、社会文化的主导地位。那时候国家对人才的选拔采用察举征辟制和九品中正制,总体来讲全体士人发挥作用的途径非常窄,影响社会发展的是少数士人集团或者叫豪强士族。并且这种现象影响深远,中国后来的历史上再也没有出现过先秦那样的"百家争鸣、百花齐放"的文化繁荣的局面。

但是这一时期的士人在科学技术和文化进步上也取得了辉煌的成就。东汉张衡发明了地动仪、浑天仪;蔡伦发明了造纸术;华佗制成了全身麻醉剂"麻沸散"。《九章算术》《黄帝内经》《齐民要术》也是那时候成书的,那时中国的自然科学技术处于世界的领先水平。那时的哲学、历史、文学艺术也成就斐然,司马迁的《史记》具有开创性的意义。

隋唐以后,随着科举制度的建立,把天下士人"读书、赶考、做官"的晋升路径固化下来,历经1300多年,千百万人挤在独木桥上,形成中国历史上蔚为壮观的独特风景。这时候士人学习的内容也由学习带有技能性质的"六艺"变为以读经为主,士人进阶之路日趋僵化。尽管如此,士人群体仍然是推动社会进步,维护社会稳定的主导力量。有一些士人,致力于自然科学,发明了指南针、活字印刷、火药,提升了社会生产力。更有哲学、文学艺术上的思想大家,站到了一定的高度。

总体而言，从古到今，中国的士人阶层，无论从政治、经济、文化、社会诸层面，均始终处于中产者的地位。并且从古到今，中国的士人群体，始终坚持了孔子开创的"修身、齐家、治国、平天下"的道德理想，形成了独特的"士人文化"传统。而这个文化传统正是我们今天的中产阶层需要继承和弘扬的。

优秀的传统"士人"文化，或者说理想士人的品格，主要体现在以下几个方面：

一、高尚的道德追求

士以追求高尚的道德修养作为安身立命的出发点，将修身置于才干、能力之前，作为建立事功的基本保证。士必须恪守社会基本道德准则，如仁义、孝悌、忠信、友爱、宽厚、守礼、知耻、远罪，并力争成为这方面的楷模，承担起社会教化的责任。

子贡问曰："何如斯可谓之士矣？"子曰："行己有耻，使于四方，不辱君命，可谓士矣。"曰："敢问其次？"曰："宗族称孝焉，乡党称悌焉。"曰："敢问其次？"曰："言必信，行必果，硁硁然小人哉！抑亦可以为次矣。"子路问曰："何如斯可谓之士矣？"子曰："切切偲偲，怡怡如也，可谓士矣。朋友切切偲偲，兄弟怡怡。"（《子路》）

《孟子》记载：王子垫问曰："士何事？"孟子曰："尚志。"曰："何谓尚志？"曰："仁义而已矣。"

荀子在《非十二子》篇中将士分为从政的"仕士"和在野的"处士"。荀子认为，"仕士"应是"厚敦者也，合群者也，乐富贵者也，乐分施者也，远罪过者也，务事理者也"。而"处士"则是"德盛者也，能静者也，修正者也，知命者也，著是者也"。

后来的士人，更是以"富贵不淫、贫贱不移、威武不屈"作为修身的最高境界，争做志士仁人。所以，从古至今，中国士人阶层始终处于社会道德的榜样、楷模的地位。当然，随着一部分士人入仕，进入官僚阶层，在尔虞我诈的政争场上，会有部分士人对道德原则的背叛和反动，形成了一种厚黑文化，并且这种文化又反过来影响士人阶层，但是追求高尚的道德品质仍然是士人阶层的主流。

二、高远的理想信念

孔子曾说："修己以安人""修己以安百姓"(《论语·宪问》)。而《大学》讲修齐治平的次第,则更明确地指出,"身修而后家齐,家齐而后国治,国治而后天下平"。士人修己的目的是平天下,修己是起点,平天下才是使命,才是终极追求。正是有了高远的理想信念,士人才能正确地处理公私、义利、理欲、苦乐、荣辱、生死关系,将天下国家置于一己之上,受到社会的景仰,因而不同程度地完成了守道、行道、卫道、弘道的责任、使命,成为社会的脊梁。

追求高远的理想信念的道路是不平坦的,所以曾子曰:"士不可以不弘毅,任重而道远。仁以为己任,不亦重乎? 死而后已,不亦远乎?"(《泰伯》)不是每个士都有建功立业的机会的,但作为士,始终把江山社稷、社会安危放在心头。明代中晚期著名思想家吕坤曾说:"世道、人心、民生、国计,此是士君子四大责任。"(《呻吟语·应务》)

儒家士人更是把建立"和谐大同,天下为公"的理想社会作为士人的崇高理想,为了担当大任,士人"苦其心志,劳其筋骨,饿其体肤",并且深切地体会到"知生于忧患,而死于安乐也"。正是这种理想信念使中国的士人阶层始终处于中国社会的中坚地位,推动中国向前发展。

三、强烈的社会责任感和担当精神

范仲淹在《岳阳楼记》中说"居庙堂之高,则忧其民;处江湖之远,则忧其君","进亦忧,退亦忧。然则何时而乐耶? 其必曰:'先天下之忧而忧,后天下之乐而乐'"。这是对古代优秀士人使命感、责任感的最好概括。"天下兴亡,匹夫有责",是中国家喻户晓的名言。中国历代优秀士人的责任感和使命感是一脉相承的。

优秀士人始终以维护社会基本价值、基本准则为己任。所以历代士人都把文化传承、社会批判、道德教化的担子压在肩上,"铁肩担道义,妙手著文章"。"穷则独善其身,达则兼济天下"。

士人始终将文化传承的担子挑在肩上,"仲尼祖述尧舜,宪章文武","删定六经",后世士人更是追求:为天地立心,为生民立命,为往圣继绝学,为万世开太平。

在中国历史上，大致说来"天下无道"之日多于"天下有道"之日。而且，由于"道"带有理想性，难以逐一落实，故而即使在政治比较清明、社会比较安定的时日，离经叛道的举措和现象也会时有发生。因此，为维护道而批判现实，为坚持"民惟邦本"（《尚书·五子之歌》）的理念而为民请命成为优秀士人的一大重要任务。中国古代优秀士人从未放弃社会批判的责任，对维护正义，伸张正气，兴利除弊，协调社会矛盾，保持社会稳定，起到了极其重要的作用。中国历代社会之所以能屡屡摆脱危机，由乱而治，正是一代代优秀士人持续的社会监督、批判的结果。

四、慷慨就义的英雄主义

"志士仁人，无求生以害仁，有杀身以成仁"（《卫灵公》）。中国士人的使命感、家国情怀在社会出现危机的时刻表现得更为炽烈，士人成为匡正时弊的救世者。

当社会出现危机的时候，由于士人具有深刻的忧患意识、敏锐的洞察力并熟悉历史经验，他们是社会危机的最早察觉者，是最早敲起警钟的人。在危机刚露端倪之时，他们是社会变革的呼吁、推动者。而到危局已现之时，优秀士人则是勇打先锋、率众力挽狂澜的领头人。

在这些时刻，为了匡时救世，力挽狂澜，不少优秀士人甘冒杀身灭族之险，真正做到杀身成仁，以身殉道。在历史的长河中，多少热血至今未凉，多少头颅高悬于民族的纪念碑上。士作为一个具有自身特质的社会阶层，在中国各个历史时期，他们所坚守、维护的"道"即社会的基本价值、准则，带有明显的各个不同时期的社会特色，是受当时的社会生产力发展水平的制约和影响的。自从中国近代出现了新的经济、政治力量，中国传统士人转化为新型知识分子。他们是新的经济、政治力量的代言人。他们心目中的"道"，乃是欲图建立、并正在建立中的新型社会的基本价值、准则。

时代发展到今天，社会转型加剧，财富积累的速度加快，传统士人正在转化为我们所期待的中产阶层。而新型社会基本价值、准则的构建有一个艰难过程，在这个过程中出现一些信仰缺失、道德滑坡的现象也属正常。只要我们继承和发扬中国士人的优良传统，兼收并蓄当今各种文明的优秀成果，中国社会风清气正,积极向上,实现强国梦的理想应该只是时日的问题,我们应该乐观地看到前路的光明。

这也提醒我们,在构建当今社会核心价值观的时候,除了"民主、法制、文明"等核心要素以外,绝对不能缺失了"仁爱、忠孝(这里的忠是忠于信仰,而不是忠君)"等传统价值,绝对不能丢失了"仁义礼智信,温良恭俭让",也不能少了"天下为公"。

所以,今天的中产阶层,只要继承和发扬优秀士人的传统,不断改造自己,保持高洁的情操,勇于担当起国家民族富强的使命,真正成为国家民族稳定发展的柱石,中华民族的强国梦一定能实现。

(作者系海南省孔子学会副会长)

儒、释、道"仁爱"价值观的互动与现代建构

曾文芳

一、儒家"仁爱"价值观的基本内涵

"仁"是在春秋文献中较多出现的一个词语,可见于《尚书·金滕》:"予仁若考,能多才多艺,能事鬼神"①,《诗经·郑风》云:"叔于田,巷无居人。岂无居人? 不如叔也,洵美且仁",又可见于《左传》《国语》等。所谓"仁",郭店竹简字形写作"上身下心",本意大约为对自己的关心和关爱;《说文解字》释曰"从人二"②,据段玉裁、阮元之推,意谓"在人与人、你和我接触之中就会彼此发生相亲相爱之情"③。

孔子是赋予了"仁"以鲜明的道德内涵,创立了儒家"仁爱"思想第一人。《论语》中,"仁"字出现 104 次,涉及 58 章,是一个核心概念④。孔子把"仁爱"视为一种自然流露、与"爱"相结合的亲族情感,这从几则记载可见。《论语·颜渊》:"樊迟问仁,子曰:爱人。"《论语·先进篇》记录孔子高足颜渊不幸短命死去,孔子恸哭并大呼:"天丧予! 天丧予!"以至于身边人说他伤心过度了,而孔子立刻回答:"非夫人之为恸,而谁为?"(我不为这样的人伤心,还为什么人伤心呢?)《论语·子路》记樊迟问仁,子曰:"居处恭,执事敬,与人忠,虽之夷狄,不可弃也。"毫无疑问,这些仁爱理论是春秋末期进步的民主思想,也是中国政治思想史、教育思想史上的创新,为后世儒学体系的核心内容奠定了初始基础⑤。

---

① [唐]孔颖达:《尚书》,中华书局 1998 年版。
② [清]段玉裁:《说文解字注》,上海古籍出版社 1988 年版,第 365 页。
③ [清]阮元:《〈论语〉论仁论》,见《揅室集》,中华书局 1993 年版,第 176 页。
④ 李晓愚:《儒家仁爱思想的当代诠释》,载《郑州大学学报(哲学社会科学版)》2010 年第 5 期,第 31 页。
⑤ 曾世竹:《浅论孔子的仁爱思想》,载《大连教育学院学报》2010 年第 1 期,第 43 页。

孟子继承并发展了孔子的"仁"说。他说:"仁者爱人。"(《孟子·离娄下》)"人心之安宅也"、"亲亲,仁也。"(《孟子·尽心上》)"仁也者,人也;合而言之,道也。"(《孟子·尽心下》)"人皆有所不忍,达之于其所忍,仁也。"(同上)"恻隐之心,仁也。"(《孟子·告子上》)"仁"即"不忍人之心"或"恻隐之心",可见他视"仁"为人与生俱来的善良本性,倡导"老吾老以及人之老,幼吾幼以及人之幼"(《孟子·梁惠王上》),并建构了和谐社会"仁政"学说,所谓"三代之得天下也以仁,其失天下也以不仁,国之所以废兴存亡者亦然。天子不仁,不保四海;诸侯不仁,不保社稷;卿大夫不仁,不保宗庙;士庶人不仁,不保四体"(《孟子·离娄上》)。荀子主张人性恶,但仍然继承了儒家重视仁德的传统,肯定人可通过教化成仁成善。

汉儒董仲舒云"仁者,爱人之名也",提出了仁智并举观,"莫近于仁,莫急于智。……仁而不智,则爱而不别也;智而不仁,则知而不为也。故仁者所以爱人类也,智者所以除其害也。何谓仁?仁者憯怛爱人,谨翕不争,好恶敦伦……"(《春秋繁露·仁义法》),惟仁而无智,则不能明辨是非利害;仅智而不仁,则会内心冷漠,所以应两者皆重①。

儒家"仁"说至宋代又有了理论飞跃。程颢说:"万物之生意最可观。此元者善之长也,斯所谓仁也",把"仁"视为天地的生物之心,"心譬如谷种,生之性,便是仁也"(《二程遗书》卷十一)。王阳明亦说:"惟其有个发端处,所以生;惟其生,所以不息。譬之木,其始抽芽,便是木之生意发端处。抽芽然后发干,发干然后生枝生叶,然后是生生不息。若无芽,何以有干有枝叶?能抽芽,必是下面有个根在。有根方生,无根便死。无根何从抽芽?父子兄弟之爱,便是人心生意发端处。如木之抽芽。自此而仁民,而爱物。便是发干生枝生叶。墨氏兼爱无苦等。将自家父子兄弟与途人一般看。便自没了发端处。不抽芽,便知得他无根。便不是生生不息。安得谓之仁?孝弟为仁之本。却是仁理从里面发生出来。"②朱熹撰述的《仁说》则总括了前贤论仁之要旨,完成了儒家仁学体系的构建和哲学阐释③。儒家"仁爱"价值观经过历代发展,形成了以下主要内涵:

其一,"仁"是人的本性之爱。"仁者,人也"(《中庸》),人天性自存爱心,

---

① 朱贻庭:《中国传统伦理思想史》,华东师范大学出版社 2003 年版,第 35—104 页。
② 王阳明:《传习录》上,见《王阳明全集》上,上海古籍出版社 1995 年版,第 26 页。
③ 陈荣捷:《朱学论集》,台湾学生书局 1988 年版。

"爱人不亲反其仁","仁者无不爱也"(《孟子·尽心下》)。正如朱熹《四书章句》释曰:"人,指人身而言,具此生理,自然便有恻怛慈爱之意","心之德,爱之理","天地以生物为心者也,而人物之生,又各得夫天地之心以为心者也。故语心之德,……曰仁而已矣"(《朱文公文集》卷四十)。人如何实现初心回归呢? 首先要从信念上坚定,"我欲仁斯仁至矣";其次要具备基本的美德,如忠恕之道,"夫子之道,忠恕而已矣"(《论语·里仁篇》),和谐之道,"君子和而不同,小人同而不和"(《论语·子路篇》),甚至要有巨大的勇气敢于维护"仁","志士仁人,无求生以害仁,有杀身以成仁","士不可以不弘毅,任重而道远。仁以为己任,不亦重乎? 死而后已,不亦远乎?"

其二,"仁"是有差等的爱。"仁之实,事亲是也"(《孟子·离娄上》),"君子笃于亲,则民兴于仁"(《论语·泰伯》),"仁"最直接的表现就是"孝悌"为本,"孝悌也者,其为仁之本欤!"(《论语·学而篇》),朱熹《四书集注》释曰:"孝悌行于家,而后仁爱及于物,所谓亲亲而仁民也。故仁以孝悌为本。"然而,孝悌有标准,不但要养,还要敬养,"今之孝者,是谓能养。至于犬马,皆能有养;不敬,何以别乎?"(《论语·为政篇》)为了孝,甚至可以做到"父为子隐,子为父隐,直在其中矣"(《论语·子路》),"父子之间不责善"(《孟子·离娄上》),"父子责善,贼恩之大者"(《孟子·离娄下》)。儒家这些观点成了后世重要的家庭伦理规范。

其三,"仁"须互爱,可致"天地万物为一体"(《二程遗书》卷十八)。"仁者爱人,……爱人者,人恒爱之"(《孟子·离娄下》),特别强调了人本身具有道德主体性,"为仁由己,而由人乎哉"(《论语·颜渊》),正因此,"仁"与"礼"相融相长。"人而不仁如礼何! 人而不仁如乐何!"(《论语·八佾》)早期儒家注重礼教,将礼教作为构建仁爱的重要手段,提出"克己复礼为仁"(同上),"樊迟问仁,子曰:'居处恭,执事敬,与人忠'"(《论语·颜渊》),并赋予了"仁"的五种品质,"恭、宽、信、敏、惠","能行五者于天下为仁矣"(《论语·阳货篇》),即所谓"博施于民而能济众"(《论语·雍也篇》),这是儒家的博爱原则,正如朱熹所强调的"一事之仁,也是仁;仁及一家,也是仁;仁及一国,也是仁;仁及天下,也是仁"(见前页引注),对"仁"的实践程度越高,其道德层次也越高。"仁"从"亲亲"向外发施,实现"爱众","泛爱众而亲仁"(《论语·学而》),继而实现"何事于仁,必也圣乎! 尧舜其犹病诸。夫仁者,己欲立而立人,己欲达而达人。能近取譬,可谓仁之方也已"(《论语·雍也篇》),甚至"四海之内皆兄弟也"(《论语·颜渊》)。总之,儒家的"仁爱"观从人本之爱(自然之爱)起步,最终形成一整套的价值体系,涵盖了血缘之爱的"亲亲",人际之爱的"仁民"和万物之爱的"爱物"三个层次。

二、道、释价值观的"仁爱"内涵

道家哲学最重要的命题是"道法自然"。崇尚自然主义的《老子》曰:"我有三宝,持而保之:一曰慈,二曰俭,三曰不敢为天下先"(67章),对慈爱观的贯彻体现了道家的人文主义价值观。在通行本《老子》里八见"仁"字:"天地不仁,以万物为刍狗;圣人不仁,以百姓为刍狗"(5章)"上善若水,……居善地,心善渊,与善仁,言善信,正善治,事善能,动善时"(8章)"大道废,有仁义"(18章)"绝仁弃义,民复孝慈"(19章)"上仁为之而无以为,上义为之而有以为。上礼为之而莫之应,则攘臂而扔之。故失道而后德,失德而后仁,失仁而后义,失义而后礼"(38章)。五见"爱"字:"爱民治国,能无为乎"(10章)"爱以身为天下,若可托天下"(13章)"不贵其师,不爱其资,虽智大迷,是谓要妙"(27章)"甚爱必大费,多藏必厚亡"(44章)"是以圣人自知不自见,自爱不自贵"(72章)。从以上章句分析老子的"仁爱",卓然不同于儒家,它以公平"情感的自然流露为特征,其理论的依据在'天、地、人道'的规则在自然;其实质在他人优位的价值取向,在整体联系性的强调"①,意谓真正的"仁爱"是秉持仁慈、慈爱的公平准则施惠万物,而只有大道废弛,才会产生仁义、智巧和伪诈,从大道的颓废缺场到现实仁义的登场,是一个逐渐递降的过程。而在礼的阶段,万物能够获得依归自身本性的自然特征而运行的外在客观条件最少,因此,万物能够获得自身价值实现的可能性必然也最少,是人类社会基于维持现实秩序而做出的不得已选择。庄子也批判了儒家的"仁爱":"彼窃钩者诛,窃国者为诸侯;诸侯之门而仁义存焉"(《庄子·胠箧》),认为儒家推崇的"仁爱"其实因人屈天,违背自然,没有可靠性与普遍有效性,应该人人"相爱而不知以为仁"(《庄子·天地》)。

那么,道家所提倡的"仁爱"是什么?首先,"仁爱"的底线是反对战争和杀戮。《老子》31章里云:"夫兵者,不祥之器,物或恶之,故有道者不处……偏将

---

① 许建良:《老子道家"慈"论》,载《伦理学研究》2011年第1期,第42页。

军居左,上将军居右,言以丧礼处之。杀人之众,以悲哀泣之,战胜以丧礼处之。"其次,"仁爱"就是效法自然天道。因为天道公正无私,像甘露均匀洒向人间,无偏无私,在天道面前,一切万物没有彼此之分:人自身质朴归真,无欲无私;人与人自然相和,无亲无疏、无君子小人之别;人与鸟兽相安,与万物浑为一体,所谓"无所甚亲,无所甚疏"(《庄子·天地》),它的依据是人的本性是善的,"仁"、"义"、"礼"、"智"这些品德不但是先天存在的,而且是相通的,"善者吾善之,不善者吾亦善之,德善"(《道德经》49 章),实现爱根本无须外在力量的辅助。第三,"仁爱"是促使人最终实现精神上的自由与超脱。正如庄子在《逍遥游》里所描述的鲲鹏气象,"鲲之大,不知其几千里也。化而为鸟,其名为鹏。鹏之背,不知其几千里也。怒而飞,其翼若垂天之云",鲲鹏展翅、心灵自由就是仁爱于人的最高期待。

佛教视"慈悲"为教义根本。"慈悲是佛道之根本,亦以大慈悲力故,于无量阿僧祇世生死中,心不厌没"[1],认为"佛道正因"[2],慈悲是诸佛菩萨的心念,一切教理行果的开展皆从慈悲立场出发。何谓"慈悲"? 根据《佛光词典》的解释,慈悲来自梵语和巴利语的译语。慈,巴利语 metta,梵语 matiri 或 mairta,意思是真实的友情,纯粹亲爱的意念;悲,巴利语及梵语 kaurna,是哀怜、同情、温柔、有情之意,据南传佛教,"慈是带给利益与安乐的愿望,悲是除去不利益与苦的欲望"[3],即慈爱众生并给予快乐,称为慈;同感其苦,怜悯众生,并拔除其苦,称为悲;二者合称为慈悲。慈悲思想是佛教中十分重要的伦理准则和价值观念,体现了佛教的人道主义思想,从此意义看,就是"仁爱"观。它的理论产生基于对现实人生的理解:人生充满了痛苦和烦恼,佛教因这些苦而修行解脱,所谓"慈悲是佛道之根本,所以者何? 菩萨见众生生、老、病、死苦、身苦、心苦,今世后世苦等诸苦所脑,生大慈悲,求如是苦,然后发心求阿褥多罗三藐三菩提。亦以大慈悲力故,于无量阿僧祇世生死中,心不厌没,以大慈悲力故久应得理架而不取证。以是故一切诸佛法中慈悲为大"[4]。

佛教"仁爱"观包含了以下内涵:其一,注重戒律与布施的修行实践。佛教

① 印光大师:《永思集》,见《东方佛学文化资料丛书》,1996 年版。
② [北魏]婆薮槃头菩萨造,县鸾批注:《无量寿经优婆提舍愿生偈注》,见《大正藏》卷四,第828 页下。
③ 中村元著,江支地译:《慈悲》,东大图书公司1997 年版,第13—15 页。
④ [后秦]龙树菩萨造,鸠摩罗什译:《大智度论》卷二七《序品1》,见《大藏经》第25 册,第256 页下。

慈悲表现最明显的就是珍惜生命不杀生,践行素食,这种平等思想"所蕴含的尊重一切生命的伟大同情和博大的爱也是值得肯定的"①。佛教的戒律和修行很多,有"五戒":不杀生、不偷盗、不邪淫、不妄语、不饮酒;有"六度"②:前无度、布施、持戒、忍辱、精进、禅定;有"四摄":布施、爱语、利行、同事。其中,善行中最伟大的功德是布施,布施是指以福利施与他人,《大乘义章》卷十一云:"言布施者,以己财事分布于他,名为布;辍己惠人,目之为施。"佛家布施的内容十分丰富,对象极其广泛,包括财施、法施和无畏施三种③,其中强调了包容、原谅、宽和、忍让、谦卑之心,等等,都是我们今天平衡个人身心,融洽人际关系,构建和谐社会的宝贵精神资源。其二,追求慈悲之爱的境界。佛教中,"爱"的梵语写为 trsna, tosayati, priya,意为贪恋执着于一切事物,而佛教"仁爱"观倡导的爱——"慈悲之爱",是平等、无差别、无条件的爱,是最高境界的、真正的爱。"我法中有四种姓,于我法中作沙门,不录前名,更作余字,犹如彼海,四大江河皆投于海,而同一味,更无余名"④。"平等慈悲"是佛教教义中关于人与人、人与自然的基本原则与伦理。平等是指对其他生物的尊重;慈悲是对他人、对其他生物的关怀。平等是慈悲的思想基础,慈悲是平等的道德体现。要求人们用慈心去体贴他人,关爱宇宙万物,要具有自我牺牲和无私奉献的"利他"精神。佛教修行者要有发心,立志救渡一切众生,愿施一切众生欢乐。在佛教的修行方法"四无量心"中,"慈、悲、喜、护(舍)"⑤四种广大利他之心就体现了"众生无边誓愿度"的宗教情怀,是佛教在超越儒家"亲亲有等"的社会伦理基础上成就发无量心、度无量人、令众生喜、恕众生过、勇猛精进的精神追求。其三,倡导空性修行的智慧。佛教"仁爱"观的实践还特别强调修行者空性智慧的证悟,创始人释迦牟尼佛就是一位体征空性,实现生命自由的人。释迦牟尼认为,只有具备空性的智慧才会有生命圆满的力量,有智慧的人一定会有慈悲,达到智慧为体,方便慈悲为用。空性智慧主张以学修并重建设自身,以禅净双修净化人心,培养清净的爱,是对贪爱的断舍、执着的舍弃,去除了贪、嗔、痴,再去解救

---

① 方立天:《佛教哲学》,中国人民大学出版社 1986 年版,第 365 页。
② "五戒":佛教在家徒遵守的五项戒条。"六度",又称为六波罗蜜。"度"是拯救的含义,"波罗蜜"是梵语,是到彼岸的意思。
③ [隋]慧远:《大乘义章》卷一一,见《大藏经》第 44 册,第 694 页。
④ [东晋]瞿昙僧伽提婆译:《增壹阿含经》卷三七《八难品 42》,见《大藏经》第 2 册,第 753 页。
⑤ 释传法:《〈阿含经〉中的四无量心》,载《弘誓》1999 年第 37 期。周柔含:《四无量心初探》,载《正观》第 16 期,第 93—127 页。

人,实行菩萨道,方可实现解脱苦恼。总之,佛教"仁爱"观也是对人的终极关怀,有着自己的深厚内涵、本质特征,并成为人类对道德品格的美好追求。

三、儒、释、道"仁爱"观的现代建构

儒、释、道"仁爱"观虽然各自出发点不同,儒家从明德开始,注重内圣修养的自我超越;佛教以佛为核心,在自下而上的修炼信仰中与佛结为一体;道家从哲学出发,通过关注宇宙的超越实现自我的永恒价值。但他们都考虑到了仁爱的普世价值,强调仁爱的践行性,并在中国传统社会里都曾经做出过积极伟大的贡献。然而,中国文化随着时代推移也要有所变化,传统的"仁爱"观必然面临"现代性"的重构。

第一,与时代需要相契合,以"仁爱"重塑民族精神。

爱是人类永恒的话题,无论东方文化还是西方思想无不与此观念息息相关。仁爱精神内涵深邃,具有超越时空的魅力和价值,在当代仍具有重要的价值。我国正处于商品经济社会的转型期,近些年来出现了一系列道德问题:拜金主义抬头、私欲膨胀、底线伦理面临危机、羞耻感淡化、社会公德意识淡漠、人际关系冷漠、各种不良习俗泛滥,等等。主要原因是社会主义市场经济使道德的权威和合理性遭遇挑战,原有的道德体系瓦解,新的道德规范体系尚不健全。社会对仁爱之情的呼唤、提倡与建设显得愈加迫切,而"仁爱"的非功利性又常常与牺牲自我利益的崇高感相伴随,人们期望用爱化解日益激烈的纷争,给世界带来和平。显然,它也对治疗商品社会的一切问题,建设社会主义道德体系,形成文明的社会风气,培养民族精神具有十分积极的影响和理论意义,甚至可能关系着人类的生命存在和长远利益。

第二,与精神家园相契合,重构双向"互爱"模式。

儒、释、道的"仁爱"观都注重培养个体的道德品质,强调每个人都应当对周围一切人怀有仁爱之情,从而高度肯定了每个人的"个体性",崇尚个体的人格独立、意志自主、精神自由的意义,推动实现个体性的道德自律、志向自强和品格自立的伦理价值。这一点也对我们重构人性基础,全面确立自律与他律、德治与法治相结合的仁爱贯彻的保障平台提供了坚实的理论依据和精神基础。三家思想的"仁爱"观都倡导践行热爱人,同情人,关心人,帮助人,当前也只有首先承认个体性需要的正当合理,并相互承认对方是独立的主体的"互主体

性",确立以人为本、双向互动的新型爱人模式,才能确立现代社会道德,加强社会主义精神文明建设,构建精神家园。反之,不平等的单向性义务关系和道德关怀,必将因为悖情逆理而导致人际关系的进一步隔阂,甚至敌视对立。

第三,与和谐社会相契合,追求"天人合一"理想。

"仁爱"是和谐社会所要达成目标的基础。就国内而言,"仁爱"思想有利于提高公民的个体慈善意识,使其更好地参与社会事务,对形成良好的现代公民社会风气有着积极作用。试想,若没有仁爱之心,又怎能有"家和万事兴""安居乐业""和谐相处""共同富裕""伸张正义""社会公平""政通人和""安定团结"和"国泰民安"等充满了仁爱的意识和理念呢?就国际而言,和谐社会的基本特征就是充满社会正义和人文关怀,人间处处充满"爱人"精神。要使世界不同民族和不同国家人民和睦相处,也唯有彻底奉行或遵守人类互助友爱、与人为善的人性关怀精神。这种精神在当今世界以大欺小、以强凌弱、以暴除良、以富压贫的情形下,显得尤为宝贵和重要!就世界整体而言,"天何言哉?四时行焉,百物生焉"(《论语·阳货》),"获罪于天,无所祷也"(《论语·八佾》),儒、释、道"仁爱"观都强调了爱人、爱物、畏天命的一体性。全面的仁爱意识和理念包含了尊重和敬畏世界的客观性与自然性,包含着对大自然一切苍生的普爱。今天,人类所面对的生态环境威胁正是大自然对人类文明中部分行为的历史性惩罚,这些环境问题的发生也向世人揭示了:要想避免大自然的报复,我们一定要尊重自然,严格按自然规律办事,在向自然界索取的同时,还必须要自觉地做好人类生存环境的保护,否则就会自食恶果。

（作者系陕西省委党校副教授,陕西师范大学硕士生导师）

儒学思想研究

董仲舒政治理想阐要

李宗桂

董仲舒是具有深厚文化情怀和远大政治理想的一代儒宗。他开创了儒家思想发展的新阶段,构建了以三纲五常为核心的新型价值体系,深远地影响了西汉以降的古典中国。其间,董仲舒的政治理想是其历史性贡献的基本价值支撑。

探讨董仲舒的政治理想,研究者可以从不同层面切入,本文认为就其荦荦大者而言,董仲舒的政治理想集中表现为天下一统的孤怀宏愿、中正和谐的执着追求和长治久安的战略构想。

一、天下一统的孤怀宏愿

董仲舒是著名的公羊学家,公羊学的基本价值追求,是阐发"春秋大一统"的政治理念,并由此推动天下统一的社会实践。董仲舒全面地继承并且创造性地发展了公羊学关于天下一统的思想,为西汉统治者巩固统一提供了一个坚实的理论基础。

我们知道,倡导统一,为天下的统一出谋献策,是先秦儒家的一以贯之之道。孔子推尊周室,力主维护君君臣臣父父子子的政治秩序,要求礼乐征伐自天子出,这是要维护天下一统的局面,自不必说。他称赞管仲"相桓公、霸诸侯,一匡天下,民到于今受其赐"(《论语·宪问》),更是直接流露出对天下一统的神往。孟子高呼天下应当"定于一",荀子进一步强调、肯定"天下为一",希望"四海之内若一家",都是儒家天下一统思想的继续和发展。而儒家思想传统中,最为人们称道同时也是影响最大的"一统"观念,是《公羊春秋》的"大一统"思想。

《公羊春秋》又称《春秋公羊传》或《公羊传》,是汉代今文经学的重要典籍。公羊学派是儒家的重要思想流派。它着重阐释《春秋》的"微言大义",提出了"大一统"的政治思想。《春秋公羊传·隐公元年》记载:"元年,春王正月。

元年者何？君之始年也。春者何？岁之始也。王者孰谓？谓文王也。曷为先言王而后言正月？王正月也。何言乎王正月？大一统也。"这是第一次明确使用"大一统"的概念。这里的"大"，作动词用，意谓重视、推崇；这里的"一统"，作名词用，意谓统一。"大一统"即推崇、重视统一的事业和局面。汉代著名公羊学家何休阐释此处的"大一统"说："统者，始也，揔系之辞。天王者始受命改制，布政施教于天下，自公侯至于庶人，自山川至于草木昆虫。莫不一一系于正月，故云政教之始。"唐代徐彦疏曰："王者受命，制正月以统天下，令万物无不一一皆奉之以为始，故言大一统也。"在公羊学家看来，"春王正月"四字的排列，有很深的用意，要求一切事情一切事物统一于王，统一于王就是"一统"。而重视王的地位和作用，强调王者受命天下认同，王者的统治方略和教化之道都归宗于"统一"，就是"大"。

关于《公羊春秋》的作者和年代，学术界有不同看法。但无论这些看法之间分歧如何之大，都不约而同地承认董仲舒继承发展了《公羊春秋》的思想，并以此为其思想理论的重要内容和方法，因而，《公羊春秋》的作者和年代的考订，对于我们探讨董仲舒对《公羊春秋》"大一统"理念的阐发，无关宏旨。

实际上，关于《公羊春秋》的年代，无论认为成书于战国也罢，还是成书于汉初也罢，它推尊的"大一统"思想，反映了中国社会自战国到西汉中期国家统一、民族融合的历史趋势，体现了那个时代的时代精神。考诸历史，从战国到西汉中期，中国社会的统一，表现为军事、政治、思想三种内涵极不相同的方式，经历了由军事而政治而思想的三种依次递进的统一过程。这三种统一，尽管从内容到形式都迥然异趣，但其价值指向却是一致的，这就是要造成中华一体、天下一统的局面。因此，《公羊春秋》绵密论证的"大一统"理论，昭示了时代前进的方向，体现着中华一体的民族精神。实际上，不仅如前所述，先秦儒家一贯坚持统一天下，以维护天下一统的局面为己任，而且，在秦汉时期，"大一统"的提法和思想相当普遍。《史记·秦始皇纪》记载："今陛下平定天下，海内为郡县，法令由一统，自上古以来未尝有，五帝所不及"。《汉书·王吉传》："《春秋》所以大一统者，六合同风，九州共贯也。"大一统思想不仅在秦汉时期对于国家的统一、文化价值的整合起了重要的作用，而且在以后中华民族长期的发展历程中，增强了民族凝聚力，巩固了共同理想，促进了中华一体的民族精神的形成。

董仲舒充分利用《公羊春秋》的"大一统"理论，为自己的政治理想张目。他对《公羊春秋·隐公元年》借"春王正月"而阐发的"大一统"思想，作了发挥。他说:"《春秋》之序辞也,置王于春、正之间,非曰'上奉天施而下正人,然后可以为王也'云尔。"(《春秋繁露·竹林》)这是说,《春秋》遣文措辞是有规矩、有讲究的,之所以将"王"置于"春"之后、"正"之前,是为了昭明天意,使人君秉承天意行事,以王道(天道)端正(统率)万民,这样就具备王者的资格和风范了。董仲舒在应对武帝策问时,曾经表达过类似思想。他说:"臣谨案《春秋》之文,求王道之端,得之于正。正次王,王次春。春者,天之所为也。其意曰:上承天之所为,而下以正其所为,正王道之端云尔。"(《汉书·董仲舒传》)清代学者苏舆在其《春秋繁露义证》中认为,"置'春'于'王'上,亦《春秋》以天屈君之旨",是有见地的。

董仲舒充分利用《公羊春秋》对"春王正月"语序的安排,就由此生发开的"大一统"理论,借题发挥,为自己天下一统的孤怀宏愿作论证。他在《春秋繁露·奉本》中说:"《春秋》缘鲁以言王义。"在《春秋繁露·三代改制质文》中,他先引用《公羊春秋》的事例:"《春秋》曰'王正月'。《传》曰:'王者孰谓?谓文王也。曷为先言王而后言正月?王正月也。何以谓之王正月?曰:王者必受命而后王。'"据此,他提出在制度文化方面进行改革,以实现和巩固天下一统的局面。他说:"王者必改正朔,易服色,制礼乐,一统于天下。……王者受命而王,制此月以应变,故作科以奉天地,故谓之王正月也。"他宣称,作国号,迁宫邑,易官名,制礼作乐,都是受命而王的必然要求和具体表现。因此,"《春秋》应天作新王之事"便成为不可移易的规律。在应对武帝策问时,他也大力倡导在制度文化方面顺天而变,根据"天意"进行改革,这种改革,他称为"更化","更化则可善治,善治则灾害日去,福禄日来"(《汉书·董仲舒传》)。更化的主要内容是制度文教,因为"制度文采玄黄之饰,所以明尊卑,异贵贱,而劝有德也"。而"《春秋》受命所先制者,改正朔,易服色,所以应天也"(同上)。董仲舒根据圣人(君王)法天而立道的原则,要求"王者上谨于承天意,以顺命也;下务明教化民,以成性也;正法度之宜,别上下之序,以防欲也"(同上)。与此相应,他还力主兴太学、养士、求贤、以德化民,彻底纠正秦朝片面任用法家学说以霸道治国的偏向。此外,他在制度建设方面还具体提出并详细阐释了"三统三正"的理论。这些都是董仲舒根据天人理论而提出的进行统一的思想理论或具体措施,这些思想理论和措施,注意从制度文化建设的层面入手,把包括君主在内的人的行为规范纳入制度轨道,从而有助于天下一统的伟大理想的实现。

值得注意的是,董仲舒在制度文化建设方面为实现天下一统而作的努力,往往与更深层次的思想文化贯通,从培养合理的价值观念和思维方式的角度,去规划制度文化的建设,转而又用这种制度文化去影响、深化思想文化的建设。他在应对武帝策问时,反复申论的德治、教化,特别是劝导武帝要"修饰"仁、义、礼、智、信这"五常之道",便是明证,无须赘论。

在论证天下一统的必要性、神圣性和至上性的时候,董仲舒特别重视思想文化的建设。这方面的典型材料,是他提出的"罢黜百家、独尊儒术"的主张。《汉书·董仲舒传》记载了他的宏论:"《春秋》大一统者,天地之常经,古今之通谊也。今师异道,人异论,百家殊方,指意不同,是以上亡以持一统;法制数变,下不知所守。臣愚以为诸不在六艺之科孔子之术者,皆绝其道,勿使并进。邪辟之说灭息,然后统纪可一而法度可明,民知所从矣。"这就是说,统治者要想长治久安,要保持政治统一,不仅要实现制度统一,而且要实现思想统一,因而要罢黜百家、独尊儒术,以实现全面意义的天下一统。需要指出的是,董仲舒的天下一统,是彻底的、全面的一统,即不仅是版图一统、军事一统、政治一统、制度一统、思想一统,而且是天人一统。颜师古在董仲舒对策的"《春秋》大一统者,天地之常经,古今之通谊也"这句话下注曰:"一统者,万物之统皆归于一也",是很透彻的说明。董仲舒对于思想文化的建设,还有一个十分重要的方面,是构建了"三纲五常"的基本道德原则。站在今天的立场看,"三纲五常"作为传统社会的道德,诚然有其内在的弊端,特别是"三纲",需要我们用现代意识很好地清理。但是,我们应当看到并客观地承认,三纲五常作为有汉一代以迄晚清社会的基本道德规范,对于社会的稳定和精神的凝聚,曾产生过重要的作用。

历史证明,董仲舒的天下一统的伟大理想,顺应了时代的要求,因而得到武帝的肯定,其相应的种种观点和措施,也在社会实践中被逐步贯彻。值得我们重视的是,董仲舒依据儒家经典《公羊春秋》而阐发的天下一统的理论,其终极目标并不仅仅是过去不少论者所说的政治统一,也不仅仅是近年一些论者所认为的思想统一,而是全面意义上的文化统一。诚然,文化是一个非常宽泛的概念,但如果我们采纳学术界公认的"文化三层次"说,即把文化划分为物质、制度、思想三个层面,则很容易看清,董仲舒构想的、追求的天下一统,是制度文化和思想文化有机结合的一统,因而,我们可以肯定,这种一统是"文化一统"。

董仲舒这种"文化一统"的追求,其根源之一当然在于他的"文化中国"的理想追求。但更为深刻的根源,在于当时的社会历史条件。我们知道,武帝时期,是国力强盛的时期。其时,国家的军事统一已经完成,自不必说。政治统一也已基本完成,中央政府牢牢地控制着局面,礼乐征伐完全"自天子出"。但从汉兴到武帝即位的七十余年间,由于种种历史的和现实的原因,一度导致地方割据,吴楚七国之乱便是其极端表现。此外,豪强地主"身宠而载高位,家温而食厚禄,因乘富贵之资力,以与民争利于下",以致"富者奢侈羡溢,贫者穷急愁苦",人民被迫铤而走险,统治秩序受到严重的威胁。与这种情况相应的是,由于秦亡汉兴以后,一个严整的、具有较强操作性的文化价值系统没有建立起来,人们缺少安身立命之道,心灵无所安顿。凡此种种,都在客观上要求实现新的更高层次的统一,即文化统一。董仲舒的大一统思想,正是"文化大一统"的思想,是社会思潮的集中反映,是时代精神的体现。

二、中正和谐的执著追求

儒家政治理想和思维传统的一个重要方面,是追求中正和谐。董仲舒继承了这一传统,并将其直接运用于国家治理和社会文化氛围的营造之中,从而成为其理想论的一个重要内容。大致来说,董仲舒中正和谐的思想,可以划分为思维方式上和社会实践中的"以中致和",以及文化价值理想方面的"以正纠偏"。

中和思想作为中国文化系统中和谐理论的精髓,在董仲舒生活的时代,已经由来已久。

"中"与"和",作为独立的概念,在内涵上有所不同。"中",按照东汉许慎《说文解字》的解释,是"内"的意思。同时,也有"正"的意思。清代学者段玉裁在其《说文解字注》中阐释道:"俗本和也,非是。当作内也。……中者,别于外之辞也,别于偏之辞也,亦合宜之辞也。"(《说文解字注》,上海古籍出版社1981年10月版,第20页。)这就是说,"中"不能解释为"和",而应当解释为"内";"中"不仅是与"外"相对的,而且是与"偏"相对的,亦即是"正";"中"是"合宜",亦即恰当、和谐。儒家经典《中庸》所谓"喜怒哀乐之未发,谓之中",亦即思想感情存于心中没有抒发出来,就是"中"。这是许慎和段玉裁对"中"的解释的有力佐证。宋儒朱熹注释说"无偏无倚,故谓之中",这个"中"就含有"正"的意思。

"和",即和谐、一致、协调。西周末年,史伯提出了"和实生物,同则不继"(《国语·郑语》)的命题。他指出,事物间不同元素相互配合、矛盾才能均衡统一,达到和谐一致。五味相和,食物才能香甜可口;六律相和,音乐才能悦耳动听;君王善于听取正反之言,政局才能"和乐如一"。春秋末年齐国的晏婴提出"否可相济"的观点,丰富了"和"的思想内涵。他强调,在处理政务问题时,君臣之间要"否可相济"。君认为"可"而实际上有"否",则"臣献其否,以成其可";君认为"否"而实际上有"可",则"臣献其可,以去其否"(《左传·昭公二十年》)。这种"否可相济"的情况,就是"和"。通过"济其不及,以泄其过"的综合平衡,使君臣之间保持"政平而不干"的和谐统一关系。孔子提出"君子和而不同,小人同而不和"(《论语·子路》)的命题,阐发了著名的"和而不同"的文化观。孔门弟子有若主张"和为贵"(《论语·学而》)。《易传》高度赞美并极力倡导和谐思想,提出了"太和"这一重要观念。它说:"乾道变化,各正性命,保合太和,乃利贞。"(《易·彖传》)把"太和"看作至高无上的和谐状态。《中庸》宣扬"万物并育而不相害,道并行而不相悖"的思想,实际上是维护儒家的"太和"理想。

董仲舒继承了"中""和"的思想传统。他特别强调"中"在社会生活和自然运行中的地位和作用,把"中"作为衡量事物的标准,将追求、保持"中"作为达到和谐的途径。

董仲舒利用五行学说,反复申论,确定了"中"在五行学说中的至上地位。他指出,五行相生相胜,推动阴阳的运行和事物的发展。就前后顺序而言,木为始,水为终,土居中,这是"天次之序";就位置而言,木在左,金在右,火在前,水在后,土居中,这是"父子之序";就生成关系而言,木、火、土、金、水依次相生,犹如父子关系(实际上也是"父子之序");就方位而言,木、火、土、金、水五行,分别居于东、南、中、西、北。无论"天次之序"还是"父子之序",都是客观的律令,不可违背,不可改变。而五行之中,居中的土,地位最尊贵。这不仅因为土居中既是"天次之序",也是"父子之序",而且因为土本身的"出身"高贵和品质优良。董仲舒明确地说:"土者,火之也,五行莫贵于土。……忠臣之义,孝子之行,取之土。土者,五行贵者也,其义不可加矣。"(《春秋繁露·五行对》)他还说:"土,五行之中也。……土之事天竭其忠。故五行者,乃孝子忠臣之行也。……土居中央为之天润。土者,天之股肱也,其德茂美,不可名以一时之事。故五行而四时者,土兼之也。金、木、水、火虽各职,不因土,方不立。……土者,五行之主也。……是故圣人之行,莫贵于忠,土德之谓也。"(《春秋繁露·五行之义》)显而易见,在董仲舒看来,"土"之所以至尊至贵,完全在于它的"居中"。居中,就能够起到稳定的作用,能够协调社会上的各种关系,协调自然界的各种关系,以及人、社会与自然之间的关系,从而使整个天人系统保持和谐。董仲舒还认为,事物的成长,起始于"中";"中"是天下最美好的道理。在《春秋繁露·循天之道》中,他说:"始天中,止必中也。中者,天下之所终始也;……道莫正于中。中者,天下之美达理也,圣人之所保守也。"在这里,"中"是天下万物不可偏离的思维轴心,是道的价值标准,是至高无上的理则,是圣人所必须"保守"的大道。由此,坚持"中",实践"中",便成为理所当然,势所必然。这样,董仲舒便将其思想体系中纯理论架构的五行,引申到社会政治生活和伦理生活之中,以及天人关系之中;同时,把自然法则和社会法则贯通,使时序和方位意义上的"中",演化为社会秩序和精神境界方面的"中"。进而,通过对"中"的肯定和提倡,使万物"各如其序"(《春秋繁露·五行之义》),达到"和"的结局。这种思路,正是由"中"致"和"的思路。

董仲舒在确立了"中"的至高无上的地位和价值以后,把"中"与"和"连接起来。他说:"中之所为,而必就于和。故曰:和其要也。和者,天之正也,阴阳之平也。"(《春秋繁露·循天之道》)这就是说,"中"的实践结果,必然表现为"和"。因此,"和"是"中"的旨趣。能够选择、实现"和"者,便是得到了天地之正气。"中者,天之用也;和者,天之功也。举天地之道,而美于和"(《春秋繁露·循天之道》)。在董仲舒看来,君主的威德,其形上的根据,在于天意。"天有和有德,有平有威;有相受之意,有为政之理"(《春秋繁露·威德所生》)。春,是天之和;夏,是天之德;秋,是天之平;冬,是天之威。"此可以见不和不可以发庆赏之德,不平不可以发刑罚之威。又可以见德生于和,威生于平也。不和无德,不平无威,天之道也"(同上)。一言以蔽之,"和"是神圣天道的要求和体现,是人安身立命的根据,是君主施政的准则。

董仲舒在分别阐述"中""和"的意蕴和地位价值的同时,往往把"中""和"连用。这里,我们要看到的是,在董仲舒的思想体系中,这三者是密切联系的,在意义方面是内在贯通的。讲"中",是为了"和",而且"中"往往就是"和";讲"和",是要维护"中",而且"和"往往就是"中";讲"中和",是既要强调"和"的"适中",又要维护"中"的和谐。

董仲舒运用"中和"理论,劝导君主以"中和"理天下。他引用《诗经·商颂·长发》中所讲"不刚不柔,布政优优"的诗句,主张实行宽和的政治,并称赞这种宽和的政治是"中和"的政治行为。而"能以中和理天下者,其德大盛"(《春秋繁露·循天之道》)。根据这种"以中和理天下"的理论,董仲舒提出了"调均"的主张。他在应对武帝的策问时,专门论述了自己的观点。他宣称,调均贫富是"上天之理":"天变有所分予,予之齿者去其角,傅其翼者两其足,是所受大者不得取小也"(《汉书·董仲舒传》)。如果让贪得无厌的权势者为所欲为,则富者愈富,穷者愈穷,社会矛盾就会日益尖锐,最终会危及统治者的利益。他在《春秋繁露·度制》中说:"有所积重,则有所空虚矣。大富则骄,大贫则忧;忧则为盗,骄则为暴"。"大人病不足于上,而小羸贫瘠于下,则富者愈贪利而不肯为义,贫者日犯禁而不可得止,是世之所以难治也。"而要解决贫富两极过度分化的问题,根本的办法是进行适当的调节。调节的标准,使富者足以显示其高贵而不至于骄狂,贫者足以养活自己而不至于忧愁为度。显然,这里的调均思想是以"中"为度,以"和"为本。

董仲舒还运用"中和"理论,告诫人们要以"中和"之道养生。他说:"能以中和养其身者,其寿极命。"(《春秋繁露·循天之道》)他分别从颐养性情、居处选择、男女之法等方面作了阐述。就颐养性情而言,他认为人的情绪、心境只有做到"中和"才是合理的状态,身心平衡才能健康。太实、太虚、热胜、寒胜、太劳、太佚、怒、喜、忧、惧,是养身(养浩然之气)的十害,原因"皆生于不中和"(同上)。要防止、去除这十害,就必须返于中和之道。"仁人之所以多寿者,外无贪而内清静,心平和而不失中正"。就居处选择而言,董仲舒认为,要选择阴阳谐调、冷热适中、燥湿合宜的地方。他说:"高台多阳,广室多阴,远天地之和也,故人弗为。适中而已矣。"(同上)台,是露台,顶部平坦。高台采光多,阳气重,不适宜居住。室,古人房屋的内部,前面叫堂,堂后以墙隔开,中央叫室,采光不好,阴气太重,也不适宜居住。天地之间,阴阳二气谐调,叫作和。过阴过阳,都不是谐调状态,都违背了"天地之和",故人不能这样做。只有阴阳谐调(适中)的房屋,才是适当的居处。就男女之法而言,董仲舒认为,要以阴阳之法则为法则。他说:"男女之法,法阴与阳。"(同上)阳气盛极而合乎阴,阴气盛极而合乎阳,不盛不合。因此,"男子不坚牡不家室,阴不极盛不相接。是故身精明难衰而坚固,寿考无忒,此天地之道也"(同上)。董仲舒还说:"阴阳之道不同,至于盛而皆止于中,其所始起皆必于中。中者,天地之大极也。"值得注意的是,董仲舒这里反复讲论的"盛""盛极",并不是过头的意思,而是"适中"的意思。男女之气的"盛极",阴阳之气的"盛极",都是指其在发展的过程中达到最佳状态,成为最成熟、最完美的事物。董仲舒强调,"养身之大者,乃在爱气。……气多而治,则养身之大者得矣。","凡养生者,莫精于气。是故男女体其盛,臭味取其胜,居处就其和,劳佚居其中,寒暖无失适,饥饱无过平,欲恶度理,动静顺性命,喜怒止于中,忧惧反之正。此中和常在乎其身,谓之得天地泰。得天地泰者,其寿引而长;不得天地泰者,其寿伤而短"(同上)。总之,董仲舒认为,只有把握"中和"之道才能收到良好的养生效果,而"中和"之道的实践过程,本身就是由"中"致"和"的过程。

在力倡并实践以"中"致"和"的思维方式和价值原则的同时,董仲舒还非常重视思想立场和社会秩序的整肃。他的整肃方式,主要是以正纠偏。

董仲舒以正纠偏的思想,源自孔子。孔子十分强调君主在社会治理中的表率作用。《论语·颜渊》记载,孔子回答季康子关于如何为政的问题时说:"政者,正也;子帅以正,孰敢不正?"《礼记·哀公问》记载,孔子回答哀公"何谓为政"的问题时,说:"政者,正也。君为正,则百姓从政矣。君之所为,百姓之所从也。君所不为,百姓何从?"具体的要求是"夫妇别,父子亲,君臣严"。董仲舒称赞道:"孔子作《春秋》,先正王而系万事,见素王之文焉。"(《汉书·董仲舒传》)

董仲舒继承了孔子"以正为政"的思想,并运用春秋公羊学说加以改造和发展。公羊学重视事物的根源所在,强调人事与天道的一致。董仲舒便在对武帝策问中论证道:"臣谨案《春秋》之文,求王道之端,得之于正。正次王,王次春。春者,天之所为也;正者,王之所为也。其意曰:上承天之所为,而下以正其所为,正王道之端云尔。"(同上)王道之端在天,"王者欲有所为,宜求其端于天。天道之大者在阴阳。阳为德,阴为刑;刑主杀而德主生。……王者承天意以从事,故任德教而不任刑"(同上)。这实际上是以天正君,以君弘道。而弘道的君王首先要端正其道,则须从根本上开始,从自己做起。董仲舒对武帝说:"臣谨案《春秋》谓一元之意,一者,万物之所从始也;元者,辞之所谓大也。谓一为元者,视大始而欲正本也。《春秋》深探其本,而反自贵者始。故为人君者,正心以正朝廷,正朝廷以正百官,正百官以正万民,正万民以正四方。四方正,远近莫敢不一于正,而亡有邪气奸其间者。"(同上)只要承天道以行事,则王道端正;只要王者能够正心,则能够正天下。董仲舒这里做的是正面立论的工作,是立足于建设,立足于正面价值的确立,而不是相反。能够确立"正",就可以抵制"偏";有了"正",才能纠正"偏"。这种"以正纠偏"的思想和方法,反映了董仲舒作为新型制度文化和思想文化的提倡者、建设者的战略眼光。董仲舒这种贵本重始、以正纠偏的思想,对后来的公羊学家有深刻的影响。东汉公羊学家何休便是受董仲舒影响的重要人物。《春秋公羊传·隐公元年》何休注曰:"政莫大于正始。故《春秋》以元之气正天之端,以天之端正王之政,以王之政正诸侯之即位,以诸侯之即位正境内之治。诸侯不上奉王之政,则不得即位。故先言'正月'而后言'即位'。政不由王出,则不得为政,故先言'王'而后言'正月'也;王者不承天以制号令,则无法,故先言'春'而后言'王';王不深正其元,则不能成其化,故先言'元'而后言'春'。五者同日并见,相须成体,乃天人之大本,万物之所系,不可不察也。"何休这里的思想,与董仲舒毫无二致。可见,董仲舒以正纠偏的整肃方式,反映了两汉文化建设的主流。

董仲舒以正纠偏的思想,还体现在其应天改制、三统三正的发展观中。他认为,夏商周三代的正朔不同,分别称为人统、地统、天统,合称三统。三统崇尚的颜色不同,夏商周分别崇尚黑、白、赤三色。三统有不同的正朔,分别称为夏正、殷正、周正。他根据公羊学贵本重始的立场,强调新兴王朝必须改正朔,以表明自己是受命而王。在《春秋繁露·三代改制质文》中,他利用公羊春秋关于"春王正月"的融合和理念,宣称王者受命而王,必然要"改正朔,易服色,制礼乐,一统于天下,……王者受命而王,制此月以应变,故作科以奉天地,故谓之王正月也"。他还说:"正者,正也。统致其气,万物皆应而正。统正,其余皆正。凡岁之要,在正月也。法正之道,正本而末应,正内而外应。动作举措,靡不变化随从,可谓法正也。"可见,董仲舒改正朔以应天的思想,并不仅仅是一处形式上的翻新,而是要建立一个顺天应人的根本,确立一个正面的价值,以为人间的规范。显而易见,这也是以正纠偏思想的贯彻和体现。

董仲舒以正纠偏的思想,还反映在他关于教化的理论方面。他明确说:"教化不立而万民不正也。"(同上)他认为,教化犹如"堤防",可以防止百姓"如水之走下"的"从利之心"。教化确立,奸邪止息,表明堤防完备;教化废弃,奸邪并出,刑罚不能遏制,表明堤防破坏。因此,君王要南面而治天下,则"莫不以教化为大务"。以教化为大务,就要"立大学以教于国,设庠序以化于邑;渐民以仁,摩民以谊,节民以礼",这样,就会"刑罚甚轻而禁不犯",原因在于"教化行而习俗美也"(同上)。古代的圣明之君,以德善化民,民大化之后,天下常无一人之狱。而"天令之谓命,命非圣人不行;质朴之谓性,性非教化不成;人欲之谓情,情非度制不节。是故王者谨承于天意,以顺命也;下务明教化民,以成性也;正法度之宜,别上下之序,以防欲也;修此三者,而大本举矣"(同上）。这是以教化为本，从传统的命、性、情的调控角度，阐述治国重在立本，举正才能去偏的思想。

总的看来，董仲舒注意从建设的角度论述观点，着重从"立"而不是"破"的立场去解决社会问题，是适应了他所处的和平建设时代的要求的。可以说，董仲舒在制度文化和思想文化建设方面之所以能够取得一系列重大成就，是与他立足建设的基本思想方法密切相关的。这点，值得我们从中国文化发展的整体上，认真进行总结，借鉴其中的合理因素。

三、长治久安的战略构想

董仲舒作为有汉一代的大思想家，具有常人所不具备的高远目光和思维水平。他为了统治者的长远利益和整体利益，围绕如何实现长治久安这个重大的现实课题和理论课题，提出了"万世一统"的守成理念，以及"易人不易道"的价值设定。

儒家思想的重要功能和显著特点之一，是重视守成。董仲舒万世一统的政治理想，集中体现了儒家的守成理念。

董仲舒在政治舞台和思想文化舞台驰骋的时期，正是雄才大略的汉武帝施展抱负的时期。武帝以继承先帝极尊之位至美之德自居，并千方百计地要使其"传之亡穷，而施之罔极"。他自称，经常深思万事的统绪，希望找到"大道之要，至论之极"，以抓住治理国家的关键，使刘汉王朝千秋万世传下去。

董仲舒根据武帝的要求，提出了一个以天人感应为核心，以阴阳五行为理论构架，以教化为基本手法，以"三纲五常"的道德论为主体内容的思想体系，为统治者的既得利益而做出了重大的贡献。

董仲舒首先提出要认识"道"的作用，确立人间正道的地位和价值。他说："道者，所由适于治之路也，仁义礼乐皆其具也。"（同上）由于能够抓住"道"这个治理国家的总纲，所以即使圣王去世，也不会影响王朝基业的稳固，仍然能够做到"子孙长久安宁数百岁"。这中间，礼乐教化之功不可轻视。通过教化首先使人认识到"天地之性人为贵"（《孝经》）的儒家道理，进而懂得仁义，重视礼节，安处善道，遵循天理，成为"知命"的君子。

要确立正道，规范人心，以维系统治，不能停留于空泛的原则上，而要努力建设一套具有操作性的价值体系。通过价值体系的构建，从深层次的思想文化方面凝聚人心,以达守成的效果。

董仲舒首先是援引阴阳五行入儒家思想体系,建立了一个全新的理论体系。他把阴阳作为宇宙万物的内在构成成分,通过贯通天地人的阴阳,连接自然、社会和人类,并且特别强调了天人之间的相似、相类、相通、相感,从而铸造了以天人感应为核心的天人合一的理论体系。这个理论体系的铸造,为人间一切行为找到了形而上的外在根据,把封建统治的"人理"变成了"天理",增强了其外在控制的力量。

在阴阳两分、天人合一的思维框架中,董仲舒吸纳法家思想于儒家道德体系之中,建立了"三纲五常"的基本道德原则。君为臣纲、父为子纲、夫为妻纲的"三纲",演化于先秦法家思想之集大成者韩非。仁、义、礼、智、信之"五常",则是先秦儒家伦理的正宗。在军事统一早已完成,政治统一也日趋完善,思想统一即将完成的汉武时代,思想合流是大势所趋。董仲舒发扬《易传》"天下同归而殊途,一致而百虑"(《易·系辞下》)的精神,不仅如上所述援引阴阳五行入儒,而且吸纳法家思想于儒家体系之中,从而更新了儒学的内容和品质,开辟了新的境界。"三纲五常"伦理道德观的形成,对于整合社会不同阶层的价值观,对于宗法农业社会人们的安身立命,提供了一个可资利用的行为规范和心灵归依。不仅如此,董仲舒还根据天道重阳轻阴、阳主阴次、阳表阴里的理论,论证了在统治手法上应该采用阳德阴刑的模式。阳为德、阴为刑,阳为主、阴为次,阳为表、阴为里,这是董仲舒在论证其天人感应理论体系时所做的规定。明君圣主以仁德治国,以刑罚为辅助手段,是荀子吸收法家思想后提出的"隆礼重法"思想的具体阐释。董仲舒继承了荀子在这方面的思想,并利用阴阳理论,进一步明确主次轻重,从而更加系统全面地为维护既成的秩序提供了具有强烈实践性的统治方略。

在价值取向上,董仲舒进一步发挥孔孟精神,高扬道德理想的旗帜,提出了著名的"正谊明道"的义利观。他反对"诈力",力倡仁义,不以成败论人,而以道义为尚。他说:"夫仁人者,正其谊不谋其利,明其道不计其功。"(《汉书·董仲舒传》)强调道义高于功利,反对弃道谋利。这样,董仲舒明确宣示了在义利观方面的取舍态度,使人们在精神价值方面有所守。

董仲舒对于"正道"的提倡和建设,还表现在对制度文化的创设方面。他积极提倡并参与文治政府的建设。他创议设太学,最终使汉政府"以文学礼义为官"(《史记·儒林列传》),从根本上改变了汉初以来军人政府的性质,使察举和征辟成为汉代官吏选拔制度的基本内容。教育制度和官吏选拔制度的结合,成为此后中国制度文化的根本特征,为封建统治的长治久安提供了制度方面的保障。

不难看出,董仲舒在思想文化和制度文化两方面进行的一系列创造性活动,无论巩固统治者既有的成果,还是对于未来局面的开创,都具有重要的意义。就物质、制度、思想三个层面的文化而言,董仲舒紧紧抓住思想文化这个轴心,进行全面的建设;同时,抓住制度文化这个关键,进行奠基式的工作,充分反映了他的远大眼光和巨大的才能。我这里还要指出的是,董仲舒并不轻视物质文化的建设。他提出的轻徭薄赋、宽民力、释放奴婢、调节贫富、不与民争利等主张,实际上都是要使社会生产力得到正常发展,丰富物质产品,缓和社会矛盾,从而进一步发展物质文化。

总之,从董仲舒的行为看,他可以说是在物质、制度、思想等层面全方位地进行努力,着重建设一个新的文化,为封建统治的万世一统做出了贡献。

董仲舒为封建统治的长治久安提出的战略构想中,还有一个极为重要的方面,这就是易人不易道的价值设定。

毫无疑问,董仲舒是自觉地为汉武帝,为整个刘汉王朝的基业的稳固服务的。但是,这仅仅是事情的一个方面,而且并非根本的方面。董仲舒的高明之处及他对自秦统一以来的整个中国古代社会发展的贡献,在于他并不是从一人、一家、一王朝的狭隘立场考虑,而是从整个封建统治阶级、封建社会的整体发展着眼。正是因为如此,他才能够提出易人不易道的价值设定。

孟子关于"汤武革命"的观点,可以说是董仲舒易人不易道思想的前驱。战国时期,齐宣王认为,商汤放逐夏桀、周武王讨伐商纣,是"臣弑其君"。孟子纠正道:"贼仁者谓之贼,贼义者谓之残。残贼之人,谓之一夫。闻诛一夫纣矣,未闻弑君也。"(《孟子·梁惠王下》)孟子这里明确区分了弑和诛的含意,充分肯定商汤和周武王行为的正义性,从而在客观上为"以道事君"提供了理论基础和历史事例。这种"以道事君"的思想,在董仲舒这里便转化为以"有道伐无道"为特征的"易人不易道"的价值追求。

董仲舒在《春秋繁露·尧舜不擅移汤武不专杀》中,运用其天人理论,肯定了汤武革命的正义性,进而提出了"有道伐无道,此天理也"的论断。他首先指出"事天与父,同礼也"。这即是说,侍奉上天和父亲,其道理是一样的。根据董仲舒的"三纲"理论,父为子纲,是不可怀疑与更改的定则;同理,天为人纲也是不可怀疑与更改的定则。子事父、人事天,在价值准则和行为规范方面是相同的。人要按天意行事,否则便会遭到挫折和失败。董仲舒并认为,"天之生民,非为王也,而天立王以为民也。故其德足以安乐民者,天予之;其恶足以贼害民者,天夺之"。有德,能够安乐百姓,属于"有道";反之,无德、贼害百姓,属于"无道"。"有道"是秉承天意办事,"无道"是违逆天意。天意要行"有道"而讨"无道","故夏无道而殷伐之,殷无道而周伐之,周无道而秦伐之,秦无道而汉伐之"。之所以如此,道理简单而深刻:"有道伐无道,此天理也"。董仲舒把有道伐无道上升到"天理"的高度,突出了"道"的地位和价值,使"道"的价值高于君主甚至王朝的价值,"道"的存在高于君主甚至王朝的存在,这就在理论和逻辑上设定了道不可易,而君主王朝可易的价值观,为封建统治的长治久安提供了理论思路和价值标准。

董仲舒易人不易道的价值设定,还表现为把"道"规定为完美无缺。在对武帝的策问中,他明确地说:"道者,万世无弊;弊者,道失之也。"(《汉书·董仲舒传》)这是说,道是完满自足的、千秋万世都不会有什么问题;如果有什么问题的话,并不是"道"本身的问题,而恰恰是背离了"道"的结果。这就更进一步突出了"道"的至上性和完美性,把任何具体的人、事、物置于"道"的价值之下。正因为千秋万世道都"无弊",所以,任何君王在受命而王的时候,无论改变什么都可以,但绝对不能改变"道"。"王者有改制之名,无变道之实"(同上),而之所以如此,在于"道之大原出于天"。"道"既然来源于"天",既然尽善尽美,而天意不可违背,结论必然是"天不变,道亦不变"。这样,董仲舒便通过对于天的维护而实现了对道的弘扬。

其实,董仲舒万世一统的守成观念,其贯穿始终的精神准则便是那个完美无缺的"道",而那个完美无缺的"道"的提出,及其价值和功能,则在于能够维护封建统治的万世一统。因此,我们可以说,董仲舒万世一统的守成观念和易人不易道的价值设定,二者是互为表里、相辅相成的。说到底,他是要"兴仁义之休德,明帝王之法制,建大平之道也"(同上)。

董仲舒围绕其长治久安的战略构想而阐发的上述思想,超越了一时、一人、一王朝的狭隘利益圈子,而着眼于整个统治阶级的长远利益和整体利益,反映了作为一个大思想家所具有的敏锐眼光和深思熟虑,这在中国思想文化史上具有相当的启迪意义。

(作者工作单位为中山大学哲学系)

论张载价值观的两种类型及其现代意义

林乐昌

引言:对张载价值观的体系定位和类型划分

历史上的大儒,几乎都从各自的角度对儒学价值观有所贡献,有的还为社会提出了独特的价值系统方案。任何价值观或价值系统都既是人的动机和行动的准则,同时也代表人的基本信念;它既有导向规范作用,又有激励支配作用。北宋理学的创始人、关学宗师张载(1020—1077 年,字子厚,学者称横渠先生)为社会提出的价值系统方案,有其显著的特色。

张载在言及自己的理学思想时说:"某唱此绝学,亦辄欲成一次第。"(《张子语录·语录下》)这里的"次第",相当于今天所谓"体系"。张载的理学体系是由三个层次构成的:处于上层的是,以"天"或"太虚"为本体、以天道论和心性论为主要内容的"形而上"的学说;处于下层的是,面对自然、社会和人生而形成的古代博物学(包括天文学)、政治思想、教育思想和修养功夫论等"形而下"的学说;处于中层的则是,其价值学说或价值观,这可以视作张载理学体系"形而中"的学说。

张载指出:"知崇,天也,形而上也。"(《正蒙·至当篇第九》)"'形而上',是无形体者也,故形以上者谓之道也;'形而下',是有形体者,故形以下者谓之器。"(《易说·系辞上》)"运于无形之谓道,形而下者不足以言之。"(《正蒙·天道篇第三》)值得注意的是,张载对自己的理学体系只论及其"形而上"与"形而下"两部分,并未言及其"形而中"部分。把价值系统置于张载理学体系的"形而中"部分,是我们依据其价值观的根源、特点和作用加以定位的,是对张载理学体系重构的结果。首先,虽然张载所建构的以"仁""孝""礼"为核心的人文价值也是无形的,但究其实质,价值论仍与"形上学"有别。"形上学"尤其是其中的本体论具有至上性、根源性、"至一"性,而人文价值或价值系统却不具有这些性质。其次,从张载价值观的根源看,与以上所说一致,张载所建构的以"仁""孝""礼"为核心的人文价值毕竟要以作为哲学宇宙论的"天"或"天道"为根源,因此,把"仁""孝""礼"这一价值系统置于张载理学体系的"形而上"部分,显然是不相应的。最后,从张载价值观的作用看,虽然"仁""孝""礼"等人文价值对于现实的生活世界具有直接的引领作用,但它们毕竟与现实的生活世界是有区别的,它们毕竟不是有形的实体,而是抽象的存在。因此,把"仁""孝""礼"这一价值系统置于张载理学体系的"形而下"部分,显然也是不相应的。由于张载理学体系的"形而上"部分,很难直接作用于作为"形而下"的现实生活世界,因而,张载的价值观就成为处于"形而上"与"形而下"之间的中介,"形而上"的存在下行于"形而下"的世界,必须通过"形而中"的价值观才能够直接起作用。正是在此意义上,我们把张载的价值观定位于其理学体系的"形而中"部分。其实,张载著名的"四为句"的第一句"为天地立心"说的就正是价值观问题①,因而也应当将其定位于张载理学体系的"形而中"部分。作为张载理学体系的"形而中"部分的价值观具有"通天贯地"的特点:"通天",指"仁""孝""礼"等人文价值都有其宇宙根源或天道根源;"贯地",指"仁""孝""礼"等人文价值对于现实的生活世界具有直接的引领作用。

张载价值观的内容相当丰富,我们可以将其划分为两种类型:第一种类型是作为道德伦理的价值观,主要以"仁""孝""礼"为准则;第二种类型是作为精神品质的价值观,主要表现为"学则须疑"的怀疑精神和"多求新意"的创新精神。

一、道德伦理类型的价值观

《宋史》张载本传以"尊礼贵德"评价张载之学。这可看作张载规范人间秩序的道德价值设定,是其价值观主题的概括。张载的价值观,是由礼论和德论构成的。礼论和德论所涉及的价值观,都属于道德伦理类型。

(一)关于礼论

礼论,属于"规范伦理"或"规范价值"。张载的礼论,既是个人的规范机

---

① 林乐昌:《"为天地立心":张载"四为句"新释》,载《哲学研究》2009 年第 6 期。

制,也是社群的调节机制和治国理政机制。张载特别强调"尊礼"。对于个体修养,他主张"知礼成性""以礼成德";对于教育内容,他主张"以礼为教";对于社会风气,他主张"用礼成俗"。在张载看来,"礼"是实现"仁"之一德性价值的途径:"若要居仁宅,先须入礼门。"①由于"礼"具有实现道德价值的功能,从而使它本身也蕴含了道德价值意义。可见,礼与德是互相为用的。

《大戴礼记·盛德篇》指出:"凡德盛者治也,德不盛者乱也;德盛者得之也,德不盛者失之也。是故君子考德,而天下之治乱得失可坐庙堂之上而知也。"张载认同"德"之盛衰将直接影响社会秩序的治乱得失,认为当时社会的弊端在于"治所以忽,德所以乱"。对于导致这一弊端的原因,张载认为是由于"上无礼以防其伪,下无学以稽其弊"②。就是说,社会统治集团缺乏"礼"以防范伪善欺诈的行为,而民间社会则未能推行"学"以整治道德败乱的弊病。因此,对于社会治乱的解决之道,张载等理学家与政治家所提供的方案是不同的,他们主要是从与"学"相关教育着眼的。当然,张载所说的"学"及教育的内容,也包括"学礼"。例如,作为熙宁变法领导者的王安石与作为理学主要派别洛学的领导者二程,对于政治变法与兴教运动关系的看法便很不相同:王安石重变法甚于教育,而二程重教育则甚于变法。程颢曾说:"治天下不患法度之不立,而患人材之不成。人材之不成,虽有良法美意,孰与行之?"钱穆认为,"此乃洛学与安石根本相异处"。对于政治与教育关系的看法,不惟洛学如此,关学亦然。钱穆准确地看出:"范仲淹、王安石诸人,政治意味重于教育",而"二程、横渠以来,教育意味重过政治"③。张载说:"今欲功及天下,故必多栽培学者,则道可传矣。"④可见,张载把讲学传道、培养学者视作"功及天下"的头等大事。这是他向社会推行人文价值观的主要途径。

(二)关于德论

德论,属于"德性价值"。张载既教人以"礼",又"教人以德"⑤。郭沫若提出:"在卜辞和殷人的彝铭中没有德字,而在周代的彝铭中如成王时的班簋和

---

① 张载语,转见于吕本中《童蒙训》卷上。
② [宋]张载:《正蒙·乾称篇第十七》,见《张载集》,第64页。
③ 钱穆:《国史大纲》(修订本),商务印书馆1994年版,第591、796页。
④ [宋]张载:《经学理窟·义理》,见《张载集》,第271页。
⑤ [宋]吕大临:《横渠先生行状》,见《张载集》,第382页。

康王时的大盂鼎都明白地有德字表现着。"①陈来认为,从西周到春秋的用法来看,"德"的含义主要指"具有道德意义的行为、心意"②。可见,张载所谓"德"源自西周尚德的传统③,并继承了《易传·系辞上》"崇德而广业"、《孟子·公孙丑上》"贵德而尊士"、《礼记·曲礼上》"太上贵德"、《礼记·中庸》"尊德性"等思想。张载强调"德主天下之善"④,把"德"的本质聚焦于"善"。经过长期的选择和提炼,张载把"仁""孝""礼"这三条道德原则确定为理学的核心价值,以规范人的行为,进而为社会秩序奠定文化基础。"礼"的价值意义已如上述,而"仁""孝"价值意义在张载著名的短论《西铭》中表现得最为充分。⑤这与《正蒙·诚明篇》有关"仁人孝子"的意旨完全一致。

孔子早就提出"仁""孝"观念。与早期儒家有所不同,《西铭》是基于宇宙根源(所谓"乾父坤母")说"仁""孝",其新意表现在三个方面。一是扩大了"仁"的实践范围。《西铭》提出"民胞物与"的理念,意味着从限于人类说仁爱转变为不限于人类说仁爱。二是扩大了"孝"的实践范围。《西铭》在肯定孝敬生身父母的同时,还把孝行扩大为人类对天地父母的尊崇和敬畏,从而使"孝"成为信仰的一个重要维度。三是突破了早期儒家强调差等的仁爱观。张载重视仁爱的宇宙根源(所谓"乾父坤母"),并在《正蒙·诚明篇》中提出"爱必兼爱"的大胆主张,以谋求平等之爱。他把宇宙视做一个大家庭,一切人或物都是这个大家庭的平等成员。

孔子自信"天生德于予"(《论语·述而》)。《易传·文言》宣称"夫大人者与天地合其德"。《中庸》则提出"诚者,天之道;诚之者,人之道"。孔子与这些早期儒家经典的言论,意味着德性价值出于天或天道的规定,是有其宇宙根源的。张载据此提出:"天所以长久不已之道,乃所谓诚。仁人孝子所以事天诚身,不过不已于仁孝而已。故君子诚之为贵。"⑥在张载看来,"不已于仁孝",是以"天所以长久不已之道"亦即"诚"为宇宙论根据的。"仁人孝子",是人在宇宙间所应当扮演的角色;而"事天诚身",则是人所应当履行的神圣信仰和道德

---

① 郭沫若:《先秦天道观之进展》,见《青铜时代》,第21页。
② 陈来:《古代宗教与伦理——儒家思想的根源》,三联书店1996年版,第291页。
③ 饶宗颐:《神道思想与理性主义》,见《饶宗颐二十世纪学术文集》卷四《经术、礼乐》,中国人民大学出版社2009年版,第263页。
④ [宋]张载:《正蒙·有德篇第十二》,见《张载集》,第44页。
⑤ 林乐昌:《张载〈西铭〉新诠》,载《中共宁波市委党校学报》2013年第3期,第106页。
⑥ [宋]张载:《正蒙·诚明篇第六》,见《张载集》,第21页。

责任。"仁人孝子"观念,源于《礼记》。《礼记·哀公问》指出:"仁人之事亲也如事天,事天如事亲。是故孝子成身。"在《西铭》中,张载使这种观念得到了空前的加强。①张载不仅认为"仁""孝"价值原则有其宇宙根源,而且还认为,作为规范价值原则的"礼"也有其宇宙自然根源。他说:"或者专以礼出于人,而不知礼本天之自然。"②张载对"仁""孝""礼"等价值原则的宇宙根源的揭示,极大地增强了这些理学人文价值的权威性。

二、精神品质类型的价值观

在张载的价值观系统中,精神品质类型的价值观主要表现为"学则须疑"的怀疑精神和"多求新意"的创新精神。怀疑精神和创新精神,是更具普遍性的价值观要求。

(一)"学则须疑"的怀疑精神

在理学家中,张载对怀疑精神的提倡是很突出的。但张载提倡怀疑精神并不是主张怀疑一切,怀疑作为精神价值是有条件的,而且它在张载的价值系统中并不是最高原则。另外,在张载看来,"无疑"与"有疑"的适用范围是不同的。他认为,对于公认的儒家经典,对于儒家的基本原理和道德信念,应当抱"不疑"或"勿疑"的态度。例如,对于作为儒家经典的《论语》《孟子》《礼记》等,他评价说:"学者信书,且须信《论语》《孟子》。《诗》《书》无舛杂。《礼》虽杂出诸儒,亦若无害义处,如《中庸》《大学》出于圣门,无可疑者。"(《经学理窟·义理》)又如,对于圣人及其"中道"原理,他指出:"孔子、文王、尧、舜,皆则是在此立志,此中道也,更勿疑圣人于此上别有心。"(《经学理窟·气质》)

另一方面,张载又倡导"学则须疑"(《经学理窟·学大原下》)的怀疑精神。他对怀疑精神的强调,主要关乎"为学"的思考和探索。张载所谓怀疑精神有如下几个特征。

其一,注重在学行实践中培育怀疑精神。张载提出:"可疑而不疑者不曾学,学则须疑。譬之行道者,将之南山,须问道路之自出,若安坐则何尝有疑?"

---

① 林乐昌:《张载〈西铭〉新诠》,载《中共宁波市委党校学报》2013 年第 3 期,第 108—109 页。
② [宋]张载:《张子全书》卷一四《补遗一·礼记说·礼运第九》,第 342 页。

（《经学理窟·学大原下》）就是说，张载不但反对在为学中有可疑之处而竟然不加怀疑，而且主张在为学实践中培育"有疑"精神。

其二，注重为学必须"实疑"。张载指出："学行之，乃见至其疑处，始是实疑，于是有学。"（《横渠易说·佚文》）什么是他所谓"实疑"？在他看来，在学行过程中，能够形成学者自己的见解固然不错，但这些见解只有真正抓住问题的可疑之处，才是真实的疑和实质性的疑，而不是表面的疑。

其三，主张学者在读书过程中要善于发现疑点所在。张载说："所以观书者，释己之疑，明己之未达。每见每知所益，则学进矣；于不疑处有疑，方是进矣。"（《经学理窟·义理》）读书善于发现疑点，具体表现为"于不疑处有疑"。可以认为，张载提倡的是一种大胆的彻底的怀疑精神。这种精神与近代以来的科学精神是息息相通的。

（二）"多求新意"的创新精神

张载在提倡怀疑精神的同时，还主张"多求新意，以开昏蒙"（《张语录·语录中》）的创新精神。张载把怀疑精神看成是创新的起点，并强调要在去除"旧见"中形成"新意"，在学习过程中要多加思考以扫除学思的障碍。他指出："义理有疑，则濯去旧见以来新意。心中苟有所开，即便札记，不思则还塞之矣。"（《经学理窟·学大原下》）

张载"多求新意"的创新精神，主要表现为道德的创新、义理（哲学）的创新、自然知识的创新等三个方面。

1. 道德的创新

张载继承《易说·系辞》的"日新盛德"之意，在《芭蕉》诗中提出"愿学新心养新德"。"新德"，指经由学者不懈的努力使自己的德性提升到新的高度，并最终有可能达到"天德"的境界。张载指出："'刚健笃实'，'日新其德'，乃天德也。"（《横渠易说·上经·大蓄》）在张载看来，日新其德的要求不仅适用于学者，而且对于君主帝王也同样需要依据"帝王之道"以提高其"治德"。他在答弟子范育的书信中说："巽之（范育的字）为朝廷言，人不足于适，政不足与闻，能使吾君爱天下之人如赤子，则治德必日新，人之进者必良士，帝王之道不必改途而成，学与政不殊心而得矣。"（《答范巽之书》）今人牟宗三非常重视"道德创造"，除受《易传·系辞》影响外，也有可能受张载的启发。

2. 义理的创新

张载"四为句"的第三句是"为往圣继绝学",这集中体现了他的学术抱负。可以说,经过张载近四十年的学术努力,这一抱负是实现了的。当然,这一抱负的实现,离不开张载对理学义理的创新。这种创新精神,贯穿于张载数十年读书思考的学术生涯之中。他把读书必须"每见每知新意",作为"学进"亦即学术提升的原则,指出:"学者观书,每见每知新意,则学进矣。"(《张子语录·语录中》)张载义理创新的成就,首先表现为他一生"勇于造道",创建了在北宋理学家群体中罕见的理论体系。(详见本文引言)同时,还表现在他对儒学做了"六经之所未载,圣人之所不言"(《正蒙》范育序)的理论创新。这在张载理学的天道论、人性论、知识论、伦理学等学说中都有所表现,并产生了巨大的历史影响。

3. 自然知识的创新

除了理学义理的创新,在自然知识领域张载也有所创新,为中国古代朴素的科学思想的进步做出了重要的贡献。张载的贡献主要体现在古代天文学领域。限于篇幅,以下仅举两例加以说明。

第一例,张载在其《正蒙·参两篇》第四章指出:"凡圜转之物,动必有机。既谓之机,则动非自外也。古今谓天左旋,此直至粗之论尔,不考日月出没、恒星昏晓之变。愚谓在天而运者,惟七曜而已。恒星所以为昼夜者,直以地气乘机左旋于中,故使恒星、河汉因北为南,日月因天隐见。太虚无体,则无以验其迁动于外也。"对于这一段论述,英国著名的中国科技史专家李约瑟进行了深入的分析:"他(指张载——引者注)借黏滞制动器的原理说明恒星和日、月、五星的反方向运动:他(仍指张载——引者注)认为,天体距地很近,因而地气阻碍它们向前运动。地气为某种内力所驱,不断向左旋转('地气乘机左旋于中'),但旋转较慢(由于地静止不动),结果,太阳系各天体的运动便相对地(虽然不是绝对地)和恒星的运动方向相反。"李约瑟进一步评价说:"这是21世纪关于感应原理的非常明确有力的叙述,我们不能忽视它的意义。此外,天体运行速度减慢的程度,取决于它们本身的组成:月和地同属阴,因而受影响最大;日属阳,受影响最小;五星所受到的影响则居中等程度(注:五星各由五行之一组成,因而它们各为阴和阳的一种特殊的混合物)。"[1]

---

[1] 李约瑟:《中国科学技术史》第四卷《天文学》,第123—124页;另参考林乐昌著:《正蒙合校集释》上册,中华书局2012年版。

第二例,张载在其《正蒙·参两篇》第七章提出:"地有升降,日有修短。地虽凝聚不散之物,然二气升降其间,相从而不已也。阳日上,地日降而下者,虚也;阳日降,地日进而上者,盈也。此一岁寒暑之候也。至于一昼夜之盈虚、升降,则以海水潮汐验之为信。然闲有小大之差,则系日月朔望,其精相感。"对此,给予很高评价:"不过在我们看来,有趣之处主要在于:极端人类中心论那种关于地居中央而不动的说法在欧洲曾那样束缚人们的思想,而中国天文学思想中却不曾留下痕迹。""宋代学者张载、朱熹、储泳等都曾经提到它,明代的王可大和章潢在这方面也曾发过议论。张载以及其他理学家把地的周期性升降同地中阴阳两力的盛衰结合起来,以解释季节性的寒暑变化。另外,他们还把它同潮汐现象联系起来。"①

张载以上的论述,涉及古代天文学的专业知识,外行很难予以评价。但我们从李约瑟的评价中应能获知,张载对于古代天文学是有所创新的,是做出了自己的卓越贡献的。

三、结语:张载价值观的现代意义

关于张载价值观的现代意义,有必要对应于其道德伦理的价值观与精神品质的价值观这两种类型,分别加以揭示。

第一,作为张载道德伦理类型价值系统的"仁""孝""礼",虽然源于先秦儒学的价值观念,但张载却作出了新的阐发,它们都是社会主义价值体系的优秀传统资源。

第二,作为张载精神品质类型价值观的怀疑精神和创新精神,与近代和现代的科学精神是一脉相承的。从古至今,作为批判性思维之灵魂的怀疑精神和创新精神,在中国教育界、科学界和学术界都相当薄弱。张载早在一千年前就提出"于无疑处有疑",这非常难能可贵,对于当今中国的教育改革、科学进步和学术发展都具有特殊的意义。

(作者系陕西师范大学哲学系教授)

---

① 李约瑟:《中国科学技术史》第四卷《天文学》,第 126—127 页;另参考林乐昌著:《正蒙合校集释》上册,中华书局 2012 年版。

儒者"善"的意义结构与生命探索

龚建平

"善"乃儒者人生追求的根本目标,所谓"明善""止于至善",以至"守死善道",均表明善对于儒者人生的重要意义。然而,无论是"明善""止于至善",抑或"守死善道",实践上必然是一个探索的过程,那么,善与儒者的人生追求与探索究竟是一种什么关系? 动机的善是否必然对象性地显现为过程与结果呢? 本文试图在儒者的语境中略作探讨。

一、儒者作为生活方式的善

儒者善的含义可从不同角度看。孔子云谓《韶》:"尽美矣,又尽善也。"而谓《武》:"尽美矣,未尽善也。"(《论语·八佾》)此处,善是相对美而言的。从语境看,所谓《武》虽尽美但有肃杀之气,而《韶》乐则尽善尽美,故善是以生命的祥和为特征的。孟子曰:"可欲之谓善。"(《孟子·尽心下》)表明善有两个特点:第一,能满足人的欲望;第二,是"可"即被普遍认同和认可的。这两个要件缺一不可。如果符合道德原则,不能满足人们的需要,不能谓之善;它虽满足人的需要但却违背道德原则,也不能说是善。正是从这个角度,我们可以进一步考察儒者之善的意义。至少,善不是个人私欲的满足。由此可以说,能超越个人欲望之善的呈现是以修养为前提的。从这里,可理解这种说法:"善,人道也。"(《五行》)这是说,善是人的行为所遵循的轨道,也是将人和其他存在物区别开来的轨道,是将人当作人来对待的原则。人道是相对天道而言的。《五行》又云:"德,天道也。"《大戴记·四代》则曰:"天道以视,地道以履,人道以稽。"所谓稽,训考。《易经》云:"立人之道,曰仁与义。"

儒者顺应传统"实用理性"的惯性,将人道之善作为其基本生活方式。孔子曰:"守死善道。"(《论语·泰伯》)梁漱溟说:"守死善道,不是死守善道。"守死的意思,就是一个人可以将个体的生命奉献给善,至死方休。死守善道是说没有灵活性,僵化地守所谓善。守死善道的真实含义就是善乃儒者的根本目的,它永远不可能作为手段。

善,是儒家德性之根本源头,具体可展开为系列规范。这里不再展开论述这些规范,而是理解作为生活方式的善在儒者生命中的意义。

首先,善是儒者人格得以自我确立的基本原则。善,人道也。《大学》云三纲领:"大学之道,在明明德,在亲民,在止于至善。"《中庸》云:"在下位不获乎上,民不可得而治矣。获乎上有道:不信乎朋友,不获乎上矣;信乎朋友有道:不顺乎亲,不信乎朋友矣;顺乎亲有道:反诸身不诚,不顺乎亲矣;诚身有道:不明乎善,不诚乎身矣。"可见,明善是诚身①、顺亲、信友、获上的必要前提。明善当为洞彻善的真实意义。

在儒家看来,只有善才是既成己又成人的。虽然我们不能指责庄子只关心个体的逍遥,但关注自我价值实现的同时也关心他人价值的实现,并把他人的完成看成是自我完成的必要内容是儒者人格的特质。善就是爱人,只要内心有爱,发向天地万物都是爱。从主体性上说,儒者由此具有获得性、完成性。所以不是自我的丧失,而是人格的圆足。从对象或客体角度看,善是给予他者生存和发展的机会和空间。《乐记》云:"生民之道,乐为大焉。"《管子·内业》云:"赏不足以劝善,刑不足以惩过。气意得而天下服,心意定而天下听。"对于有集权传统的社会,如果没有善的观念,那么,许多政策、法规都可以任人兴废,乃至大众的命运只能被少数人随意谋划了。

其次,善以修养为前提,也是消极意义上的自保原则,是安身立命的根本。有子曰:"恭近于礼,远耻辱也。"(《论语·学而》)对别人恭敬,符合原则,是远离耻辱的基本方法。这背后当然有本体论的承诺。人生无常,地球是圆的,在不停地运转,任何人都具有天生的德性,尊敬他们就是尊敬自己,藐视他们就可能招致耻辱乃至身败名裂。

第三,善也是转化一切包括恶的生命力量。人生总是有不顺,有逆境,甚至有生来就不幸的人,面对如此世界,儒者认为"不怨天,不尤人,下学而上达,知我者其天乎"!在逆境中孟子认为此乃"天将降大任于斯人"的前兆,张载亦

---

① 《礼记·表记》云:"考道以为无失。"

说："贫贱忧戚,庸玉汝于成也。"宇宙生命一切存在都可以转化为以儒者人格为基础的自我生命的资源。"君子己善,亦乐人之善也;己能,亦乐人之能也"(《大戴记·曾子立事》)。

第四,善是儒者的终极关怀性,是德性的源头,规范的基础。善本身是包括君子"见善如不及,见恶如探汤"(《论语·季氏篇》)。《大学》三纲领以"至善"为终极目标,八条目是善的具体实践。孔子所谓"杀身成仁",孟子所谓"舍生取义",其实都是说明善是儒者的终极价值追求。不过,在日常生活中,并没有那么多的境遇需要儒者处处去献身,且儒家也不是宗教信仰狂热者,而是理性的人,那么,在这种情况下,他们如何实践其终极价值追求呢? 在这里,当然是遵守道德规范和法律,特别是当世俗生活中,某些利害关系错综复杂,相互冲突,还是应按照礼仪原则来处理。所谓"亲亲而仁民,仁民而爱物"(《孟子·尽心上》)。

显然,在孔子看来,善或善道是一个人的终极关怀。事实上,善在儒家典籍中并非只是属于相对真、美而言的道德意义的善。因为孔子说"三人行,必有吾师焉,择其善者而从之",此"善"是指相对于德行或才能而言,并非一定指道德。《中庸》亦谓"择其者而固执之者也",也是指相对的意思。

之所以提出守死善道,明善,乃至于至善等思想,是因在儒者语境之中,善的实践并非是简单的事情,甚至也非宗教徒那样的牺牲可以达到。

在儒家那里,"善"并非完全独立于真与美,彼此没有关联。"善"作为人道必然兼顾真与美。诚乃真实无妄,是真、充实之谓美。孟子所谓"可欲之谓善,有诸己之谓信。充实之谓美,充实而有光辉之谓大,大而化之谓圣,圣而不可知之之谓神"(《孟子·尽心下》),充实是就事物对于观察者的形象而言的。可见,善、真和美三者是统一的。对于儒者而言,真也是很重要的。从家国而言,"国家之昌,国家之臧,信仁"(《大戴记·诰志》)。信者,信实,诚信。从个体修养而言,"唯天下至诚,为能尽其性"。

因而,儒家伦理的原则以善作为总纲。善是儒家生活与生存的理念和存身的方式。

但是,仅仅从抽象概念的角度来理解是比较呆板和僵化的,甚至举那些历史上的反例也不足以说明儒者全部内心。这里我们谈谈儒家善道德社会背景和生活背景。

二、善的基本要素和实践结构

《五行》曰"善,人道也"。又谓"(仁义礼知)四行和谓之善"。按孟子的思路,善的内在结构和基本要素主要是包括仁义礼知诸项。以此而论,所谓仁是对人的善,义是社会的善,礼是善行的分寸,知是为善的程度。按《中庸》的思路,善则表现为知仁勇。其实他们基本是相通的,只是角度不同。仁义礼知(信),是善的基本要素或原则,而知仁勇是其实践结构。

作为四行之首的体验是以恻隐为基础的。恻隐,即痛,类似的说法是憯怛。《表记》云:"中心憯怛,爱人之仁也。"事实上,所谓恻隐憯怛并非孤立个体之间那种同情的体验,而是具有生命同体感受者的体验。以此作为其他德目的基础才是可以理解的。义的心理基础是羞恶之心,其中包括羞和恶两种不同体验,羞是针对自己,恶则主要是针对他人的。羞恶之心以道德楷模作为人格榜样内化而产生。"舜何人也!予何人也!有为者亦若是。"(《孟子·滕文公上》)儒者人格是在社会关系中建立的,所谓"十目所视,十手所指,其严乎?"(《大学》)辞让抑或恭敬之心当是以恻隐、羞恶之心为前提产生的行为选择时的心理。所谓是非之心当为对内心存在的恻隐、羞恶、辞让之心的认知心理。《大戴记·四代》记子曰:"圣,知之华也。知,仁之实也。仁,信之器也。信,义之重也。义,利之本也。"其中,仁与知最重要。"知仁合则天地成"(《大戴记·诰志》)。所谓诚己仁与知之"合"。"诚者非自成己而已也,所以成物也。成己,仁也,成物,知也,合外内之道也,故时措之宜也。"(《中庸》)最终,还是仁才是代表全德的。

儒家伦理是实践的。据此,《中庸》提出"知、仁、勇"三达德。其云"好学近乎知,力行近乎仁,知耻近乎勇"。其中,所谓力行之"仁"是从"亲亲开始的"。"仁者,人也,亲亲为大";"立爱自亲始"。其中,仁的实践是从内到外逐步推扩的过程。亲情伦理中包括自然的血缘关系,交往的行为规范以及含有包括信仰在内的各个不同的关系在内。自然血缘关系是天生的,人际交往基于人事修为,自然血缘与由之决定的日常生活是每个人必然经历的,但它们并非稳定的关系。人事修为变动不居,但血缘及基于其上的信仰则是相对稳定的。血缘关系是客观必然的,而人事修为因人而异,道德上,父不能禅子,兄不能教弟,由此导致社会生活中道德与精神生活的复杂性。在儒者看来,只有天下至仁者,能合天下之至亲者,天下之至知者,能用天下之至和者,天下之至明者,能选天下之至良者。

实践上,儒者特别突显勇的重要地位。勇不是一般意义的勇敢,而是有道德涵义的。冉求曰:"非不说子之道,力不足也。"孔子回答:"力不足者,中道而废,今汝画。"(《论语·雍也》)冉求给自己画地为牢,冉求之所以会认为"力不足",是道德勇气的问题。毫无疑问,儒者不仅面临道德价值选择问题,还面临实际的如何影响与改变事实的问题。对于常人而言,人们首先考虑的是生活的实际需要,但对儒者而言,他们是从道德命令出发选择行为。行为和观念的不同在于它能改变事实,导致事实的变化及能深刻地影响现实生活。儒者的道德行为无疑导致与常人大为不同的事实的改变。而且,道德不是孤立的行为,是渗透到所有行为之中的品性与德行,其中,当然需要道德勇气。当然,在生活中,勇既有面对各种道德选择的决断的意味,也有为守道而不以凡俗眼光而生活的意味,是面临人事与自然血缘的并不对称而做到协调和对称的努力,其过程中有理与欲、礼与情、天与人关系的矛盾与犹疑,需要临时制裁和决断。这样看,勇是儒者生活中不可或缺的。勇必大勇,却并非轻易可企及。《中庸》谓"知耻近乎勇","夫有耻之士,富而不以道,则耻之;贫而不以道,则耻之。"(《大戴记·曾子制言》)知耻以知道为前提,其次是知事情本身。这里,不存在知识上的不确定性,也不存在是非善恶判断上的犹疑,而只是对善行的选择与坚持。道家因知识论上的相对主义倾向,故对所谓道德之勇是否定的。朱熹仅将勇看成道德行为得以延续的力量,他说:"(智仁勇三者)勇本是没紧要物事,然仁知了,不是勇,便行不到头。"还说:"交互地看,(好学几乎知,力行几乎仁,知耻近乎勇),三近都是勇","困知勉行知耻,又是勇"[①]。朱子对价值观念多元时代道德勇气的重要性认识不足。《儒行》之所以讲儒者"特立独行",乃至"不臣不仕",就是由于社会巨大变化导致的儒者之勇的一种表现。如果离开传统社会语境,则勇显然比朱子所说包含更多内容。

因此,从观念上看,儒家伦理诚如冯友兰所说,仁代表全德;但若从实践角度看,则勇具有十分特殊的地位。

因仁义礼知之善发用在生活之中,并非仅是今日一般人们的所谓道德而已,而是以道德为中心所展开的人性的真、善与美的综合体。此善发向哪里,哪

---

① ［宋］黎清德:《朱子语类》四,中华书局 1986 年版,第 1561 页。

里就因此具有善美的光亮。从"形而上"的角度就是圆善,至善。虽然,儒家的核心观念还是善,不过从"形而下"的角度说,则展开为艺术之美:"同声相应,同气相求",乃至"大漠孤烟直,长河落日圆"、"人生自古谁无死,留取丹青照汗青"之生命的善与美的统一。所有唐诗宋词所表达的并非是其末流所陷入的那种情景,而是真美善生命凝结为一体的整体生命。阳明批评词章之陷溺固然有其理由,但善的真实内涵其实也并不只是那种枯燥干瘪乃至有些狰狞面孔的吃人的条条框框。梁漱溟曾经描述过这样的生命情景:牟宗三说这是梁先生生命化了孔子,其实,是儒家之善本身存在着生命化的向度,古代文史哲不分家的现实,唐诗宋词的辉煌都证明了这一点。

三、道德认识中的善与生命探索

前面谈勇是将道德认识上可能存在的危机排除在外的,事实上,认识论上本来就存在不可知论,而道德认识因人性和社会原因显得更微妙。

为说明这种微妙,我们先要理解传统中国人心目中的"人"。

荀子曰:"故人之所以为人者,非特以其二足而无毛也,以其有辨也。夫禽兽有父子而无父子之亲,有牝牡而无男女之别。故人道莫不有辨。"(《荀子·非相》)所谓辨,其实就是将人区别开来的那些原则,其中最主要的还是礼义。他还说:"水火有气而无生,草木有生而无知,禽兽有知而无义,人有气有生有知亦且有义,故最为天下贵。"(《荀子·王制》)这里,义是善的象征。在荀子看来,人和动物有很多相似之处,有物质性、有感性欲望,有知觉乃至知识理性,但这些都不是人作为人的根本标志,只有象征善的"义",才决定了人作为人的本质属性。

在这里,为什么荀子强调"辨"和"义"? 这就不能不说到中国人特殊的社会结构。社会结构决定了人的生存状态,正确理解儒家善的观念不能脱离传统社会的特殊结构,不能不了解他们的生活方式及思维方式。

既然人是立体的,并非抽象的不可入的原子,那么,人的社会关系就不可能是彼此抽象的关系。人的自然特征和社会关系乃至个性特征都需要被提取出来作为其所以得以"辨"的重要因素,这些因素是他将得到社会认可的理由,是他进入社会的重要凭借。宗法制度就是根据人的身份特点而规定的社会制度和行为规范。这样,人彼此间的关系并非平面横向的"平等"关系,而是彼此

"嵌入式"的相互关联。这种相互"嵌入"的内容包括血缘、利益和精神意识。三者可能同时"嵌入",人们的关系越是亲越是近,那么他们的关系就越是深,就好比相互"嵌入"的齿轮,彼此依赖又彼此限制,一方受到伤害,相应的其他多方都会受到影响。

更为重要的是由此决定的传统思维方式和社会生活。传统思维方式可简单概括为形上与形下"不即不离"的思想逻辑。所谓"不即",是说形上形下是有区别的,不能直接混同;所谓"不离",是说二者又是不能分割的。不能如西方人将灵与肉、天堂和地狱、此岸与彼岸对立起来。中国人总是认为人可以通过自身的修为与努力,达到身心统一,人我合一,天人合一。这个思想主线在熊十力那里以"体用不二"的思想表达。"体"就是本体,真实的本原性存在,"用"则是现象,是人事功用。"体"是用之体,"用"是体之用,二者不能割裂或直接对立起来。这一思想,在二程兄弟就非常明确。他说:"体用一源,显微无间。"

但是,这种"嵌入式"的社会关系中,形上和形下"不即不离"的思维方式以及建构的社会生活,"辨"的清晰和持久并不容易。因为,这种语境中,道德认识较为模糊。从主体性上当然可以说是"知行合一",但从对象性上,仁者难知。孔子多次被问到其弟子之仁,都说"难知"。《表记》曰:"与仁同功,其仁未可知也;与仁同过,然后其仁可知也。"所谓"过",乃人之所无意而未及认识到之处。孙希旦曰:"观人者,不于其所勉,而于其所忽也。"①

这样一种"天人合一"和形上与形下"不即不离"的思维方式和生活的样态有其好处:避免了宗教神学对人们世俗生活的压制和破坏。通常,传统中国士大夫都不迷信,是人文主义的;另一方面,就是对待社会生活的现实的、求实的立场和态度。

不过,"体用不二"的思维方式所暗含的是多种可能。又因"嵌入式"的社会关系,使人与人之间的联系曲折而复杂。可以说,从主体角度说,超越和堕落的可能并存。即使有上下分别,还是可以做到"相亲",这才是"仁"(《礼记·经解》)。只有修为能使个体在完成自身内在秩序的建设的同时,实现与宇宙秩序合一。但是,这种生活状态使善的实践出现张力并暗含风险:即有可能导致崇高的理想混同为凡俗,美好的情意有可能堕落为物欲。也就是从这个意义

---

① [清]孙希旦:《礼记集解》下,中华书局 1989 年版,第 1301 页。

上,儒家认为应该明确地区分精神价值和世俗利益之间的界线,明确他们的联系和区别,否则就可能堕落在红尘滚滚的浊流之间,不能自拔。而从对象性上说,"人藏其心",其仁难知是一个方面,而面临谋略家、纵横家、法术家、黄老之术则是另一面。有暗中运作的"心术",也有恶势力的利用与打压。所谓忠恕可能失去其正当运作的空间。在这里,不仅个人及其行为具有很大变数,存在着伪善与真恶,还有匹夫匹妇也有所知、有所能,而圣人也有所不知、有所不能,而且,彼此之间深度"嵌入"的关系更让行为与行为之间、人与人的关系之间充满变数。行为的意义往往可以做多种解读,不仅对观察者是如此,即使对行为者本身也是如此。行为的意义最终究竟如何,还是要取决于事物后来发展的进程。但有些事情的发展却并不完全由单方面控制。失控或结局大相径庭者层出不穷。义和利的对立,可能会在个人与其所代表的群体之间转换甚至抹平。即使在大体上还能维持社会整体体面的时代,人们也可能会在实际利益和名声、面子之间保持必要的平衡,比较极端是则表里不一,道德崩溃。因为,介入利害关系的人实在不可胜数,犬牙交错与盘根错节就是人们常说的社会复杂,人生无常。由于传统社会伦理生活的巨大影响,政治权力对学术的介入,人皆处于物与人之间,"有义"只是一种可能,其结果导致一切解释的有效性与合理性均由拥有话语权的一方来决定,社会的稳定与否、光明与黑暗的程度均取决于权势者的良知自觉,我们看到,在表面的借口中存在着种类繁多的打压与屏蔽、抹黑乃至棍棒、牢狱都一个不缺地等着那些命运被他人所控制的那些并不屈服自己命运的人!那些所谓的谋略、权术即使本身不是也很少最后不发展为尔虞我诈、钩心斗角,乃至最后演变为敌对双方的较量。然而,按照自由主义的观点,"敌对行为的本身不仅是'非'社会的,而且是'反'社会的"。(《人的行为》第 165 页)

可见,善所面对的障碍要大得多,特别是在传统道德和价值观念面临解体的时候,情况更为严重。在这里,我们发现,在彼此纠缠、相互"嵌入"的社会中,儒家独讲人要有基本良知,人要有善的观念,成己成人,不仅需要有良知的自觉,而且需要巨大道德勇气。我们只能从这个角度才能充分理解儒家善观念的重要伦理和实践意义。也就是在这里,荀子认为,人的形体远不如心灵重要,而心灵远不如心术重要,而心术的善才是关键。(非相)所谓辨、所谓义和礼,都是在儒家看来作为君子不可或缺的行为原则。《礼运》云:"故人者,天地之心也,五行之端也,食味别声被色而生者也。故圣人作则,必以天地为本,以阴阳为端,以四时为柄,以日星为纪,月以为量,鬼神以为徒,五行以为质,礼义以为器,人情以为田,四灵以为畜。"我们认为,所谓善,也只有还原到这种背景中,其意义结构才能深刻地凸显出来。善,作为"人道"其真实含义就是无论在任何境遇中,行为者的动机的善是首要的。

既然道德认识模糊,则所谓"唯仁者能好人,能恶人"就不那么容易实践。由此决定善的实践必然是一个探索的过程。在此过程中,知与仁的相合必然是一种复杂而曲折的过程。丘闻之:"忠有九知——知忠必知中,知中必知恕,知恕必知外,知外必知德,知德必知政,知政必知官,知官必知事,知事必知患,知患必知备。若动而无备,患而弗知,死亡而弗知,安与知忠信?内思毕心曰知中,中以应实曰知恕,内恕外度曰知外,外内参意曰知德,德以柔政曰知政,正义辨方曰知官,官治物则曰知事,事戒不虞曰知备,毋患曰乐,乐义曰终。"(《大戴记·小辨》)曾子曰:"孔子曰'孝,德之始也;悌,德之序也;信,德之厚也;忠,德之正也。参也中乎四德者矣哉!'"《大戴记·卫将军文子》:"故君子欲言之见信也者,莫若先虚其内也;欲政之速行也,莫若以身先之也;欲民之速服也者,莫若以道御之也。"若不能以身作则,即使能行也不会走多远,如果不能以道治理国家,即使口服也不会心服,如果没有忠信,则不可能赢得人们的爱戴。"内外不相应,则无可以取信者矣"(《大戴记·子张问入官》)。

善的实践是一个探索的过程,注定必然存在着自我的认知以及社会生活中的是非善恶之间难以辨明的较量。

生命的探索远比善的道德追求更为广泛,但在传统儒家那里因特殊社会背景和政治结构决定了二者的统一性。很大程度上道德生活就代表了人们追求的主体。

孟子曰:"君子深造之以道,欲其自得之也。自得之,则居之安;居之安,则资之深;资之深,则取之左右逢其原,故君子欲其自得之也。"(《孟子·离娄下》)《易·乾·文言》曰:"君子体仁,足以长人。"《大学》曰"格致诚正,修齐治平",这些思想是形成"内圣外王"的主体思想。

正因为道德认识的微妙,才有"知行合一"的提出。王氏这一思想加强了"内圣"与"外王"之间逻辑关联,以至可能成为成王败寇思想的关键。

但是,在道德实践中,因认识的模糊导致道德判断上是非并非是泾渭分明的。在恕道与恶不仁之间存在着模糊地带,主体的道德判断必然因种种因素而有不同,但也因为这些判断不同、行为选择不同,结果大相径庭。有人认为是

"善"的,但是在别人看来却可能是"是可忍孰不可忍"。从主体性角度固然是"知行合一",但从观察者角度则其仁难知。孔子曾经说"殷有三仁焉",但此三仁对于当事人并非是在认识上就是确定的。《荀子·臣道》曰"逆命而利君谓之忠"。

在古代社会,因政治形势决定了"君择臣而使之,臣择君而事之",亦可如晏平仲之"有道顺君,无道横命"(《大戴记·卫将军文子》),或如孟子所云"君视臣如草芥,臣视君如寇仇"《孟子·离娄下》,但总体上仍是从道德上的实用理性作为选择的原则的。

对于道德选择而言,认识模糊,行为选择不同,结果大相径庭,生活也就因此大为不同。如果仅仅只是以实用理性原则选择,结果自然就是大多数人的选择,而那种选择的结果究竟是"成己""成人"呢?还是"助纣为虐"呢?

因此,实用理性是道德理性的障碍。在客观现实世界,德行与福祉并非具有内在必然的联系,"只严格遵守道德法则决不能期望在现实世界中便有德福间的必然联系这种成果"①,然而,人道之善的实践又不能无视幸福的问题,特别是从亲属伦理作为出发点的儒家伦理而言,更是如此。这样,人道之善的道德本来是以道德为核心的,但是,这种世俗的道德必然又要关心道德之外的事情。本来,"行为学和经济学所处理的不是一个人'应该'做什么,而是他做什么"②,但儒家伦理就不仅会关心一个人在做事情时的心理状态,还要关注他究竟做了些什么事情本身。故《表记》云"仁者安仁,知者利仁,畏罪者强仁",而《中庸》则云"或安而行之,或利而行之,或勉强行之,及其成功,一也"。一方面是突出行为的内心状态,另一方面则仍然要看行为本身。前者是道德评价的基本依据,后者则不仅关注道德和福祉的关系,也有一种开放性和包容性。因此,儒家伦理需要实践基础上的观察与自然世界的探索。

善的实践需要生命的探索,自我认识,儒者之重视自我修养,虽然是但并非仅仅是道德的需要,而且有事半功倍的效果:"情迩畅而及乎远,察一而关于多,一物治而万物不乱者,以身为本者也。"(《大戴记·子张问入官》)因此,以修身为本的意思,就是以治一(身)而御多。修身的根本又在内外统一。"内外不相应,则无可以取信者矣"(《大戴记·子张问入官》)。同时,善也并非儒者

① 牟宗三:《圆善论》,吉林出版集团有限责任公司 2010 年版,第 150 页。
② [奥]路德维希·冯·米塞斯:《行为科学》,上海社会科学院出版社 2015 年版,第 94 页。

的人生追求与探索的唯一领域。除了作为德性的源头,规范的基础,儒者也还应有人生的事业追求。

在生命的探索过程中,认识的地位应上升,仅从"知行合一"角度评判是有限的。有些并不能立即实践的观念是需要深入探索的,需要理性的介入。认知的限制、道德勇气的不足和根本的恶之间毕竟有本质的不同。本文强调生命探索的重要性,就在于突出知行之间是存在着张力的,传统的"知行合一"则将二者的区别模糊了;自我认识和道德反思存在着不同,道德反思不仅有道德原则作为前提,而且是自我的道德审视,目标在自我完善,而一般的自我认识可能是为了几百对手,扩张自己的势力,二者不可同日而语;善的实践是一个过程,不仅涉及动机,实践的过程,还有结果,这三者并不总是统一的,如何使三者更好地统一,客观的超越于复杂人际关系和特殊思维方式的自我认识,对于善的实践有积极意义。但总体而言,在儒家看来,即使善并非人生事业的一切领域,即使在善的实践过程中可能出现张力甚至风险,但儒者仍是将善作为人生的具有终极关怀根本加以守护的。

(作者系西安交通大学人文学院教授)

汉代经学与"五常"核心价值观的构建

韩 星

一、先秦儒家对"五常"的初步构建

"仁义礼智信"是儒家的核心价值观,先秦儒家经典多有论述,只是还没有形成"五常"。

《周易·乾·文言》说:"元者,善之长也,亨者,嘉之会也。利者,义之和也。贞者,事之干也。君子体人足从长人,嘉会足以合礼,利物足以和义,贞固足以干事。君子行此四德者,故曰乾元亨利贞。"这里解释了代表乾卦的元亨利贞四种基本性质,在人事上之所以成为君子的"仁、礼、义、信"四德。

孔子仁礼并重,二者有机地结合统一在他的思想学说中,显示出完整的人道观。例如,他一方面强调"人而不仁,如礼何",视仁为礼的灵魂;另一方面又要求"克己复礼为仁,一日克己复礼,天下归仁焉"(《论语·渊颜》),以礼为实现仁的条件。《论语·宪问》载孔子说:"君子道者三,我无能焉:仁者不忧,知者不惑,勇者不惧。"《论语·里仁》:"仁者安人,知者利仁。"仁智勇"三者之中仁是核心,也是统名,仁的境界能够而且应当包括知和勇二者"[1]。

《中庸》以仁、义、礼并论,但以仁、义作为礼的根据:"仁者,人也,亲亲为大;义者,宜也,尊贤为大。亲亲之杀,尊贤之等,礼所生也。"仁以爱人为核心,义以尊贤为核心,礼就是对仁和义的具体规定。

郭店楚简《五行》说:"仁形于内谓之德之行,不行于内谓之行。义形于内谓之德之行,不形于内谓之行。礼形于内谓之德之行,不形于内谓之行。智形于内谓之德之行,不形于内谓之行。圣形于内谓之德之行,不形于内谓之

---

[1] 蒙培元:《心灵超越与境界》,人民出版社1998年版,第132页。

行。"①仁义礼智圣为"五行","五行"形于内谓之"德之行",强调的仁义礼智圣植根于内心体现的一种具有道德主体意识的道德行为;"五行"不形于内谓之"行",是说仁义礼智圣如果不是发自内心,就是一种缺乏内在道德自觉意识的行为,只是一种外在的强制性的道德规范。其中"圣"作为一种德行与其他四个不同,具有特殊的地位。《五行》继续说:"见而知之,智也;知而安之,仁也;安而行之,义也。行而敬之,礼也。仁、义、礼、智所由生也,四行之所和也。""德之行五和,谓之德;四行和,谓之善;善,人道也;德,天道也。"仁、义、礼、智、圣在一起是"德",仁、义、礼、智合在一起则是"善"。德是内在的德行,不行于内的是"善",是形于外的。这里区分了道德德行(外在的)与道德德性(内在的)。善,是人道;德,是天道。然,"圣"更多地是作为一种能力、一种素质,与仁、义、礼、智是不同的。

　　孟子在仁、义、礼之外加入"智",第一次将"仁、义、礼、智"相提并论:"恻隐之心,人皆有之;羞恶之心,人皆有之;恭敬之心,人皆有之;是非之心,人皆有之。恻隐之心,仁也;羞恶之心,义也;恭敬之心,礼也;是非之心,智也。仁、义、礼、智,非由外铄我也,我固有之也,弗思耳矣。"(《孟子·告子上》)"仁之实,事亲是也;义之实,从兄是也;智之实,知斯二者弗去是也。"(《孟子·离娄上》)孟子也讲到了"信",《孟子·尽心下》:"有诸己之谓信。"《孟子·离娄上》:"居下位而不获于上,民不可得而治也。获于上有道,不信于友,弗获于上矣。信于友有道,事亲弗悦,弗信于友矣。"《孟子·滕文公上》:"父子有亲,君臣有义,夫妇有别,长幼有序,朋友有信。"只不过孟子还没有把"信"与"仁、义、礼、智"相提并论。

　　荀子在《非十二子》中批评子思、孟子"案往旧造说,谓之五行",后人对"五行"多有猜测,杨倞注云:"五行,五常——仁义礼智信是也。"②郭店楚简的出现揭开了思孟之儒五行说之谜,使得这一公案得到了圆满的解决,荀子的五行即仁义礼智圣。③ 荀子把仁、义、礼、乐并提,《荀子·大略》云:"亲亲、故故、庸庸、劳劳,仁之杀也。贵贵、尊尊、贤贤、老老、长长,义之伦也。行之得其节,礼之序也。仁,爱也,故亲。义,理也,故行。礼,节也,故成。仁有里,义有门。仁非其里而虚之,非仁也。义,非其门而由之,非义也。推恩而不理,不成仁;遂理而不

---

①　荆门市博物馆:《郭店楚墓竹简》,文物出版社 1998 年版,第 149 页。
②　王先谦:《荀子集解》上,中华书局 1988 年版,第 94 页。
③　庞朴:《马王堆帛书解开了思孟五行说之谜》,载《文物》1977 年第 10 期。

敢,不成义;审节而不知,不成礼;和而不发,不成乐。故曰:仁、义、礼、乐,其致一也。君子处仁以义,然后仁也;行义以礼,然后义也;制礼反本成末,然后礼也。三者皆通,然后道也。"强调的是仁、义、礼三者是相通的,贯通了儒家的"道"。

二、汉儒对五常的初步构建

汉初陆贾《新语·术事》:"天道调四时,人道治五常",在天道与人道对应的构架下强调以五常作为调治人伦之道的常规。在"五常"中,陆贾特别重视仁义,这是汉初儒者的共同趋向。①《新语·本行》"治以道德为上,行以仁义为本",《新语·道基》:"故圣人怀仁仗义,分明纤微,忖度天地,危而不倾,佚而不乱者,仁义之所治也。……骨肉以仁亲,夫妇以义合,朋友以义信,君臣以义序,百官以义承,曾、闵以仁成大孝,伯姬以义建至贞,守国者以仁坚固,佐君者以义不倾。"不同的人伦关系都以仁义为本来调节,甚至"五经"也是以仁义为核心价值:"《春秋》以仁义贬绝,《诗》以仁义存亡……《书》以仁叙九族……《礼》以仁尽节,《乐》以礼升降。"最后概括为"仁者,道之纪;义者,圣之学"。告诫统治者,要实现长治久安,就得实行仁义之道。

贾谊在"仁""义""礼""智"之后增加了"信",五者并举,使"五常"完具。《新书·六术》云:"阴阳各有六月之节,而天地有六合之事,人有仁义礼智信之行。"是在天地阴阳的对应下彰显人道的五常道德实践。《新书·道德说》云:"德有六美,何谓六美?有道,有仁,有义,有忠,有信,有密,此六者德之美也。道者德之本也,仁者德之出也,义者德之理也,忠者德之厚也,信者德之固也,密者德之高也。"这里以道为本,由道而德,讨论了仁、义、忠、信、密在德层面的体现。贾谊在"五常"中也强调以仁义为本,但重视非礼不成。《新书·礼》云:"礼,天子爱天下,诸侯爱境内,大夫爱官属,士庶各爱其家。失爱不仁,过爱不义。""君惠臣忠,父慈子孝,兄爱弟敬,夫和妻柔,姑慈妇听,礼之至也。君惠则不厉,臣忠则不贰,父慈则教,子孝则协,兄爱则友,弟敬则顺,夫和则义,妻柔则正,姑慈则从,妇听则婉,礼之质也。"他视爱为仁义的基本含义,并以此作为礼

---

① 韩星:《汉初儒者以仁义为核心价值的治道思想及其现代意义》,载《长安大学学报(社会科学版)》2016 年第 2 期。

的基本内容,强调礼是为了更好地处理君臣、父子、兄弟、夫妻、姑妇等各种社会政治与伦理关系,同时与仁、义、忠、慈、孝、友、顺等道德规范密切配合,所以"道德仁义,非礼不成。"(《新书·礼》)这就把仁、义、礼与其他德行的关系讲清楚了。

　　韩婴认为仁义礼智是天命君子的德行,《韩诗外传》卷六说:"子曰:'不知命,无以为君子。'言天之所生,皆有仁义礼智顺善之心。不知天之所以命生,则无仁义礼智顺善之心。无仁义礼智顺善之心,谓之小人。""君子"就是有仁义礼智顺善之心的人,"知命"就是理解实行仁义礼智顺善之心,并把它作为天之所命人必须遵循的德行;反之,不知命,没有仁义礼智顺善之心的人就是小人。韩婴在"五常"中也强调以仁义为本。《韩诗外传》卷六:"若夫忠信端悫而不害伤,则无接而不然,是仁之质也。仁以为质,义以为理,开口无不可以为人法式者。"仁是人之为人的本质,义是人之为人的道理,具备仁义本质的人就能够很好地与人交往,能够做到忠实、诚信、正直、诚谨而不会伤害别人。《韩诗外传》卷三:"形其仁义,谨其教道,使民目晰焉而见之,使民耳晰焉而闻之,使民心晰焉而知之,则道不迷而民志不惑矣。"他指出当时社会存在的最大问题:秦以来法家残贼仁义,汉初道家又流于空虚放任,仁义之本被连根拔除,造成百姓没有教化,迷失正道,作奸犯科,无所不为。所以,现在应该重新培植仁义之根,以教化引导百姓,尽量不要用刑罚。韩婴论义与礼的关系说:"昔者先王审礼以惠天下,故德及天地,动无不当,夫君子恭而不难,敬而不巩,贫穷而不约,富贵而不骄,应变而不穷,审之礼也。……仁义兼覆天下而不穷,明通天地,理万变而不疑。血气平和,志意广大,行义塞天地,仁知之极也。"(《韩诗外传》卷四)古代圣王就是以礼治为主体,贯彻仁、义、智等道德观念,以建立一个具有仁、义、智基本精神的礼治社会。

　　董仲舒在天地人三才的基本构架下以天人感应的逻辑理路构建五常核心价值观。《春秋繁露·五行相生》说:"天地之气,合而为一,分为阴阳,判为四时,列为五行。"他的思想体系就是以天地—阴阳—四时—五行为逻辑顺序展开的。《春秋繁露·五行之义》:"五行之随,各如其序;五行之官,各致其能。是故木居东方而主春气,火居南方而主夏气,金居西方而主秋气,水居北方而主冬气。是故木主生而金主杀,火主暑而水主寒,使人必以其序,官人必以其能,天之数也。"就是说,天之五行中的木、火、金、水分别以春夏秋冬四季的顺序展开,人间之五官必须与之相对应,才能发挥各自的职能。《春秋繁露·五行相生》讲的更详细：

东方者木,农之本。司农尚仁,进经术之士,道之以帝王之路,将顺其美,匡救其恶。执规而生,至温润下,知地形肥硗美恶,立事生则,因地之宜,召公是也。亲入南亩之中,观民垦草发淄,耕种五谷,积蓄有余,家给人足,仓库充实。司马实谷。司马,本朝也。本朝者火也,故曰木生火。

南方者火也,本朝。司马尚智,进贤圣之士,上知天文,其形兆未见,其萌芽未生,昭然独见存亡之机,得失之要,治乱之源,豫禁未然之前,执矩而长,至忠厚仁,辅翼其君,周公是也。成王幼弱,周公相,诛管叔蔡叔,以定天下。天下既宁以安君。官者,司营也。司营者土也,故曰火生土。

中央者土,君官也。司营尚信,卑身贱体,夙兴夜寐,称述往古,以厉主意。明见成败,微谏纳善,防灭其恶,绝源塞隟,执绳而制四方,至忠厚信,以事其君,据义割恩,太公是也。应天因时之化,威武强御以成。大理者,司徒也。司徒者金也,故曰土生金。

西方者金,大理司徒也。司徒尚义,臣死君而众人死父。亲有尊卑,位有上下,各死其事,事不踰矩,执权而伐。兵不苟克,取不苟得,义而后行,至廉而威,质直刚毅,子胥是也。伐有罪,讨不义,是以百姓附亲,边境安宁,寇贼不发,邑无狱讼,则亲安。执法者,司寇也。司寇者,水也,故曰金生水。

北方者水,执法司寇也。司寇尚礼,君臣有位,长幼有序,朝廷有爵,乡党以齿,升降揖让,般伏拜谒,折旋中矩,立而磬折,拱则抱鼓,执衡而藏,至清廉平,赂遗不受,请谒不听,据法听讼,无有所阿,孔子是也。为鲁司寇,断狱屯屯,与众共之,不敢自专。是死者不恨,生者不怨,百工维时,以成器械。器械既成,以给司农。司农者,田官也,田官者木,故曰水生木。

以五行配五官,五官为政分别以仁、义、礼、智、信为本,以五行相生相克为原理,顺之则治,逆之则乱。这是以伦理秩序为本重建政治秩序,用五行结构探讨政府机构之间互相协助与互相制约的制度设计,有着重要的理论价值。对于君王,他强调说："夫仁、义、礼、知、信五常之道,王者所当修饬也。五者修饬,故受天之佑,而享鬼神之灵,德施于方外,延及群生也。"[①]"五常之道"与天地鬼神以及整个宇宙世界的生命存在都有着某种必然的关联,是君王治国理民的核心价值观,它不仅直接决定着生民百姓的命运,也决定着国家政治的兴衰,呼吁

---

① 《汉书》卷五六《董仲舒传》,中华书局1962年版。

王者应该对它大力提倡、培养、整饬。这五个道德伦理范畴在先秦儒家著作中都已经出现,但还没有形成一种思想结构。董仲舒将它们整合在一起,与五行相匹配,纳入天地人三才一体的构架之中,使仁、义、礼、智、信有了天道的依据。不过,董仲舒以五行与五常相配,木配仁,火配智,土配信,金配义,水配礼的配法只有木配仁、金配义与后来的相一致,火配智、水配礼不见于后儒之说,而在土配信还是配智的问题上则一直存在着分歧。

在"五常"中,董仲舒分别探讨了仁与义、仁与礼、仁与智、仁与信的关系。

关于仁与义,汉初儒者陆贾、贾谊、韩婴等在反思批判秦王朝二世而亡的教训时,认为根本原因是仁义不施,强调以仁义为基本的核心价值。在对"五常"道德范畴的具体阐释中,董仲舒对仁义做了自己创造性的解释,在区分人与我的基础上来讨论"仁"与"义"的关系问题,说明了"仁"与"义"这两个道德规范所应用的对象与所起的作用是不同的。他继承了先秦孔子"君子求诸己,小人求诸人"(《论语·卫灵公》),孟子"行有不得皆反求诸己"(《孟子·离娄上》),《礼记·大学》"君子有诸己而后求诸人,无诸己而后非诸人"的思想精神,以"仁"与"义"为基本范畴,试图把自我修养与待人处事的关系确立起来。在他看来,《春秋》的主旨是处理人与我的关系,而"仁"与"义"就是处理人与我关系的基本标准,但是怎么把握这一对标准,以董仲舒的看法,"仁"是用来安人、爱人的,"义"用来正我的。"以仁安人,以义正我;故仁之为言人也,义之为言我也,言名以别矣。""仁之法在爱人,不在爱我;义之法在正我,不在正人。""仁者爱人,不在爱我;义在正我,不在正人"(《春秋繁露·仁义法》)。又说:"仁谓往,义谓来,仁大远,义大近。爱在人,谓之仁,义在我,谓之义。仁主人,义主我也。故曰:仁者人也,义者我也,此之谓也。""仁造人,义造我"(《春秋繁露·仁义法》)。这就是与"人"与"我"对应的"仁"与"义"的基本含义与相对关系。进一步到修养层面,董仲舒提出了"以仁治人,以义治我"的思路,这实际上就是孔子"躬自厚而薄责于人"(《论语·卫灵公》)的思想。董仲舒为什么要对仁义进行这样的区分呢? 他认为这个问题一般人不能区分清楚,就造成用仁来宽待自己,用义来要求别人。这既违背自己的处境又违背常理,必然会导致人际关系的混乱。主要是害怕为政者偏于以仁义之术治人而不知以仁义为本而自治,所以结合孔子"躬自厚而薄责于人"与《春秋》之旨对仁与义进行了区分。

关于仁与礼的关系,典型地体现于司马子反的故事。司马子反与敌方私自讲和撤兵，固然是出于仁爱之心，但在当时是违背礼制的。董仲舒用常变观来解释说："《春秋》之道，固有常有变，变用于变，常用于常，各止其科，非相妨也。今诸子所称，皆天下之常，雷同之义也。子反之行，一曲之变。独修之意也。夫目惊而体失其容，心惊而事有所忘，人之情也。通于惊之情者，取其一美，不尽其失。……今子反往视宋，间人相食，大惊而哀之，不意之到于此也，是以心骇目动而违常礼。礼者，庶于仁、文，质而成体者也。今使人相食，大失其仁，安著其礼？方救其质，奚恤其文？故曰'当仁不让'，此之谓也。"（《春秋繁露·竹林》）苏舆注曰："子反但违常礼耳，有仁有质，虽不成为礼，而未始无礼之意。礼让文质，实皆以仁为体者也。"[1]在董仲舒看来，按照当时礼制，司马子反是违反了常礼。从常变观看，他有仁爱之心，其行为是变，是以变返常。从文质关系看，仁是质，而礼是文，因仁而违礼不是无礼之意，正体现了质为文之体。这里董仲舒是对孔子仁礼关系和孟子经权之辨的融合，是对先秦儒家传承基础上的发展。

关于仁与智，董仲舒将二者相提并论，提倡必仁且智。比起先秦儒家他更强调"智"的重要性。《春秋繁露·必仁且智》云："莫近于仁，莫急于智。不仁而有勇力材能，则狂而操利兵也；不智而辩慧狷给，则迷而乘良马也。故不仁不智而有材能，将以其材能以辅其邪狂之心，而赞其僻违之行，适足以大其非而甚其恶耳。其强足以覆过，其御足以犯诈，其慧足以其辨足以饰非，其坚足以断辟，其严足以拒谏。……仁而不智，则爱而不别也；智而不仁，则知而不为也。故仁者所以爱人类也，智者所以除其害也。"董仲舒认为不仁而有勇、力、才、能，就好像是狂悖的人还拿着锋利的武器，会干出坏事来；不智而辨、慧、狷、给就好迷路却骑着好马一般，达不到目的。如果是不仁不智而有材能，问题就更严重了，因为推荐既有邪狂之心，又有僻违之行，会做出许多坏事来。仁与智都同等重要，相辅相成，不可分割。仁是正面爱人，智是反面除害。正反两面合二为一，仁智统一，才能养成完美的人格。

关于仁与信，董仲舒没有直接讨论二者关系。儒家伦理范畴的"信"讲求的是要为人诚实，讲信用，不虚伪。董仲舒认为表里如一，言行一致即为信："著其情，所以为信也……竭遇写情，不饰其过，所以为信也。"（《春秋繁露·天地之行》）"信"就是天地彰显出来的真实情状，只有不失其过，真实而无半点伪

---

[1]　苏舆：《春秋繁露义证》，中华书局 1992 年版，第 55 页。

饰,才称得上"信"。他从《春秋》诸侯会盟讲信:"《春秋》之义,贵信而贱诈。诈人而胜之,虽有功,君子弗为也。是以仲尼之门,五尺童子,言羞称五伯,为其诈以成功,苟为而已矣。"(《春秋繁露·对胶西王越大夫不得为仁》)《春秋》大义讲信用,不诈伪。以诈伪取胜是君子不肖做的,孔门后学不愿意讲五霸的事迹,就是因为五霸是以诈伪取得成功的,是苟且行为。"《春秋》尊礼而重信,信重于地,礼尊于身。"(《春秋繁露·楚庄王》)"为人臣者,比地贵信而悉见其情于主,主亦得而财之,故王道威而不失。"(《春秋繁露·离合根》)正因为这样,他把"信"列入"五常"之中一起讨论。

可以看出,"五常"的提法就在董仲舒这里固定了下来,并初步形成了一种内在思想结构,构建起了汉代社会的核心价值观。自此以后,由董仲舒提倡,再经《白虎通》等书阐扬,"五常"成为中国古代社会最重要的人伦纲常之一。

《大戴礼记·曾子大孝》说:"民之本教曰孝……夫仁者,仁此者也;义者,义此者也;忠者,忠此者也;信者,信此者也;礼者,礼此者也;行者,行此者也;强者,强此者也。"在传统的儒家中,仁义忠信礼等都是十分重要的内容,而曾子将这些内容都和孝联系在一起,认为讲求仁爱的人,只有通过孝道才能体现仁爱;讲求仁义的人,只有通过孝道才能掌握适宜的程度;讲求忠的人,只有通过孝道才能真正合乎忠的要求;讲求信的人,只有通过孝道才能合乎真正的信实;讲求礼的人,只有通过孝道才能对礼有真正的体会;讲求强大的人,只有通过孝道才能真正表现出坚强。

汉代纬书《易纬》还以大量的篇幅对仁、义、礼、智、信五常的永恒合理性进行了论证。《乾凿度》卷上说:"生而应八卦之体,得五气以为五常,仁、义、礼、智、信是也。夫万物始出于震;震,东方之卦也,阳气始生,受形之道也,故东方为仁。成于离;离,南方之卦也,阳得正于上,阴得正于下,尊卑之象定,礼之序也,故南方为礼。入于兑;兑,西方之卦也,阴用事而万物得其宜,义之理也,故西方为义。渐于坎;坎,北方之卦也,阴气形盛,阴阳气含闭,信之类也,故北方为信。夫四方之义,皆统于中央,故乾、坤、艮、巽位在四维,中央所以绳四方行也,智之决也,故中央为智。故道兴于仁,立于礼,理于义,定于信,成于智。五者,道德之分,天人之际也。圣人所以通天意,理人伦而明至道也。"[①]显然,这里以卦气说中的四正四维的八卦方位为框架,将五行与五常相配,建构了一种

---

①　《孔子集语·六艺上》,见《二十二子》,上海古籍出版社1986年版,第490页。

以五常为内容的伦理体系,用来附会、说明仁、义、礼、智、信五常与五方之气相应,即人伦之五常源出于五气,合于天道。与董仲舒不同的是,《乾凿度》以火、南为礼,而董仲舒以火、南为智;《乾凿度》以水、北为信,而董仲舒以水、北为礼;《乾凿度》以土、中为智,而董仲舒以土、中为信。二者相同的是都以木、东为仁,金、西为义。

　　纬书《元命苞》云:"肝仁、肺义、心礼、肾智、脾信。肝所以仁者何?肝,木之精也,仁者好生,东方者,阳也,万物始生,故肝象木色青而有柔。肺所以义者何?肺,金之精,义者能断,西方杀,成万物,故肺象金色白而有刚。心所以礼者何?心者,火之精,南方尊阳在上,卑阴在下,礼有尊卑,故心象火色赤而光。肾所以智者何?肾,水之精,智者进而不止,无所疑惑,水亦进而不惑,故肾象水色黑,水阴,故肾双。脾所以信者何?脾,土之精。土主信,任养万物为之象,生物无所私,信之至也。故脾象,色黄。"①《河图》云:"仁慈惠施者,肝之精。悲哀过度,则伤肝。肝伤,则令目视芒芒。礼操列真,心之精。喜怒激切,伤心。心伤,则疾岫吐逆。和厚笃信者,脾之精。纵逸贪嗜,则伤脾。脾伤,则畜积不化,致否结之疾。义惠刚断,肺之精。患忧愤勃,则伤肺。肺伤,则致欬逆失音。智辨谋略,肾之精。劳欲愤满,则伤肾。肾伤,则丧精损命。此岂直违五常而损年命,亦破六情以亡国家也。"②这就是用腑脏说来附会、说明仁、义、礼、智、信这五常禀于人身,源于天地。人如果不能天人合一,伤害身体,也会影响到五常。《孝经纬·钩命决》:"性者,先之质。若木性则仁,金性则义,火性则礼,水性则智,土性则信也。"但《孝经纬·援神契》则云:"肝仁,故目视。肺义,故鼻候。心礼,故耳司。肾信,故窍写。脾智,故口诲。"③这是肾水对应信,脾土对应智,与《礼记·中庸》郑玄注④和诗纬⑤等说同,而与《元命苞》《河图》《孝经纬·钩命决》肾水对应智、脾土对应信不同。

　　西汉末扬雄的《太玄》也将五行与五常相配,其《太玄数》云:"三八为木,为东方,为春……性仁……四九为金,为西方,为秋……性谊(义)……二七为火,为南方,为夏……性礼……一六为水,为北方,为冬……性智……五五为土,为

---

① [隋]萧吉:《五行大义》卷三《论配藏府》引。
② [隋]萧吉:《五行大义》卷三《论配藏府》引。
③ [隋]萧吉:《五行大义》卷三《论配藏府》引。
④ 郑玄注云:"木神则仁,金神则义,火神则礼,水神则信,土神则智。"
⑤ 《诗纬》云:"木神则仁,金神则义,火神则礼,水神则信,土神则智。"

中央,为四维……性信……"这里的"三八为木""四九为金""二七为火""一六为水""五五为土",即五行生成之数的思想。扬雄以水性为智,土性为信,这种配法同于《元命苞》《河图》《孝经纬·钩命决》,而异于《乾凿度》《孝经纬·援神契》。这说明汉儒"五常"构建体系内部的不同路向。

《白虎通》为东汉白虎观经学会议之资料汇编,以今文经学为基础,初步实现了经学的统一,把已经流行的"三纲"与"五常"钦定为国家法典的核心内容。"三纲"先不论,"五常"有几处值得注意:

《白虎通义·五经》云:"经,常也。有五常之道,故曰《五经》。《乐》仁、《书》义、《礼》礼、《易》智、《诗》信也。人情有五性,怀五常不能自成,是以圣人象天五常之道而明之,以教人成其德也。"《汉书·艺文志》六艺略小序也称:"《乐》以和神,仁之表也;《诗》以正言,义之用也;《礼》以明体,明者著见,故无训也;《书》以广听,知之术也;《春秋》以断事,信之符也。五者,盖五常之道,相须而备。"把"经"解释为"常",以五经配五常,说明《五经》是仁、义、礼、智、信核心价值观的集中体现,揭示了互相依存,互相配合的五种人生完备的常道,具有普适性和权威性,圣人通过《五经》明天之五常之道,借以教化世人成就德行。

《白虎通义·性情》云:"五性者何谓?仁义礼智信也。仁者,不忍也,施生爱人也。义者,宜也,断决得中也。礼者,履也,履道成文也。智者,知也,独见前闻,不惑于事,见微知著也。信者,诚也,专一不移也。故人生而应八卦之体,得五气以为常,仁义礼智信是也。"这是从人性的深处对仁、义、礼、智、信五常的阐释,说明人为什么能有五常的德行,是因为人生而应八卦之体,得天之五气。这里尽管也援引了《乾凿度》"人生而应八卦之体"说,但在以五常配五行问题上,却采用了《元命苞》《河图》《孝经纬·钩命决》和扬雄的配法,并且认为五性内藏于五脏,即肝仁,肺义,心礼,肾智,脾信:"五藏者何也?谓肝、心、肺、肾、脾也。肝之为言干也;肺之为言费也,情动得序;心之为言任也,任于恩也;肾之为言写也,以窍写也;脾之为言辨也,所以积精禀气也。五藏,肝仁,肺义,心礼,肾智,脾信也。肝所以仁者何?肝,木之精也;仁者,好生。东方者阳也,万物始生,故肝象木,色青而有枝叶。目为之候何?目能出泪而不能内物,木亦能出枝叶不能有所内也。肺所以义者何?肺者,金之精,义者,断决。西方亦金,成万物也,故肺象金,色白也。鼻为之候何?鼻出入气,高而有窍,山亦有金石累积,亦有孔穴,出云布雨以润天下,雨则云消,鼻能出纳气也。心所以礼何？心，火之精也。南方尊阳在上，卑阴在下，礼有尊卑，故心象火，色赤而锐也，人有道尊，天本在上，故心下锐也。耳为之候何？耳能遍内外、别音语，火照有似于礼，上下分明。肾所以智何？肾者，水之精。智者，进而止无所疑惑。水亦进而不惑，北方水，故肾色黑；水阴，故肾双。窍为之候何？窍能泻水，亦能流濡。脾所以信何？脾者，土之精也。土尚任养万物为之象，生物无所私，信之至也。故脾象土，色黄也。口为之候何？口能啖尝，舌能知味，亦能出音声，吐滋液。"(《白虎通义·性情》)这里系采用今文《尚书》说，对此前儒家思想中的阴阳五行观作了总结，以五藏配五常，以五行原理说明五藏所以五常的道理，概括出五行→五藏→五常的逻辑关系，但论证的更为细致，对西汉以来的五常说进行了一次总结。

扬雄从小就喜好经书，曾仿《易》作《太玄》，仿《论语》作《法言》，自称写作辞赋的宗旨是"文之以五行，拟之以道、德、仁、义、礼、知(智)"，"要合'五经'"(《汉书·扬雄传》)。扬雄继承董仲舒的"五常"学说，认为仁义礼智信五者皆重，不可偏废。《法言·修身》："或问仁义礼智信之用。曰：'仁，宅也；义，路也；礼，服也；智，烛也；信，符也。处宅由路，正服明烛、执符，君子不动，动斯得矣。'"李轨注："仁如居宅，可以安身。义如道路，可以安行。礼如衣服，可以表仪。智如灯烛，可以照察。信如符契，可以致诚。"[1]君子要想有所成功，就必须以仁为居，以义为路，以礼为饰，以智辨物，以信取信。《法言·问道》又说："道、德、仁、义、礼，譬诸身乎？夫道以导之，德以得之，仁以人之，义以宜之，礼以体之，天也。合则浑，离则散。一人而兼统四体者，其身全乎！"李轨注："不可无之于一。五者人之天性。四体合则浑成人，五美备则混为圣，一人兼统者，德备如身全。""四体"指道、德、义、礼。道、德、义、礼以仁为本，落实在人身，所以说"以一人而兼统四体"。意思是说，用道作为行动指南，用德来获取人们的归附，用仁来爱人，用义来做准则，用礼来立身处事。这四者协调相配合就成为浑然一体的全人，分开了就形不成统一的人格。道、德、仁、义、礼这些品质对一个人来说，缺一不可，五者有机地结合在一个人身上就可以全身保性。

王充《论衡·率性》："人受五常，含五脏，皆具于身。"[2]将理义之气如何禀

---

① 《二十二子》，上海古籍出版社1986年版，第814页。
② [汉]王充：《论衡》，上海人民出版社1974年版，第28页。

受在身,说得更为具体。《论衡·本性》等篇有"人禀天地之性,怀五常之气"①,《论衡·命义》等篇有"说命有三,一曰正命,……亦有三性:有正,……正者,禀五常之性也。"②"五常之气"与"五常之性"有所区别。"五常之性"指仁、义、礼、智、信,"五常之气"则连带着五脏、五行而曰仁之气、义之气、礼之气、智之气、信之气,属于体气的概念。《论衡·物势》篇云:"且一人之身,含五行之气,故一人之行,有五常之操。五常,五行之道也。五脏在内,五行气俱。"③是说五脏禀含木气、金气、火气、水气和土气五行气,并认为一人之行因此而具有仁、义、礼、智、信五常的操守。由此看来,王充认为五常内在地具于五行之气中,不过五行之气是从禀受宇宙阴阳之气而言的,指人自然的生命,而五常虽是由五行之气生展出来的,然而毕竟是五行之气活动的应然性指向与规范。王充属于今文家,其五行、五脏、五常之搭配当与《白虎通·情性》同。

东汉经学家马融对《论语》的注释。何晏《论语集解》在解释"殷因于夏礼,所损益可知也……"一段话时引马融曰:"所'因',谓三纲五常也;所'损益',谓文质三统也。"皇侃的《论语集解义疏》解释马融"所因,谓三纲五常"时这样说:"此是周所因于殷,殷所因于夏之事也。三纲谓夫妇、父子、君臣也。三事为人生之纲领,故云三纲也。五常谓仁、义、礼、智、信也。就五行而论,则木为仁,火为礼,金为义,水为信,土为智。人禀此五常而生,则备有仁、义、礼、智、信之性也。人有博爱之德谓之仁,有严断之德为义,有明辨尊卑敬让之德为礼,有言不虚妄之德为信,有照了之德为智。此五者是人性之恒,不可暂舍,故谓五常也。虽复时移世易事历古今,而三纲五常之道不可变革,故世世相因,百代仍袭也。"这里皇侃以五行配五常,仍然是延续了汉代以来的宇宙观和政治学理论。三纲之间的主从关系,犹如阴阳关系;五常之德,比之于五行。阴阳五行是宇宙中的绝对律令,因而三纲五常也永远不会有所改变,这种实际上是董仲舒"天不变,道亦不变"具体化。

通过汉儒对"五常"核心价值观的构建可以看出,他们首先从天道根源和人性本源性论证"五常"核心价值观的形而上依据,赋予其神圣性、恒常性、普适性、整体性等特性;其次在前人的基础上把仁、义、礼、智、信进行发挥,赋予其新的特质;第三,他们对仁、义、礼、智、信进行新的整合和建构,使之成为一个有

① ［汉］王充:《论衡》,上海人民出版社1974年版,第47页。
② ［汉］王充:《论衡》,上海人民出版社1974年版,第19—20页。
③ ［汉］王充:《论衡》,上海人民出版社1974年版,第48页。

机的整体,成为当时其他社会政治制度建设的价值基础。从此以后,"五常"就成为儒家核心价值体系的基石。

三、五常在后世的发展及其现实意义

汉代对"五常"的构建在后世儒者那里不断有发展和完善。《五行大义·论五常》发挥五常大义云:"夫五常之义,仁者以恻隐为体,博施以为用,礼者以分别为体,践法以为用,智者以了智为体,明睿以为用,义者以合义为体,裁断以为用,信者以不欺为体,附实以为用。"并以五经配五常云:"其于五经,则仁以配易,其位东方。礼以配火,其位南方。义以配传,其位西方。智以配诗,其位北方。信以配尚书,其位中央。……五常之行,由经而明。"

隋唐之际的王通认为人性都是善的,都具有本然的仁、义、礼、智、信"五德"。此"五德"在天称作天理,在人身上体现为人的本性,在《六经》中全都具备。《文中子·王道篇》:"子之家《六经》毕备,朝服祭器不假。曰:三纲五常,自可出也。"《文中子·述史篇》:"薛收问仁。子曰:'五常之始也。'问性。子曰:'五常之本也。'问道。子曰:'五常一也。'"五常之中,王通最推崇"仁",以其为义、礼、智、信的基础;以性为五常的根本,五常是从人性中发展出来的。仁、义、礼、智、信五常的统一乃是人常行之道,即人道。

孔颖达疏释《文言传》云:"元者,善之长也;亨者,嘉之会也;利者,义之和也;贞者,事之干也。君子体仁足以长人,嘉会足以合礼,利物足以和义,贞固足以干事。"认为此四句明天之德而配四时:

"元"是物始,于时配春,春为发生,故下云"体仁",仁则春也。"亨"是通畅万物,于时配夏,故下云"合礼",礼则夏也。"利"为和义,于时配秋,秋既物成,各合其宜。"贞"为事干,于时配冬,冬既收藏,事皆干了也。于五行之气,唯少土也。土则分王四季,四气之行,非土不载,故不言也。"君子体仁足以长人"者,自此已下,明人法天之行此"四德",言君子之人,体包仁道,泛爱施生,足以尊长于人也。仁则善也,谓行仁德,法天之"元"德也。"嘉会足以合礼"者,言君子能使万物嘉美集会,足以配合于礼,谓法天之"亨"也。"利物足以和义"者,言君子利益万物,使物各得其宜,足以和合于义,法天之"利"也。"贞固足以干事"者,言君子能坚固贞正,令物得成,使事皆干济,此法天之"贞"也。施于王事言之,元则仁也,亨则礼也,利则义也,贞则信也。

不论智者,行此四事,并须资于知。①

　　这里以"元亨利贞"四时相配,可以与"五行之气"运于四时相合。元配春,亨配夏,利配秋,贞配冬,相当于木、火、金、水与四时相配。在"元亨利贞"中缺少土,孔颖达以"土则分王四季,四气之行,非土不载"来解释。他以贞为信,即相当于以水为信。这样,"元亨利贞"不言土,也就是"不论智",其原因又在于仁、礼、义、信都必须"资于知"。唐李鼎祚诠释《文言传》这段话说:"夫在天成象者,乾、元、亨、利、贞也。言天运四时,以生成万物。在地成形者,仁、义、礼、智、信也。言君法五常,以教化于人。元为善长,故能体仁。仁主春生,东方木也。亨为嘉会,足以合礼。礼主夏养,南方火也。利为物宜,足以和义。义主秋成,西方金也。贞为事干,以配于智。智主冬藏,北方水也。"②"元"主"仁",在于"生物之始";"亨"主"礼",在于"生物之通";"利"主"义",在于"生物之遂";"贞"主"智",在于"生物之成"。乾,就是天。乾道的元始、亨茂、利义、贞藏,就是天道的四时规律。地道依天行事,春生、夏长、秋收、冬藏,于是就形成春、夏、秋、冬四时之德。人得天地之和气而生,于是天道的"元善、亨礼、利义、贞信"四德就禀赋于人了。

　　中唐韩愈提出"性三品"说,指出"性也者,与生俱生也"③,他以仁、义、礼、智、信为人性的内涵,"五常之性"是与生俱来,是人固有的本性。他说:"性之品有上中下三:上焉者,善焉而已矣;中焉者,可导而上下也;下焉者,恶焉而已矣。上焉者之于五也,主于一而行于四;中焉者之于五也,一不少有焉则少反焉,其于四也混;下焉者之于五也,反于一而悖于四。"④上品的"性"类似于孔子所说的"上智",它是纯善不恶的,因为它上主于仁而下行于礼、义、信、智。下品的"性"类似于孔子所说的"下愚",它是居恶不善的,因为它上逆于仁而下悖于礼、义、信、智。中品的"性"则是居于"上智"与"下愚"之间的,是可善可恶的,因为它虽具仁德,但仍不免有时违逆仁德,且其在下的礼、义、信、智四德也是杂而不纯的。

　　柳宗元《时令论下》认为"取仁义礼智信之事,附于《月令》",将五常纳入五行时令中有害无益,指出:"圣人之为教,立中道以示于后,曰仁、曰义、曰礼、

①　[清]阮元:《十三经注疏·周易正义》,中华书局 1980 年版,第 15 页。
②　李鼎祚:《周易集解》,巴蜀书社 1991 年版,第 7 页。
③　《韩愈全集》,上海古籍出版社 1997 年版,第 122 页。
④　《韩愈全集》,上海古籍出版社 1997 年版,第 122 页。

曰智、曰信,谓之五常,言可以常行之也。"①五常是五项常行的道德规范,沿着五常而行就是圣人的中正之道。

宋儒超越五行时令解释五常的思路,更重视对"五常"的内在结构的合理化和各个德目之间关系的深入论证。

李觏一反汉儒之说,更重视"礼",认为"夫礼,人道之准,世教之主也。圣人之所以治天下国家,修身正心,无他,一于礼而矣"②。李觏主张五常以礼为本:"圣人率其仁、义、智、信之性,会而为礼,礼成而后仁、义、智、信可见矣。仁、义、智、信者,圣人之性也。礼者,圣人之法制也。性蓄于内,法行于外,虽有其性,不以为法,则暧昧而不章。"③

张载解释"乾"之四德云:"仁统天下之善,礼嘉天下之会,义公天下之利,信一天下之动。"④这显然是以贞配信,与孔颖达的《周易正义》同。

周敦颐对"五常"说予以新的系统解释,提出了"诚,五常之本"⑤,将"诚"看作是"五常"的根本。他又说:"德,爱曰仁,宜曰义,理曰礼,通曰智,守曰信。"⑥德是仁、义、礼、智、信,即为爱、宜、理、通、守。这样,周敦颐便将天道、人性、道德建构成一个整体,为五常奠定了天道人性的基础。

二程提出:"五常全体四支"说,"仁、义、礼、智、信五者,性也。仁者,全体;四者,四支。仁,体也。义,宜也。礼,别也。智,知也。信,实也。"⑦二程将"五常"归结为性,揭示了"性"具有本然的"善"的内在德性结构,并界定了仁为性之体,义为性之宜,礼为性之别,智为性之知,信为性之实的"五常"内在道德关系和逻辑结构。在"五常"中,"仁"具有特殊地位,即仁包四德:"仁者,浑然与物同体。义、礼、智、信皆仁也。"⑧"五常之仁,偏言则一事,专言则包四者。"⑨"仁载此四事,由行而宜之谓义,履此之谓礼,知此之谓智,诚此之谓信。"⑩五常之中"仁"统义、礼、智、信,这就强调了"仁"在"五常"中的核心地位。

---

① 《柳河东集》上,上海人民出版社 1974 年版,第 55 页。
② 《李觏集》,中华书局 1981 年版,第 5 页。
③ 《李觏集》,中华书局 1981 年版,第 11 页。
④ 《张载集》,中华书局 1978 年版,第 72 页。
⑤ 《周敦颐集》,岳麓书院 2002 年版,第 17 页。
⑥ 《周敦颐集》,岳麓书院 2002 年版,第 20 页。
⑦ 《二程集》上,中华书局 1981 年版,第 14 页。
⑧ 《二程集》上,中华书局 1981 年版,第 16 页。
⑨ 《二程集》下,中华书局 1981 年版,第 697 页。
⑩ 《二程集》上,中华书局 1981 年版,第 352 页。

　　朱熹阐发"天理"与"仁义礼智"的关系说:"宇宙之间一理而已。天得之而为天,地得之而为地,凡生于天地之间者,又得之以为性;其张之为三纲,其纪之为五常,盖皆此理之流行,无所适而不在。"(《朱文公文集》卷七十)"且所谓天理,复是何物? 仁义礼智岂不是天理?"(《朱子文集》卷五十九)"理便是仁义礼智。"(《朱子语类》卷八)这就论证了天理的本源性、普适性,并强调仁义礼智就是天理的实质内容。朱熹进一步提出了"五常之性"即"五行之理"的观点:"盖人之性皆出于天,而天之气必以五行为用。故'仁、义、礼、智、信'之性,即水、火、金、木、土之理也。"(《朱文公文集》卷五十六)他将天下道理归结为全出于"性之所以为体,只是'仁、义、礼、智、信'五字",要求人们以仁为本,恪守做人的根本,努力实践"五常",养成君子,希贤希圣。关于仁、义、礼、智、信的关系,朱熹在继承二程的五常全体四支说的基础上进一步阐发了仁包四德,仁统五常。朱熹说:"'仁'字须兼义礼智看,方看得出。仁者,仁之本体;礼者,仁之节文;义者,仁之断制;知者,仁之分别。"(《朱子语类》卷六)这是以仁为本体,以礼为仁之节文,以义为仁之断制,以知为仁之分别,义、礼、智是以仁为核心发生作用的。当有人问:"仁义礼智,性之四德,又添'信'字,谓之'五性',如何?"朱熹回答说:"信是诚实此四者,实有是仁,实有是义,礼智皆然。如五行之有土,非土不足,以载四者。"这就是说"信"在"五常"中起着保障、承载的作用。

　　程朱更精细地论证了仁为本的五常之道,把五常说成是天理,当然是为了强调五常的本源性、普适性,增强其权威性,与汉儒比附地神圣化"五常"核心价值观的思路不同,宋儒是精细的哲学论证,更具有思辨性、说服力。

　　"五常"在汉代以后的中国历史上对于维护中华文化的主体性,凝聚中华民族的发展壮大,维系中华民族的精神标识起了重要作用。"五常"在形成以儒为主体,诸子附翼以道、佛为调节和补充,以法家为实行,互动互助的中华文化体系中的内在结构的过程中起着基础作用,成为中国传统文化核心价值体系的主体,是中华文明一脉相承,绵延不断的一个重要原因。正如有学者所论:"在中国历史发展千回百折的进程中,儒家伦理能够维系两千余年,成为集结中华文化核心价值、凝聚民族精神的重要保障,'五常'之功不可不谓之大矣!"①

---

　　① 景海峰:《仁义礼智信与中华文化的核心价值》,载《马克思主义与现实》2012 年第 4 期。

　　今天我们构建社会主义核心价值观,中国传统文化,特别是儒家核心价值观是重要的思想资源。2014 年 2 月 24 日中共中央政治局第十三次集体学习时的讲话中指出:"培育和弘扬社会主义核心价值观必须立足中华优秀传统文化。牢固的核心价值观,都有其固有的根本。抛弃传统、丢掉根本,就等于割断了自己的精神命脉。博大精深的中华优秀传统文化是我们在世界文化激荡中站稳脚跟的根基。"这就说明以儒学为主流的中华优秀传统文化是社会主义核心价值观的固有根本,是涵养社会主义核心价值观的重要源泉。今天,我们要讲清楚这个根本才能增强文化自信和价值观自信,从这个源泉里汲取思想精华和道德精髓才能做好创造性转化和创新性发展,"不忘本来才能开辟未来,善于继承才能更好创新",社会主义核心价值体系应该在"继往"的前提下"开来"。怎么看待"五常",学界一般的观点是"五常"可以保留,牟钟鉴先生提出"'三纲'不能留,'五常'不能丢,'八德'都要有"[①]。两千多年来,"五常"作为调整、规范君臣、父子、兄弟、夫妇、朋友等人伦关系的行为准则,具有历久弥新的精神价值,对于我们今天构建社会主义核心价值观仍然具有重要的现实意义。

　　(作者为中国人民大学国学院教授,博士生导师)

----

　　① 牟钟鉴:《新仁学与当代公民道德的重建》,见《新仁学构想——爱的追寻》,人民出版社 2013 年版,第 109 页。

论孟子语言伦理及其当代价值

周淑萍

一、问题缘起

士阶层的崛起,是春秋战国一道独特的风景。战国形势变化万端,士在其中所起着非常重要的作用。他们游走、穿梭于列国纷争的政治舞台,既能掀起惊天狂澜,也能将一触即发的剑拔弩张消弭于无形,所谓"一怒而诸侯惧,安居而天下熄"[1],"君子避三端:避文士之笔端,避武士之锋端,避辩士之舌端"[2]。

战国各类士人中,处士的言说议论被孟子斥为"横议"。论及战国乱象,孟子认为主要体现为"圣王不作,诸侯放恣,处士横议,……庖有肥肉,厩有肥马,民有饥色,野有饿莩"[3]。在孟子看来,"处士横议"就是战国一大弊端,因而批判"处士横议"成为他人生中的大举措,倾力"辟"之、"拒"之。

在春秋战国,处士是一批身份特殊却又具有广泛社会影响的士人,孟子批判"处士横议"有其特殊的语言伦理为依据。在中国语言哲学和文学批评等的发展过程中,孟子的语言伦理具有重要和深刻的影响。然而学界对处士身份却众说纷纭,对孟子的语言伦理也论之甚少,故有必要釐清,并展开研究。

战国时期,布衣处士无论是谋求生存发展,还是宣扬思想学说,谈说论辩都是其基本手段和普遍行为,"战国纵横,布衣处士,游说以干诸侯"[4]。为此,他们在谈说论辩上下足功夫。其游说论辩,体情状物,生动形象;论证说理,入情入理;铺张扬厉,如疾风骤雨;简明犀利,如轻刀快马,以至当时"嗣主忽于至

---

① 杨伯峻:《孟子译注》,中华书局 1960 年版,第 140 页。
② 屈炎元:《韩诗外传笺疏》,巴蜀书社 1996 年版,第 598 页。
③ 杨伯峻:《孟子译注》,中华书局 1960 年版,第 155 页。
④ 阮元校刻:《十三经注疏·孟子注疏》,第 2714 页。

道,皆惛于教,乱于治,迷于言,惑于语,沈于辩,溺于辞"①。有些处士,"一人之辩,重于九鼎之宝;三寸之舌,强于百万之师"②,处士言说成为一股无论如何都不能回避而必须正视的力量。

而在孟子看来,处士言说议论多是"横议"。所谓横议,焦循注:"纵则顺,横则逆,故政之不顺者为横政,行之不顺者为横行,则议之不顺者为横议。"③"横议"就如河流冲出河道,不循正道,无所顾忌,恣意议论。当然,孟子评判处士之议自有其特殊的语言伦理为依据。

二、善言:孟子裁断"处士横议"的准则

关于言,孔子有"法言""巽言"和"巧言"之说。"法言"即"法语之言",是正言;"巽言"即"巽与之言",是附合顺从之言;"巧言",即虚伪不实之言。孔子提倡"法言",反对"巽言""巧言",他说:"法语之言,能无从乎? 改之为贵。巽与之言,能无说乎? 绎之为贵。说而不绎,从而不改,吾末如之何也已矣。"④孟子有"仁言""善言"之论。所谓仁言,朱熹认为是"仁厚之言"⑤,孟子认为"仁言不如仁声之人人深也"⑥,所以他更主张"善言"。孟子赞赏禹"恶旨酒而好善言"⑦;闻听门人乐正子将执政鲁国,他"喜而不寐",因为乐正子好善言。孟子认为,舜"居深山之中,与木石居,与鹿豕游,其所以异于深山之野人者几希"⑧,但最终能有别于木石鹿豕,成为圣人,就在于所闻善言触发和激活了舜与生俱有之"四心"善端,舜又能"存心""养心",正心守仁,勤勉不辍。所谓"闻一善言,见一善行,若决江河,沛然莫之能御也"⑨。"善言"成为孟子评判处士言说的价值尺度与方法准则,是孟子语言伦理的重要内涵。

那么,何谓善言?

---

① 刘向集录:《战国策·秦策》,第81页。
② 刘勰著,陆侃如、牟世金译:《文心雕龙》,齐鲁书社2009年版,第283页。
③ 焦循:《孟子正义》,第456页。
④ 杨伯峻:《论语译注》,第101页。
⑤ 朱熹:《四书章句集注·孟子集注》,中华书局2011年版,第330页。赵岐注:"仁言,政教法度之言。"阮元校刻:《十三经注疏·孟子注疏》,第2765页。
⑥ 杨伯峻:《孟子译注》,第306页。
⑦ 杨伯峻:《孟子译注》,第191页。
⑧ 杨伯峻:《孟子译注》,第307页。
⑨ 杨伯峻:《孟子译注》,第307页。

　　从言说的语言修辞等表达形式而言,孟子认为"善言"要言约而义丰,词简而义明,"言近而旨远"。他说:"言近而指远者,善言也;守约而施博者,善道也。君子之言也,不下带而道存焉。"①伪托宋人孙奭所作疏曰:"孟子言,辞之近而言已远者,乃为善言者。"②朱熹注曰:"古人视不下于带,则带之上乃目前常见至近之处也。举目前之近事,而至理存焉,所以为言近而指远也"③,以近言指远,言有限而其意无穷,这在孟子看来,就是"善言"。

　　从言说的义理内涵而言,孟子认为"善言"是以仁义为主旨,注重伦理道德功用。孟子说:"可欲之谓善,有诸己之谓信,充实之谓美"④"可欲",赵岐注:"己之可欲,乃使人欲之,是为善人"⑤,朱熹注:"天下之理,其善者必可欲,其恶者必可恶,其为人也可欲而不可恶则可谓善人矣。……张子曰:'志仁无恶之谓善'。"⑥孟子认为人与生俱有仁义礼智之善端,这是人"良贵""良知""良能",也是真正值得人们"可欲"者。"有诸己之谓信",就是实有仁义之心而未放失。因为仁义善端,只是仁义的萌芽,需要"扩而充之""熟之",仁义充实,则美在其中,所以说:"充实之谓美"。孟子说:"言无实不祥"。⑦ 换言之,言有实则祥,祥言当有实。孟子说:"人能充无受尔汝之实,无所往而不为义也。"⑧所以,有实之祥言,其"实"就是仁义,"善言"之实也是仁义,孟子批判杨朱、墨翟,就是认为"杨、墨之道不息,孔子之道不著,是邪说诬民,充塞仁义也"⑨。

　　孟子主张言说合乎仁义,自始至终他也在践行这一原则。孟子初见梁惠王,梁惠王不问其他,只问:"亦将有以利国乎?"闻听此言,孟子断然截住,说:"何必曰利? 亦有仁义而已矣!"梁惠王所问中心在"利",孟子所答是:不谈利,只谈仁义。梁国并非孟子出游的第一国,也不是最后一国,编者却将初见梁惠王置于篇首,其实就是昭告世人,《孟子》宗旨即是仁义。孟子不仅要以仁义截住梁惠王逐利之行,也是要以仁义截住时人逐利之风。孟子以仁义拦截了梁惠

①　杨伯峻:《孟子译注》,第338页。
②　阮元校刻:《十三经注疏·孟子注疏》,第2778页。
③　朱熹:《四书章句集注·孟子集注》,第349页。
④　杨伯峻:《孟子译注》,第334页。
⑤　阮元校刻:《十三经注疏·孟子注疏》,第2775页。
⑥　朱熹:《四书章句集注·孟子集注》,第346页。
⑦　杨伯峻:《孟子译注》,第190页。
⑧　杨伯峻:《孟子译注》,第337页。
⑨　杨伯峻:《孟子译注》,第155页。

王的求利之问,同样以仁义拦截宋牼以利为中心的进言之道。宋牼为人志行高洁,反对兼并战争,号召"禁攻寝兵",以止攻战。孟子敬重宋牼,称宋牼为"先生",但是当闻听宋牼劝解秦楚罢兵的进言宗旨是"言其不利",立刻反对,认为士人建言不能只顾眼前,进言须正,要受仁义规约。数百年之后,刘勰也有相似之说:

> 凡说之枢要,必使时利而义贞,进有契于成务,退无阻于荣身。自非谲敌,则唯忠与信。披肝胆以献主,飞文敏以济辞,此说之本也。①

刘勰认为"说"之枢要就是"义贞","义贞"即"义正",要既忠且信。刘勰此论,可谓孟子知音。孟子以仁义为核心的语言伦理,就是意图在纷纷"争于气力"以霸天下的时代,为世人夯筑一道正义的堤坝,擎仁义之旗抗衡利欲之流。

从方法准则而言,孟子认为"善言"合乎中道。孟子主张"执中",说:"执中为近之。""执中",即执守中道,也就是执守孔子"中庸"之道。孔子曾言:"中庸之为德也,其至矣乎。"②面对矛盾与对立,孔孟提倡"执用两中",不偏不倚,无过无不及,把握分寸,处事合宜,恰到好处,合理正确地解决矛盾。"中庸"不是形式上的折中,"'中庸',既不是机械的'合题',也不是简单的'中间',而是'合适'的意思,具有中正、中和、时中、用中、平常、不变、恰到好处、不偏不倚、动态平衡等多重丰富的内涵。"③孟子称赞"汤执中,立贤无方",因为汤不拘一格降人才;孟子赞美孔子为圣人之集大成者,是"圣之时",因为孔子出处速久,量时取宜,合于中道,故无不允当。

孟子以中道衡量战国士人之言,认为大多有偏颇,没有做到中正、合宜。孟子对杨朱、墨翟、许行三人的批判,"中道"就是重要的裁断标尺。他说:

> 杨子取为我,拔一毛而利天下,不为也。墨子兼爱,摩顶放踵利天下,为之。子莫执中,执中为近之。执中无权,犹执一也,所恶执一者,为其贼道也,举一而废百也。④

杨朱、墨子都是思想巨子,他们的学说截然对立。杨朱为我,虽利天下,也一毛不拔;墨子兼爱,只要能利天下,摩顶放踵,在所不惜。在孟子看来,二人之

---

① 刘勰著,陆侃如、牟世金译:《文心雕龙》,齐鲁书社 2009 年版,第 287 页。
② 杨伯峻:《论语译注》,第 69 页。
③ 黎红雷:《"中庸"本义及其管理哲学价值》,载《孔子研究》2013 年第 2 期。
④ 杨伯峻:《孟子译注》,第 313 页。

说都偏执一端。

杨朱主张"为我",说:"损一毫利天下不与(给予)也,悉(全)天下奉(送给)一身(我一人)不取也。人人不损一毫,人人不利天下,天下治矣。"①依杨朱之论,国家、天下与个人生命相比,个人生命为上。孟子认为杨朱"为我"虽不损人,但若人人贵己为我,互不相助,就是蔽于我而不知有他,极端利己而不顾他人,国家、社会将无存,故指责杨朱之说将致目无君上,就是"无君"。

与杨朱相反,墨子主张"兼爱",反对儒家"泛爱人而亲仁"的别爱,主张要"兼以易别","视人之国,若视其国;视人之家,若视其家;视人之身,若视其身。"②不分人我、亲疏、厚薄,一视同仁地爱人。又说:"必吾先从事乎爱利人之亲,然后人报我以爱利吾亲也。"③我必须先爱利别人的父母,然后才能求得别人报答爱利我的父母。墨家"兼爱"强调了爱的普遍性与平等性,但在孟子看来,墨子"兼爱"论取缔了仁爱的血亲基础,忽视人我之别,泯灭物我之别,其说缺乏人性、人情的支撑,没有现实土壤,反而有害于义,导致人父与己父同,就是"无父"。

农家学派许行主张"贤者与民并耕而食,饔飧而治"④,贤君应该自耕自炊、自食其力,不能损民养己。这一主张固然反映了百姓反对剥削、要求平等的呼声,但也忽视和否定了社会分工的必要性和必然性,陷入了消解社会分工的绝对平等论。关于商品价格,许行主张"市价不贰","布帛长短同,则贾相若;麻缕、丝絮轻重同,则贾相若;五谷多寡同,则贾相若;屦大小同,则贾相若",如此,"国中无伪,虽使五尺之童适市,莫之或欺"。⑤许行"市价不贰"之说,是想借此扼制商人利用商品在量和价格之间的矛盾,投机取巧,牟取暴利,但是却只看到了商品的量,而忽视了商品的质,不过是一种不顾商品品质差异的绝对平均主义的价格理论。孟子批评许行此论只能令人"相率作伪",互相欺骗,"恶能治国家?"。在孟子看来,许行之说都偏离了中道。

美国社会学家默顿将知识分子分为官僚知识分子与自由知识分子两大类。战国处士,就是没有官职在身的自由知识分子。与官僚知识分子相比,处士在官方体制之外,没有官职在身的束缚牵绊,不属于任何固定的经济和权力集团,

---

① 《列子》,中华书局1985年版,第91页。
② 孙诒让:《墨子间诂》,上海书店1986年版,第65页。
③ 孙诒让:《墨子间诂》,第78页。
④ 杨伯峻:《孟子译注》,第123页。
⑤ 杨伯峻:《孟子译注》,第126页。

只有知识思想是他们安身立命的唯一财富。孟子认为处士"无官职,无言责,岂不绰绰然有余裕哉"?① 进退取舍应该有独立的思想与精神,处事应物当有理性的态度与公正的裁断,尚志行仁,弘道、护道。胸怀天下,关注民生,担起社会的良心,教化众民。正如《淮南子》所言,不同于商贾、农民、有职的大夫,处士的社会职能是"修道","至德之世,贾便其肆,农乐其业,大夫安其职,而处士修其道"②。在社会动乱和历史转型之际,处士以其德行修养和思想影响社会走向。

然而事实上,战国时期,处士正因为无官职在身,所以热衷权势名利之人,往往总是更加急切地钻营攀附;而有些士人虽然无意名利,志在拯救天下,然而却因其立场、视角等不同,往往"各引一端,崇其所善,以此驰说,取合诸侯"③,所以他们在当时的表现以及自由言说可谓杂色纷呈。孟子以"善言"为裁断标尺,度量他们的言说论辩,断以"横议",固然有思想独断的一面,但是孟子也是正告士人,言说须合于正,正心守仁,当有边界。孟子以善言为言说论辩的价值尺度和方法准则,也就是要求言说者对自己言语行为的实施要担负一定的社会道义责任,接受公众道德规范的制约。

三、知言:孟子评判"处士横议"的前提

"知言""养气"是孟子最为自豪的两大优长,"知言""养气"因之后来成为儒学史上具有重要影响和特殊地位的一对思想范畴。"知言"又是孟子语言伦理的另一重要内涵,既是对言语接受主体提出的要求,也是孟子评判"处士横议"的前提。

在孟子之前,孔子已提出要"知言"。孔子看到,对他人的认知,虽然明知要重在观其行,但是事实上更容易"听其言",可是言却未必可靠,因为"有德者必有言",但是"有言者不必有德",所以他提出要"知言",说"不知言,何以知人"④。"知言",方能澄清人们言辞中的泥沙尘土,扫除人们言语中的虚幻不实,呈现其人真面目,明其是非,辨其黑白。"知言"是"知人"的前提。而是否

---

① 杨伯峻:《孟子译注》,第96页。
② 刘安:《淮南子·俶真训》,上海古籍出版社1983年版,第9页。
③ 陈国庆:《〈汉书·艺文志〉注释汇编》,中华书局1983年版,第164页。
④ 杨伯峻:《论语译注》,第218页。

"知人"，也是检验是否已达"智"德的试金石。"樊迟问仁，子曰：'爱人'。问智，子曰：'知人'。"①能够"知言"而"知人"，所交之友就不会是"便辟""善柔""便佞"的"损友"，而是"直""友"而"多闻"的益友；出仕为政，就能"举直措诸枉，使枉者直"，任贤举能。"知言"而"知人"，既关乎个人的自我完善，也关乎治国安民。

孟子一生所愿在学孔子，孔子所倡导的"知言"而"知人"，孟子亦孜孜以求。孟子自信能够"知言"，他明确对学生说："我知言，我善养吾浩然之气。"

如何知言？孟子批评告子"不动心"，有所透露。孟子自称"四十不动心"，告子早于孟子先已做到"不动心"。告子"不动心"之道是"不得于言，勿求于心；不得于心，勿求于气"②。千百年来，对告子"不得于言""不得于心"的解说，可谓言人人殊。笔者认为，结合上下语境，孟子在明确否定告子的"不得于言，勿求于心"之后，非常自得地说自己"知言"，其实就是以自己"知言"反衬告子不"知言"；而且孟子对告子的不"知言"有亲身感受，因为孟子曾与告子就人性、"仁内义外"等有过当面论争。在论争过程中，告子对待孟子的态度，也让孟子见识了告子如何"不动心"。"不得于言"，这里的"得"，其义为"知晓"，《礼记·乐记》："礼得其报则乐，乐得其反则安"，郑玄注："得谓晓其义，知其吉凶之归。"③所以"不得于言"，就是不知他人之言；"不得于心"，就是不知他人之心。具体而言，告子"不得于言，勿求于心；不得于心，勿求于气"，就是不知他人之言，勿求于己之心；不知他人之心，勿求于己之气。析言之，告子"不动心"，就是不知他人之言，不追问和反省是否自己有失，内心不起波澜；不理解他人内心所想，不求助于自己个人意气，如此则心始终不动。在孟子看来，"不得于心，勿求于气，可"，因为"气之帅"是志；"不得于言，勿求于心，不可"，因为不知他人之言，不能辨识他人言说的是非黑白，说明自己的思想认识有所不足。朱熹说："'不得'，犹曰失也，谓言有所不知者，则不可求之于心，心有不得其正者，则不可求之于气。孟子谓言有所不能知，正以心有所不明。"④孟子认为己心有所不明，就必须反省追问，而不是"不求"而保持"不动心"。孟子反对告子"不得于言，勿求于心"，说明在他看来，要知他人之言，须以己心相求。"凡同类

---

① 杨伯峻：《论语译注》，第138页。
② 杨伯峻：《孟子译注》，第61—62页。
③ 阮元校刻：《十三经注疏·礼记注疏》，第1544页。
④ 黎靖德：《朱子语类》，中华书局1986年版，第1235页。

者,举相似也"①,人之相同,不仅在于"口之于味""耳之于声""目之于色"等生理本能之同,更重要的是在于心有所同。心之所同,既在于皆有能思之心、"是非之心",还在于人心俱好理义,"心之所同然者何也? 谓理也,义也"②;人心有同,同好理义,故能以心知心,而言是"生于其心"者,心由言表,所以,知言的途径与方法,就是以心知心,从而以心知言,以己意相逆,断其是非,明其真假。

孟子认为告子不"知言",而自己真"知言"。孟子何以能"知言"? 后人有许多解读。二程说:"心通乎道,然后能辨是非,如持权衡以较轻重,孟子所谓知言是也。"又说:"孟子知言,正如人在堂上,方能辨堂下人曲直。若犹未免杂于堂下众人之中,则不能辨决矣。"③在二程看来,孟子能"知言",是因为他知天下之大道,有远高于常人的境界与智慧。朱熹补充解释道:"知言者,尽心知性,于凡天下之言,无不有以究极其理,而识其是非得失之所以然也。"④朱熹认为孟子能够"知言",就是因为他尽心知性,穷究物理,故而能辨别其是非,明白其曲直;孟子知理,故而知言。程朱用孟子"知道""知理"解释孟子所以能"知言",有其合理的一面,但是也把孟子的知言论局限于"道德主体的知识活动。这种解释固然使他所作注的'四书'通贯而为一体,却与孟子学内涵相却甚远"⑤。因为孟子的"知言"与"养气"紧密相连,养气是道德主体的道德践履,"直养而无害""配义与道""集义所生"。养得"浩然之气",自不会为横议之说所惑,"养气"使接受主体"知言"获得了德性支持。换言之,"养气"而"知言",就是"知言"亦须有"浩然之气"的德性涵泳、浸润。

孟子曾说:"颂其诗,读其书,不知其人,可乎? 是以论其世也。"⑥言由心生,可以以心知其言,"知言"即可知人,但人都生活在特定生活环境,受环境支配,要真知其言,还须回到其时代环境,即"论其世","论世是知人的一个方法,也是知言的一个方法,颂诗读书不可不知人,欲知人不可不论世"⑦。论世、知人而"知言",不能望文生义,断章取义,主观臆断,这实际强调接受主体对话语理解须有道义责任的约束。

---

① 杨伯峻:《孟子译注》,第261页。
② 杨伯峻:《孟子译注》,第261页。
③ 朱熹:《四书章句集注》,第217页。
④ 朱熹:《四书章句集注》,第216页。
⑤ 黄俊杰:《中国孟学诠释史论》,社会科学文献出版社2004年版,第188—189页。
⑥ 杨伯峻:《孟子译注》,第251页。
⑦ 郭绍虞:《中国文学批评史》,百花文艺出版社2008年版,第20页。

可见,孔孟主张"知言",实质是强调接受主体对话语的理解,不仅要有丰富的知识阅历为依托,亦须有"浩然之气"、德性修养的支撑,还须有道义责任的约束,如此才不致误判他人。在战国众说蜂起之时,"知言"而能辨识众言的能力,实是衡量一个人知识水平与道德修养高下的重要标准。"在孟子看来,具有理想人格的君子、贤人、圣人之所以能够'知天命''随心所欲不逾矩'(《论语·为政》),关键在于禀赋着'知言'的能力,能够在心中确立一个判别言辞是非得失的标准"①。在此一点,孟子非常自信。

"知言"是孟子能够对"处士横议"做出裁断的重要前提。孟子自信知言,因而也就相信自己对各种言说能明察秋毫,对处士言说的评判公允而不偏。孟子分析时言,认为天下有偏颇的言辞主要有四类,即诐辞、淫辞、邪辞、遁辞,当时"处士横议"之言无外乎此。既然是诐辞、淫辞、遁辞、邪辞,那就不能任其肆意泛滥,流毒人间,必须加以遏制。因为言有非,害人而且害政,"生于其心,害于其政;发于其政,害于其事"②。"服尧之服,诵尧之言,行尧之行,是尧而已矣",而"服桀之服,诵桀之言,行桀之行,是桀而已矣"③。是成为尧那样的圣君贤哲,还是变成桀那样的暴君恶徒,平时所诵之言至关重要。孟子一再强调不可与不仁者言,"不仁者可与言哉? 安其危而利其菑,乐其所以亡者。不仁而可与言,则何亡国败家之有"④? 因此他周游列国,启蒙君王,宣扬王道,同时也在努力批判他视之为"横议"的言说。孟子以"吾知言"赋予了自己批判处士横议的必然正义性,他自信地说:"圣人复起,必从吾言矣。"⑤

孟子批判处士横议,也是为立言而安天下。孟子如此笃定地说自己"知言",其言意逻辑的自然延伸,就是"知言"的孟子所立之言,一定是法言正说,是王天下之大道,与处士横议之邪说、诐辞、淫辞判若霄壤。观察历史,孟子看到,暴行必有邪说相伴;天下动荡,总有混乱的思想相随。春秋战国动荡日久,结束乱世,统一天下既是孟子的政治理想,也是天下人心所向,而实现天下统一,依赖于正确思想的主导。但在当时,以哪家学说为主导而实现一统,人们依然没有争出所以然,诸子百家针锋相对,认为只有自家学说为拯救天下的正道。

① 郭淑新:《孟子"知言"说考析》,载《中国哲学史》2013 年第 2 期。
② 杨伯峻:《孟子译注》,第 62 页。
③ 杨伯峻:《孟子译注》,第 277 页。
④ 杨伯峻:《孟子译注》,第 170 页。
⑤ 杨伯峻:《孟子译注》,第 62 页。

明人蔡清有言："当时处士横议,所谓人挟一椎凿,家筑一宫墙。墨氏之徒则曰:但使人人视亲疏为一体,则天下平矣;杨氏之徒则曰:但使人人推求己之是非,而不较人之得失,则天下平矣;孙吴之徒则曰:行吾之智,自足以平天下;申商之徒则曰:行吾之法,自足以平天下。故孟子以为此皆乱天下者也,恶能治天下。"①蔡清此言切中肯綮。观诸子之说,各家都在务求以己说平天下。孟子批判"处士横议",就是要为这个时代选择正确的主导思想,当然他为天下所选择的就是孔子儒家之说。

所以孟子批判处士横议,既是为了解决思想纷争,以实现天下统一,是天下统一在思想领域的表现,同时也是为儒家争取正统地位。汉武帝时期,儒家学说走向独尊,成为官方意识形态;儒家之言,后来成为官方话语。追根溯源,孟子在战国时期批判"处士横议",倡导儒家之言,实是后来儒家独尊之先导、儒家官方话语确立之先声。前贤多有此论,韩愈在《进学解》中说:"孟轲好辩,儒道以明。"②

结束语

战国"处士"不是有才德而隐居不仕的隐士,而是一批在野的民间自由知识分子,他们关心时世,很多人有强烈的入仕愿望,以游说"干诸侯",有些人的言说议论自成一家,风行海内。孟子批判"处士横议",其目的在于维护儒家学说,为儒家争取主导地位,是后世儒家独尊之先导。孟子在批判"处士横议"之时,固然表现出与诸子争胜、思想独断的一面,但是他强调道德功用的语言伦理却对中国古代语言哲学、文学批评等产生了重要影响,于当下也具有重要时代价值。因为孟子以"善言""知言"等为重要内涵的语言伦理,要求言说者的语言行为和接受主体的话语理解都须受公众道德规范的制约,要合于正,有边界,正心守仁。而能否做到"善言""知言",又取决于个人知识水平与道德修养的高下,这就要求人们必须于平时为人、为学时时提醒,孜孜以求,"养浩然之气"以"涵泳",涵泳出圣贤气象。

（作者系陕西师范大学文学院教授）

---

① 蔡清:《四书蒙引》卷一二,文渊阁《四库全书》影印本,第561页。
② 《韩昌黎全集》卷一二,世界书局1935年版,第188页。

《孟子》与尧舜之道

陈战峰

　　关于舜的事迹,先秦典籍文献多有记载,如《尚书·尧典》《墨子·尚贤中》《管子·治国》《吕氏春秋·慎大览》《韩非子·难一》等,而比较详尽的则是《史记·五帝本纪》。2002年12月上海古籍出版社出版的《上海博物馆藏战国楚竹书(二)》中的《子羔》《容成氏》等也涉及舜的问题。特别是《容成氏》说舜"孝养父母,以善其新(亲),乃及邦子",对舜文化孝亲内涵有所突出。当然,古史传承有一定的累积效应,其中蕴藏着丰富的历史文化意义。在舜的形象建构和文化塑造中,《孟子》一书占有重要的位置,舜几乎是孟子理想的先王典型和人格楷模,所传达的伦理困境与解决途径,对于今天反思情法、理法关系大有裨益。

　　北宋欧阳修在著名的翻案论文《纵囚论》中曾大力呼吁:"尧、舜、三王之治,必本于人情,不立异以为高,不逆情以干誉。"(《居士集》卷十八《经旨》)重视人情,在欧阳修的经解思想与解经方法中占有重要地位,同时也是他衡量和评鉴古今政治得失的重要标准之一。关于舜,欧阳修认为,植根人情,不违背人情事理是其主要特色。这个方面,早在先秦著作《孟子》中已得到充分尊重和不断弘扬。

　　根据杨伯峻先生在《孟子译注》附录《孟子词典》的统计,在《孟子》中,"舜"一词出现97次,尧58次,禹30次,仲尼6次,后稷1次,先王10次(《尧典》1次)①,通过这些简略的比较,可以发现,舜文化在《孟子》中占据有重要的地位,相对尧与禹而言,舜更加集中地反映了孟子的政治理想和思想学说。

　　历史的价值在于不断地给研究者提供历史构图的可能和机会。舜文化在《孟子》中的凸显,凝聚了孟子关于人性、仁义以及君臣父子关系等问题的深刻理解,这些在舜形象中都有集中的反映。

---

　　① 杨伯峻:《孟子译注》,中华书局1960年版,第346—483页。

一、尧舜之道

《孟子》书中,理想的成人为政之道,便是尧舜之道。在孟子看来,非"尧舜之道"(《孟子》卷四《公孙丑下》),便没有陈述的价值。滕文公见孟子,"孟子道性善,言必称尧舜"(《孟子》卷五《滕文公上》),尧舜之治是他心目中的理想社会。尧舜所行的圣人之道,在孟子那里,具体就是仁政,"尧舜之道,不以仁政,不能平治天下"(《孟子》卷七《离娄上》)"。

"乐尧舜之道""被尧舜之泽"(《孟子》卷九《万章上》)。孟子认为,"尧舜既没,圣人之道衰"(《孟子》卷六《滕文公下》),周文王孝法尧舜之道,虽然时代地域相差甚远,但精神却是一致的,"得志行乎中国,若合符节。先圣后圣,其揆一也"(《孟子》卷八《离娄下》),"道一而已"(《孟子》卷五《滕文公上》)。

孟子主张人们的行为都要合乎"道",即"由其道"(《孟子》卷六《滕文公下》),确切地说,是恪守礼义之道。孟子说"非其道,则一箪食不可受于人;如其道,则舜受尧之天下,不以为泰"(《孟子》卷六《滕文公下》),行为无论宏细,关键在于是否合乎大道,即使是琐碎小事,如果不合道的原则,也不可苟且应对;关乎天下的大举,只要合乎道,便可当仁不让。这显示了道在人们社会生活中的价值和意义。

孟子曰:"规矩,方员之至也;圣人,人伦之至也。欲为君尽君道,欲为臣尽臣道,二者皆法尧舜而已矣。不以舜之所以事尧事君,不敬其君者也;不以尧之所以治民治民,贼其民者也。孔子曰:'道二:仁与不仁而已矣。'"(《孟子》卷七《离娄上》)孟子所引孔子"道二:仁与不仁"也见于上博简《武王践阼》《孔子见季桓子》等,君臣伦理在尧舜那里已经体现的很充分了,孟子之所以强调用舜事奉尧的行为反映处理君臣关系,在于舜恪守孝亲,推而可事奉尊长。全句互文来看,尧舜之道蕴含着敬君爱民的道理。

尧舜均具有仁德,即"为天下得人者"的品德。"尧以不得舜为己忧,舜以不得禹、皋陶为己忧。夫以百亩之不易为己忧者,农夫也。分人以财谓之惠,教人以善谓之忠,为天下得人者谓之仁。是故以天下与人易,为天下得人难。孔子曰:'大哉尧之为君!惟天为大,惟尧则之,荡荡乎民无能名焉!君哉舜也!巍巍乎有天下而不与焉!'尧舜之治天下,岂无所用其心哉?"(《孟子》卷五《滕文公上》)百亩之不易,"易"训为"治"。就像农夫整顿耕种田地一样,尧舜为治理天下物色合适的人选,也是一样在完成自己的职分和工作;而且"为天下得人难",治天下更是不容易的事。这些论述,与孟子"劳心者治人,劳力者治于人"(《孟子》卷五《滕文公上》),虽然还有等级制的差异,但毕竟已经含有社会分工的因素。应该注意的是,孟子将尧舜并称,但他更加倾向于舜,因为就《孟子》书所记载的舜的历史事迹和传说故事,显示了舜在得人治天下方面面临的困难。"有天下而不与",拥有天下但是却不以私心去占有、享用它,显示了可贵的人格与道德境界,当然,这也是《孟子》的政治理想的形象化表达,其中的历史学意义更加丰富和重要。

二、舜的美德

舜具有常人难以企及的美德,即舍己从人,善与人同。在孟子看来,舜善于吸取他人的长处和优点,以成就事业,并用以改善民生,服务社会。"大舜有大焉,善与人同。舍己从人,乐取于人以为善。耕、稼、陶、渔以至为帝,无非取于人者。取诸人以为善,是与人为善者也。故君子莫大乎与人为善。"(《孟子》卷三《公孙丑上》)孟子称颂"舜明于庶物,察于人伦,由仁义行,非行仁义也"(《孟子》卷七《离娄上》),褒扬舜在人伦上的努力和贡献。

孟子赞扬舜的地方很多,最主要的是表彰他的"大孝","大孝终身慕父母。五十而慕者,予于大舜见之矣"(《孟子》卷九《万章上》)。因为舜遭受父亲不公正待遇,却能"得亲""顺亲""事亲",便尤为难能可贵。"天下大悦而将归己。视天下悦而归己,犹草芥也。惟舜为然。不得乎亲,不可以为人;不顺乎亲,不可以为子。舜尽事亲之道而瞽瞍底豫,瞽瞍底豫而天下化,瞽瞍底豫而天下之为父子者定,此之谓大孝"。(《孟子》卷七《离娄上》)瞽瞍百般刁难陷害舜,而舜能恪尽事亲之道,完美地统一和实现"为人""为子""为君"的职分和责任,被孟子誉为"大孝"。

《孟子》中记载舜的父亲与弟弟谋害舜的性命,夺取其家产妻室,细腻生动。万章曰:"父母使舜完廪,捐阶,瞽瞍焚廪。使浚井,出,从而揜之。象曰:'谟盖都君咸我绩。牛羊父母,仓廪父母,干戈朕,琴朕,弤朕,二嫂使治朕栖。'象往入舜宫,舜在床琴。象曰:'郁陶思君尔。'忸怩。舜曰:'惟兹臣庶,汝其于予治。'不识舜不知象之将杀己与?"曰:"奚而不知也?象忧亦忧,象喜亦喜。"(《孟子》卷七《万章上》)其中,关于象狂妄贪婪的语言与变化及"忸怩"神态,惟妙惟肖,也给舜如何对待自己的亲人提出了挑战。面对父亲瞽瞍的不慈与弟弟象的无礼,舜能以德报怨,推己及人,这是一种"仁"的精神,恰与"不仁"相对,正所谓"仁者以其所爱及其所不爱,不仁者以其所不爱及其所爱"(《孟子》卷十四《尽心下》)。当万章进一步追问舜的欢喜是否是"伪喜",孟子引用子产使校人舍鱼的例子说明,"君子可欺以其方,难罔以非其道。彼以爱兄之道来,故诚信而喜之"(《孟子》卷九《万章上》),强调舜对象的情感是发自内心的,诚实无欺的,这更加显示了舜的德行和修养。

历史不能假设,但对历史偶然性与必然性、现实性与可能性的探讨却可以给人思索和启发。在人生矛盾和社会纠纷问题上,一任于法,追求公平、公正、正义,都无可厚非,但是法律的公平公正最终也是维护社会正义、调节社会秩序(包括道德伦理秩序)的途径。也许在某种意义上,法律维护了人们的道德底线,对提升人的道德境界却显得隔靴搔痒。当然,现实生活中也接连有法律审判遗留的道德危机问题,已经引起有识之士的忧虑和努力。舜貌似迂腐的举动处处显示了宽厚和善之心,有助于从根本上感化、改变一个有道德缺陷的人。

三、理法与情法

在中国思想文化史以及法律思想史上,理法、情法、礼法问题一直是其中重要的问题,刑罚倒是这个问题的衍生物。

《孟子》中不少篇章涉及对这个问题的讨论,不少内容依然有现代意义。

孟子重视情实,要求形式与内容应当统一,反对"非礼之礼,非义之义""言无实,不祥",称"声闻过情,君子耻之"(《孟子》卷八《离娄下》)。但是,孟子也强调,只要合乎"义",有时不必局限于表面或细节的真信可靠,"大人者,言不必信,行不必果,惟义所在",当然,他所说的"大人"是"不失其赤子之心"(《孟子》卷八《离娄下》)的人,这是对他的情实论的补充。

孟子对舜不告而娶的看法就没有停留在表面现象上,"不孝有三,无后为大。舜不告而娶,为无后也,君子以为犹告也"(《孟子》卷七《离娄上》),舜不告父母而娶妻,虽然不合常行的礼法,但是因为担心子孙不继,私自作主张,这种"不告"被君子视为"犹告"。万章也曾就此问题与孟子讨论,孟子说:"告则不得娶。男女居室,人之大伦也。如告,则废人之大伦,以怼父母,是以不告也。"(《孟子》卷九《万章上》)在孟子看来,与其拘泥形式的礼法,毋庸更加尊重礼法所制定的根本即情理。这种观念较孔子对礼仪内在的礼的精神的唤醒和恢复无疑是有一定进步意义的。

前文舜不仅没有责罚象，而且要象分担自已治国的责任，"惟兹臣庶，汝其于予治"（《孟子》卷九《万章上》）。当然，孟子说，历史上也有一种说法是舜在登天子位后流放了象，但孟子相信的是舜封赏了象。如果这是历史事实，舜有没有任人唯亲的嫌疑，特别是在象的德行还达不到贤者的要求的情况下。的确，在《孟子》中，称颂尧舜的一个重要方面，就是他们能够"为天下得人"（《孟子》卷五《滕文公上》），沿着这个思路，象是否是"得人"呢？这里有没有礼法、情法的冲突呢？

万章指出舜"流共工于幽州，放驩兜于崇山，杀三苗于三危，殛鲧于羽山"是"诛不仁"的举动，受到了人们的欢迎，而"日以杀舜为事"的象是"至不仁"的人，却被封于"有庳"，对于有庳的人明显不公，难道因为血缘的远近而有变化？孟子回答道："仁人之于弟也，不藏怒焉，不宿怨焉，亲爱之而已矣。亲之欲其贵也，爱之欲其富也。封之有庳，富贵之也。身为天子，弟为匹夫，可谓亲爱之乎？""象不得有为于其国，天子使吏治其国，而纳其贡税焉，故谓之放，岂得暴彼民哉？虽然，欲常常而见之，故源源而来。'不及贡，以政接于有庳'，此之谓也。"（《孟子》卷九《万章上》）孟子论述侧重两点：其一是封象是兄亲爱其弟的真情的自然流露；其二是封象区别于一般的分封，有其特殊性。关于分封的特殊性，孟子的回答是有些矛盾的，他将"放"和"封"两种说法最终调和起来，认为象虽然有"封"之名而无"封"之实，只是享有该地的贡赋而已，而政治治理则有赖于贤臣能吏，也就是说象不可能因自己的不贤而祸害有庳的百姓。因此，在关于舜如何处理与象的关系上，从《孟子》来看，自然是做了性善论和仁政说的改造，并不是历史的求真，而是历史学的建构和阐释。

《孟子》不能现成地为我们提供历史的明确答案，因为从整体上来看，其中还存有一些逻辑的缺环和漏洞，也为当时的学者（如万章等）所觉察。例如，后来有人提出瞽瞍犯法的刁钻问题时，孟子提供的舜的做法也只能是逃避归隐以保全"大孝"的唯一途径了，而未必能在现实中落实。

桃应问对是《孟子》中一个很典型的辩论和案例，当然是一种假设。"桃应问曰：'舜为天子，皋陶为士，瞽瞍杀人，则如之何？'孟子曰：'执之而已矣。''然则舜不禁与？'曰：'夫舜恶得而禁之？夫有所受之也。''然则舜如之何？'曰：

'舜视弃天下，犹弃敝蹝也。窃负而逃，遵海滨而处，终身欣然，乐而忘天下。'"
(《孟子》卷十三《尽心上》)舜作天子，皋陶作法官，如果舜的父亲瞽瞍杀了人，
怎么来处理。孟子的回答，前后也是有出入的。先是依照刑律逮捕，"夫有所
受之"，不仅在法律上有根据，而且在事实上也有根据，连舜也没有办法，这是
从法的角度说的，有种"一任于法"的旨趣；后者则是舜的办法，窃负而逃，隐居
海滨，"乐而忘天下"，也就是弃天下而不顾，这是从情的角度说的。在公私、名
实、情法、个人与天下之间，孟子拟设的舜窃负而逃，是最终顺从亲情，完成"大
孝"，在形式上解决了情法之间的冲突。之所以说是一种形式解决，是因为这
是一种理论假设，虽然"形色，天性也；惟圣人然后可以践形"(《孟子》卷十三
《尽心上》)，作为圣人的舜的做法可以有很大的自由度，但是，如果天子弃天下
的百姓而不顾还能不能称得上是合适的天子，自然也是其中内蕴的一个并未解
决的问题。

舜做了天子，如何处理与父亲的关系，涉及君臣、父子关系的重叠和位次
(或优先性)。《孟子》书中，有对夫妇、父子、君臣关系的探讨，如同郭店简《六
位》(或作《六德》)等一样，都是以夫妇、父子先于君臣，这是从人情、事实出发
的一个明证。在父子与君臣关系上，《孟子》中的父子是优于君臣的。咸丘蒙
向孟子请教瞽瞍北面朝见舜，而"舜见瞽瞍，其容有蹙"(《孟子》卷九《万章
上》)，舜如何处理与瞽瞍的父子君臣关系，孟子回答也是有选择和避舍的。他
引用诗句，强调对《诗经》解释不能拘泥于文字，以免以文害辞，以辞害志，要运
用"以意逆志"的方法，通过个人的体会去把握典籍的本意，并引用《诗经·下
武》和《尚书》的语句，说明孝道是治国的法则，以及舜以谨敬的态度对待瞽瞍
而使瞽瞍变得顺理而行。通过这些曲折的论证，可以发现，在《孟子》中，舜处
理父子君臣关系，还是通过父子而使其君臣关系变得自然顺畅，是通过"孝"而
达致上下的和睦的。当然，后世在思想文化与艺术作品中出现"忠孝"难以两
全的冲突局面，则是这两种伦理道德各自发展以及优先性倒置所出现的必然
结果。

四、人皆可以为尧舜

在中国人性思想史上，无论是强调人性本善，还是人性本恶，都是一种先验
预设，而根本则是通过"养"或"教"的方式使人的道德境界不断提升，最终达到

圣贤的境地。所以,"人皆可以为尧舜"(《孟子》卷十二《告子下》),"涂之人可以为禹"(《荀子》卷十七《性恶篇》),尧舜禹的道德境界,是现实的人都可以通过自己的努力达到的,但并不意味着每一个人天然地自始至终都一定是圣贤,这种可能性要变为现实,需要"求其放心"(《孟子》卷十一《告子上》)与"化性起伪"(《荀子》卷十七《性恶篇》)的工夫。

尧舜的榜样是可以达到的。《孟子》说,那些努力向善的,就是和舜一样的人,"鸡鸣而起,孳孳为善者,舜之徒也"(《孟子》卷十三《尽心上》),"为善"相对于"为利",也是舜和蹠的根本区别。孟子说:"舜之居深山之中,与木石居,与鹿豕游,其所以异于深山之野人者几希。及其闻一善言,见一善行,若决江河,沛然莫之能御也。"(《孟子》卷十三《尽心上》)能够闻善言见善行而自觉地效法学习,没有什么外在的力量能够阻止,这也就距离为善不远了。尧舜在知和仁两个方面与常人有近似之处,"尧舜之知而不遍物,急先务也;尧舜之仁不遍爱人,急亲贤也"(《孟子》卷十三《尽心上》),尧舜的智慧不能完全知道一切事物,仁德也不能普遍爱一切人,这些和常人并无两样,但是,尧舜知道首要的任务与爱亲敬贤的重要,这却正是常人应该效法和学习的。

孟子教导人们见贤思齐,不断反省自己,"终身之忧"就是指的对自己道德人格的关注和省视。"君子有终身之忧,无一朝之患也。乃若所忧则有之:舜人也,我亦人也。舜为法于天下,可传于后世,我由未免为乡人也,是则可忧也。忧之如何? 如舜而已矣。"(《孟子》卷八《离娄下》)其中,"舜为法于天下"的"为法"实际指法式,专指道德人格的规范和力量,与法律还不是一个概念。所以,以舜作为效法和学习的榜样,便会成为和舜一样有道德的圣贤之人。这也是孟子强调"尧舜与人同耳"(《孟子》卷八《离娄下》)的道理。

总之,《孟子》称颂尧舜,对"尧舜之道"阐发良多,特别是其中含藏着丰富的舜文化信息,值得后人借鉴。其中,有些是有历史渊源的,比如《孟子》引用《尚书》记载舜父子的故事,有些是历史学的重新建构,有些是虚拟的辩论议题,但舜文化在《孟子》中的地位十分重要,则是毋庸讳言的。舜已经是孟子完美人格与政治理想的代名词。特别是其中涉及情理法的关系问题,在今天如何处理法律审判与道德伦理的关系与其衍生影响,依然有积极意义。同时,它们也是实现尧舜之道,企及尧舜之德的重要途径。

(作者工作单位为西北大学中国思想文化研究所)

参考文献：

1. 马承源. 上博馆藏战国楚竹书(二)[M]. 上海：上海古籍出版社,2002.

2. 马承源. 上博馆藏战国楚竹书(六)[M]. 上海：上海古籍出版社,2007.

3. 马承源. 上博馆藏战国楚竹书(七)[M]. 上海：上海古籍出版社,2008.

4. 李零. 郭店楚简校读记(增订本)[M]. 北京：北京大学出版社,2002.

5. 欧阳永叔. 欧阳修全集[M]. 北京：中国书店,1986(据世界书局1936年版影印).

6. 杨伯峻. 孟子译注[M]. 北京：中华书局,1960.

7. 王先谦撰,沈啸寰、王星贤点校. 荀子集解[M]. 北京：中华书局,1988.

《西铭》现代诠释的三个面向

许　宁

《西铭》是张载所撰的一篇重要哲学文献,亦称《订顽》①,文约义丰,言近旨远,受到二程、朱子等理学家的高度肯定和一致推崇,作为代表性的理学经典产生了深远的历史影响。在现当代哲学史中,《西铭》也备受关注,被视为理解张载哲学思想的关键所在。本文以冯友兰、张岱年、蒙培元为例,力求揭示《西铭》现代诠释中所包含的三个面向,就张载哲学思想的时代阐释作具体的个案分析。

一、冯友兰:精神境界的面向

冯友兰先生肯定《西铭》是一部具有纲领性的道学著作。他指出《西铭》明确了人在宇宙中的地位,认为宇宙好比一个大家庭,乾坤是其中的父母,人好比其中的儿女,作为这个大家庭的成员,人应该担负一个成员的责任和义务。从这个前提出发,就可推出"民吾同胞,物吾与也"。

针对将张载哲学体系定性为唯心主义的观点,冯友兰有不同的认识。他提出:"因为《西铭》的头一段不是一种本体论的论断,而是人对于宇宙的一种态度,它所说的不是关于宇宙构成的一种理论,而是人的一种精神境界。"②他着重指出《西铭》所讲的是一种精神境界,"它只要求在不足百年的有生之年,人尽其作为宇宙的成员和社会成员所应负的责任和义务。责任和义务虽有两重,

---

① 张载在眉县横渠讲学时撰写二铭,书于学堂双牖,系为启发学者,是铭悬于西面,故名《西铭》,以张贴方位命名。张载自述《订顽》之作,为教授学者而言,左书"砭愚",意为规劝愚昧;右书"订顽",意为订正顽钝,以讲学宗旨命名。该铭被编入《正蒙》第十七篇《乾称》之首,是篇篇名出自首句"乾称父坤称母",以文献篇目命名。

② 冯友兰:《中国哲学史新编》第五册,见《三松堂全集》第十卷,河南人民出版社2001年版,第131页。

但人并不需要做两种事。事虽是一种,但意义可有两重"①。

在冯友兰看来,所谓的"境界"即人对宇宙人生的觉解,随觉解程度的浅深,意义有不同,境界有高低。"人对于宇宙人生在某种程度上所有底觉解,因此,宇宙人生对于人所有底某种不同底意义,即构成人所有底某种境界"②。尽管没有两个人的境界是完全相同的,但从普遍和共同的层面可以大致区分为由低到高的四重境界,即自然境界、功利境界、道德境界和天地境界。

其一,自然境界。自然境界中的人对于其行为的性质,并没有清楚的了解,不明白其确定的意义。他的境界,似乎是一个混沌,随顺个人习惯和日常习俗,知其然不知其所以然。

其二,功利境界。功利境界中的人自觉到其行为的性质,清楚觉察到其行为的意义。或增长财富,或博取名誉,可能其行为的结果会有利于他人和社会,但其行为的出发点是求取自己的利益,此重境界比自然境界高。

其三,道德境界。道德境界和功利境界看起来有相似性,都表现为"求"的行为,而其目的和对象有着根本的分判。求取一己私利的行为,是为利的行为,以"占有"("取")为目的,因而是功利境界;求社会公利的行为,是行义的行为,以"贡献"("与")为目的,因而是道德境界。在功利境界中,人即于"与"时,其目的亦是在"取";在道德境界中,人即于"取"时,其目的亦在于"与"。此重境界又比功利境界高。

其四,天地境界。在此种境界中的人,对宇宙人生有完全彻底的觉解,既知性,又知天;既尽己,又尽物。他深刻体悟到人不但是社会总体的一部分,而且是宇宙总体的一部分。不但对于社会,人应有贡献;即对于宇宙,人亦应有贡献。至此种境界,人的觉解已发展至最高的程度。在此种境界中的人,谓之圣人。

冯友兰指出,张载的《东铭》《西铭》所彰显的精神境界是不同的,《东铭》至多是讲到道德境界,尚是传统儒学的说法;而《西铭》则体现了张载对于宇宙人生最高的觉解,达到了天地境界,突破了传统旧说,具有极高的思想价值。"此二铭,在横渠心目中,或似有同等底地位,然西铭所说,是在天地境界中底人的话。……东铭说戏言戏动之无益,其所说至高亦不过是在道德境界中底人

① 冯友兰:《中国哲学史新编》第五册,见《三松堂全集》第十卷,第 132 页。
② 冯友兰:《新原人》,见《三松堂全集》第四卷,第 496 页。

的话。"①冯友兰进一步从文法上进行了具体分疏。他指出《西铭》中关键性的字眼其实是两个代名词"吾"和"其"。"吾"是作为人类之一员的个人;"其"指乾坤、天地。这个前提代表一种对于宇宙的态度。从这个态度出发,就可见作为人类的一员的"吾",所做的道德的或不道德的事都与"其"有关,因此就有一种超道德的意义。所谓"超道德的意义"即超乎道德境界之上,即天地境界。仁人孝子作为社会成员,尽人职尽人伦,是道德的事;但他又作为宇宙成员,"事天诚身",所行之事不已于仁孝,尽天职尽天伦,故而又有超道德的意义。

冯友兰充分肯定和高度表彰《西铭》的历史地位:"此篇的真正底好处,在其从事天的观点,以看道德底事。如此看则道德底事,又有一种超道德底意义。由此方面说,就儒家说,这篇确是孟子以后底第一篇文章。因为孟子以后,汉唐儒家底人,未有讲到天地境界底。"②从宇宙和大全的角度看,人的行为都是事天的行为。在天地境界中的人不但觉解其是大全的一部分,而并且自同于大全。从收摄言,"万物皆备于我";从扩充言,"浑然与物同体","塞于天地之间"。天地境界在这两个方面都臻于极高明之境,谓之"合内外之道"。

宋志明对此指出:"在冯友兰新理学思想体系中,境界说乃是重要组成部分,新儒学思想特色也最为鲜明。冯友兰把人生意义建立在对大全的哲学信仰之上,找到一种在现代语境中弘扬儒学的方式。……现代人效法圣人,就可以建立高尚的意义世界,找到人生价值安顿之所,不必求助于任何宗教。冯友兰把儒学诠释为一种内在超越的精神生活方式,力求将其应用于现代社会生活,解决现代人价值迷失的问题,重新明确人生的意义及其归宿。"③

二、张岱年:人道主义的面向

张岱年先生对"万物一体"的精神境界持怀疑的态度,斥之为"神秘主义"。他评价张载所讲的"'民吾同胞',所以应该爱人。'物吾与也',所以也应该爱物。于是有大心体物之说……养成广大的心胸,以全世界为大我。这样他走向

①　冯友兰:《新原人》,见《三松堂全集》第四卷,第 506 页。
②　冯友兰:《新原人》,见《三松堂全集》第四卷,第 566 页。
③　宋志明:《从"照着讲"到"接着讲"——论冯友兰讲儒学的新思路》,载《社会科学战线》2015 年第 2 期。

了'万物一体'的神秘主义"①。他进一步指出："与万物为一体的神秘境界,实并未有了不得的价值。人生的理想应是人的实生活之趋于圆满,应是生活与世界之客观地改变,不应是内在的经验上的改变。"②

人生理想,古代称为人道。张岱年在《中国哲学大纲》中特意说明第二部分之第三篇旧版题为"人生至道论",后改为"人生理想论"。他指出中国哲学之中心部分是人生论,人生论之中心部分是人生理想论。人生理想论即关于人生最高准则的理论。

张岱年认为张载"民胞物与"思想为中国近古时代人道主义思想确立了理论基础。他指出："横渠《西铭》提出'民吾同胞,物吾与也'的名言,以人民为同胞兄弟,以万物为人类的同伴侪辈。……横渠'民吾同胞'正是孔门思想的发展。《西铭》又云:'凡天下疲癃残疾惸独鳏寡,皆吾兄弟之颠连而无告者也。'这更表述了'民吾同胞'的深切含义。所有人民,健康的、残疾的、孤苦的,都是兄弟,都应予以爱助。这可以称为古代的人道主义。我们现在宣扬社会主义的人道主义,对于古代人道主义应予以历史的地位。"③

正是基于古代人道主义的定性,张岱年对张载学说持深厚的同情,认为不应一概抹杀其思想价值。他指出,在北宋理学家中,第一个提出宏大崇伟的人生理想的就是张载。张载在宇宙论和人性论的基础上建立其人生理想论。"人生之最高原则,即泛爱所有之人,兼体所有之物,以达到天人内外合一无二之境界。"④

首先,这种人道主义的内容之一是博爱。《西铭》首先肯定人是天地所生成的,以比喻讲人生之道。以父喻天,以母喻地,以同胞兄弟喻人与人,以同类喻人与物之关系。他指出,张载实际上提出了古代人道主义的基本原则:"性者万物之一源,非有我之得私也。惟大人为能尽其道。是故立必俱立,知必周知,爱必兼爱,成不独成。"(《正蒙·诚明》)也就是说,大人就是能尽人道的人。立必"立己"而且"立人",知必"周万物而知",爱必爱己且兼爱别人,成必"成己"而且"成物"⑤。

---

① 张岱年:《张横渠的哲学》,见《张岱年全集》第五卷,河北人民出版社1996年版,第40页。
② 张岱年:《辟"万物一体"》,见《张岱年全集》第一卷,第82页。
③ 张岱年:《张载哲学的理论贡献》,载《宝鸡师院学报(哲学社会科学版)》1991年第4期。
④ 张岱年:《中国哲学大纲》,见《张岱年全集》第二卷,第367页。
⑤ 张岱年:《张横渠的哲学》,见《张岱年全集》第五卷,第40页。

其次,平等也是人道主义的题中应有之义。《西铭》还认为人人都是天地之子,君主是宗子即一切人的长兄。张岱年强调这种思想看起来平淡无奇,但和以前对于君主的观念比较起来,便显出其特异之处。在以前,唯有君主被认为天之子与民之父母。人民是不配作为天之子的,君主与人民不是平辈的兄弟关系。把人民都看成天之子,把君主看成人民的长兄。这是对于传统观念的修改,因而是传统君民观念的重大进步。①

再次,生死是人道主义需要解决的难题。《西铭》说"存吾顺事,没吾宁也",意为在活着的时候应积极有所作为,这样生命终结时无所恐惧,而以死为安息。张岱年认为这表明了宋明理学对于生死问题的基本观点,体现了儒家重视现实生活,不肯定灵魂不灭,否认所谓来世幸福的宗教信仰的基本特点,仍然贯穿了以"仁"为核心的人道主义的主题。

在他看来,孔子所讲的"仁"是一个崇高而切实的人生理想原则,既在历史上产生了重要影响,在今天亦有其时代价值。"仁"的观念蕴含着人的自觉。所谓"己欲立""己欲达"就是肯定个人的主体意识;所谓"而立人""而达人"就是承认别人的主体意识。"仁"要求人我兼顾,彼此互助,这应是人际关系的一个根本原则。由此他强调指出,中国传统文化有一个显著的特点,就是以"人"为中心,这是儒家的特点。因为儒学在中国文化中居于主导地位,所以也成为传统文化的特点。西方近代有所谓人文主义、人道主义、人本主义,有些学者也用这些名词称述中国的儒学。无论如何,如果说儒学以人为本位,还是应该承认的。所谓以人为本位即说以人为出发点,从人的问题出发,又以人的问题为归宿。儒家思想是人本主义,是古代的人道主义。②

归根结底,"中国哲学的最大贡献,在于生活准则论即人生理想论,而人生理想论之最大贡献是人我和谐之道之宣示"③。张岱年提出未来的新哲学不只是从西洋的最新潮流引介来,更须是从中国本来的传统中生出的,因此"今后哲学之一个新路,当是将唯物、理想、解析,综合于一"④,在马克思主义唯物论基础上吸收中国哲学的"仁"(人道主义)和西方哲学"逻辑解析",在内容上将现代唯物主义哲学和古代人道主义传统结合起来,在方法上将唯物辩证法和逻

① 张岱年:《张横渠的哲学》,见《张岱年全集》第五卷,第43—44页。
② 参见张岱年:《中国传统文化的形成演变及其发展规律》,见《张岱年全集》第六卷,第353页。
③ 张岱年:《中国哲学大纲》,《张岱年全集》第二卷,第616页。
④ 张岱年:《哲学上一个可能的综合》,见《张岱年全集》第一卷,第262页。

辑解析法结合起来,视之为未来新综合哲学的建构方向,诚属别具慧眼的真知灼见。

三、蒙培元:生态伦理的面向

张岱年看到了"物吾与也"命题所蕴含的生态思想的面向,例如,他指出人类与草木鸟兽共同生存于地球之上,如果不加选择地消灭了所有草木鸟兽,那么人类也将灭绝。现在人们多已认识到保持生态平衡的重要性了。[①] 遗憾的是,张先生并未详细阐释这一观点。冯友兰、张岱年的学生蒙培元先生深刻揭示了《西铭》中所蕴含的生态伦理的面向,是当下新拓展的时代课题。

生态问题是一个随着工业革命和环境危机才出现的现代性问题,还是自从人类进入文明社会以后就面临的问题呢?蒙培元认为是后者。他指出只要存在人与自然关系的问题,"如何解决人与自然的关系,其中就有生态问题,或者说得更明白一点,人与自然关系问题本身就是生态问题"[②]。

蒙培元强调:"张载直接从性命之学讲天人关系,而不是一般地讲所谓宇宙本体论哲学,而张载所说的性命之学本质上是一种德性学说。张载的德性之学不是建立在宗教神学之上的,也不是建立在纯粹自然主义之上的,而是建立在自然界的内在价值之上的。"[③]所谓自然界的内在价值是什么意思呢?质言之,自然界本身不仅是有价值的,而且有其内生性的价值。自然界的价值不是由人赋予的,也不是由超自然的绝对实体上帝赋予的,更不是由于人的需要才存在或被创造出来的,而是"本天之自然"的内在价值。所谓"与天地合其德"的主体,不是以认识自然、主宰自然、征服自然为目的的知性主体,而是以实现自然界的内在价值为目的的德性主体。

蒙培元具体解释道,乾坤就是天地自然界,只是更强调其作用、功能意义。而人则处于天地的中间,就如同幼小的孩子。"浑然中处"则说明人与天地自然界是不可分的,同处于一个无限的生命整体之中。"天地之塞"显然是指气而言的,"塞"是充塞之义,又有空间意义,充塞于天地之间的是物质性的气,气之凝结便成人成物,这是指形体而言的。这里所说的"体",是指形体。"天地

---

①　张岱年:《张载哲学的理论贡献》,载《宝鸡师院学报(哲学社会科学版)》1991 年第 4 期。
②　蒙培元:《人与自然——中国哲学生态观》,人民出版社 2004 年版,第 1 页。
③　蒙培元:《张载天人合一说的生态意义》,载《人文杂志》2002 年第 5 期。

之帅"则是指天德即性而言的,天地之性便是天地万物的统帅,此所谓统帅,是指生命价值而言的。以天德为吾人之性,就说明天地自然界是吾人的价值之源。总之,无论从吾人之形体生命还是从吾人之内在价值而言,都是由天地自然界赋予的。正是在这个意义上说,天地是吾人之父母。这是从本体宇宙论意义上说。① 因此,"在'生命相通'的意义上,人与万物是平等的。因为人与万物都是自然界的儿女,人民是我的同胞兄弟,而万物是我的朋友伴侣('民胞物与')"②。

　　蒙培元反思,西方哲学提倡科学理性(认识理性),而中国哲学提倡情感理性,构成了中西哲学的一个重要区别。所谓科学理性,是以科学认识与方法为特征的理性,"求真"是它的根本精神,知识具有最高价值。但是,进入现代社会以后,这种科学理性精神已经工具化为技术理性。科学本身不再是目的,而是以满足人的欲望为目的,即工具理性。中国哲学所说的情感,是指人类共同的、具有道德意义的情感。……真正说来,情感理性是一种价值理性,因为价值正是由情感需要决定的。只有承认人类有共同的情感(同情心就是最重要的人类情感),才能建立起来共同的或普遍的价值理性。③

　　更为重要的是,中国的情感理性不仅在人与人之间建立起普遍的伦理关系,而且在人与自然之间搭建起伦理关系,自然界成为人类伦理面对的重要对象,人类对自然界有伦理义务和责任,而这种义务和责任,是出于人的内在的情感需要,成为人生的根本目的。④ 张载提出"天地之礼"的概念,将原本处理人与人之间关系的"礼"转至人与天地之间搭建起伦理关系,"'礼即天地之德',所以对待自然万物也要'以礼性之'(《正蒙·至当》),那么维护'天地之礼',当然就是履行天地的仁德,实现自然界的价值"⑤。

　　儒家为什么要提倡"仁民而爱物"(孟子语)"民吾同胞物吾与"(张载语)呢?因为在"生"即生命的意义上,人与物都是值得尊重的。"仁民"是仁的发用,"爱物"也是仁的发用,差异性并不妨碍仁的普遍性。这里所说的普遍性,显然已经突破了人类的界限,扩大到一切生命之物。"现代的深层生态学,也

---

① 参见蒙培元:《人与自然——中国哲学生态观》,第278页。
② 蒙培元:《人与自然——中国哲学生态观》,第19页。
③ 蒙培元:《人与自然——中国哲学生态观》,第22页。
④ 蒙培元:《人与自然——中国哲学生态观》,第22页。
⑤ 许宁:《物与之道——张载关学的生态哲学意蕴》,载《陕西师范大学学报(哲学社会科学版)》2010年第2期。

是从这个意义上承认动植物的生存权利的。这是哲学层面上的生态学。"①儒家的仁爱是目的性的,不是工具性的。不仅仅是为了人类自身的利益,而且是尊重万物自身的价值与生存权利。这就是"尽性""成性"之学,也是"体物"之学的精神所在。"人之所以为人之性,就在于'体万物'而无所遗,就在于对万物实行仁爱。这种宇宙关怀,实际上是生态哲学最伟大的精神遗产。"②

在蒙培元看来,与西方哲学传统相比,中国哲学绝不是离开自然而谈论人文,更不是在人与自然的对立中形成所谓人文传统,恰恰相反,中国哲学是在人与自然的和谐统一中发展出人文精神。中国哲学并不宣布"为自然立法",而是主张"为天地立心"。蒙培元在《西铭》的生态伦理面向中发现了中国哲学的特质,提出了中国哲学是深层生态学的创见。"在人与自然之间有一种内在的统一关系,这是中国哲学'天人合一论'的最核心的内容。一方面,'天地以生物为心';另一方面,'人为天地立心'。这种人与自然之间的互动的双向关系,构成人与自然之间的最基本的价值关系,即互为主体的关系,从而从根本上维持了生态系统的有序化的自然平衡。这就是我所说的'深层生态学'。"③即中国哲学不是科学层面上的生态学,而是哲学、宗教层面上的生态学。由于它具有强烈的人文精神,又可称之为人文主义生态学。

综上所述,冯友兰、张岱年、蒙培元初步探讨了《西铭》现代诠释中所包含的三个面向,其中冯友兰所展开的精神境界面向指涉个体生命对宇宙人生的觉解和意义,并从其境界说诠释了《西铭》的天地境界内涵;张岱年所展开的人道主义面向突出了社会生活中的人际关系,进而分析了古代人道主义的博爱、平等、生死等观念,提倡建构唯物、理想、解析综合于一体的新哲学体系;蒙培元所展开的生态伦理面向则彰显了人与自然的关系,认为中国哲学基于价值理性在人与自然之间搭建起伦理关系,因而是一种深层生态学。作为哲学家的个性化研究可能带有一定的偶然性,但从哲学史的发展进程看,《西铭》文本的时代诠释却带有逻辑上的必然性,对于张载哲学思想的深度解读无疑具有重要的启示意义。

(作者工作单位为陕西师范大学哲学系)

---

① 蒙培元:《人与自然——中国哲学生态观》,第425页。
② 蒙培元:《人与自然——中国哲学生态观》,第293页。
③ 蒙培元:《人与自然——中国哲学生态观》,第429页。

孔子家国情怀的现代价值

孔宪章　　史振卿

　　泱泱大国,中华五千年历史,史书万卷,字里行间总少不了"家国"二字。无论是孔子的论语,还是《大学》有云:"古之欲明明德于天下者,先治其国;欲治其国者,先齐其家;欲齐其家者,先修其身。"这段论述将国家、社会、家庭和个人整合并连成一个密不可分的有机整体,奠定了国人修身、齐家、治国、平天下的道德理想和行为准则。中国社会以家庭为中心的文化衍生出了自己的一整套文化体系、思维体系和生活方式——"家国情怀"。面对互联网现代化社会,民众的快节奏生活、现代化生活,使得普通民众似乎已经变得健忘,以至于许多人忘记了先辈们一代代传授下来的优秀传统文化,甚至有些极端人士认为传统文化已经彻底失去了价值,所以本文要重点讲述孔子的家国情怀的现代价值,我们迫切需要告诉大家,传统国学文化依旧具有魅力。

一、孔子家国情怀思想的确立

(一)何谓家国情怀

　　说到家国情怀,当然应从"家"说起,作者本人在外地上大学,每逢佳节倍思亲,春节返家虽艰难,但甚为兴奋。关于"家",《说文解字》曰:"居也。"关于"国(國)",则曰:"邦也。"关于"家国",《史记·周本纪》载武王讨伐殷纣王曰:"今殷王纣维妇人言是用,自弃其先祖肆祀不答,昏弃其家国,遗其王父母弟不用,乃维四方之多罪逋逃是崇是长,是信是使,俾暴虐于百姓,以奸宄于商国。""情怀"是一种感情,一种心境,一种认同感和归属感。字义而言,"家国情怀"即一人对国、对家的一种思想心境。父母给予我们家庭教育时,总强调家是第一位,正所谓"家国情怀""家国天下"。故告诫,关注"小家",勿忘"大家","小家"是我们的普通家庭,"大家"则是我们伟大的祖国;而我们在建设"大国"的时候,不要忘了还有温暖的"小国"之家。

家国情怀实际上是齐家治国情怀,要将"家"和"国"两个维度结合起来,儒家学者的家国情怀即"修身齐家治国平天下",《论语·宪问》中"修己以安百姓,尧舜其犹病诸"的语句,就是对这种精神的经典概括。"修齐治平",须先提升自身修养,方可治理好国家,以达安抚天下百姓苍生之意。众所周知,个人修养与社会良知、社会担当和社会责任三者紧紧相连,在治理国家中的重要性不言而喻。家国情怀通过家与国的结合,提倡个人道德自律与国家治理的结合,个人价值与社会价值的结合,这为读书人树立了明确的理想追求,从而使自我道德约束与个人奉献社会的理想追求有机融合在一起。

总而言之,家国情怀是以孔子为代表的儒家学者历经风雨所得出的家国思想理论,透析着"齐家"与"治国"的家国同构,即家与国都属于同一框架,在此"家国同构"框架内,人人都有责任和担当去解决一切问题,正所谓"家国天下",先齐家而后安国。

(二)确立家国教育

孔子是中国伟大的思想家、教育家,春秋时期的鲁国人。生于贵族血统家庭,他的家教中非常重视礼仪,其父逝世后,家境陷入贫困,因此孔子较早出外谋生并知晓多种技能,孔子从教与从政中,提出多种教育理念与治国理念。他曾任职底层的仓库管理员与畜牧管理员,正如孔子自言:"吾少也贱,故多能鄙事。"他深刻了解底层人民的愿望和要求,年少努力,30 岁左右终于迎来了人生第一个转折点。公元前 522 年,他正式招生办私学,教育生涯由此开始。在此期间,除教学时间外,其余时间游学于各地,并整理编写出《诗》《书》《礼》《乐》等一系列教材。第二个转折点在公元前 501 年,孔子大约 40 岁左右,这一年,孔子经过努力形成了自己的学说,并吸纳了大量学生,创立了儒家学派。儒家学派的创立对鲁国政治产生了重大影响,逐渐得到鲁定公的赏识。约 50 岁时,鲁定公任命孔子为中都宰,孔子政绩颇佳,由此便一直升至管理司法事务的司寇,且参与三个月的国政,最终因与执政者季桓子政见不合而离职,其学生也随之而离。68 岁时孔子被鲁国返聘,被尊称为国老,虽已年迈,仍招生讲学,完成多部文献的工作。面对王道衰微和礼崩乐坏,加上孔子个人一生为官不得志,且家族没落,故他极其怀念西周盛世,致力于按理想中的周礼重建社会道德规范,创立儒家学派。孔子及其门人与时俱进,基于西周家国治理模式,系统阐释了"家国一体"思想,促使该思想逐渐走向成熟,成为儒家学派中影响最为深远的思想之一。

1. 修身教育

孔子作为一个教育家,他在招收学生前,要考察学生的思想品德。在他看来,人经过学习,要向君子人格靠拢。有子在后来回顾孔子的话时说道:"信近于义,言可复也。恭近于礼,远耻辱也。因不失其亲,亦可宗也。"再例如,子曰:"君子食无求饱,居无求安,敏于事而慎于言,就有道而正焉,可谓好学也已。"在修身教育中,孔子以"礼"为道德规范,以"仁"为最高道德准则,故形成"仁""礼"结合之势,在他看来,"不学礼,无以立"。孔子对君子的看法是,好学,勤劳朴素,仪表端正,言而有信。君子做事勤奋而不求回报,不对食居环境有过多要求,且常去请教有道之人,完善自身人格、品行,以成为一个可靠的君子。

值得注意的是,孔子家国思想皆不离"孝",在遵循孝的体系思想下,"仁"是核心,以此为中心的"孝、忠、恕、义、直、恭、宽、信、敏、惠"等德目,都是孔子仁学思想体系的有机组成部分。孔子认为"孝"与"礼""乐"相辅相成,是治国安邦的良方。孔子孝思想中,实质上涵盖着"家国同构","孝""忠"结合的理念。例如,季康子问:"使民敬、忠以劝,如之何?"子曰:"临之以庄,则敬,孝慈,则忠;举善而教不能,则劝。"孔子教导季康子对待民事要严肃认真,人民对待你的政令也会严肃认真的;你孝顺父母,慈爱幼小,人民也会对你尽心竭力;国君需提拔好人,教育能力弱的人,他们也就会劝勉了。此言即告诫国君,"其身正,不令而行;其身不正,虽令不从"。不修身养性,不能诚心诚意,不仅无法治国平天下,甚至连齐家也不可能做到。

2. 齐家教育

子曰:"甚哀吾衰也,久矣吾不复梦见周公。"孔子认为自己精神衰老的原因是因为长时间未梦见周公,周公是孔子心目中最敬佩的古代圣人之一。根据儒学之描述,周公和曾子乃圣贤人格之典范。孔子努力推广儒学教育,充分将儒学道德功能最大化,以此进行齐家治国。孔子的家情怀涵盖着"仁""智""忠""孝"德行观念,确立"父子有亲,君臣有义,夫妇有别,长幼有序,朋友有信"的伦理原则,父子有亲情,国君与臣子之间有情谊,夫妻之间有所区别,年长与年幼者得有主次之分,朋友之间要有信任。比如说,在饭桌上,小孩要等老人动筷子后,才可以动筷子,此为家庭基础教育,也可体现儒家家教思想对日后中国家庭教育产生重大影响。

《论语》中,子夏曰:"贤贤易色;事父母,能竭其力;事君,能致其身;与朋友交,言而有信。虽曰未学,吾必谓之学矣。"子夏在总结孔子的名言,对妻子要重品德,侍奉爹娘要尽心尽力,服侍君主要能豁出生命,与朋友交往要诚信。子曰:"弟子,入则孝,出则悌,谨而言,泛爱众,而亲仁。行有余力,则以学文。"孔子认为小孩在父母跟前就要孝顺;离开家后便敬爱兄长;言语须谨慎,说话要诚实可信,行为是博爱大众,亲近有仁德的人,以此躬行实践后,有剩余力量,就再去学习文献。除此之外,儒家教导大家不可忘本,曾子曰:"慎终,追远,民德归厚矣。"

《论语》言"四海之内皆兄弟",《礼记》言"以天下为一家"。孔子认为,仁德教育能更好地把握家庭与家庭之间关系、家庭与国家之关系。孔子对家庭仁德教育极其重视,子曰:"少若成天性,习惯之为常。"在孔子看来,人一生之长远发展,少儿时期家庭教育尤为关键。孔子主张"里仁为美",强调家庭居住环境的重要性。只有给小孩一种正能量的环境熏陶,注重"德""礼""仁""义""信"的儒家核心教育,对培育家国情怀尤为重要。齐家必备的是仁德的培养,家庭中存在亲情感情因素,易形成孝悌道德观念,孔子学生有若在总结孔子的话时说道:"其为人也孝悌,而好犯上者,鲜矣;不好犯上,而好作乱者,未之有也。君子务本。本立而道生。孝弟者也,其为人之本与。"意即人之为人,孝顺爹娘,敬爱兄长,此为"仁"之基础。

3. 治国教育

孔子心胸宽广,具有坚定治国教育信念。子贡问政于孔子:"一个国家要想安定、政治平稳,需要做到什么?"孔子回答,只需三点:"足兵,足食,民信矣。"意即,第一,国力强大,必须有足够军事力量;第二,百姓要丰衣足食;第三,老百姓要信任国家(政府),并要有信仰。

孔子认为,从家庭到国家,从道德教化到典章制度、社会生活秩序,皆由礼建构而成,称之为"为国以礼"。孔子坚持"齐之以礼",表明礼作为治国工具作用重于法,儒家所说的法指的是刑罚,是对罪恶的惩罚性回应。礼相对于刑法而言,可从心理和观念上打造一个人。孔子在治国教育方面,信任伦理自觉和道德自觉,注重德礼并用。

孔子反对暴政。他继承了西周"敬德保民"的治国思想,故有"为政以德"之名言。他主张依靠人实行德政,国君便会受到天下臣民之爱戴。他着重培养德才兼备的君子成为政治人物,积极向国君推荐有德有才的学生担任政治职务。

4. 家国结合

《论语》载:"子曰:小子何莫学夫诗? 诗可以兴,可以观,可以群,可以怨。迩之事父,远之事君,多识于鸟兽草木之名。"可为什么一定要学诗呢? 因为读《诗》能学习先辈们如何教导人们处理家庭、社会和国家关系的原则,能够成孝敬,厚人伦,美教化。实质上,孔子提倡的是,大家都需要学习先辈们留下的丰富齐家治国经验。齐家方面,要学会处理家庭关系,维护家庭团结。治国方面,要以德为政,用道德来治理国家,维系好政府与民众的关系。现代社会中,有部分人宣称古代诗歌已无现代价值,理应弃之。对此,中国国家主席习近平于2014 年 9 月 9 日视察北京师范大学时表示:"我很不赞成把古代经典诗词和散文从课本中去掉。"习主席关注到了现代人缺乏对传统优秀文化的认识,急需补充此方面知识。

孔子认为,事父应孝,事君应忠。正如子夏所说:"事父母能竭其力,事君能致其身。"在家尽孝,在朝尽忠。孝与忠两者之本质相同,孝乃基础,忠乃孝之升华。忠孝思想,进一步确立了儒学"家国同构"思想。家国情怀,起源于孔子所阐述的"孝",孝思想在孔子儒学中占据了重要的地位,正是因为有孔子的儒家思想,以及儒家思想"孝"的一脉相承,才使中华文明得以连续地传承。孔子将"孝"确立为其伦理思想的根本,运用自身所具有的智慧来支持春秋战国时期的社会变革。孔子说自己"信而好古""如有用我者,吾其为东周乎"。为稳定社会,孔子提出"仁者爱人",将"爱人"作为处理人伦关系最高的道德准则。他渴望以"礼"来维护社会的安定与人民之间的团结,维护既定的人伦关系并以此来保障整个社会的正常运转。而其思想的内核,还是以宗族血缘关系为基础,以亲情心理为动力的"孝"。

孔子强调要运用教育作为施政的基本手段达到治国德政的目的,主张实行利民德政,反对害民苛政。子曰:"道之以政,齐之以刑,民免而无耻;道之以德,齐之以礼,有耻且格。"孔子提倡国君应以道德诱导民众,要用礼仪教育以整顿社会风俗,以此人民便会产生廉耻之心。孔子认为只有国君遵循"孝""礼""德"等儒家核心教育思想,人民才会忠于国君,才会忠诚于国君领导的国家。

孔子的家国情怀思想可概括为,爱家爱国,家国天下,家国同构,从爱自己身边的人起,再扩大到爱全人类,同时修身养性,不断完善自己的人格,改正自身缺点,修身治国齐家平天下。

二、孔子家国思想的现代价值

近年来,中国社会正努力实现社会和体制的双重转型,即由传统社会向现代社会,由计划经济体制向市场经济体制的转型。这种转型预示着传统家国情怀继续面临着巨大的挑战,这将直接导致传统的家国情怀、传统的文化价值观体系以及价值功效作用的发挥等面临着重塑的艰巨任务。

对此,中国国家主席习近平在出席孔子诞辰 2565 周年国际学术研讨会暨国际儒学联合会第五届会员大会开幕会上,充分肯定了儒家思想对中国、对全世界和平与发展做出的重要贡献,这说明了儒家思想具有重要的现代价值。那么,儒家家国情怀的现代价值究竟在哪些方面可以发挥作用呢?

(一)有利于提升国民道德素质

近年来,频频发生的食品安全问题,引起国家顶层的高度重视,为进一步提升国民道德素质,习近平特别强调,儒家思想"注重发挥文以化人的教化功能,把对个人、社会的教化同对国家的治理结合起来",是中华民族生生不息、发展壮大的重要滋养。

孔子若到了现代,或许他是一个地地道道的食品安全专家。在《论语·乡党》篇中有这样的记载:"食不厌精,脍不厌细。食饐而餲,鱼馁而肉败,不食。色恶,不食。臭恶,不食。失饪,不食。不时,不食。割不正,不食。不得其酱,不食。肉虽多,不使胜食气。惟酒无量,不及乱。沽酒市脯不食。不撤姜食,不多食。"把这段话翻译成今白话文即:粮食不嫌舂得精,鱼和肉不嫌切得细。粮食陈旧和变味了,鱼和肉腐烂了,都不吃。食物的颜色变了,不吃。气味变了,不吃。烹调不当,不吃。不是新的东西,不吃。肉切得不方正,不吃。佐料放得不适当,不吃。席上的肉虽多,但吃的量不超过米面的量。只有酒没有限制,但不喝醉。从市上买来的肉干和酒,不吃。每餐必须有姜,但也不多吃。

孔子这句话虽简单,若细读,会发现此话完全适用于当下的食品道德问题,无处不含家国情怀之心也。孔子在 2000 多年前对食品安全已有独特见解。现在众多无良企业生产的问题食品,变味的,变色的,多配料的,比比皆是。"民以食为天"，孔子注重饮食和保健，强调食是满足人生存的基本道理，不可出错。而反观现代，部分食品企业为了节省成本，生产诸多问题食品。比如2008年的三鹿奶粉事件，2011年的台湾昱伸公司"塑化剂案"以及众多毒食品案，都暴露出了当代许多食品企业的道德问题。企业未来人才培养主要是集中在年轻人身上，当代青年需要深刻认识孔子的家国思想，否则他们还将会效仿现在的非诚信企业人，为了节省成本，而不惜牺牲公众的利益。食品安全关乎国民道德，中国的食品安全、知识产权等等一系列问题长期被国内外人士所诟病，归根结底是人的道德问题。

孔子强调"君子义以为上""见利思义"，孟子在继承孔子家国学说中拓展："何必曰利，亦有仁义而已矣。"孔子教导人们"义"大于"利"，现在许多人，许多生产企业，一味"向钱看"，这不是"缺钱"，而是"缺德"。孔子的家国思想对现代人的启发主要在于，第一，注重文以化人，德礼并重，要积极追求"君子人格"。孔子主张君子要明大德、守公德、严私德，君子要德才兼备，要明辨是非，要恪守礼义廉耻的古训，要有仁爱之德。君子的言行特别重要，君子需"义以为质""行己有耻"，信奉"己所不欲，勿施于人""己欲立而立人，己欲达而达人"，切忌不择手段谋取私利。第二，追求社会道义，弘扬家国情怀，要敢于"社会担当"。儒家主张"修身、齐家、治国、平天下"，实际上体现了一种君子的人格担当和家国情怀，当代青年应更多地承担起继承孔子儒家家国情怀思想的责任，提高自身修养，做于家于国都有用的人。第三，立足道德实践，强调主体修养，要笃实力行，追求"生命境界"。新一代青年需努力践行社会主义核心价值观，形成正确的世界观、人生观和价值观。

作者认为，人们应该善于从周围生活环境中吸取优秀思想，更应该养成良好的读书习惯。进入互联网时代，民众对网络上一些缺乏道德的谣言相当反感，这就要求公民在互联网时代中自身要具备"德"意识，应主动积极传播儒家道德意识，将有悖于道德的言论逐出互联网公众视线。政府应当加大对儒学"德"的网络宣传教育，加大孔子家国思想的教育力度，以提高国民道德素质，提升现代中国大国文化内涵。

（二）有利于传播优秀中华文化

2014年3月，为贯彻落实党的十八届三中全会关于完善中华优秀传统文化教育的精神，落实立德树人这一根本任务，进一步加强新形势下中华优秀传统文化教育,教育部制定了《完善中华优秀传统文化教育指导纲要》(以下简称《纲要》),《纲要》对加强家国情怀教育,提出了"天下兴亡,匹夫有责""仁爱共济,立己达人""正心笃志,崇德弘毅"等具体要求。习近平主席所提出的"中国梦",是孔子家国情怀现代价值的最佳体现,"中国梦"是全体中华儿女共同的梦想,是国家的梦,也是个人的梦。

近年来,外国游客前来中国旅游人数增多。与此同时,外国人对中国的文化认可程度也在逐年上升,全体国民应携起手来,借助信息化网络工具,向世界讲述中国故事,展现中国儒家文化的无穷魅力,为实现中华民族伟大复兴而努力奋斗。

结语

孔子的家国情怀,是经过历朝历代的发展演变,以及儒学到儒术的转变,进一步在国家政治、道德、文化等多个方面发挥作用的优秀文化。

现代的家国情怀主要表现为中国全体国民具有现代思维的忧患意识、担当精神和爱国情感。而在互联网时代,应加强公民个人网络自律,努力做到"穷则独善其身,达则兼济天下"。

习近平主席在参观《复兴之路》展览时有一经典而平实的概括:"历史告诉我们,每个人的前途命运都与国家和民族的前途命运紧密相连。国家好,民族好,大家才会好。"先有家,后有国,家国天下。我们每个人都要牢固树立家国情怀,心有家国,胸怀天下。只有这样,才能无愧于历史,无愧于我们这个伟大的时代。

(作者分别为海南省孔子学会顾问,海南省孔子学会会长)

参考文献:

1.杨清虎.家国情怀的内涵与现代价值[J].兵团党校学报,2016(3).

2.崔大华.儒家的现代命运.[M].北京:人民出版社,2011.

3.杨伯峻.论语译注[M].北京:中华书局,2012.

4.陈来.中华文明的核心价值[M].北京:三联书店,2015.

5.韩飞.家国情怀教育的实践与思考[J].理论探讨,2015(3).

6.林国茜.传统孝道的历史演变与现代价值[D].2006,福建师范大学硕士论文.

7.孔令利.传统孝道及其现代影响[D].2012,内蒙古科技大学硕士学位论文.

8.王利明.读书人的家国情怀[J].财经法学,2016(2).

9.刘紫春.家国情怀的传承与重构[J].江西社会科学,2015(7).

10.张斌.家国情怀的当代培育[J].江苏理工学院学报,2016(21).

11.康娜.孔子孝思想及其现代价值研究[D].2008,山东大学硕士论文.

12.刘利新.孔子的教育哲学思想及其现代价值[D].2008,山东大学硕士学位论文.

13.叶豪芳.孔子君子道德理想人格思想及其现代价值[D].2010,云南大学硕士学位论文.

14.黄伟.论当代道德建构及其儒家形而上的基础地位[J].重庆大学学报,2016.

15.李建.儒家"仁礼合一"传统与中华优秀传统文化教育[D].2015,南昌大学硕士论文.

16.刘华荣.儒家教化思想研究[D].2014,兰州大学博士学位论文.

17.沈小勇.儒家人文思想与当代青年核心价值观教育[J].青年学报,2015(4).

18.薛晓萍.先秦儒家道德价值思想及其现代启示研究[D].2015,河北师范大学博士学位论文.

19.陈来.孔夫子与现代世界.[M].北京:北京大学出版社,2011.

20.孙培青.中国教育史(第三版)[M].上海:华东师范大学出版社,2014.

21.吴霁霁.孔子文化走向世界问题研究[D].2014,山东曲阜师范大学博士论文.

22.王伟.当代中国食品安全领域的道德建设研究[D].2015,江西师范大学博士学位论文.

23.冯文全.论孟子对孔子德育思想的传承与弘扬[J].教育研究,2013(1).

24.司马云杰.中国礼教的现代性[M].北京:华夏出版社,2014.

25.王余光.张舜徽先生的心理定力[N].中华读书报,2011(10).

26.徐国明.儒家文化的现代应用:以边检工作为例[M].北京:中央编译出版社,2014.

27.朱绍侯 齐涛 王育济.中国古代史(第五版)[M].福州:福建人民出版社,2015.

28.于丹.论语心得[M].北京:中华书局,2006.

29.陈清华.孔子为什么这样红[M].北京:线装书局,2009.

30.李长泰.天地人和:儒家君子思想研究[M].北京:人民出版社,2012.

31.习近平.在纪念孔子诞辰2565周年国际学术研讨会上的讲话[N].新华社,2014.

孔子仁论的诠释向度及其现代启示

张 波

孔子仁论既是对以往文化的继承,也存在着人文性创新。就前者而言,虽然仁字出现较晚,即"不见于《尚书》之《虞书》《夏书》《诗经》之三'颂'与《周易》经文"①,更不见于较早的甲骨或金文中,但是在孔子以前或同时期的东周已经有个别文献谈及仁。仅以《左传》为例,"仁"字出现 33 次,当然并不作为一个重要的哲学范畴,如载"不背本,仁也"(《左传》成公九年(前 582 年)),"《诗》曰:'柔亦不茹,刚亦不吐。不侮矜寡,不畏强御',唯仁者能之"(《左传》定公四年)、"小所以事大,信也;大所以保小,仁也"(《左传》哀公七年(前 488 年))等。如何理解这些言论中的"仁"?似乎如学者所认为的那样,"按照最初的用法,'仁'指某种雄性或阳性的品格,特别指君王所具有的此类品格"②。但是,《左传》又载"恤民为德,正直为正,正曲为直,参和为仁"(《左传》襄公七年(前 566 年))一语,故又有学者揭示仁还"表达了一种兼综不偏,贵中尚和的意义"③。事实上,如《左传》所论,孔子同时或之前的典籍中的"仁"尚不具有丰富且系统化的内涵。然而,在孔子那里,不仅将仁作为思想的核心,而且进行了诸多创造性阐发,其内涵不仅丰富,而且具有系统化。以下拟揭示孔子仁论的诠释向度及其现代启示。

一

如上所述,今天我们通过春秋时期的典籍很难系统地揭示孔子时期或之前"仁"的内涵,基于此,我们虽然能察觉甚至指出孔子仁论受以往某些言论的影

---

① [美]陈荣捷编著:《中国哲学文献选编》,江苏教育出版社 2006 年版,第 50 页。
② [新加坡]赖蕴慧:《剑桥中国哲学导论》,世界图书出版社 2013 年版,第 20 页。
③ 陈来:《仁学本体论》,三联书店 2014 年版,第 103 页。

响,但是无法揭示孔子在何种程度上接受或选择以往仁论思想。换言之,从根本处揭示孔子仁论,我们不能继续停留在《左传》《诗经》等文献上,而是有必要从更深远的仁的本质内涵上寻找其中对孔子的启发,尤其是探索孔子阐发仁论的诠释向度。

在以往疏释仁字时,往往根据《说文解字·人部》"仁,亲也,从人从二。忎,古文仁,从千心作。外'尸'内'二',古文仁,或从尸",往往将忎、𡰥看作"仁"的古文异体字,专注于"从人从二"解释,如徐铉说"仁者兼爱,故从二"(许慎撰、徐铉增释《说文解字》卷八上,文渊阁四库全书本),徐锴说"仁者,人也,人之行也;仁者,亲也;仁者,兼爱:故于文人二为仁"(徐锴《说文系传》卷33,文渊阁四库全书本),段玉裁说"'从人二',会意。《中庸》曰:'仁者,人也。'注:'人也,读如相人偶之人。以人意相存问之言。'……按:'人耦'犹言尔我亲密之词,独则无耦,耦则相亲,故其字从人二"(段玉裁《说文解字段注》,成都古籍书店,1981 年,第 387 页),均将仁字看成会意字,表示人与人之间的亲爱。换言之,这类理解侧重从人际关系中考察仁为"亲爱"的情感因素或道德品性,这也成为了后世考察孔子仁论的滥觞。然而,1993 年在湖北省荆门郭店出土的竹简中出现了六十多个仁字,学界在识读时或识作"㥁",或识成"忎",或识作"忈",而以"㥁"字居多①,这虽反映了当前学界在解读仁字出现多种歧说,但至少揭示出在古文字中仁字最典型最主要的特点应是"从身从心"。如果按照庞朴、梁涛等人的看法"忎"为"㥁"的变形,及廖名春认为的"㥁"字当作"忈",那么,我们可以推测,历史上的仁字至少包括两种诠释维度,即"从身从心"和《说文》"从人从二"。前者强调的是身心关系,后者强调的是人我关系。② 身心问题指向的是主观的实践,即成己之道;人我问题指向的是客观的

---

① 关于郭店简仁字的识别与考辨,学界多有歧说,可参见庞朴《"仁"字臆断—从出土文献看仁字古文和仁爱思想》,载《寻根》2011 年第 1 期;白奚《"仁"字古文考辨》,载《中国哲学史》2000 在第 3 期;廖名春《"仁"字探源》,载《中国学术》2001 年第 8 辑;梁涛《郭店竹简与思孟学派》第 2 章,中国人民大学出版社 2008 年版;刘钊《郭店楚简校释》,福建人民出版社 2003 版;刘宝俊《郭店楚简"仁"字三形的构形理据》,载《中南民族大学学报》2005 年第 5 期;刘翔《中国传统价值观诠释学》,上海三联书店 1996 版等。

② 愚陋目所及,在查阅资料,印证所思时,仅见梁涛先生有类似的看法,其论"'仁'除了'从人从二'外,还有'从身从心'的构形,兼有'人/我'和'心/身'的双重维度,孔子仁学正是从这一传统而来,包含了'成己'和'爱人'两个方面"(见氏著《郭店竹简与思孟学派》,第 68 页)。本文虽与立论同,但已不是简单从'成己'与'爱人'阐述,某些看法亦有差异。

实践,即成人或成物之道。事实上,由仁字本义启发的双重理解维度是符合孔子学说的,即从身心关系论仁与人我关系论仁。以下拟分而述之。

二

根据上述所揭示的孔子仁论的诠释向度,具体可以从以下两个方面加以阐述:

(一)从身心关系论仁

这种思致强调的是个体通过自觉的道德追求,体证作为人类本性之仁。换句话说,在这种意义上的仁是一种价值实体(仁体),既内在又超越于包括人在内的宇宙万物,支配着宇宙万物各种性命,大化流行。孔子之时,周文之所以疲敝就在于丧失了这种内在的本质,徒有形式。据此而言,由身心关系而来的仁,一方面本诸于生命体验,强调道德主体的自觉,即"自觉性之仁";另一方面也被视为宇宙间一切价值的来源和公正境界,具有了普遍性的意义,即"普遍性之仁"。"自觉性之仁"与"普遍性之仁",在《论语》中都得到充分的展现:

1. 自觉性之仁

作为天赋的本体之仁,体现生命最内在的本质,它的呈现必须通过人作为道德主体的自觉,即"为仁由己"。孔子说:"民之于仁也,甚于水火。水火,吾见蹈而死者矣,未见蹈仁而死者也。"(《论语·卫灵公篇》34)钱穆认为,"此章勉人为仁语。人生有赖于仁,尤甚于其赖水火"(钱穆:《论语新解》,三联书店版 2002 年,第 421 页)。仁是生命的原则,决定生命的方向,当然在生活中是高于水火,不可或缺,所谓的"蹈仁"不过是成就自己,实践生命原则。

如何蹈仁,呈现天赋仁体? 在孔子看来,必须经过主体自觉。孔子说:"克己复礼为仁。一日克己复礼,天下归仁焉。为仁由己,而由人乎哉?"(《论语·颜渊篇》1)约束自己实为去掉人性中的气质欲望,成就自己。据此而论,"克己"是消极地阐发挺立道德的主体性,而"为仁由己"则属于正面的阐发。

孔子又说:"仁远乎哉! 我欲仁,斯仁至矣。"(《论语·述而篇》29)朱子释之说:"仁者,心之德,非在外也。放而不求,故有以为远者;反而求之,则即此而在矣,夫岂远哉? 程子曰:'为仁由己,欲之则至,何远之有?'"(朱熹:《四书章句集注》,中华书局1983年版,第100页)朱子所释,指引人们往本心处求仁,此所求之仁必然是本体之仁。值得注意的是,在宋儒二程、朱子处虽多以体用言仁,但这种理解未必完全是过度诠释。孔子的用意在于通过人的主体意识觉醒,引导人们去体证仁体,发现仁的价值意义。据此看,在《论语》中孔子"苟志于仁矣,无恶也"(《论语·里仁篇》4)"人而不仁如礼何!人而不仁如乐何"(《论语·八佾篇》3)等诸多言论,均是包涵上述用意。

2. 普遍性之仁

因为人作为道德主体自觉向外呈现仁体,落实到现实中必然是具有普遍性之仁。孔子主要侧重两个方面论述:

其一,仁作为公正境界。孔子说:"唯仁者能好人,能恶人。"(《里仁篇》3)朱子释云:"盖无私心,然后好恶当于理,程子所谓'得其公正'是也。游氏曰:'好善而恶恶,天下之同情,然人每失其正者,心有所系而不能自克也。惟仁者无私心,所以能好恶也。'"显然,在朱子看来,孔子此语是对仁者与不仁者境界的判定:不仁者,心多私欲,受个人的好恶牵绊,不能在价值判断上持有公正;而仁者秉持公正之心,以理行事,自然能好恶。可见,在价值判断上,仁者与不仁者区别在于是秉持公心,还是秉持私心。孔子又说:"苟志于仁矣,无恶也。"(《里仁篇》4)此处"恶"为"善恶"之恶。仁者秉持公正,依循理则,必然超越罪恶,即便如上章所言"能恶人",亦不过是促其自新为善。据上述而言,在孔子看来,仁者必定是大公无私之人,因其公正故能超越善恶,也能依理对待善恶。

其二,仁作为普遍存在的道德。仁体作为价值根源,也决定了仁德被视为一种普遍的道德。如何阐发这种普遍的道德?在不同的实践情境中,当个体体证仁的存在时,仁又作为一种具体的德目存在。换言之,普遍存在的仁德寓于具体实践中,即具体德目,在《论语》中,由于孔子采取因材施教、随机传教的方式,出现了大量阐述仁的具体德目。如"人而不仁如礼何!人而不仁如乐何"(《论语·八佾篇》3),即仁兼摄了礼乐义;"仁者必有勇,勇者不必有仁"(《论语·宪问篇》5),即仁兼摄了勇;子张问仁,孔子说:"能行五者于天下,为仁矣",并言"五者"为"恭、宽、信、敏、惠"(《论语·阳货》6),即仁兼摄恭宽信敏惠诸德;"子曰:'知者不惑,仁者不忧,勇者不惧。'"(《论语·子罕篇》28)即仁与知勇并为一德;"子曰:'刚、毅、木、讷近仁'(《论语·子路篇》27)似乎仁又兼摄刚毅木讷,等等。在孔子看来,普遍的仁德落实到生活的具体情境中呈现其特殊性,即通过一个或几个德目来展现,只有这样才能确证仁德作为普遍性的存在。值得注意的是,在宋儒程颐、朱子处阐发仁时,以仁为"全德"和"一德"作阐发,诸如:"仁载此四事,由行而宜之谓义,履此之谓礼,知此之谓智,诚此之谓信"(《二程集》,中华书局1981年版,第352页)"、"仁者,本心之全德"(《朱子语类》第2册,中华书局1994年版,第606页)、"仁、义、礼、智四者,仁足以包之"(《朱子语类》第1册,中华书局1994年版,第113页),这种以广义的"全德"与狭义的"一德"论仁,多为历代学者多认同,但笔者认为尚不如以"普遍"与"特殊性"更能展现孔子仁论诠释的思辨性特点。

(二)从人我关系论仁

与从身心关系论仁注重成己和道德的普遍性不同,孔子从人我关系论仁时侧重成人和道德的规范性。据此而言,由人我关系而来的仁,一方面本诸于成己的向外扩展,即成人;另一方面遵循礼的规范,即以仁摄礼。具体而论如下:

1.成人之道

由己及人是孔子一贯思维理路,在《论语》中主要展现在对"爱人"与"忠恕之道"的阐发上:

其一,"爱人"为仁。《论语·颜渊》载樊迟问仁,孔子以"爱人"答复。事实上,以"爱人"释人并不是孔子的独创,在上述郭店简仁字本义中亦有展现,在《国语》中也提到"爱人能仁"(《周语下》)、"仁,文之爱也"(《周语下》)、"为仁者,爱亲之谓仁"(《晋语一》),等等。可见,以"爱人"释仁应该是春秋末年与战国初年的普遍现象。值得肯定的是,上述已经出现类似孔子以"爱亲"与"爱别人"分别释仁的情况。事实上,无论是"爱人"还是"爱别人"都是在人际关系中突出"仁爱"思想。至孔子以"爱人"释仁,则明显具有了确定内涵,即由爱亲向外扩至爱人。主要体现在三个方面:

首先,彰显孔子对人性、人道的重视。诸如,《论语·乡党篇》记载:"厩焚。子退朝,曰:'伤人乎?'不问马。"关于这段话亦有另一种表述,即"厩焚。子退朝,曰:'伤人乎?''不(按:"不"通"否")。'问马。"虽然这两种标点,意义的差别在于问不问马,但是均展现了孔子首先关心的是人,而不是马。换言之,在对待人与人和人与物的关系中,孔子选择了优先对待人与人的关系。

其次,"爱人"具有差别性。孔子说:"弟子入则孝,出则弟,谨而信,泛爱众,而亲仁。行有余力,则以学文。"(《学而篇》6)此段中泛爱众的前提是在家行孝,先亲爱自己的父母,然后推广至众人,尤其需要特亲"众"中的仁者。这与孔子"孝弟也者,其为仁之本与"(《学而篇》2)义相合,均突出在人际关系中"爱亲"与"爱别人"的差等性和顺序性。换言之,在孔子看来,仁起源于家庭伦理,并由此扩展至社会伦理。

再次,孔子提出了仁爱的理想和目的。爱人需要推己及人,孔子仁爱归宿亦应如此,这在《论语》也有所展现,典型处有二:一是孔子言志处。《论语》载:"颜渊、季路侍。……子路曰:'愿闻子之志。'子曰:'老者安之,朋友信之,少者怀之。'"(《公冶长篇》25)朱子解释说:"老者养之以安,朋友与之以信,少者怀之以恩。"(《四书章句集注》,第 82 页)就"老者养之以安"而言,"老者"当为泛指,其安于我之养则说明此养当是仁爱之赡养。孔子此志向与孟子"老吾老,以及人之老;幼吾幼,以及人之幼"之说相合。二是忠恕之道处。既然仁者爱人,由己及人,所以在回答子贡和仲弓问仁时,孔子以忠恕为答。其文献分别见于四处:(1)"子贡曰:'如有博施于民而能济众,何如? 可谓仁乎?'子曰:'何事于仁,必也圣乎! 尧舜其犹病诸! 夫仁者,己欲立而立人,己欲达而达人。能近取譬,可谓仁之方也已。'"(《雍也篇》28)(2)"仲弓问仁。子曰:'出门如见大宾,使民如承大祭。己所不欲,勿施于人。在邦无怨,在家无怨。'"(《颜渊篇》2)(3)"子贡问曰:'有一言而可以终身行之者乎?'子曰:'其恕乎! 己所不欲,勿施于人。'"(《卫灵公篇》23)(4)"子曰:'参乎! 吾道一以贯之。'曾子曰:'唯。'子出。门人问曰:'何谓也?'曾子曰:'夫子之道,忠恕而已矣。'"(《里仁篇》15)关于其中所论"忠恕",朱子谓"尽己之谓忠,推己之谓恕"(《四书章句集注》,第 72 页),钱穆申言之说"尽己之心以待人谓之忠,推己之心以及人谓之恕"(《论语新解》,第 98 页)。可见,"己欲立而立人,己欲达而达人"为忠,而"己所不欲,勿施于人"为恕。事实上,如果从由己及人的仁爱观念看,忠与恕也是相即不离的,很难截然分开。

2. 以仁摄礼

主要展现对仁、礼相辅关系的阐发上。相对爱人有明确的人我关系指向而言,孔子在处理仁与礼的问题时,更多地强调通过仁使礼的规范具有人文性内涵。无论礼起源与内涵是怎么复杂,但在《论语》中主要表现在三个方面:一是指个人的修养行为,二是指宗教性礼仪,三是人伦规范。拟略而论之:

其一，个人的修养行为。"克己复礼为仁"是《论语》中最能体现从个人修养处论仁礼关系的文字。《论语》载："颜渊问仁。子曰：'克己复礼为仁。一日克己复礼，天下归仁焉。为仁由己，而由人乎哉?'颜渊曰：'请问其目。'子曰：'非礼勿视，非礼勿听，非礼勿言，非礼勿动。'"（《颜渊篇》1）关于此段，朱子以天理、人欲释解，其云："为仁者，所以全其心之德也。盖心之全德，莫非天理，而亦不能不坏于人欲。故为仁者必有以胜私欲而复于礼，则事皆天理，而本心之德复全于我矣。""心之全德"言说道德的不变性，即仁体（天理）具有先在性，故从理路上讲朱子所论不无道理。礼是在外，唯有克去己欲，彰显仁德，符合天理，才能归于礼。换言之，仁由心发，礼由行见，克己与复礼实为个体道德修养的一体两面。如果说此处孔子强调的是人物（欲望）关系，但下文"非礼勿视，非礼勿听，非礼勿言，非礼勿动"的仁之四目，完全落入了人们接物处世的日用之间，不可回避处处可触的人我关系。显然，孔子论道德修养兼摄人物、人我关系，混而论之，虽不作刻意区分，但强调仁为礼之本，摄礼归仁。

其二，宗教性礼仪。《论语》载："祭如在。祭神如神在。子曰：'吾不与祭，如不祭。'"（《八佾篇》12）上述言论可与《颜渊篇》仲弓问仁，孔子回答"出门如见大宾，使民如承大祭。己所不欲，勿施于人。在邦无怨，在家无怨"并看，"使民如承大祭"当指"敬"。"敬"与下文"不怨"皆就心言，与忠恕之道相通，均是仁德的具体展现。引文中"祭"指祖先，"祭神"指祭祖先神之外的其他神（或仅指天地之神）。无论是祭祀祖先，还是祭祀外神，孔子均要求祭祀者禀着诚敬之情，此诚敬便是一己之仁的展现，切实存在，为实，此与礼结合，避免了礼徒有虚文形式之弊。亦可见，孔子处理宗教性礼仪中的人神关系，虽不是直接揭示人我关系，但可视之为人我关系的扩展。

其三，人际关系。在《论语》中涉及人际间规范的言论较多。《论语·子路篇》载樊迟问仁。子回答说："居处恭，执事敬，与人忠，虽之夷狄，不可弃也。"（《子路篇》19）居处、执事、待人均是就人与人之间的关系而言，孔子认为，处理这种关系必须以恭、敬、忠为标准，这也是仁的要求。与此章相类似，《卫灵公篇》子张问行时，孔子回答："言忠信，行笃敬，虽蛮貊之邦行矣。言不忠信，行不笃敬，虽州里行乎哉?"虽未明确指出仁字，但忠信、恭敬均是仁，亦是礼之义。据此，在孔子看来，内修仁德，外施于礼方能处理好人际关系。事实上，这种人际关系的处理，孔子又以孝弟为行仁之本，从表面上看孝弟之道是礼的规范,从本质看上又以仁德为据,其外施于父母为孝弟,外施于他人为爱人,阐发的也是人的群处之道。

可见,上述三个方面均就人际关系阐发孔子仁论,也是因此类言论在《论语》出现较多,影响到历代学者以人际关系作为仁论理论阐发的唯一维度,造成诸多偏颇的解读。

三

上述孔子仁论的诠释向度,至少在当代社会存在以下两方面的启示:

其一,有助于为学界理解孔子仁论的复杂性提供一种视域。在《论语》中,仁字出现了 109 次,涉及 58 章,是出现频率最多的一个哲学范畴。因此,战国末期已有学者提出"孔子贵仁"(《吕氏春秋·审分览》),将"贵仁"作为孔子或《论语》的核心思想。但是,如何理解"仁",不仅成为我国历代学者争论不止的话题,也在国外学界产生了诸多歧解,尤其展现在"仁"被翻译为"humanity"(人道)、"human - heartedness"(人心)、"love"(爱)、"benevolence"(良善)、"compassion"(恻隐)、"sympathy"(同情)等不同的英文词汇,这些均说明了孔子仁论的复杂性和人们理解上的困境。上述从身心关系、人我关系的双重维度来解释,不仅强调为仁由己的道德自觉,也注重由己及人的社会道德体系的建构。虽然这两种思维致未必是孔子首创,但是无疑在孔子处这两种论仁理路是得以丰富并系统化的,愚认为这也是理解孔子仁论的一种重要诠释取向,有助于进一步彰显学界论仁的侧重点。

其二,有助于解决当下的"周文疲弊"问题。孔子生活于春秋末年,其时代最典型的问题就是周文疲弊。换句话说,维系西周三百年之久的典章制度及体现其精神的礼乐文化出了问题,过去"郁郁乎文哉"的周礼已经流于形式。那么,如何重新使周文有效呢? 必须使周文生命化,落实到人们的生命深处,创建新的思想学说对抗当时造成周文疲弊的邪说暴行。为了落实周文的生命化,孔子提出了"仁"的思想,构建了一套以仁为核心的礼乐文化体系。事实上,当下社会也出现了某些类似孔子面对"周文疲敝"问题,即由各类文化的融合、社会的转型等带来的道德失落、价值体系消解等情况。据此,提倡以孔子仁论为重要方面的儒家核心价值观突显其重要的时代意义。

　　其三,有助于从体认的进路弘扬与落实儒学核心价值观。在上述对孔子仁论诠释向度的揭示中,体认无疑是作为道德主体的人自觉呈现天赋仁体的重要途径。一方面体认源自人们生活的实践,存在诸多的日常经验活动;另一方面体认又超越了日常经验活动,存在个人对道德行为的悟解,即确认仁作为一种价值观念存在的应然性。事实上,体认不仅是仁得到确认的途径,也是天理、良知等诸多儒学观念得以确认的途径,为儒学工夫论的重要特征。从这种意义上说,包括仁在内的儒家核心价值观的建构和实践均需要经过人们内心体认。

　　(作者系宝鸡文理学院副教授)

论张载学术成就的缘由

王即之

张载是北宋唯物主义哲学家、思想家和教育家,宋代理学主要奠基人,关学学派的创始人,世称横渠先生,尊称张子,封先贤,奉祀孔庙西庑第 38 位。张载与周敦颐、邵雍、程颢、程颐合称"北宋五子",有《正蒙》《横渠易说》等著述留世。那么张载为什么能够达到如此高度呢? 本文拟就他的成功因素作一些梳理和研究,还望方家指谬。

一、厚德载物伴他一路前行

张载是继孔孟之后重要的儒家代表人物,研究他就肯定会涉及儒家的创始人孔子。那么我想从孔子的一段语录来窥探孔子思想对张载名字的影响以及对他人生的影响。

在《论语·子路》篇中,子路曰:"卫君待子为政,子将奚先?"子曰:"必也正名乎!"子路曰:"有是哉,子之迂也! 奚其正?"子曰:"野哉,由也! 君子于其所不知,盖阙如也。名不正则言不顺;言不顺则事不成,事不成则礼乐不兴;礼乐不兴则刑罚不中;刑罚不中,则民无所措手足;故君子名之必可言也,言之必可行也,君子于其言,无所苟而已矣。"

孔子在这里强调的正名即正名分。通过孔子和子路的对话,不难看出孔子的正确主张,也就是他的"正名"思想。他认为只有有了正当的名分和称谓,说起话来,做起事来,才属正当,并且才会收到预计的效果。孔子这段经典名言流传千古,深刻影响着人们的思维方式和行为习惯。孔子在这里说的"名"首先当然是指职务上的名分,但大部分人似乎只知道这是职务上的名义和名分,殊不知也含有每个人名字的字音、字意、字形、笔画等内涵和外延。一个人的姓名,尤其是名,对于一个人的事业成败是有重要影响的。一个正能量的名字,比如关于刻苦学习、耕读传家、仁爱孝悌、和悦天真、静思无邪、鲲鹏展翅、奋发图强、自强不息、厚德载物、温良恭俭让、忠孝廉毅和等等字眼和字意,都会给人以终身的指导和牵引作用,也就是心理学上所说的心理暗示和精神功能作用,而这种心理暗示和精神功能作用,将转化为巨大的精神能量,促成一个人的成功。

无论是古代和现代,姓名在人际交往中都有不可或缺的作用。初次相识的人,大都会报上自己的姓名或呈上自己的名片。无论是人与人的交往,还是人与事的结合,姓名都会贯穿其中。我们在学历史时,觉得故事很好记,而人名、地名、朝代名、年号名则很难记,为什么呢? 因为名字是逻辑思维,故事是形象思维。一个人的姓名就是这样频繁地出现在我们的生活当中,看似简单平凡,实则至关重要。

姓名,传递着人的情、意、志,蕴含着人的精、气、神。更重要的是,这是赋予了人们生命的父母,送给自己孩子的第一份珍贵礼物。在我国传统习俗中,"名"是在婴儿出生百日之后由父亲赐予的,到了百日这天,由母亲和保姆抱着婴儿来到厅堂见他的父亲,父亲郑重地握住孩子的手,给他赐名,待名取定之后,母亲和保姆把孩子抱回内室,然后把孩子的名字通告亲戚;父亲则立即把这个消息告诉朋友,并报告地方长官,入籍登记。与此同时,婴儿百日赐名之时,还有大宴宾朋的习俗,也是为了孩子的姓名,得到大家认同和熟悉而已。从古代给孩子取名和百日仪式之隆重可见姓名意义重大之一斑了,这种习俗现在虽然淡化了,但给孩子过"百岁"的风俗依然长盛不衰,一直延续到今天。

回到张载,宋真宗天禧四年(1020 年)张载出生于长安,饱读诗书的父亲为他赐名张载,我推测他自己长大后又自取字子厚,因为古代的字是自己长大后自取的。而张载其名、子厚其字皆出自《周易·坤卦》:"地势坤君子以厚德载物。"和这句话相对应是《周易·乾卦》:"天行健君子以自强不息。"无独有偶,九百年后的 21 世纪,中国的头号大学清华大学也把"自强不息、厚德载物"作为校训,可见这两句经典的穿透力了。

可以说从取名开始,张载的父母亲从小就给他灌输厚德载物的道理,从名字上规范他的行为习惯,再加上良好的外傅教育、家庭教育和社会教育,使得他从小就养成了宽宏大量、虚怀若谷、与人为善、包容万物的精神气度。可以说这种精神气度和他后来提出著名的"四为句"——"为天地立心,为生民立命,为往圣继绝学,为万世开太平"是遥相呼应、互为因果的。

比如说在作云岩县令时,张载办事认真,政令严明,处理政事以"敦本善俗"为先,推行德政,重视道德教育,提倡尊老爱幼的社会风尚,每月初一召集乡里老人到县衙聚会。他常设酒食款待,席间询问民间疾苦,提出训诫子女的道理和要求。县衙的规定和告示,每次都召集乡老,反复叮咛到会的人,让他们转告乡民,因此,他发出的教告,即使不识字的人和儿童也会知道。在渭州,他与环庆路经略使蔡挺的关系很好,深受蔡挺的尊重和信任,军府大小之事,都要向他咨询。他曾说服蔡挺在大灾之年取军资数万救济灾民,并创"兵将法",推广边防军民联合训练作战,还提出罢除戍兵换防,招募当地人取代等建议。他还撰写了《经原路经略司论边事状》和《经略司边事划一》等文章,充分展现了其道德水准和政治军事才能。

二、命运多舛使他自强不息

众所周知张载世居大梁,祖父张复在宋真宗时任给事中、集贤院学士,后赠司空;父张迪在宋仁宗时任涪州知州,后赠尚书督官郎中。出生在这样一个世代为官的家庭,张载的童年无疑是幸福安康的,但他的父亲不幸在涪州任上病故,15岁的他和母亲、弟弟护送父枢越巴山,奔汉中,出斜谷,准备将父亲埋葬在开封故里。但行至眉县横渠镇时,因路资不足,加之前方发生战乱,无力返回开封,只好把父亲安葬在横渠南大振谷迷狐岭上,全家也就在横渠镇定居了,其中的悲楚是可想而知的。

我认为正是由于张载父亲英年早逝,张载从15岁那年就失去了依托,从而促成了他的早熟、早慧和勇于担当精神。从《宋史·张载传》中可以看出他吃苦耐劳,不畏艰辛,自觉为家庭、母亲分忧解愁,同时又不怕牺牲,自觉为国家民族献智献力。当时,西夏经常侵扰宋朝西部边境,宋廷向西夏"赐"绢、银和茶叶等大量物资,以换得边境和平。这些国家大事对"少喜谈兵"的张载刺激极大。宋仁宗庆历元年(1040年),不到21岁的张载经过调查论证和周密思考,写成《边议九条》,向当时任陕西经略安抚副使、主持西北防务的范仲淹上书,陈述自己的见解和意见,打算联合精通兵术的陕西永寿人焦寅,组织民团去夺回被西夏侵占的洮西失地,为国家赴汤蹈火,建功立业,博取功名。

真是穷人的孩子早当家,张载的这种超乎同龄人的举动,使我想起了《论语·子罕》中孔子说的"吾少也贱,故多能鄙事"这句话来。是的,张载是紧步孔孟后尘而成长起来的一代大儒,他们的出身阅历十分相似,孔孟是幼年丧父,张载是少年丧父,共同的遭遇,养成了他们共有的早熟、敏感、担当、图强的人生底色。张载应该就是在这样的背景下，在二十出头的年龄段，勇敢地向当时任陕西经略安抚副使、主持西北防务的范仲淹上书、陈述自己的见解和意见的，从而为自己的成功人生奠定了良好的基础。

三、见贤思齐使他再下苦功

据《宋史·张载传》载：宋仁宗嘉祐二年（1057 年），38 岁的张载赴汴京应考，时值欧阳修主考，张载与苏轼、苏辙兄弟同登进士，在候诏待命之际，张载受宰相文彦博支持，在开封相国寺设虎皮椅讲《易》。期间遇到了程颢、程颐兄弟，张载虽然是二程的表叔，但他没有居高临下，盛气凌人，而是虚心待人，静心听取二程对《易经》的见解，相比之下，感到自己学得还不够。第二天，他对听讲的人说"比见二程，深明《易》道，吾所弗及，汝辈可师之"，于是"撤坐辍讲"。多么高贵的品格呀！看到比自己优秀的同道，他立即停止了周易讲座，鼓动听众去追随"二程"兄弟学习。

我以为作为儒家在北宋的代表重要代表人物，张载这种虚怀若谷、谦虚谨慎的高尚情操和学习态度，高度契合了孔子的一贯思想。这从《论语·里仁》中可见一斑，子曰："见贤思齐焉，见不贤而内自省也。"这是孔子的话，同时也是后世儒家修身养德的座右铭，张载则很好地践行了这条座右铭。在《论语·述而》中，子曰："三人行，必有我师焉。择其善者而从之，其不善者而改之。"张载同样也践行了这条座右铭。他既"见贤思齐"，有想法，也"择其善者而从之"，有行动，使得他的知识越来越厚重。

《宋史·张载传》对他的孜孜不倦笃学善思还有细微的描绘：熙宁初年，皇帝任命他为崇文苑校书，随即因病迁移隐居在南山脚下，整天端端正正地坐在一间房子里，座位左右都是书籍，俯身读书，仰坐思考。有所心得就记载下来，有时半夜起床坐着思考，点上蜡烛学习写作。他的志向道义、精于思考，从没有一会儿停止过，也从没有一会儿忘记过。他穿的是破旧衣服，吃的是蔬菜粗食，给他的学生讲习学业，每次都教以知礼成性、变化气质的道理，学业一定要像圣人才罢休。

张载有谦逊好学的一面，当然也有自信满满的一面。据悉他在与"二程"谈论了《周易》之后，又进一步讨论道学之要，然后"焕然自信曰：'吾道自足，何事旁求。于是尽弃异学，淳如也。'"他自信自己在道学方面已经很丰厚了，因而便暂时抛开所有曾经研习过的学说,专心致志道学,表现了他在学术上积极开拓精神和精益求精的方法论,其作《易说》就是在这个时期写成的。我个人认为《易说》就是他见贤思齐、再下苦功的应有成果。

四、高人指路使他直道而行

据史料载宋仁宗康定元年(1040年),知永兴军、陕西经略安抚招讨副使、兼知延州的范仲淹,在延州军府召见了张载这位志向远大、勇于担当的青年儒生。张载滔滔不绝,慷慨陈词,向领导汇报了自己的学习情况尤其是自己在军事边防、保卫家乡、收复失地方面的思考和构想,得到了具有同样人文精神和家国情怀的领导范仲淹的高度赞扬。

但范仲淹似乎把做学问看得更高、更重要,他话锋一转说:“儒者自有名教,何事于兵?”并教导他重点去研习《中庸》。我觉得自古到今都是这样:读万卷书不如行万里路,行万里路不如高人指路。张载以自己的才华赢得了文武双全的范仲淹的赏识和面授机宜,张载顿时心明眼亮、方向明确了。据记载,回到家里他便刻不容缓地攻读《中庸》了,读了一遍又一遍,他仍感不满足。于是又遍读佛道两家之书,但还是觉得释家、道家这些书籍都不能实现自己的远大志向。经过比较研究,他再次回到儒家学说上来了。就这样反反复复,出出进进,经过十多年的攻读,终于将儒释道三位一体,交融互补,兀自建立起自己的学说体系。

五、急流勇退使他专注学术

宋神宗熙宁二年(1069年),御史中丞吕公著向宋神宗推荐张载,称赞张载学有本原,四方之学者皆宗之。神宗召见张载,问他治国为政的方法,张载“皆以渐复三代为对”。神宗非常满意,想派他到二府(中书省枢密院)做事。张载认为自己刚调入京都,对朝廷王安石变法了解甚少,请求等一段时间再作计议,后被任命为崇文院校书、祁州(今河北安国)司法参军、云岩县令(今陕西宜川县境内)著作佐郎、签书渭州(今甘肃平凉)军事判官等职。当时王安石执政变法,想得到张载支持,但出于政见不同,张载含蓄地拒绝参与新政,逐渐引起了王安石的反感。大概是遵循祖师爷孔子的“道不同不相为谋”的圣训吧,张载上奏朝廷辞去崇文院校书职务,未获批准。不久被派往浙东明州(今浙江省宁波)审理苗振贪污案,案件办毕回朝。此时张载之弟监察御史张戬因反对王安石变法,与王安石发生激烈冲突,被贬到公安县,张载估计自己要受到株连,辞官回到横渠。这使我想起了他同科进士苏轼《赠善相程杰》的两句诗:"火色上腾虽有数,急流勇退岂无人?"我个人觉得他做得对! 当留则留,当辞则辞,自古君子守身待时,相时而动,何必一条路走到黑呢?

据载回到横渠后,张载"俯而读,仰而思。有得则识之,或半夜坐起,取烛以书"。依靠家中数百亩薄田生活,他乐此不疲地讲学读书。在这期间,他写下了大量著作,对自己一生的学术成就进行了总结,并亲自带领学生进行恢复古礼和井田制两项实践。为了训诫学者,他作《砭愚》《订顽》训辞(即《东铭》《西铭》),书于大门两侧。张载对推行"井田"用力最多,他曾把自己撰写的《井田议》主张,上奏皇帝,并与学生们买地一块,按照《周礼》的模式,划分为公田,私田等分给无地、少地的农民,疏通东西二渠"验之一乡"以证明井田制的可行性和有效性。据张载二十八代嫡孙张世敏介绍,今横渠镇崖下村、扶风午井镇、长安子午镇仍保持着遗迹,至今这一带还流传着"横渠八水验井田"的故事。

六、学术高度使他光耀千秋

据载宋神宗熙宁十年秦凤路(今甘肃天水)守帅吕大防认为张载的学术承继古代圣贤的思想,可以用来复兴古礼矫正风化,上奏神宗召张载回京任职。此时张载正患肺病,但他不愿错过施行政治理想和主张的机会,便带病入京。宋神宗任用张载担任同知太常职务(礼部副职)。当时有人向朝廷建议实行婚冠丧祭之礼,下诏礼官执行,但礼官认为古今习俗不同,无法实行过去的礼制。唯张载认为可行,并指出反对者的作为"非儒生博士所宜",因而十分被孤立,加之病重,不久便辞职西归。同年十二月行至临潼,当晚住在馆舍,沐浴就寝,翌日晨与世长辞。

纵观张载一生,两被召晋,三历外仕,著书立说,终身清贫,殁后贫无以殓。虽然在仕途上行色匆匆,没有太大的政绩,但在学术上却是异军突起,独霸一方。一部《张子全书》、四句震古烁今的"四为句"令无数的人们对他顶礼膜拜。在《张子全书》中《东铭》《西铭》《正蒙》为一至三卷,《经学理窟》为四至八卷,《易说》为九至十一卷,《语录抄》为十二卷,《文集》为十三卷,《附录》为十四卷。

细加考量张载的学说,其核心首先是"元气本体论",用"气"来解释宇宙生成的最初本源,来说明物质是第一性的。"元气本体论"是朴素唯物主义,主要探讨宇宙的生成和运动变化问题,即宇宙的本质是什么,它是如何运动的。他认为宇宙的本体就是"太虚",是无形的。但"太虚即气",它由"气"生成,并非空虚无物的。所以"太虚"为万物之源,"气"乃万物产生的基因。

关于宇宙运动变化的问题,张载首先肯定宇宙是运动不息的实体,"太虚无形,气之本体。其聚其散,变化之客形尔"(《正蒙·参两》)。"气"本身就是有聚有散、不断变化运动的状态。张载还认为宇宙能够运动变化的原因是在于"气"自身具有"浮沉、升降、动静"的本性,而这种本性之所以如此,就是由于"一物两体,气也"(《正蒙·参两》)。宇宙的本体是"气"构成的,但气不是凝固不变的止息状态,"气"之为物包涵着矛盾的统一状态。"凡环转之物,动必有机,既谓之机,则动非自外也"(《正蒙·参两》)。这里不但有朴素的唯物论思想,还具有初步的辩证法观点。

张载还认为宇宙现象的变化有它的规律性,有一定的秩序。他在《太和》篇中说:"天地之气,虽聚散、攻取百涂,然其为理也顺而不妄。"在《动物》篇中说:"天之生物也有序,物之既形也有秩。"这都指明了宇宙间各种事物的运动变化不是杂乱无章的,而是有它的规律性的。

除"元气本体论"外,张载的教育思想也是十分高深的,《经学理窟》便是张载重要的理学教育著作,这部著作分"周礼""诗书""宗法""礼乐""气质""义理""学大原上""学大原下"等十三篇。当然张载的其他著作也有关于教育的论述,这些和《经学理窟》共同构成张载的教育思想体系。

张载的教育思想,继承和光大了儒家学说,尤其是孔孟学说,粗略分之大致有以下九类:一是教育的益处在变化学生的气质;二是教育的前提是培养学生远大志向;三是虚心方能接纳百物;四是博学于文以求义理;五是自我修炼矫恶为善;六是尽人之材乃不误人;七是尽物之性求其有渐;八是学当无我不耻下问;九是学贵心悟,守旧无功。

综上所述,我认为是张载个人以及他的家庭和社会的共同给力成就了张载。

(作者西北大学现代学院国学院副院长、陕西省孔子学会副秘书长兼普及推广委员会主任、陕西省国学研究会宣讲部部长)

取法程朱，辨乎阳明

——吕柟的《孟子》学及其思想史意义

李敬峰

"求观圣人之道者，必自《孟子》始"①，韩愈一语道出《孟子》在圣学之中举足轻重的地位。基于此，历代学者针对《孟子》注经解经，形成丰富的《孟子》学系统。吕柟作为"绍统绪，开来学，近接横渠，远宗文武"②，且与阳明中分其盛，与湛若水、邹守益共主讲席的关学集大成者③，他承继张载关学推崇《孟子》的学派治经传统④，以答问体的形式作《〈孟子〉因问》以显其意，是书受到后学高赞。李二曲赞其"为德业而作，非复制举之故套也。爽快明晰，最为傲策，学者宜致意焉"⑤，四库馆臣对吕柟其他著述多有微词，独对是书肯定道"所说多因四书之义推而证诸躬行，不徒为训诂空谈"⑥，以此可见该书条贯清晰，义理浑沦，羽翼圣经，多有发越，卓然自成一家。然如此重要之经解著作，学界尚无专门而系统的研究，多是依照理学的本体、心性、工夫等研究范式去裁断、择用史料，无法有系统、有脉络地展现其《孟子》学，更无力凸显其对《孟子》的诠释特质、经解方法以及对关学宗师张载和理学大师朱子《孟子》学的突破、融合和发展。因此，通过回归文本，梳理和剖析吕柟《孟子》学的主导问题和义理诠释，以此彰显吕柟《孟子》学所折射出的时代问题及思想意义。

---

① 韩愈著，马其昶点校：《送王秀才序》，见《韩昌黎文集校注》卷四，上海古籍出版社1986年版，第258页。

② 吕柟著，赵瑞民点校：《泾野子内篇》序二，西北大学出版社2015年版，第245页。

③ 黄宗羲说："关学世有渊源，皆以躬行礼教为本，而泾野先生实集其大成……几与阳明氏中分其盛，一时笃行好学之士多处其门"（黄宗羲：《明儒学案》（修订本），《师说》，中华书局2008年版，第11页。），又言："九载南郡，与湛甘泉、邹东廓共主讲席，东南学者，尽出其门。"（黄宗羲：《明儒学案》（修订本），《师说》，中华书局2008年版，第138页）

④ 张载之学被《宋史》称为"以孔、孟为要"（脱脱：《宋史》，中华书局1985年版，第2724页），更被王夫之称为"《论》、《孟》之要归也"（王夫之：《张子正蒙注》，中华书局1979年版，第4页），以此可见《孟子》在张载学术体系中的重要性。

⑤ 李颙著，张波点校：《李颙集》，西北大学出版社2015年版，第66页。

⑥ 永瑢等著，四库全书出版工作委员会编：《文津阁四库全书提要汇编》经部八，商务印书馆2006年版，第511页。

一、性只在气上求

"孟子有大功于世,以其言性善也"①,孟子所提倡的性善之旨在宋代儒学重构之时获得新生,多数理学家以"天命之性"与"气质之性"的两层"性"论推阐孟子的"性善"说,主导此后"性"论的发展,并成为学者论"性"所必然回应的学术话语。吕柟自不外此传统,但却做出异于张载、朱子的诠释。他首先追溯孟子的"性善",他说:

孟子之言性善,本于性相近之言,盖天地间除是上智下愚移不得,其余性皆相近,可习而至,可以见性善也。夫上智下愚,数百年之内,千万人之中,止一二人耳,若相近之性,无人不然,故曰性善。②

在吕柟看来,"性相近"的内涵,孔子并没有明确规定,孟子推阐孔子之说,认为孔子的"性"相近之处就在于"善",虽然还有"上智"与"下愚"不可移,但这并不影响孟子"性善"说的成立,因为这两类人毕竟是少数,千万人之中不过一二而已。吕柟明确孔子与孟子"性"论之间的渊源关系,乃一脉相承,这就不同于宋代以来学者对孔、孟性论所做的区分,吕柟论道:

世儒谓孟子性善专是言理,孔子性相近是兼言气质,却不知理无了气,在那里有理,有理便有气,何须言兼,都失却孔孟论性之旨了。③

吕柟不认同将孔子的"性相近"理解为是合"理"与"气",孟子的"性善"说是专指"理"、"天命之性"而言的说法,缘由即在于将"理""气"分为两截,以至于背离孔、孟性论本旨,因为"理"本身就在"气"中,何须言"兼",这实际上是针对朱子之说而言的。他通过质疑张载的观点继续申明己意:

坚问:"张子说'合虚与气,有性之名',如何?"曰:"观合字似还分理气为二,亦有病,终不如孔孟言性之善,如说'天命之谓性'何等是好!理气非二物,若无此气,理却安在何处?故易言一阴一阳之谓道。④

在这段对话中,吕柟明确提出他的"理气非二"论,认为关学宗师张载的"合虚与气"仍有将"理""气"分为二之嫌,终不如孔孟所言完备,终不如"一阴

---

① 此乃程颐语,转引自朱熹撰,金良年译:《孟子集注》序言,上海古籍出版社 2006 年版,第 261 页。
② 吕柟:《朱子钞释》卷二,影印文渊阁四库全书,台湾商务印书馆,第 268 页。
③ 吕柟著,刘学智点校:《泾野经学文集·孟子因问》,西北大学出版社 2015 年版,第 462 页。
④ 吕柟著,刘学智点校:《泾野经学文集·孟子因问》,西北大学出版社 2015 年版,第 485 页。

一阳之谓道"将"道""气"直接混而为一合适。那么,我们该如何理解吕柟的"理气非二"呢? 吕柟明确说:

> 形也者,气也;气也者,理也。不能于理,即不能于气。①

> 理在天地及气流行之先,恐未然,毕竟是气即理也。②

在吕柟这里,"气"只是外在的"形",而"理"则存于内,且"理"必须依"气"而存在,离开"气",也就无所谓"理"。吕柟在此强调"理"与"气"的浑然为一,也就是"气即理",并质疑朱子的"理在气先"之说。可以看出,吕柟是主张"理气"混融为一的,实际上是消解在程朱那"理"作为实体的主宰性的地位,而将"理"只是作为"气"的异名同物而已。显然,吕柟还没有发展到像后来罗钦顺等人将"理"作为"气"的条理。在对《孟子》一书"气"的诠释中,他说:

> 有夜气,有旦气,有昼气。昼气之后有夜气,夜气之后为旦气,旦气不粘于昼气,则充长矣。孟子此言气字,即有性字在。盖性何处寻? 只在气上求,但有本体与役于气之别耳,非谓性自性,气自气也。彼恻隐是性发出来的,情也;能恻隐,便是气做出来,使无是气,则无是恻隐矣。先儒喻气犹舟也,性犹人也,气载乎性,犹舟之载乎人,则分性气为二矣。试看人于今,何性不从气发出来?③

吕柟将孟子所言的"气"区分为"夜气""旦气"和"昼气",认为这里的"气"即内涵"性",因此只需从"气"上求"性""理",也就是"即气求性"。

以恻隐为例,恻隐为"情",乃由"性"而发,但之所以能发出"恻隐",乃是由"气"决定的,无"气"则无"性",则无"情",所以前人所说的以气喻舟,以舟上之人喻性则同样分性气为二。可见,吕柟将"气"的地位拔高,有意回归张载,凸显"气"的地位,但又不同于张载将"天命之性"与"气质之性"对立的主张。正因吕柟主张"即气求性",所以他反对程朱一系的"性"说,他说"程张说性,虽比诸子明白,然恐还不是孔孟说性之初意"④,在吕柟看来,只有孔孟的自然为一的性论才符合他所主张的"即气求性"。

总之,在理(性)气论上,程朱一系强调"理"对"气"的决定性、先在性的地位,两者关系乃是"二元对立,一元为主",这确实容易被理解为两者决是二物,造成形上、形下隔绝的理论误区。吕柟为了消除张载、程朱的理论瑕疵,他一再

---

① 吕柟著,赵瑞民点校:《泾野子内篇》,西北大学出版社 2015 年版,第 12 页。
② 吕柟:《朱子钞释》卷二,影印文渊阁四库全书,台湾商务印书馆,第 267 页。
③ 吕柟著,刘学智点校:《泾野经学文集·孟子因问》,西北大学出版社 2015 年版,第 479 页。
④ 吕柟:《朱子钞释》卷二,影印文渊阁四库全书,台湾商务印书馆,第 269 页。

强调"理气非二""即气求理",主张"理气"圆融为一,吕柟的这种折中调和虽然还有诸多不足,但却是明代学者修正程朱理气观的一个积极尝试,有意无意在明代中期揭开气学复振的大幕。

二、知、行还是两个

"良知"是指人的不学不虑先验地具有的道德意识,"孟子的全部修养方法,如集义、养气等皆以此为出发点"①,王阳明融合《大学》的"致知"与《孟子》的"良知",着意阐发孟子此说,成为其全部学术思想的结穴。② 吕柟借诠释《孟子》之际,对是时学界流行的"致良知"一说展开激烈的批判,并将矛头延展至阳明所说的"知行合一"。他对"良知"首先解释道:

> 思敬问:"良知良能者何?"曰:"知为良心者,有验于人之幼也,原为所性者,有验于人之同也。使非原于天命之性,则固不能不学而能不虑而知矣。"③

吕柟认为"知"乃良心所发,心中本有,可于人幼时得见,乃从性中先天秉承而来,为人所同有,正是因为秉承于天,所以才具有不学而能,不虑而知的性质。在此,吕柟从理学的角度解释孟子的"良知良能",但对于阳明只讲"良知"不讲"良能",吕柟解释道:

> 坚问:"孟子言'良知良能',阳明先生止言'良知',何也?"先生曰:"且如言仁有兼言之者,有偏言之者,阳明之说兼言之也。"④

在吕柟看来,阳明之所以不讲"良能",是兼而言之,也就是以"良知"统摄"良能",后来清初李二曲将此直接点破,他说"单言知而不言能者,盖知为本体,能乃本体作用,犹知府知州知县,苟真知之,则能在其中",也就是说,"知"是本体,"能"不过是本体的发用,因此只需明晰本体,而发用自然在其中,二曲此说可谓切中阳明"良知"与"致良知"体用统一的思想本旨。吕柟虽回护阳明言"良知"不言"良能"之说,但却从根本上激烈反对阳明的"良知"之教,他说:

> 何廷仁言:"阳明先生以良知教人,于学者甚有益。"先生曰:"此是浑沦的

① 张学智:《明代哲学史》,北京大学出版社 2000 年版,第 104 页。
② 王阳明说:"吾平生讲学,只是'致良知'三字。"(王阳明撰,吴光等校:《寄正宪男手墨二卷》,《王阳明全集》卷二六,上海古籍出版社 2011 年版,第 990 页。)
③ 吕柟著,刘学智点校:《泾野经学文集·孟子因问》,西北大学出版社 2015 年版,第 486 页。
④ 吕柟著,刘学智点校:《泾野经学文集·孟子因问》,西北大学出版社 2015 年版,第 487 页。

说话,若圣人之教人则不如是。人之资质有高下,工夫有生熟,学者有浅深,不可概以此语之。是以圣人或因人病处说,或因人不足处说,或因人学术有偏处说,未尝执定一言以教人,至于立成法以诏后世,则曰吾道一以贯之曰博学于文约之以礼,盖浑沦之言,可以立法,不可因人而施。"①

在吕柟看来,阳明只讲"良知",忽视受教者在资质、工夫、学业等的差异,与圣人的因人指点、随机而发之教相背,故难免陷于浑沦,缺少可切实操作的工夫路径,且浑沦之言只能作为一个总体的原则立论,不可作为具体的教法。实际上,阳明在江右之前较为注重"诚意格物",通过切实的工夫去上达本体,而在晚年则尤重"致良知",意直悟本体,确实容易造成轻略工夫之弊,故吕柟的批评并非毫无根底。除了从总体上批判阳明"良知"之教所造成的不实弊端之外,吕柟对阳明的"良知"之说所带来的"知行合一"更加不满,他批判道:

问:"致良知?"先生曰:"阳明本孟子良知之说,提掇教人,非不警切,但孟子便兼良能言之,且人之知行自有先后,必先知而后行,不可一偏,传说曰'非知之艰,行之惟艰',圣贤亦未尝即以知为行也。"②

吕柟的"知行"观明显是沿袭朱子之意,他认为阳明与孟子相比,孟子是"良知"与"良能"并提,也就是孟子有知有行,阳明则直接将"知"、"行"合一,也就是兼言。吕柟更为赞同孟子的说法,因为"知"与"行"相比,是先"知"而后有"行",从经典到圣人,皆主此意,更遑论将"知"直接等同于"行",故对阳明的"知行合一",他继续深入批道:

有问"知行合一"者,先生曰:"尔如此闲讲合一不合一,毕竟于汝身心上有何益?不若且就汝未知者穷究将去,已明白者尽力量行去,后面庶有得处。"③

在吕柟看来,徒论"知行合一"对自身无益,更于事无补,不如切实地就未知处去穷理,已知处着实践履,自然有得处。可见,吕柟秉承张载关学重视躬身践履的学风,反对阳明"知行合一"所带来的虚无不实、不重践履。而实际上,吕柟并未准确理解王阳明"知行合一"的本旨,阳明的"知行合一"并非就是将两者等同,而是强调两者密切之关系,更重要的是,阳明所讲的"行","一方面

---

① 吕柟著,刘学智点校:《泾野经学文集·孟子因问》,西北大学出版社 2015 年版,第 486 页。
② 吕柟著,赵瑞民点校:《泾野子内篇》,西北大学出版社 2015 年版,第 75 页。
③ 吕柟著,赵瑞民点校:《泾野子内篇》,西北大学出版社 2015 年版,第 97 页。

可以指人的实践行为,另一方面还可以包括心理行为"①,正是因为使用概念不一,故吕柟对阳明的批判并不符合阳明的本意,但不可否认的是,阳明的"知行合一"确实容易造成误解,使人容易轻视"行"。在批判完阳明之后,吕柟提出自己的观点:

> 知得便行为是,谓知即是行,却不是。故知者行之始,行者知之随,犹形影然,又犹目视而足移。②

在这里,吕柟提出知先行后,知是行的基础,而行则伴随着知,强调"知"的第一性、先在性,正如他说的"圣门知字工夫是第一件要紧的,虽欲不先,不可得矣"③,他以具体的例子来说明此意:

> 先生与某至一寺中幽僻,某曰:"行到此寺,方知此寺模样。可见行在知前。"先生曰:"若非知有此寺,何得行到此寺!知焉,在行前乎!"某遂不能对。④

吕柟以寺庙为例,正是因为事先知道有此寺庙的存在,才能行的到此,这足以说明"知"在"行"前。可见,吕柟实际上恪守朱子的"先知后行"说,同时亦强调两者不可偏废,纠正他所认为的阳明心学"知行合一"所带来的不重践履的学术弊端。

三、孟子不及孔子处在浩然之气

"浩然之气"乃孟子有功于后学的四大理论之一⑤,被赞为是"发孔氏之所未发,述《六经》之所不载,遏邪说于横流,启人心于方惑"⑥,可见"浩然之气"在孟子哲学体系中不同寻常的地位。吕柟对"浩然之气"解释道:

> 问:"浩然之气如何?"先生曰:"这却难说,孟子曰'难言也',他说难言,便见他实有此浩然之气,何以难言,这个气,至大至刚,不是小可的,若能直养而不作为以害之便塞乎天地之间,那里到不得。夫人以眇然之身而能塞乎天地之

---

① 陈来:《宋明理学》,三联书店 2011 年版,第 295 页。

② 吕柟著,赵瑞民点校:《泾野子内篇》,西北大学出版社 2015 年版,第 119 页。

③ 吕柟著,赵瑞民点校:《泾野子内篇》,西北大学出版社 2015 年版,第 132 页。

④ 吕柟著,赵瑞民点校:《泾野子内篇》,西北大学出版社 2015 年版,第 189 页。

⑤ 南宋学者施德操说:"孟子有大功四:道性善,一也;明浩然之气,二也;辟杨、墨,三也;黜王霸而尊三王,四也。"(黄宗羲:《宋元学案》卷四〇,中华书局 1986 年版,第 1319 页。)

⑥ 黄宗羲:《宋元学案》卷四〇,中华书局 1986 年版,第 1319 页。

间,此气是何等样大,岂不是难言,然这个气亦不是光光的一个气,配合着这个道义,所以能塞天地之间,若无道义,只是个血肉之躯却便馁了,怎么能浩然,惟气配义与道,故养气者须要集义,今日集一义,明日集一义,久之则自反常直,不愧于屋漏,可以对天人,可以质鬼神,至大者由此而生,至刚者由此而出,然后能塞乎天地,不是只行一事偶合于义,便可掩袭于外而得之,若义袭的,他心中未免有歉,要行却趦趄,要说却嗫嚅,此气便馁矣。"①

何谓"浩然之气"?冯友兰先生曾明确解释道:"气字本来有两种意义,一种是指客观存在的物质,这是稷下唯物派所谓气。一种是一种精神或心理状态,这是孟子所谓气。"②冯友兰先生的解释可谓确然。孟子所讲的"浩然之气"的确是指人的精神境界,也正是因为它指向的不是物质性的"气",故可以通过"集义"的形式提升人的精神层次,从而达至与天地合德的境界。从吕柟的解释中,可以看出,吕柟基本是秉承朱子《孟子集注》的思想,多沿用朱子的诠释,一是承认"浩然之气"乃先天本有,但因受蒙蔽而需要不断地做工夫以"复其初";二是强调"养气"的工夫即"集义"而非"义袭",也就是通过"即事即学"的方式不断使义理充斥于心,最后扩展至身心,提升人的精神境界。但需要指出的是,我们不能把"'集义'只理解为道德行为之积累意义上的'积善',这其实还只能是'义袭而取'。因此,"集义所生",其着眼点在于"道义"内在于实存之本原贯通,由此引生"气"之"纯亦不已"的生生创造。"③当然,吕柟也赞成通过"配义与道"、"勿忘勿助"等工夫来养浩然之气。但不同于朱子之处在于,吕柟高度赞赏张载以"礼"来养"浩然之气",张载说:

学者且须观礼,盖礼者,滋养人德性,又使人有常业守得定,又可学便可行又可集得义,养浩然之气须是集义,集义然后可以得浩然之气,严正刚大,必须得礼上下达,集义者,克己也。④

在张载看来,"礼"不仅可以涵养人的德性,更可以"集义",而这正是"养浩然之气"的必然工夫。吕柟肯定并称张载此说可以起到"内外交养之功"⑤,而

---

① 吕柟著,赵瑞民点校:《泾野子内篇》,西北大学出版社 2015 年版,第 222—223 页。
② 冯友兰:《中国哲学史新编》上,人民出版社 1998 年版,第 381 页。
③ 李景林:《"浩然之气"的创生性与先天性》,载《社会科学战线》2007 年第 5 期,第 16 页。
④ 张载著,林乐昌点校:《张子全书》,西北大学出版社 2015 年版,第 86 页。
⑤ 吕柟:《张子钞释》卷四,影印文渊阁四库全书,台湾商务印书馆,第 72 页。

这实际上是对张载关学崇礼重德传统的推崇和承继，将礼作为"养浩然之气"的手段之一，这是吕柟较之朱熹在"浩然之气"上的一个特色，而他最大的特质在于对孟子的"浩然之气"并不像前辈学者那样推崇和赞赏，他说：

孟子不及孔子处，还是学少有不同。孔子祖述尧舜，宪章文武，上律天时，下袭水土，这般样学，便与天地同流，孟子养浩然之气，才能求塞天地耳。①

孟子不及孔子者在何处，先生曰："只这说浩然之气，便是不及孔子处，孔子何尝无浩然之气，不如此说，与天地合德矣，又何须说塞乎？"②

从以上引文中可以看出吕柟认为孟子所凸显的"浩然之气"恰恰是其不如孔子的地方，缘由在于孔子本身就生而具有浩然之气，原本就是"上律天时、下袭水土"的境界，而不必通过养"浩然之气"才达到充塞天地的地步。在吕柟看来，孔子乃自然与"天地合其德"，而不像孟子还需要着手去做工夫方能实现，由此他更否定孟子所说的"塞乎天地"，他说：

问："塞乎天地之间，六合是恁的大，吾人以眇然之躯，何以塞之？"先生曰："吾与天地本同一气，吾之言即是天言，吾之行即是天行，与天原无二理，故与天地一般大，塞犹是小言之也。"③

当学生质疑人的肉身之躯如何塞乎天地之时，吕柟则从人与天地本是一气的角度，也就是天人同构的角度来反驳学生之问，认为人与天地是一般大，言"塞"便是将人小看，显然吕柟并不是从现实大小的角度来说，而是从精神层次、境界的角度言之。总之，从吕柟对孟子的评论中可以看出，他贯彻他的"理气一物"的强调自然为"一"的主张，认为孟子仍是"合"，仍是"二"，故其境界层次终不如孔子。

四、"收心之学，以仁为主"

"《孟子》一部书，只是要正人心，教人存心养性，收其放心"④，正是《孟子》内涵丰富的心性论，故在宋明理学建构时得以"升格"。尤其到明代，理学家更

---

① 吕柟著，赵瑞民点校：《泾野子内篇》，西北大学出版社 2015 年版，第 47 页。
② 吕柟著，刘学智点校：《泾野经学文集·孟子因问》，西北大学出版社 2015 年版，第 461 页。
③ 吕柟著，刘学智点校：《泾野经学文集·孟子因问》，西北大学出版社 2015 年版，第 460 页。
④ 杨时：《龟山集》卷一二，影印文渊阁四库全书，台湾商务印书馆 1986 年版，第 223 页。

为关注心性学说，①吕柟自不超越于此时代特征，但在"心"与"性"之间，吕柟强调"心"在心性结构中的优先地位，专注在如何"存心、求放心"上，他的诠释特色就在于非常强调此与"仁"的联系，他说：

> 官问："学问之道，求其放心，传谓'学问非止一端'，又曰'如是而可以上达者何'？"曰："学问之道即求放心也，仁，人心也，放心则不仁，求放心则仁矣，即此是上达。"②

吕柟将孟子的"学问之道无他，求其放心"与"仁，人心"结合起来，提出"放心"就是"不仁"，"求放心"即是"仁"，如此久久用力，则自然志气清明，义理昭著，这就是上达。可见，吕柟非常强调仁学的实践工夫，通过不断的"求放心"的下学工夫达到仁。那么具体该如何做呢？

> 问："求仁之要在放心上求否？"先生曰："放心各人分上都不同，或放心于货利，或放心于饮食，或放心于衣服，或放心于宫室，或放心于势位，其放有不同，人各随其放处收敛之便是为仁，如朋友相会，或一言之善，一行之美，或威仪言语处祖观而善，若能为得这个仁的学问，则他日居官，自会爱民爱国也。"③

吕柟认为"放心"的外在表现因人而异，迷失在货利、饮食、衣服等身外之事上，人若能就迷失出收敛己心，如此就是为仁之事，可见他赞同学生的"求仁之要在放心上求"。如果说"求放心"是从消极面去说，而"存心"则是从积极面说，吕柟说：

> 问："存心之说"，曰："人于凡事皆当存一个心，如事父母、事兄长不待言矣。虽处卑幼则存处卑幼之心，处朋友则存处朋友之心，至于外边处，主人亦当存处主人之心，以至奴仆亦要存一点心处之，皆不可忽略，只如此便可下学上达，易之理只是变易以生物，故君子变易以生民。"④

吕柟在回答如何存心时认为存心要在事上存，一事有一事之"心"，因此当于事事上努力，通过即事即学、日积月累即可上达天理。可见，吕柟走的是程朱

---

① 张学智先生说："明代理学的一个特点就是理气论的褪色，心性论成为思想家的学说重心。这是因为，经过宋元诸大儒的推阐，理学发展到烂熟，越来越成为一种价值性的学说，探究万物的终极实在已经变成了实证问题而逐渐居于人们视域的次要位置。理气问题已经没有多少继续深入挖掘的空间。而心性问题代表着哲学家对人的本质、对人与宇宙的关系的根本理解。"（张学智：《明代哲学史》，北京大学出版社 2000 年版，第 1 页。）

② 吕柟著，刘学智点校：《泾野经学文集·孟子因问》，西北大学出版社 2015 年版，第 480 页。

③ 吕柟著，赵瑞民点校：《泾野子内篇》，西北大学出版社 2015 年版，第 180 页。

④ 吕柟著，赵瑞民点校：《泾野子内篇》，西北大学出版社 2015 年版，第 101 页。

"下学而上达"的工夫路径。那么"存心"与"仁"是何关系呢,吕柟说"存心熟只是仁熟"①,也就是说"存心"做到积累贯通处,自然可实现"仁"。由上可见,吕柟将孟子所强调的"求放心""存心"皆与"仁"联系起来,认为通过这些工夫可以达至"心"与"仁"的合一。吕柟实际上秉承的是程朱理学的思路,认为"心"在未发之时已经掺入气禀之杂,因此还不直接就是"仁",而需要通过做工夫才能实现,这显然不同于湖湘学派,陆王心学的直接以"心"为"仁"的主张。

那么吕柟为什么如此重视"仁"呢? 他反复强调:

思敬问:"圣人之伦之至者,奚在乎?"曰:"仁而已矣"。是故尧舜之事君治民不外乎此,幽厉之身危国削,惟反乎此耳。②

仁是圣门教人第一义,故今之学者必先学仁。③

由以上引文可见,吕柟拔高"仁"的地位,认为"仁"是圣人之伦的主要内容,亦是尧舜与幽厉、圣君与昏君的差异与界限,因此他主张"仁"是圣门之学的第一要义,亦是学者为学的首要内容,统贯"为学"与"为政",正是"仁"的重要性,故吕柟在其哲学中着意凸显。而强调的缘由,吕柟亦明确说,"自宋张、程二氏发挥孔孟论仁之旨,其后教者罔或知授,学者靡或肯求,故斯学鲜矣"④,也就是说,吕柟认为仁学在张载、程颢推阐孔子之学后,由于种种原因,便走向式微,吕柟此说不虚,理学的话语确实在朱熹的哲学权威确立后,"关注课题从中和说、求仁说转变到理气说、心性说、格物说",⑤故吕柟有意通过强调"存心、收放心"与"仁"的联系,力求凸显仁学的本旨和地位。

结语

吕柟身处朱子学以强势话语统治学界,阳明学渐炽天下,学者靡然风从之时,他舍弃注疏的形式,以"理在解语内"的方式展开对《孟子》的诠释,在性气、心性、工夫等方面皆富有创见,尤其是他所强调的"理气一物",消解"理"的实体地位,凸显"理气"混而为一的特质,发出明代张载"气学"复兴的先声。更为

---

① 吕柟:《张子钞释》卷三,影印文渊阁四库全书,台湾商务印书馆,第65页。
② 吕柟著,刘学智点校:《泾野经学文集·孟子因问》,西北大学出版社2015年版,第465页。
③ 吕柟著,赵瑞民点校:《泾野子内篇》,西北大学出版社2015年版,第162页。
④ 吕柟著,米文科点校:《泾野先生文集》卷一五,西北大学出版社2015年版,第524页。
⑤ 陈来:《略论宋代道学话语的形成》,载《石家庄学院学报》2009年第2期,第11页。

重要的是,吕柟在对《孟子》的诠释中所体现出的"取法程朱,辨乎阳明"的特质,折射出明代中期朱子学在上升至科场令甲之后,弊端日益凸显,有识之士开始一改明代初期"此亦一述朱,彼亦一述朱"①的学术风气,试图矫正朱子学的理论窠臼,吕柟虽对张载、朱子的理气说多有微词,但在"知行""仁学"等仍体现出羽翼程朱的特质,同时他亦对阳明心学矫枉过正的一面有意提防。总之,吕柟的《孟子》学折射出秉承张载关学重视践履,批驳阳明心学,羽翼、修正朱子学的诠释特质,有力推动张载关学、朱子学的深化与发展,对于探究张载关学、朱子学在明代的流变具有重要的思想意义。

（作者工作单位为陕西师范大学哲学系）

---

① 黄宗羲:《明儒学案》(修订本)卷一〇,中华书局 2008 年版,第 178 页。

身心之学的重建与自律道德的回归

——论朱子"尊德性"工夫的核心问题

江求流

一般而言,人们常常将朱子与其同时代的陆九渊加以对比,认为二人之间的一项根本性差异即在于前者强调"道问学"而后者强调"尊德性"[①],黄宗羲曾经对此作了更为明确的概括:"先生之学(指陆九渊——引者),以尊德性为宗……同时紫阳之学,则以道问学为主"[②]。如果说黄宗羲认定朱子之学"以道问学为主"已经忽略了尊德性在朱子为学工夫的重要性,那么当牟宗三先生说朱子"工夫的落实处全在格物致知"时,尊德性在朱子为学工夫中的重要性就已经被完全淹没了[③]。当然,虽然相对陆九渊而言,朱子确实更加重视道问学[④],但事实上,在朱子那里,尊德性与道问学二者缺一不可。这在"尊德性,所以存心而极乎道体之大也;道问学,所以致知而进化道体之细也。二者修德凝道之大端也"[⑤]这一论述中得到明确的体现。不难发现,在朱子那里,尊德性的工夫具有十分重要的地位。那么,朱子那里尊德性的工夫具体内涵是怎么的? 其所具有的而谈到朱子的尊德性工夫,则不可避免地要涉及他对湖湘学派"先察识后涵养"的工夫论的批

---

① 余英时先生认为,元儒吴澄对这一观点的流布负有主要的责任。参见余英时:《朱熹哲学体系中的道德与知识》,载氏著《宋明理学与政治文化》(《余英时文集》第十卷),广西师范大学出版社 2006 年版,第 61—62 页。

② 黄宗羲原著、全祖望补修:《象山学案》,见《宋元学案》卷五八,第 1885 页。余英时也指出黄宗羲的这一概括对后世人们对朱陆之别的理解具有重要的影响。见余英时:《朱熹哲学体系中的道德与知识》,载《宋明理学与政治文化》,第 62 页。

③ 牟宗三指出伊川朱子一系:"工夫特重后天之涵养('涵养须用敬')以及格物致知之人之的横摄('进学在致知'),总之是'心静理明',工夫的落实处全在格物致知,此大体是'顺取之路'。"(见牟宗三:《心体与性体》上册,上海古籍出版社 1999 年版,第 43 页)林安梧先生已经注意到牟宗三的上述概括存在巨大的问题,他说:"经由粗略的'道问学'与'尊德性'的区别,去讲明'程朱'与'陆王',那是不足的。"(见林安梧:《关于朱子"格物致知"以及相关问题之讨论:"续别为宗"或"横摄归纵"》,见陈来、朱杰人主编:《人文与价值:朱子学国际学术研讨会暨朱子诞辰 880 周年纪念会论文集》,华东师范大学出版社 2011 年版,第 31 页。)

④ 但这只是说相对于陆九渊不重视道问学而言,朱子确实更加重视道问学;而不是说,在尊德性与道问学之间,朱子更加重视道问学。实际上,就尊德性与道问学而言,尊德性在朱子那里无疑具有更为根本的地位。

⑤ 朱熹:《中庸章句》,见《朱子全书》第 6 册,第 35—36 页。

判——实际上,朱子自身工夫论的建构正是在对湖湘学派的批判之中完成的。

一、对湖湘学派工夫论的反思

作为宋明理学中的一个重要学术流派,湖湘学派对工夫论有其独特的理解,即"先察识后涵养"。在中和旧说时期,朱子对此一工夫进路非常推崇,曾说:"大抵衡山之学,只就日用操存辨察,本末一致,尤易用功。"①然而,在乙丑之悟的中和新说确立之后,朱子对"先察识后涵养"这一工夫进路进行了一次翻转,从而确立了"先涵养后察识"的工夫进路。那么,朱子为何要进行这一翻转呢? 要回答这一问题,就必须首先弄清湖湘之学的"先察识后涵养"的具体内涵是什么。湖湘学派关于"先察识后涵养"的论述首先集中体现在胡宏与彪居正的如下对话中:

> 彪居正问:"心无穷者也,孟子何以言尽其心。"曰:"惟仁者能尽其心。"居正问为仁,曰:"欲为仁,必先识仁之体。"曰:"其体如何?"曰:"仁之道弘大而亲切,知者可以一言尽,不知者虽设千万言亦不知也。能者可以一事举,不能者虽指千万事亦不能也。"曰:"万物与我为一,可以为仁之体乎?"曰:"子以六尺之躯,若何而能与万物为一。"曰:"身不能与万物为一,心则能矣。"曰:"人心有百病一死,天下之物有一变万生,子若何而能与之为一?"居正竦然而去。他日某问曰:"人之所以不仁者,以放其良心也。以放心求心可乎?"曰:齐王见牛而不忍杀,此良心之苗裔,因利欲之间而见者也。一有见焉,操而存之,存而养之,养而充之,以至于大,大而不已,与天地同矣。此心在人,其发见之端不同,要在识之而已。"②

通过这一论述可以看到,湖湘之学将工夫的最终目标设定为"识仁之体",而按照胡宏的说法,要达到这一境界,具体的工夫进路是在良心发现之时能够通过反省的方式自觉地意识到良心呈现这一经验性事实,由于良心即是恻隐之心,是作为性体的仁的经验性流露,对良心的察识实质上也就是通过对仁的经验性呈现这一事实的察觉而认识仁之体本身,因此,胡宏一方面说"必先识仁之体",另一方面又说"要在识之而已"。所谓涵养,则是在察识到良知的存在之后,即在"一有见焉"之后,"操而存之,存而养之,养而充之",实际上即是对良心的进一步体

---

① 朱熹:《答罗参议》,见《续集》卷五,见《全书》第 25 册,第 4747 页。按陈来先生的考证,此书作于乾道元年(1165 年)(陈来:《朱子书信编年考证》,三联书店 2007 年版,第 34 页),而确立中和新说的乙丑之悟发生在乾道五年(1169 年),因此这显然是中和旧说时期的说法。

② 引自朱熹:《胡子知言疑义》,见《文集》卷七三,见《全书》第 24 册,第 3560—3561 页。

认、扩充。后来张栻将胡宏的上述观点概括为"学者先须察识端倪,然后可加存养之功"①,即"先察识后涵养"。在深受湖湘学派影响的中和旧说时期,朱子对工夫进路的理解基本与此一致,在著名的"人自有生四书"的第一书中,朱子写到:

天理本真,随处发见,不少停息者,其体用固如是,而岂物欲之私所能壅遏而梏亡之哉?故虽汨于物欲流荡之中,而其良心萌蘖,亦未尝不因事而发见。学者于是致察而操存之,则庶乎可以贯乎大本达道之全体而复其初矣。②

这里的"致察而操存之"显然是与湖湘学派"先察识后涵养"的工夫进路是一致的。很显然,无论是胡宏、张栻,还是朱子自己对工夫进路的上述理解都明确地既具有察识的环节与包含涵养的环节,朱子为什么在中和新说成立后认为这里欠缺涵养工夫呢?这里的关键就在于,从胡宏和朱子自己的论述看,"先察识而后涵养"中的涵养实质上不过是察识工夫的补充性环节,从根本上说,它仍然从属于察识工夫,而不具有独立的工夫意义,因为按照"先察识后涵养"这一工夫路径的安排,如果没有"先察识"这一先行的环节,则"后涵养"这一环节就无从下手。更为重要的是,"先察识"这一环节是建立在良心的呈现这一经验性事实的基础上的,无论是胡宏说的"良心之苗裔",还是朱子说的"良心萌蘖",都是指向良心(即恻隐之心)的呈现这一经验性事实,对察识工夫而言,如果没有良心呈现这一经验性事实存在的话,那么察识本身也就无从下手,更不要说察识后的涵养工夫了。然而,这里需要考虑的是,良心是永无停息地呈现在那里呢,还是其呈现需要特定的条件呢?事实上,在胡宏和朱子的上述论述中都可以很清楚地看到,良心的呈露并不是无条件的,它实际上是作为主体内在性体的仁在与特定情境相感通时才会呈现出来的:胡宏说的"齐王见牛而不忍杀,此良心之苗裔",朱子说的"良心萌蘖,亦未尝不因事而发见",都表明了这一点,即良心的呈现必须因事而发,或者说,仁之体必须感于物③而动,倘若没有见孺子入井或者见牛觳觫这样的具体事件发生,就不会有良心的呈现这一经验性事实出现④。正如王夫之所言:

意或无感而生,(如不因有色现前而思色等。)心则未有所感而不现。(如存

---

① 朱熹:《答张钦夫四十九》,见《文集》卷三二,见《全书》第21册,第1420页。
② 朱熹:《与张钦夫三》,见《文集》卷三〇,见《全书》第21册,第1315—1316页。
③ 在儒家传统中"物"的基本内涵即是"事"。朱子在注释大学的"格物"之"物"时,就明确说"物,犹事也"。而无论是郑玄还是王阳明、王夫之都是如此理解的。
④ 这一点笔者在《感通能力与"可以为善":朱子对人性的理解》(《问学——思勉青年学术集刊》第1辑,三联书店,2015年7月)一文中曾经做了非常详尽的论述,这也是朱子区分性与情的根本性的问题意识所在。

恻隐之心,无孺子入井事则不现等。)①

　　良心的呈现不同于一般性的意识、思维,它只会在主体与特性的情境相遭遇时才会呈现。但问题的关键是,主体并不是一天到晚都会遭遇触动良心呈现的事件。实际上,能够触动主体内在的性体,从而流露出恻隐、羞恶、辞让、是非之心的情境,在主体的日常生活中并不以常态的形式出现。那么,如果按照"先察识后涵养"的工夫进路,在没有良心呈现的大多数时间内,主体的工夫显然无法安顿。正因如此,在中和新说确立后,朱子对张栻所说的"学者先须察识端倪之发,然后可加存养之功"提出了批判:

　　　所谓"学者先须察识端倪之发,然后可加存养之功",则熹于此不能无疑。盖发处固当察识,但人自有未发时,此处便合存养,岂可必待发而后察、察而后存耶?且从初不曾存养,便欲随事察识,窃恐浩浩茫茫,无下手处,而毫厘之差、千里之缪将有不可胜言者。②

　　良心的呈现就是性体、仁体的发用,也就是已发,但问题的关键就在于"人自有未发时"。如果按照"先察识后涵养"的工夫进路,在良心未发时,就不用做工夫,也不知该如何做工夫。但对于朱子而言,"此处便合存养",也就是说,真正的涵养工夫是在良心未呈现的那些日常生活的大多数时间内进行的,而不仅仅是依赖于良心呈现这种特殊的、暂时的情境所进行的察识工夫的补充性环节。正因如此,朱子说:"近看南轩文字,大抵都无前面一截工夫也。大抵心体通有无、该动静,故工夫亦通有无、该动静,方无透漏。若必待其发而后察,察而后存,则工夫之所不至多矣。"③之所以说南轩(即张栻)那种"先察识后涵养"的工夫是"无前面一截工夫",从而"工夫之所不至多",根本原因在于良心的呈露是因事而发、感物而动的,因此就时间上说是短暂的,如果仅仅依赖先察识而后涵养,那么主体日常生活中做工夫的时间也就不会很多,日常生活的绝对多数时间内反而无须做工夫了。正因日常生活中良心的呈现是一种非常态的情况,而大多数时间内良心都不是处于呈现状态的,因此,"先涵养后察识"的工夫进路中的"先涵养"就是日常生活的绝大多数时间内所进行的修养工夫,而"后察识"则意味着在良心呈现这特殊情况下所进行的工夫。因此,如果说,在"先察识后涵养"的工夫进路中,涵养工夫只是察识工夫的一个补充性的环节,因此,察识工夫才是工夫的根本所在;那么在"先涵养后察识"的工夫进路中,涵养工夫则具有更为根本性的地位,它在实

_____

① 王船山:《读四书大全说》上册卷一,第 23 页。
② 朱熹:《答张钦夫四十九》,见《文集》卷三二,见《全书》第 21 册,第 1419 页。
③ 朱熹:《答林择之二十二》,见《文集》卷四三,见《全书》第 22 册,第 1981—1982 页。

际上构成了察识工夫的基础性前提。正如朱子所言：

> 未发有工夫，既发亦用工夫。既发若不照管，也不得，也会错了。但未发已发，其工夫有个先后，有个轻重。①

未发时的工夫显然是指涵养工夫，已发时的工夫则是察识的工夫，而涵养与察识不仅"有个先后"，而且"有个轻重"，也就是说在"先涵养后察识"的工夫进路中，涵养显然比察识具有更为重要的地位，朱子自己就曾经用"本领工夫"②一词来表达涵养工夫所具有的根本性地位。

二、涵养工夫与身心之学的重建

不过，对朱子而言，涵养工夫之所以是根本性的工夫，不仅因为它在日常生活中所能够进行的时间长，更为重要的是，"先察识后涵养"与"先涵养后察识"两种不同的工夫进路中的涵养工夫在内涵上具有根本的不同。事实上，由"先察识后涵养"到"先涵养后察识"的转变并不仅仅是一种形式上的先后顺序的翻转，倘若如此，朱子就不会说张栻那里"无前面一截工夫"，也不会说他自己的中和旧说欠缺"平日涵养一段工夫"③。而欠缺"平日涵养一段工夫"则表明，在朱子看来，"先察识后涵养"中涵养并非真正意义上的涵养，因为它实质上不过是察识工夫的一个补充性环节。那么，朱子所说的涵养工夫的真正内涵何在呢？

众所周知，朱子那里的涵养工夫实际上是继承了程颐所说的"涵养须用敬"之说④。当然，持敬工夫并非程颐的发明，而实质上是在孔子那里就已经存在的一种修养方式，在孔子那里已经将"敬"作为自我修养的方式而提出来了。《论语·宪问》中"子路问君子"，孔子首先的回答就是"修己以敬"。在这里，"敬"已经被看一种君子修己、成德的基本方式。此外，《论语·雍也》篇中也有"居敬"之说。对朱子而言，持敬工夫实际上是儒学最为核心的修养工夫，他甚至说："敬之一字，圣学所以成始成终者也"⑤。那么作为涵养工夫的敬又该如

---

① 朱熹：《语类》卷九四，见《全书》第 17 册，第 3151 页。
② 朱熹：《已发未发说》，见《文集》卷六七，见《全书》第 23 册，第 3268 页。
③ 朱熹：《与湖南诸公论中和第一书》，见《文集》卷六四，见《全书》第 23 册，第 3131 页。
④ 朱子中和新说确立后的工夫论是继承程颐的"涵养须用敬，进学则在致知"。从广义上说，无论是涵养还是致知都属于工夫的范畴，前者属于《中庸》所谓的尊德性，后者属于道问学。不过从狭义上说，尊德性属于更为具体的工夫，而道问学属于广义上的工夫，对朱子而言，道问学对于尊德性具有引导性、补充性的意义，而尊德性才是工夫的核心内涵。关于道问学与尊德性，或者说，致知与涵养之间的关系问题，笔者将另文再论，这里不再展开。
⑤ 朱熹：《大学或问》，见《全书》第 6 册，第 506 页。

何下手呢？在《大学或问》中朱子曾经以自问自答的方式回答了这一点：

> 曰：然则所谓敬者，又若何而用力邪？曰：程子于此，尝以主一无适言之矣，尝以整齐严肃言之矣。至其门人谢氏之说，则又有所谓常惺惺法者焉。尹氏之说，则又有所谓其心收敛不容一物者焉。观是数说，足以见其用力之方矣。①

在这一论述中，持敬工夫被概括为四个方面，即：甲、主一无适；乙、整齐严肃；丙、常惺惺；丁、其心收敛不同一物。甲、乙两者来自程子，实际上主要是程颐，而丙、丁则是来自程门后学。不过，如果全面地阅读朱子的文献，可以发现，朱子所强调的持敬工夫主要是主一无适和整齐严肃两个方面，这在《敬斋箴》一文中即得到明确的体现：

> 正其衣冠，尊其瞻视；潜心以居，对越上帝。足容必重，手容必恭；择地而蹈，折旋蚁封。出门如宾，承事如祭；战战兢兢，罔敢或易。守口如瓶，防意如城；洞洞属属，毋敢或轻。不东以西，不南以北；当事而存，靡他其适。勿贰以二，勿参以三；惟精惟一，万变是监。从事于斯，是曰持敬；动静弗违，表里交正。②

这里的"正其衣冠，尊其瞻视"、"足容必重，手容必恭"等主要涉及整齐严肃，而"不东以西，不南以北；当事而存，靡他其适。勿贰以二，勿参以三；惟精惟一，万变是监"则非常明确地是属于主一无适的范围。这一点也体现在如下的论述中：

> "持敬"之说，不必多言，但熟味"整齐严肃""严威严恪""动容貌""整思虑""正衣冠""尊瞻视"此等数语而实加功焉，则所谓直内、所谓主一，自然不费安排而身心肃然，表里如一矣。③

从以上对于持敬内容的介绍又可以很明显地看出，整齐严肃与主一无适作为日常涵养工夫的具体内容实际上涉及两个不同的层面，如果说整齐严肃所涉及的是对身体的调节，那么主一无适显然涉及的是对意识的调节，如果借用儒学的固有词汇，持敬涵养工夫实质上涉及身与心两个层面，正因如此，朱子说持敬工夫可以到达"身心肃然，表里如一"。在这一意义上，由整齐严肃与主一无适所共同构成的涵养工夫实质上是包含身心两个层面在内的一种全方位的工夫进路。就这一点而言，朱子那里的持敬涵养的工夫，就与那种仅仅关注意识层面修养工夫的具有本质的区别。事实上，从前文的论述中可以看到，不仅湖湘学派的"先察识后涵养"的工夫就是一种仅仅关注意识层面的工夫，在那里身体层面的调节就没有得到应有的关注。因此，朱子这种身心兼顾的修养工夫就值得特别注意。而

---

① 朱熹：《大学或问》，见《全书》第 6 册，第 506 页。
② 朱熹：《敬斋箴》，见《文集》卷八五，见《全书》第 24 册，第 3996—3997 页。
③ 朱熹：《答杨子直一》，见《文集》卷四五，见《全书》第 22 册，第 2072 页。

且,如果将朱子的涵养工夫与西方思想中的精神修炼的传统加以对比,就更能显现出其独特性。在西方主流的思想传统中,身体往往被看作是灵魂的负担。正如有学者指出的,"对大部分古希腊罗马的哲学家来说,哲学实践就是一个将灵魂从肉体中摆脱出来的过程",因此其修养工夫也就成为一种"纯粹的精神修炼,其中并无身体的位置"①。当然,西方哲学传统中的这种精神修炼的工夫植根于其根深蒂固的身心二元论传统。这一观念从以亚里士多德为代表的古希腊时期就已经存在,到笛卡尔那里达到顶峰。赖尔曾经对这种被他称之为"官方学说"学说的理论进行了如下的概括:"可能除了白痴和怀抱的婴儿外,每个人都有一个躯体和一个心灵。有些人则宁愿说,每个人都既是一个躯体又是一个心灵。通常,他的躯体和他的心灵被套在以其,但在躯体死后,他的心灵可以继续存在并依然发挥作用"②。在赖尔看来,西方传统中以二元论为主流的对身心关系的理解,将一个具体的人假定为两个不同形态的存在的结合,它们分别是物理性的存在和心理性的存在,前者代表是身体,后者则是人的心灵;前者存在于时空之中,后者则是超越时空的③。这种对身心关系的理解,一方面将身心理解为两种完全异质的存在,二者如同两个不同的性质的物体一样机械性地结合在一起,无法相互作用;另一方面,这种理解的背后又隐含则贵心(灵魂)而贱身(身体)的观念。从而反映在修养工夫上就是精神修炼,也就是仅仅从心上做工夫。但在朱子看来,心是"气之精爽"④,因此心是身体的内在机能⑤,因此身体层面的修养工夫与意识层面的修养工夫实际上是可以相互作用的。正如朱子所言:

根本枝叶本是一贯,身心内外元无间隔。今日专存诸内而略乎外,则是自为间隔,而此心流行之全体常得其半而失其半也。曷若动静语默由中及外,无一事而不敬,使心之全体流行周浃而无一物之不遍、无一息之不存哉?观二先生之论心术,不曰"存心"而曰"主敬",其论主敬,不曰虚静渊默而必谨之于衣

---

① 彭国翔:《儒家传统的身心修炼及其治疗意义》,见杨儒宾、祝平次编:《儒学的气论与工夫论》,华东师大出版社 2008 年版,第 11 页。

② [美]吉尔伯特·赖尔:《心的概念》,商务印书馆 2009 年版,第 4 页。

③ [美]吉尔伯特·赖尔:《心的概念》,第 6 页。

④ 朱熹:《语类》卷五,见《全书》第 14 册,第 209 页。

⑤ 朱子这种对心的理解与将心理解为一种实体化存在不同,而与现代科学对心的理解更为接近。在现代科学中,心的实质内涵即是意识,无论是理智、情感还是意志,乃至于潜意识都是意识的不同表现形式,而意识是在生物进化过程中产生的。(参见[美]杰拉尔德·埃德尔曼:《第二自然》,湖南科学技术出版社,第 21 页。)需要指出的是,前文曾经一再指出,在朱子那里,以仁义礼智为内涵的人性实质上也是身体的内在机能。这一点与心是身体的内在机能并不矛盾。在朱子那里,仁义礼智之性也是心的一个层面,即也是身体内在机能的一个层面。

冠容貌之间,其亦可谓言近而指远矣。①

由此可见,朱子对修养工夫的理解建立在一种一元化的、身心互动的身心观之上的。正因如此,他不会将修养工夫仅仅理解为一种意识层面的精神修炼,而是对身体层面的修养工夫也非常重视。

实际上,朱子不仅非常重视身体层面的修养工夫,对他而言,身体层面的修养工夫比心灵层面、意识层面的修养工夫甚至更为重要。在他看来,身体层面的整齐严肃是持敬涵养工夫的最为核心的层面。他曾经多次谈到这一点,如:

熹窃观尊兄平日之容貌之间,从容和易之意有余,而于庄整齐肃之功终若有所不足。岂其所存不主于敬,是以不免若存若亡而不自觉其捨而失之乎? 二先生拈出"敬"之一字,真圣学之纲领,存养之要法,一主乎此,更无内外精粗之间,固非谓但制之于外而无事于存也。所谓"既能勿忘勿助,则安有不敬"者,乃似以敬为功效之名,恐其失之愈远矣。②

比因朋友讲论,深究近世学者之病,只是合下欠却持敬工夫,所以事事裂灭。其言敬者,又只能说存此心,自然中理,至于容貌词气往往全不加工。……程子言敬,必以整齐严肃、正衣冠、尊瞻视为先。又言未有箕踞而心不慢者,如此那是至论。③

上述议论虽然都有其针对性,但如果考虑到朱子还有"夫子教人持敬,不过以整衣冠、齐容貌为先"这样的说法,那么丝毫不用怀疑身体层面的修养工夫在朱子那里所具有的根本性地位。事实上,在儒学传统中,身心之学中最为核心的工夫就被称之为修身,《礼记·大学》篇甚至提出"自天子以至于庶人,一是皆以修身为本",这里的修身固然可以做广义的理解,即看作修养、修为的代名词,但这一名词无疑也体现了身体层面的修养在儒学修养工夫中所具有的核心地位,可以说,修身最为直接的进路无疑是对身体的调节。而对于朱子而言,身体的调节构成了工夫最为核心的部分,正因如此,他对《礼记?玉藻》所说的"君子之容舒迟,见所尊者齐速。足容重,手容恭,目容端,口容止,声容静,头容直,气容肃,立容德,色容庄,坐如尸,燕居告温温",以及孔子所说的"君子有九思:视思明,听思聪,色思温,貌思恭,言思忠,事思敬,疑思问,忿思难,见得思义"这类以身体的调节为核心的修养工夫非常重视,认为它们是真正的"涵养本原"④的工夫。

---

① 朱熹:《答何叔京二十四》,见《文集》卷四〇,见《全书》第22册,第1835页。
② 朱熹:《答何叔京二十一》,见《文集》卷四〇,见《全书》第22册,第1833页。
③ 朱熹:《答林择之九》,见《文集》卷四三,见《全书》第22册,第1979页。
④ 朱熹:《语类》卷八七,见《全书》第17册,第2965页。

张载曾经说"为学大益,在自求变化气质"①,事实上,朱子之所以会给予身体层面的修养工夫以如此重要的地位,也与他对"变化气质"的重视密不可分。不过,对朱子而言,不仅整齐严肃这类直接的身体层面的工夫具有变化气质的意义,而且实际上,以主一无适为主要内容的意识层面的调节也同样具有变化气质的意义。程颢曾经以现身说法的方式指出:"某写字时甚敬,非是要字好,只此是学。"②这里的敬显然是从主一无适的角度说的,而这里的"学"显然是变化气质之学。朱子对程颢的这一说法非常肯定,并将其收入以"存养"为主题的《近思录》第四卷中③,而朱子自己则作有《书字铭》对此加以阐发:"只此是学。握管濡毫,伸纸行墨,一在其中;点点画画,放意则慌,取妍则惑。必有事焉,神明厥德。"④这里的以主一无适为具体内容持敬工夫更为具体地说就是专一,这从朱子反对"放意"就可以明确地看出。事实上,在朱子那里,主一正是以专一为核心内容的,他曾经非常明确地说"主一只是专一"⑤。无论是主一还是专一,它所强调的无非是现代人常说的专心致志,做起事来不三心二意⑥。正如朱子所言:"做这一事,且做一事;做了这一事,却做那一事。今人做这一事未了,又要做那一事,心下千头万绪"⑦。事实上,人们在日常生活中总是有很多事务需要处理,而处理事务的意识状态决定了效率与效果,因此意识层面的专一显然十分必要。但意识层面的专一并不仅仅具有工具性的意义,它同时也具有修身的意义。我们很难设想一个整日心猿意马,做起事来三心二意的人会是一个很具有修养的人。但正如朱子所发现的"今人做这一事未了,又要做那一事,心下千头万绪",这是一种衡诸古今都不变的基本事实,因此这种专一的工夫诉求就具有非常明确的现实意义,它虽然不具有直接的道德伦理的内涵,但仍然变化气质、涵养本原的不可或缺的组成部分,正因如此,朱子也将其作为涵养工夫的重要内容。

在朱子那里,无论是对身体的调节还是对意识状态的调节,作为涵养工夫最终都指向变化气质。由于气质是每个人先天所禀,因此,气质的变化一方面非常

① 张载:《经学理窟·义理》,见《张载集》,中华书局1987年版,第274页。
② 程颢、程颐:《河南程氏遗书》卷三,见《二程集》上册,中华书局2004年版,第60页。
③ 陈荣捷:《近思录详注集评》,华东师范大学出版社2007年版,第151页。
④ 朱熹:《书字铭》,见《文集》卷八七,见《全书》第24册,第3997页。
⑤ 朱熹:《语类》卷九六,见《全书》第17册,第3240页。
⑥ 钱穆也曾指出,敬"照现在话说,只是一个精神集中"。见钱穆:《中国思想史》,九州出版社2012年版,第198页。
⑦ 朱熹:《语类》卷九六,见《全书》第17册,第3240页。

重要,但另一方面又非常困难。但在朱子看来,"气有可反之理,人有能反之道"①,这就意味着一方面变化气质具有可能性②,另一方面,主体也具有变化气质的具体进路,而上述所论的涵养工夫正是朱子对变化气质的具体进路的探讨。而通过上文的论述也可以看到,以整齐严肃、主一无适为主要内容的持敬构成了朱子所说的涵养工夫的基本进路。这一意义上的涵养工夫,与那种作为察识工夫的补充性环节的体认、扩充式的涵养工夫具有本质的不同,它不仅对主体的意识状态加以的调节,同时也对主体的身体姿态加以调节,换言之,这一工夫进路实际上是将工夫安顿在身体与意识的不同层面,同时这一工夫进路也不依赖于作为道德意识的良知呈现这一前提,从而能够将工夫安顿到日常生活行住坐卧的任何时空之中。因此,它既是对儒学传统中身心之学的自觉继承,也是对先秦儒学身心之学的重建。通过这一重建,使得儒学的身心之学能够以一种更容易为人们所把握的方式展现出来。正如有学者指出:"朱熹在思想理论上通过对二程"持敬"思想的创新阐释,而构成具有普遍适用性的'中和新说',其根本意向,就在于上至最高权力者下至百姓的所有成员,皆能在人伦日用之间得以实践"。③

三、察识工夫与自律道德的回归

正如前文所言,"先察识后涵养"的工夫依赖于良心呈现这一具体情境,但不可否认一些气禀非常差的人往往是麻木不仁,因而,变化气质能够对气禀的不良加以克服,从而使得主体在遭遇孺子入井等具体情境时人性能够更好地发用,这也就为良心的呈现提供了前提保证。正是在这一意义上,朱子指出:

古人只从幼子常视无诳以上、洒扫应对进退之间,便是做涵养底工夫了。此岂待先识端倪而后加涵养哉?但从此涵养中渐渐体出这端倪来,则一一便为己物。又只如平地涵养将去,自然纯熟。今日"即日所学,便当察此端倪而加涵养之功",似非古人为学之序也。④

由此可见,朱子之所以特别强调涵养工夫,正是因为涵养工夫构成的察

① 朱熹:《论语或问》,见《全书》第 6 册,第 863 页。
② "气有可反之理"中的理是在可能性的意义上说,这涉及朱子哲学中理的另一种内涵。在朱子那里,在作为人性的性理之外,作为一个概念的理还包含着可能性、必然性等内涵,关于这一点,需要专文做进一步的探讨。
③ 王健:《在历史真实与价值真实之间》,华东师范大学出版社 2007 年版,第 227 页。
④ 朱熹:《答林择之二十一》,见《文集》卷四三,见《全书》第 22 册,第 1980 页。

识工夫基本前提,涵养工夫能够保证察识工夫更好地发挥其效用——如果气质不美,麻木不仁,即便见孺子入井也默然视之,那么察识工夫也就是无法着手了。正因如此,在朱子看来,涵养与省察"诚不可偏废,然圣门之教详于持养而略于体察……夫必欲因苗裔而识本根,孰若培其本根,而听其枝叶之自茂耶"①。对朱子而言,涵养工夫正是涵养本原、培植根本的工夫,只有气质得以变化,人性的功能才能够更好地发用,而察识工夫才能更好地发挥其作用。

当然,在上述论述中也可以看到,朱子虽然给予持敬涵养的工夫以非常根本的定位,也没有否认察识工夫的重要性,不过,朱子在中和新说后所确立的察识工夫,实际上与湖湘学派的察识工夫也存在者很大的差异性。这明确地体现在朱子对胡宏所说的"欲为仁,必先识仁之体"的批判上。虽然胡宏的这一说法根源于程颢在著名的《识仁篇》中所说的:"学者须先识仁。仁者,浑然与物同体。义、礼、知、信皆仁也。识得此理,以诚敬存之而已。"②但胡宏所言与程颢毕竟还是有所不同,这里的关键就在于,胡宏这一说法是对彪居正"为仁"之问的回答。对朱子而言,彪居正之问与胡宏的回答涉及到的知与行之间的关系:"为仁"是行,而"识仁之体"是知,但胡宏之说中的一个"必"字意味着为仁的道德行动必须建立在知"仁之体"这一前提之下,那么就会产生如下的问题,即在未知"仁之体"的情况下,主体还是否应该践行道德行为。显然,按照胡宏的说法,主体的日常道德实践将缺乏可能,因为,对"仁之体"的体察、认知并非是一件非常容易达到的境界③。正因如此,朱子虽然并没有对程颢之说提出异议,但对胡宏则毫不客气地批判到:"'欲为仁,必先识仁之体',此语大可疑"④。对朱子而言,伦理道德实践无疑是人伦日用之中不可或缺之事,它不因主体未能"识仁之体"而减损其重要性与必要性。实际上,主体或许一生之中永远也不能达到"识仁之体"的境界,但不会对事亲、从兄之事一无所知,实际上,主体内在的人性总会在人伦日用之中有所呈露,见父则孝、见兄则悌这是发之人心

---

① 朱熹:《知言疑义》,见《文集》卷七三,见《全书》第24册,第3562页。
② 程颢、程颐:《河南程氏遗书》卷二(上),见《二程集》,第17页。
③ 正如陈代湘所言:"湖湘学知先行后说的最大危险就在这里,识得仁体是一种很高的境界,这种境界不是人人都可以瞬间直悟的,但未识体之前还是要躬行践履,不能坐待识仁之后再践履。如果硬要等到识仁之后,那么道德践履就会出现未识仁而不践行的空缺时段。"(见陈代湘:《朱熹与胡宏门人及子弟的学术论辩》,载《船山学刊》2012年第3期。)
④ 朱熹:《知言疑义》,见《文集》卷七三,见《全书》第24册,第3561页。

而不容已的,主体所该做的就是循而行之。正是在这一意义上,朱子对湖湘学者吴晦叔批判到:

大抵向来之说,皆是苦心极力要识"仁"字,故其说愈巧而气象愈薄。今日究观圣门垂教之意,却是要人躬行实践、直内胜私,是轻浮刻薄、贵我贱物之态潜消于冥冥之中,而吾之本心浑厚慈良、公平正大之体常存而不失便是仁处。其用功著力,随人浅深,各有次第。要之须是力行久熟,实到此地,方能知此意味。盖非可以想象臆度而知,亦不待想象臆度而知也。①

对朱子而言,既然作为人性主要内涵的仁实质上是主体内在的功能性存在,那么,只有在身体力行的行仁实践中,这种功能性存在才能够使得这种能力得到一步一步地提升。而且仁体作为一种身体的内在机能,它非一种实体化的存在,它不会以任何形象化的方式向人们展现,因此如果不能够身体力行,那么所谓的识仁、知仁不过是一种"想象臆度"罢了。不难发现,朱子对湖湘之学的上述批判正是出于对力行道德实践的强调②。

更为重要的是,这种以识仁、见体为导向的察识工夫,还存在着一个巨大的问题,即将人伦日用中的道德行为工具化。正如杨儒宾所概括的,"先察识后涵养"的工夫进路中"学者为学的首要工夫就是体认本体,等有所见了以后,再涵养此本体,而且涵养也不是静态的涵养、后天的涵养,而是人生的动态行为随时随地体证此'理'"③。但如此一来,人伦日用之中事亲、从兄的道德实践不过成为体认本体的工具。这一点在作为胡宏门人张栻那里就有很明显的体现,并突出地体现在他的《癸巳论语说》之中,如在注释"志士仁仁"章时,张栻说到:"仁者,人之所以生也,苟亏其所以生,则其生亦何为哉?"但在朱子看来这一诠

---

　　①　朱熹:《答吴晦叔八》,见《文集》卷四二,见《全书》第 22 册,第 1912—1913 页。

　　②　朱子曾经批判程门高足谢良佐的学问是"以活者为训,知见为先"。朱子对"知见为先"的批判则与他对湖湘学派的批判密不可分:谢良佐作为湖湘之学的鼻祖,其以"知见为先"的观念与湖湘学派所说的先识仁体而后可以为仁的观念具有重要的影响,就理论后果而言,它与湖湘之学一样都隐含着对道德实践的消解的倾向,因而,朱子对谢氏以"知见为先"的观念的批判也与他对力行道德实践的强调密不可分,正因如此,朱子对谢良佐进一步批判到:"其意不主乎为仁而主乎知仁……盖其平日论仁,尝以活者为仁,死者为不仁。但能识此活物乃为知仁,而后可以加操存践履之功;不能识此,则虽能躬行力践,极于纯熟,而终未足以为仁也。夫谓活者为仁,死者为不仁可矣,必识此然后可以为仁,则其为说之误也。……然直曰知仁,而不曰为仁,则又并与其扩充之者而忘矣。必如其说,则是方其事亲从兄之际,又以一心察此一心,而求识夫活物,其所重者乃在乎活物,而不在乎父兄,其所以事而从之者,特以求夫活物,而初非以为吾事之当然也。此盖源于佛学之余习,而非圣门之本意。"见朱熹:《论语或问》,见《朱子全书》第 6 册,第 614—615 页。

　　③　杨儒宾:《论"观喜怒哀乐未发前气象"》,载《中国文哲研究通讯》2005 年第 3 期。

释存在着很大的问题,他说:

> 志士仁人所以不求生以害仁者,乃其心中自有打不过处,不忍就彼以害此耳,非为恐亏其所以生而后杀身以成仁也。所以成仁者,亦但以遂其良心之所安而已,非欲全其所以生而后为之也。此解中常有一种意思,不以仁义忠孝为吾心之不能已者,而以为畏天命、谨天职,欲全其所以生者而后为之,则是本心之外别有一念,计及此等利害轻重而后为之也。诚使真能舍生取义,亦出于计较之私,而无恳实自尽之意矣。大率全所以生等说,自它人旁观者言之,以为我能如此则可,若挟是心以为善,则已不妥帖。况自言之,岂不益可笑乎?①

从朱子的这一批判不难发现,在张栻那里存在着将日常的伦理道德实践工具化的严重倾向,毋庸置疑,这一倾向根源于其所继承的湖湘之学的识仁之说,它以识仁、见体为诉求,而将日常的实践行为都作为达到这一目的的工具。但在朱子看来,对人伦道德的身体力行不过是"遂其良心之所安",这是天理之自然,而并非是为了识仁、见体。如果"欲全其所以生者而后为之",那么道德实践则成为成了"计较之私",从而丧失了其道德性。也正是在这一意义上,朱子又对张九成所说的"当事亲,便当体认取那事亲者是何物,方识所谓仁;当事兄,便当体认取那事兄者是何物,方识所谓义"②提出了批判,他说:

> 顷年张子韶之论,以为:"当事亲,便当体认取那事亲者是何物,方识所谓仁;当事兄,便当体认取那事兄者是何物,方识所谓义。"某说,若如此,则前面方推这心去事亲,随手又便去背后寻摸取这个仁;前面方推此心去事兄,随手又便着一心去寻摸取这个义,是二心矣。③

这里的"二心"与前述引文中的"本心之外别有一念"在内涵上是一致的。其实质内涵就在于,本来事亲、从兄出于主体的爱亲、敬长之心,是人性感通的自然而言的结果,主体只要"遂其良心之所安",尽其爱亲、敬长之心即可,但如果在事亲、从兄之时又要别起一念来反思"我"所以能事亲、从兄的这一本心是何物,并进一步借此达到识仁、识义的目的,那么事亲、从兄的行为实际上不过

---

① 朱熹:《与张敬夫论〈癸巳论语说〉》,见《文集》卷三一,见《全书》第21册,第1379页。

② 引自朱熹:《语类》卷三五,见《全书》第15册,第1303页。张九成虽然不属于湖湘学派,不过他这里所说的"识仁""识义"等工夫诉求与湖湘之学的识仁、见体之学具有极大的相近之处,从理论上说,这里工夫进路所包含的问题也是类似的。

③ 朱熹:《语类》卷三五,见《全书》第15册,第1303—1304页。

成为达到识仁、识义这一目的的工具,从而事亲、从兄的道德行为也就不再具有伦理道德内涵和价值。

而在朱子那里,察识工夫与湖湘学派这种借助于察识以体证本体的进路具有根本的不同。与湖湘学派一样,朱子那里的察识工夫也是建立在良心呈现这一基本前提之下,良心地呈现在本然的状态下可以直接指引主体当下采取行为,但由于主体往往会在这一当下考虑到自己的安危利害而抑制了良心的召唤,这就是朱子所谓的天理人欲交战。对朱子而言,真正意义上的察识工夫意味着,当你察知到良心的召唤之时,就应该"遂其良心之所安",换言之,真正的察识工夫,就是要在天理人欲交战之时,察见自己的本然之善心,并听从它的指引以采取相应的行为。这也就是朱子所说的"存天理,去人欲"①。由此可见,朱子那里的察识工夫实质上是通过对主体自身的道德本心的察知,并进一步将其落实到具体的道德行为之中,即便自身的道德本心受到来自人欲的干扰、抑制,也要"遂其良心之所安",而不可为人欲所夺。由此可见,与湖湘学派将察识良心作为体证本体的中介、工具性环节不同,朱子那里的察识工夫,强调的乃是力行道德实践本身的重要性。这从如下的论述中可以进一步地看到:

> 只如一件事,见得如此为是,如此为非,便从是处行将去,不可只恁休。误了一事,必须知悔,只这知悔处便是天理。……道理只要人自识得,虽至恶人,亦只患他顽然不知省悟;若心里稍知不稳,便从这里改过,亦岂不可做好人?孟子曰:"人之所以异于禽兽者几希!庶民去之,君子存之。"去,只是去着这些子,存,只是存着这些子,学者所当深察也。②

这一论述就清楚地表明察识工夫最终要落实在"从是处行将去"这一道德践履之上。而这里的"去,只是去着这些子,存,只是存着这些子"正是"存天理,去人欲"。由于从察识到践履的转化,存在着天理人欲交战的心理斗争过程,因此,这一过程实质上也就是一个道德自律的过程,相反那种将对良心的察知当作体认本体的工具性获得的察识工夫反而与他律道德很难划清界限,正如

---

① 在这里可以看到,"存天理,去人欲"这一表述,虽然近代以来饱受诟病的,但那是因为人们并不了解这一表述的实质内涵。而从本文的论述看,这一表述实质上是朱子工夫论的一个重要组成部分,并且具有重要的价值意义。

② 朱熹:《语类》卷一一七,见《全书》第18册,第3678页。

朱子所言,这种察识工夫骨子里正是"出于计较之私,而无悫实自尽之意"①。有意思的是,众所周知,牟宗三先生正是以朱子的道德学说是他律道德,从而判定朱子是"别子为宗",并肯定胡宏一系则是儒学正统所在。但在这里可以看到,实际上朱子那里反而存在真正意义的自律道德,而以胡宏为代表的湖湘之学的道德学说却与他律道德更为接近。在这一意义上,不难发现,朱子对湖湘学派察识工夫的批判,实质上正是从道德的他律化向自律道德的回归。

（作者工作单位为陕西师范大学政治经济学院）

---

①　正如康德所言:"凡是在必须把意志的某个客体当作根据,以便向意志颁布那决定意志的规则的地方,这规则就只是他律;这命令就是有条件的,即:如果或者由于一个人想要这个客体,他就应当如此这般地行动;因而它永远不能道德地,即定言地下命令。"(见康德:《道德形而上学奠基》,第85页)事实上,在湖湘学派那里,以体证本体为目标的察识工夫,实际上正是将本体作为工夫过程的目标,即康德这里所说的客体,而察识工夫作为一种行为实际上是"想要这个客体",因此察识工夫本身则是工具性的,从而是他律的。有意思的是,牟宗三先生曾经认为朱子是他律道德,因此是别子为宗,而胡宏一系则是自律道德,是儒学正统所在。李明辉先生曾经将牟宗三的这一判教的依据概括为:"他们是否承认孟子底'本心'义,而接受'心即理'的义理架构? 如果是的话,则必属自律伦理学。不接受此义理架构,但有一独立的'道德主体'概念,仍不失为自律伦理学;……若连'道德主体'底概念亦不能挺立起来(如朱子),便只能归诸他律伦理学。"(见李明辉:《儒家与康德》,联经出版公司1990年版,第45页)但正如杨泽波先生所指出的:"按照李明辉的划分,能否称为道德自律,主要是看其有没有一个独立的道德主体。孟子的道德本心自然属于道德主体……但我们知道,朱子哲学的最高范畴是天理或理,理必须在事中显现,落实在具体的事物之中而为事物之性,理是就总体而言,性是就个体而言,就此而言,性或性体就是朱子学理中的道德主体。"在这一意义上,杨泽波不同意李明辉从是否承认道德主体的角度判定朱子为他律道德,因为既然朱子那里确认了性体的实在性,自然也可以归入道德自律。不过他又进一步指出:"朱子学理的问题不在有没有一个独立的道德主体,而在这个理没有孟子的心义,使理没有活动性,最后沦为死理。"(见杨泽波:《牟宗三道德自律学说的困境及其出路》,载《中国社会科学》2003年第4期)然而,事实上,在朱子那里,以仁义礼智为具体内涵的天理或性体,不仅具有其实在性,从而是"存有"的,而且具有其功能性,从而是"活动的"(关于这一点,可以参见笔者《感通能力与"可以为善":朱子对人性的理解》)。因此,朱子那里的性体实际上是"既存有又活动"的,因此,他那里的理或天理也不是死理,从而将朱子判为他律伦理学显然是不合适。当然,更为重要的是,从自律、他律的角度来理解朱子哲学乃至儒家哲学都有其内在的限度的,在一定程度上,是一种理论的误置。(关于这一点可以参看唐文明:《隐秘的颠覆:牟宗三、康德与原始儒家》,三联书店2012年版,第63—137页。)

梁漱溟论中国文化中的民主问题

曹树明

20世纪以来,自由主义、马克思主义和文化保守主义在中国的思想舞台上呈三足鼎立之势,然而,对于来自西方的现代政治理念——民主,三大思想流派却无一例外地表示赞同和接受。与自由主义、马克思主义视中国传统儒学和西方民主之间存在不可跨越的鸿沟进而主张全盘西化不同,文化保守主义的主力军现代新儒家对民主的接纳采取的是返本开新的路径。具体而言,就是返传统儒学之本、开现代民主政治之新。作为现代新儒家的开山人物,梁漱溟即致力于探讨中国文化中的民主问题。事实上,"中国历代传承下来的文化价值是否能适合于现代化,这是梁氏一生的主要问题"[①]。

针对此一议题,学界主要聚焦于梁漱溟20世纪20、30年代《东西文化及其哲学》(1921年10月北京财政部印刷局首印)《中国民族自救运动之最后觉悟》(1932年9月村治月刊社首印),而对于其20世纪40年代的《民主是什么——什么是民主》《中国文化的两大特征》《政治上的民主和中国人》等系列论文及《中国文化要义》(1949年11月成都路明书店首印)中有关中国文化与民主之关系的探讨尤其是对梁氏在此问题上的思想转变则关注得不够充分。

一

1920年,梁漱溟在北京大学以"东西文化及其哲学"为题进行讲演,1921年8月,他又以同题在山东教育厅讲演。同年10月,在两次讲演记录的基础上编纂而成的《东西文化及其哲学》由北京财政部印刷局印行。1922年1月,该书改由上海商务印书馆出版。甫一问世,此书即引起强烈反响。在一定意义上

---

① [美]艾恺:《梁漱溟——以圣贤自许的儒学殿军》,林镇国节译,载傅乐诗等:《近代中国思想人物论——保守主义》,时报文化出版公司1980年版,第305页。

说,《东西文化及其哲学》一书的出版,是梁漱溟现代新儒家开山祖师之地位确立的标志。其中,他以中西印三种文化的根本精神为标准,在儒学遍遭批判的五四时期一反潮流而提出三种文化路向之说,肯定儒学的价值。梁漱溟认为,西方文化"是以意欲向前要求为其根本精神的",而"中国文化是以意欲自为、调和、持中为其根本精神的。印度文化是以意欲反身向后要求为其根本精神的"①。基于此种认识,他断言世界文化的未来是中国文化的复兴,原因在于:中国文化和印度文化皆是早熟的文化,分属第二路和第三路,西方文化则是在人类文化之初都不能不走的第一路;然而中国文化"不待把这条路走完,便中途拐弯到第二路上来",印度文化"不待第一路第二路走完而径直拐到第三路上去"②。梁漱溟指出,西方文化的暂时胜利,只是因为它适应人类当下的问题,相对于此,中印文化则不合时宜,而西方文化中最为当下中国所瞩目的东西即是由意欲向前要求的精神产生的"'塞恩斯'与'德谟克拉西'两大异采"③,亦即,"科学"与"民主"。梁氏进而对这个来自西方的民主的特征以及从中国传统文化能否通向民主之路发表了自己的看法。

首先,民主的特征。在传统中国人的思想里,天下一定要有一个"作主的人",他"一个人拿主意,并要拿无制限的主意;大家伙都听他的话,并要绝对的听话"。西方的民主之路则不同,它是"大家伙同拿主意,只拿有制限的主意,大家伙同要听话,只听这有制限的话"④。梁漱溟说,西方人要求权利,护持自由,其民主具备两个显著特征,"第一层便是公众的事大家都有参与做主的权;第二层便是个人的事大家都无过问的权"⑤。在他看来,这两个特征乃基于"人"的观念、"自己"的观念的树立。

其次,中国文化能否通向民主之路。梁漱溟断言:"假使西方化不同我们接触,中国是完全闭关与外间不通风的,就是再走三百年、五百年、一千年也断不会有这些轮船、火车、飞行艇、科学方法和'德谟克拉西'精神产生出来","那德谟克拉西实在无论如何不会在中国出现!"⑥这是因为,中西文化走的路线根

---

① 梁漱溟:《东西文化及其哲学》,《梁漱溟全集》第一卷,山东人民出版社 2005 年版,第 353 页、383 页。

② 梁漱溟:《东西文化及其哲学》,《梁漱溟全集》第一卷,第 526 页。

③ 梁漱溟:《东西文化及其哲学》,《梁漱溟全集》第一卷,第 353 页。

④ 梁漱溟:《东西文化及其哲学》,《梁漱溟全集》第一卷,第 362 页、363 页。

⑤ 梁漱溟:《东西文化及其哲学》,《梁漱溟全集》第一卷,第 365 页。

⑥ 梁漱溟:《东西文化及其哲学》,《梁漱溟全集》第一卷,第 392 页、393 页。

本不同,若属于同一路线而只是走得慢些,还终究有一天可以赶上,但走在不同的方向上,则永远不会走到西方人的目的地。

1930 年,梁漱溟对上述两个问题做了进一步的发挥。首先,他用"公民权"和"个人之自由权"两个现代化词汇分别命名民主的两个特征,同时揭示民主制度的功能:"使你为善有余,为恶不足,人才各尽其用,不待人而后治。"①其次,他重点分析了民主制度在中国之所以不能成功的多方面原因。在《中国民族自救运动之最后觉悟》(载《村治》1 卷 3 期,1930 年 7 月 1 日)一文中,梁漱溟总结了两条原因:第一,"'德莫克拉塞'是由西洋人对于在上者之压迫起而抗争以得之者;所谓平等与自由,实出于各自争求个人本性权利而不肯放松,以成之均势及互为不侵犯之承认。然而从数千年伦理生活所训练出的人生态度,所陶养的国民性,你怎能想象他亦会有这么一天开出这些玩艺来呢"? 第二,也是更有力的原因,是"西洋制度完全造成一种逼人对外求解决的形势,而中国则异是;中国制度完全开出你自己求前途的机会"②。《我们政治上的第一个不通的路——欧洲近代民主政治的路》(载《村治》1 卷,3、6、7 期,1930 年 7 月1 日、9 月 1 日、9 月 16 日)一文中则从三个方面作了更为系统深入的分析:其一,民主政治是多数政治,需要多数人维持,而中国的政治革新却是出于少数知识分子的模仿运动,由于是从外引进而不是中国人自己发生的要求,因而此种模仿运动亦非有真要求,对于大多数人来说,则全然没有这种要求;其二,物质条件不合,包括生活低简的现象很普遍、交通太不发达而国土太大、工商业不发达;其三,精神不合,这是民主制度在中国"永不成功"的原因所在。体现在:(一)中国人的人生态度消极节制,彼此调和妥协,与"西洋人之往外用力,辗转于彼压迫此反抗,或向抵消而剂于平者,其道相反"。(二)中国人所崇尚的谦德君子,尊敬他人,佩服他人,而自己恒歉然若不足,这与西方民主要求的选举制度不能相容。(三)西方的民主制度以人性恶为根据,隐含着不信任对方之意,而中国人之间"就存心言之,第一要件是'信';就表示言之,第一要件是'礼'"③。(四)欧洲近代政治是"物欲本位的政治",专为拥护欲望,满足欲望,

---

① 梁漱溟:《我们政治上的第一个不通的路——欧洲近代民主政治的路》,见《梁漱溟全集》第五卷,第 135 页。

② 梁漱溟:《中国民族自救运动之最后觉悟》,见《梁漱溟全集》第五卷,第 89 页。

③ 梁漱溟:《我们政治上的第一个不通的路——欧洲近代民主政治的路》,见《梁漱溟全集》第五卷,第 152 页、158—159 页。

而中国人重在人生意义价值的追求。在作了如上考察之后,二三十年代的梁漱溟坚信中国不能走上民主之路。直至 1937 年出版的《乡村建设理论》一书中,他仍非常肯定地说中国"不是尚未进于德谟克拉西,而是永远不能进不到德谟克拉西了"①。

尽管二三十年代的梁漱溟否认从中国文化走向民主制度的可能性,但他并不否认民主制度本身。恰恰相反,他对民主持绝对的肯定态度。《东西文化及其哲学》中就说:"现在西方化所谓科学(science)和'德谟克拉西'之二物,是无论世界上哪一地方人皆不能自外的。"②因此,我们对这两种精神"只能无条件的承认","全盘承受"③。1923 年在北京大学讲演时,他也明确宣称,西方的民主精神是有"绝对价值的,有普遍价值的",因为"人心有同然":"讲到社会生活,人心于德谟克拉西有同然"④。这也就是说,中国人之人心中是能够接受此现代化的政治理念的。于此可知,这时的梁漱溟于民主的态度是纠结的。他一方面主张从中国文化无法走上民主之路,另一方面又肯定民主的价值,并认为和西方人一样,中国人之人心亦有此"同然"。梁氏的纠结,在归根结底的意义上来源于他既"归宗儒家"⑤又赞赏民主这个西方的现代政治理念的理论困境。换言之,他提倡当下中国要先走第一路,即西方的科学民主道路(其乡村建设也是其在中国实行此种道路的尝试⑥),同时又归宗儒家并认为从儒家走不到民主之路。如此,尽管梁漱溟提倡"中国自己人生态度的复兴"⑦,但他终究还是把儒家学说抛至空中楼阁。在他的思想框架中,儒学于当下的中国而言是圆满却无用的,甚至只能作为未来的回归目标。造成这种结局,显然与其复兴儒学的初衷相悖。或许正是看到了其学说的矛盾所在,20 世纪 40 年代梁漱溟修正了他的理论。

---

① 梁漱溟:《乡村建设理论》,见《梁漱溟全集》第二卷,第 203 页。

② 梁漱溟:《东西文化及其哲学》,见《梁漱溟全集》第一卷,第 338 页。

③ 梁漱溟:《东西文化及其哲学》,见《梁漱溟全集》第一卷,第 532 页。

④ 梁漱溟:《答胡评〈东西文化及其哲学〉》,见《梁漱溟全集》第四卷,第 746 页。

⑤ 梁漱溟:《东西文化及其哲学·第八版自序》,见《梁漱溟全集》第一卷,第 324 页。

⑥ 何信全认为,梁漱溟没有实践西方的民主制度,而是"在经过思想上的彷徨犹疑之后,他终于形成了最后的答案,此即是乡村建设"。(何信全:《儒学与现代民主》,中国社会科学出版社 2001 年版,第 34 页)亦即,乡村建设与民主是相异的两条路。其实,梁漱溟曾明确说过:"我所主张的乡村建设,即为中国到民主之路。"(梁漱溟:《论中国民主问题——答刚父先生》,载《光明报》1941 年 9 月 21 日)

⑦ 梁漱溟:《东西文化及其哲学》,见《梁漱溟全集》第一卷,第 539 页。

二

20 世纪 40 年代,梁漱溟发表了《释本报公约》(《光明报》1941 年 9 月 19 日)《中国文化的两大特征》(《光明报》1941 年 9 月 31 日)《民主是什么——什么是民主》(《光明报》1941 年 9 月 20 日)《政治上的民主和中国人》(《光明报》1941 年 9 月 30 日,10 月 1—4、6、12、14 日,11 月 8 日)《民主的涵义》(1943 年 6 月《时代知识》)《预告选灾,追论宪政》(《观察》)1943 年 3 卷 4、5 期,1947 年 9 月)《中国到宪政之路》(《民宪》1944 年 1 卷 3 - 5 期)等一系列与民主议题相关的文章,并在《中国文化要义》里总结其说。与 20 世纪 20、30 年代的梁氏相比,其关于中国文化与民主的关系的看法发生了重大改变。此时的梁漱溟不仅认为"中国需要民主",而且一反他 20 世纪 20、30 年代主张的从中国文化绝对走不上民主道路的看法,强调民主"要从其固有文化引申发挥,而剀切于其当前事实"①。我们认为,梁氏的思想改变乃基于他在 20 世纪 40 年代争取民主宪政的实践活动,以及对民主的涵义、民主精神、文化上的民主与政治上的民主之区分等问题的独立思考。

1941 年 9 月 20 日,梁漱溟在《光明报》发文称:"民主是人类社会生活中的一种精神,或倾向。"②1943 年 6 月,他在《民主的涵义》(载《时代知识》[桂林])一文中进一步解释他如此界定民主的缘由:"说精神,意指不是呆板的。说倾向,意谓由一端而可以发展的。倾斜到某一方向去,或慢慢上升,或慢慢下降,就是倾向。"③而之所以把民主界定为一种精神或倾向,是因为这种界定意味着它不是一样东西,难于斩截地断言它有或者没有。如此界说"民主"一词,显然是梁漱溟自己的发挥。众所周知,在词源上,"民主"一词乃出自古希腊语 demokratia,该词是 Demos(人民)和 Kratos(统治)的组合,意为"人民的统治"。从这个角度说,马克思主义者陈独秀所言倒更为接近民主的本义:"西洋之民主主义(Democracy)乃以人民为主体,林肯所谓由民(by people)而非为民(for

---

① 梁漱溟:《预告选灾,追论宪政》,见《梁漱溟全集》第六卷,第 716 页。
② 梁漱溟:《民主是什么——什么是民主?》,见《梁漱溟全集》第六卷,第 124 页。
③ 梁漱溟:《民主的涵义》,见《梁漱溟全集》第六卷,第 459 页。

people)者,是也。"①而梁漱溟以"精神"或"倾向"界定"民主",虽不符合民主的本义,却能服务于他对中国文化中民主精神的发掘。

不容否认,正是在将民主界定为"精神"或"倾向"的基础上,20世纪40年代的梁漱溟改变了他在20世纪20、30年代所持的"孔子不单耽误了中国的科学,并且耽误了中国的德谟克拉西"②的论调,主张中国文化中是富有民主精神的。然而,在梁漱溟的思想世界里,民主精神在中西的特征不同:"西洋人的民主精神多建筑在行动习惯上;中国人的民主精神则多表现在意识要求上。中国人的意境很高,理解力很高,在西洋社会上哪一点民主精神不值得他费力去理解。"③可以看到,梁氏对中国人之民主精神的肯认是站在华夏优位论的基础之上。因而,其说也难以被视为客观平实之论。

了解了民主的涵义,接下来的问题就是,什么是民主精神? 在《释本报言论公约》里,梁漱溟认为民主精神包括"容忍异己的雅量和服从多数的习惯"两个要素④,但在《民主是什么——什么是民主》《民主的涵义》《中国民主运动的障碍究在何处》(《光明报》1941年9月21日)《中国文化的两大特征》等文章里则将之概括为五个方面。这几篇文章的内容基本一致,具体言之,梁漱溟提出,民主精神包括五点:"一、承认旁人;二、平等;三、讲理;四、尊重多数;五、尊重个人自由。"⑤他进而强调"所有末后四点盖皆从头一根本点推演下来。这一切本都是人情所恒有,并不稀罕"⑥,"在一时一地之社会生活上,有此五点或其中一点精神见出,我们皆可以民主称之。此五点,恒相连而不必同时具备。此时此地,彼时彼地,彼地彼时,此五点者有隐有显"⑦。那么,在中国文化里,这五点民主精神的展现如何呢? 梁漱溟说,第一承认旁人之一点是充分的有,第二平等之一点表现的有曲折,即一面讲平等,又一面讲差等,第三讲理之一点也表现极充分,第四尊重多数之一点则是意识上有之,生活习惯上则缺乏,第五尊重个人自由之一点亦是表现的有曲折,即一面有,又一面不然,同时在生活习惯

---

① 陈独秀:《再质问〈东方杂志〉记者》,见《陈独秀著作选》第一卷,上海人民出版社1993年版,第487页。

② 梁漱溟:《中国民族自救运动之最后觉悟》,见《梁漱溟全集》第五卷,第85页。

③ 梁漱溟:《中国民主运动的障碍究在何处》,见《梁漱溟全集》第六卷,第129页。

④ 梁漱溟:《释本报公约》,见《梁漱溟全集》第六卷,第116页。

⑤ 梁漱溟:《民主是什么——什么是民主?》,见《梁漱溟全集》第六卷,第125页。

⑥ 梁漱溟:《中国到宪政之路》,见《梁漱溟全集》第六卷,第489页

⑦ 梁漱溟:《民主的涵义》,见《梁漱溟全集》第六卷,第460页。

上是忽略的。也就是说,"中国在民主上的缺欠,就是在第四第五两点上"①。个中原因,在梁氏看来,可总结为两点:其一,中国人"不能行"。尽管中国人如上所云"意境很高,理解力很高",但问题的关键在于他们"却作不到"②。梁漱溟如此立论,与中国文化的特点或有出入,中国先哲最为重视的行为处事的原则即是"知行合一",如说"君子耻其言之过其行也"(《论语·宪问》)"言顾行,行顾言"(《中庸》)等等,岂能知而不行? 其二,中国缺乏政治,或说缺乏国家生活、团体生活。梁漱溟认为,中国人的社会生活中,有家庭、宗族、亲戚、乡党、朋友等各种关系,这些地方皆具民主倾向,但中国人缺乏团体组织,尤其是强大的团体,"特别在国家生活上是消极的,民主的习惯亦就未得建立"③。之所以形成此种格局,乃由于"中国人的生活重心靠'家';而外国人的生活重心靠'团体'"。缺乏团体又是因为中国很早便缺乏宗教,而以理性主义的孔子教化代替之。④ 最后,梁漱溟得出结论:"中国文化自古富于民主精神,但政治上则不足。"⑤他甚至认为:"中国早讲民主,没曾受外来影响;倒是西洋近代的民主潮流确曾受了中国影响!"⑥此处,梁氏当然是从民主精神的角度而言。在 1941年发表的《政治上的民主和中国人》中,梁漱溟进一步解释道:"所谓政治上的民主,无非团体生活中所需要的民主而已。"而团体生活要体现民主,必须满足"大家的要求":一、"团体公共之事人人有参与作主之权";二、"各人自己的事,于公众无涉者,公家不要管"。不难发现,这两个要求恰好对应于梁氏所说民主精神中的第四第五两点。从上述可知,这两点只是在中国人的意识中有,而生活习惯上缺乏或被忽略。反过来看,梁漱溟似乎是在暗示,虽然我们在政治上没有这两种精神,但在文化上并不缺乏。果真如此,未来的中国将文化的这两种精神落实到政治上的可能性还是有的。

公允地说,梁漱溟对民主精神的概括仍是一种中国化的阐释,亦即根据他自己对中国文化的感悟从中总结出他所认为的所谓"民主精神"。进言之,中国文化是否具备他所说的这些精神也是值得商榷的,如被梁氏视为"表见极充

① 梁漱溟:《中国文化的两大特征》,见《梁漱溟全集》第六卷,第148—149页。
② 梁漱溟:《中国民主运动的障碍究在何处?》,见《梁漱溟全集》第六卷,第129页。
③ 梁漱溟:《中国民主运动的障碍究在何处?》,见《梁漱溟全集》第六卷,第129页。
④ 梁漱溟:《中国文化的两大特征》,见《梁漱溟全集》第六卷,第138页、143页。
⑤ 梁漱溟:《民主是什么——什么是民主?》,见《梁漱溟全集》第六卷,第125—126页。
⑥ 梁漱溟:《中国文化的两大特征》,见《梁漱溟全集》第六卷,第133页。

分"的"讲理",就未必符合中国文化的精神,因为更多学者主张"中国传统文化重情轻理"①。其实,梁漱溟也未必是在本真地呈现中国文化中的民主精神,因为早在 20 世纪 20 年代他就倡导一种诠释原则:"我们可以把孔子的路放得极宽泛、极通常,简直去容纳不合孔子之点,都没要紧。"②也许在他的心目中,通过现代转化而保全儒学在中国的复兴比抓住其原始意义更为重要。

必须说明的是,梁漱溟将民主分为文化和政治两个层面是富有识见的,也为其阐发中国文化中的民主精神铺平了道路。梁氏的思维理路是,现实政治上的不民主并不妨碍文化中富含民主精神,而文化中的富足则是政治上的实现的基础保证。这是因为,"政治问题还是表面,非其根本;政治问题还是问题之一部,非其全部。论其根本,论其全部,原是整个文化问题"③,是以作为"根本""全部"的文化必然会为作为"表面"的政治提供内在动力。当然,政治上民主的实现还"有赖其经济生活之社会化"④。

三

20 世纪 20、30 年代和 40 年代,是梁漱溟关于中国文化中的民主问题的讨论的两个不同阶段,它们各自显示出不同的甚至在某些方面截然相反的特征。但从思想史的角度而言,这两个阶段皆有其独特的意义。

尽管 20 世纪 20、30 年代的梁漱溟并不认为中国文化与民主之间存在直接关联,但他高扬民主这个现代化的政治理念,可谓与时俱进。尤其难能可贵的是,他通过"文化三路向说"为作为中国传统文化之主干的儒家学说找到了继续生存乃至复兴的合理性。此中,梁氏对儒学的坚守、护持、高扬异常明显地表征了他的儒家身份,他甚至因此而被称为"最后的儒家"⑤,而其对科学、民主的现代西方价值理念的认可和无条件接受则使其开出儒学之"新"而被视为现代新儒家。遗憾的是,此时的梁漱溟尚未把儒家的心性之学与西方的科学、民主

① 曾红:《儒道佛理想人格的融合——中国文化心理结构》,山东教育出版社 2012 年版,第 208 页。
② 梁漱溟:《东西文化及其哲学》,见《梁漱溟全集》第一卷,第 540 页。
③ 梁漱溟:《政治的根本在文化》,见《梁漱溟全集》第六卷,第 702 页。
④ 梁漱溟:《我的努力是什么——抗战以来自述》,见《梁漱溟全集》第六卷,第 205 页。
⑤ 参见 Guy S. Alitto, The Last Confucian: Liang Shu - ming and the Chinese Dilemma of Modernity, Berkeley and Los Angeles, Calif: University of California Press, 1979.

关联起来。

20世纪40年代,通过民主涵义的重新界定,中国文化中民主精神的发掘和文化上民主和政治上民主的区分,梁漱溟在现代新儒家的思想发展史上迈出了重要的一步,异于五四前的文化保守主义者杜亚泉将中国文化中民本思想直接等同于民主:"民视民听,民贵君轻,伊古以来之政治原理,本以民主主义为基础。"①梁漱溟创造了"民主精神"一词,进而为其创造性地在"民主"中加入某些中国式的理念提供了条件。在某种程度上说,其"民主精神"可谓中西合璧的产物。该概念的提出与应用,促成了梁漱溟在儒学与民主之间的桥梁的搭建。他的理论创发虽不一定符合儒学原义,事实上儒学的每一步发展如汉唐儒学、宋明理学对原始儒学的发展也并非以追索原义为理论目的,但梁氏却为儒学开辟了一片新的天地,也赢得了复兴的机会。

不容否认的是,其后的现代新儒家人物熊十力以体用关系联结儒学与民主、牟宗三提出"良知自我坎陷说"支撑其"内圣开出新外王(科学民主)"的理论建构,均是沿袭梁漱溟关联中国文化与民主的思维进路。最后,让我们看一段现代新儒家联合发布的文化宣言:"我们不能承认中国之文化思想,没有民主思想之种子,其政治发展之内在要求,不倾向于民主制度之建立",西方文化中的自由与民主的理想"盖皆有其普遍永恒之价值,而为一切其他民族所当共同推崇、赞叹、学习、仿效,以求其民族文化之平流竞进者也。"②在这些话语中发现梁漱溟的影子,并不是困难的事情。从此一侧面,我们亦可认为,梁漱溟现代新儒家之开山地位是当之无愧的。

(作者工作单位为陕西师范大学哲学系)

---

① 杜亚泉:《答〈新青年〉杂志记者之质问》,见《杜亚泉文选》,华东师范大学出版社1993年版,第351页。

② 牟宗三等:《为中国文化敬告世界人士宣言》,载张君劢:《新儒家思想史》,中国人民大学出版社2006年版,第576页、583页。

儒学问题研究

论关学经世致用的实学价值取向

赵馥洁

在宋代理学的濂、洛、关、闽四派中,关学是最具求实精神的学派。张载明确主张"学贵于有用"①。所谓"有用",就是对于治国理政、定邦安民有应用价值,即所谓"经世致用"也。北宋二程赞关学云:"关中之士,语学而及政,论政而及礼乐兵刑之学,庶几善学者。"②明代王廷相云:"《正蒙》,横渠之实学也。致知本于精思,力行本于守礼。精思故达天而不疑,守礼故知化而有渐。"(《慎言》卷十三《鲁两生篇》)清初黄宗羲称赞张载弟子蓝田"三吕""务为实践之学"(《宋元学案·吕范诸儒学案》)。今人张岱年说:"关学和洛学,两派的学风颇不相同。关学注意研究天文、兵法、医学以及礼制,注意探讨自然科学和实际问题。……洛学则专重内心修养,'涵泳义理',提倡静坐,时常'瞑目而坐'。"③可见,关学持有经世致用的学术价值观念,具有力行践履的治学精神,乃是历代学者、史家之共识。

关学的实学价值取向由宗师张横渠先生导其源,由历代后继学者扬其波,绵延不绝,传衍不止,历时八百年之久,形成了关学鲜明而突出的精神品格,至今仍能穿过历史的云雾,闪耀其不灭的光辉。综观关学"经世致用"的实学价值取向,约包括四个方面的重要内容。

一、"躬行礼教"的学术主旨

张载认为实现"礼"才可谓之"实事"。他说"惟礼乃是实事,舍此皆悠悠"(《礼记说》)④。王廷相之所以将张载归于实学的一个重要理由也在于他"力

---

① 《河南程氏粹言》卷一,见《二程集》,中华书局 1981 年版,第 1196 页。
② 《河南程氏粹言》卷一,见《二程集》,中华书局 1981 年版,第 1196 页。
③ 《关于张载的思想和著作》,见《张载集》,中华书局 1978 年版,第 12 页。
④ 张载:《礼记说》,辑自《礼记集说》卷一《曲礼上》第一,《通志堂经解》,清同治粤东书局刻本。

行本于守礼",清初黄宗羲曰:"关学世有渊源,皆以躬行礼教为本。"(《明儒学案·师说》)可见"躬行礼教"乃是张载自觉而明确的学术宗旨。

张载极为重视《周礼》,他认为《周礼》体现了儒家的实学精神。他说,"《周礼》是的当之书"①,"学得《周礼》,他日有为却做得些实事"②。

张载的礼学,一方面是理论研究,另一方面是社会实践。以理论言,他提出周礼对治世有重大意义。他说宗法制的意义在于"管摄天下人心,收宗族,厚风俗,使人不忘本,须是明谱系世族与立宗子法。宗法不立,则人不知统系来处。……宗法若立,则人人各知来处,朝廷大有所益"③。井田制的意义在于"治天下不由井地,终无由得平。周道止是均平"④。

以实践言,一是他竭力进谏宋神宗"渐复三代"⑤之礼治,曰:"为政不法三代者,终苟道也。"⑥二是他尽力"以礼立教""以礼成德""以礼教学者"。把"礼"作为教书育人的基本功。三是他着力进行"周礼"的社会实验。张载中进士后,先后任祁州(今河北安国)司法参军、云岩(今陕西宜川境内)县令、著作佐郎、签书渭州(今甘肃平凉)军事判官等职。吕大临在《横渠先生行状》中记载,张载为云岩县令时,办事认真,政令严明,"政事大抵以敦本善俗为先"⑦,推行德政礼教,重视道德教育,提倡尊老爱幼的社会风尚。每月初一召集乡里老人到县衙聚会,常设酒食款待,席间询问民间疾苦,提出训诫子女的道理和要求。县衙的规定和告示,每次都召集乡老,反复叮咛到会的人,让他们转告乡民,因此,他发出的教告,即使不识字的人和儿童都没有不知道的。在渭州,他深受环庆路经略使蔡挺的尊重和信任,军府大小之事,都要向他咨询。他曾说服蔡在大灾之年取军资数万救济灾民,并创"兵将法",推广边防军民联合训练作战,还提出罢除戍兵(中央军)换防,招募当地人取代等建议。此时他还撰写了《经原路经略司论边事状》和《经略司边事划一》等文。

居眉县时,他与弟子在自己的家乡横渠镇大胆进行了井田制的试验。虽至逝世时也未取得成果,但充分体现了他躬行礼制的践履精神。通过实践,张载

① 《经学理窟·周礼》,见《张载集》,中华书局1978年版,第248页。
② 《经学理窟·学大原上》,见《张载集》,中华书局1978年版,第282页。
③ 《经学理窟·宗法》,见《张载集》,中华书局1978年版,第258—259页。
④ 《经学理窟·周礼》,见《张载集》,中华书局1978年版,第248页。
⑤ [宋]吕大临:《横渠先生行状》,见《张载集》,中华书局1978年版,第382页。
⑥ 《宋史·张载传》,见《张载集》,中华书局1978年版,第386页。
⑦ [宋]吕大临:《横渠先生行状》,见《张载集》,中华书局1978年版,第382页。

总结出了一些重要的为政原则,如"为政者在乎足民"①"利于民则为利,利于身利于国皆非利也"②"为政不以德,人不附且劳……为政必以身倡之"③,等等。

基于躬行礼教的学术主旨,张载明确反对空谈义理的治学路径。他说:"世人取释氏销碍入空,学者舍恶趋善以为化,直可为始学遗累者薄乎云尔,岂天道神化所同语也哉!"④张载躬行礼教的为学主旨,为关学的实学传统奠定了基础。张载的弟子吕大忠、吕大钧、吕大临都"务为实践之学,取古礼,绎成义,陈其数,而力行之"(《宋元学案·吕范诸儒学案》,上海中华书局四部备要卷三十一)。尤其是为推行礼教,共同编修《吕氏乡约》,"用礼渐成俗",使关中民风为之一变。明代以后,关中学人如薛敬之、吕柟、冯从吾、马理、李颙等,多能"执礼如横渠"(《关学编》卷四),继承和弘扬了张载躬行礼教的优良传统。故清初张履祥说:"关中之教,以知礼成性为先。"(《与何商隐》,《杨园先生全集》卷五)

二、"学贵有用"的价值取向

张载有"学贵于有用"⑤的自觉价值意识。从少年时代起就怀有经世致用、建功立业的远大抱负,不把"道学"与"政术"视为"二事"。当时西夏常对西部边境侵扰,宋仁宗康定元年(1040 年)初,西夏入侵,庆历四年(1044 年)十月议和。朝廷向西夏"赐"绢、银和茶叶等大量物资。这对"少喜谈兵"的年仅二十多岁的张载刺激极大,打算联合精兵术的郴县人焦演组织民团去夺回被西夏侵占的洮西失地。并向当时任陕西经略安抚副使、主持西北防务的范仲淹上书《边议九条》,陈述自己的边防建议。范仲淹在延州(今延安)军府召见了张载,一方面赞扬了他建设边防的主张和收复失地的志向,另方面劝告他读《中庸》,研究儒家经典,弘扬名教。张载听从了范的劝告,回家刻苦攻读《中庸》,后又遍读佛学、道家之书,当觉得这些书籍都不能实现自己的宏伟抱负,又回到儒家学说上来,经过十多年的苦读深思,逐渐建立起自己的学说体系。吕大临在

---

①　《正蒙·有司篇》,见《张载集》,中华书局 1978 年版,第 47 页。

②　《张子语录·语录中》,见《张载集》,中华书局 1978 年版,第 323 页。

③　《正蒙·有司篇》,见《张载集》,中华书局 1978 年版,第 47 页。

④　《横渠易说·系辞下》,见《张载集》,中华书局 1978 年版,第 219 页。

⑤　《河南程氏粹言》卷一《二程集》,中华书局 1981 年版,第 1196 页。

《横渠先生行状》一文中记述道:"因(范仲淹)劝读《中庸》。先生读其书,虽爱之,犹未为足也,于是又访诸释老之书,累年尽究其说,知无所得,反而求诸《六经》。"①这一治学经历表明张载的学术价值取向是经世致用的儒学标准,以此对佛老的空寂之学进行了反思和批判。

张载对佛老的批判,虽然立足于"太虚即气"的本体论,但其宗旨则是"体用合一"的价值论。他指出老子"有生于无"的自然之论和佛教"幻化世界"的唯心之论,有四大弊端:

第一,"知体而昧用"。他说佛老"略知体虚空为性,不知本天道为用"②,又说:"释氏妄意天性而不知范围天用,反以六根之微因缘天地。明不能尽,则诬天地日月为幻妄,蔽其用于一身之小,溺其志于虚空之大,所以语大语小,流遁失中。"③就是说,佛老"知体昧用",割裂了体用关系,致使"体用殊绝"。

第二,"得天而遗人"。他说佛老认为"物与虚不相资,形自形,性自性,形性、天人不相待而有"④,在天人统一中"辄生取舍",其结果是"得天而遗人"⑤。

第三,"诚而恶明"。他说"释氏语实际,乃知道者所谓诚也,天德也。其语实际,则以人生为幻妄,以有为为疣赘,以世界为阴浊,遂厌而不有,遗而弗存。就使得之,乃诚而恶明者也"⑥。

第四,"否定有为"。他指出:佛老"不识有无混一之常",空谈天道性命,"入德之途,不知择术而求",以为"圣人可不修而至,大道可不学而知","以有为为疣赘",完全否定了人生的积极有为。

而这四大弊端造成的严重社会恶果是"人伦所以不察,庶物所以不明,治所以忽,德所以乱,异言满耳,上无礼以防其伪,下无学以稽其弊"⑦。

由此可见,张载认为佛老"离用言体""遗人说天""诚而不明""无而不有"的学说取向完全背离了儒家"体用统一""天人合一""诚明贯通""有无混一"的学术路线。而其要害是违背了经世致用的学术价值观。所以对佛老的批判实质是对儒家经世致用学术宗旨的坚守。

---

① [宋]吕大临:《横渠先生行状》,见《张载集》,中华书局 1978 年版,第 381 页。
② 《正蒙·太和篇》,见《张载集》,中华书局 1978 年版,第 8 页。
③ 《正蒙·大心篇》,见《张载集》,中华书局 1978 年版,第 26 页。
④ 《正蒙·太和篇》,见《张载集》,中华书局 1978 年版,第 8 页。
⑤ 《正蒙·乾称篇》,见《张载集》,中华书局 1978 年版,第 65 页。
⑥ 《正蒙·乾称篇》,见《张载集》,中华书局 1978 年版,第 65 页。
⑦ 《正蒙·乾称篇》,见《张载集》,中华书局 1978 年版,第 64 页。

张载的这种"经世致用"的求实精神,也基本上为后代的关学家们所继承和发扬。

从宋末至清初,关学学者们无论是入仕为官,还是著书讲学,都表现了求实尚用的可贵精神。

元朝统一后,朱子之学北传入关,为关学复起创造了条件,尽管当时的关学受到了朱学的影响,但仍然保持着张载的"实学"学风。杨奂、杨恭懿、同恕诸人,治学总是从"志于用世"出发,"指陈时病""耻为章句",其著述"往往有关名教"。

明代关学中兴,学者们虽然受到朱、王二学浸染,但其实学之风,持而不坠。吕柟、杨爵、马理、冯从吾这些代表人物,都不以"空谈性命"为尚,而是以"学贵力行""体用一原"为宗。

明清之际,随着实学思潮的激荡,关学学者,在这时代思潮的大合奏中,又一次高奏起"经世致用"的乐章。

李因笃提出,研究经学的目的是通晓治国之道,有裨于国计民生。据此,他在自己的学术著作中,结合现实,针砭时弊,陈献良策。例如,对于以科贡之法还是以选举之法选拔人才这一问题,他的看法是"天下必无无弊之法,善用之可也"①。

李颙更是以"开务成务,康济时艰"为己任,提出"儒者之学,明体适用之学也"的重要思想。他说:"明体而不适用,便是腐儒;适用而不明体,便是霸儒。既不明体,又不适用,便是异端。"又说:"道不虚谈,学贵实效""立身要有德也,用世要有功业。"②为了经世实用,他于政治、军事、律令、农田、水利、天文、地理无不广泛涉猎。

针对当时士风"徇华废实"的颓风,李二曲提出,作为价值主体的知识分子应该具有一种"实实体究,务求有用"的求实精神。他说:"行步要脚踏实地,慎勿凭虚蹈空,若低视言行,而高谈性命,便是凭空蹈虚,究非实际。"(《四书反身录·论语》)又说,孔子的弟子们都以实用之学而自信,也皆以实用之学而成功,所以才真正发挥了儒者的济世作用。他们"兵农礼乐,大以成大,小以成小,平居各有以自信"(同上)。今日的儒者,也应该继承和发扬这种求实传统,

<hr>

① 转引自李钟善等主编:《陕西历代教育家评传》,陕西人民教育出版社 1994 年版,第 179 页。
② 转引自李钟善等主编:《陕西历代教育家评传》,陕西人民教育出版社 1994 年版,第 201—202 页。

如果不是"超然于世务之外,消洒自得"地去做隐士,"便应将经世事宜,实实体究,务求有用",或兵、农、礼乐"三者咸兼",或"仅有其一"。这样,"一旦见知于世,庶有以自效,使斯世见儒者作用,斯民被儒者膏泽,方不枉读书一场"(同上)。而如果对"生民之休戚,兵赋之机宜,礼乐之修废,风化之淳漓,漠不关心",只会"寻章摘句,以文字求知",那么,"一登仕途,所学非所用,所用非所学",不但自己困惑,而且"国家不得收养士之效,生民不得蒙至治之泽也"(同上)。

三、"致知精思"的认识方式

王廷相评判横渠为实学,除"力行守礼"之标准而外,另一重要标准乃是"致知本于精思"。就是说,张载的致知是以对事物的深入思考为基础的。这是对张载认识方式上之实学特色的概括。张载实学精神在认识方式上的体现主要有以下几点:

首先,他承认"物"和"理"对于人的客观性,说:"今盈天地之间者皆物也","万物皆有理","理不在人皆在物"①。就是说"理"是客观事物自身的理,它是不依赖于人心而独立存在于客观事物之中的。

其次,他认为外在事物是认识的基本前提,人的认识是对外在世界的认识。"感亦须待有物,有物则有感,无物则何所感"②!"人本无心,因物为心"③。

再次,他认为人们要获得知识应通过感官接触外物。他说:"有知有识,物交之客感尔。"④"人谓己有知,由耳目有受也。""见闻所知,乃物交而知。"⑤

张载在认识方式上,虽然肯定了感性认识的价值,但也揭示了其局限性。他说:"今盈天地之间者皆物也,如只据己之闻见,所接几何?安能尽天下之物?"⑥因此更强调超越感性认识的"德性之知",大力弘扬"大心体物""穷神知化"这种理性思维方式的重要意义。

张载这种认识方式在具体的治学过程中的表现是:一方面,他比较重视探讨自然科学和实际问题,注意研究天文、医学、兵法和礼制。例如在天文学方面

---

① 《张子语录·语录上》,见《张载集》,中华书局 1978 年版,第 313 页。
② 《张子语录·语录上》,见《张载集》,中华书局 1978 年版,第 313 页。
③ 《张子语录·语录下》,见《张载集》,中华书局 1978 年版,第 333 页。
④ 《正蒙·太和篇》,见《张载集》,中华书局 1978 年版,第 7 页。
⑤ 《正蒙·大心篇》,见《张载集》,中华书局 1978 年版,第 24 页。
⑥ 《张子语录·语录下》,见《张载集》,中华书局 1978 年版,第 333 页。

他就发展了西汉以来的地动说。另一方面,使他养成了一种刻苦考索的深思精神。吕大临《横渠先生行状》记述张载的深思精神云:"(先生)终日危坐一室,左右简编,俯而读,仰而思,有得则识之,或中夜起坐,取烛以书。其志道精思,未始须臾息,亦未尝须臾忘也。"①程颐谈到张载这种考索精神时说:"以大概气象言之,则有苦心极力之象,而无宽裕温和之气,非明睿所照,而考索至此。故意屡偏而言多窒"②。虽为批评之语,然亦反映了张载的思考精神。

张载"致知本于精思"的认识方式与洛学专注内心修养、涵泳义理,提倡瞑目而坐、凌空而思的运思方式形成了鲜明对比。

张载感物致知、精思苦索的认识方式所体现的,正是儒家"格物穷理""学思统一"的认识传统。而这种传统的内在核心全在于求实、致用。张载在注解《周易·系辞传下》时强调"精义入神须从此去,预则事无不备,备则用利,用利则身安。凡人应物无节,则往往自失,故要在利用安身,盖以养德也。……'精义入神以致用'谓贯穿天下义理,有以待之,故可致用。"③又说:"吾学既得于心,则修其辞命,辞无差,然后断事,断事无失,吾乃沛然。精义入神者,豫而已矣。"④可见,"利用安身""断事无失"乃是张载致知、精思的终极目标。而这一目标的实现,在他看来,才是真正的"精义入神"。由此就不难理解刘玑为什么认为《正蒙》一书"凡造化人事,自始学以至成德,《大学》之所谓格物致知,《孟子》之所谓尽心知性,无不备于此矣"⑤。也不难理解王廷相为什么把"致知本于精思"作为张载实学的重要标志了。

张载"致知精思"的认识方式,后代关学学者多有弘扬。例如明代关学大儒吕楠,提出"即学即事,即事即学"的致知主张,认为人应该以格物为穷理,在事事中求理。"从见闻之知,以通德性之知"(《河东学案下》,《明儒学案》卷八)。"从下学做起",把"做事"与"做学"统一起来。他说,"今人把事做事,学做学,分作两样看了,须是即事即学,即学即事,方见心事合一、体用一源的道理"⑥。为此,他提倡广见博闻,"四方上下山川草木皆书册"(《端溪问答》)。他说"格物"的"物"并不是"泛然不切于身"的东西,而是"凡身之所到,事之所

---

① 〔宋〕吕大临:《横渠先生行状》,见《张载集》,中华书局1978年版,第383页。

② 《答横渠先生书》,河南程氏文集卷第九《二程集》,中华书局1981年版,第596页。

③ 《横渠易说·系辞下》,见《张载集》,中华书局1978年版,第216页。

④ 〔宋〕吕大临:《横渠先生行状》,见《张载集》,中华书局1978年版,第383页。

⑤ 《正蒙会稿序》,见《张载集》,中华书局1978年版,第406页。

⑥ 黄宗羲:《明儒学案》卷八,中华书局1985年版,第150页。

接,念虑之所起,皆是物,皆是要格的。盖无一处非物,其功无一时可止息得的"。那么"格物"所要穷究的"理"究竟存在于何处呢? 吕柟指出:"天下无一事非理,无一物非道,如《诗》云:'洒扫庭内,惟民之章。'夫洒是播水于地,扫是运帚于地,至微细的事,而可为民之章。故虽执御之微,一贯之道便在是也。"就是说在形而下的事物之中就蕴涵着所以然之理,"天理不在人事之外,外人事而求天理,空焉亦矣"(《四书因问》)。

进而吕柟指出,格物穷理必须通过躬行实践。"学者虽读尽天下之书,有高天下之文,使不能体验见之躬行,于身心何益,于世道何补!"(《泾野子内篇》卷十)"看书必要体贴见之于行",五经四书"行后方能熟"(《泾野子内篇》卷七)。

故《关学编》论吕柟云:"格物为功,而以准之以礼。重躬行,不事口耳。……关中之学自横渠张子后,惟先生为集大成云。"(《关学编·泾野吕先生传》)

四、"学为圣人"的教育目标

张载及关学在教育目标上也体现着实学的价值取向,这主要表现为以下几点:

一是学为圣人。张载认为治学的意义并非局限于求知,而其根本宗旨在于修德育人,培养圣人人格。他说:"然而得博学于文以求义理,则亦动其心乎? 夫思虚不违是心而已,'尺蠖之屈,以求伸也;利用安身,以崇德也',此交相养之道。夫屈者所以求伸也,勤学所以修身也,博文所以崇德也,惟博文则可以力致。"[1]又说:"学者当须立人之性。仁者人也,当辨其人之所谓人。学者学所以为人。"[2]"充其德性则为上智,安于见闻则为下愚。"[3]张载讲学,对弟子"多(每)告以知礼成性变化气质之道,学必如圣人而后已"[4]。并特别强调:"知人而不知天,求为贤人而不求为圣人,此学者大蔽也。"[5]

二是学做实事。他认为学做圣人并非只在内心做修身养性功夫,而是要学

---

① 《经学理窟·气质》,见《张载集》,中华书局 1978 年版,第 269 页。
② 《张子语录·语录中》,见《张载集》,中华书局 1978 年版,第 321 页。
③ 《张子语录·语录上》,见《张载集》,中华书局 1978 年版,第 307 页。
④ [宋]吕大临:《横渠先生行状》,见《张载集》,中华书局 1978 年版,第 383 页;《宋史·张载传》,见《张载集》,中华书局 1978 年版,第 386 页。
⑤ 《宋史·张载传》,见《张载集》,中华书局 1978 年版,第 386 页;《朱轼康熙五十八年本张子全书序》,见《张载集》,中华书局 1978 年版,第 396 页。

会做事。他说:"学者欲其进,须钦其事,钦其事则有立,有立则有成,未有不钦而能立,不立则安可望有成?"①就是说学者能"钦其事"才可望有立有成。他之所以重视学习周礼正是为了"做实事"。他说:"学得《周礼》,他日有为做得些实事。"②"钦其事""做实事",都是实学学风的重要取向。

三是承担使命。张载认为治学要有自觉的使命意识,应追求和实现治学的崇高理想。他明确提出"为天地立心,为生民立命,为往圣继绝学,为万世开太平"(《宋元学案·横渠学案》)这一伟大使命和崇高理想。那么,这一学术使命的价值内涵是什么呢? 所谓"为天地立心"即通过治学和教育培养伟大人格。《礼记·礼运篇》云:"人者,天地之心。"张载说:"天无心,心都在人之心。"③"为天地立心"实质是为天地"立人"。所谓"为生民立命",首先是通过治学和教育让当政者明白和实现百姓的生存之道。张载说:"故为政者在乎足民,使无所不足,不见可欲而盗必息矣。"④又说:"利于民则可谓利,利于身利于国皆非利也。"⑤生存条件乃"民命"之所系,所以是"立命"的首要内容。同时也要让百姓明白人性之道和人伦之道。《中庸》云:"天命之谓性,率性之谓道。"张载说:"人伦,道之大原也。"⑥可见"为生民立命"实质是为"生民"立生存之道和人伦之道。所谓"为往圣继绝学",就是通过治学和教育继承和弘扬被佛老冲击而濒于中绝的儒家的经世致用之学。所谓"为万世开太平",通过治学、教育和实践开辟通往万世太平盛世的道路。可见,"横渠四句"蕴涵着深刻的实学价值取向,而并非空洞虚幻的追求目标。

明代冯从吾以张载的使命意识为指引,长期讲学于关中,力辨儒佛异趣,发扬张载学圣人、做实事的崇高精神,坚守关学躬行实践、经世致用的优良传统。提出"本原处透彻,未发处得力"(《明儒学案·甘泉学案五》)、"敦本尚实""深造以道"的教育主张,确立"做好人、存好心、行好事"(《学会约·谕俗》)的教育宗旨。

顾炎武说:"天生豪杰,必有所任,如人主于其臣,授之官而与以职。今日

① 《经学理窟·义理》,见《张载集》,中华书局1978年版,第273页。
② 《经学理窟·周礼》,见《张载集》,中华书局1978年版,第248页。
③ 《经学理窟·诗书》,见《张载集》,中华书局1978年版,第256页。
④ 《正蒙·有司篇》,见《张载集》,中华书局1978年版,第47页。
⑤ 《张子语录·语录中》,见《张载集》,中华书局1978年版,第323页。
⑥ 《张子语录·语录下》,见《张载集》,中华书局1978年版,第329页。

者拯斯人于涂炭,为万世开太平,此吾辈之任也。仁以为己任,死而后已。"①李二曲在为弟子所口授的《授受纪要》中强调要像张载四句所说的那样立志做人,那样"立身要有德业,用世要有功业。……志不如此,便不成志;学不如此,便不成学;做人不如此,便不成人"。按照张载名言去治事,才是"天下第一等事"。朱轼在《康熙五十八年本张子全书序》中引用了张载四句名言之后感慨地说:"卓哉张子,其诸光辉而近于化者欤! 若其所从人,则循循下学"。由此可见,张载提倡的"为天地立心,为生民立命,为往圣继绝学,为万世开太平",实际上已经成为明清儒者所共同认可并立志为之奋斗的实学目标和所追求价值理想。

学为圣人、学做实事和承担使命构成了关学求真务实的教育目标及其学术价值理想的基本内容。

"实学"一词,出现于唐代(据学者考证,其最早见于《旧唐书·杨绾传》),后世学人亦多用之。从总体历史角度考察,"实学"的提出有两方面的针对性,一是针对一些知识分子"争尚文辞"的浮华之风,二是针对释老之学"空虚玄妙"的虚无之论。针对这两种倾向,实学倡导者们提出的学术价值取向是:在坚持儒家体用贯通和天人合一的理论原则的基础上,确立和实现以修德、治世为内涵的经世致用的学术宗旨。王廷相之言"实学"正是坚持了这一观念。他说:"夫《六经》之论述,非文之经,则武之纬,而孔子夹谷之会,立谈之斯儒者之实学也。"(《王氏家藏集》卷三十,《策问》)他尖锐批评违背实学价值取向的学风:"夫何近岁以来,为之士者,专尚弥文,罔崇实学;求之伦理,昧于躬行;稽诸圣谟,疏于体验;古之儒术,一切尽废;文士之藻翰,远迩大同。已愧于经明行修之科,安望有内圣外王之业?"(《浚川公移集》卷三《督学四川条约》)由此看来,王廷相认为实学有以下特征:一是躬行伦理,二是体验圣谟,三是崇尚儒学,四是文武兼备。而张载关学的价值取向正体现了这种精神。所以王廷相说"横渠之学,乃实学也"。

由此不难看出,称张载关学为"实学",指的不是它的学术理论体系的性质,也不是它作为独特学派的特点,更不是认为它是一个独立的学科,而实质上是从学术的价值取向上界定其为实学的,亦即指的是它的学术价值取向的特征。这种价值取向包涵着唐以来倡导"实学"者的共同价值追求,表现了一种

---

① 《亭林文集》卷三《病起与蓟门当事书》,见《顾亭林诗文集》,中华书局 1983 年版,第 48 页。

独特的治学价值观。关学自张载创建以降,学术思想曾几经变化,但尚真、崇实、主行、贵用的学术价值取向,即经世致用、开物成务的实学价值观,一直承传不息,坚守未渝,形成了关学宝贵的学术传统和治学精神。它不但在宋明理学中独放异彩,也在整个中国的思想史、学术史上放射着光辉。在倡导实事求是的今天,这种精神仍然是值得继承发扬的。

（作者系西北政法大学资深教授,陕西省社会科学界联合会名誉主席）

论儒家的"实心实政"思想

单　纯

一、引言

儒家所提倡的政治既是一种"王道仁政"的思想原则,也是一种"经世致用"的实践性制度。这二者的有机结合就是"知行合一"在国家政治生活和社会治理方面的实证性体现。明儒吕坤的行政经历曾为其后学编为《实政录》,以明"以实心行实政焉"。这也是儒家"治道"的题中之义:"古之言治道者,要在于养民而已。牧令,养民者也。以仁心为之,质而又有其才以佐之,斯利兴弊除,家给人足,而治蒸蒸日上焉。"①根据《大学》"诚于中,形于外"的逻辑,"实心"或"诚心实意"可视为社会治理的政治之体,"实政"或"求真务实"则可视为社会治理的政治之用,"以实心行实政"亦即宋儒所谓"明体达用"之学,也是现代中国社会治理中提倡"走基层、访民生、接地气"和"三严三实(严以修身、严以用权、严以律己,谋事要实、创业要实、做人要实)"的重要政治思想资源。

二、实心与为政者的主体性

儒家哲学与希腊哲学之明显区别在于,前者关注的重点是"安身立命"或"入世哲学",而后者的重点是"爱智慧"或"求知之学"。从孟子"尽心知性以至于命"来看,"心之官则思"固然具有知识论的性质,但是并未视其为儒者生命的唯一目的,而是"立命"的前提和手段,其唯一目的则如宋儒张载总结者,即"为天地立心,为生民立命,为往圣继绝学,为万世开太平",这也是理解孟子

---

① 李文瀚:"题徐栋《牧令书》序"见[清]徐栋:《牧令书》。

"知言"与"养气"之间辩证关系的明确思路。希腊苏格拉底的"知识论"以"我知我无知",即"无知之知"为一生追求的终极目标,为此,不惜甘愿受死,他殉道之后,那位宣称"给我一个杠杆,我就能撬动地球"的阿基米德也死于对科学的痴迷。而儒家的其"尽心"之知必定要与"立命"之行切实结合起来,使其贯穿于人的生命过程之中,即孟子"存其心,养其性,所以事天也。夭寿不贰,修身以俟之,所以立命也"(《孟子·尽心上》)。其以生命所托付者,正如宋儒朱熹对此"立命"所做的解释:"事天而能修身以俟死,仁之至也。智有不尽,固不知所以为仁;然智而不仁,则亦将流荡不法,而不足以为智矣。"①照他看来,孟子的"尽心"之思,只是"安身立命"的手段,是智慧,但不以"仁"为目的"智"本身也就失去了方向,反而可能戕害自己,这样的"智"也就没有意义了;像希腊哲人那样为"爱智慧"而牺牲生命一样,儒家的人坚信应该以"仁义"而"俟死",即孔子说的"杀身成仁"和孟子说的"舍生取义","孔仁孟义"是儒家"外王之道"的内在伦理,是儒家"入仕"的"良心",亦即为政者的主体性或政治觉悟。

儒家所阐扬的"心"在"思"的官能之外,更强调道德上的"良",所以常与"心思""心眼""心目中"这些物理性知识能力相对举的是"良心""天良""赤子之心"这些伦理性的本能素质。这样的特性表明儒家的知识论与西方的"为知识而知识""知识就是力量"甚至"强权即真理"这样的物理性或客观性知识论,有明显的区别,即强调知识论的伦理性或知识与道德的统一性。西方人的知识论主要关注作为主体的人对于客观世界的认知,甚至是对作为客观知识的思维规律的认知,即亚里士多德"反思的思想",而中国人,特别是儒家更为关注作为主体的人与人之间的社会关系,包括家庭成员、国民以及"四海之内皆兄弟"之间的关系,以"圣人"为此类社会关系的典范,即"圣人,人伦之至也。"②这种带有伦理学的知识论就是儒家的"良心"论,而从其强烈的对外在各层次人群社会关系的观照讲,此"良心"论又是"实心"论,它蕴含着一种指向外在社会实践的特别政治情感。西方人从纯粹理性主义或知识论的立场或许会提出疑问:"儒家人伦之至的圣人是哪些? 是真实的历史人物吗? 可以用科学数据证实吗? 成圣成贤有现实可行的途径吗?"但是,这些都不是中国人的问题,特别不

① ［宋］朱熹:《四书集注·孟子》,岳麓书社1987年版,第500页。
② 《孟子·离娄上》。

是具有儒家"德政"情怀的人所忧虑的问题。因为孟子说"人皆可以为尧舜"、荀子说"途之人可以为禹"、程颢说"虽尧舜之事,亦只如太虚中一点浮云过目",甚至毛泽东说"六亿神州尽舜尧"等,他们都只是从社会人伦的价值取向言及圣人,而非指出几个可资科学考古或历史文献实证的伟大政治家,以为社会活动中的"政治超人"。像生物的心脏为每一个生命主体提供血液动力一样,"良心"为每一个处在社会关系中的人提供实践活动的精神动力,建构公平的政治自信心和人文情怀。照西哲亚里士多德的说法,哲学家因"诧异"而生"好奇之心",而中国的孟子却认为"大人者"不失赤子之心,即"良心"。比如,中国老百姓很喜欢"狄公案"这类的文艺作品,其吸引力显然不全在西方"福尔摩斯探案"之类的推理情节方面,更多的是"狄公案"背后揭示出的吏治"良心":"狄仁杰为官,如老子所言:'圣人无常心,以百姓心为心',为了拯救无辜,敢于拂逆君主之意,始终保持体恤百姓、不畏权势的本色,始终是居庙堂之上,以民为忧,后人称之为'唐室砥柱'。"①这是现代中国人对"良心"与"圣人"的关系、"内圣"与"外王"之道的一种比较符合中国"实心"与"实政"关系的说明。当代西方汉学家高罗佩倾十五年之心血写出巨著《大唐狄公案》,西方读者以"东方福尔摩斯探案"赏读之、赞誉之,我认为在中国人自己的文化环境和政治伦理中,把"狄公案"视为西方文化和政治伦理中"行侠仗义佐罗",反倒更为贴近中国人的政治情怀和行政伦理。因为,在儒家的政治逻辑中,"不忍人之心""恻隐之心"才是"不忍人之政""救孺子于陷阱"的主体性动机和实践性冲动,这就是"爱人之心",拯救生命之心,孟子见齐宣王有不忍杀牛之心,故而推断他能行仁政,所依据者自然是其"良心发现"和应然性情感,而非对客观世界的好奇心及其必然性推理。

儒家此所谓的"赤子之心"要求"父母"尽对子女生命的养育责任,其中固然蕴含生物理性,但更多的是伦理情感,是"父母"的生物性与养育子女的责任伦理的结合,因此,"赤子之心"也就是"良心"和"实心"。父母之"心思"不仅顾及孩子与自己的"赤"——血缘关系,而且还"诚心实意"地养育其子女、尽父母"慈幼"的"心意",所以子女也以"大人"呼唤"父母",百姓也以"父母官"或"大人"称呼"亲民之官",一则以示他们之间的关系理性,一则以示他们之间的关系伦理;百姓俗谚"当官不为民做主,不如回家卖红薯",亦当视为"敬之诚,

---

① ［元］张养浩著,司马哲编:《为政忠告》,中国长安出版社 2009 年版,第 202 页。

责之实",一如子女之敬重父母,盖因父母克尽家长慈幼、养育之职守。这种关系及其所启示的社会伦理几乎可以称之为"仿生伦理学"或"仿生政治学"。元代文人政治家张养浩(以孟子"我善养吾浩然之气"命名自励)于此关系解释说:"赤子之生,无有知识,然母之者常先意得其所欲焉。其理无他,诚然而已矣。诚生爱,爱生智。惟其诚,故爱无不周;惟其爱,故智无不及。吏之于民,与是奚异哉? 诚有子民之心,则不患其才智之不及矣。"①在父母与子女的关系之中,以一个"诚"字关联起理性之智和伦理之爱,而且是以爱为终极目标;儒家认为,社会的政治关系与家庭的伦理关系一样,首先要有情爱、有诚心,其次才能发挥生物功能,否则生物性的"弃养"和政治性的"不教而诛"都有可能发生,那就是生物性的戕害功能,而非养育功能,家庭家长和国家的父母官也因违反此"诚心"原则而犯罪,家庭层面的"弃养罪"和国家层面的"反人类罪"皆属此类。宋儒名臣司马光的学生刘安世初学"经世济民之道"于乃师,五年仅得一"诚"字;"诚"既可联结"诚心",亦可联结"诚实",前者多蕴含人的主观性,后者多蕴含物的客观性,因此,"实心"就常被儒家用以表达主客观性的结合,但仍然以主观能动性或主体性为精神动力和价值取向。这也是儒家"知行之辨"中"知"的特殊重要性:既可以为"良知",亦可为"行知","实心"在"良知"和"行知"方面接引它们,即"诚心"为"良知","实意"为"行知"。

三、"实政"与实践性

不少神学家把基督教的《圣经》视为"净化灵魂"的经典,可是斯宾诺莎却认为它是以神学的形式讨论政治的典籍,故以《神学政治论》一书阐发其独到见解。然而,儒家的《大学》开宗明义就说自己是"成就大人的学问",属于政治哲学,即"经世济民"的学问。尽管其中有明显的"修身"旨趣,但是"治国",特别是"平天下"乃为"修身"的目的。因此,儒家的"成圣成贤"的"大人"之学,既不以"好奇之心"为限,亦不以"净化灵魂"为宗,本质上乃独具特色的政治伦理,所谓"格物、致知、诚意、正心、修身、齐家、治国、平天下"八条目者,乃合内外之道,由"实心"启动的"实政",即道德政治学或政治伦理学。其与"实心"略可区别者在于:"实心"偏于知识的伦理性,类似于儒家的"德性之知";"实

---

① [元]张养浩著,司马哲编:《为政忠告》,中国长安出版社 2009 年版,第 5 页。

政"则偏于政治的伦理性,类似于儒家的"王道仁政"。

由"实心"开创出的"实政"虽然可以称之为"王道仁政",但其政治伦理的道场却在"家国天下",须由"齐家治国平天下"而得以彰显,即其实政性显现于中国社会的治理实践。王夫之曾言,中国之所以为一连续不断的社会实体,俱见于其稳定的社会结构和治理体系:"郡县之制,垂两千年而弗能改矣,合古今上下皆安之,势之所趋,岂非理而能然哉?……世其位者习其道,法所便也;习其道者任其事,理所宜也。法备三王,道著于孔子,人得而习之。"①从历史事实、社会制度和治理的有效性看,"郡县之制"就是"实政",是中国社会古今上下"安身立命"的"道理",是借夏商周三代圣王而阐发的"孔孟之道"。"郡县制"形式上是秦始皇所推行的社会制度,虽然大秦国祚不过十六年,但是,"郡县"却由于"汉承秦制"而延续了两千多年,其中自有道理。这道理就在于"郡守县令"便于以"亲民之官"的身份"执守"中央的决策命令,政策可以落地实行,反馈政策的情况也更可信。利用中央决策层有效调整,与周代封建制下诸侯各自为政,甚至"挟天子以令诸侯"的"礼乐征伐"相比,更有实效。秦汉后儒家学者称此"郡县父母官"之制为"实政",其特点是以"仁义"为"实心",它既矫正了周制的"人而不仁如礼何,人而不仁如乐何"的"礼坏乐崩"的"天下无道",也克服了秦之"郡县制"中"仁义不施"的"霸道",使"实心"和"实政"相互统一,以秦之"郡县制"经过汉之"儒家意识形态"的改铸而稳定施行于中国两千多年的社会治理,这便是"汉承秦制"的完整含义,也解释了"郡县制"的开创者国祚十六年短命而亡,而其继承者则"垂两千年而弗能改"的道理,即使"王道仁政"的理想在"实心"与"实政"层面得以落实。

历史学家陈寅恪曾说,秦代的制度与汉唐的法律都是儒家思想的社会实现形式,这比一般观点仅从秦始皇"焚书坑儒"和法制"禁奸止邪"来区别儒法、辨析"王道仁政"和"霸道暴政"要高明许多,至少是从学术谱系和社会治理历史方面揭示了"阳儒阴法"之间的互补关系。他在为冯友兰的《中国哲学史》写的审查报告中说:"儒者在古代本为典章学术所寄托之专家。李斯受荀卿之学,佐成秦治。秦之法制实儒家一派学说之所附系。《中庸》之'车同轨,书同文,行同伦'(即太史公所谓:'至始皇乃能并冠带之伦')为儒家理想之制度,而于始皇之身,而得以实现之也。汉承秦业,其官制法律亦袭用前朝。遗传至晋以

---

① [清]王夫之:《读通鉴论》卷一。

后,法律与礼经并称,儒家《周官》之学说悉采入法典。夫政治社会一切公私行为莫不与法典相关,而法典为儒家学说具体之实现。故两千年来华夏民族所受儒家学说之影响最深最巨者,实在制度法律公私生活方面,而关于学说思想之方面,或转有不如佛道二教者。"①对陈先生这段高论,我可以作一点发挥:儒家"天下为公"的"王道"理想,经过荀子的法家弟子韩非和李斯的影响,在秦始皇那里变成了"大一统"的现实,这是主观精神"实心"到客观制度"实政"之间的辩证关系,而不是像所谓"历史唯物主义者"用独断的秦制"车同轨,书同文,行同伦"客观事实证明《中庸》的思想是其客观的反映,故《中庸》乃为秦汉后的经验之作。因此,史学家陈寅恪与"历史唯物主义者"相比,更像一个"辩证唯物主义者",承认儒家思想对社会现实的指引和激励作用,而坚持《中庸》儒家思想为后出伪作的"历史唯物主义者"则更像"机械唯物主义者"或"客观独断论者",只死扣住"主观精神来源于客观物质"之类的教条。再者,表现"王道"精神的"仁政",按照儒家"仁者爱人""使民以时""博施于民而能济众""先王有不忍人之心,斯有不忍人之政"的思想,必须落实为一种生民利民的制度,"儒家学说悉入法典"就是体现"王道"的"仁政",即"阳儒阴法",而落实在"制度法律公私生活之方面"者,就是"郡县制"下的"亲民之官"或"父母官":"牧令乃亲民之官,以保赤子之心为心,则一邑治,即推之天下,而天下无不治。"②"赤子"是借用生命质朴与自然无助的性质表达"百姓子民",他们的"心思"自然是得到"父母官"的慈爱和养育,"牧令"或"守令"既是"父母官的权力"也是"父母官养育子民的责任",这就如维系家庭一样,子女不是父母寻欢作乐的结果,而是他们之间恩爱的见证和责任伦理,子民自然也不是父母官滥施淫威的对象,而是父母官的政治前提:如果没有履行好对子民的牧养责任,父母官就应该以"弃养罪"论处,褫夺其对子民的监护权。

另外,对百姓子民的"牧养"不仅是父母官的"良知"和"实心",而且也是他们的"应尽责任"和"实政",在朝廷中央层面是"王道仁政",在社会治理的基层则是"知行合一",用现在中国政治常讲的话叫"政策落地""解决最后一公里的问题"以及"让人民群众有实实在在的获得感",这就是"实心"必须见诸"实政",这就是中国"郡县制"下的行政官吏被称为"父母官"或"亲民之官"的

---

① 陈寅恪:"审查报告(三)",见冯友兰著:《中国哲学史》(下册)(增订本),台湾商务印书馆,第1206页。

② [清]杨以增:"序《牧令书》",见[清]徐栋:《牧令书》。

原因。这首先是个行政为民的政治伦理意识问题,其次是个行政作风和能力问题,是"勤政爱民"和"行政惠民"以及"视民如子"和"视民如伤"的统一性问题。宋代中央派文人到基层单位如州、府办事,现要求他们"知某州事""知某府事",然后才能施行政策,所以"知州""知府"先从办事的伦理意识上要求行政官员,照王阳明"致良知"的解释:"盖'知天'之'知',如'知州'、'知县'之'知',知州则一州之事皆己事也,知县则一县之事皆己事也,是与天为一者也;事天则如子之事父,臣之事君,犹与天为二也。天之所以命于我者,心也,性也,吾但存之而不敢失,养之而不敢害,如父母全而生之、子全而归之者也;故曰'此学知利行,贤人之事也'。"①"知州、知县"是从一州、一县的具体事务上证实"亲民之官"的"良知",其所谓"致良知"亦即"学知利行","养之而不敢害"是惧于"伤天害理"的生命伦理戒律,这些都是"实心"与"实政"的结合和施行。相反,知而不行,那"良知"就会产生缺陷,所以,王学后人钱德洪常以"实心磨练""行著习察"警示自己,以免坠入"良知"之空套。

四、因名责实的经世思想

受清代儒家"朴学"风气的影响,清代的地方治理中亦兴起了"实心"与"实政"之间辩证关系的讨论,此"明体达用"的"经世"风气尤见于牧令一级的"父母官"及曾有过牧令经历的"封疆大吏"或"朝廷重臣",辑录《牧令书》的徐栋和纂述《牧令书辑要》的丁日昌即为其显例。在《牧令书》和《牧令书辑要》里都辑录了与他们同样具有地方和中央官吏背景的官吏们的吏治经验。如沈起元在《循吏约》中的坦言:"分疆守土之官,未有若知县之于民至亲至切者也。故易于见功,亦难于称职。然才识之高者不足恃,下者不足虑,惟视其心何如耳。才有不同,心无不同也,识有不一,心无不一。心者何? 一曰实心。国家澄叙官方,吏治章程,纤悉具备,特患视为具文故事。…苟能将士习民风狱讼赋役水利盗贼诸事,凡一切令甲之所垂,宪檄之所饬,民生之所系,国计之所关,一一实心整理,如饮食衣服之切己,饥必求饱,寒必求暖,不因上台督责而粉饰,不因同列异同而依违,一民未安,一事未究,寝食不敢宁也,焦劳不敢恤也。由是,则才高

者寻理必细,操持必坚,更无难事足以沮我。何患政之不立?"①"实心"是一种行政伦理意识,告诫官吏不能将"吏治章程"视为"具文故事",以虚饰其权责,"实心整理"就是将行政伦理落实到老百姓的衣食住行之中,这就是在吏治层面落实了儒家"己欲立而立人,己欲达而达人"的"王道仁政",此"立政"亦即以"实心"立"实政"。

无论是王阳明从"事上磨练"的"致良知"还是沈起元从"实心整理"的"立政"操持,都恪守着儒家因名责实的经世思想,意图取得"实心"与"实政"的统一。对起源于"司徒之官"的儒者来说,他们有以"清议"监督官吏行政的权利,有什么样的官职权力就要履行好同样的责任,这是"名副其实"的"立政",否则就是"尸位素餐",为"清议"所弹劾。治理天下的这个道理,"庶人"亦可"直言"议政,老百姓常以"占着茅厕不拉屎"和"吃白饭"来讽刺只知道弄权而不知道办事的官员,这是从老百姓朴实的语言讲述"立政"必"实"的道理②。宋明以降的儒官儒吏对于"父母官""亲民"之"实政"多有留意并恳切处之,后儒经理郡县者多传为美谈。如明代李廷机所编辑的《宋贤事汇》中记载:

周濂溪先生敦颐(周敦颐)提点广东刑狱,尽心尽职,务在矜恕,不惮出入之勤,瘴毒之侵,虽荒崖绝岛,人迹所不至,皆绥视徐按,以洗冤泽物为己任。

真西山先生德秀再知泉州,决讼自卯至申末已。或劝啬养精神。先生曰:"郡敝,无力惠民。仅有政平讼理,事当勉。"政平讼理,亦惠民之一端也。

陆文安公九渊,知荆门军。民有诉者,无早暮,皆得造于庭,复令自持状以追,为立期,皆如约而至。即为决之,而多所劝释。其有涉人伦者,使自毁其状,以厚风俗。唯不可训者,始置之法。

范文正公领浙西时,大饥。公设法赈救。仍纵民竞渡。太守日出宴湖上,居民空巷出游。又谕诸佛寺兴土木,又新厫仓吏舍,日役千夫。监司劾杭州不恤荒政,伤耗民力。公乃自条叙,所以宴游兴造,皆欲发有余之财,为贫者贸易饮食。工技服力之人,仰食于公私者日无虑数万。荒政之施,莫此为大。是岁

---

① 〔清〕丁日昌:《牧令书辑要》卷一,江苏书局 1868 年刊印本,第 910 页。

② 明儒顾炎武谓:"'天下有道,则庶人不议。'然则政教风俗,苟非尽善,即许庶人之议矣。"顾炎武:《日知录》卷二一"直言"(下),岳麓书社 2011 年版,第 777 页。这不是政府是否允许议政的问题,而是"天下无道,处士横议"的问题,"横议"就是"处士"不受"出仕"条件的约束而自由议政。这就是儒家"为政以德"思想中的"议政权"。

两浙,惟杭州晏然。民不流徙,公之惠也。①

　　这些都是儒官儒吏"尽心尽职""以实心行实政"的案例,值得后世"亲民之官"借鉴,也是儒家经世思想中的实实在在的议题。在许多读者的印象里,宋明儒者都是些空谈性理的"道学先生",误以为他们只不过是些"无事袖手谈心性,临危一死报君王"的"腐儒"②,这些大都是"空对空"的教科书或者以"唯心唯物"二分法独断地套装儒家思想之故。陈寅恪说的那种"两千年来华夏民族所受儒家学说之影响最深最巨者,实在制度法律公私生活方面"(见前注)的情况只要去读反映"郡县制"的"牧令书",就比较清晰了,因为那里面有大量对应"实心"的"实政"议题和案例。至于"唯心唯物"二分法,用于纯粹的学术思想如佛学和道家那还比较靠谱,我想这大概就是陈先生所谓(儒家)"关于学说思想之方面,或转有不如佛道二教者"的衍生意义。关于儒家的研究,如果不考虑它"司徒之官"的起源背景,不联系其"修齐治平"的政治情怀,忽视儒家思想影响下形成的任人唯贤的"德政"传统和"科举制度"象征的治权开放体系,我们则很难解释何以一个中央集权的社会治理体系在中国能够维系两千多年而不解体,而罗马帝国、阿拉伯帝国、西班牙帝国、奥斯曼帝国、奥匈帝国等,最多也就能延续300—500年中央集权体系。两种中央集权体系不同的历史命运或许可以有支撑中央集权的"行省""王国""公国"或"郡县"之不同而得到解释。在西方的帝国体系里,"行省""王国"或"公国"模仿中央,欲求统揽一切权力,结果是:要么被灭,要么自己独立,帝国的中央集权最终分崩离析;在中国的"郡县"制度设计中,中央只垄断政权,官吏由中央指派,但事权由郡县自主,鼓励其亲民之官实政惠民,权非官职垄断,而随事权衡,"一朝天子一朝臣"形成一政务官体系,而郡县之制"垂两千年而弗能改"则形成一事务官体系,二者形式上矛盾,而历史事实却可证为并行不悖,以示"事权"可以相对独立于"政权",中国历代改革皆有"简政放权"的呼声,其实质就是启示于郡县制中的"事权"独立性和"实政"功效性。清儒曾编一实政掌故,以明官权与事权之间的辩证关系:"何易于为益昌令,刺史崔朴泛舟春游,出益昌,索百姓挽纤。易于即

　　①　[清]陈弘谋:《从政遗规》,见《中华藏典·名家藏书》卷二三,内蒙古人民出版社2003年版,第192—193页。
　　②　清初颜元感愤于宋明空谈心性的儒者,嘲笑他们丧失了儒家经世济民的大丈夫气概:"宋、元来儒者却习成妇女态,甚可羞。无事袖手谈心性,临危一死报君王,即为上品矣。岂若真学一复,户有经济,使乾坤中永享治安之泽乎!"见[清]颜元:《颜元集》"存学编卷一",中华书局1987年版,第51页。

腰笏,躬自引舟。朴惊问状,易于曰:'百姓方急耕蚕,惟易于无事,可代其劳。'刺史不安,乃以骑去。"①这就是"事权"相对于"政权"的独立性。同样,孔子的"使民以时"、孟子的"不误农时"等,都是由"实政"而提出的事权问题,这些问题仅在书本里讲未必能明其影响制度的深意,联系"亲民之官"经世济民的实际就比较容易搞懂了。宋明大儒绝大多数都有"牧令"经历,其理事、心性之辨也多立于其"亲民""牧守"的事务,自然也会对"圣王事业"(政权)提出批评和修正,所谓"虽尧舜之事,亦只如太虚中一点浮云过目(程颢语)"。"尧舜之事"属于"圣王之权",但亦如自然事物的变迁,"与时偕行",因时因事而变,这就为基层治理的事权留下了独立于中央政权的空间。中国兵家有句格言:"臣既已受命为将,将在军,君命有所不受。"②君命臣为将显示的是"政权",而"将在军"表达的就是相对独立的"事权",它必须由亲临战场、指挥瞬息万变的战斗的将军独立行使,这与"郡县官吏"相对"中央君臣"独立行使"事权"的"实政"如出一辙,是"实事求是"在社会治理方面的体现。这也是宋明儒者中大政治家、改革家、"三立完人"多出之故,如司马光、王安石、真德秀、薛瑄、王阳明以及吕坤等,所谓"宋朝人才最为兴盛。名公巨卿,有的起家外史,有的是重臣出历州郡。其中政绩卓然的大都底蕴深厚,并非恃才傲物者可以任意讥诮的。"③

"郡县"制下的"守令"既是"父母官"之名,亦当责以履行"事权"之实。根据"因名责实"的逻辑,郡县治理或行政学应能提示此儒家为政之道的特点:"因心出治,惟我施行,则莫妙于知州、知县矣。夫朝廷设官,自公卿以至驿递,中外职衔,不啻百矣。而惟牧令,人称之曰'父母'。父母云者,生我养我者也。"④"治国如治家","家长养育子民"的"权力与责任"在明儒吕坤的"知州知县之职"文中被详尽列出,其作为社会治理的工作指南可谓:详尽备至,叹为观止:

土地不均,我为均之。差粮不明,我为明之。树木不植,我为植之。荒芜不垦,我为垦之。逃亡不复,我为复之。山林川泽果否有利,我为兴之。讼狱不

---

① [清]金庸斋撰,谢景芳译:《居官必览》,中国商业出版社2010年版,第188页。

② 《史记·孙子吴起列传》。

③ [清]陈弘谋:《从政遗规》,见《中华藏典·名家藏书》卷二三,内蒙古人民出版社2003年版,第198页。

④ [清]陈弘谋:《从政遗规》,见《中华藏典·名家藏书》卷二三,内蒙古人民出版社2003年版,第167页。

平,我为平之。凶豪肆逞,良善含冤,我为除之。狡诈百端,愚朴受害,我为剪之。嫖风赌博,扛帮痴幼,我为刑之。寡妇孤儿,族属侮夺,我为镇之。盗贼劫窃,民生不安,我为弭之。老幼残疾,鳏寡孤独,我为收之。教化不行,风俗不美,我为正之。远里无师,贫儿失学,我为教之。仓廪不实,民命所关,我为积之。狱中囚犯,果否得所,我为恤之。斛斗秤尺,市镇为奸,我为一之。贫民交易,税课乱征,我为省之。衙门积蠹,狼虎舞民,我为逐之。吏书需索,刁勒吾民,我为禁之。征收无法,起解困民,我为处之。游手闲民,荡产废业,我为惩之。异端邪教,乱俗惑民,我为驱之。庸医乱行,民命枉死,我为训之。士风学政,颓败废弛,我为兴之。聚众党恶,主谋唆讼,我为珍之。火甲负累,乡夫骚扰,我为安之。某事久废当举,我为举之。某事及时当修,我为修之。民情所好,如己之欲,我为聚之。民情所恶,如己之仇,我为去之。使四境之内无一不得其宜,无一民不得其所。深山穷谷之中无陷弗达。妇人孺子之情无微不照。①

立此为社会治理目标,则"知州知县"不愧为名副其实的"父母官","家国天下"始可能有"长治久安"的政治局面和社会基础;进而,儒家"民贵君轻"的思想亦可实现创造性转化,与"为人民服务""立党为公,执政为民"的现实政治相互接引,砥砺创新,以夯实当代中国社会的政治基础并提升社会制度的行政效率。

五、结语

通过对"实心"与"实政"在中国思想和制度环境中的辨析,我们可以看出中国政治哲学、特别是儒家的"经世致用"的思想对于中国制度及社会治理的影响。"实心"是从政治伦理的角度透视知识论,即知识不是人的"头脑"机能对于客观事物的观察和总结,然后获得价值中立(value - free)的必然性规律,而是以人的"心灵"去体会各种关系,包括人与自然以及人与人之间形成的社会关系,最终获得"天理"或"良心"。与纯粹的认知性"头脑"机能相比,"天理"或"良心"是用以指导"人欲"善的价值取向,是与人的社会关系相关联的,

---

① [清]陈弘谋:《从政遗规》,见《中华藏典·名家藏书》卷二三,内蒙古人民出版社 2003 年版,第 167—168 页。

因此它必定是"实心",从而也影响或者约束调节人们社会关系的机制,即社会制度,形成"实政"。儒家思想影响中国的社会制度和人的公私生活最深刻、最全面的在思想原则上讲就是"内圣外王"之道,而从或生活现象层面讲就是"以实心行实政",既以"实心"激发并观照政治决策,如刘安世言称,自己随司马光学为政之道,五年仅体会得一"诚"字。又以"实政"考绩"亲民之官"的"牧守"之政,如唐甄所虑者:"府县之官,以知为名,非义也。请如汉制,为郡守,为县令。守者,保也,令者,善也;保土善民也。"[1]"知府""知县"之深以为虑者,无他,忧其限于知府县之官名而忽略府县之治实,即"因名限实"而"郡县吏治"其"永为后世称美"者,则多见于其"因名责实",以"父母官"之名,则其慈幼、养育"子民"之实,以"一命之官,莫不分天子之权,以各治其事"(顾炎武语),成为名副其实的"实政"和"善治"典范。近代孙中山创建新型国家治理体制,以"政权治权相分离"而取代西方体制的"三权制衡",其社会治理的重要思想来源即是儒家深契的"以实心行实政"原则,"实心"者,"政权"之主导者也;"实政"者,权力之运用、治理之实现者也;"实心"乃政权之体,"实政"乃治权之用,二者之辩证统一即"明体达用"之善政也。

(作者系中国政法大学教授)

---

① 〔清〕唐甄:《潜书》,中华书局1963年版,第133页。

略析儒家大道之特质及其教化精神

方俊吉

前　言

儒家宗师——孔子绍承尧、舜、禹、汤以来,古昔圣王之智慧与经验,建构以"人本"思想为基础,而标榜"伦理"、强调"道德"为主轴核心之"大道",在春秋时期,已然为诸多知识分子所宗仰。孔子殁后百余年,孟子起而承袭孔子之思想,以"正人心,息邪说,距诐行,放淫辞"为己任①,维系孔道于乱世而不坠。降及汉初,孝武皇帝采董仲舒之议,而宣示"罢黜百家,独尊儒术"。自此,以孔、孟思想为核心之"儒家"学术思想,受代代知识分子奉为立身处世、为学、为政之圭臬,而加以传承、弘扬,终成中华民族之文化与学术之核心和主流。

两千多年来,"儒家"学说虽难免于各种因素之冲击而有所起伏,然始终不改其以"人本"思想为基础,"伦理""道德"为主轴核心之本质。此外,儒家所蕴涵"务本尚德"之教化精神,更为后世广泛运用于政治、教育、艺文、工商管理等方面,多有显著之成效。儒家之学术思想,除直接影响周边之诸多国家,而形成所谓"儒家文化生活圈"外,更伴随华人之侨徙而远播全球。相较于标榜"自由""民主",一味追求"功利",突显"个人英雄主义",而藉重"宗教"之辅助,以维系家庭关系及社会正义之西方文化,截然有所不同。

清世宗于雍正五年二月,曾诏谕礼部,云:"朕惟孔子以天纵之至德,集群圣之大成。……而《鲁论》一书,尤切于人生日用之实。使万世之伦纪以明,万世之名分以辨,万世之人心以正,万世文风俗以端。若无孔子之教,则人将忽于天秩天叙之经,昧于民彝物则之理。势必以小加大,以少陵长,以贱妨贵,尊卑

---

① 《孟子·滕文公下》

倒置,上下无等,干名犯分,越礼悖义。"洵非溢美之词也。

一、儒家"大道"乃缘自"天道"而应乎"人情"之"人文大道"

天地自然乃人类智慧之启发者,儒家先哲自不例外。《中庸》载:"仲尼祖述尧舜,宪章文武,上律天时,下袭水土。辟如天地之无不持载,无不覆帱,辟如四时之错行,如日月之代明。万物并育而不相害,道并行而不相悖。小德川流,大德敦化。此天地之所以为大也。"①明确指出,儒家宗师孔子之思想、智慧,乃绍承尧、舜以来,古圣哲观察天地自然所呈现"有条不紊""生生不息"之理律,而有所体悟,于是,将之转化、推衍而成就之"人文大道"。易言之,以孔子为宗师之儒家学派所建构"本末分明""先后明白"之所谓"儒道",乃"顺乎天理,而应乎人情"之光明坦途,诚毋庸置疑。

析言之,儒家承袭"天道",而揭橥"人本"之思想,旨在导引世人提升品格,并洽和群伦,进而,促使万物各得其所、各安其分之理想。职是,儒家之"大道",首重"人我关系定位"之所谓"伦理",同时,强调"维系人际伦常,及落实安身立命之言行规范"之所谓"道德"为主轴。就其思想体系而言,儒家主张以"诚"为一切言行之原动力②;以"孝悌"为立身处世之根本③;以"礼义"为待人接物之准则④;以发挥人类爱心极致之"仁"为众德之无上标的⑤。同时,标榜"中和"之精神⑥,以为世人言行节度之指导原则。于是,推衍出"由本而末,自内而外"之所谓"忠恕"之道⑦,借以教导世人经由"修己"之所谓"内圣"功夫,进而达到"安人"之所谓"外王"之理想。约而言之,"儒道"之教化,就个人而

---

　①　《汉书·艺文志》亦云:"儒家者流,盖出于司徒之官,助人君,顺阴阳,明教化者也。游文于六艺之中;留意于仁义之际。祖述尧舜,宪章文武,宗师仲尼以重其言,于道为最高。"

　②　《中庸》载:"诚者,天之道也。诚之者,人之道也。"又:"唯天下至诚,为能尽其性;能尽其性,则能尽人之性;能尽人之性,则能尽物之性;能尽物之性,则可以赞天地之化育;可以赞天地之化育,则可以与天地参矣。……诚者物之终始,不诚无物。是故君子诚之为贵。"

　③　《论语·学而》载:有子曰:"其为人也孝弟,而好犯上者,鲜矣;不好犯上,而好作乱者,未之有也。君子务本,本立而道生。孝弟也者,其为仁之本与!"

　④　《礼记·礼运》载:"圣人作则,必以天地为本,……礼义以为器,人情以为田,……礼义以为器,故事行有考也。……故礼义也者,人之大端也。"

　⑤　韩愈《原道》云:"夫先王之教者何? 博爱之谓仁;行而宜之之谓义,由是而之焉之谓道,足乎己无待于外之谓德。"

　⑥　《中庸》载:"中也者,天下之大本也;和也者,天下之达道也。致中和,天地位焉,万物育焉。"

　⑦　《论语·里仁》载:子曰:"参乎! 吾道一以贯之。"……曾子曰:"夫子之道,忠恕而已矣。"

言,在引领世人追求"精神生命"臻于永恒之所谓"天人合一"之境界①;对群体而言,乃用以促进人类社会之和谐,以期达成"民胞物与"②之所谓"世界大同"理想。总之,以孔、孟思想为核心所建构之"儒家大道",非但为"顺乎天理,而应乎人情",体系完善,亘古常新之学术思想,亦启迪世人体认"人为何而活?"同时,指导世人知晓"生命当如何存活得圆融,充实而有意义",最为平易而可行之"实学"。

二、儒家"大道"所呈现之特质

一般而言,评量一种学术思想价值之高下,除析究其对世人所能提供之贡献多寡外,尤应估量其是否具合理性(Rationality)、可行性(Feasibility)、普遍性(Universality)与前瞻性(Prospectively)。审视以孔、孟思想为核心所建构之"儒家大道",当不难发现其思维理路所呈现之特质,不止合乎"逻辑"(Logic)"平实可行",且具"前瞻性"。此外,儒家学说非但不语玄虚不实之论,而忌怪力乱神之说③,更排斥私心自用及急功近利之行径。《中庸》载:子曰:"道不远人,人之为道而远人,不可以为道。"朱子注云:"道者,率性而已,固众人之所能知能行者也,故常不远于人。若为道者,厌其卑近,以为不足为,而反务为高远难行之事,则非所以为道矣。"可见,孔、孟所倡之"大道",原即以人人能知,个个可行,平实、普遍而符合情理为考虑。总之,"儒道"要身体力行,不得将之视为迂远、奥秘之术,而诉之高谈阔论。兹分别略析其特质如下:

(一)"儒道"具合理性(Rationality)——指其思想理论,符合逻辑性,且兼顾人情之常。

《大学》载:"古之欲明明德于天下者,先治其国;欲治其国者,先齐其家;欲齐其家者,先修其身;欲修其身者,先正其心;欲正其心者,先诚其意;欲诚其意

---

① 《中庸》载:"唯天下至诚,为能尽其性;能尽其性,则能尽人之性;能尽人之性,则能尽物之性;能尽物之性,则可以赞天地之化育;可以赞天地之化育,则可以与天地参矣。"
② 张载《西铭》云:"干称父,坤称母,予兹藐焉,乃混然中处。故天地之塞,吾其体;天地之帅,吾其性。民吾同胞,物吾与也。"
③ 《论语·述而》:"子不语怪力乱神。"又《中庸》子曰:"素隐行怪,后世有述焉,吾弗为之矣。"

者,先致其知。致知在格物。……自天子以至于庶人,壹是皆以修身为本。其本乱而末治者否矣,其所厚者薄,而其所薄者厚,未之有也。"此一由"穷理正心",以至于"修己治人"之"道",明显展现其"由己而人""由内而外""由本而末"之条理逻辑。再者,《大学》且载:"是以君子有絜矩之道也。所恶于上,毋以使下;所恶于下,毋以事上;所恶于前,毋以先后;所恶于后,毋以从前;所恶于右,毋以交于左;所恶于左,毋以交于右。此之谓絜矩之道。"此即俗云:"将心比心"之谓,亦即西方人所称"同理心"之体现。《论语·里仁》则载:子曰:"参乎! 吾道一以贯之。"……曾子曰:"夫子之道,忠恕而已矣。"朱子注云:"尽己之谓忠,推己及人之谓恕。……程子曰:以己及物,仁也;推己及物,恕也。……忠者,天道;恕者,人道。忠者,无妄;恕者,所以行乎忠也。忠者体,恕者用。"阐明孔子所倡导之"大道",乃由"尽己"而"推恩",重视本末先后、轻重缓急之哲理逻辑。《中庸》则引述孔子所言:"忠恕违道不远,施诸己而不愿,亦勿施于人。"凡此种种,均足证明,儒家之道所展现"合情"且"合理"之特质。

(二)"儒道"具可行性(Feasibility)——指道理之平易可行,而非遥不可及,抑或玄虚奥秘之论。

如前所引,《中庸》载:子曰:"道不远人,人之为道而远人,不可以为道。"孔子剀切指陈,其所倡之"道",原即所谓"民生日用、彝伦之常",而非玄之又玄,遥不可及之途。此一"大道",要在平素之待人接物中,落实体现,而非将之当作玄虚奥秘之理论加以议论。倘一昧琢磨于白纸黑字之间,抑或钻牛角尖,终将陷于泥沼之中,而难以自拔。此外,吾辈若析究孔、孟所阐发之理念,则不难发现,其中,无一非由自我省察、自我要求入手。而绝非事事要求他人,苛责他人。盖责乎己则易,而求乎人则难,此理之常也。《中庸》载:"正己而不求于人则无怨。……子曰:射有似乎君子,失诸正鹄,反求诸其身。"《论语·卫灵公》亦载:子曰:"躬自厚而薄责于人,则远怨矣。"(同篇)且载:子曰:"君子病无能焉,不病人之不己知也。"又:子曰:"君子求诸己,小人求诸人。"《孟子·离娄上》则载:孟子曰:"爱人不亲,反其仁。治人不治,反其智。礼人不答,反其敬。行有不得者,皆反求诸己。其身正而天下归之。诗云:永言配命,自求多福。"上引之明训,均足以证明孔、孟之道,其精神在于凡事重在检讨本身、要求自己,而非所以苛责于人。此又孔、孟思想中,至为可贵精神之一。

（三）"儒道"具普遍性（Universality）——指道理之适用范围，已然超越族群或国界之空间局限，即所谓"放诸四海而皆准"之意。

人类乃群居之动物，而群体生活，不能无行为之规范以维持秩序。如前所述，孔、孟之学术思想，缘自先哲观察于天地自然之理律，所体悟出之道理，加以思考、参验，而将之运用发挥于"人"之问题上。客观而言，基于人类之立场，以"人"之问题为一切问题之根本。此一思维与立论之正当性，实不容否定。职是，儒家首先标榜所谓"伦理"，即"人际关系之当然道理"，亦即"群己关系之适当定位"。易言之，伦理乃人我之间，借由相对应之定位，以确认人际间"长幼尊卑，亲疏远近"之关系，此乃人之所以异于禽兽者。《中庸》载：子曰："天下之达道五，所以行之者三。曰：君臣也，父子也，夫妇也，昆弟也，朋友之交也。五者，天下之达道也。"孔子所称"五达道"，亦即通达于人世间之所谓"五伦"，用以概括五种"人际关系"，即"亲属关系""政治关系"及"社会关系"。其中，"君臣"之"称谓"，随时空之变迁，容或有所变易，然长官与僚属之尊卑关系，其精神则不容改变。其次，儒家进而强调"道德"之必要性。所谓"道德"，除用以"维系人际之伦理关系"外，亦借以为"自我品格之提升"，并作为"处理各种事务之言行准则"。《孟子·滕文公上》载：（孟子）曰："父子有亲，君臣有义，夫妇有别，长幼有序，朋友有信。"又《大学》："为人君，止于仁。为人臣，止于敬。为人子，止于孝。为人父，止于慈。与国人交，止于信。"凡此，皆所以"维系伦理关系"者。除待人之外，"人"犹须自持与接物。因此，儒家圣哲乃提供诸多不同之"德目"，用以因应不同之事务，如："智、仁、勇"三达德，"礼、义、廉、耻"四维，与"仁、义、礼、智、信"五常，及"忠、孝、仁、爱、信、义、和、平"八德等等，作为言行作为所当依循之准则。

总之，有人类聚居处，即需有促进融洽、和谐之道。否则，人与禽兽即无所区别矣。儒家所标榜之"伦理"及强调之"道德"，其最直接之目的，正是为提升人格与洽和群伦而发者。简言之，"伦理"与"道德"，看似抽象，然对人类而言，其必要性，犹如阳光、空气与水一般，儒家圣哲之用心可见一斑矣。此外，尤值得一提者，"儒道"除重视人际之关系外，亦未忽略于关照人与万物之关系。《孟子·尽心上》载：孟子曰："君子之于物也，爱之而弗仁；于民也，仁之而弗亲。亲亲而仁民，仁民而爱物。"《中庸》则载："万物并育而不相害，道并行而不相悖。"则充分展现儒家"民胞物与"之高尚情怀。由是观之，"儒家之道"所蕴含"普遍性"之精神甚明矣。

(四)"儒道"具前瞻性(Prospectively)——所谓"前瞻性",乃指一理论、主张,不局限于当前,或某一特定时期适用。以展现其超越时代之永恒性。即所谓"百世以俟圣人而不惑"之意。

以孔、孟思想为核心之儒家大道,除充分提供人类立身处世,恒常、可行之坦途外,更提出诸多关于政治、教育、文学等问题之真知灼见,甚是充实可行且俱前瞻性。就以政治为例,《大学》载:子曰:"听讼,吾犹人也。必也使无讼乎。"意谓,执司律法以断争讼,并非难事。然而,身为执政者,必须以教化百姓,使之明礼义、知廉耻,而不好兴讼,避免纷争,为根本之要务。此乃古今中外,无以颠扑之理!《论语·为政》载:子曰:"道之以政,齐之以刑,民免而无耻。道之以德,齐之以礼,有耻且格。"其理并无二致。《孟子·离娄上》则载:(孟子)曰:"徒善不足以为政,徒法不能以自行。"意谓:徒有良善之主政者,而不能借重完善之典章制度,则不足以处理好政务。相对而言,空有完备之典章制度,而欠缺善良之执政者加以执行,则所有之法令规制,亦无以发挥其功能。

殊值一提者,身处君权至上之封建时代,孟子曾毫不讳言:"民为贵,社稷次之,君为轻。"[1]此一理念,乃源自古昔先哲所云:"民之所欲,天必从之。"与"天视自我民视,天听自我民听。"[2]之所谓"民贵"精神。相较于当今诸多西方国家所倡之所谓"民主"体制,终难免流于"派系对立""金权挂钩"与"多数暴力"等等弊端,则儒家所倡之"民贵"精神,尤显其珍贵。可见孔、孟之睿智与远大之视野,更能展现其思想理念之永恒价值。然则,"儒道"确实已俱备其"前瞻性"明矣。

三、儒家之教化,突显其"务本尚德"之精神

儒家自孔、孟以降,历代之儒者多以"经世济民"为职志,而所倡之教化内涵与次第,则充分突显其"务本尚德"之精神。《礼记·学记》载:"古之王者,建国君民,教学为先。"无怪乎,古今中外英明之主政者,无不重视教育,而教育专

---

① 《孟子·尽心下》
② 《尚书·泰誓上》

家于教学方法及技巧之运用,亦无不费尽思量,多所探讨。是故,自古以来,不乏各种教育之理论与主张。就晚近西方之专家而言,如:德国、赫尔巴特(J. F. Herbart 1776—1841 年)即提出所谓"五段教学法"①;意大利之幼儿教育学家、玛丽亚·蒙特梭利(Maria Montessori1870—1952 年)则有所谓"蒙特梭利教学法"②;美国海伦·帕克赫斯特(Helen Parkhurst 1887—1973 年)亦提所谓"道尔顿(Dalton)制"教学法③,等等,不一而足,各有千秋,令人目不暇接。

在中国,两千多年前,孔子不仅已确立其"务本尚德"之教化内涵与目标,更发挥其多方且灵活之教学方法,而培育成功诸多贤能之士,终被尊奉为"大成至圣先师",影响至为深远④。盖自孔子倡导"有教无类""因材施教""德术兼修"与"体用并重""学思兼顾"等诸多重要之教育法则以来,已然普受世人之推崇。百余年后,孟子绍承孔子之精神,于教育之问题亦多所发皇⑤。《孟子·尽心上》载:孟子曰:"仁言,不如仁声之入人深也;善政,不如善教之得民也。善政民畏之;善教民爱之。善政得民财;善教得民心。"(同篇)又载:孟子曰:"君子之所以教者五:有如时雨化之者。有成德者。有达财者。有答问者。有私淑艾者。"凡此种种,或强调教育之重要性;或提示教育法则之明训,历久而弥新。此外,儒家主要经典之中,所提有关教育之具体论述,如:《礼记·学记》所载:"学,然后知不足。教,然后知困。""道而弗牵则和,强而弗抑则易,开而弗达则思。和易以思,可谓善喻矣。"又:"学者有四失,教者必知之。人之学也,或失则多,或失则寡,或失则易,或失则止。此四者,心之莫同也。知其心,然后能救其失也。教也者,长善而救其失者也。善歌者,使人继其声,善教者,使人继其志。其言也,约而达,微而臧,罕譬而喻,可谓继志矣。"与"善问者,如攻坚木。先其易者,后其节目。及其久也,相悦以解。善待问者,如撞钟。叩之

---

① 按:德国赫尔巴特所倡导之阶段教学法,其教学过程循着一定阶段,以启发学生之思想,增进系统之知识与培养推理之能力为目的。赫尔巴特之阶段教学法,原只四段。即明了、联合、系统与方法,后经齐勒(T. Ziller1817—1882 年)及其弟子赖恩(W. Rein1847—1929 年)两次之修订,遂成为现今一般所谓的"五段教学法"。

② 按:"蒙特梭利教学法",主张教师只是一个从旁引导者,应重视受教儿童之独立性。此外,并着力于设计启发性之教学情境和教具,使儿童借由具体操作来学习,不仅止于听讲而已。

③ 按:"道尔顿(Dalton)制教育法",系由美国女教师 HelenParkhurst 在道尔顿学校所提倡者。此教育法采"计划原则",学生各有不同之作业表,必须独自或以小组合作方式完成作业。

④ 《史记·孔子世家》载:"孔子以诗、书、礼、乐教弟子,盖三千焉。身通六艺者,七十有二人。"

⑤ 见拙作《略述孔孟之教育理念及法则》,高雄市文献委员会印行《孔孟学术思想》"纪念孔子2552 周年诞辰特刊"no. 1,pp. 8,(2002. 09)。

以小者，则小鸣。叩之以大者，则大鸣。待其从容，然后尽其声。不善答问者，反此。此进学之道也"。等等，已然成为中国传统教育之圭臬。

综观孔、孟所倡之诸多教育理念之中，最为世人所称颂者，除"有教无类"之精神外，其所以为教者，无不着眼于日常生活中，所应秉持之分寸，即所谓"不待求之民生日用彝伦之外"①，而避玄虚奥秘，抑怪力乱神之说。《论语·学而》载：子曰："弟子入则孝，出则弟，谨而信，泛爱众而亲仁。行有余力，则以学文。"又：有子曰："其为人也孝弟，而好犯上者鲜矣；不好犯上，而好作乱者，未之有也。君子务本，本立而道生，孝弟也者，其为仁之本与。"（同篇）且载：子夏曰："贤贤易色，事父母能竭其力，事君能致其身，与朋友交言而有信，虽曰未学，吾必谓之学矣。"《孟子·梁惠王上》则载：梁惠王曰："寡人之于国也，……"孟子对曰："……谨庠序之教，申之以孝悌之义，颁白者不负戴于道路矣。……"又《滕文公上》载：滕文公问为国。孟子曰："……设为庠序学校以教之。……皆所以明人伦也。人伦明于上，小人亲于下。有王者起，必来取法，是为王者师。"（同篇）又载：有为神农之言者许行，……（孟子）曰："……人之有道也，饱食暖衣，逸居而无教，则近于禽兽。圣人有忧之，使契为司徒，教以人伦。父子有亲；君臣有义；夫妇有别；长幼有序；朋友有信。"《告子上》则载：孟子曰："仁，人心也；义，人路也。舍其路而弗由，放其心而不知求，哀哉！……学问之道无他，求其放心而已矣。"凡此，皆强调在日常生活之待人接物中，教导学子建立其健康之"价值观念"与正确之"道德标准"，以提升自我之"品德"，成就高尚之"人格"。总之，儒家自孔、孟以来，其教化之内涵及法则、次第，明显充分展现其"务本尚德"之精神。

如今，科技、交通发达，世人之生活步调日趋急促，而易于忘忽"生命之真谛"与"生活之目的"，致使日常生活，由"役物"而沦为"役于物"。加之以，电子产物日渐充斥，青少年多沉溺于虚幻之世界中，而造成"价值观"混淆，"道德标准"低落。当此之际，儒家"务本尚德"之教化，尤显其珍贵。简言之，儒家之教化精神，较诸西方教育家所提种种理论，确实毫不逊色。不仅为中国历代儒者之所绍承，亦当今之教育工作者，所不能不效法、体现者也。

---

① 朱熹《大学章句序》："……而其所以为教，则又皆本之人君躬行心得之余，不待求之民生日用彝伦之外。"

结　语

英国伦敦国王学院希腊语与历史学之知名教授阿诺得·约瑟夫·汤恩比博士（Arnold Joseph Toynbee1889—1975 年）在一次国际会议中,曾凯切指出:"解决二十一世纪整个世界社会的问题,要靠中国之孔、孟学说与大乘佛教。"此外,1988 年,七十五位诺贝尔得奖主,在巴黎所发表的"联合宣言"中,更直接指陈:"二十一世纪之人类要生存下去,必须回归到两千多年前,汲取孔夫子之智慧。"凡此振聋发聩之呼吁,对炎黄子孙而言,岂不令人振奋? 窃以为"顺天应人""平实可行"而"超越时空",且具"前瞻性"之"儒家大道",乃我中华民族精神文明之核心,而儒家所倡"务本尚德"之精神,则是民族魂魄之所系。如今,中华儿女诚可理直气壮,昂首高呼:"弘扬儒家明'人伦'、重'道德'之思想,而落实'务本尚德'之教化,乃促进家庭、社会,以至于人类世界和谐之不二法门。"

（作者系高雄市孔孟学会荣誉理事长、国际儒学联合会顾问、中国儒商文化研究会副会长）

儒学的传承与创新
——《跬步探儒》自序

陈学凯

每个人的治学原则,基本是依据自己的知识结构、学术兴致来决定的,只有这样,才会有属于自己的学术观点。我在《跬步探儒》这本书的思考与写作过程中,基本顺应了这一规律。由于总想有所发现,哪怕是一点点发现,始终是我一个萦绕于心的重要关切,所以,从涉入这个领域到今天,凡易数稿,几经周折,已过去了整整十七个春秋。

回顾过往,使我沉醉于儒学研究的原因其实非常简单,那就是上一世纪80年代还在延续的思想惯性,即对中国传统文化尤其是儒家思想的批判。既然要批判,就得先认识和了解儒学。通过阅读和深入的探讨,却使我认识到儒学并不像我们批判的那么简单。对中国人来说,儒学其实是一门既高贵又艰深的学问,是一门能代表华夏民族精神和民族存在的重要思想标识。于是,我的立场发生了变化,转而虔诚地学习和研究儒学。这就是此书产生的背景和原因。

严格地说,此书尚算不上一部有系统结构的学术论著,而是一个总想别开生面的自由论集。之所以采取这种治学方法,是因为我感到,要建立一个结构和系统都比较完整的学说体系,就要塞进许多无用的东西,这恰恰是我想极力避免的。因为在知识大爆炸的今天,这样做既浪费自己的时间,也浪费读者的时间。所以,我采取了只关注点而不关注面的研究思路,只关注思想发现而不关注结构完整的阐释方法,这也算是我对儒学研究的探索与尝试。

由以上原因,将要呈献的自序部分,实际就是我想把本没有完成的思考汇集在一起,以一种更为简练、便捷的方式告诉给大家,我所关注的儒学问题是什么,以及我的儒学文化观是什么。

一、儒学面临的疑虑与困惑和儒学存在的意义

唐人韩愈在其《闵己赋》中感叹道:"虽举足以蹈道兮,哀与我者为谁。众皆舍而己用兮,忽自惑其是非。"①我以为韩愈的感慨与哀叹,是在表达儒家士大夫于人生中,常常会触及的疑虑与困惑,而它又是真正的儒者必须要真诚面对的一种客观现实。广而言之,疑虑与困惑是人生的一种状态,每个人都会有疑虑与困惑,但人生的关键是面对它们时的态度与选择。

从人类文明史的角度来看,所有宗教和具有重大影响的思想体系都曾经声称各自有一把解开人生疑虑与困惑的钥匙,并且还为人们标出了一条通往光明世界的理想航道。作为一种伟大学说且拥有完整思想体系的儒学亦不例外,它就是数千年来,儒家士大夫要带领中国人走向光明世界的那条精神航道,也曾是解开古代中国人疑虑与困惑的一把钥匙。

而问题的要害是儒学本身固有的疑虑与困惑,以及随着时代的前进和变化,人们对儒学产生的新的疑虑与困惑,将要如何化解与面对? 这是任何一个时代倡导儒学与研究儒学的人们,都必须要认真面对的一个严肃问题。因为儒学如果不能说明和化解它所面临的疑虑与困惑,就会失去人民大众对它的依赖和支持,儒学也必然会走向衰败和消亡。

那么儒学有没有能力说明和化解其本身固有的疑虑与困惑,以及随着时代的前进变化,人们对儒学产生的新的疑虑与困惑呢?

我的回答是:经过数千年丰厚积淀的传统儒学及其思想学说与方法体系,能够说明和化解某些属于其本身固有的疑虑与困惑,也能够说明和化解某些随着时代进步和变化而产生的新的疑虑与困惑。但是,我们却不能寄希望于儒学能够说明和化解当今社会所面临的全部疑虑与困惑。要求儒学说明和化解当今社会所有的疑虑与困惑,本身就是不现实的,也是不正确的。因为儒学毕竟是具有历史、地域、民族和文化局限的古代思想体系,在面对诸多民族与国家,面对这个不断飞速发展变化着的社会,以及面对这个纷纭复杂的大千世界时,儒学不可能呈现出无边神力,也不可能化解一切人生的疑难与困厄。即使在静态、迟滞与单一的农耕文明时代里,儒学也没有做到这一点。我们必须承认,任

---

① [唐]韩愈:《韩昌黎文集校注》卷一《闵己赋》,上海古籍出版社1986年版,第9—10页。

何一种伟大的学说体系都会有它的短板。诚如黑格尔所言,人们要使用一种思想智慧,首先需要认识和了解的就是这种思想智慧的局限。因为只有认识了这种思想智慧的局限,才能正确地使用它,并用它去解决它能够解决的所有问题,对待儒学我们理应秉持这种态度。

在这里,我们首先需要澄清第一个问题:什么是儒学固有的疑虑与困惑。

儒学固有的疑虑与困惑,简言之,就是儒家固有的理想追求同复杂的现实世界之间的矛盾冲突。正如孔子始终期冀一种"天下有道"的美好理想社会,在那里,人们能够遵道而行,"克己复礼"、守仁重义,以至于"礼乐征伐自天子出",最好是回归到更文明的周公时代去。然而,春秋时代不断变乱的社会现实却一再粉碎孔子的理想。夫子本人虽奔走列国,游说诸侯,呼号于天下,也未能获得多少人的理解与支持,以至于落得个颠沛流离,穷困于陈蔡,"惶惶然若丧家之犬"的凄凉遭际。这使孔子及其追随者们深深感到了一种理想与现实的严重对立,于是,也就产生了儒学固有的疑虑与困惑。

其实,春秋时代的孔子和唐代的韩愈、以及今天的我们,所遇到的疑虑与困惑都是一样的,那就是理想与现实的对立,践行道德和实现美好愿景的艰难与不易。

《论语·微子篇》记载了长沮、桀溺与孔子弟子子路的一段对话,其中别有一番精彩蕴意。因为它表达了面对理想与现实对立时,孔子坚定的人生选择与积极入世的生活态度,所以,这是一个极富启迪意义的历史故事。

长沮、桀溺耦而耕,孔子过之,使子路问津焉。

长沮曰:"夫执舆者为谁?"

子路曰:"为孔丘。"

曰:"是鲁孔丘与?"

曰:"是也。"

曰:"是知津矣。"

问于桀溺。

桀溺曰:"子为谁?"

曰:"为仲由。"

曰:"是鲁孔丘之徒与?"

对曰:"然。"

曰:"滔滔者天下皆是也,而谁以易之?且而与其从辟人之士也,岂若从辟世之士哉?"耰而不辍。

子路行。以告。

夫子怃然曰:"鸟兽不可与同群,吾非斯人之徒与而谁与? 天下有道,丘不与易也。"①

在这里长沮、桀溺对孔子的评价是持否定态度的。当孔子听到长沮、桀溺的这些议论时,虽然表达了失意与怅然,但孔子仍坚持自己的理想与信念。孔子认为人是不能与"鸟兽同群"的,人如果失去了对理想、至善与美好的追求,那么他与飞禽走兽又有何区别呢? 人与动物的不同正在于此,而孔子的伟大也正在于此,是孔子赋予了人存在的真正意义,那就是人有别于动物,人有对理想、至善与美好的不懈追求。正因为如此,孔子一生都在刻苦研习、不耻下问,把追求理想、至善与美好作为毕生的奋斗目标,以至于"知其不可而为之",虽历尽甘苦,却矢志不移,这是何等的境界与人格!

其实,在孔子那里,追求理想、至善与美好比之于理想、至善与美好的实现更为重要。为什么? 因为理想、至善与美好是无止境的,不去追求就无法接近,所以,不懈的追求才是具有决定意义与最为关键的人生选择。也许我们一生都无法实现我们的理想,但是,只要我们永不言弃,机会总是会有的。理想、至善与美好就好像一根紧紧攥在我们手中的保险索,可能我们无力攀爬到辉煌的顶点,但只要永不放手,做堂堂正正的人,我们就不会堕落沉沦到命运的谷底。这就是孔子作为我们偶像的真正意义,也是我们今天重视与传承儒学的真正意义。

第二个问题是随着时代变化,人们对儒学产生了一些新的疑虑与困惑。

我以为,这个问题要从以下五个方面来看:

其一,人类追求自我提升是社会发展进步的原动力,新生事物的出现则是社会进步的历史必然。问题是新事物会对旧文化构成巨大的挑战,尤其会对像儒学这样古老的文化传统提出质疑,更有甚者,还会形成一种民族虚无主义,或者以否定民族文化来标新立异,取悦于时的不同声音。我们没有理由简单地否定这些新事物,因为人们在认识任何新旧事物之间的优劣短长时,总会有一个鉴别与研判的历史过程,必须经历认识实践的分化与重组、磨合与调适、反复试错与不断甄别后,最终才能做出适应其时代需要的理性抉择。

---

① 杨伯峻:《论语译注·微子篇》,中华书局 1980 年版,第 193—194 页。

　　事实上，一个民族的文化基因，早已生成在这个民族的血液与灵魂之中，只要物质与社会基础不变，即使一时之间涌现出一些新的思潮，也仅是过眼烟云而已，很难撼动民族文化的牢固根基。而使人担忧的是，基于片面认识的社会思潮，迅速膨胀为一种能够干预社会进程的政治主张，于匆忙之间作用在社会变革之中，不经时间与实践的检验，没有理性认识的积淀，从而失去了对文化的珍视与敬畏，失去了对过去和未来的负责与担当，带来的只是难以平复的文化遗憾。民族文化形成发展的规律表明，历史上一些激进举动所带来的结果是既不能传承过去，也不能启迪当代，只能造成对稳定良性文化生态的毁弃与破坏，这是殊为遗憾的一笔人类文明的负遗产。近现代以来，这样沉痛的历史教训，在世界各国追求发展变革的过程中是屡见不鲜的。

　　其次，必须承认儒学一些基本的思想理念，是永远不会过时的。

　　为什么？

　　因为儒学中那些基于人性本质和社会生存需要的思想主张，包括一般的伦理道德准则，只要是在由人组成的社会形态中，都是适应的和必需的，这是由人类的同质与共性决定的。有了这些同质共性的伦理道德精神的支撑，以及由它构成的社会人文法则，才铸就了儒学的一般伦理道德准则，及其基本思想理念的普遍适应性。就此来看，儒学的许多思想，并不会因为时代的变更而过时。

　　最为重要的一点是，人类的生存环境需要依赖一种相对固定的秩序原则。人类的生存不是个体的生存，而是整体的生存，其中的关系是整体依靠个体的创造进步而发展，个体依靠整体的和谐完善而延续，个体与整体没有谁重谁轻之区别，只有相互依赖之维系。因之，人类所创造的政治、经济、制度、宗教、文化等，这些有别于动物界的重要社会性标识，是在整体与个体相互依赖的规律中产生的。这种相互依赖的规律确立了人与人之间的秩序原则，即人类所共同拥有的最基本的道德伦理规范。以上的认识理念，基本符合任何一个民族国家及其文明成长的历史规律，基本符合一切社会与文化形态发展的普遍模式。儒学之所以被当今不同文明所认可，也是基于这一规律和原则。

　　在这里，孔子最核心的思想，即认为秩序是人类社会生存的基本保障。于中国春秋时代而言，"克己复礼，天下归仁"是被孔子本人所升华了的理想与追求，这是一个对人类生存秩序景慕与向往的文明认知。孔子所谓的"礼"就是社会稳定平衡的秩序体系，他认为丧失"礼"同丧失秩序一样严重，因为没有秩序会危及人类社会的整体生存。在孔子那里，捍卫秩序就是捍卫所有人的生存利益,就是能够让"天下归仁"的道义之举。

其三,儒学是本于人性基础的学说,这是儒学能够长久立于人类视野的根本原因。儒学一旦脱离了人性的基础,走向了理论的极端,则意味着儒学的终结,信仰的崩溃。值得庆幸的是,儒学始终把持着自己的理论边界,拒绝走向理论的极端,这主要得益于孔子所创立的中庸原则。孔子说:"中庸之为德也,其至矣乎?民鲜久矣。"孔子把中庸看成是"至德",始终认为一种维系秩序适中稳定的思想、制度和方法体系是至关重要的,任何走向极端的思想、制度和方法体系,其运转的方式都是不可持续的,预后的结果都是"过犹不及"。由是观之,中庸是一种至高的智慧和力量,只有这种智慧和力量,才能把儒学推向人类能够长久仰望的永恒星空之中。

儒学那些本于人性基础的思想之所以恒久不易,那些根植于礼制的精神之所以难以变更,就在于孔子长久奉行的中庸原则。这是孔子一再昌明"礼之用和为贵,先王之道斯为美""致中和,天地位焉"的主要原因。然而,长久以来,人们对中庸精神却有许多误解,甚至于将中庸看成是一种简单低俗的平衡之术。实质上,一旦中庸之道被矮化为平衡之术,便丢失了儒家中庸精神的真髓。因为《大学》《中庸》的主旨精神是以效法宇宙之道的"至诚之性"为归依的,即《中庸》所说的"诚者,天之道也;诚之者,人之道也"①。《中庸》认为宇宙天道是至诚无欺的,亦即朱熹所说的"真实无妄"。人生于宇宙天地之间即是一种真实无妄,而真实无妄是一切存在的基本属性,故而,追求真实无妄才能获得宇宙天地之道赖以存在的真理,认可"不诚无物",才是跨入中庸精神这个伟大殿堂的第一步。

其四,"不诚无物""真实无妄"是中庸思想的根基,也是整个儒家思想的理论基础。回归与效法宇宙天道的至诚精神,才是中庸精神所要追求的最高目标。诚如王阳明所言"大抵《中庸》工夫只是诚身,诚身之极便是至诚;《大学》工夫只是诚意,诚意之极便是至善"②。这应该是对《大学》《中庸》主旨精神的一种最为确切的理解与表达。中华传统文化自上古以来,皆以为宇宙自然与天地之道是人类生命的载体,也是人类精神道德生发的本源。既然人的生命来自于宇宙自然的孕育之功,那么人的精神思想也应源于对宇宙自然之道的体认与

---

① [宋]朱熹:《四书章句集注·中庸》第二○章,中华书局 2012 年版,第 31 页。
② [明]王守仁:《王阳明全集》卷一《传习录上》,上海古籍出版社 2012 年版,第 34 页。

尊崇,这是传统文化最为根本的思维逻辑,也是它赖以生生不息的源泉之所在。所以说中庸思想来自于人们对宇宙自然的格物致知,而宇宙自然的真实无妄,至诚无欺,既是天道自然的本性,也是中庸精神的必然归宿。在这里至诚就是中,至诚就是庸,庸者用也。惟至诚才能够切中事物之真理,而得理为中;得理为中,方能有用。不得事物至诚之理,既无其功,何有其用? 所谓中庸之道,即此之谓也。因此,中庸之道并非纯粹单一的执两用中之术,世俗所谓的执两用中,只是中庸之道的外在形式而已。

其五,我以为对中庸精神的体认与践行,就是"明德"以达于"至善"。

"明德"的不断提升与深化才能至于"至善"。"至善"不仅仅是一种崇高的道德追求,它更是一种社会政治理想。到达这种政治理想的最终目标,必须依赖于"明德";"明德"的关键是对中庸精神的明辨领悟;而对中庸精神明辨领悟的关键,则是对宇宙自然至诚之性的认知与把握;对宇宙自然至诚之性的认知与把握,则需要人们认真地去格物致知。因之,《大学》说:"《大学》之道,在明明德,在亲民,在止于至善。知止而后有定,定而后能静,静而后能安,安而后能虑,虑而后能得。物有本末,事有终始,知所先后,则近道矣。古之欲明明德于天下者,先治其国;欲治其国者,先齐其家;欲齐其家者,先修其身;欲修其身者,先正其心;欲正其心者,先诚其意;欲诚其意者,先致其知;致知在格物。物格而后知至,知至而后意诚,意诚而后心正,心正而后身修,身修而后家齐,家齐而后国治,国治而后天下平。"①"天下平"即是"至善"的政治目标,然"天下平"并不是终极的目标,"至善"的追求应是无止境的。

思诚、明德、至善,是一条贯穿《大学》《中庸》始终不变的思想逻辑,这一逻辑虽起于格物,终于至善,但是,其自身的不断进步与提高,则必须依赖于认识与实践的循序递进,依赖于知识智慧的积累深化。因之,《大学》说:"汤之《盘铭》曰:'苟日新,日日新,又日新。'《康诰》曰:'作新民。'《诗》曰:'周虽旧邦,其命惟新。'是故君子无所不用其极。"②由此可见,至诚不等于一成不变,明德不等于满足于一日所得,至善不等于善而有涯。至诚、明德、至善是无止境的,儒家君子只能夙兴夜寐,不懈地超越与追求,才能达到更高的一层境界。

---

① [宋]朱熹:《四书章句集注·大学》,中华书局 2012 年版,第 3—4 页。
② [宋]朱熹:《四书章句集注·大学》,中华书局 2012 年版,第 5 页。

二、儒家文化传承中的历史反思与展望

从研究中国传统文化的视角看,儒学无疑是其中最大和最重要的学问之一。自古以来,关注它的人,可谓数不胜数;研究它的人,历朝历代都不乏名家巨擘,著述论作亦可谓汗牛充栋。儒学的发展史,就是一部中华民族的精神奋斗史,就是一部无数仁人志士力图振兴华夏文明的不断创业史。儒学不仅代表了我们民族的文化,也代表了我们民族的精神,在某种意义上儒学已成为中华文化和中华民族存在的象征性符号。

由是观之,研究儒学、发展儒学、繁荣儒学,推动儒学的全面复兴,应是从事儒学研究的当代人的神圣使命。而研究儒学两千多年的发展史,总结其中的经验与教训,梳理儒学前进变化中的脉络与流派之间的关系,发扬和继承儒学思想中的优良传统,使之适应并服务于现代中国的发展与进步,则是我们今天研究儒学的首要目的。做好这方面的事情,不但可以提升国民的道德文明素质,还可以提升国家文化的软实力,这是建立具有中国特色社会主义文化不可或缺的一项重要工作,也是推动中华民族繁荣复兴的基础性工作。因此,为了儒学能够适应现代社会的发展,就当今儒学研究的问题和现状而言,最主要的是把推进这一工作的起点,聚焦于总结历代儒学研究的经验与方法上来。

从儒学的发展史来看,自西汉以降,因儒学的独尊而带来了儒学研究的空前兴盛,到了东汉时期,儒学研究的形式与样态已非常丰富。汉代称儒学及其著述为经,尤其注重儒家五经的研究和阐发。同时汉代国家还设立了五经博士,五经博士各守师法,其传承脉络与派系都非常清晰。汉儒通过传(包括内传和外传)、说、故(诂)、训、记、注、笺、解、章句等,进行儒家经典的研究和解读,这些方法一直影响到我们今天的儒学研究。

西汉时代儒学研究有一个非常良好的基础,即官方和民间都投入了巨大的力量,而且一开始就形成了一个非常开放的体系。从西汉初期到武帝独尊儒术之际,基本上是民间力量主导了儒学的研究和传承发展,汉儒刘歆在移让太常博士书中指出:"汉兴,去圣帝明王遐远,仲尼之道又绝,法度无所因袭。时独有一叔孙通略定礼仪。天下惟有《易》卜,未有它书。至孝惠之世,乃除挟书之律,然公卿大臣绛、灌之属咸介胄武夫,莫以为意。至孝文皇帝,始使掌故朝错,从伏生受《尚书》。《尚书》初出于屋壁,朽折散绝,今其书见在,时师传读而已。

《诗》始萌芽，天下众书，往往颇出，皆诸子传说，犹广立于学官，为置博士。在汉朝之儒，唯贾生而已。至孝武皇帝，然后邹、鲁、梁、赵，颇有《诗》、《礼》、《春秋》先师，皆起于建元之间。当此之时，一人不能独尽其经，或为《雅》，或为《颂》，相合而成。《泰誓》后得，博士集而读之。故诏书曰：'礼坏乐崩，书缺简脱，朕甚闵焉。'时汉兴已七八十年，离于全经，固已远矣。"①刘歆此文说明，秦亡之后，儒家典籍散佚严重，西汉早期的儒学传承，主要依赖民间力量的守护与保存。武帝独尊儒术政策确立后，朝廷才积极关注儒家经典的搜集与整理，为了使其能有效地服务于国家治理，曾动用官方的强大力量，整理与校对儒家群经。之后，有关儒家的五经博士制度，才逐渐得以建立完备。应该说这一时期，民间力量是儒学得以延续和发展的主干力量，朝廷于其中只起了组织、推动和完善的作用。

到了宣帝时代，皇帝开始干预和主导儒学的研究，其标志性事件是宣帝甘露三年(前51年)石渠阁会议的召开。此次会议，宣帝的目的是为了进一步统一儒家学说，规范其体系，以加强西汉王朝的思想统治。宣帝下诏拟定，以当时著名儒相萧望之为首，还有宗室著名学者刘向，名臣韦玄成、薛广德，经学大师施雠、梁丘临，以及林尊、周堪、张山拊等儒生，在长安未央宫北的石渠阁讲论"五经"异同。由宣帝亲自评判核准，决定取舍。最终石渠讲论的奏疏经过汇集整理，辑成《石渠议奏》一书。此次事件在儒学发展史上具有非常重要的意义，它开启了最高统治者干预和主导思想学术研究的先河。

到了东汉时期，光武帝刘秀大举干预儒学的学术活动，并用荒诞附会的谶纬神学，强行压制正统儒学。其后，汉章帝于建初四年下诏："《五经》章句繁多，议欲减省。至永平元年，长水校尉倏奏言，先帝大业，当以时施行"，"于是下太常，将、大夫、博士、议郎、郎官及诸生、诸儒会白虎观，讲议《五经》同异，使五官中郎将魏应承制问，侍中淳于恭奏"②，章帝亲临现场，裁定对错，决定取舍。这样一连数月，问题才得以解决，这就是白虎观奏议。钦定的奏议，赋予了光武以来儒家经典与谶纬迷信的神学地位，使之成为神圣不可侵犯的国家宗教。

正是由于东汉统治者刻意将儒学的研究与发展，强行统一于官方的绝对控

①　[汉]班固：《汉书》卷三六《楚元王传》，中华书局1962年版，第1968—1969页。
②　[南朝宋]范晔：《后汉书》卷三《肃宗孝章帝纪》，中华书局1965年版，第138页。

制之下,白虎观会议之后,儒学进一步谶纬神学化,反而使真正的儒学研究和民间学术力量,受到了严格的限制。可以说东汉中后期国家的中衰与儒学的颓败,几乎是同时开始的,原因是统治者切断了本属于儒学最广泛的生命基础,即儒学的民间力量这一真正的活水源头,同时也就失去了民间力量的不断供养和支持,从而终止了儒学发展与继续繁荣的生机。

汉代儒学发展的历史经验与教训证明,民间和官方共同推动的儒学复兴,在西汉的国家文化复兴与建设中起了非常重要的作用。尤其是从武帝独尊儒术到宣帝举行石渠阁会议之间,学术是相对自由包容的,这不仅使儒学发展获得各方面的支持,而且使西汉国家的儒学复兴计划得以实现。更为重要的是,民间广大而深厚的儒学研究基础,是构成西汉国家儒学发展的基本条件,也是汉代儒学生命活力与繁荣发展的基础。西汉时期五经博士制度的建立,基本采取了包容不同学术流派的开明做法。譬如建元五年(前136年),武帝罢传记博士,又为《易》和《礼》增置博士,与文、景时所立的《书》《诗》《春秋》合为五经博士。宣帝时置博士十二类:《易》为施、孟、梁丘,《书》为欧阳、大小夏侯,《诗》为齐、鲁、韩,《礼》为后氏,《春秋》为公羊、谷梁两家,而公羊为严、颜二氏。到了西汉末期,五经博士由原来的十二家增至十四家。可以说西汉官办的儒学方阵,从整体上来看,基本上全部是由来自于民间的私家经学流派构成的,或者说,西汉时代官方设置的五经博士皆是由民间私学转化而来。

东汉统治者以谶纬神学来主导儒学的发展,隔绝了正统儒学和民间儒学的直接作用,也隔绝了私学和官学的相互支撑与交流,破坏了儒学本该深深植根于民间的生命基础,也破坏了官学和私学相生互济的重要生态环境与文化传统,而使儒学的生命之根日趋枯萎,也使儒学失去了能够支撑东汉帝国的生命活力。由于没有了真儒学的保驾护航,东汉帝国逐渐产生了政治上的迷乱,国家目标的丢失,更使帝国走向了思想影响力与精神凝聚力双重消退的严重危机之中。这在某种程度上,必然引发整个帝国的溃散与崩解,同时也使以经学为特征的汉代儒学走向了变异颓败与全面堕落。

从中国的儒学发展史来看,无论是孔子创立的原始儒学,抑或是崛起于汉代的儒家经学,还是两宋时代的程朱理学、张载关学,明代的阳明心学,都无一例外地来自于民间私学,而且他们最终都走进了象征最高权力的庙堂之上,为民族和国家的文化,赢得了崇高的荣誉和深远的影响。无可否认的事实是,从中国历史来看,中华民族所拥有的绝大多数创造性文化与艺术成就,都来自于民间和个人得缔造,而并非来自于朝廷的官学。即使是唐宋以降从事儒家思想传承的书院制度,亦保持了办学的相对独立性和浓重的民间私学色彩。其实这正是人类文明发展兴盛的普遍规律,同时也是各种不同文化繁荣昌盛的共同原则,对此我们应予以足够的敬畏和充分的尊重。因为只有如此,民族文化与国家软实力的全面繁荣复兴,中华民族的全面复兴,才能得以最终实现。

就历史的经验和教训而言,国家政权在民族文化的建设发展问题上,应充分尊重民间力量的参与和作用。同时,要以国家的力量,建立起一个以鼓励、保护、珍视并包容民间文化自由发展的制度体系,建立起一个能够平等对待文化创造、发现与推广文化的评价体系,这既是现代文明及其文化发展的基本诉求,也是一个国家和民族的核心文化走向强盛辉煌的前提条件。

三、儒学研究方法的检讨与思考

历史上的儒学毕竟是存在于不同时代的思想形态,儒学的存在状况也毕竟和它所处的社会历史现实有着密切的联系,儒学不可能逃脱自身历史的局限,犹如一个人的个体生命不可以逃脱时代局限一样。那么,如何认识与了解各个时期的儒学思想,其中最为关键的一点,就是对儒学代表性人物所处时代的经济、政治、文化,以及社会的各种基本矛盾的深入了解,这是一个首要的、最基本的研究起点。

如今学术界的中国哲学与思想史研究,注重文献资料的收集,关注文本的解读、诠释、评述,这是当今学术研究的最大优长。但是,它的缺憾是不太注重历史背景的挖掘,对其时代文化特点的作用,以及经济与政治特点的作用,也估计不足。或者是借助一些外域的理念和范畴,进行比较研究,这种不附带任何条件的比附与发挥,混淆了不同学说与不同民族文化之间的畛域和认识准则,混淆了不同学术思想之间的学理规范与概念差异,从而带来了诸多的误会。同时,此类研究也忽略了研究对象的物质和社会基础的重大区别,忽略了不同社会历史的巨大差异与人文质地的不同,以至于和古代中国文化的理念与范畴、理论与思想,在境界与意象上风马牛不相及。

中国哲学与思想史的研究,不能忘却对中国社会政治史、经济史、文化史的关注与探索。因为脱离了它们的支撑,哲学与思想史的研究就会变成空中楼阁,或者是一种自我的臆想与虚构,其结果是研究者们的理论和观点都难以服人。我们必须承认,精神思想的孕育犹如生命体的成长,离不开社会历史这块肥沃土壤的滋养,哲学思想的生成与发展,当然也不存在任何例外。

因此,只有通过对儒学与其所处时代互动关系的研究,方能够看到儒学成长与发展的真正内在动因是什么,赖以存在的基础是什么,它与社会现实的真实矛盾是什么。进而才能看到,儒学在它的那个时代能够发挥的作用是什么,表现的优长和局限是什么。儒学研究无论处于任何时代,都应关注这些含有基本价值判断的重要问题。

儒学之优长和它能够得到社会普遍推崇的主因,就是它不脱离人们的现实生活,始终存在于人们的生活视野之中,这是儒学能够长久保持自我本色的生存机制决定的。儒学的生命是深深植根于社会大众之中的,这是中国古代儒学具有顽强生命自持能力的原因,也是儒学不断被摧毁而又能不断再生的活力之源。正因如此,从两汉到明清,任何一个想有所作为的统治者,都不能忽略形成于民间,存在于社会之中,这个无形而伟大的文化力量。

在今天,社会的现实状况是儒学已被看成了纯粹的思想学说,是象牙塔里的高深学问。儒学自身的践行需要,已被人们的现实追求和物质欲望所淹没,变成了只供学者们研讨的学问形态。这已表明当代儒学异化程度之高,且与人们的实际生活愈来愈远。

当儒学不再被人们看成是高贵的人类精神文明,不再是人们现实生活中必须依赖的人生信仰;当儒学只能作为临时的需要,而用来点缀这个社会的时候,这已不仅是当今中国知识界对中华五千年文明的失忆与迷茫,它更像是我们这个民族,陷入了对自己文化的集体失忆之中,陷入了对民族身份确认的迷茫与困惑之中。这一问题出现的后果是:人们会失去对民族文化的自信心和自豪感,导致民族凝聚力的逐渐流失,进而会给民族和国家带来潜在的,而且是不易消除的,甚至是破坏性的思想信仰危机,以及一种更为致命的、长久的深层政治危机。

我们不应将儒学视为一种纯粹的思想学说,而应将它看成是中华民族核心文明的生命载体,是民族自信心的生命之源。既然儒学是中华核心文明的生命载体,是民族自信心的生命之源,我们就必须恢复其生命的固有活力,激活它应有的作用与功能,使它焕发出新的能量和光彩,以推动当代中国精神文明的建设与发展,为中华民族和中华文化的伟大复兴,为中国梦的实现贡献其潜在的力量。我们也应意识到,一个民族的文化传统就是这个民族的生命标识和存在依据,"文化存则民族在,文化灭则民族亡"。抛弃了民族文化传统,就如同抛弃了民族的生命之根,从某种意义上则代表着这个民族的自动消亡。

同时,一个对本民族文化没有信心的人,一个忘却了自己文化根本的人,必然不会被世界其他民族所尊重,也学不到其他民族文化的精神真髓。为什么?因为一个人或一个民族自身的文化重量,是他能够撬动和获得其他不同民族文化真髓的智力基础,他对本民族文化理解得越深透,对外域文明理解的能力也会越高强。一个对自己文化都知之甚少的人,他何以深入理解本民族文化与外来文化之间的关系;何以通过与外来文化的比较鉴别,去客观地反省本民族的文化;何以用自身的文化重量,去撬动和取得与自己有重大隔膜的外来文化的精神真髓。在这里,拥有对不同文化的比较与鉴别能力,比只是被动学习不同文化的能力要更为关键,而具备这种能力的前提,需要一个人拥有深厚的本民族文化修养。

在当今世界各民族的文化多元体认与相互竞争中,人们已认识到只有民族的才是世界的,只有独一无二的民族特色,才具有立足于世界文明之林的地位和价值。如果失去了民族文化底色的衬托与支撑,则必然失去承载包容不同优秀文化的综合能力,也就难以晋身世界顶级文化排行榜的最前列。

我们必须承认,中国传统文化尤其是儒学,毕竟是古老农耕文明的产物,它能否适应现代工业与科技文明发展的需要,能否融入世界现代文明的整体之中,是直接关系到儒学能否延续其生命活力的关键。其实,传统儒学与现代文明并不矛盾,因为任何一个现代事物的出现,都不是无源之水和无本之木,传统文化就是它赖以生发和成长的源泉与根本。如果说现代文明是一片无边的大海,那么传统文化就是无数江河的源头;如果说现代文明是一棵参天大树,那么传统文化就是这棵参天大树的发达根系。无论大海怎样波涛汹涌,无论大树如何枝繁叶茂,它都必须依赖江河源头的充盈和发达根系的滋养。传统和现代在许多情况下并不是相互排斥的关系,而是相生互济的关系。虽然现代文明会引起传统文化的蜕变,但它并不会伤及传统的源头和根本。

另一方面,传统文明的蜕变也并不可怕,因为它是事物发展进步的普遍规律,所以,儒学的发展和变迁亦属理所当然,没有必要因为恐惧而加以拒绝。儒学尽管可以因时代发展而变化,但它不能脱离人们的现实生活,因为失去践行能力的学院儒学,脱离了当代社会的思辨儒学,只能成为一朵空谷幽兰,仅供高人雅士把玩观赏,终将失去影响整个社会的生命活力,变成图书馆和博物馆里远离时代的文物古董。这对于中国儒学来说，将是一种最暗淡的命运和归宿。

四、儒学的局限与变革进路

笔者以为通透认识儒学的优长和局限，对当今儒学研究至关重要。如前论所说，儒学的优长是显而易见的，然儒学的局限虽为人们所知晓，却少有本质性和系统性的研究批判。其原因在于，除了先秦时代的百家争鸣之外，自汉代以来儒术独尊的文化传统，造就了儒学崇高的社会政治地位，只有极少数人，在某种特定的历史关口上，敢于从容理性地批评儒学。更因为封闭的国度、狭窄的视域，使人们难以真正洞悉儒学的局限。近现代以来，西学东渐和激进革命，又使许多人不能够平静理智地对待儒学，而当今的多元文化与支离破碎的儒学解读，又在一定程度上造成了儒学研究的诸多误区。

首先，从文化精神层面看，儒学的局限有一个带本质性的问题，这就是它浓郁的复古主义传统。随着儒学的回归与升温，会出现一些不恰当的复古主义情绪和思潮，而非理性的儒学张扬，不但不能成就儒学，最终还会葬送儒学的复兴大计。

在古代中国，尤其是先秦时期，原始儒学推崇"克己复礼，天下归仁"的理想，目的在于回归三代文明。因之，历史传统给儒学遗留下的思想衣钵，"述而不作，信而好古"的影响极为深远。有鉴于此，儒学的回归与升温，要防止不恰当的复古主义思潮的泛滥。

其次，从社会治理层面来看，儒学的主要功能是道德教化，它是一个完善人格与心灵的思想工程。教育是其最主要的手段，培养美德是其最主要的作用形式。然而，社会治理是一个庞大、复杂与系统的工程，它还要依赖政治、经济、法制、文化、宗教等不同层面的措施予以保证，道德教化只是社会和国家治理中的一个重要方面而已。

中国历史上许多治乱更迭的教训都证明，人们最容易犯的错误就是扩大和膨胀儒学的作用，把国家治理的一切希望都寄托于儒学的强盛之上。而社会政治实践却证明，企图通过儒学的兴盛而谋求国家的强大，是难以获得成功的，甚至会得到截然相反的结果。譬如西汉后期，元帝"复兴"儒学的政治改革，不仅导致西汉王朝逐渐走向了制度的颓败，思想的迷茫，出现了王莽篡汉的结局，同时，也使儒学丧失了对社会的精神引领作用。

问题的根源是,元帝只看到了儒学的作用和优长,却没有看到它的局限和不足,他把儒学推向极端的同时,也把儒学的弊端与缺陷扩大到了国家治理的各个层面。

其三,从政治实践层面来看,原始儒学在对待经济和物质生活时,采取的态度也是值得我们注意的,这就是儒家传统中不太强调人们对经济与物质生活的关注。

无可否认,儒家文化自古以来,就把经济与物质生产看成是"小人"的工作,认为这些都与劳心者的士君子无关,甚至把许多获取财富利禄的举动,都看成是道德堕落的行为。而问题是脱离了经济与物质生活的精神追求和道德理想,极端的颜回与原宪式的贫困即美德的标榜,是不适应现代文明的生存现实的,时移代革,条件不同,这一认识应依据时代的条件而改变。我们必须看到,缺乏变通的固执与守旧,易于走向认识的偏颇之途,易于产生理想道德与现实遭遇的对立,不断助长人欲和人性的变质异化,因而招致伪善恶德的繁衍滋生,带来的只是适得其反的不良后果。

其四,孔子把作为秩序的"礼"放在春秋时代一切问题的首要地位,是有他逻辑上的合理性的。那就是孔子认为一个没有良好秩序和缺乏德行制衡的社会,人们的生活品位与文明程度是会大打折扣的,还会产生诸多不可预测的社会灾难。在孔子的价值天平上,人类有别于禽兽始终是第一位的追求,也就是说,孔子认为人作为文明之人的价值是高于一切的。

当然,我们不可以要求,孔子能够认识到经济社会的发展、物质生活的进步,是人类思想发展进步的基本条件,也是人类制度文明和精神文明发展进步的根本动力。在孔子的时代,生产技术的不发达是最主要的原因,应看到是它影响了孔子的认识和判断,而不应归结为孔子本人的认识与判断是错误的。

为什么?因为孔子时代,以及之后的中国古代社会,从整体上来看,是一个物质与生产水平都非常匮乏与落后的农耕社会。在这样的社会里,艰难的生计使人们形成了注重精神生活,节俭尚德、保守谨慎、修己安人、尊道爱物的文明传统。这种文明传统在那个时代里,无论怎样来看,都是适应它的现实需要的。今天的人们不应以现代社会的物质生活水平,以及由于这种水平在我们生活中的地位和作用,而苛求两千五百年前的孔子和我们一样。这既不是客观理性的方法,也不是历史唯物主义的正确态度。

其五,儒学固然有其不可替代的历史和文化地位,然而,以人类文明发展的规律来看,儒学要想在当代社会中赢得生存发展,必须与现代文明相融合方能达到这一目的,这必然会涉及儒学的自我变革,儒学在现代社会的发展进路问题。

在西方文化价值观与话语权占主导地位的当今世界里,我们应汲取近代中国变革的历史教训,不应局限于体用二元论的思想误区,而是以一种更为开放的心态,更为宽广博大的胸怀,积极地学习和借鉴人类不同文化的精华与优长,只有这样,才可以培育出中华文化走向世界的强大动力,才可以克服民族复兴中的外在文化阻力。同时,中国传统儒学不应在短期目标和急功近利的诉求中被完全遗忘,因为放弃自身文化可能意味着未来话语权的丢失,也预示着我们复兴的可能不是真正意义上的华夏文明。必须承认传统儒学有它的局限和不足,但是,儒学的局限与不足,可以在与现代文明的积极融合中得以克服。

如果以人类文明发展进步的普遍规律作为一把尺子,去衡量和评价当今世界的不同民族、不同国家的文明现状时,我们会发现,发达与先进的文明是一个渐进积累的过程,它不可能在推倒重来的情况下建立。过往的历史教训告诉我们,完全推倒重来的文化冒进主义,只能毁灭文化而不可能成全文化。因为文化本就不是一个完全虚拟的存在,它是立足于物质基础和社会基础之上的生活形态,是民族特有生活方式的显现,是表达人们精神需求的一个客观存在。文化的冒进与丢弃,必然会引起人们生活目标的紊乱、生活方式的无序,甚或带来民族国家道德文明的严重失落。所以,文化冒进的危害,在于它毁弃了民族国家的文明积淀和文化传承。

总之,儒学要复兴繁荣,必须尊重文化发展的所有规律,必须和现代文明进行积极地融合会通,必须避免文化的冒进主义。唯有如此,儒学的复兴繁荣,中华文化的复兴繁荣,才是真正可以预期的。

以上就是我所关注的儒学问题,以及我所要表达的儒学文化观。

然而,当我写到这些认识和观点时,心里并不是平静与踏实的,而是惴惴不安和诚惶诚恐的。面对诸多我所仰慕的学界前辈和儒学研究名宿,我的学术研究难免肤浅固陋。其中最主要的原因是,自己读书较少,见识不广,精力有限,思虑不周,不可能达到句句中肯,面面俱到,以至于书中的问题、缺憾、错误在所难免,若得诸位方家不吝指教,将不胜感激。

(作者系西安交通大学人文学院教授)

儒学大众化的几个问题思考

解光宇　宋冬梅

　　儒学原本就来自于大众，是大众优秀思想的结晶。在孔子时代，孔子汲取夏商周三代思想文化的优秀成果和同时代社会大众的思想精华，创立了儒家学派。儒家学派经历了先秦儒学、两汉经学、宋明理学、以及近代新儒学几个重要历史阶段，伴随着中华文明的发展而发展。但在近现代，儒学遭到多次冲击，几度被打到，如新文化运动中掺杂着"打倒孔家店"；特别是"无产阶级文化大革命"，儒学被当作反动的、封建落后的思想受到批判，并且常常作为政治斗争的陪批品，如"评法批儒""批林批孔"等。可喜的是中国结束"无产阶级文化大革命"后，拨乱反正，重新审视传统文化。尤其是近年来随着中国综合国力的不断增强，对传统文化自信也不断上升。习近平主席在多种场合、多次强调要弘扬优秀的传统文化，并指出："优秀传统文化是一个国家、一个民族传承和发展的根本，如果丢掉了，就割断了精神命脉。""只有坚持从历史走向未来，从延续民族文化血脉中开拓前进，我们才能做好今天的事业。""孔子创立的儒家学说以及在此基础上发展起来的儒家思想，对中华文明产生了深刻影响，是中国传统文化的重要组成部分。"[①]2013 年 11 月 26 日，习近平主席到山东曲阜考察，在孔子研究院亲自主持召开关于孔子和儒学的座谈会，可以说是"弘扬传统文化，传播儒学思想"的一个重要里程碑。正因为儒学是中国传统文化的重要组成部分，所以弘扬儒学，使之大众化，不仅是文化自信的体现，更是建设社会文明的需要。

　　那么，如何使儒学走向大众并使之大众化呢？

一、儒学经典大众化

　　儒学经典指以孔孟为代表的早期儒学，代表经典就是四书五经。在中国大

---

　　① 习近平：《在纪念孔子诞辰 2565 周年国际学术研讨会暨国际儒学联合会第五届会员大会开幕会上的讲话》，载《光明日报》2014 年 9 月 25 日。

陆,幼年时读过私塾的老人对四书五经耳熟能详,但这样的老人为数不多;当代中青年大多没有学过。因此,儒学的经典如何走向大众,是我们首先要思考的问题。

从整个儒学史来看,四书五经也好,宋明理学也好,传统的儒学概念范畴,都带有历史的特征,在一定的程度上,影响着对儒学实质的理解。在对儒学概念范畴的创新过程中,如何与现代概念范畴的融会,是我们研究的新课题,这方面我们不妨借鉴对西方哲学概念范畴的诠释。这些年来,对于中西哲学有无融会贯通之处的讨论,一直都在进行着,部分学者认为中西哲学各有各的体系和表述方式,很难融会,更有甚者怀疑中国哲学的合法性。更多的学者则认为,人类思维以及认识水平有一致性,因而哲学同样有一致性。非常赞成后一种说法,即中西哲学有共通性。如古希腊泰利士有"水是万物的始基"的命题,而先秦的管子有"水者何也? 万物之本原也,诸生之宗室也"的论说;黑格尔有"理念"说,程朱有"理气"说;西方有宇宙起源的"星云说",我国有老子的"道生一、一生二、二生三、三生万物"说,以及周敦颐的"太极图说",等等。即是说,中西哲学有共通性是毫无疑问的。既然有共通性,我们在诠释传统儒学概念和范畴时,可借鉴对西方哲学概念和范畴的表述方式。这并不是顺着西方哲学路径走,因为对西方哲学的翻译和诠释,仍然是我们汉文字和语言,不过是表述的通俗化、现代化了而已。这一点现代新儒家给我们提供了经验和教训。

我们不仅要借鉴现代新儒家的经验,还要借鉴胡适提倡白话文的经验,即如何用现代的概念和范畴阐述传统的儒学。儒学走向大众,首先是儒学经典读本。四书五经是典型的古文字,晦涩难懂,现在普及儒学,首先遇到的是文字障碍。那么,我们就要把四书五经白话化。同时,为了加深对经典的理解,在解读这个环节多下功夫。如在解读中,能够概括元典的中心思想,并结合事例加以说明,则收到事半功倍的效果。

如普及以《论语》为核心的白话读本。《论语》是孔子言论较集中的辑录,经过几千年的传承,已成为实实在在、地地道道的圣经,许多名言名句,已成为人们的座右铭。为了使大众都能听懂、读懂,还需要一本以现代白话文为主的、文白对照的《论语》读本,其主旨应该是深入浅出、通俗易懂、朗朗上口、便于传诵。《论语》中教化和劝人向善比比皆是,如忠恕、和为贵、忠孝等。普及以《论语》为核心的儒家思想,发挥其劝人向善和教化的功能,并配以插图,结合事例解读,使儒学大众化。

最近,中国社会科学院赵法生先生主编的"新大众儒学十三经"即将问世,他们的做法值得借鉴。"新大众儒学十三经"不同于传统的十三经,而是从古至今对大众影响大的儒家经典读物。"新大众儒学十三经"共分为蒙学基础、家礼家训、四书五经通解、劝善经典四个板块。在蒙学基础这个板块中含3个读本:《弟子规》读本、《三字经》读本、《增广贤文》和《千字文》读本;在家礼家训这个板块中含3个读本:《朱子家礼》和《朱子家训》读本(附《朱柏庐治家格言》)、《女四书》读本、《曾国藩家书》读本;在四书五经通解这个板块中含4个读本:《五经》读本、《论语》读本、《孟子》读本、《大学》和《中庸》读本;在劝善经典这个板块中含3个读本:《王凤仪讲道录》读本、《了凡四训》和《太上感应篇》与《阴骘文》读本、《孝经》和《曾子论孝》读本。

关于"新大众儒学十三经"丛书的定位,赵法生先生认为:目前,中国大陆的儒学复兴已经进入一个新阶段,社会大众对于儒学的需求空前高涨,但市面上流行的儒学通俗读物普遍品质不高,难以适应社会需求,急需一套由学者编写的大众儒学传播教材。为此,我们会聚国内学养深厚且对于弘扬儒学有使命感和实践经验的中青年学者,精选儒学典籍,编注一套面向大众的"儒学十三经"读本。这些作者多年来活跃在儒学传播的第一线,不但对儒学义理深造自得,而且文笔较好,能够深入浅出地讲解儒学。由专家集中编注出版大众儒学十三经,这在中国儒学史上尚属首次,堪称大家为大众注解的一套简明、系统、实用的儒学经典丛书。

关于"新大众儒学十三经"丛书的编写原则,赵法生的思路是:与"大众儒学"的定位相符合,面向所有职业、阶层的读者,初中文化程度就可以看得懂。深入浅出,语言风格温和敦厚,春风化雨,体现出温情和敬意。注释、译文简明扼要,通俗流畅,不要太长,太长反而淹没主旨。难认字标注汉语拼音,通假字做注。

"解读"是打通原典及现实生活的"桥梁",既要立足经典本意,又要联系现实生活,通俗活泼,通俗易懂,可以举例(名人案例或现实生活中人们经常遇到的事例,还可适当纳入个人体会),或行文中选用人们耳熟能详的歌赋谣谚等。但一定要言之有物,言之成理,使人读后豁然开朗,启发心性,而非空洞华丽的鸡汤文。

我认为,如果按照"新大众儒学十三经"方式方法去诠释经典,则是开儒学大众化的先河。

当然，整个儒学史中内容颇多，如涉及内在的心性修养，成贤成圣，即内圣的工夫。修得内圣工夫，还要为人民奉献、服务，即外王工夫。另外，儒学还涉及许多知识，除"内圣外王"的人生观以外，还有"天人合一"的自然观、"和为贵"的人际观、"性善论"的人本观、"大一统"的国家观等。当然，儒学的这些思想，要将之系统化、通俗化，让大众喜闻乐见，易于接受。这就给儒学工作者提出一项重要的任务，就是编著一本普及性的《儒学原理》，将儒学基本观点深入浅出地介绍给大众，使儒学大众化。

二、儒学传播大众化

儒学的大众化离不开传播。近十年来，大众传媒在弘扬传统文化方面功不可没。许多报纸杂志很早就注重儒学与传统文化的宣传；许多出版社出版了《论语》《孟子》《大学》《中庸》以及五经读物；中央电视台开设百家讲坛影响面更广，特别是于丹在中央电视台讲《论语心得》，受众相当多，效果相当好，被称为心灵的鸡汤，使大众认识到儒学的价值。最近许多电视台开展关于文字、古诗词的竞赛，有力地推动传统文化的传播。

但是，儒学传播不能仅仅依靠大众传播这一条渠道，可同时考虑多种渠道。近几年，山东泗水尼山圣源书院发起乡村儒学大讲堂，开创了乡村儒学传播模式，值得借鉴。从2013年初开始，在孔子的诞生地尼山周围的乡村，尼山圣源书院在书院领导牟钟鉴、王殿卿、刘示范等先生的支持下，开始进行乡村儒学实验，参加活动的主要有刘示范、赵法生、颜炳罡、陈洪夫、王连起、孔为峰、张颖欣、金英涛、陈春等学者。

为什么选择在乡村传播儒学？尼山圣源书院秘书长赵法生先生在一次接受《瞭望东方周刊》记者采访时说："梁漱溟八十年前指出，中国乡村最大的问题是文化破坏和伦理失调，所以他意图通过文化重建来振兴乡村。我们所以首先从乡村儒学开始，是因为乡村的文化衰落最严重，尤其是孝道的破坏使得众多老人处于老无所依的状态，这里对于传统文化复兴的要求最急迫。儒家文化的根在乡村，老子曰'归根复命'，儒学这棵历史巨树的复活也应该从其根部的复活入手。"

赵法生认为，儒学的根在乡村，梁漱溟、费孝通等近代学者都对于乡土社会与儒学的内在联系作了深入的考察,北宋吕氏乡约、明代泰州学派以及梁漱溟的乡村建设等也为乡村儒学的发展做了有意义的探索。今天,在儒学遭受到了空前的历史摧残之后,它的复兴也必须遵循"归根复命"的规律,从最为荒漠化的乡野开始进行灵根再植。

尼山圣源书院学者们在乡村传播儒学,首先选择的是儒家的孝。他们在乡村调查发现,在各地乡村,不孝敬老人的情况很多,以至于出现很多"老人房",即儿女一结婚,老人就要搬离出来,搬到远处一个又矮又小的房子里,单独在那里生活。居住条件差还不是最为关键的,更重要的问题,大多数老人房离儿女很远,如果老人半夜突发疾病,后果就不堪设想。老人似乎也已经习惯了此种待遇,有的在儿子谈女朋友时就已经主动表态,一旦他们结婚,自己就主动地搬出。这在很大程度上是子女放弃了子女对老人日常照顾和赡养的义务,与遗弃老人很接近了。不孝者并不感到脸上无光,其他人也并不谴责他们,表明维系乡村孝道的舆论氛围已经淡化。甚至有一位儿媳妇公然在大街上打她婆婆的耳光。乡村孝道的式微是对于传统文化进行大批判和改革以来一切向钱看这双重因素作用的结果。孔子当年曾经感叹:养老人不是养牲口。但是,一旦孝道的观念沦落,一旦金钱至上的观念占了上风,农民们就宁愿养牲口不养老人,因为前者可以挣钱而后者只能赔钱。类似这样的情况村干部以为这是村民的家务事,不好管,况且这样的事情又很多,管不过来。

那么,儒学教育有效果吗?赵法生介绍说,到了年底过春节的时候,村子里变了,尤其是孝道的正气被树立起来了。不管在家里怎么样,现在在村子里没有人敢公开不孝敬老人。有些原来非常不孝的人,也有了很大的转变。那个打婆婆的儿媳妇,到了年底就给她婆婆买了一身新衣服送过去了,这是以前从来没有过的事情,她的婆婆自然非常激动,后来这个儿媳妇还经常用三轮车带婆婆赶集。还有位老大娘三个儿子,因为是山区,生活水平比较低,每个儿子每年的赡养费只有二百元,但是二儿子从来都不给,二儿媳妇还经常挑老人家的毛病。经过一年的学习,二儿媳妇到腊月二十八就主动送来二百元,还请婆婆回家过年,因为她婆婆也是住在一个又破又旧的老人房里,结果婆婆不敢去。到了第二天,二儿子又来请她,这老婆婆才放心地回去过年,回去发现,这回变了,全家人待她若上宾。除了孝道的改善之外,村里的社会风气也有较为明显改善,这是我们没有料到的,因为我们一开始目标就定位在家庭伦理。经过一年学习,偷东西的明显减少,尤其是收花生的时候,得抢收,收下来赶紧运到家里,不注意就让别人拉走了,现在没事了,村民在大街上晒花生都不要紧。村里骂街的明显减少了,村里的卫生也有显著改善了,乡村儒学只要扎实开展,坚持一年左右,都会产生效果。

尼山圣源书院乡村儒学的传播,是儒学传播大众化的成功案例,为儒学的传播提供了很好的经验和启迪:

(1)儒学学者本着对中华民族负责的态度,放下身段,不计功利,从书斋里走出去,身体力行,以儒学教育民众,并吸取民众的长处,与民众打成一片。

(2)根据民众的实际情况,采取实事求是的传播策略,以取得传播的好效果。尼山圣源书院乡村儒学的传播,首先选择儒家的孝道作为重点,因为孝道是现在农村最为突出的问题,也是农村的老年人、中年人包括青年人都关心的问题。据赵法生先生介绍:"在农村讲孝道,结果效果非常好,村主任说今天来听的老人有好几位都掉泪了,听完课了回家还在掉泪。什么原因呢,我说肯定是老人在家受委屈了,我们讲课的内容触动了他的心弦。不单是讲孝道,最重要的是要践行孝道。所以,我们不断从村里找一些孝道的典型,让他们也介绍他们行孝的经验,来表彰先进,带动落后。"①

同时,乡村儒学的讲课要生动,切忌只讲书本不联系实际。因为它不同于学历教育,目的不是考试升学,它是修身做人的教育,信仰的教育、这就决定了讲课的方式不是满堂灌,尤其不能讲抽象的大道理。如果村民听不懂,他们搬起板凳就回家去了。这不是说大道理不重要,而是说你要把大道理讲得村民愿意听。其实,给村民讲课并不是没有道理可言,只不过你要给抽象的义理涂上形象的奶油,村民就能接受。在课堂上讲乡村里一些感人的家庭故事,以及祖祖辈辈流传下来教人的老道理,村民最愿意听。所以,讲故事谈体会是让村民明理的最好方法。②

儒学传播大众化还有一条渠道就是从娃娃抓起,即从幼儿园和中小学抓起。幼儿和少年背诵儒家经典名句,是中国古代教育的重要一环。虽然他们在背诵时还不知其中的含义,但到了懂事时可以将少儿时背诵的内容不忘,并加以深刻且亲切的理解。目前,中国各地的幼儿园和中小学以及民办的书院,都纷纷开展少儿读经活动,并得到家长的称赞和支持,这是儒学大众化不可或缺的重要一环。

---

① 赵法生:《乡村儒学的缘起与意义》,全球未来论坛微信群,2015 年 12 月 30 日。
② 赵法生:《乡村儒学的缘起与意义》,全球未来论坛微信群,2015 年 12 月 30 日。

三、儒家礼仪大众化

中国素以"礼仪之邦"著称于世。注重礼仪是中国传统文化的重要特质之一。孔子不仅把六经作为教学内容,而且将以"礼"为核心的教育作为国家政治制度、人伦道德秩序建设的基础。儒家认为,礼是修身做人的基本准则,一个人必须知礼仪、懂礼仪、行礼仪,才能使君臣名分确立,父子关系亲密,长幼上下和睦。学会尊礼好礼,对于做人的尊严以及社会文明的建设,都具有重要意义。

儒家礼仪教育的基本内容主要反映在《仪礼》和《礼记》中。

《仪礼》为儒家十三经之一,共 17 篇:士冠礼、士昏礼、士相见礼、乡饮酒礼、乡射礼、燕礼、大射仪、聘礼、公食大夫礼、觐礼、丧服、士丧礼、既夕礼、士虞礼、特牲馈食礼、少牢馈食礼、有司。内容记载着周代的冠、婚、丧、祭、乡、射、朝、聘等各种礼仪,其中以记载士大夫的礼仪为主。

《礼记》共 49 篇,是一部儒家礼仪思想的资料汇编。它作为儒家经典,相传两千多年,构建了中国传统社会的基本礼仪制度和礼仪文化精神。《礼记》的内容大体为三个方面:一是诠释《仪礼》和考证古礼,这些礼仪制度是此后儒家文化中的生活习俗的源头;二是孔门弟子的言行杂事,这在一定程度上反映了儒家的"礼"的生活实践;三是对"礼"的理论性论述。

古代儒家的礼规定繁杂,内容烦多,在现代不可能照搬照抄,可以参考古代的礼,结合时代的特点而创新。礼虽然贯穿个人和社会的方方面面,但有些常用的、重要的礼仪必须要懂得和掌握。如日常礼仪、童蒙礼(拜师礼)、成年礼(冠礼)、婚礼、释奠礼等。

日常礼仪如果照搬古代的的确比较烦琐,如坐,则有"坐如尸""坐不中席""虚坐尽后""坐毋箕"等;站立则有"立如斋""立不中门""立容辨""立毋跛""离立,毋往参焉"等;走路则有"行不中道""堂上接武,堂下步武""拾级聚足""离立者,不出中间"等。古代的相见礼同样比较烦琐,有趋、拜、拱手、作揖、唱喏、长跪、鞠躬、寒暄、叉手等,其中拜就有九种,即"九拜":一曰稽首,二曰顿首,三曰空首,四曰振动,五曰吉拜,六曰凶拜,七曰奇拜,八曰褒拜,九曰肃拜。现代可继承古代重礼的精神,化繁为简,进行改革。如站和坐等日常行为,可简括为"站如松、坐如钟、行如风、卧如弓"。相见礼一般简化为握手(平辈)、敬礼、鞠躬等。当然,日常礼仪还有很多内容,如平辈交往、拜访尊长的礼节、餐饮礼节、社会活动礼节,等等,都需继承和创新。

童蒙礼(拜师礼)。在古代,当孩子渐懂人事时,启蒙教育也就开始了。童蒙礼也有一套比较重要的礼仪,就是给孩子请老师,或是请到家里,或是把孩子送到外边去,请老师发蒙。古代童蒙礼一般在孔庙(文庙)举行,重要内容是学生先拜孔子,然后再向先生行谒见礼,即行三叩首之礼。童蒙礼培养幼儿尊师重教的意识,既是传统的礼仪习俗、礼仪文化,又是对孩子一生进行传统文化教育的开篇。

古代的冠礼,即我们现在所说的成年礼。现在很多中学都为学生举办成年礼。《仪礼·士冠礼》详细记载了古代的"士"举行成年仪式的全过程。冠礼,是古代男性的成年礼。冠礼表示男青年至一定年龄,可以婚配,并从此作为氏族的一个成年人,参加各项活动。成年礼(也称成丁礼)由氏族长辈依据传统为青年人举行一定的仪式,标志着已成人。冠礼的根本目的,是要树立青年人的成年意识,在自己成年之后,要自觉地担当起对家庭、社会、国家的责任。所以说,成年礼有必要继承下来,成为一种制度。

释奠礼(释菜礼)是古代在学校设置酒食以奠祭先圣先师的一种典礼,后成为国家和社会祭祀孔子的一种公祭形式。

《礼记·文王世子》曰:"凡学,春官释奠于其先师,秋冬亦如是";"凡始立学者,必释奠于先圣、先师"。"释奠"本是古礼,此礼应是在官办的学校中祭先圣、先师之礼。新生入学和学校开学,都要举行释奠礼。"始立学"之礼显然较为隆重,贵族子弟入学的始年,举行"释奠"礼,不仅要祭祀先师,还有祭祀先圣。那么,释奠礼的主要内容是什么?郑玄训解"释奠"曰:"释菜奠币礼先师也。"郑玄在释《周礼·春官·大胥》中"春入学,舍采合舞"之"舍采"云:"舍即释也,采读为菜,始入学,必释菜,礼先师也。菜,萍藻之属。"① 可见,释菜即是向先师敬献果蔬食品,奠币即是向先师敬献丝绸。

早期的释奠礼主要内容是释菜和奠币,并没有"释奠"和"释菜"的区别,但到后来有"释奠"与"释菜"的区别。释奠礼是"杂见于群祀""乃所以神事之也"的,声势较大;而释菜礼专于祀先圣、先师的,不舞,不授器,声势较小。如《紫阳书院志》记载的祭祀朱子礼就是规模较大的释菜礼,也可称为释奠礼;而《茗洲吴氏家典》卷之八《释菜仪节》,就是祭祀朱子规模较小的释菜礼。释奠

---

① 阮元校刻:《十三经注疏》,《周礼注疏》卷二三,中华书局1980年版。

礼规格最高的是在曲阜孔庙举行的释奠孔子礼,除有皇帝亲临或御遣钦差外,例由衍圣公主祭孔子。

　　释奠礼作为祭祀先圣先师的大型礼仪,不仅有尊师重教的意思,更对国家意识形态与民众思想都产生了深远的影响。释奠礼的目的,在于提倡文明教化与和谐人伦,表达对先哲、对中华文明的诚敬心,增强中国传统文化的自信心,起到弘扬华夏精神和中华文明的主体性的重要作用,因此,释奠礼应成为现代中国最重要的祭祀之一。

　　(作者分别为安徽大学哲学系教授、孔子研究院副研究员)

儒教的家族观与后现代意义

张闰洙

一、引言

"他人的视线是我们的牢房,他们的想法是我们的鸟笼。"弗吉尼亚·伍尔芙的这一观点赤裸裸地描写了现代社会的疏远结构和隔限的人际关系。然而,不知何时起,一些人以为家庭的视野和想法在束缚和隔限着我们! 其实"幸福"是家庭的存在根据,就是说与其一个人生活,还不如组建家庭生活更幸福,所以我们组建家庭一起生活。但是,如果说现在连家庭的存在都成了我们的负担,觉得不如没有,那么,我们将偎依于何处,与谁一起生活好呢?

在现代社会,家庭处于危机的边缘。由于离婚率的急剧上升,家庭解体现象正在加速;在家庭内部,只强调自己的权利,不负责任,个人主义和利己主义膨胀。然而,现在的家庭研究之代表性的倾向是不遗余力地去为分析和解释家庭的现实而建构和发展理论。这种研究虽然对把握和解决现代社会家庭所面临的问题和实际状况做出了一定的贡献,但对展示未来家庭的发展方向不无局限性。① 也就是说,至今的家庭研究还不足以揭示家庭应如何确立自己的正体性以及向何处去的方向性问题。因此,现实切实需要建构超越分析现象、把握实态之研究视域的新的家庭理论。鉴于此,笔者拟通过儒教的家族观,探索一条确立家庭的正体性以展望未来的途径。但这不是说要无条件地回归到传统的家庭观上,而是要筛选儒教家族观的积极层面,并通过后现代意义的观照,探索未来的发展方向。

---

① 韩国家族咨询教育研究所:《变化的社会家族学》,教文社 2010 年版,第 17 页。

二、"家"概念的多义性:"家—国—天下"的有机关系

西欧的传统家庭概念有很强的经济共同体的特性。表示"家庭"的现代英语"family"来源于拉丁语的"familia",有奴隶和财产的含义。指家庭的希腊语"oikos"中也有财产和住居的含义。就是说在西欧传统的家庭概念中主要有奴隶、财产、住居等含义。①与此相比,在中国社会,表示家庭的汉字"家"的意义象征着一定规模的"政治体"。首先考察一下与"家"的意义相关的用词。《周易》"师卦"六爻卦辞:"大君,有命,开国承家,小人勿用。"这表明在《周易》形成的时代,就已确立了由"国"与"家"构成的领域国家之体制。在此,卿大夫与家相联系,他受国君分封采邑而"立氏",开氏姓制。至战国时代,诸侯之"国"竞相建立领域国家,在其下位的卿大夫阶层也以中邑、小邑为基础,形成自己的实力,并探索与国君的新的统合模式。②从这些事例中可以看到在国的含义中基本都有很深的家的含义。因此,在"家—国"的形态中,强调维持"家"之基本秩序的宗法制,而且孝悌成为人伦的中心。

在古代中国社会中,"国"有两个含义,一是"作为家的国"(家-国),另一个是"作为天下的国"(天下-国)。就是说"国"可以读作"家","家"的扩大就是"天下"。"天下-国"的理念集中反映在《孟子》中:"三代之得天下也,以仁,其失天下也,以不仁。"(《孟子·离娄上》)、"诸侯有行文王之政者,七年之内,为必政于天下矣。"(《孟子·离娄上》)见于秦石刻文中的天下、宇内、海内等概念,标志着由秦始皇统一列国而终结了邑制国家体制,诞生了"天下一家"的国家。③因此,中国(儒教)的"国"或"国家"概念,以"家"为中心,对此加以扩大就蕴含了"天下"的意思。可见,在中国(儒教)的思维模式中,"家-国-天下"三者构成有机的整体关系。

在现代社会中,美国人类学家默多克对家庭的定义得到了最普遍的认可。他认为:"家庭就是以共同居住为基础,以经济上互助,生育子女等为特征的社会集团。它具有为社会所承认的性关系,至少有两名成年男女即他们性同居的

---

① 参见李英灿:《儒教社会学的范式和社会理论》,艺文书院 2008 年版,第 367 页。
② 参见沟口熊三等:《中国思想文化事典》,金锡根等译,民族文化文库 2003 年版,第 297—298 页。
③ 参见沟口熊三等:《中国思想文化事典》,金锡根等译,民族文化文库 2003 年版,第 296 页。

产物,即一个或一个以上的亲子和养子。"①这虽然是以家庭的实际功能为侧重点的正确见解,但还缺少对家庭所具有的指向性意义——世界观本质的洞察,而以儒教为中心的东亚家族观恰好能补充并完善这种家庭观。

中国社会的封建宗法制崩溃后,"家"的内涵发生变化,具有了以夫妇为主体的子女及其他亲族构成家族这样的内涵。这里的"族"具有"聚"之义,家族指亲族相联系的多数家庭的联合体。但是到了汉代,殷周时期以来的宗族社会结构崩溃,尤其是与儒教的理念相结合的大规模的亲族构成的家族观成为一种理想的"家"的意义得到了认可。"张公艺九世同居,北齐隋唐,皆旌表其门。麟德中,高宗封泰山,幸其宅,召见公艺,问其所以能睦族之道,公艺请纸笔以对,乃书忍百余以进"(《小学·善行》)。皇帝巡幸九世和睦相处的家族的用意,不单单是为了赏赞和激励那个家族。皇帝询问睦族之道,家长笔墨以对,并将其内容收录于儒教最基本的修身书中,其启示意义甚大。皇帝是要从一家之长那里获得国家的统治之道。从儒教世界观上看,家-国-天下的统治之道是相通的。如同"天下一家""四海一家"的表述中所见的那样,家虽然是私的血缘空间,但它又是超越这个界限而向国家和天下扩展的公的空间。就是说,儒教拟通过以亲亲和尊尊为本质的孝悌实践,实现一家之仁,并以此为基础,最终实现国家的仁政和天下的和平。正是基于这种思考,孟子指出:"不得乎亲,不可以为人。"(《孟子·离娄上》)即不孝乎父母者是不可以为人的,也因此,在儒教中孝成为最基本的和最重要的德目。

三、儒教家族观的特征

(一)家族成员的特征:共同体的(关系的)自我

"自我"概念是从西方传统哲学中发展而来,近来在东方哲学中也相当关注自我的问题。站在儒教的立场上解释自我论的最凸显的见解就是"共同体的自我论"。

所谓的共同体,是相对于个人而言的概念,指"具有共同的生活和命运的

---

① 参见李英灿:《儒教社会学的范式与社会理论》,艺文书院 2008 年版,第 369 页。

社会集团"。在西方哲学中,强调个人的自由主义和强调共同体的共同体主义哲学相对待而发展。关于共同体主义的主张,到了 20 世纪 80 年代,有基于亚里士多德和黑格尔哲学的共同体主义者纷纷登场,代表学者有麦金泰尔(MacIntyre)、桑德尔(Sandel)、泰勒(Taylor)、沃尔泽(Walzer)等。他们认为自由主义阵营中所说的"抽象的人"或"无缘故的自我"是不存在的,真正的自我和自由只有在共同体中才具有意义。①他们的这种观点基本上与儒教一脉相承。

孔子以来所主张的"完成自我"的远大理想,到了宋代更为具体和现实化了。然而,儒教的自我虽然以通过彻底的克己完成人格为目标,但并不具有像西方哲学所说的那种站在神面前的独立者,或从社会的诸契约中解放出来的孤立之个人的意义。儒教所说的自我始终是以共同体为前提的、作为共同体的一部分自觉地承担着对共同体之责任的自我。②也就是说儒教的家族观基础不在于单独者的自我,而在于共同体的自我。

正如上所述,在儒教中,尤其在共同体中强调"家","家"不仅是"自我存在"的根据,而且是所有共同体的基础。在儒教中,"家"是"个人"与"个人"关系形成的最初之场,而且也是"完成自我"之旅的最初之场。因此,强化"家"并非是要埋没或丧失自我,而恰恰具有自我确立的意义。个别的自我是自己在共同体中主体地再确立的自我。在这种关系中,个别的自我成为"家"的自我,乃至扩大为"国"的自我,"天下"的自我。这种共同体的(关系的)自我,称作"大我",相反,非关系的个别的自我就是"小我"。与天地万物共生存的"大我"的自我观,更为新儒学所强调。新儒学者以各种方式,在任何时候都突出大我的自我观,其中北宋哲学家张载的《西铭》最为有名:"乾称父,坤称母;予兹藐焉,乃混然中处。故天地之塞,吾其体;天地之帅,吾其性。民,吾同胞;物,吾与也。"(《正蒙·乾称》)

张载认为人是与世界和他人不可分离的"关系性"存在。他为了进一步说明自己的这种见解,积极运用了儒教的传统家族观。在张载看来,儒教的家族理念是将天地万物作为关系性存在的媒介。仁是儒教最重视的德目,而且也是儒教的人所志向的共同体之自我的本性。这个概念在新儒家那里,虽然在宇宙

①　参见李东哲等编:《21 世纪的东方哲学》,乙酉文化社 2005 年版,第 265—266 页。
②　参见李承妍:《个与家》,载《东洋社会思想》2000 年第 3 辑,第 96—97 页。

家族、万物一体的意义上更被强调,但基本上仍然是从家族成员间的爱出发的。就是说,仁首先是以"家"为背景的孝悌为中心内容,在这种基于血缘的骨肉之爱开始,逐渐扩大其范围而波及对他人及万物的爱。在这个意义上,仁就是孝,这与其说是其本身具有意义的形而上学的实体,更是在"关系"中呈现自己的正体性的伦理性德目。

我们再看张载的《西铭》:"夫君者,吾父母宗子;其大臣,宗子之家相也。尊高年,所以长其长;慈孤弱,所以幼其幼;⋯⋯凡天下疲癃、残疾、惸独、鳏寡,皆吾兄弟之颠连而无告者也。于时保之,子之翼也;乐且不忧,纯乎孝者也。违曰悖德,害仁曰贼,济恶者不才,其践形,惟肖者也。"(《正蒙·乾称》)这里,张载是从"家"的概念出发来理解天下(国家)的。他以"父母-长子-家相"的顺序揭示了共同体的秩序(礼),并强调了相邻之人的爱(仁),而且把相邻之人的爱的根据建立在孝之上。就是说远离于我的天下之人都是和我一个父母的兄弟姐妹,因此关爱和保全他们就是对父母的尊敬和尽孝。可见,儒学者从共同体的自我中寻找人的存在论特点,并把它作为人所应有的普遍德性,进而将仁与孝理解为同一的德目。

(二)家族共同体的伦理意识——孝

儒教中的"孝"主要是子女行之于父母的德目,"忠"是规定君臣关系的德目,二者是相对的两个概念。但在《孝经》中将臣子对待君主的忠也称为孝,认为天子、诸侯、卿大夫、士、庶人都有各自应行之孝,并在与各自尽职差不多的意义上使用孝的概念。《孝经》上把孝看作是维护父子关系和以君臣关系为中心的各种秩序的社会德目。在这种语境中,孝和忠不再是对立的概念,而是构成紧密的有机关联的相关词。但因孝的本质终究还是在于家族的关系中,故孝运作的家族关系成为儒教社会的根干。《孝经》就说对父母的孝是"天之经,地之义"。

在儒教中,孝是一切德的根本。因此,《孝经》指出:"夫孝德之本也,教之所由生也。"(《孝经·开宗明义章》)并解释孝成为德之根本的理由说:"子曰,爱亲者不敢恶于人;敬亲者不敢慢于人。爱敬于事亲,而德教加于百姓,刑于四海。"就是说孝敬父母的人,理所当然地懂得尊重他人。

正是在这个意义上,孝成为家族伦理的重要根干,同时也成为社会伦理。虽然对父母的孝是首要的,但对从根源上就与家庭粘连性地联系的国家(君主)的忠,也具有孝的意义。西方著名的中国学研究者牟复礼(Mote)曾指出"有机特性"是中国古代文明最值得注目的特征。他说:"中国真正的宇宙起源论具有有机性特点。即宇宙全体的所有构成要素都存在于一个有机体内,它们都以参与者的身份,在自然发生的生命循环中相互作用。"(《孝经·天子章》就是)在牟复礼看来,中国古代文明中的"家庭"和"国家"是绝对不能分离的有机共同体,而且继承和保存父母(君子)之志是比什么都重要的德目。尤其是在强调家族伦理和宗法秩序的儒教的立场上,这个特征更为显著。

　　然而,此时,孝的内涵也像"我"的概念一样,可以分为"大孝"和"小孝"。关于此可以举例孟子:"孟子曰:天下大悦而将归己,视天下大悦而归己,犹草芥也,惟舜为然。不得乎亲,不可以为人;不顺乎亲,不可以为子。舜尽事亲之道而瞽瞍底豫,瞽瞍底豫而天下化,瞽瞍底豫而天下之为父子者定,此之谓大孝。"(《孟子·离娄上》)孟子举舜帝的孝行为"大孝"。朱熹注孟子所说的大孝"为法于天下,可传于后世,非止一身一家之孝而已。此所以为大孝也"(《孟子集注·离娄上》)。就是说舜帝的孝并没有止于个人和家庭,而是成为天下的楷模,所以是大孝。《孝经》也在与朱熹相同的旨意上谈了天子的孝:"子曰:爱亲者不敢恶于人,敬亲者不敢慢于人。爱敬尽于事亲,而德教加于百姓,刑于四海,盖天子之孝也。《甫刑》云:一人有庆,兆民赖之。"(《孝经·天子章》)在此,《孝经》明确指出治理天下的天子之德也要始于孝。就是说爱己之父,极尽事亲,这种德教自然传播于百姓中而使天下效法,以致成为统治的根干,而不行孝道的统治者也就没有资格成为统治者。因此,统治者自然要将对父母的孝,扩大到天下而关爱百姓,这才是最大的孝。可见,儒教并没有将孝与忠、家与国的关系看成是对立和矛盾的关系。国的根源在于家,家的扩大就是国。所以,对统治者而言,可以把事亲尽孝与关怀百姓、顺从民意联系起来,对被统治者而言,可以把对国家(君王)的忠诚理解为对自己父母的尽孝。儒教把这种孝名之为"大孝"。

　　然而,在实际上,家族伦理(孝)和社会伦理(忠)也会有冲突。对此,春秋时期起就有争论。岛田虔次曾明确地说:"儒教中自古有'父子天合'、'君臣义合'之命题。《礼记·曲礼篇》中记载'子之事亲也,三谏而不听,则号泣而随之'。然对君主,'为人臣之礼,不显谏,三谏不听,则逃之。'"①在此,岛田虔次

---

① 参见岛田虔次:《朱子学派与阳明学》,金锡根译,图书出版喜鹊1991年版,第38页。

站在儒教的立场上,认为"父－子"关系是自然的血缘关系,不可人为,而"君－臣"关系是在社会性关联中相互结成的关系,所以,如果志向不同就可以离之。这实际上是站在儒教的立场上明确地阐释家族(父母)要比国家(君子)更为中心。①在这个意义上,孝居于儒教所有德目的中心地位。

四、儒教家族观的后现代意义——《周易》的阴阳论和和合论

《周易》是儒教的重要经典。然而,这本书在将东方的形象固化在荒诞无稽和神秘无比上也产生了最大的影响。在一般人看来,陌生的卦爻象或占筮等,对合理地解释其思想构成了极大的障碍。但是我们在此却试图通过《周易》的思想来建构儒教家族观的后现代逻辑。就是说要以《周易》的逻辑来说明儒教家族观的世界观意义,并由此探索解决现代社会家族观问题的可能性。首先,考察阴阳论世界观的意义。《周易》强调"阴"和"阳"这一二元对立的相互作用,而我们就是要在这种逻辑中,探讨以"男"和"女"这一对立者为中心的家族成员间的真正的沟通原理。通过这种努力,试图对被打上维护以男性为主的家长制秩序的前近代家族观之烙印的儒教家族观进行再诠释,并激活运用于《周易》占辞的吉凶理论逻辑,对儒教家族观的和合逻辑加以体系化。

据《周易》的观点,世界虽然是由多种存在构成的,但又是指向和合的,而且虽然追求和合,却又维护各自的固有个性。在这个意义上孔子说:"君子,和而不同。"(《论语·子路》)在家族内部,个体自我虽然要保持自己的正体感,但不应该隔断或封闭。因此,《周易》所揭示的理想的家族关系是保持个体固有之个性的个体间的和合,这种自我我们称之为关系的或共同体的自我。

(一)追求真正的沟通和和合的阴阳世界观

历来,把《周易》(儒教)的阴阳论看作是对男女关系做出的最不平等的范畴规定之一。然而,阴阳论的本质其实是阴阳间的平等和和合,而不是抬高阳(男)而贬低阴(女)的不平等观。因此,它可以为解决把男女关系理解为冲突

---

① 金守中等:《何谓共同体:东西方的共同体思想》,理学社 2002 年版,第 39 页。

关系的现代社会学问题,建构后现代新的男女关系提供有益的逻辑。①《周易》思想中所说的阴和阳,本质上是在自身内部蕴含了他者,因此,根据具体情况,可以看作是同一个体发显的阴和阳。就是说《周易》的阴阳论具有打破与他者的"排他性"隔限而努力进行真正沟通的后现代意义。

　　阴阳论作为《周易》思想的理论基础,是最突出地反映了儒教乃至东亚传统思想特色的理论。阴阳世界观虽然在形式上具有二元论的对立体系,但它是万物之实体的太极的内在动因,从根源上就指向阴(阳)的存在本身而成为阳(阴)的存在之根据的和合与沟通。最先提出阴阳概念的是《国语》。②但是,阴阳概念在《周易》中获得了最强的生命力,且在与八卦爻象的很深的关联中被广泛地应用于东亚思想中。

　　《周易》经典对刚与柔的概念进行了区别,这两个概念后来逐渐演变为新的阴与阳概念。构成《周易》卦象的"爻",只有阴(－－)和阳(一)两种。本来阴和阳各自是用来表示山的背阳的坡和向阳的坡的,随着扩大的引申义,也用来表示江的北坡和南坡、暗(夜)与明(昼)。但在古代中国农耕社会中,因自然现象和社会现象间的持续的相互影响,阴和阳在很早时候起也被用来表示包括男女互补关系在内的多种社会阶层间的互补关系。③就是说阴和阳意味着自然界和人世间所有世界的一切的两极性。但问题是这样的阴和阳与其说是事物的固有本质,而更是由事物与事物间的相互关系决定的性质。一般地说,男是"阳",女是"阴"。但这是相对于男和女的关系而言的。即使是男,如果相对于母亲就是阴,即使是女,相对于儿子就是阳。就是说阴和阳是相对于某一物时才可以说是阴或是阳。

　　对这种阴阳的相对性,《周易》用"爻"的位置来表示。但由于爻位的确定并非是根据某种绝对的理论,所以其解释暧昧,随意性和牵强附会也很多。重要的事实是,《周易》将一切事物都看成是阴和阳两个方面,而阴阳又因相对性

---

　　① 以往的家族理论把家族看作是二元世界观。从结构功能论、冲突论、象征性的相互作用论、交换论、女权主义的立场上看,所谓家族是以分离或独立的男性和女性的结合为前提的。结构功能论注重男女功能的性别分业;冲突论注重由男女性别分业导致的冲突;象征性的相互作用论赋予男女结合过程中形成的文化以意义;交换论关注男女相互所必须的资源的交换方式;女权主义关注男女的对立。以往的这些家族理论都把男女关系作为二元世界观来认识。

　　② 参见《国语·周语》,周宣王即位年(前827年)记事:"则遍诫百姓,纪农协功,曰:'阴阳分布,震雷出滞。'土不备垦,辟在司寇。"

　　③ 参见金永植编:《中国传统文化与科学》,创作社1990年版,第184—185页。

关系所决定。《周易》所说的天地、阴阳、刚柔等两极性概念,具有为某一物存在的"必要条件"另一个是必需的、不可或缺的意义。就是说在阴、阳或男、女中,要想言及某一个,就不能不根据另一个,不然就无法成立。可见,《周易》所揭示的是宇宙中的所有事物都是在相互依存、相互关联中不断变易的事实。当然《周易》也不否定世界的统一性,但《周易》强调的是在多样性关系中形成的"关系的统一性"。因此《周易》说"一阴一阳之谓道"(《周易·系辞上》)。《周易》基本上是以在多样性关系的活泼变化中形成的个体为前提,对世界的多样性加以合理化的。基于这一视角,我们加以他者化的对象其实已经内在于我了,所谓的"我"的正体性本质上是由很多多样要素构成的。"太极图"最清晰地揭示了这种世界观。

太极是由阴和阳构成,阴和阳虽然分为各自的领域,但阴本身就已与阳混杂在一起,阳也与阴混杂在一起。因此,阴、阳各自作为分离和对立的个体,其存在本身是不可能的。就是说没有相对的存在,自身的存在也是不可能的,所以相对的存在本身就成为自己成立的前提。《周易》尽管内涵了很多不合理的内容,但它至今仍作为人类古典受到喜爱也正是由于这种多元价值和相对关系的逻辑,对我们的生命生活有用。《周易》阴阳论的这种逻辑对解决我们现代社会家族面临的问题给予了很多启示。

现代社会,以男女的分离、独立的存在为前提,而分离、独立的男女对有限的社会机会和权力看作是相互对立和争斗的对象,认为男女关系的理想就是"平等"。然而,这样的平等虽然能够成为实现幸福的男女关系的手段,但其平等本身并不能成为目标。①在家庭中,男女(夫妇)关系的真正理想,与其是平等,更是相互尊重和创造出共同的善。

历来认为阴阳论是内涵男女不平等关系的前近代思维。其实阴阳论的本来意义是追求构成世界的对立存在间的真正的平等和和合。将这种视角运用于家庭观,就可以从中获得应该如何看待构成家庭的两个对立者——男人和女人这一对存在的很多启示。过去,被歪曲的儒教社会所实行的男性优越的性别不平等结构,虽然有很多问题,但是将男女关系理解为紧张和冲突的对立结构,进而要求两者间无差别平等也是值得再思考的问题。作为家庭的一员,应该在承认和尊重相互存在的基础上,思考和探索需要共同努力追求的价值。

---

① 参见李炫知:《阴阳男女及其后现代》,载《东洋社会思想》2006年第13辑,第94页。

(二)通过《周易》吉凶论看儒教家族观的和合论

《周易》对儒教的理论形成影响巨大,所以说古代儒教的形而上学体系几乎完全依据于《周易》也不为过。但是《周易》不仅在纯粹的学问方面,而且作为实际生活的占卜书也发生了悠久的影响。尤其是朝鲜王朝时的那些士,依据《周易》进行占卜成为重要的日常生活。他们面对即将来临的大事,大都以《周易》作为判断的根据,而且还把它当作日常生活中谨慎笃行的契机。由于《周易》的象征体系并非产生于绝对的事实,所以对各卦的解释就有很多暧昧之处和不符合逻辑的随意解释。因此,我们要探讨的不是占卜的方法或单纯地分辨哪些卦为好,哪些卦为不好这样的事实。什么样的占卦为"好"(吉),什么样的占卦为"不好"(凶),其解释的根据何在? 这样的问题很重要。追溯《周易》的吉凶论就可从中确认古代东亚人的合理精神。我们也正是想通过这一点,试图诠释《周易》(儒教)吉凶论思想对后现代家族观的意义。

吉凶论的基础在于阴阳论。《周易》的吉凶论把世界看作是多元价值的综合,也正是从这一信念出发,重视处于相对的二项关系中的阴阳互补关系,强调正名、和合、交感、居中。

1. 正名

《周易》的阴阳论基本上是在西方传统哲学的二元图式,即主观和客观、自我与他者的固定图式上具有自由的活动性的。但是《周易》并不以对所有类型的二元论进行极端的解构为目标。就是说它虽然也通过阴与阳的相对性和互补性逻辑,批判西方传统形而上学构筑的封闭的、隔限的自我观,但更承认阴与阳的"区别性"的正体性。这就是所谓的正名逻辑。

所谓正名是指阳爻在阳位,阴爻在阴位。在《周易》中,奇数(1,3,5)指阳位,偶数(2,4,6)指阴位。如果阳爻居1,3,5位,阴爻居2,4,6位,就是"正"。反之,阳像阴、阴像阳那样行动,就会打破阴阳平衡而成为"不正名"。"正名"就是"君君、臣臣、父父、子子",它与孔子以来的儒学者所一贯强调的正名思想一脉相承。在家庭中,父母就要像个父母,子女就要像个子女,丈夫就要像个丈夫,妻子就要像个妻子。如今主张"情人一样的夫妇"和"朋友一样的父子"关系。当然这种关系也不无其合理性,但在儒教的立场上看,人应该有一个需要坚持的基本原则。儒教也主张"亲密",但它俨然是在礼的秩序下才具有意义。也因此,解释排列六十四卦之根据的《周易》的"序卦传"说:"有天地,然后有万物;有万物,然后有男女;有男女,然后有夫妇;有夫妇,然后有父子;有父子,然后有君臣;有君臣,然后有上下;有上下,然后礼仪有所错。"(《周易·序卦传下》)《周易》的"家人卦象传"对男、女、父母的"正名"具体指出:"家人,女正位乎内,男正位乎外,男女正,天地之大义也。家人有严君焉,父母之谓也。父父、子子、兄兄、弟弟、夫夫、妇妇,而家道正,正家而天下定矣。"(《周易·风火家人》)这里,将男女的性别作用分为内与外,即家庭和社会领域,这与今天的男女关系有不吻合之处。但是,如果考虑到《周易》形成时的背景是以家长制为必需的农耕社会这一时代因素,就可以充分理解将男女关系的作用分为内与外的用意。它的重要意义在于各自应在自己的位置上尽最大努力充当自己的责任。在此,值得注意的是"家人有严君焉,父母之谓也"句,这是将父母应有的作用规定为"严君"。不论是东方还是西方,在传统教育中都要求父母的严格教育。《圣经》的话就是其代表:"不要不想训诫孩子。即使用鞭子抽打,他也不会死去。"(《箴言》第 23 章第 13 则)这一点儒教也一样。孔子就说:"君子远其子。"(《论语·季氏》)正常的父母都很难严格地对待子女,而且现代教育都以表扬和鼓励为主,所以无条件的严格没有说服力。但是至少对子女的错误进行明确训诫的父母的作用是必不可少的。对子女的放纵和不加责备,父母的责任很大。在这一点上儒教社会提示的父母的作用有很大的启示意义。

可以在区别性的正体性意义上解读礼——秩序。没有区别而只强调与他者的和合,那是混乱而不可能是真正的和合。因此,《周易》的和合理念也是建立在内涵了其自身正体性的所谓"像个…"之上的,就是说父母至少是在像个"朋友一样的父母"之前,应该是"像个父母的父母"。儒教的家族观与《周易》的这种思想相吻合。

2. 和合——应和比

虽然阴、阳处于相对的二项关系中,但也构成相补关系。即如果 a 对 b 是阳,那么 b 对 a 就是阴,而且也可以反之。这种相补关系也是阴与阳的均衡关系。就是说某一方是阳,另一方就成为阴而使两者构成均衡。这种均衡关系也可以用"应"和"比"这两个概念加以说明。

"正"与"不正"虽然是在阴、阳的位置和爻的关系中构成的,但如果在爻的位与位的关系中看均衡,就构成"应"和"比"的对应关系。就是说如果"正"是"像个自己",那么"应"和"比"就意味着与他者的和合。所谓"应"是指内卦和外卦的对应,是一爻与四爻,二爻与五爻,三爻与六爻的对应。在此对应中,某一方为阳（或阴），另一方为阴（或阳）的就称为"应"，两者都为阳或阴的就是"不应"。如丈夫的举止像个丈夫时，与其相应的妻子的举止也像个妻子，那么这就是"应"，如果不是就是"不应"。就是说 a 对 b 时为阳（或阴），b 对 a 也是阴（或阳）时，此关系就可以说是"应"。但是 a 对 b 是阳（或阴）时，与其对应的 b 不为阴（或阳）而为阳（或阴），就是"不应"。即丈夫或妻子都像个丈夫或都像个妻子那样为人处事就是"不应"的关系。

与"应"是内卦和外卦的对应相比，"比"指各爻的上下关系。即一爻与二爻，二爻与三爻，三爻与四爻，四爻与五爻，五爻与六爻构成的相互为邻的上下关系。此时，互为邻的爻一个为阳（或阴），另一个为阴（或阳）而构成和合就是"比"，不然就是"不比"。如上述的"泽水困"卦（☱ + ☵），五爻为阳爻，六爻为阴爻，这就构成了相比关系。但是四爻和五爻，两个都是阴爻，就不是"相比"了。此时，"应"和"比"的概念有时会被混淆，但如果更审慎地考察内外卦的意义，似易解决。在家族关系上，如果说"比"是自己与家族间的均衡关系，那么"应"就是与超越家族范围的存在者的和合关系。

在传统的儒教人际关系论上，"持己秋霜，待人春风"（《菜根谭》）和"待客，不得不丰，治家，不得不俭"（《明心宝鉴》）的格言常被人引用。这两句都是要对己严、待人宽的意思。此原则在家族关系中也有效。在大家族社会中，同生共处的原理是节制自己的欲望，并尊重和关怀他人。这在"家族对家族"的关系上也一样。对他家族比对自己的家族更温柔、更关怀的态度是超越我和我的家族的我们所有的人都和合相处的智慧。真正的儒教人在实际生活中就成了这样的模范。

"应""比"概念真正达成均衡关系的是"和"，《乾卦·象传》所说的"保合大和"就是，即构成大的和合。这就是排除"不正"和"不应"，实现阴、阳的均衡。每个人都在自己所处的位置上适宜地处事，相互帮助，这就是《周易》吉凶论所指向的"和"。在家族内，每个家庭成员都名副其实地发挥各自的作用，并通过与其他成员的互助，实现理想的大和合。《周易》非常强调协调（均衡），要求不仅与自己利害与共的个人或集体和合，甚至要与对立的或敌对关系的一类人也要寻求协调。《周易》追求的世外桃源可以通过坚持"正名"及以"应"和"比"为象征的"和"与均衡来实现，而不是采取对立、冲突、斗争的方式。

3. 交感

主张和合的《周易》精神，在交感论中其特征更为明显。《周易》认为阴阳两种势力在推、拉的矛盾过程中生成和变化的结果就是万物,而这种变化过程就是通过"交感"来实现的。有学者认为《周易》的这种万物交感的观念,是从男女交感而生子的人世间最一般的现象中得出的。这种解释虽然不无过度单纯之感,但是只要认为思想本身不可能脱离具体的人生的人都会表示认同。

《周易》认为的"吉"卦一般都是上下两卦相互交感,而"凶"卦大部分不交感。《周易》占卜吉凶祸福本来是迷信,但对吉凶的解释却包含了当时人们的合理世界观。如"地天泰"(☷ + ☰)卦:此卦象地(☷)在上,天在(☰)下。天气属阳,地气属阴,是阳气上升,阴气下降之象。这是"天"与"地"交感之象,占卦为吉。相反,"天地否"(☰ + ☷)卦,天在上,地在下。这在我们的常识中是非常正常的处位,故可解释为吉卦。但正好与此相反,《周易》认为这种卦象是天的阳气向上飞出,地的阴气向下沉去,无相互交感,故占卦为凶。就是说占卦的吉凶在于上下两卦是否相互交感而变化。虽然是古人朴素的思维形态,但非常形象地反映了《周易》强调由多元价值综合而成的世界之和合的思维方式。

除此之外,交感的例子还可以举很多:"水火既济"(☵ + ☲)卦,水在上,火在下。水下流,火上燃,这种卦象就是相互吸引、变化而交感之象。因此,对此卦的解释是事情顺畅、有利、有前途。这样的吉卦还有泽在上,火在下的"泽火革"(☱ + ☲)卦;雷在上,火在下的"雷火丰"(☳ + ☲)卦;山在上,天在下的"山天大畜"(☶ + ☰)卦等。"水火既济"卦的反卦是"火水未济"(☲ + ☵)卦,火在上,水在下之象。这种象相互之间不吸引,上下无交感,意味着事情不顺畅、不利。与之相应的凶卦有火在上,泽在下的"火泽睽"(☲ + ☱)卦;火在上,雷在下"火雷噬嗑"(☲ + ☳)卦;天在上,山在下的"天山遁"(☰ + ☶)卦等。

从这种视角上看,任何事物在变化和交感时才有希望,才是吉的,停滞、不变化则凶。这是《周易》吉凶观的核心。《周易》承认现实的冲突与对立,不可能有没有冲突的社会,所以超越冲突和对立而形成和合与交感的社会是近乎理想的社会。这种思维方式同样也适用于家族观。

4. 居中

在《周易》中判别吉凶的又一个重要原则就是"居中"。古代的东亚人尤其喜好"中庸",他们不喜欢不及或不足,更谨慎地对待过或溢之。这种思考方式真实地反映在《周易》对卦的解释中。《周易》的六十四卦各由内卦和外卦两个卦构成,因此,大成卦(重卦)的"爻"是六个。此时,二爻和五爻各自居内、外卦之"中",因此不太依赖全体卦象,二爻和五爻的两个爻辞解释为吉。就是说即使在凶卦中,二爻和五爻也吉,吉卦中二爻和五爻就更吉。这种重视二和五爻的态度正好体现了居"中"为吉的原则。内卦之"中"的二爻一般认为是吉的,所以第三爻居内卦之殿,象征着过或溢,大部分就被解释为不吉。然而,第六爻因是大成卦的最后一个爻,必然要受到整体象的影响,所以不像第三爻那样大部分为凶。比如,整个象为吉时,最后的六爻大部分被解释为不吉,但整个象为不吉时,最后的第六爻反倒是具有希望的、吉的象征意义。

从这种"居中"的观念中我们可以获得对极端加以警戒的启示。在儒教的传统家族观中极端也是需要警戒的对象。在这个意义上"过"被认为比不及还要坏。韩国著名的"庆州崔富者家的家训"中就指出"荒年不得购买土地(他人的田、地)","一年不得增值一万石(两万袋)以上的财富","不得任进士以上的官职"。这就是在现实中运用居中观念的很好例子。富者在荒年极易增加财富,但是这种行为是利用他人的痛苦获取自身的利益,所以是应加以警戒的;一年不得增值一万石以上财富也是对人的无尽欲望的抑制;不要任进士以上官职是要警戒财富和权力都想获得的危险的欲望。《周易》的居中观念与安分知足思想相通。

《周易》追求沟通与真正的平等,这种思想集中体现在"阴阳论"和"吉凶论"中。阴阳论的相互关系论,打破了与他者的排他性界限,吉凶论则更积极地追求与他者的和解、和合与均衡。寻求和合,首先要有对立者的独立性这一前提。就是说阴和阳要有相互区别的"自己"的特性,而这种"自己的特性"本质上指向"和合"。在《周易》中对立者间创造性的关系方式是通过交感形成的。通过交感形成的和合,是在承认相互的独立性、尊重相互特性的基础上相互作用、相互发展的关系。《周易》的这种人际关系论对现代社会的家族观启示甚大。

五、结语

儒教本身是以道德世界观为其特征的。在这个意义上可以把儒教的家族理解为"道德的共同体",家族成员是道德共同体"关系的自我",而且儒教的所有实践伦理都是从家族出发的,甚至于个人层次的修养论也在阐释家族关系的伦理。因此,《周易》将家族作为道德的主体,说"积善之家,必有余庆;积不善之家,必有余殃"(《周易·文言传》)。儒教伦理的核心价值"仁"也是从恭敬父母,兄弟友爱的孝、悌概念出发的。在这一点上可以说家族是儒教的起始,也是它的终点,而且儒教的家族存在的意义也在于实践和普及道德行为上。

历来在考察家族概念的意义时,最关注的两个方面就是经济和伦理。虽然对这两者不能作严格的区分,但在西方一般强调经济方面,东亚社会则强调伦理方面。当然,西方社会也在伦理方面理解家族的意义,比如黑格尔就把家族理解为伦理实体,而不是单纯由利益关系构成的实体。但是,他的家族观是以市民社会为前提的独立的个人为目标。而儒教非常重视家族成员所具有的关系意识,并将这种"关系"意识扩大到社会或国家。我们在这种儒教的家族观中能够强烈地感受到克服人与人之间的疏远化和应该建立的"关系性"人性的形成之可能性。

很早开始,西方学者就将儒教文化圈所代表的东方的根本精神描绘为以温情主义、家长制的共同体精神为特征。比如黑格尔就批判儒教主张的家族共同体德目,他把孝悌这样的儒教德目看作是某种强制,而不是家族关系中自发的意志行为。①但是,最近随着西欧社会因原子化的个人主义而导致的家庭崩溃和个人的孤立,以及与邻里的隔限等深刻的社会问题的出现,开始试图对东方的"共同体的"意识进行友好的新的评价或重新诠释。② 最近在韩国社会学界自生的聚会(东洋社会思想学会)中也可以见到对儒教世界观的这种积极的诠释。聚焦于这个学会的一些学者,既认可西欧社会学具体的事实性和客观性,又惋惜它没有未来的发展性,也因此作为对策开始关注儒教思想。

儒教家族观的最大长处在于能够克服以二元论世界观为基础的西欧家族观的短板。当然这种西欧的家族观对解释家族现象有其有用性的一面,但是在解释家族内所能经验到的作为爱的存在的本性发显,揭示理想型的家族发展方向有其局限性。尤其是作为分离、独立的个体之合的家族观,对解决现代社会所面临的问题给不了多少帮助。③因为这种家族观只要家庭成员间的利害关系对立就只能崩溃。

我们以儒教的"共同体的自我论"和"追求和合的家族共同体"为中心,考察了儒教家族观的理念内涵。任何传统思想,如果把它原原本本地拿来运用于现实中是大有问题的。尤其是一谈儒教家族观,传统时代的消极文化就紧随

---

① 参见金守中等:《何谓共同体:东洋的共同体思想》,理学社 2002 年版,第 92—93 页。
② 与此相关,芬格兰特(Fingarette)的《孔子的哲学》(宋荣培译,瑞光社 1993 年版)值得参考。
③ 巴里·索恩、玛丽琳·亚罗姆:《从女权主义视角看家族》,权五柱译,韩蔚学院 1991 年版,第 33 页。

其后的今天更是如此。但是,我们从儒教的家族观中能够看到克服人际间的疏远趋势和积极的"关系性"人性之形成的可能性,并通过它探索未来指向性的后现代意义。

（作者系韩国大邱教育大学教授）

参考文献：

1.沟口熊三等.中国思想文化事典[M].金锡根等,译.首尔:民族文化文库,2003.

2.金守中等.何谓共同体:东西方的共同体思想[M].首尔:理学社,2002.

3.金永植.中国传统文化与科学[M].首尔:创作社,1990.

4.巴里·索恩,玛里琳·亚罗姆.从女权主义视角看家族[M].权五柱,译.首尔:韩蔚学院,1991.

5.岛田虔次.朱子学与阳明学[M].金锡根,译.首尔:喜鹊,1991.

6.李东哲.21世纪的东方哲学[M].首尔:乙酉文化社,2005.

7.李英灿.儒教社会学的范式与社会理论[M].首尔:艺文书院,2008.

8.芬格兰特.孔子的哲学[M].宋荣培,译.首尔:瑞光社,1993.

9.韩国家族咨询教育研究所.变化的社会家族学[M].首尔:教文社,2010.

10.F. W. Mote, Intellectual Foundations of China, New York : A. A. Knopf, 1971.

11.李承妍.个与家[J].东方社会思想,2000(3).

12.李炫知.阴阳男女及后现代[J].东方社会思想,2006(13).

《周易》"三陈九卦"与古典儒家德性伦理观

王兴尚

一、古典儒家德性伦理观的缘起：世道衰落，家国危难时的忧患意识

《周易·系辞下》说："易之兴也，其当殷之末世，周之盛德邪！当文王与纣之事邪！是故其辞危。危者使平，易者使倾。其道甚大，百物不废。惧以终始，其要无咎。此之谓易之道也。"在殷之末世，周文王姬昌（前1152—前1056）面临的问题：生存还是死亡？因为，西伯姬昌的日益强大，引起殷纣王的怀疑。此时，殷纣王的天下"百姓怨望而诸侯有畔者，于是纣乃重辟刑，有炮烙之法。以西伯昌、九侯、鄂侯为三公。九侯有好女，入之纣。九侯女不熹淫，纣怒，杀之，而醢（hǎi）九侯。鄂侯争之强，辩之疾，并脯（fǔ）鄂侯。西伯闻之窃叹。崇侯虎知之，以告纣，纣囚西伯羑里。西伯之臣闳夭之徒，求美女、奇物、善马以献纣，纣乃赦西伯。西伯出而献洛西之地，以请除炮烙之刑"（《史记·殷本纪》）。《史记·自序》："昔西伯拘羑里，演《周易》。"《史记·周本纪》："西伯盖即位五十年。其囚羑里，盖益《易》之八卦为六十四卦。"如何摆脱困厄，以求生存？《周易·彖传·明夷》："明入地中，明夷。内文明而外柔顺。以蒙大难，文王以之。"《帛书周易·要篇》："文王仁，不得其志以成其虑，纣乃无道，文王作，讳而辟（避）咎，然后《易》始兴也。"[1]朱熹在《周易本义》中也说，"夏商之末，易道中微，文王拘于羑里而系彖辞，易道复兴。"可见，易道就是周文王被殷纣王拘禁在羑里时，在忧患戒惧中提出的修身、治国、平天下之道。在世道衰落、家国危难时，西伯侯身处殷纣王的政治恐怖，因危难而忧思，产生忧患意识。这种忧患

---

① 廖名春：《试论孔子易学观的转变》，载《孔子研究》1995年第4期。

意识,不同于懦弱者的惧怕,也不同于绝望者的忧愁,而是终极状态中的沉思和醒悟:如何使人类摆脱一种野蛮制度,建立一个文明社会。周文王的千古忧患意识开启了对文明社会的抉择,这是古典儒家德性伦理观的缘起。

二、古代儒家德性伦理观:颠倒乾坤,创建德性伦理体系

《周易》是古典儒家德性伦理观的源头。仓孝和指出"周初带来了中国历史上第一次思想大解放","只有发生在两千年以后的欧洲文艺复兴及其以后的启蒙运动可以与之相比"①。周文王的革命性思想在于建立了不同于夏商二代的颠覆性宇宙观,他将夏人因袭炎帝时代以"艮"卦为首的《连山易》,以及殷人因袭黄帝时代以"坤"卦为首的《归藏易》,转变成了以"乾"卦为首的《周易》。"艮"代表山,"坤"代表地,"乾"代表天。周文王以"乾"卦为首,表现了周人对"天"的崇拜。

从《归藏》到《周易》的乾坤颠倒,是一次"哥白尼式革命"。这一颠覆性宇宙观的意义可以和西方 16 世纪哥白尼将"地心说"转变为"日心说"相媲美。哥白尼的"日心说"改变了托勒密的"地心说"体系,从根本上动摇了基督教的宇宙观念,在西方引起了伟大的"哥白尼革命","科学的发展从此大踏步地前进"。从《归藏》到《周易》"乾坤颠倒"建立的新宇宙观具有三重意义:

其一,《周易》乾坤颠倒,以天为至高无上,地乃顺承天,由此确立了周人"天尊地卑"崇尚天德的价值观。周人"颠倒乾坤"的新思想,在《周易·系辞上》表达的清楚:"天尊地卑,乾坤定矣。卑高以陈,贵贱位矣。动静有常,刚柔断矣。方以类聚,物以群分,吉凶生矣。在天成象,在地成形,变化见矣。"就是说,圣人仰观天俯察地,由于天在上为尊,地在下为卑,从而决定乾坤二卦尊卑的不同地位。乾位于尊者的高位,坤位于卑者的下位,于是就有了贵贱的不同价值;运动是乾代表的天体的常态,静止是坤代表的大地的常态,从而判断二者的刚柔之性。从时空观察,阴性与阳性、阳性与阴性,即异性相遇形成"类"而聚(异性相吸);阴性与阴性、阳性与阳性,即同性相遇成"群"而分(同性相斥);阴阳相聚成类则吉,阴阳分离为群则凶。天上日月星斗的天象转移,以及

---

①　仓孝和:《自然科学史简编》,北京出版社 1988 年版,第 148 页。

地上的木火水金土的和谐与同一,生死盈虚的变化就呈现出来了。这就是周人乾坤颠倒之后的崇尚天德的价值观。

其二,《周易》乾坤颠倒,把殷商"帝命不违"(《毛诗·商颂》)转变为"天命靡常"的天命观(《毛诗·大雅·文王》),由此,超越了殷末静止不变的天命观,确立了周初的变易天命观。《尚书·西伯戡黎》记载:"西伯戡黎,祖尹恐。奔告于王……王曰'呜呼! 我生不有命在上天'"西伯侯率领周人大军压境,殷纣王对于周人大军压境之举无所恐惧,呼喊道:"呜呼! 我生不有命在上天",以为"帝命不违",殷朝的天命永远不可更改。周人大异于商人之处,在于提出"惟命不于常"的天命观(《尚书·康诰》),并将德性本质注入天命之中,"惟不敬厥德,乃早坠厥命"(《尚书·召诰》)。天命依最高统治者的有无德性而变易,从而否定了"有命在上天"天命永恒不变的观点。

其三,《周易》乾坤颠倒,还涉及"继统"即统治集团再生产的问题,即采用"兄终弟及继承制"还是"嫡长子继承制",周人选择后者,确立了父权宗法伦理。《礼记·表记》:"今父之亲子也,亲贤而下无能。母之亲子也,贤则亲之,无能则怜之。母,亲而不尊。父,尊而不亲。"金景芳先生说:"殷道亲亲,是重母统;周道尊尊,是重父统。惟其重母统,故殷易首坤;惟其重父统,故《周易》首乾。《周易》首乾次坤,是周人君尊臣卑、父尊子卑、夫尊妻卑思想的集中反映。"[1]殷人存在母权制遗风,被周人讽刺为"牝鸡伺晨,唯家之索。"《周易》以乾为首,确立了父权宗法制的合法性信仰基础。

沈有鼎(1908—1989 年)认为《周易》义例"以阳驭阴","以刚制柔","其序卦也,用建构原则,而不用平等原则,是以意味深长"[2],殷人的"帝"不具有"德性",周人的"天"具有"德性"。周文王颠倒乾坤,建构了德性伦理观,使周人最早具有了天命与德性统一的普世主义文化意识,并赋予周人以强烈的历史使命感。

"乾坤"是古典儒家德性伦理观的门户。《周易·系辞下》:"夫乾确然,示人易矣。夫坤隤(tuí)然,示人简矣。"在这里,"确然",就是刚健,乾以刚健示人以容易性原则;"隤然",就是柔顺,坤以柔顺示人以简单性原则。所以,《象传》

---

① 金景芳、吕绍纲:《周易全解》,上海古籍出版社 2005 年版,第 8 页。
② 沈有鼎:《周易卦序分析》,载《中国哲学》1996 年第 17 辑,第 188 页。

说:"天行健,君子以自强不息。""地势坤,君子以厚德载物。"乾坤以容易性、简单性打开了古典儒家德性伦理观的门户。

其一,从内涵上说,《周易·系辞下》:"夫乾,天下之至健也,德行恒易以知险。夫坤,天下之至顺也,德行恒简以知阻。能说诸心,能研诸虑,定天下之吉凶,成天下之亹亹(wěi wěi)者。"就是说,乾卦的卦德是"自强不息",乾是天下最刚健的了,这就是"开户"。所以,以此为人处事,具有永恒的容易性,并且知道危险所在。坤卦的卦德是"厚德载物",坤是天下最柔顺的了,这就是"阖户"。所以,以此为人处事,具有永恒的简单性,并且知道阻碍所在。乾坤告诉人们危险和阻碍之所在,然后免于患难,能深谋远虑,定天下的吉凶,按照乾坤之道行事的人,称为天下最勤勉的人。丧失了乾卦"自强不息"精神,背离了"容易性原则",就会把容易的事情搞得麻烦不断。缺乏坤卦"厚德载物"精神,违背了"简单性原则",往往把简单的事情搞得很复杂。这都背离了乾坤之道!远离了古典儒家德性伦理观的门户。

其二,从性质上说,《周易·系辞上》:"夫乾,其静也专,其动也直,是以大生焉。夫坤,其静也翕,其动也辟,是以广生焉。广大配天地,变通配四时,阴阳之义配日月,易简之善配至德。子曰:'易其至矣乎。'"就是说,乾道作为天道,在四时中属于春夏,静止的时候专一自主,没有谁能主宰;运行的时候一往直前,没有谁能推动;无论静止和运动都是自然而然,所以能够"大生",也就是"大哉乾元""乾知大始""万物资始"。坤道作为地道,在四时中属于秋冬,静止的时候翕合收敛,运动的时候展开交合,无论静止和运动都顺承于天道,所以能够"广生",也就是"大哉坤元""坤作成物""万物资生"。乾坤的广大与天地相配,变通与四时相配,昼夜阴阳与日月相配,容易性与简单性的至善与天地之道的至德相配。

其三,从作用上说,《周易·系辞上》:"乾道成男,坤道成女。乾知大始,坤作成物。乾以易知,坤以简能。易则易知,简则易从。易知则有亲,易从则有功,有亲则可久,有功则可大。可久则贤人之德,可大则贤人之业。易简而天下之理得矣。天下之理得,而成位乎其中矣。"就是说,乾坤就是对立统一,生成的万物有男女,雌雄、牝牡二性,乾道主导万物,坤道养育万物。乾道以"容易性原则"主导,坤以"简单性原则"养育。乾道"容易"则便于主导,坤道"简单"则便于随从。容易主导则有人亲近,如果城府很深谁敢亲近?容易随从则事业成功,如果孤家寡人事业怎能干成? 有人亲近则可以长久,成功则可以越做越大。长久那是贤人之德,广大那是贤人之业。"容易性原则"和"简单性原则"就得到天下之理了,天下之理不过是容易和简单而已! 得到天下之理就可以和天地有同样的地位了。

没有规矩不成方圆。《吕氏春秋·圜道》从乾坤之道解释圆方宇宙结构,并从圆方宇宙结构推导出社会政治伦理结构:"天道圜,地道方,圣王法之,所以立上下。何以说天道之圜也? 精气一上一下,圜周复杂,无所稽留,故曰天道圜。何以说地道之方也? 万物殊类殊形,皆有分职,不能相为,故曰地道方。主执圜,臣处方,方圜不易,其国乃昌。"可见,乾坤所确立易之门户,是中国三千年社会政治伦理的门户,也是古典儒家德性伦理观的门户。

三、古典儒家德性伦理观的德目:"三陈九卦"

从乾坤的古典儒家德性伦理门户而入,孔夫子以"三陈九卦"的形式阐述古典儒家德性伦理观的德目。《周易·系辞下》说:"履,德之基也。谦,德之柄也。复,德之本也。恒,德之固也。损,德之修也。益,德之裕也。困,德之辨也。井,德之地也。巽,德之制也。(一陈)履,和而至。谦,尊而光。复,小而辨于物。恒,杂而不厌。损,先难而后易。益,长裕而不设。困,穷而通。井,居其所而迁。巽,称而隐。(二陈)履,以和行。谦,以制礼。复,以自知。恒,以一德。损,以远害。益,以兴利。困,以寡怨。井,以辩义。巽,以行权。(三陈)"

孔子"三陈九卦"与周文王的"乾坤颠倒"存在着内在逻辑关系。元代易学家胡炳文发现"三陈九卦"按上下经排列井然有序,并非如朱熹等人通常所说的是出于偶然者。"此章三陈九卦以明处忧患之道。通曰此章三陈九卦虽夫子偶及九卦之言,然上经自《乾》至《履》九卦,下经自《恒》至《损》、《益》亦九卦,上经《履》至《谦》五卦,下经《益》至《困》《井》亦五卦。经《谦》至《复》又九卦,下经《井》至《巽》又九卦,上经自《复》,而后八卦而为下经之《恒》,下经自《巽》而《未济》,亦八卦复为上经之《乾》,上下经对待,非偶然者。或于此可见文王之心焉,对待凡十卦,置乾不言。乾为君也,文王常存事君之小心,而不知其有君民之大德者也"[1]。原来,九卦与乾卦存在首尾照应的内在逻辑关系。

---

① [元]胡炳文:《周易本义通释》,见《四库全书》,第24—525页。

　　潘雨廷教授也认为①，由此九卦上下经而相通而周，凡上经由乾隔八卦而取履，下经由恒亦隔八卦而取损益。由履至谦，凡隔四卦（泰、否、同人、大有）；由益至困，亦隔四卦（夬、姤、萃、升）。其下由谦而复及由井而巽，亦皆隔八卦。由复至下经恒，由巽至上经乾，亦皆隔七卦。凡此皆象数之自然，乃明天人之消息，所以能穷而变，变而通，通而久，由巽隔七而乾，则人皆自强不息而忧患济焉。此与《杂卦》之终夬之息阳成乾同义，乃赞《周易》首乾之精义②。

　　可见，"三陈九卦"与"乾坤颠倒"之后的乾卦首尾相连，阐明了忧患之时修身治国平天下应当坚守首卦乾卦"自强不息"的"精义"。《周易·系辞下》分别从九个德性的培养途径、九个德性的本质特征、九个德性的功能效果三个层次阐明了古代儒家德性伦理观的德目。孔子提出，通过"九卦"培养"九德"，从个人来说，可以作为预防和消解人生困厄、危难与祸患的道德依据；从民族国家来说，可以作为防止危机、动乱和灭亡，保持国家长治久安的德性政治伦理基础。《周易·系辞下》说："子曰：危者安其位者也，亡者保其存者也，乱者有其治者也。是故，君子安而不忘危，存而不忘亡，治而不忘乱。是以身安而国家可保也。易曰：其亡其亡，系于苞桑。子曰：德薄而位尊，知小而谋大，力小而任重，鲜不及矣。易曰：鼎折足，覆公𫗧，其形渥。凶。言不胜其任也。"所以，在乾卦"自强不息"前提下，九德所阐述的德性伦理观意在勉励统治集团及其成员"厚德载物"，防范"德薄而位尊，知小而谋大，力小而任重"的卑鄙小人，对政治权力合法性信仰的破坏。张载《横渠易说·系辞下》："《系辞》独说九卦之德者，盖九卦为德，切于人事。"《周易》是宇宙代数学、德性伦理教科书，三陈九卦则是古典儒家德性伦理的大纲，描画出古典儒家德性伦理修养的一个逻辑框架。这是中国古人从哲学伦理角度对人与社会关系的一个深刻认识。

（一）履卦之德

　　☰☱《履》卦说明反身实践的履道以及为人处事须循礼而行的美德。履卦卦

《周易·上经》
乾01—隔八—履10—隔四—谦15—隔八—复24
—隔七—
《周易·下经》
恒32—隔八—损益41、42—隔四—困井47、48—隔八—巽57
—隔七—
《周易·上经》
① 　　　　　　　　乾01
② 潘雨廷：《周易表解》，上海社会科学出版社2004年版，第242—243页。

象:乾上,为天、为父、为虎;兑下,为泽、为少女、为羊。卦辞"履虎尾,不咥人"形象地揭示在内卦兑与外卦乾的弱者对强者的不对称关系上,遵循履道,"小心行走",虽然危险却无伤害的寓意。卦中六爻,初九居下守"素",按照平常那样,小心谨慎,没有咎殃;九二"幽人",履道平坦,持中不乱;九四"愬愬(shuò)"恐惧,非常谨慎;九五履道,坚决果断;上九"考祥"履道,最后大成。上述五爻履道而行,故多"无咎""吉""元吉",其中,九五"夬履"虽告诫"危厉",能正定则无害。唯六三"跛履"阴柔躁进,有"履虎尾,咥人"之"凶",告诫人们遵循履道,避免凶险。履卦☰与小畜卦☰是相综关系,履卦☰与谦卦☰是相错关系。

"履,德之基也。"——即注重实践,循礼而行,乃是古典儒家德性伦理的基础。《序卦》说:"履者,礼也。"《象传·履》说:"上天下泽,履:君子以辨上下,定民志。"君子观此卦象,受到启发,从而分辨上下尊卑,使各当其位,以安定人民的思想。《易传·系辞上》以知为高,以礼为卑,所谓"知崇礼卑,崇效天,卑法地"。《左传》云:"卑让,德之基也。"既然"履者,礼也",那么,将"卑让,德之基也"转化为"履,德之基也",也就是顺理成章的事了。履是一种实践理性,是古典儒家德性伦理的基础。

履的表现:"履,和而至"——礼乐文明遵循的第一原则就是"和"的原则,儒家有所谓"礼之用,和为贵";又有"乐通伦理者也"的主张;孔子提出区分君子与小人的标准就是:"君子和而不同,小人同而不和。"周代史伯很早就把"和"提高到哲学本体论的高度来认识,认为"和"是宇宙万物的一般法则:"夫和实生物,同则不继。以它平它谓之和,故能丰长而物归之。若以同裨同,尽乃弃矣。"(《国语·郑语》)就是说宇宙万物生成发展遵循"和"的法则,"和"就是一种对立统一状态,"和"与"同"不一样,"同"是一种同质的单一存在状态,缺乏生成发展的动力。

履的作用:"履以和行"——古代儒家德性伦理的第一要义就是"和"。履,作为德性伦理的基础就是以"和"为原则的,因为,"和"是宇宙万物一般法则。人的社会实践也不可违抗这一法则。关键在于,人类面对一个风险世界,如何才能履险如夷,履虎尾不咥人? 这就是周文王"履以和行":循礼而行、以柔克刚的"和"的哲学智慧。

(二)谦卦之德

☷☶《谦》卦阐明吉无不利的"谦道"并告诉人们如何保持谦虚谨慎的美

德。周公旦曾告诫他的儿子伯禽："易有一道,大足以守天下,中足以守其国家,小足以守其身,谦之谓也。"谦卦辞指出:"谦,亨。君子有终。"全卦六爻,吉而无凶,利而无害。初六"谦谦君子",谦虚卑下,无往不吉;六二"鸣谦",谦德有名,中正获吉;九三"劳谦",谦虚勤劳,善始善终;六四"撝(huī)谦",发挥谦虚,无所不利;六五"不富",居尊谦虚,亦"无不利";上六再次"鸣谦",谦虚名扬,利于"行师"。谦卦☷与豫卦☳是相综关系,谦卦☷与履卦☱是相错关系。

"谦,德之柄也",即谦虚谨慎,避免满盈,谦虚对于修养道德来说,就像用以操作工具的柯柄。《周易正义》:"若行德不用谦,则德不施用,是谦为德之柄,犹斧刃以柯柄为用也。"《易传》"三陈九卦"之所以在"履"之后选择"谦",也是与前文"卑让,德之基也"紧密相连的。《象传·谦·初六小象》说:"谦谦君子,卑以自牧也。"从谦卑开始自我管理,方可称为君子。《象传·谦》更以"卑"说明谦卦的意义:天道、地道、鬼神、人道皆喜好谦卑而厌恶满盈,以此说明满盈不可持久,"满招损"而"谦受益"的道理。谦卦六爻,下三爻皆吉而无凶,上三爻皆利而无害。如此纯全无杂者,《周易》六十四卦之中唯此一卦。因此,《易传》作者推崇谦虚卑让之德,也就在情理之中了。"盈则其德丧矣"。正如朱柏庐《朱子治家格言》说:"乖僻自是,悔误必多。"只有"常执不盈之心,则德乃日积,故曰'德之柄'"①。

"谦以制礼"——"制"就是控制,以谦虚作为"德之柄",控制礼义,恭敬待人。孟子"辞让之心,礼之端也"。自卑而尊人,恭敬而辞让,从谦虚入手操作,这就真正实践了礼的原则。以谦虚控制礼节,所以说"谦以制礼"。但是,在人类社会中,以谦虚态度控制礼义并非一帆风顺,因为谦虚谨慎与傲慢蛮横相互对立,两种风气此消彼长,有谦虚谨慎美德者,并不排除用武力征伐傲慢蛮横的敌人,因为傲慢蛮横者作恶一方,践踏人民的基本权利,所以,强调谦虚谨慎与强调打击傲慢蛮横的恶逆势力是辩证统一的。这也是以谦虚作为"德之柄",实施与控制礼义规范的题中应有之义。

"谦,尊而光"——可以理解为,"尊"即撙节(节制),"光"即广大,谦则小而大,即节制缩小反而能够扩大。或者可以理解为,愈谦虚则其德性愈受尊重而且光明。

---

① 《陆九渊集》卷三四《语录》,中华书局1980年版,第418页。

（三）复卦之德

☷☳《复》卦揭示了一阳复生的天道以及人心复归"仁爱"的美德。复卦卦辞："复，亨。出入无疾，朋来无咎。反复其道，七日来复，利有攸往。"这就是天地之心即"仁爱"的复归。初九"不远复"，是全卦唯一阳爻，表示天地之心复归，"仁爱"美德开始萌发，这一爻是复卦全卦的根本。六二"休复"与初九相亲比，有"广济博施"休美的寓意；六四"中行独复"，它与初九两爻相应，有独立自主，而能服从"中正之道"的美誉。余下来三阴爻与初九未曾相得，但是，六三"频复"，阴爻处于阳位，能够勤勉复归"仁爱"，从而获得"无咎"；六五"敦复"，居于尊位，能够敦厚复归"仁爱"，从而获得"无悔"，唯上六"迷复"丧失初心与初九背道而驰，迷途不知返，最终导致凶险的结果。复卦☷☳与夬卦☱☰是错综关系，复卦☷☳与姤卦☰☴是相错关系。

"复，德之本也"，即一阳初生，仁心初成，复是道德的根本。此卦在易经十二消息卦中是十一月卦，为二十四节气的冬至，冬至日长，夏至日短。冬至一阳复生，阳为君子，阴为小人，阳长阴消，君子道长，小人道消，所以，复卦为道德之本。《象传·复》曰："复，其见天地之心乎！"复卦此心，一阳来复，张载解释为天地生万物的一片"仁心"："大抵言'天地之心者，天地之大德曰生，则以生物为本者，乃天地之心也。"①其《经学理窟》又说："天本无心，及其生成万物，则须归功于天，曰：此天地之仁也。"②天地之心也就是"以生万物为本"的一片仁心。具体到人来说，一阳来复即是用一片仁爱之心，温暖天下之人。首先表现在家庭乃是一片温暖的"孝""悌"之心。儒家强调"反本复始"，这"本始"即对人生有"本始"之意义者，除天地之外，人生来于父母祖辈之亲，故孝敬先祖为仁德之本。《国语》亦云："孝，文之本也。"《孝经》也说："夫孝，德之本也。"这与"复，德之本也"，可以相互发明。

"复，小而辨于物"——可以理解为，一阳始生为小，遍及万物为辨（遍）。"辨"即普遍之意。或者可以理解为，复虽然微小，却是阳物，坤虽然众多，却是阴物。阴阳各有区别。"辨"，即是区别之意。

"复以自知"——一阳来复，请用"天心：爱心"来对照自己。人贵有自知之

---

① 张载：《横渠易说》，见《张载集》，中华书局1978年版，第113页。
② 《横渠易说》，第226页。

明,"自知"即自家的良知,良知不泯,才是真正的大智慧。

(四)恒卦之德

☳☴《恒》卦阐发宇宙时空的"恒久之道",以及为人处事"持之以恒"的美德。恒卦卦辞:"亨,无咎,利贞,利有攸往。"就是说,亨通,没有咎殃,顺利、正定,利于君子所前往。卦辞肯定了"恒久之道""持之以恒"的可行。然而,卦中六爻无一爻全吉:初六"浚恒"急于求成,欲速不达;九二不当其位,因能恒守中正之道,遂得"悔恨"消失;九三"不恒其德",招致"羞辱";九四也不当其位,终归徒劳无益;六五恒守柔德,妇人吉利,男子则凶;上六"振恒"动摇不定,不能守恒,面临凶险。所以,《周易折中》引用邱富国之言:感叹"恒之道岂易言哉!"恒卦☳☴与咸卦☱☶的相综关系,恒卦☳☴与益卦☴☳的相错关系。

"恒,德之固也",即守正有恒,长久不变,坚守正道,行而不懈为恒卦的意义。恒意味着时间性,恒能够使德性伦理巩固。《象传》从天、地、人三者的存在过程与时间本性说明恒久之道:"日月得天而能久照,四时变化而能久成,圣人久于其道而天下化成。"《周易·象传》"恒,君子以立不易方"。"方"犹"道"。"立不易方"即《彖》文所说"久于其道"。联系到《论语》所引唯一的一条卦爻辞即《恒卦》九三爻辞:"不恒其德,或承之羞。"——(子曰:"南人有言曰:'人而无恒,不可以作巫医(《礼记·缁衣》《郭店楚简·缁衣》作"卜筮")。'善夫!""不恒其德,或承之羞。"子曰:"不占而已矣。"强调《恒卦》在道德修养中的意义,可见,对于"恒卦"是多么推崇备至。而《左传·文公元年》也说:"信,德之固也。"诚心诚意,信守不失,则可以巩固道德。《易传》作者将这些说法加以综合,提出"恒,德之固也"的论断,也就不难理解了。

"恒,杂而不厌"——一种理解是,杂即匝,周匝不厌就是周而复始,永不停止,永不厌倦。一种理解是,面对纷繁世界,千头万绪,错综复杂,此心永恒,永不厌倦,这就是恒久之道。

"恒以一德"——荀子说,小人知其实,君子知其常。保持其常,永久不变,操守专一,就是恒。路遥知马力,久事见人心。机会主义者通过谎言、欺诈,投机钻营,丧失道德操守,也没有恒常的德性。

(五)损卦之德

☶☱《损》卦说明"损下益上"之道,告诫当政者"剥民利以奉其上"应遵守的美德。损卦卦辞:"元吉,无咎,可贞,利有攸往。"指出"损之而益"的哲学道理。可以用"垒土筑墙"即取下面的土石以增高墙体做比喻,说明"损下益上"之道。但是,损下不可滥损,益上不可滥益。卦中六爻体现上下之间适时损益的智慧。初九是事成之后,没有咎殃,把骄傲情绪"酌损之"。与六四的减损了"相思之疾",心中自然"有喜"相互对应;九二不滥用自损,坚守中正之道,获得利益。与六五"或益之十朋之龟"的吉利相互对应;六三以"三人行,则损一人;一人行,则得其友"人际关系原理,与上九"得臣无家"天下归心的景象相互对应。全卦反映了损极而益,益极而损,天之道损有余而补不足,损益平衡的辩证法。损卦☷☱与益卦☴☳的相综关系,损卦☶☱与咸卦☱☶的相错关系。

"损,德之修也",人往往放纵欲望而有自私之过、放任意志而有自负之过,如果减损欲望与意志,改正自私与自负之过,乃是道德修养的途径。老子说:"为学日益,为道日损。"损就是道德修养所用的方法。损卦与咸卦相错,咸卦是两情相悦,损卦由情入理,正如《象传》所说:"损,君子以惩忿窒欲。"《老子》说:"物或损之而益,或益之而损。"减少或除去了不必要的东西,难道不是有好处吗?

"损,先难而后易"——从人的感情来说,开始由咸卦两情相悦的感官快乐进入损卦痛苦压抑的道德法则,由情入理,要减损感情与欲望这是非常困难的;一旦获得理性与智慧,遵循合理价值观习惯成自然,后面就容易了。正如陆九渊所说:"人情逆之则难,顺之则易,凡损抑其过,必逆乎情,故先难;既损抑以归于善,则顺乎本心,故后易。"人的生命本能以感官快乐原则为取向,而人的社会本质则是以道德的至善原则为取向的。如果抑制感官快乐,可能带来暂时的痛苦,但是,一旦超越痛苦则能达到全身心的至乐。从社会组织变革来说,开始减少臃肿的机构非常困难,一旦精兵简政,办事反而容易。

"损以远害"——"慢藏诲盗、冶容诲淫,《易》曰:'负且乘,致寇至'。"有资财且好炫耀,引来盗者。有姿色且装扮妖冶,招来淫者(解六三),如果用损卦来修养德性,把不必要的东西,不断减损抛弃就能远离祸害。

(六)益卦之德

☴☳《益》卦阐明"损上益下"之道,告诫当政者"散君惠以结民心"应遵循的美德。益卦卦辞:"利有攸往,利涉大川。"就全卦六爻来看,初九阳刚处于卑位而获益,利于"大有作为",以致"元吉,无咎";六二柔爻坚守中正之道,获得"十明之龟"的嘉赏,"永贞"则吉;六三虽不当位,但能够"救凶平防",则"无咎"。六四居上卦之始,柔而得位,有利于"益下"之道;九五刚爻居于中正的尊位,能够施惠"天下"人民,则获得"元吉"。惟上九一爻身居高位而不能自损,反有损人利己、贪得无厌的野心,"莫益之,或击之"导致"凶险"。孔子读《易》至《损》《益》两卦之时,曾发出"自损者益,自益者缺"的感叹。益卦☲☳与损卦☶☱是相综关系,益卦☲☳与恒卦☳☴是相错关系。

"益,德之裕也",即增益善念与美行,道德不断充实丰裕,这就是益卦的意义。正如《象传》所说:"益,君子以见善则迁,有过则改。""损"是改过,"益"是迁善,两者往往是一体之两面。陆九渊说:"'《益》以兴利':有益于己者为利,天下之有益于己者莫如善,君子观《易》之象而迁善,故曰兴利。能迁善,则福庆之利,固有自致之理。"

"益,长裕而不设"——益是德性充实丰裕,就不要扭曲和夸张,虚设其德。陆九渊说:"'益,长裕而不设':益者,迁善以益己之德,故其德长进而宽裕。设者,侈张也,有侈大不诚实之意,如是则非所以为益也。"益是增益自己的德性,如果夸张不实,崇尚浮虚名望,没有增益内在德性,这就陷入一种虚伪的道德狂热,而"非所以为益"了。

"益以兴利"——益人益己,做到德性充实丰裕;人己两全,就能创造更大利益。古人十分青睐损益两卦。老子《道德经·四十八章》:"为学日益,为道日损,损之又损,以至于无为。无为无不为。"1973 年出土的帛书《周易·要篇》①记载:"孔子读《易》,至于《损》《益》,未尝不喟然而叹。"以为"《损》《益》之道,足以观天地之变","足以观得失"。据此,《易传》作者尊崇《损》《益》之道,也就不足为奇了。

(七)困卦之德

☱☵《困》卦阐明摆脱"穷困"的深刻道理以及身处"穷困"应该保持的美德。经验告诉我们,穷困之时,最能检验一个人的品德。困卦卦辞:"亨,贞,大人吉,无咎,有言不信。"就是说,亨通 ,正定,大人吉祥,没有咎殃。此时进言,无人相信。《象传》用"刚掩"即君子被小人压抑侵凌,阳刚之气被掩蔽不能伸展,

---

① 1973 年出土的帛书《周易·要篇》记载:"孔子由《易》,至于《损》《益》二卦,未尝不废书而叹。"

揭示导致"穷困"的根本原因。全卦六爻详细描述处理穷困的不同情况。其中,三个阴爻,由于阴柔懦弱,陷于困局,结果处境凶险。初六"臀困于株木"不能自拔;六三"困于石"困非其所,"据于蒺藜"据非其地,处境凶险;上六"困于葛藟",斩不断,理还乱,麻烦纠缠不断,通过悔悟才有吉祥。三个阳爻也陷于困局之中,但能以刚健有为,最终摆脱困局。九二"困于酒食",却能保持刚健中正之道,最终没有咎殃;九四"困于金车"路途受阻,因为徐徐向前,从而实现了心愿;九五虽然身居尊位,却"困于赤绂",由于坚持刚健中正之道,转危为安,最终获得福泽。困卦☲☱与井卦☴☵是相综关系,困卦☲☱与贲卦☲☶是相错关系。

"困,德之辨也",即遭遇困境,坚守志向,是检验辨别道德的尺度。《象传》说:"泽无水,困;君子以致命遂志。"这是说,君子观困卦之象,受到启发,当身处穷困之时,坚守穷困之道,其身愈困,其志弥坚。临难不苟免,见危不曲全,宁可舍弃生命,也要实现崇高志向。也即《象传》所说,"困而不失其所"。能否经得起艰难困苦的历练,是衡量一个人有无美德的标准。此也即孟子所谓"人之有德慧术知者,恒存乎疢(chen)疾"。就是说,人之所以有道德智慧、知识才能,经常是由于他有灾患。这大概就是《易传》作者反复言说《困卦》的原因。

"困以寡怨"——困顿之时,不要怨天尤人,不要伤及他人,所以怨恨就很少了。

"困,穷而通"——人在穷困之时,能守正道,则可以亨通顺达。

(八)井卦之德

☴☵《井》卦阐释了"井养之道"以及"修身"与"养人"应该遵循的美德。井卦辞:"改邑不改井,无丧无得,往来井井。汔至,亦未繘(jú.指井上汲水的绳索,或指用绳汲井水)井,羸其瓶,凶。"就是说,城邑改变了,井的位置没有改变,每天汲水,没有丧失也没有增加,人来人往,井井有条。绳至井底已经放完,还没有用绳把井水汲上来,水瓶为井壁拘羸钩挂,凶险。就六爻所讲的"井德"来看,三阴爻言井体,初六:"井泥不食";六四:"井甃(zhòu,以砖瓦砌的井壁),无咎";上六:"井收勿幕"。告诫人们井体自身有弊病就应当维修,井底淤泥就应当掏清,否则会被人放弃,井体工程告成,则不用覆盖敞开食用。三阳爻言井水:九二"井谷射鲋",九三"井渫(xiè,淘去泥污)不食",九五:井洌寒泉。告诫人们,井水无人食用,则被作射鲋之用;井水可汲当汲,必现井养之福;井洌寒泉,人所共食,最能体现"井德"之佳美。井卦☲与困卦☷的相综关系,井卦☲与噬嗑☲的相错关系。

　　"井,德之地也",即井水养人,这是指给人施惠的德性。高亨以为"地"当作"施"。从前后文"修""裕""辨""制"均为动词看,以"施"为佳。况且,《国语》中也有"教,文之施也"的说法。是说,井卦说明施惠于人,是施行道德的方法。如《象传》所说"井养而不穷也"。施惠大小不同,给人一桶水与给人一井水的不同:吃水不忘挖井人。井以水养人,犹人不断以以德惠施人,故云"井,德之施也"。井以水养人,象征给人施惠的德性。

　　"居其所而迁"——井是不动的,而水则是活的;所居不移,而能施惠于人。

　　"井以辨义"——井水是养人的东西,广施井养,就能辨明道义,遍及仁义。

(九)巽卦之德

　　☴《巽》卦阐明了组织管理的"巽顺之道"以及在此基础上"施治申命"应该遵循的美德。但是,六爻中的"巽顺之道"与"施治申命",并非要求人们卑顺屈从,而是旗帜鲜明地倡导刚正不阿、刚健有为的独立精神。可以说,"巽顺之道"是通过乾卦"刚健之德"实施的。初六在"进退"不定之时,应对以"武人"的果断与正定;九二以刚健中正之道,顺事天地神祇,吉利无咎;九三则频频以刚爻屈从于柔爻而生"吝";六四以处柔而能刚,而有"田获三品"的畋猎之功;六五柔爻居一卦之尊,以中正之道颁布政治命令,而且能够风行天下。上九虽然巽顺至极,丧失"资斧",招致凶险。不难发现,上九与九三一样,都是因为丧失刚健之德,丢掉了控制权而招致危险的! 巽卦☴与震卦☳是相错关系,巽卦☴与兑卦☱是相综关系。

　　"巽,德之制也",即君主一再宣布命令,巽乃是一套德性伦理的制度,通过礼乐文明教化天下,掌握天下的控制权。《象传》所谓"重巽以申命。"高亨注:"《巽》之卦象是君上重申其教命。故曰:'重巽以申命。'"《象传》则说"巽,君子以申命行事"。重申以礼乐制度教化天下之命,以示郑重,推行政事,必顺之以巽,顺于天命,行于大道。故云"巽,德之制也"。《国语》言"义,文之制也",认为道德仁义是文化的规范。君主以风行天下、无孔不入的"巽顺之道"传播礼乐文化,掌握天下控制权,与此也可以参互观照。

　　"巽,称而隐"——"称"就是均衡,权衡,对称的功能,"隐"就是一种深造功夫,无形力量,无形价值,巽通过这种隐性功能平衡各种力量。《孙子兵法·虚实篇》:"故形兵之极,至于无形;无形,则深间不能窥,智者不能谋。"这就是"巽,称而隐"的体现。

"巽以行权"——巽通过礼乐教化行使控制权。君主发号施令,因时制宜,因地制宜,因事制宜,这是一种权变管理的能力。传播礼乐教化之命,根据不同时间、地点、条件灵活处理天下事务。

四、《周易》"三陈九卦"与古典儒家德性伦理观的现代启示

古典儒家德性伦理观是中华文明社会价值观的重要组成部分。周文王面对殷纣王野蛮政治的压迫,在身陷囹圄的忧患意识中,通过演《周易》建立了德性伦理体系,从此就有了区分文明社会与野蛮社会的标准。古典儒家德性伦理是中华文明社会价值观中的重要组成部分,虽然具有历史局限性,但是,德性伦理观的缺失,就会导致社会意识形态的颠倒扭曲。所以,建设中国特色社会主义一定要传承古典儒家德性伦理并要根据现代社会意识形态的需要开展创新。在世界意识形态"风云激荡"的形势下,要以中华民族优秀文化与国际上其他民族优秀文化进行交流和会通,抵制"披着文明外衣的"野蛮落后文化的侵蚀。

古典儒家德性伦理是一种价值理性上的文化软权力,不同于科学技术等工具理性的文化软权力,所以,德性伦理不能代替科学技术;同时,作为一种社会治理的思路,德性伦理也不能替代国家政治、经济、法律、军事等展示硬实力的制度建设。在中国古典之后的历代儒家那里,对德性伦理的作用作片面的夸大是值得现代知识界反思的。古代士人德性伦理的片面扩张导致了理性智慧的相对萎缩,李约瑟问题告诉我们,在工匠传统发达的中国出不了伽利略、牛顿的科学体系,知识分子学术体系的价值导向片面化难辞其咎。新文化运动引进"赛先生""德先生"之后,现代中国学术传统与工匠传统的结合,必将创造一个中国特色社会主义新型文明。

反过来说,古典儒家德性伦理作为一种具有文化哲学意义的终极价值,对于个体生命具有巨大启发意义。《周易》"三陈九卦"阐述的德性伦理观启示人们,一个人来到这个世界上,生命现象原始反终,但是,人们"生于忧患,死于安乐"。死亡把人抛向虚无,忧患启示了生命意义。《周易》告诉我们,人生的价

值与意义就是在"自强不息""厚德载物"成就"盛德大业"的过程中不断创造的! 如何成就"盛德大业"? 那就是要修炼"九卦"代表的德性伦理。首先,要掌握修炼德性伦理的途径,把握好"德之基""德之柄""德之本""德之固""德之修""德之裕""德之辨""德之地""德之制"。其次,要掌握修炼德性伦理的具体特征,那就是"和而至""尊而光""小而辨物""杂而不厌""先难而后易""长裕不设""穷而通""居其所而迁""称而隐"。最后,要掌握修炼美德伦理的作用,那就是"以和行""以制礼""以自知""以一德""以远害""以兴利""以寡怨""以辨义""以行权"。周易六十四卦皆可修德,这三陈九卦是忧患中的个人德性伦理修养的关键大纲。

　　(作者系宝鸡文理学院教授)

儒家道德实践中的认知与意志问题

常　新

儒家在讨论"知行"问题时,作为本体论层面的"心""性"居于核心地位。"心"与"性"具有先天性特征,但离开后天道德实践,它仅仅是一"客观"的存在。在"知"的层面,儒家区别了"生知"与"学知",肯定了后天的道德实践在"内圣外王"的道德理想与政治理想中的基础地位。儒家强调"美善相济",对道德主体"心""性"的重视,意在构建一种既高远又与感性形象相结合的"圣人境界",即"成己""成物""成性"相统一的天地境界。

一、心性说:道德实践的逻辑起点与把握方式

儒家义理思想的最终目的在于道德实践,以成就高尚道德人格为旨归,直探心性之源。就此问题牟宗三先生曾言:"自宋、明儒观之,就道德论道德,其中心问题首先在讨论道德实践所以可能之先验根据(或超越的工具),此即心性问题是也。由此进而复讨论实践之下手问题,此即工夫入路问题是也。前者是道德实践可能之客观根据,后者是道德实践所以可能之主观根据,宋、明心性之学之全部即是此两问题。"①因此"心性"问题成为儒家把握道德的哲学基础,他们坚持对人性的实践理性把握,追究人性的"应然"与"当然",在"人之所以异于禽兽者几希"②的意义上诠释人性,坚持道德人格的平等,坚持每个人成圣成贤的道德可能性,在将道德的主动权交给个体的同时,也将完全的道德责任交给了个体。

中国哲学中对心性问题的考察,可以追溯到先秦儒学,其中以孟子为代表。孟子对心性问题多有建树,其"四心"说所强调的人之本然之心,是其性善论的

① 牟宗三:《心体与性体》,上海古籍出版社 1999 年版,第 7 页。
② 朱熹:《四书章句集注》,中华书局 1983 年版,第 293 页。

基本进路,它构成了人的道德根源。孟子论性,主要强调其生来所具有的属性,"口之于味也,目之于色也,耳之于声也,鼻之于臭也,四肢之于安佚也,性也"①,"君子所性,仁、义、礼、智根于心"②,在这里孟子把具有道德的人、心、性三者融为一体,成为其性善论的哲学依据。在"心"与"性","心"与"天"的关系方面孟子讲"尽其心者,知其性也;知其性,则知天"③,他进而提出"诚者,天之道也;思诚者,人之道也"④,"思诚"就是要在形而下的人伦日用中把形而上的道体现出来:人性体现了人的道德本质,人心则折射了人的情感存在;道德并不是一种超验之物,相反,它一开始便有其情感的根源,在人心与人性的联系之后,是理性本质与感性存在的某种沟通。

"心性之学"是宋明理学的显题,无论是程朱理学,还是陆王心学,都视其为德哲学的逻辑起点。在程朱理学中,心泛指一般的精神活动及精神现象,它兼涉性与情,又与人的感性存在相联系,二程认为:"在人为性,主于身为心。"⑤朱熹论心性问题,从知觉意涉入,有谓"心者,人之知觉"之说,朱熹从知觉层面论"心",强调心之"主于身而应事物"⑥的功能,心作为理性与感性的统一,更多地表现为一种本然。从本然到当然,便涉及心与理,心与性的关系。朱熹认为"心与理一"⑦,"心包万理,万理具于一心"⑧以"性"说"心",化"心"为"性",建立了以"性体"为第一原理的形而上学。陆王心学以"心体"为第一原理的形而上学。陆象山哲学中伦理原则的内在根源是"心"而非"性","人之于耳,要听即听,不要听则否,于目亦然,何独于心而不由我乎"⑨。心体即以理为其普遍的规定,又与身及经验活动联系,前者逻辑地对应于本质之域,后者则使存在的关注成为题中之义。王阳明始终未曾放弃对普遍本质的承诺,"心之本体原自不动。心之本体即是性,性即是理,性元不动,理元不动,集义是复其心之本体"⑩。但同时,与心体内涵的个体规定及经验性都相应,"身之主宰便是心,心

---

① 朱熹:《四书章句集注》,中华书局1983年版,第396页。
② 朱熹:《四书章句集注》,第355页。
③ 朱熹:《四书章句集注》,第349页。
④ 朱熹:《四书章句集注》,第282页。
⑤ 程颐、程颢著,王孝鱼点校:《二程集》,中华书局2004年版,第204页。
⑥ 朱熹:《朱文公文集》,商务印书馆1936年版,第1208页。
⑦ 黎靖德:《朱子语类》,中华书局1986年版,第89页。
⑧ 黎靖德:《朱子语类》,中华书局1986年版,第155页。
⑨ 陆九渊著,钟哲点校:《陆九渊集》,中华书局1980年版,第439页。
⑩ 王守仁撰,吴光等编校:《王阳明全集》,上海古籍出版社2011年版,第28页。

之所发便是意,意之本体便是知,意之所在便是物"①,王阳明对存在的感性之维及多重样式亦有所注意:人作为超越自然的主体,应当维护理性的尊严,遵循理性的规范,但人又是具体而非抽象的存在,后者要求正是人的感性生命及情意等规定;正因为如此,王阳明强调"无心则无身,无身则无心"②,并把情、意视为主体应有的规定,至善的内在性范畴是"良知","心即理",不重"心"与"性"之分,化解了程朱理学中"心、性"之辩的内在紧张。

心性所具有理性与非理性的统一、先天形式与经验内容相统一特征,从形而上的层面展开了本质与存在之辩,成为儒家超越人的感性存在的根据,使儒家"内圣外王"的理想成为可能,逻辑地引向人"存在"的终极意义,即天地境界。

二、致知说:道德知识与道德实践的自觉判断

思想要解决的首要问题是"做什么",然后才是"是什么",知识理性让我们知道形而上学假设无法被证明,但实践理性又让我们知道形而上学的假设是必要的③。道德的认识与道德的起源如影相随,苏格拉底就曾提出"德性是某种知识"④的论断。中国先秦时的孔子也强调"未知,焉得仁"⑤。道德形而上学假设虽不是知识,缺乏知识所需要的思想语法或者思想框架,但通过日常道德实践和对道德实践的体认,维系着人类的生存。在善的追求中,理智的辨析与情感的认同、意志的选择总是交织在一起,缺乏理智的辨析往往无法对善恶做出判断,没有趋善的意向则知善的过程也将失去内在的动力,而在知善知恶的整个过程中,道德判断的形成同样离不开情感的认同。

道德的认识如何可能是道德领域更为内在的认识论问题,"认识的过程总是以存在的敞开为其题中之义,也难离开本体论或形而上学的视域"⑥。从道德认识的对象来看,上述"心"、"性"、"理"、"道"等形而上是其必有之内容,在认识方法方面儒家也有多重路径:先天的认识能力和认识方法能够必然保证后

① 王守仁撰,吴光等编校:《王阳明全集》,第6页。
② 王守仁撰,吴光等编校:《王阳明全集》,第103页。
③ 赵汀阳:《第一哲学的支点》,三联书店2013年版,第20页。
④ 色诺芬:《回忆苏格拉底》,商务印书馆1986年版,第126—117页。
⑤ 朱熹:《四书章句集注》,第80页。
⑥ 杨国荣:《论道》,北京大学出版社2011年版,第86页。

继命题的确定性和真理性,孟子认为"是非之心,人皆有之"①,"是非之心,智之端也"②,"诚者,天之道也;诚之者人之道也"③,这种知识能力和认识方法是人生来具有,它在认识内容方面虽不能提供新内容,但他为认识对象和认识结果的神圣性提供了保证。经验方法能够提供新知识,但是仅仅局限于有限经验和有限知识的确定性和真理性,不能提供普遍必然的知识,但这种道德认识方法在儒家同样占据重要地位,在"以身体之"等形式下,体验往往具有返身性的特点。孟子提出"尽心"之说:"尽其心者,知其性也;知其性,则知天矣。"④"尽心"是指向自我的过程,"知天"是对形而上原理的追寻,在孟子看来,对行上的追寻更多地借助自身的体悟。上述两种方法亦即先秦儒家所谓"生知"与"学知"。

"圣人生知"与"众人学知"思想在先秦儒家中没有获得广泛的认同,自宋代以来经由二程集后来朱子倡导,这一提法在程朱一系所秉持,而心学一系,甚至孟子本人认为恶是后天所形成,与先天无关。这一道德观念或道德意识是众人成圣的根据,它以潜在的形式表现出来,而非现实的形态。从潜在变为现实,离不开"学"的过程。因此主体唯有达到对此"知"的自觉意识后且通过"兢业保任"的为学工夫,此"知"才能成为意义世界所可能的依据,能把握此道者即为"圣人",失却此道者即为"众人"。

作为实践理性的体现,作为道德理性的"博识"不是思辨兴趣的满足或"无关"身心性命的谈资。儒家已对德性之知与闻见之知做了区分,二者是确立儒学经验的普遍法则。他们认为"德性之知"比"闻见之知"更为紧张和根柢。程颢说:"闻见之知,非德性之知,物交物则知之,非内也;今之所谓博物多能者是也。德性之知,不假闻见。"⑤张载论到"德性之知"和"闻见之知的区别时说:"诚明所知乃天德良知,非闻见小知而已。"⑥二人所谓的德性之知也称之为"真知",它为道德认识与价值信念的统一。

"知"作为道德本体虽在人身上没有差别,但作为个体的人具有差异性,这就是宋儒以来一直所言说的气质之性。朱子提出气质之性,从确认有天生善人和恶人出发,明显地表现出他总是力图从先天的方面寻求问题的解决,但这个

---

① 朱熹:《四书章句集注》,第328页。
② 朱熹:《四书章句集注》,第283页。
③ 朱熹:《四书章句集注》,第282页。
④ 朱熹:《四书章句集注》,第439页。
⑤ 程颐、程颢著,王孝鱼点校:《二程集》,第317页。
⑥ 张载:《张载集》,中华书局1978年版,第20页。

路线显然是错误的①。作为道德本体之"知"仅仅是一潜在的善,其之所以潜在,关键在于作为道德主体人之"气质"具有后天的差异性,这种差异性体现为对道德本体之"知"自觉意识的程度的差异,"天之生人,未尝不与之善;人之受生,未尝不共有是善。互乡之人,乃独不善,此非其生来如此,亦习俗使然也"②。此处的"习俗"即"气质","浊"者被外在诱惑的习染,为学的目标就是通过后天的涵养来改变人的气质,这与张载以天地之性与气质之性的混合来把握现实人性的思想相仿:"为学大益,在自求变化气质,不尔皆为人之弊,卒无所发明,不得见圣人之奥。故学者先须变化气质与虚心相表里。"③

宋明理学的"德性之知"和"闻见之知"的区别,似乎清楚地将"德性"和"闻见"分开,然而,回到他们各自的叙述而言,这其实是一个让理学家困扰的问题。因为,在对抗释、老的理论中,他们都主张必须肯定世界的实存来对抗释、老的虚空之说。而世界的实存性,又和所谓的闻见之知密不可分。若再进一步审视他们所说的德性之知是什么,将看到张载的"德性之知"连接着的是对于天地神化功能的理解,而程颐、朱熹的格物致知也和物的存在有关,即使主张"心即理"的王守仁以"意之所在为物",意之所在的对象是什么,若不是外物与自己关系所形成的事,而只是自己意识中之物事,则王守仁的说法的确很难保持和释老的距离。于是,"德性之知"和"闻见之知"固然有别,但最后还是要保持"闻见之知"的必要性,这种必要性是联系"物""我"的纽带,是人的道德情感存在的基础。

三、"反求诸己":道德实践的自愿要求

在道德实践自愿性方面中西哲学有着共同的价值观。在近代西方,自我作为具体的存在,构成心理学、哲学研究以及文化视域关注的对象。从康德以意志自由为核心的道德世界观到黑格尔基于意识与客观精神的逻辑进展,提出伦理、法权、道德的客观精神分型以及相应的自我形态,奠定了道德自我的理论基础。作为伦理关系的存在,自我总是承担着某种道德的责任,就是说,他必须对自己的行为负责。"道德行为不是什么偶然的和有限的东西,因为它以纯粹义

---

① 陈来:《朱子哲学研究》,华东师范大学出版社 2000 年版,第 198 页。
② 李颙撰,陈俊民点校:《二曲集》,中华书局 1996 年版,第 460 页。
③ 张载:《张载集》,第 274 页。

务为本质:纯粹义务构成着唯一的整个的目的"①。从逻辑上看,道德责任以自由为其前提:唯有当行为出于自我的自由选择,自我才必须对其负责。这样,自由、责任便与道德自我构成了难以分离的关系。

儒家道德哲学一直强调道德的自觉,在孔子《论语》就有"君子求诸己,小人求诸人"②"古之学者为己,今之学者为人"③诸说,"为己"与"求诸己"二者从不同的方面表现了对个体(自我)道德责任的注重。"为己"与"反求诸己"既是儒家三纲八目的原点和立足点,又是一种出于人自愿的选择,这种选择尽管是通过个体做出,但其更具有社会确认或社会选择的形式,在儒家生活世界、公共领域、制度结构等层面有着本体论的意义。在儒家哲学中,知行问题所讨论的是道德知识与道德践履的关系。一般说来,知是一个标志主观性的范畴,行则是主观见之于客观、标志人的外在行为的范畴。④ 格物而致其知,是对先天良知的自觉,诚意则指向德性的完善,这种德性完善的起点即为"为己之学",即为"反求诸己",在这里,化本然之知为明觉之知与德性的培养便统一与"在事上"展开工夫。在知(自在形态的良知)-行-知(明觉形态的良知)的进展中,既涉及自我(理性的明觉),又指向对象(道德和社会的实践活动),实现儒家内圣外王的修身、齐家、治国、平天下的理想和抱负。

伦理关系所规定的义务,以具体的道德自我为承担者,道德自我同时也可以看做是道德实践的主体,在道德领域中,"我"的存在是道德行为所以可能的必要条件;德性的完善和人生过程的展开也以"我"为出发点;对道德现象的理解,显然不能忽略道德自我。"为己之学""反求诸己"中的"己"在人格心理结构层面内含着知、情、意的统一,反映了儒家所认同的道德理想与道德目标,反映了道德主体所达到的道德境界。

在道德实践中,道德自我与道德自律存在某种互动的关系。道德自律以普遍法则为依据,是个体出于明确的理性意识而自觉自愿选择的行为,它从不同方面展示了道德主体在道德实践中的存在方式。康德以自由意志为前提,将道德自律还原为道德立法,视人为纯粹的自我决定的意志存在物"自己为自己立

① [德]黑格尔:《精神现象学》下册,贺麟译,商务印书馆 1997 年版,第 138 页。
② 朱熹:《四书章句集注》,第 165 页。
③ 朱熹:《四书章句集注》,第 155 页。
④ 陈来:《有无之境——王阳明哲学的精神》,北京大学出版社 2006 年版,第 87 页。

法",在立法时不服从异己意志①。康德的这一看法不免抽取了其具体、丰富的内容而使之趋于形式化。同道德自律相关,道德自我则制约着道德自律的实现过程。如果说儒家"为己之学"主要从道德涵养的目标上肯定了自我的价值,那么,"求诸己"则从道德实践及德行培养的方式上,确认了自我的能力及价值,二者从不同的方面表现了对个体(自我)的注重。道德本体逻辑上的先天性,与其现实境况并不彼此等同,即应然与实然存在冲突与紧张关系。从主体的体认看,良知虽天赋于主体,但在致知过程展开之前,这种良知并未为主体所自觉认识。就良知自身的存在而言,其来源固然是先天的,但离开后天道德实践,它仅仅是一"客观"的存在。"诚识本体,循下学之规,由阶级而进,则收摄保任,做好工夫;做得工夫,才算本体"②。无论是先秦儒家还是宋明理学在成圣的门径大都强调行为的自觉维度,服从理性的规范。

人的特点在于以思想或反省为媒介,亦即有所为而为,"真正自由的道德行为就是出于自觉自愿,具有自觉原则与自愿原则统一、意志与理智统一的特征"③,"自觉是理智的品格,自愿是意志的品格"④,道德的认识并非仅仅是对象性的辨析,作为实践理性领域中的过程,它与主体自身的情意、认同、价值关怀、人生追求等无法分离。所谓"反求诸己",也就是以主体自身的整个精神世界为理解的背景,从而超越单向的对象性认识。对理学来说,认识之维首先关联着成圣过程,道德实践具体展开为入圣工夫,终极的期望指向圣人之境。作为道德认识的样式,体验既是一种活动过程,也涉及认识的成果。朱熹谈到体认时说:"体认省察,丝毫不可放过。理明学至,件件是自家事物。"⑤日常自觉是对道德原则,道德标准的认识,自愿是出于心愿去执行这些道德原则和道德标准。

四、天理与人欲:道德实践中的意志博弈

中国道德哲学将人的生命世界分为两部分:世俗的世界和意义的世界。对

①　[德]康德:《道德形而上学原理》,苗力田译,上海人民出版社1986年版,第86页。
②　李颙撰,陈俊民点校:《二曲集》,第139页。
③　冯契:《人的自由和真善美》,华东师范大学出版社1996年版,第220页。
④　冯契:《人的自由和真善美》,第222页。
⑤　黎靖德:《朱子语类》,第140页。

义理自始有特殊的理解,基本内涵是"理"与"欲"的生命秩序,由于它与个体与整体的关系即"公"与"私"相连,因而是一种生活秩序。在宋明理学,它被演绎成"天理人欲"。但特别值得注意的是,中国道德哲学并不讲任何欲望都归为"人欲","人欲"知识过度的欲望或者不好的欲望。合理欲望不是"人欲"而好似"天理"。义理关系的价值原理:"利在义中""义中有利",所谓"正其谊则利自在,明其道则功自在"①。事实上,伦理精神的本质就是教人重义轻利,伦理精神和道德哲学的使命,就是教人如何合理而又智慧地处理义利关系。尘世治人,性与心是善的,秩序"养";而"身"则具有恶的危险,故需"修"。"性"(心)与"身"的紧张,构成道德自我内在矛盾,在总体上中古道德哲学对它持一种"乐观"(韦伯)的态度,坚信"人人皆可为尧舜"。

"理欲"是理学家使用得最多、最广泛的一对范畴。宋儒从"北宋五子"至朱子作为孔孟"道统"的直接继承者,通过对佛道思想的摄取使儒学获得了完备的理论形态和新的特质。他们抛却汉儒"天人合类"的神学形式,构建了"天人合一"的伦理模式,进而又提出"天地之性"与"气质之性"相结合的人性结构"二重"说,并规定了"义利理欲"之辨的基本原则和道德修养的问题。自此以后宋明诸儒的道德哲学都围绕这一问题意识展开,形成"理学"和"心学"殊途同归的格局。

按照理学心性论的逻辑结构,许多范畴都和"理欲"有关。从某种意义上说,他们是理学人性论、人生论的最后总结②。理欲问题在心学那里被转化为"心"与"物"的关系问题,它关乎世运的兴衰。理学家自程颐起,"道心与人心"逐渐成为心性论的重要范畴,他把道心解释成合于道之心或体道之心,体道之心就是自我体验的道德本心,而"人心"则被视为感性的自然本能、物质欲望等个体意识,二者不可调和。根据"心之本体",朱熹把"心"之所知所觉分为两种,即"人心"与"道心","此心之灵,其觉于理者,道心也,其觉于欲者,人心也"③。朱熹纠程颐之偏,在一定程度上肯定人心的必然性,"如人心惟危,道心惟惟,不成只道心是心,人心不是心"④,朱子对"人心"这一宽容的界定,为后儒解释"人心"的善、恶提供了一定的空间。当然,朱子同时又强调"必使道心成

---

① 黎靖德:《朱子语类》,第 988 页。
② 蒙培元:《理学范畴系统》,人民出版社 1986 年版,第 299 页。
③ 朱熹著,朱杰人、严佐之、刘永翔等编著:《朱子全书》,上海古籍出版社 2002 年版,第 2680 页。
④ 黎靖德:《朱子语类》,第 64 页。

为一身之主,而人心每听命焉"①。即用"道心"主宰、节制"人心"。陆九渊对"道心人心"不作区分,反对道心为天理,人心为人欲之说,认为"道心"即"人心","人心"实际就是道德之心,"仁,人心也。心之在人,是人之所以为人,而与禽兽草木异焉者也"②。王阳明对此问题的看法与朱子和陆九渊都不相同,他主张只有一个心,得其正者为善,失其正者为恶,"心,一也,未杂于人谓之道心,杂以人为谓之人心;人心之得其正者即道心,道心之失其正者即人心"③,阳明四句教首句"无善无恶是心之体"即其理论来源,恶来自人对"本心"的遮蔽,"恶人之心失其本体"④。

从以上诸说可以看出,儒家对于"人心"不是单纯的接受,因为他们意识到"人心"本身没有方向和止境,在外物的影响下"人心"会出现追名逐利,甚至放弃"人之异于禽兽者几希"。因此儒家既承认"人心"存在的必然性,但同时引导人们自动收敛自身欲望,使"人心"趋向"道心",以化解"天理"与"人欲"之间的紧张关系。

五、"成己"与"成物":道德实践与道德情感的融通

道德意义上的善与人自身存在的善存在着内在的统一关系,这种关系即从伦理之域体现了人之存在的现实性,又体现了道德形而上学的具体性。人作为特定的存在者,是道德实践的主体,人的这种存在方式具体体现为认识世界与改变世界,认识自身与成就自身的统一,即"成己"与"成物"的统一。

从哲学史上看,《中庸》已提出"成己"与"成物"的观念:"诚者,非自成己而已也,所以成物也。成己,仁也;成物,知也。性之德也,合内外之道也。"成己,仁也;成物,知也。性之德也,和内外之道也。"⑤明代王阳明弟子黄绾在《明道编》卷五中的一段注疏说道:"《大学》之道,'成己'、'成物'而已,'成己'者,'明德'、'亲民'之事也;'成物'者,'齐家'、'治国'、'平天下'之事也;'成己'所以'成物',合内外而一之也!其用功之要,只在'致知'在'格物'。"⑥这里的

---

① 朱熹:《四书章句集注》,第14页。
② 陆九渊著,钟哲点校:《陆九渊集》,第373页。
③ 王守仁撰,吴光等编校:《王阳明全集》,第8页。
④ 王守仁撰,吴光等编校:《王阳明全集》,第17页。
⑤ 朱熹:《四书章句集注》,第34页。
⑥ 黄绾著,刘厚祜、张岂之标点:《明道编》,中华书局1959年版,第55页。

"成己"是自我道德的完善,它具体的表现为以仁道为根据塑造自我,从而指向了"仁";"成物"在广义上既指成就他人,也涉及赞天地之化育,二者都以尽人之性、尽物之性为前提,其中包含对人与物的把握,从而体现了"知"。以诚为本,成己与成物即有不同侧重,又展开为一个统一的过程。与"事－物"这一世界的存在形态相应,"成物"的过程具体表现为在知与行的历史展开中,通过"事"与"物"的互动,敞开世界的意义,并使之合乎人的价值理想。

儒家仁学,是一种有机整体论的哲学,"仁"的最高层次就是"天人合一"的境界。先秦时孔子就提出:"天何言哉,四时行焉,百物生焉,天何言哉!"①,孟子提出"仁民而爱物"②,要求不仅"爱人",而且要"爱物",只有这样做了,仁德才算真正得到落实。宋明儒学中,张载"民吾同胞,物吾与也"③表达了同样的意义。"物"在儒家视野中既是人类赖以存在的物质基础,同时由于人的存在,给予"物"存在的意义,"天道"通过"物"的存在得以彰显。以上观念蕴含如下含义:终极存在的意义本身落实于人自身的存在,落实于人赖以存在物质基础,因此在儒家道德哲学中一直强调"成己"与"成物"的统一。

从"成己"与"成物"的过程看表现为意义和意义世界的生成过程,这一论域中的"意义"同时涉及目的、作用、功能等,在"成己"与"成物"的历史展开中,本然之物才逐渐进入人的认知与实践视域,并逐渐呈现其意义,就此而言"成己"与"成物"本身既包含的内在价值,又关乎不同的事物、观念、行为对这一过程所具有的作用功能,张载"天体物而不遗,犹仁体事无不在也"④的思想包含这一意旨:"成己"与"成物"并非彼此分离,对世界的认识与改变,离不开人自身存在的境遇,唯有在认识与改变世界的过程中,"成己"才能获得具体而丰富的内容。《中庸》曾指出,"唯天下至诚为能尽其性,能尽其性,则能尽人之性。能尽人之性,则能尽物之性。能尽物之性,则可以赞天地之化育。可以赞天地之化育,则可以与天地参矣"⑤。在这里,成就世界便表现为由己而及人的过程。以成就人自身为价值理想,"成己"的过程往往容易导向关注个体生存、沉浸于内向的精神追求。在"成己"与"成物"的统一中,"成物"过程的外在性

---

① 朱熹:《四书章句集注》,第180页。
② 朱熹:《四书章句集注》,第363页。
③ 张载:《张载集》,第62页。
④ 张载:《张载集》,第13页。
⑤ 朱熹:《四书章句集注》,第32页。

得到克服,"成己"避免了走向片面性的生存过程和内向的自我体验。仁之理就是"生之理",就是天地流行化育之理。"成己"与"成物"是人存在境遇的真实境况。"天地以生物为心,而所生之物,因各得夫天地生物之心以为心,所以人皆有不忍人之心也"①,正是这种存在的处境,是人区别于其他对象。从赞天地之化育,到成就自我,现实世界的生成和人的自身完成,都伴随着人对存在的改变。《中庸》以"和内外之道"②解说"成己"与"成物"最符合人的基本存在处境,就其现实性而言,成就自我与成就世界并非彼此分离:对世界的认识与改变,离不开人自身存在境遇的提升与自我的成就,也无法限定于狭隘的生存过程或精神之域。

小　结

儒家的道德哲学中本体–工夫–境界三位一体,是一个闭合的系统,作为本体论基础的"心性之学"是儒家道德哲学的逻辑起点和"成圣成贤"的依据。对"心性"的认识建立在具体道德践履的基础之上,在"德性之知"与"闻见之知"之间虽重视前者,但从未否定后者,是理性认识和感性认识的结合,避免了宗教中的神秘主义认识论。在现实生活层面所面临的"天理"与"人欲"的纠葛中,儒家试图通过个人道德意志去协调二者之间的紧张关系,但意志软弱是一个无法克服的难题,儒家修行中对此一直保持警惕。在个体与整体,个体至善与社会至善的关系中,中国伦理的着力点都在前者。通过"成己"与"成物"的道德目的,达到至善个体的培育,构建理想的道德社会。

　　(作者系西安电子科技大学教授)

---

① 朱熹:《四书章句集注》,第237页。
② 朱熹:《四书章句集注》,第32页。

龙文化与儒学

庞　进

儒学,也称孔学,指由生活在中国东周时期的孔子创立、奉孔子为宗师的一种思想学说,是对中华民族、中华文化和世界文明产生重大影响的思想体系。

龙是中国古人将自然界中的鳄、蛇、蜥、鱼、鲵、猪、鹿、熊、牛、马等动物,和雷电、云、虹、龙卷风等天象经过多元融合展现出来的,具备长身,大口,大多有角、有足、有鳞、有尾等形象特征,和融合、福生、谐天、奋进等精神蕴涵的神物。经过至少八千年甚至上万年的演进和升华,龙已成为中华民族的广义图腾、精神象征、文化标志、信仰载体和情感纽带。海内外华人大多认同自己是人文意义上的"龙的传人"。龙文化是人类创造的有关龙的各种成果的总和;龙文化既是根源文化,也是标志文化;既是民间文化,也是官方文化;既是物质文化,也是精神文化;既是传统文化,也是时尚文化;既是微观文化,也是宏观文化;既是中国文化,也是世界文化。

龙文化与儒学的关系可以从"二龙五老等传说""《易传》与孔门龙学""儒家思想与龙的精神""成君子、成贤、成圣与成龙"等角度考察。

一、二龙五老·麟吐玉书·西狩获麟

孔子生于公元前551年,卒于公元前479年,是春秋末昌平陬邑(今山东曲阜)人。相传孔子诞生的那天晚上,有两条苍龙自天而降,绕护着孔家;同时,有五位神仙也降临到孔家院中。[①] 这便是有名的"二龙五老"传说。

如何看待这样的传说呢?

第一,龙是中国古人融合了多种动物和天象而展现出来的神物,龙的身上有多种动物和天象的力量,于是,龙在人们心目中便很强、很神、很伟大。人们

---

① 孔祥林:《孔府文物选·圣迹之图》,山东人民出版社1986年版,第3页。

觉得，作为开宗创学的圣人，孔子也应当是很强、很神、很伟大的。于是，在孔子诞生的时候，就让两条苍龙来到孔家，烘托、增加、抬举、提升孔子的强、神和伟大。在人类的文化史上，"强强联合"是塑造伟大人物的一般规律，任何一位伟大人物都是"强强联合"的结晶。将要出生、初出生的孔子与龙联系在一起，符合这样的规律。

　　第二，从秦汉开始，龙就有了象征、喻指帝王的功能（秦始皇嬴政被称为"祖龙"、汉高祖刘邦自诩"龙种"）。帝王是至高无上的统帅、领袖、天下之主。孔子虽然不是帝王，但有"素王"之称。所谓"素王"，就是未居帝王之位，没有帝王之权，但有帝王之德、之力、之功，影响力堪比帝王的"王"。孔子的门生、后学、拥戴者认为孔子就是这样的"王"或应该是这样的"王"。那么，帝王可以比龙、称龙、用龙，借龙之神力成就一番事业，"素王"也就可以比龙、称龙、用龙，借龙之神力成就一番事业了。

　　和孔子诞生相联系的，还有传说"麟吐玉书""西狩获麟"：

　　相传孔子还未出生时，有只麒麟来到孔家，口中吐出玉书，上面有文字："水精之子，继衰周而素王。"孔子母亲感到很奇怪，就用绣绂（fú）系在麒麟的角上。这只麒麟在孔家待了两夜才离去。于是，孔子母亲怀孕十一个月生下了孔子。①

　　相传鲁哀公十四年，鲁哀公率部下到武城以西二十多里的大野打猎，把一只麒麟射死了，但不知道是什么动物，于是请孔子前来辨认。孔子看到后，非常心疼地说："这是麒麟，是仁兽啊，现在这么混乱，麒麟怎么在这个时候出现了呢？"说完便失声痛哭，从此搁笔，不再编《春秋》了。

　　关于"西狩获麟"，在中国最早的编年体史书《春秋》中只记述了"十有四年，春，西狩获麟"九个字。《左传》将其扩展为："哀公十四年春，西狩于大野，叔孙氏之车子鉏商获麟，以为不祥，以赐虞人。仲尼观之曰：麟也。"《春秋公羊传》再扩展为："十有四年，春，西狩获麟。何以书？记异也。何异尔？非中国之兽也。然则孰狩之？薪采者也。薪采者则微者也。曷为以狩言之？大之也。曷为大之？为获麟大之也。曷为获麟大之？麟者仁兽也。有王者则至，无王者则不至。有以告者曰：有麇而角者。孔子曰：孰为来哉！孰为来哉！反袂拭面，涕沾袍。颜渊死，子曰：噫！天丧予。子路死，子曰：噫！天祝予。西狩获麟，孔

---

① 《孔府文物选·圣迹之图》，第2页。

子曰:吾道穷矣!……何以终乎哀公十四年? 曰:备矣。"

　　无论是"麟吐玉书"还是"西狩获麟",都把孔子和麒麟联系在一起。为什么要将孔子和麒麟相联系呢? 因为麒麟是仁兽,在人们的认知里,有圣王或具有圣王功德的人物出现,麒麟才会光临露面。把孔子和麒麟相联系,喻义孔子是具有圣王功德的人物。"亚圣"孟子就曾借麒麟以比孔子,他说:"麒麟之于走兽,凤凰之于飞鸟,泰山之于丘垤,河海之于行潦,类也。圣人之于民,亦类也。出于其类,拔乎其萃,自生民以来,未有盛于孔子也。"(《孟子·公孙丑上》)

　　麒麟是中国古人对自然界中的鹿、犀、牛、马、狼、羊、鱼等动物,经过多元融合而创造出来的具有体仁、显贵、集美等品性的一种神物。定型后的麒麟形象基本上是"龙头、鹿身、马蹄、鱼鳞、狮尾"。神物和动物一样,头部是最关键的。麒麟头为龙头,决定了麒麟属于龙族神物的身份。

　　那么,将孔子与麒麟相联系,实际上也就意味着将孔子与龙相联系。

二、《易传》与孔门龙学

(一)孔子作《易传》

　　司马迁在《史记·孔子世家》中记述道:"孔子晚而喜《易》,序、彖、系、象、说卦、文言。读《易》,韦编三绝。曰:'假我数年,若是,我于《易》则彬彬矣。'"

　　对这段话中的"序"字有动词和名词的不同理解。按动词理解,就是孔子"序"(也可释为"阐述")了《周易》中的《彖辞》《系辞》《象辞》《说卦》《文言》。按名词理解,就是孔子撰写了《周易》中的《序》《彖辞》《系辞》《象辞》《说卦》《文言》。后人将《周易》中的《序》《彖辞》(上下篇)《系辞》(上下篇)《象辞》(上下篇)《说卦》《文言》和《杂卦》合在一起称作《易传》(也称《十翼》)。那么,按第一种理解,就是孔子"序"或曰"阐述"了《易传》;按第二种理解,就是孔子撰写、创作了《易传》。

　　1973年,湖南长沙马王堆汉墓出土了帛书《易传》。其《要》篇说"夫子老而好《易》,居则在席,行则在囊"①。其"《系辞传》"文句及基本思想与传世本大

---

① 参见《周易的哲学精神——吕绍纲易学文选》,上海古籍出版社2005年版,第254页。

体一致,而其余部分如《二三子问》《易之义》和《要》记载有大量孔子论《易》的言论和治《易》的事迹,甚至比传世本《易传》更具孔子色彩"①。帛书《二三子问》"直称'孔子曰'……《要》篇记与子贡对话者语为'夫子曰'、'子曰',那夫子即子只能是孔子。顺此而言,《易之义》的'子曰'亦非孔子莫属。这样一来,《系辞传》的'子曰'只能是孔子曰,说是任何别的人都不合适"②。据此,多有学者认为《易传》为孔子所作,或大部分内容为孔子所作。"《易传》在流传过程中,可能掺杂和附加了一些后人思想,但《易传》的原始核心和基本思想,则是非孔子莫属的"③。

(二)孔门龙学

王东指出:"正是在晚年孔子'学易——传易——解易'过程中,创立了别开生面、独具一格的孔门易学和孔门龙学。"孔门龙学主要有"龙德论""龙位论""龙道论""龙神论"④四个理论要点:

第一,龙德论——君子大德论。

"龙德"这个概念,是孔子在《易传·文言》中提出的。他以"龙德而隐者也"解释"潜龙勿用"句,以"龙德而正中者也"解释"见龙在田,利在大人"句,以"君子进德修业"解释"或跃在渊"句。在《二三子》中:"二三子问曰:《易》屡称于龙,龙之德何如? 孔子曰:龙大矣。"王东指出,孔子"把他多年主张的君子论、人格论与龙德范畴结合起来:龙之德等于君子之德的神格化、形象化;君子之德等于龙之德的人格化、世俗化"。⑤ 孔子所讲的"龙德","实质上就是借助于深受中华民族尊崇的龙的形象,表彰他所追求的理想人格、君子大德。在他这里,'龙德'成了'君子之德'形象表征"。"龙德的本质特征是大,龙德广大,包容万千"。⑥

第二,龙位论——六位时成论。

龙位论的基本思想,是孔子在《易传·象传》中一开始就提出来的,曰:"六

---

① 《周易的哲学精神——吕绍纲易学文选》,第 255 页。
② 《周易的哲学精神——吕绍纲易学文选》,第 253 页。
③ 王东:《龙是什么——中国符号新解密》,中央编译出版社 2012 年版,第 105 页。
④ "龙德论""龙位论""龙道论"由王东提出,"龙神论"王东原作"龙威论",笔者觉得用"龙神论"比用"龙威论"更恰当,故改之。
⑤ 王东:《龙是什么——中国符号新解密》,中央编译出版社 2012 年版,第 107 页。
⑥ 王东:《龙是什么——中国符号新解密》,中央编译出版社 2012 年版,第 106 页。

位时成,时乘六龙以御天。"所谓"六位""六龙",实际上是以《周易·乾》卦的六种卦象为线索,提出的龙的六种时态、六种体位、六种情境、六种形态:潜龙、见龙、跃龙、飞龙、亢龙、群龙。对这六种"龙",孔子先后在《易传·象传》《易传·文言》和帛书《二三子》中逐层深入地作了探讨、阐发。王东指出,孔子认为,"龙有不同时位,君子有不同处境时遇。因而,龙德、君子之德,既是一以贯之的整体品德,又有不同时位、不同境界的具体品德、具体表现"①。他总结道:"从晚年孔子的易学、龙学看来,龙德广大,但并不固守死板划一的僵化模式,而是德博而化、变幻无穷,在六种时位上,表现出六种优秀品德:潜龙之位的隐忍之德,善于忍耐;见龙之位的正中之德,有利于民;跃龙之位的时动之德,应时而动;飞龙之位的举贤之德,用贤利民;亢龙之位的忧患之德,居高思民;群龙之位的谦虚之德,不强当头。"②

第三,龙道论——安身崇德论。

"龙之道"的概念,蕴涵于整个《易传》和帛书《易传》中,集中表现在《易传·象传》开头对乾、坤两卦势象的解释之中:在讲到乾卦时,有"'终日乾乾',反复道也"的提法;在讲到坤卦时,则有"'龙战于野',其道穷也"的提法;上下呼应,乾坤交合,显然暗含一个"龙之道"的概念。③ 不仅如此,通行《易传》和帛书《易传》还三次比较具体地探讨了"龙之道"问题,阐发了孔子晚年重义而不轻利、趋向于义利统一的独特价值观。第一次是在《易传·系辞下》中,从"利用安身之途与崇德广义目标"相统一的高度,探讨了"龙之道"。说明应时而动,以屈求伸,通过利用安身的途径,达到崇德广义的价值目标——这便是龙之道,也是君子之道。第二次是在《易传·文言》中,特别集中阐明了龙之道与天之道的统一,突出了"飞龙在天,位乎天德""乾元用九,乃见天则",体现了天人一体、天龙一道的观念。第三次是在帛书《易传·二三子》第六章、第七章中,突出了"龙之道"是发展变化的,下居上达,能威能泽,齐明好道,道以自成。王东总结说:"看来,'龙之道'是发展变化的'易之道',至少表现为以下六个特征:一是由隐到显;二是由静到动;三是由勿用到见用;四是由下居到上达;五是由阳刚进取到刚柔相济;六是由一龙独处到群龙协和。归根结底,龙之道就是君

①　王东:《龙是什么——中国符号新解密》,第 111 页。
②　苏勇点校:《易经》,北京大学出版社 1989 年版,第 52—53 页。
③　王东:《龙是什么——中国符号新解密》,第 111—113 页。

子之道,就是天之道,就是一阴一阳、发展变化的易之道。"①

第四,龙神论——御天行雨、天下太平论。

"龙神"这个概念,两见于帛书《易传·二三子》:"龙既能云变,有能蛇变,有能鱼变,飞鸟昆虫,唯所欲化,而不失本形,神能之至也。"(第一章)"《卦》曰:'见群龙无首,吉。'孔子曰:'龙神威而相处……而上通其德'"(第十三章)。说明"龙神",就是龙的神能、神威、神性、神职。看来,通行《易传》和帛书《易传》,主要从三个方面阐发了"龙神":(1)统天御天,沟通天人,保合大和;(2)云行雨施,品物流行,天下太平;(3)君子之德,戒事敬合,精白柔和。②

通过上述疏理、分析,王东指出:"孔于晚年好易,以'韦编三绝'精神加工整理的《易传》,以及1973年长沙马王堆汉墓出土的帛书《二三子》等历史文献,有助于证实一个过去鲜为人知的历史事实:孔子不仅是中国儒学理论奠基人、义理学派的孔门易学奠基人。而且是中国龙学奠基人,中国龙文化的理论奠基人。"③

当然,孔子毕竟是在研究《周易》时涉及龙文化的,因此,其研究属于初创性质,有不够明晰、不够系统、不够全面的局限。

三、儒家思想与龙的精神

龙的精神是"容福谐奋"即"容合、福生、谐天、奋进"的精神。容合,即兼容、包容、综合、化合,是世界观、方法论;福生,即造福众生,是价值观、幸福论;谐天,即与大自然相和谐,是天人观、生态论;奋进,即奋发进取、开拓创新、适变图强,是人生观、强盛论。

儒家思想与龙的精神有怎样的关系呢?

(一)儒家思想与"容合"精神

孔子生活在公元前500年左右的春秋末期。之前,有夏、商、西周三代;三代之前,还有尧、舜、禹相继管理天下的时代。学界普遍认为,公元前3000年左右,也即距今五千年前后的黄帝时代,是中华文明的初步形成期。初步形成的

---

① 王东:《龙是什么——中国符号新解密》,第114页。
② 王东:《龙是什么——中国符号新解密》,第104—105页。
③ 王东:《龙是什么——中国符号新解密》,第104—105页。

标志是出现了青铜器、发明了文字、有了城市设施和原始国家的架构。公元前3000年左右到公元前500年左右,中间大约两千五百年的时间。也即,中华文明在黄帝时代初步形成后,至孔子生存的时代已发展了、积淀了大约两千五百年。大约两千五百年积累的成果,为孔子进行"容合",即集前人之大成提供了前提和基础。孔子正是对黄帝以来两千五百多年华夏族的思想成果,尤其是对五百年来周人的思想成果进行一番兼容、包容、综合、化合即"容合"工作,才提出自己的思想体系的。

　　孔子思想、儒家思想由"容合"而来,其内容也是容合性的。如儒家思想体系的核心理念"仁",就是一个容合性概念。《论语》中"仁"字出现了一百多次,如:"樊迟问仁。子曰:爱人。"(《论语·颜渊》)"克己复礼为仁。"(《论语·颜渊》)"仲弓问仁。子曰:出门如见大宾,使民如承大祭。己所不欲,勿施于人。在邦无怨,在家无怨。"(《论语·颜渊》)"夫仁者,己欲立而立人,己欲达而达人。"(《论语·雍也》)"刚、毅、木、讷近仁。"(《论语·子路》)"樊迟问仁。子曰:居处恭,执事敬,与人忠。"(《论语·子路》)"子张问仁于孔子。孔子曰:'能行五者于天下为仁矣。''请问之。'曰:'恭、宽、信、敏、惠。'"(《论语·阳货》)"仁者必有勇。"(《论语·宪问》)"仁者不忧。"(《论语·宪问》)"孝弟也者,其为仁之本与!"(《论语·学而》)其他儒家典籍对"仁"也有解释,如《孟子·告子上》:"仁,人心也。"《中庸》:"仁者,人也,亲亲为大。"《礼记·经解》:"上下相亲谓之仁。"《礼记·儒行》:"温良者,仁之本也。"《礼记·乡饮酒义》:"养之,长之,假之,仁也。"这些解释,有从政治角度讲的,有从伦理角度讲的,有从个人修养角度讲的,总之是把各种优秀品德都"容合"于一"仁"了。

　　看来,儒家思想与龙的"容合"精神是吻合的。孔子以"容合"的态度和方法对待东周以前的文化累积,也以"容合"的态度和方法创立儒家学派。孔子之后的历代儒家也大都秉持"容合"的精神,采用"容合"的方法,发展、推进、弘扬儒学。儒家思想能主导中国的思想领域两千多年,而且至今仍有重要价值,"容合"的精神和方法可谓作用巨大。

(二)儒家思想与"福生"精神

　　儒家继承、秉持、倡导的民本思想,是和"福生"精神相吻合的。这一思想,在商周交替之时就已发端。《尚书·五子之歌》中就有"民惟邦本,本固邦宁"之语,意为人民是国家的根基,根基牢固,国家才能安定。《尚书·泰誓中》言

"天视自我民视,天听自我民听",意思是:上天所看到的来自于我们的人民所看到的,上天所听到的来自于我们的人民所听到的。

到了孔子那里,这种以民为本的思想,被吸收、纳入到其仁学体系中。尽管《论语》中对"仁"的含义解释、阐发有多种,但最基本的还是"爱人""泛爱众",即爱人、爱众人,这当然可归入"福生"的范畴。孔子反对苛政滥刑,主张"为政以德"(《论语·为政篇》)"节用而爱人,使民以时"(《论语·学而》);他提出"有教无类"(《论语·卫灵公》)的口号,把教育对象扩大到不分类别的范围。这些,也显然是"福生"的。

孟子是孔子思想的继承者。他明确地提出了"民贵君轻"的思想,说:"民为贵,社稷次之,君为轻。"(《孟子·尽心下》)孟子认为,在国君、国家政权、民众三者的关系中,民众居于最重要、最根本的地位,其次是国家政权,再次才是国君。国君可以更换,政权也可以更替,惟有民众长存于世。他举例说,夏朝的桀和商朝的纣之所以丧失天下,就因为他们失去了人民的支持,失去了民心。要取得民心,就要造福于民。他认为一国之君应当与民同乐、与民同忧:"乐民之乐者,民亦乐其乐;忧民之忧者,民亦忧其忧。"(《孟子·梁惠王下》)他要求君子:"老吾老以及人之老,幼吾幼以及人之幼。"(《孟子·梁惠王上》)"亲亲而仁民,仁民而爱物。"(《孟子·尽心上》)他还提出国家的一些重大决策,如国君选用、罢免官吏等,应当征询广大民众的意见,并以之作为判断是非的标准。

后世的儒家和一些贤明的政治家,多秉持、发扬着民本思想。战国后期的荀子说:"天之生民,非为君也;天之立君,以为民也。"(《荀子·大略》)西汉时的贾谊说:"国以民为本,君以民为本,吏以民为本。"(《新书·大政》)君舟民水的比喻,最早出现于战国时的《荀子·哀公》篇和《荀子·王制》篇,唐太宗李世民多次引用,说:"君,舟也;人,水也;水能载舟亦能覆舟。"(《论政体》)宋代的张载说:"民吾同胞,物吾与也。"(《西铭》)意思是:世人都是我的同胞,万物都是我的同辈。晚清时的康有为强调:"国以民为本,不思养之,是自拔其本也。"(《上清帝第二书》)至于郑板桥的诗句"衙斋卧听萧萧竹,疑是民间疾苦声。此小吾曹州县吏,一枝一叶总关情"(《潍县署中画竹呈年伯包大中丞括》),就更为人们所熟知了。

儒家的思想体系,是以"讲仁爱、重民本、守诚信、崇正义、尚和合、求大同"为主要内容的。这样的内容当然是"福生"的。

孔子当年面临的是一个王室衰微、诸侯坐大、战乱频仍、"礼崩乐坏"、世风日下的社会。一个秩序混乱、上下左右都不讲规矩的社会,对生活其中的民众而言,是动乱多于平安、祸患多于幸福的。孔子和他的继承者们,以"挽狂澜于既倒""舍我其谁"的使命感,提出一系列旨在恢复社会秩序、重建理想家园的伦理规范。于是,有了仁、义、礼、智、信"五常",有了和、忠、恕、孝、悌、宽、敏、惠、智、勇、温、良、恭、俭、让、直、敬、庄、慎、廉、耻、勤、和等众多范畴,有了从"内圣""外王"两个方面着手下力的诸多主张和措施。应当说,孔子和他的继承者们即儒家思想体系的创建者、发展者们,是以"福生"为初衷和目的的。事实上,两千多年来,以儒家为主,道、佛两家为辅,其他各家参与的中华传统文化,总体上是达到了"福生"效果的。中华民族能发展到拥有九百六十多万平方公里土地和十多亿人口,且即将迈入小康社会的今天,就是明证。

　　然而,儒家思想体系在总体上"福生"的同时,也有不"福生"或对一些人不"福生"的一面。儒家思想体系本质上是以"亲亲、尊尊"为基础的伦理人文主义。伦理有天然的一面,儒家思想体系肯定天然伦理,是符合"天性"的,它使中华大一统得以维系,使社会发展相对平稳,使人民生活相对安定,使一代一代的大多数的中国人生活在家庭、家族、亲情、友情的关怀和抚慰中,这是其他国家和民族的人不一定能长久的、强烈的享受得到的。但把天然伦理强化到等级森严、上尊下卑、上智下愚的地步,就有了因"伦理过度"而产生的弊端和危害。如汉儒提出的"君为臣纲、父为子纲、夫为妻纲",尽管在当时有合理的一面,但后来发展到了旧戏曲里唱、民谚俗语里说、事实上也有发生的"君要臣死臣不敢不死,父要子亡子不敢不亡""一女不嫁二男"的地步,就成了缚人的绳索、伤人的刀斧了。还有宋儒提出的"存天理灭人欲",尽管理学家们有自己的解释,但从字面上,一个"灭"字,还是有扼杀人的自由和创造性之嫌,事实上也起到了让人反感的负面效果。

(三)儒家思想与"谐天"精神

　　中华传统文化中的"天",是一个重要的被频繁使用的概念,也是一个有多种解释的概念。笔者认为,可以用"自然"和"超自然"来简要地解释"天"。作为"自然"的"天",泛指包括天空、大地在内的、客观的宇宙自然界;作为"超自然"的"天",指的是超越自然界的、带有主观色彩的神秘力量。

　　这种超越自然界的、带有主观色彩的神秘力量,在夏商两代人的心目中,是"天帝""上天""天命",即有人格意志的、对包括人类社会在内的万事万物起主宰作用的最高的神。周代人在继承夏代人商代人上述认识的基础上,"以德配天",即认为"天帝""上天"在选择管理天下的代理人时,会选择那些敬天、敬宗、保民的有德之君。周人的"以德配天",使"天"具有了崇德向善的伦理品性。

儒家继承了夏商周三代人对"天"的理解,尤其注重"以德配天",后世儒家的"天性""天理""天道"等概念皆由此而生发。孔子讲"死生有命,富贵在天"(《论语·子罕》)"畏天命"(《论语·季氏》)"天生德于予"(《论语·述而》)"五十而知天命"(《论语·为政》),《孟子·尽心上》讲"尽其心者,知其性也。知其性,则知天矣",《孟子·离娄上》讲"诚者,天之道也",《礼记·中庸》讲"天命之谓性",朱熹讲"万物皆是一个天理"(《遗书》二)……其"天",都是既有主宰万物品性的神秘的"天",也有崇德向善品性的伦理的"天"。

"天人合一"是中国先哲在处理天人关系时提出的一个基本观点,也是中国古往今来各家学说大都认同、褒赞和追求的理想境界。不过,各家的侧重点有所不同。道家的"天"是偏重于自然的"天"。老子说:"人法地,地法天,天法道,道法自然。"(《道德经·第二十五章》)《庄子·山木》言:"有人,天也;有天,亦天也。"《庄子·达生》言:"天地者,万物之父母也。"所以,在道家看来,"天""人"要合的话,就最好"合"到"天"那边去。儒家的"天"是体现着伦理、具有意志的"天"。董仲舒说:"人之为人,本于天。天亦人之曾祖父也。此人之所以上类天地也。"(《春秋繁露·为人者天》)"人之所为,其美恶之极,乃与天地流通而往来相应。"(《汉书·董仲舒传》)朱熹说:"天人一物,内外一礼;流通贯彻,初无间隔。"(《朱子语类》)可见,在儒家看来,对"天"是要尊敬的,因为"天"是"人"之本呀,但"天""人"要合的话,就最好"合"到"人"这边来。

《周易·文言传》:"与天地合其德,与日月合其明,与四时合其序,与鬼神合其吉凶,先天而天弗违,后天而奉天时。"意为:与天地的道德相合,与日月的光明相合,与四季的秩序相合,与神鬼的吉凶相合。在天意之前行事,天意不会逆反;在天意之后行事,就顺应天意而为。这段话,可以说是古人对"天人合一"的一个比较到位的阐释。今天,我们讲"天人合一",可以借鉴这样的阐释:做人做事,与自然规律相符合,与人类借天而显示的人类社会必需的道德规范相符合。

(四)儒家思想与"奋进"精神

孔子本人"十有五"即"志于学",成人后开馆授徒、做官任事、周游列国,于奔波厄难中,努力推广自己的主张,直到晚年返鲁,致力教育,整理《诗》《书》文献，……可以说是"奋进"了一生。孔子曾加工整理《周易》,《周易》的第一卦《乾》,就有《象》词曰:"天行健,君子以自强不息。"意思是,大自然运行得刚健强劲,于之相应,有理想、有修养的人也应当自觉地努力向上,奋发图强,坚持不懈。

孔子之后的儒家学者,也无不是"奋进"精神的倡导者和践行者。孟子说:"如欲平治天下,当今之世,舍我其谁也?"(《孟子·公孙丑下》)他鼓励有志者战胜磨难,说:"天将降大任于斯人也,必先苦其心志,劳其筋骨,饿其体肤,空乏其身,行拂乱其所为,所以动心忍性,曾益其所不能。"(《孟子·告子下》)《大学·总纲》则明确地提出了"格物、致知、正心、诚意、修身、齐家、治国、平天下"的"八条目"。于是,"修齐治平"成为代代中国读书人的人生抱负和事业理想。近一千年前,北宋大儒张载在其代表作《西铭》中,提出:"为天地立心,为生民立命,为往圣继绝学,为万世开太平。"后人称之为"横渠四句"。这四句话,既是张载自己倾其一生的奋斗目标,也是后世儒家的文化纲领,一再地激励着中国学者们的文化自豪感和历史责任感。

鉴于此,在总述儒家思想体系的主要内容是"讲仁爱、重民本、守诚信、崇正义、尚和合、求大同"时,就还应该加上一条:励有为。

上述分析表明:儒家的思想精华是符合龙的基本精神的;儒家代表人物可谓龙的精神的践行者,弘扬者;龙学与儒学是互渗共进的。

四、成君子、成贤、成圣与成龙

君子是儒家推崇的理想的人格标准。儒家提倡、鼓励人们通过修养,成为有德有才的君子。《论语》中多处出现"君子"一词,如:"人不知而不愠,不亦君子乎。"(《学而》)"君子之道者三,我无能焉。仁者不忧、知者不惑、勇者不惧。"(《宪问》)"君子有九思:视思明,听思聪,色思温,貌思恭,言思忠,事思敬,疑思问,忿思难,见得思义。"(《季氏》)"君子喻于义,小人喻于利。"(《里仁》)孟子将君子定在超越了一般动物和庶人的位置:"人之所以异于禽兽者几希,庶民去之,君子存之。"(《孟子·离娄下》)他认为君子有三乐:"父母俱存,兄弟无故,一乐也;仰不愧于天,俯不怍于人,二乐也;得天下英才而教育之,三乐也。"(《孟子·尽心上》)

儒家还提倡、鼓励人们成为贤、贤达。贤、贤达,指的是有德、有才、有声望的人。《后汉书·黄宪传》:"太守王龚在郡,礼进贤达,多所降致,卒不能屈宪。"《旧唐书·文苑传中·贺知章》："知章性放旷,善谈笑,当时贤达皆倾慕之。"明王守仁《不寐》诗："匡时在贤达,归哉盍耕垅。"柳亚子《胡寄尘诗序》："海内贤达,不非吾说,相与激清扬浊,赏奇析疑,其事颇乐。"与君子相比,贤、贤达,多了"有声望",即对社会的和谐、进步做出了比较突出的贡献,有了较大的知名度、影响力。

贤、贤达之上,就是圣、圣人、圣哲了。在儒家的话语体系里,圣、圣人、圣哲,指的是道德、智慧、才能都高超到极致的人物。《左传·文公六年》："古之王者,知命之不长,是以并建圣哲。"唐杜甫《壮游》："圣哲体仁恕,宇县复小康。"唐韩愈《师说》："圣人之所以为圣,愚人之所以为愚,其皆出于此乎?"清戴震《序》："以今之去古圣哲既远……"

在中华龙文化中,有将杰出人物称龙、名龙、比龙的传统。如:东周时的孔子称老子为龙;战国时的名辩思想家公孙子秉,又称公孙龙;三国时的蜀国军师诸葛亮,人称卧龙;将军赵云,又名赵子龙;魏国名士陈登,又名陈元龙。三国魏名士华歆"与北海邴原、管宁俱游学,三人相善,时人号三人为一龙,歆为龙头,原为龙腹,宁为龙尾"(《三国志·华歆传》裴松之注引《魏略》)。魏晋时的嵇康人称"卧龙";《晋书·宋纤传》载,宋纤是晋朝的隐士,非常重视品德操行。太守马岌造访不见,叹曰:"名可闻而身不可见;德可仰而形不可睹。吾而今而后,知先生人中之龙也。"后因以"人中龙"比喻卓越出众的人物,如郭沫若诗誉司马迁:"龙门有灵秀,钟毓人中龙;学殖空前富,文章旷代雄。"还有:东汉时荀淑的八个儿子个个有才名,时称"八龙";公沙穆的五个儿子也有才名,时称"五龙";晋时索靖等五人海内驰名,人称"敦煌五龙";宋代的李公麟别号"龙眠居士",同代窦仪与其四个弟弟号称"窦氏五龙",明代的文学家冯梦龙字"犹龙",近当代有共和国元帅贺龙,演艺界著名人士李小龙、成龙,等等。

龙在汉语词汇里有丰富的反映。如为人刚正不阿称"龙亢",恩宠荣光称"龙光",得志或升官称"龙飞",聪颖的儿童称"龙驹",贤良才俊称"龙凤",豪杰隐伏称"龙蟠"或"龙潜","一世龙门"喻当代高贤,神采非凡称"龙章凤姿",气势威武称"龙骧虎步",声音高亮称"龙吟虎啸",英雄得势称"飞龙乘云","蛟龙得水"喻英雄获得了施展本领的机会,"蜀得其龙"喻得到治理国家的人才;依附有声望显赫的人或位高权重的人称"攀龙附凤"。等等。这些词汇中的"龙",也都有"出类拔萃"之意。

汉语成语中有"望子成龙",意为"盼望子女后代在学业、事业上有成就,成为出类拔萃的显耀人物"。还有源自"鲤鱼跳龙门"传说的成语"鱼化龙""鱼跃龙门""鱼升龙门""登龙门",这些成语,均有经过一番努力,改变命运,成为杰出人才之意。

将儒家的成君子、成贤、成圣与龙文化的"成龙"相结合,我们可以提出"君子龙""贤达龙""圣哲龙"的概念。

所谓"君子龙",就是既具有龙的精神和风采,又符合儒家君子标准的人。孔子就曾以"龙德"喻指"君子之德"。"君子龙"可作为对一般人的要求,一般公民都可以以做"君子龙"为目标。而且,经过一番修养和努力,一般公民也都能够达到、成为"君子龙",或接近达到、成为"君子龙"。

所谓"贤达龙",就是既具有龙的精神和风采,又符合儒家贤达标准的人。这样的"龙"不是人人经过修养、努力就能达到的,个人努力之外,还需要天时、地利、人和等条件、因素的具备,因而,历来只有少数人成为"贤达龙"。但是,"贤达龙"可以成为一般公民的榜样、领袖,成为"君子龙"努力的目标。

所谓"圣哲龙",就是既具有龙的精神和风采,又符合儒家圣哲标准的人。由于标准很高,在中国,从古到今,成为圣、圣人、圣哲者很少,也就孔子、老子、张载、王阳明等数人而已。但是,"圣哲龙"是不可缺少的,他们代表着、标志着一个民族精神文明达到的高度。他们像天上的太阳,给大地万物以光照和温暖;他们像航道中的灯塔,导引着亿万船只前行的方向。

当代学者易中天在《南方周末》上发表文章,提出"望子成人,而非望子成龙"的观点。他认为"中国教育搞坏的原因"是以"成王败寇"为评价目标,"忘掉了教育的根本目的"。"这种成王败寇的评价标准的结果是不把学生当人,望子成龙,望子成材,望子成器。龙是什么? 怪兽。材是什么? 木头。器是什么? 东西。就是你要成怪兽,你要成木头,你要成东西,就是不要成人。现在口口声声以人为本,最应该以人为本的应该是教育,可是在中国,最应该以人为本的领域最不把人当人。""从上到下,从教育行政部门到家长,全都是望子成龙。所以现在我旗帜鲜明地提出来,我反对励志,反对培优,反对成功学,反对望子成龙。"易先生的口号是"望子成人"。"什么人? 真正的人。有标准吗? 有,八个字,第一真实,第二善良,第三健康,第四快乐。""所以我们的社会应该给每个公民提供足够的安全感,让每个公民有足够的尊严,不管他从事哪个职业,不管他在哪个岗位上,他都是一个安全的、有尊严的人,这样他才能快乐。这就是我对中国教育的希望。我希望中国教育、中国改革、中国社会能够让我们每个中国公民都成为真正真实的人，善良的人，健康的人，快乐的人，这就是我的中国梦。"①

易先生呼吁"把学生当人"，"让每个公民有足够的尊严"，"让我们每个中国公民都成为真正真实的人，善良的人，健康的人，快乐的人"，笔者是认同的。的确，几千年来，我们的教育旨在把国人培养成"良民"，而非现代文明意义上的"公民"；我们的以儒家伦理为主干的文化，对作为个体的人的人格、权利，是尊重得很不够的，甚至可以说基本上是尊官不尊民、尊上不尊下的。——中华文明要和世界文明相对接、相融通，首先要解决的，就是这个"尊"字。因此，笔者在提出龙道信仰的核心理念"尊爱利和"即"尊天尊人尊己、爱天爱人爱己、利天利人利己、和天和人和己"时，特意将"尊"字放在了首位。之所以这样做，就是想弥补中华传统文化在这个问题上的局限或者说不足。

但是我不认同易先生对龙的微词或者说攻击，龙不是怪兽，龙是中国古人对宇宙力的感悟、认知、尊敬和形象化，由远古演变、发展至今，龙已成为中华民族的广义图腾、精神象征、文化标志、信仰载体和情感纽带。龙文化广泛地渗透、体现在物质器用、习俗仪规、观念理论等社会生活的方方面面，遍布、呈现于地球上所有有华人、华裔生息、繁衍的地方。在国人的日常生活中，龙大多以吉祥物的面目出现，象征团结合力、奋发进取、刚健向上、适变图强、事业腾飞等。在具体语境中，龙有多方面的、互相渗透又各各有别的象征、比喻义。"望子成龙"语境中的"龙"，象征、喻指的便是优秀杰出之人，即人间的出类拔萃者。

同样，人们口语中的"望子成材""望子成器"，其意思，也不过是希望下一代人通过学习训练，掌握一技之长，成为对社会有用的人，起码成为一个能够自食其力、糊口养家的人。显然，这里的"材""器"都是象征、比喻之词，无论哪个家长，都不会让自己的孩子真的变成某种树木、某种器皿的。

即就是在公民权利受到尊重、文明程度相对高一些的西方国家，"望子成龙"以及"鲤鱼跳龙门""鱼化龙"现象也都是存在的，只是说法不同而已。比尔·盖茨、乔布斯，以及众多的思想家、科学家，也大都有"鲤鱼跳龙门""鱼化龙"的经历，也都可以说是"龙""贤达龙"，即具有龙的精神和风采的、人间的出类拔萃者、优秀杰出者。

看来，易先生有意将人与龙对立起来，将龙的象征、比喻义等同于龙本身，实在是误会了。

（作者系陕西省孔子学会副会长兼秘书长，西安中华龙凤文化研究院院长）

---

① 易中天：《望子成人，而非望子成龙》，载《南方周末》2012 年 2 月 12 日第 24 版。

"显""隐"之辩：
基于社会史的先秦儒家学说思想线索论

肖建原

　　春秋战国时期的社会环境,既为有所作为而积极入仕为政的贤者士人提供了宣扬学说并治世而"显"于"今世"的机会与舞台,也因为其混乱、险恶而危机四伏的社会状况而使诸子士人面临不为人君所用而不能保全自身的困难与无奈。因此,春秋战国时期的诸子士人都从"隐"于己身之内的道德与思想文化修养与入仕为政而"显"于"今世"之治世两个方面展开其学说主张,这是社会史所决定的思想学说线索,是诸子士人"因袭"于"先王"的传统与"维新"于"今世"之"后王"的现实相结合的必然选择。子夏曰:"百工居肆以成其事,君子学以致其道。"(《论语·子张篇》)不但"百工"有"居肆"而"成其事"的现实作用与目标,而且"君子"为学,也有"致其道"的现实要求,则决定于社会现实的思想学说,也体现为"隐"于道德与思想修养并通过入仕为政而"显"于"今世"的线索来表达。

一、"邦有道"与"邦无道"："显""隐"之辩的思想来源

　　作为春秋战国时期的主要思想学派,儒家孔子常常从"先王"传统和"今世"社会现实两个方面表达其思想观点,这是儒家针对社会史发展及其现实条件下的思考结果。对于孔子儒家而言,"因袭"于"先王"或古代圣王的传统,进一步则积极入仕为政而"显"于"今世",这就是"邦有道"的社会;另一方面,儒家坚持圣贤"隐"于己之内而合于天地的道德与文化修养。如果不能见用于"人主"而"显",则就是处于"邦无道"的社会环境,则落实和实践"隐"于己之内的道德与思想修养。

(一)"邦有道"与"邦无道"的思想内涵

　　《论语》中记载了多次孔子以"邦有道"和"邦无道"为评价社会的指标,由

此为基础进一步阐释学说观点。《论语》记载：子谓南容，"邦有道，不废；邦无道，免于刑戮"。以其兄之子妻之。孔子认为无论是"邦有道"或是"邦无道"的社会，在"不废"或"免于刑戮"的情况下，人们仍然可以立于世上而保全其身，所以他仍然"以其兄之子妻之"。一方面，孔子对于"邦有道"和"邦无道"的社会都保持立于世而保全自身的信心；另一方面，"邦有道"社会符合孔子入仕为政的要求和条件，而"邦无道"则包括了儒家立世保全的底线和范围，这是孔子儒家思考社会与人生的基础背景与社会起点。孔子认为，不能正确认识和对待社会现实的人就不能称为有智慧的人，子曰："甯（ning）武子，邦有道，则知；邦无道，则愚。其知可及也，其愚不可及也。"（《论语·公冶长篇》）孔子以能否成功处于"邦有道"与"邦无道"作为判断"知"与"愚"的标准，能处于"邦有道"社会而有所作为则有"知"，但"其知可及也"；不能处于"邦无道"社会而无所作为，则"愚"，而且"其愚不可及也"。可见，孔子虽然对处于"邦有道"与"邦无道"社会而立世保身保持信心，但这是从个人的社会生活与生命保全的最低和基本要求方面而言，即符合"以其兄之子妻之"的婚姻生活要求。如果从生活价值与生命意义实现及其治世理想、礼仪道德与思想文化修养目标而言，则必须清楚而深刻地认识"邦有道"与"邦无道"社会的性质，由此才能在入仕为政而"显"于"今世"与道德文化修养而"隐"于己身的两个方面立于世而实现儒家理想目标，这就是基于社会史思考而达到"知不可及"的"显""隐"思想线索。

关于"邦有道"来源于"先王"社会的情况，《论语》记载：子张问："十世可知也？"子曰："殷因于夏礼，所损益，可知也；周因于殷礼，所损益，可知也。其或继周者，虽百世，可知也。"（《论语·为政篇》）孔子从对"十世"到"百世"的"先王"或"圣王"社会损益中总结和思考儒家思想学说，而且坚持"能征"的社会实践证据与资料文献依据，子曰："夏礼，吾能言之，杞不足征也；殷礼，吾能言之，宋不足征也。足，则吾能征之矣。"（《论语·八佾篇》）这是既明确而又一贯的思想来源与标准，即在"足，则吾能征之"的前提下，则"其或继周者，虽百世，可知也"。子曰："夷狄之有君，不如诸夏之亡也。"（《论语·八佾篇》）孔子对于思想文化传统及其社会作用十分重视，则曰："周监于二代，郁郁乎文哉！吾从周。"（《论语·八佾篇》）"因袭"和损益于"先王"社会的周礼制度及其思想文化传统成为儒家衡量"有道"与"无道"的标准，始终是儒家在"邦有道"的社会既积极入仕为政而争取使"先王"之道"显"于"今世"，而在"邦无道"时又极为重视"隐"于己的道德与文化修养,通过自身努力发扬"圣王"之道的原因。对于孔子而言,"邦有道"与"邦无道"既然是儒者在"因袭"于"先王"文明传统并"维新"于"后王"之"今世"思想文化成果而对社会现实的深刻认识与思考,则儒者应该据此确定处于世而如何所为,即由此表达其入仕为政而"显"于"今世"或者"隐"于己身之内而进行道德与思想文化修养的不同路径与线索。子曰:"笃信好学,守死善道。危邦不入,乱邦不居。天下有道则见,无道则隐。邦有道,贫且贱焉,耻也;邦无道,富且贵焉,耻也。"(《论语·泰伯篇》)孔子认为,能够了解和分辨"有道"与"无道"的社会状况,从而正确决定处于世的策略,就必须坚定对"圣人之道"的信念并且努力学习和修养提高,即"笃信好学,守死善道"。能够做到"危邦不入,乱邦不居"而处于世并保全自身,这种能力被提高到"道"的高度而必须通过"学"来实现。如果能够好学而守道,则孔子明确提出了处于世而保全自身,并且进一步实现儒家社会理想与个人价值的路径与线索,即"天下有道则见,无道则隐"。此处,见即同"现",就是"显"于世的意思,在当时的社会环境条件下,根据儒家学说积极入世的主张,"现"就是通过入仕为政而实践和宣扬儒家治世的"圣人之道",使儒家学说依据治国理政的效果与作用中"显"于"今世"。在孔子看来,"邦有道"与"邦无道"的社会与物质条件或富贵官职没有关系,以能否实现儒家宣扬的"圣人之道"为目的,则在"邦有道"的社会应该积极入仕为政,从而以治乱强国的社会效果使儒家学说"显"于"今世";在"邦无道"的社会不具备通过入仕为政而"显"的条件,则应该把基于"圣人之道"的儒家理想落实在"隐"于个人之己的道德与思想文化修养方面。

(二)"邦有道"与"邦无道"的思想线索

"显"与"隐"是孔子基于"邦有道"与"邦无道"社会现实认识与分析基础上表达儒家学说的思想线索,也明确体现了儒家以"因袭"于"先王"文明传统和"维新"于"今世"之"后王"思想文化成果基础上实践和宣扬"圣王之道"的处世哲学。"显"与"隐"代表了不同形式的出世和应对态度与方式,但本质则相通,其目的都在于通过分别适应于"邦有道"与"邦无道"社会的出世方式践行和实现儒家在社会意义和个人价值方面的理想,也就是"圣王之道"体现于社会意义与个人价值方面相统一的目标。《论语》中也记载了孔子所赞扬的入世哲学:舜有臣五人而天下治。武王曰:"予有乱臣十人。"孔子曰:"才难,不其然乎?唐虞之际,于斯为盛。有妇人焉,九人而已。三分天下有其二,以服事殷。周之德,其可谓至德也已矣。"(《论语·泰伯篇》)孔子认为,古代舜、唐虞、武王时期都因为有治世的人才而成就盛世,则曰"才难,不其然乎?"因此,在"邦有道"的盛世,儒家主张积极入仕为政而为"圣王"所用,以施行仁政和推行德治的社会效果而"显"于"今世"。儒家认为,儒家弟子承担着弘扬圣人之道的重大责任,曾子曰:"士不可以不弘毅,任重而道远。仁以为己任,不亦重乎?死而后已,不亦远乎?"(《论语·泰伯篇》)子夏曰:"百工居肆以成其事,君子学以致其道。"(《论语·子张篇》)儒家弟子需要坚强而持久的毅力,在"显"于社会和"隐"于己的方面去实现"圣人之道"的理想和目标,所以说"士不可以不弘毅,任重而道远"。儒家所弘扬之道的核心就是仁,则曰"仁以为己任,不亦重乎"?弘扬和实现仁义之道,就是比生死还重的儒家理想,则曰"死而后已,不亦远乎"?因为责任重大,所以,孔子强调献身精神,子曰:"志士仁人,无求生以害仁,有杀身以成仁。"(《论语·卫灵公篇》)又曰:"朝闻道,夕死可矣。"(《论语·里仁篇》)孔子把"志士仁人"实现儒家治世与道德理想的责任落实于人的精神力量上,则子曰:"人能弘道,非道弘人。"(《论语·卫灵公篇》)孔子非常认可弟子颜回的精神修养境界,子曰:"贤哉,回也!一箪食,一瓢饮,在陋巷,人也不堪其忧,回也不改其乐。贤哉,回也!"(《论语·雍也篇》)这种超越"一箪食,一瓢饮"等物质需求和"在陋巷,人也不堪其忧"的困苦环境而"不改其乐"的精神境界,就是"任重而道远"而"治其道"所必须得"弘毅"性格的体现,也是"仁以为己任"的精神境界,这是儒家在"邦无道"社会能够"隐"于己之内而通过道德与文化修养实现成圣理想的思想来源。

以精神修养境界为"贤"的标准,孔子认为颜回是能够理解他的思想和继承儒家传统的最优秀的弟子,则子曰:"回也非助我者也,于吾言无所不说。"(《论语·先进篇》)当颜回病逝的时候,《论语》记载说:"子哭之恸(tong)。"又说:"噫!天丧予!天丧予!"(《论语·先进篇》)孔子认为,颜回能够"于吾言无所不说"而"不改其乐",就是他"仁以为己任"而"好学"的体现,而这些都因为颜回能够被己之道德与文化修养落实于己之内省而好学方面。子曰:"吾与回言终日,不违,如愚。退而省其私,亦足以发,回也不愚。"(《论语·为政篇》)

当孔子"与回言终日"而教学的时候,颜回"不违"而并没有提出问题或者反对意见,但这并不能说明颜回"愚"。相反,颜回能够"退而省其私"而在己之内心进行思考和省察,而且又能"足以发"而有所发挥,这样落实和深入于内心修养和思考的人就不会"愚"。子曰:"回也,其心三月不违仁,其余则日月至焉而已矣。"(《论语·雍也篇》)颜回能够"退而省其私",通过深入内心的内省和修养而"足以发",所以"其心三月不违仁"。孔子认为,对于"仁"的修养不能停留于外在形式而必须深入落实于内心深处,这是儒家强调"好学"的核心内容与方式。当季康子问:"弟子孰为好学?"孔子对曰:"有颜回者好学,不幸短命而死矣,今也则亡。"(《论语·先进篇》)又有哀公问:"弟子孰为好学?"孔子对曰:"有颜回者好学,不迁怒,不贰过。不幸短命死矣,今也则亡,未闻好学者也。"(《论语·雍也篇》)孔子一再强调颜回"好学",评价其"好学"而"其心三月不违仁",这就是颜回"不改其乐"精神修养的本质内涵与内容,因此肯定颜回"贤哉"。

(三)"邦有道"与"邦无道"的"显""隐"意义

孔子对颜回的教育和评价,体现了儒家强调和重视个人道德文化修养与学习的方式,并且修养和学习落实于个人之内心,这是儒家"隐"于内而修养学习道德文化的思想线索来源。无论在"邦有道"或是"邦无道"的社会,"隐"于内心的道德品质修养与圣人之道的学习,都是儒家能够处于世而保全自身或者积极入仕为政而"显"于"今世"的基础,形成了儒家学派思想表达和处世哲学的明确线索。《论语》记载:宪问耻。子曰:"邦有道,穀(gu);邦无道,穀,耻也。""克、伐、怨、欲不行焉,可以为仁矣?"子曰:"可以为难矣,仁则吾不知也。"(《论语·宪文篇》)如果"邦有道",可以为"穀"而领取俸禄,即入仕为政而"显";如果"邦无道",则"穀"而入仕为政就是一种耻辱。显然,落实"隐"于内心而"为仁"的道德修养与好学就是能够在"邦有道"或"邦无道"社会正确处于世的前提和基础,对于儒家而言,"隐"于内心的道德修养与好学既是当"邦有道"而"显"于"今世"的前提和基础,也是"邦无道"而把"圣人之道"的实现推化转移为个体内心和精神修养的选择。

在春秋战国时期的社会背景下,"隐"于内心的道德与文化修养是儒家"好学"而"为贤"与"成圣"的明确路径和必要选择。一方面,可以为处于"邦有道"社会的入仕为政而"显"的路径提供精神、道德与思想文化方面的基础与准备;另一方面,"隐"于内心的道德修养与境界提升,本身就是儒家道德之学的核心要求,也是春秋战国社会背景下儒家保全自身的明确和必然选择。子曰:"邦有道,危言危行;邦无道,危行言孙。"(《论语·宪问篇》)所谓"危言危行",就是符合儒家"圣人之道"要求而具有大义与道德品质的言行。① 则"危言危行"与"危行言孙"不同,前者是儒家在"邦有道"社会积极入仕为政而"显"于"今世"的处世方式和路径,而后者则是儒家在"邦无道"社会中保全自身而强调"隐"于内心道德修养与精神境界提升的处世方式和路径。在春秋战国战乱频仍而个体生命朝不保夕的环境下,孔子不赞成与乱世直接对抗的处世哲学,而强调保全自身而以"隐"于内心道德修养与精神境界提升的路径实现为贤与成圣的儒家圣学理想。《论语》记载:"直哉史鱼! 邦有道,如矢;邦无道,如矢。君子哉蘧(qu)伯玉! 邦有道,则仕;邦无道,则可卷而怀之。"(《论语·卫灵公篇》)虽然感叹和佩服"如矢"而"直"的史鱼,但并不赞成这种不知变通而固执的处世方式,所以孔子以"邦有道,则仕;邦无道,则可卷而怀之"蘧伯玉为"君子",这是孔子基于春秋战国社会现实思考和"因袭"于"先王"文明而"维新"于"今世"之"后王"思想文化传统而提出入仕为政而"显"和内心道德修养而"隐"的处世哲学与思想线索的明确表达。

二、"显""隐"之辩的思想路径

作为战国时期儒家学派,面临与春秋时期诸侯混战相似而又更加残酷危机的社会局面,同样思考着如何在保全自身而安身立命的基础上通过"隐"于内心的道德文化修养或通过入仕为政而"显"于"今世"的方式实现"为贤""成圣"和宣扬圣人之道的儒家理想。

(一)"显""隐"之辩的思想表达

孟子与荀子也都遵循孔子"邦有道"与"邦无道"的路径表达儒家"显"于

---

① 危:《礼记·缁衣注》:"危,高峻也。"意谓高于俗,朱熹《集注》用之,固然可通。但《广雅》云:"危,正也。"王念孙《疏证》即引《论语》此文来作证,更为恰当,译文即用此解。见杨伯峻:《论语译注》,中华书局 2005 年版,第 146 页注释。

"今世"之外和"隐"于己之内心的思想线索。孟子曰:"天下有道,小德役大德,小贤役大贤;天下无道,小役大,弱役强。斯二者,天也。顺天者存,逆天者亡。"(《孟子·离娄上》)孟子从治世角度阐释"天下有道"与"天下无道"的差别,"德"的"大""小"高低主要在"隐"于内的道德修养水平,"贤"之大小主要体现"显"于外的入仕为政效果,由"隐"于内之道德修养而"显"于外之治世效果。所谓"顺天者""逆天者"实际上就是指决定现实社会治乱的道德修养水平与贤者入仕为政的效果,也就是儒家君子针对现实社会的作为,而儒家治世君子的作为都根基和来源于"天"而具有绝对合理性。

　　孟子把"天下有道"与"天下无道"落实于具体的治世行为,曰:"居天下之广居,立天下之正位,行天下之大道;得志,与民由之;不得志,独行其道。富贵不能淫,贫贱不能移,威武不能屈,此之谓大丈夫。"(《孟子·滕文公下》)所谓"居天下之广居,立天下之正位,行天下之大道",就是儒家实现"圣人之道"的理想,包涵了积极入世而入仕为政与坚持道德文化修养的处世路径。具体而言,即"得志,与民由之;不得志,独行其道"。与孔子处"邦有道"社会而"显"和处"邦无道"社会而"隐"的思想线索相一致。可以看出,孟子非常重视儒家"隐"于己之内心的道德文化修养与精神境界提升,以此为"立天下之正位"而"行天下之大道"的基础条件。孟子自认为是孔子思想的继承者,也包括对于孔子儒家治世之道与思想线索的继承。当有人问曰:"伯夷、伊尹何如?"孟子提出了"显"于入仕为政而入世和"隐"于内心而修养的治世方式与思想线索,曰:"不同道。非其君不事,非其民不使;治则进,乱则退,伯夷也。何事非君,何使非民;治亦进,乱亦进,伊尹也。可以仕则仕,可以止则止,可以久则久,可以速则速,孔子也。皆古圣人也,吾未能有行焉;乃所愿,则学孔子也。"(《孟子·公孙丑上》)孟子认为:伯夷、伊尹、孔子"皆古圣人也",但与伯夷、伊尹"不同道",他们的处世与治世之道都有可取与不可取之处。伯夷"治则进,乱则退",即"邦有道"则入仕为政而"显","邦无道"则"退"出"今世"社会而"隐",这与孔子"隐"于内心而修养道德的治世之道不同。显然,伯夷"非其君不事,非其民不使"这是一种消极的处世原则,"退"则避世,与"隐"于内心道德修养的积极入世和关怀态度不同。另一方面,孟子也认为,伊尹"治亦进,乱亦进",即"邦有道"则入仕为政而"显","邦无道"则仍然入仕为政而"显"。这是不能结合"邦有道"与"邦无道"的社会状况与同异而采取为入仕而入仕的处世态度,所以说"何事非君,何使非民"。孟子看来,孔子"可以仕则仕,可以止则止,可以久则久,可以速则速",这是以是否有益于实现儒家圣人之道为目的而分析现实社会条件的积极选择。"仕"则入仕为政而"显","止"则保全自身而"隐"于内心的道德修养,则"久"与"速"就是根据社会条件决定哪种"显""隐"方式能够最有益于圣人之道的实现而入仕时间长短,这是积极有为的处世哲学,无论"显"与"隐"的处世方式选择,都是为了实现圣人之道的儒家理想,也是孟子对孔子"显""隐"思想线索的明确解读。

(二)"显""隐"之辩的思想线索

继承孔子儒家学说传统,孟子进一步明确和发挥儒家落实而"隐"于内心的道德修养要求,以此为线索表达儒家入仕为政而"显"于"今世"的处世之道。《孟子》记载:曰:"我知言,我善养浩然之气。""敢问何为浩然之气?"曰:"难言也。其为气也,至大至刚,以直养而无害,则塞于天地之间。其为气也,配义与道;无是,馁(nei)也。是集义所生,非义袭而取之也。"(《孟子·公孙丑上》)所谓"浩然之气",是孟子发挥的一种"至大至刚"而"塞于天地之间"的绝对精神力量与动力,是根植于宇宙万物而落实于人之内心,所以能出入于宇宙万物与人之内心而"为气也"。"养浩然之气"的难言在于他兼具物质与精神的能量,也是充塞于社会的基本能源,则一方面落实于内心的修养而"养",即"以直养而无害";另一方面要践行于社会实践和入仕为政的言行而"配义与道"。孟子把孔子儒家"显"于"今世"而入仕为政的言行与处世之道与"隐"于内心的道德修养进行了明确化和具体化的表达。"浩然之气"就是儒家"显"于"今世"和"隐"于内心道德修养的积极和主动性的能量和动力,是儒家处世于外和修养于内的基础,在"显"于外和"隐"于内两个方面提供实现儒家成圣与治世理想的不竭资源和动力,所以"是集义所生,非义袭而取之也"。进一步,孟子则具体表达"集义所生""配义与道"而"塞于天地之间"的"浩然之气"体现于道德修养及其社会言行方面的内容。《孟子》记载:孟子曰:"人皆有不忍人之心。先王有不忍人之心,斯有不忍人之政矣。以不忍人之心,行不忍人之政,治天下可运于掌上。……恻隐之心,仁之端也;羞恶之心,义之端也;辞让之心,礼之端也;是非之心,智之端也。人之有四端也,犹其有四体也。……凡有四端于我者,知皆扩而充之矣,若火之始然,泉之始达。苟能充之,足以保四海;苟不充之,不足以事父母。"(《孟子·公孙丑上》)孟子认为,不仅人心相通而皆充满"浩然之气"的积极性能量与动力,则曰"人皆有不忍人之心",而且,人心也与先王之心相通。这是儒家"因袭"于"先王之道"的内容,则曰"先王有不忍人之心";进一步,人心可以与仁政相通,则"斯有不忍人之政矣"。孟子以"四端"为不忍人之心的具体内容,对于内心道德的修养过程就是"我善养浩然之气"而"知皆扩而充之"的道德修养过程,也是"隐"于内心修养至"显"于"今世"入仕为政的儒家为圣与治世理想的具体实现过程,所以,一方面是扩充和道德修养而"隐"于内心,则"凡有四端于我者,知皆扩而充之矣,若火之始然,泉之始达"。另一方面,则是"显"于"今世"的入仕为政和出世哲学,即"苟能充之,足以保四海;苟不充之,不足以事父母"。

　　孟子曾经明确表达了自己积极入仕为政而"显"于"今世"之治的处世态度,曰:"彼一时,此一时也。五百年必有王者兴,其间必有名世者。由周而来,七百有余岁矣。以其数,则过矣;以其时考之,则可矣。夫天未欲平治天下也;如欲平治天下,当今之世,舍我其谁也?吾何为不豫哉?"(《孟子·公孙丑下》)孟子以"彼一时,此一时也"而"邦有道"与"邦无道"的社会史考察为依据,根据"五百年必有王者兴,其间必有名世者"的历史规律来决定其入仕为政而"显"或者道德修养而"隐"的处世方式。对于当时社会的分析,孟子认为:"由周而来,七百有余岁矣。以其数,则过矣;以其时考之,则可矣。"也就是说,天下大势到了能够为儒家实现圣人之道的理想提供舞台和机会的时刻了,则当世虽然"夫天未欲平治天下也",一旦时机到来,则"如欲平治天下,当今之世,舍我其谁也? 吾何为不豫哉"?

　　孟子入仕为政而通过治世"显"于"今世"的态度非常明确。但是,治世而"显"于"今世"的基础是"仁"而非"利",孟子见梁惠王。王曰:"叟! 不远千里而来,亦将有以利吾国乎?"孟子对曰:"王! 何必曰利? 亦有仁义而已矣。……未有仁而遗其亲者也,未有义而后其君者也。王亦曰仁义而已矣,何必曰利?"孟子有强烈的入仕为政的愿望,也提出了很多具体的仁政措施,如孟子曰:"……养生送死无憾,王道之始也。"曰:"五亩之宅,树之以桑,无知者可以衣帛矣。鸡豚狗彘之畜,无违其时,七十者可以食肉矣。百亩之田,勿夺其时,数口之家可以无饥矣。谨庠序之教,申之以孝悌之义,颁白者不负载于道路矣。七十者衣帛食肉,黎民不饥不寒,然而不王者,未之有也。"(《孟子·梁惠王上》)孟子曰:"子之君将行仁政,选择而使子,子必勉之!夫仁政,比自经界始。经界不正,井地不钧,穀禄不平,是故暴君汙(wu)吏必慢其经界。经界既正,分田制禄可坐而定也。"(《孟子·滕文公上》)这都是孟子入仕为政和以仁政治世而"显"于"今世"的具体政治与经济措施。孟子并不以利为入仕为政而"显"的条件,而强调"隐"于内心的道德修养与践履为仁政的基础和条件,曰:"君子之德,风也;小人之德,草也。草尚之风,比偃。是在世子。"(《孟子·滕文公上》)因为"君子之德"好像风一样吹拂和影响君主统治者,而"隐"于内心的道德修养就是获得"君子之德"的"大人之事",曰:"然则治天下独可耕且为与?有大人之事,有小人之事。……故曰,或劳心,或劳力;劳心者治人,劳力者治于人;治于人者食人,治人者食于人,天下之通义也。"儒家君子入仕为政而"显"的基础是"大人之事",依据和来源于"隐"于内心的道德修养,即"劳心",而"小人之事"就是施行具体为政措施的"劳力",孟子以"隐"于内心的道德修养为本而"显"于入仕为政,则劳力者必须以劳心者的道德修养为前提,因为"劳心者治人,劳力者治于人;治于人者食人,治人者食于人",这个所谓的"天下之通义",就是孟子以"隐"于内心道德修养为本,结合"邦有道"或"邦无道"社会现实状况分析而明确表达其入仕为政而"显"于"今世"或"隐"于内心道德修养的处世方式与思想线索。

三、"显""隐"之辩的社会史来源

孟子面临的社会背景是:"世衰道微,邪说暴行有作,臣弑其君者有之,子弑其父者有之。孔子惧,作《春秋》。《春秋》,天子之事也;是故孔子曰:'知我者其惟《春秋》乎!罪我者其惟《春秋》乎!'"(《孟子·滕文公下》)孟子对现实社会状况的分析以儒家礼仪制度和道德伦理为标准,所以说"世衰道微,邪说暴行有作,臣弑其君者有之,子弑其父者有之"。在这种社会认识下,孟子继承孔子在《春秋》中寻找处世与治世之道的思想理论依据。孔子曰:"知我者其惟《春秋》乎!罪我者其惟《春秋》乎!"表明了《春秋》所述历史包涵和表达了儒家治世平天下之"显"的入世目标,所以说"《春秋》,天子之事也"。不但"孔子惧",而且"孟子惧",其原因仍在于对战国时期的社会现实认识:"圣王不作,诸侯放恣,处士横议,杨朱、墨翟之言盈天下。天下之言不归杨,则归墨。杨氏为我,是无君也;墨氏兼爱,是无父也。无父无君,是禽兽也。……杨墨之道不息,孔子之道不著,是邪说诬民,充塞仁义也。仁义充塞,则率兽食人,人将相食。吾为此惧,闲先圣之道,距扬、墨,放淫辞,邪说者不得作。作于其心,害于其事;作于其事,害于其政。圣人复起,不易吾言矣。"(《孟子·滕文公下》)战国时期的社会状况,除了反应于诸侯统治阶层及其政治层面的"世衰道微,邪说暴行有作,臣弑其君者有之,子弑其父者有之"以外,还有体现于思想文化等意识形态领域的"圣王不作,诸侯放恣,处士横议,杨朱、墨翟之言盈天下。天下之言不归扬,则归墨"。这是孟子"吾为此惧"的重要方面。

孟子与孔子一样,不但忧惧和担心表现于诸侯君主等统治阶层而影响儒家入仕为政而"显"的政治背景,以此为"邦有道"与"邦无道"的重要来源,也对当时社会表现于思想文化方面的状况十分重视,以此为判断"邦有道"与"邦无道"而决定"隐"于道德修养或"显"于入仕为政的重要依据。杨、墨之所以为"邪说",在于"杨氏为我,是无君也;墨氏兼爱,是无父也。无父无君,是禽兽也"。扬、墨学说与儒家道德学说相悖离,孟子继承孔子传统,不但怀有治国平天下的国家责任与政治志向,而且满怀修养成圣与"推而广之"儒家学说的思想文化责任与道德修养志向,则曰"距扬、墨,放淫辞,邪说者不得作"。孟子认为,思想学说等精神和意识形态方面的邪说,不但"邪说诬民,充塞仁义"而损害儒家圣人之道,则"杨墨之道不息,孔子之道不著";错误的仁义道德也扰乱了正常的社会秩序与人际关系,则曰"仁义充塞,则率兽食人,人将相食"。另一方面,思想文化等意识形态方面的混乱状况不仅影响社会思想意识与社会言行,则曰"作于其心,害于其事",而且将进一步损害国家政治与社会治理,则曰"作于其事,害于其政"。这既是孟子所忧惧与担心的方面,也明确了孟子继承儒家责任与个人志向的内容,则曰"圣人复起,不易吾言矣"。

荀子所面临的社会背景是:"假今之世,饰邪说,交奸言,以枭乱天下,矞(yu,xu,jue)宇嵬琐,使天下浑然不知是非治乱所存者有人矣。"(《荀子·非十二子篇》)荀子认识到"假今之世"在思想文化领域的混乱局面,即所谓"饰邪说,交奸言",是产生"枭乱天下,矞宇嵬琐"而使用诡辩奸诈学说扰乱人心的原因,进一步使人们失去了辨别是非治乱的标准。因此,荀子非常重视通过道德修养而救治"隐"于内之人心,并以此为"治气养心之术"。《荀子》曰:"治气养心之术:血气刚强,则柔之以调和;知虑渐深,则一之以易良;勇胆猛戾，则辅之以道顺；齐给便利，则节之以动止；狭隘褊小，则廓之以广大；卑湿、重迟、贪利，则抗之以高志；庸众驽散，则劫（jie）之以师友；怠慢僄（bi-ao）弃，则炤（zhao）之以祸灾；愚款端愨（que），则合之以礼乐，通之以思索。凡治气养心之术，莫径由礼，莫要得师，莫神一好。夫是之谓治气养心之术也。"（《荀子·修身篇》）《荀子·修身篇》的核心内容就是修养"隐"于内之心而救治人心。荀子提出"治气养心之术"类似于孟子以"养浩然之气"表达修养"隐"于内心的道德修养性质，但修养范围与内容都更加广泛和细致，涉及了"隐"于内心而修养道德的各个精神或心理方面。所谓"血气刚强，则柔之以调和"，指意志品质方面的培养；"知虑渐深，则一之以易良"，指思维活动及其方向的把握；"勇胆猛戾，则辅之以道顺"，指行为品质的培养；"齐给便利，则节之以动止"，指性格与个性方面的调整；"狭隘褊小，则廓之以广大"，指对待问题的态度与世界观扩展；"卑湿、重迟、贪利，则抗之以高志"，指行为方式与特征的改善；"庸众驽散，则劫（jie）之以师友"，指社会与生活态度的改善；"怠慢僄弃，则炤之以祸灾"，指自我认识与评价的警示；"愚款端愨，则合之以礼乐，通之以思索"，指全面改善言行方式与修养身心素质，通过内省思考而深化道德修养价值及其社会意义。荀子明确具体地列出了涉及精神、心理、言语行为等"隐"于内心层面的礼仪道德修养要求，从调适、改善和提升的角度深化和扩展内心修养的作用范围和效益领域，这就是儒家迅速改善和提升修养水平的捷径和最高要求，则曰"凡治气养心之术，莫径由礼，莫要得师，莫神一好。夫是之谓治气养心之术也"。

荀子把"治气养心之术"看作全面进行内省而提高道德素质和培养意志品质的修养要求，则曰："志意修则骄富贵，道义重则轻王公，内省而外轻物矣。传曰：'君子役物，小人役于物'，此之谓矣。"（《荀子·修身篇》）荀子所谓"内省"具有超越性，不但包括儒家"隐"于内心而修养道德素质的基本内容，而且更加明确强调内在修养的社会意义与价值，则通过"志意修"而可以超越对富贵权利、官职地位等物质条件的固执与依赖。孔子曰："吾与回言终日，不违，如愚。退而省其私，亦足以发，回也不愚。"（《论语·为政篇》）又曰："见贤思齐，见不贤而内自省也。"（《论语·里仁篇》）孔子所谓"省"或"内自省"主要指反观而"隐"于内心的道德反思与思考，是纯粹的内在修养要求。据此，曾子曰："吾日三省吾身—为人谋而不忠乎？与朋友交而不信乎？传不习乎？"（《论语·学而篇》)这是对自身言行举止的反思,实际上也是内在道德品质修养的体现。孟子曰:"予未得为孔子徒也,予私淑诸人也。"(《孟子·离娄下》)孟子"私淑"而继承孔子学说的重要方面就是内在性道德修养,则曰:"仁义礼智,非由外铄我也,我固有之也,弗思耳矣。"(《孟子·告子上》)孟子进一步强调道德品质的内在性和固有性,提出"思"的道德内省要求,这也成为其"自得"的重要方式。孟子曰:"君子深造之以道,欲其自得之也。自得之,则居之安,则资之深;资之深,则取之左右逢其源,故君子欲其自得之也。"(《孟子·离娄下》)孟子所谓"欲自得"而"深造",是对孔子、曾子等"内省"道德修养的进一步发挥,一方面,"深造"的依据是"道",则体现"内省"的最高道德修养层次;另一方面,则"内省"是一个不断深化而可以积累其效果的过程,则说"自得之,则居之安,则资之深"。而"自得之"而"内省"的效果可以"推而用之"于人生与处世的很多方面,则"内省"虽然"隐"于内而能够用之于外,这就是"君子欲其自得之"而"深造"其"隐"于内之道德修养的原因。

四、先秦儒家基于社会史的"显""隐"思想线索论

从孔子、曾子、孟子至于荀子,遵循由"隐"于内而"显"于外的道德修养与"推而用之"的线索,也体现了不断深化、提升和拓宽"隐"于内之道德修养的人生意义与社会价值的发展路径,至于荀子所谓"内省而外轻物"的超越性道德修养要求。荀子明确提出:"君子之治,非治乱也。曷谓邪?曰:礼义之谓治,非礼义之谓乱也。故君子者,治礼义者也,非治非礼义者也。"(《荀子·不苟篇》)荀子把礼义等同于治,则"内省"而"治礼义"就是"君子之治",体现了"内省"而"隐"于内心之道德修养具有"显"于"今世"之社会价值与治世效益的明确路径。

《荀子》有《儒效篇》,专门讨论儒家伦理道德之学对于内在修养与外在治世的效果问题,其中结合现实社会背景有一段秦昭王与荀子关于儒家学说治世效果的对话:"秦昭王问孙卿子曰:'儒无宜于人之国?'孙卿子曰:'儒者法先王,隆礼义,谨乎臣子而致贵其上者也。人主用之,则埶(lu)在本朝而宜;不用,则退编百姓而悫,必为顺下矣。'"就儒家学说对于国家的价值而言,荀子首先表明儒家能够"谨乎臣子而致贵其上者"的治世效益,进一步分析,则儒家并非

为了治世而入仕为政,目的在于"儒者法先王,隆礼义"而实现圣人之道的理想,所以,针对"本朝"就有"人主用之"与"不用"的两种情况。如果"人主用之",即是"邦有道"而能够入仕为政的社会,儒者"则劫在本朝而宜",通过治世而"显"于"今世";如果"人主不用",即是"邦无道"而只能"隐"于内在道德修养的社会,则儒者"退编百姓而悫,必为顺下矣"。荀子处于战国后期,从社会史角度而言,天下统一的趋势日趋明显,而"隐"于内在之心与入仕为政"显"于"今世"的处世方式也必须适应社会发展趋势和天下大势有明确地抉择。《荀子》记载荀子与秦昭王关于儒者处世地位选择的对话,荀子曰:"儒者在本朝则美政,在下位则美俗,儒之为人下如是矣。"王曰:"然则其为人上何如?"孙卿曰:"其为人上也广大矣:志意定乎内,礼节修乎朝,法则度量正乎官,忠信爱利形乎下,行一不义、杀一无罪而得天下,不为也。此君义信乎人矣,通于四海,则天下应之如讙(huan)。"(《荀子·儒效篇》)在荀子看来,以"隐"于内在为儒者"其为人上"的处世方式,由"隐"于内在的道德修养而"显"于外在的入仕为政,则曰"志意定乎内,礼节修乎朝"体现了"隐"于内在道德修养为本而"显"于外在治世为政的思想线索。如果以入仕为政而"显"于外在为本,即"儒之为人下如是矣"。其目的在于把儒家道德伦理学说思想推行于朝野而"显"于外在的治世效益。荀子以"隐"于内在道德修养为本,但其强调通过入仕为政而"显"于"今世"儒学效益,则儒者"人上"或"人下"皆不离朝而有"本朝则美政"和"礼节修乎朝"的为政措施,这是结合天下统一的历史大势而为儒家争取入仕为政而"显"的生存机会的必然选择。在战国时期天下一统的社会形势下,荀子强调"因袭"于"先王"而"隐"的文明成果必然体现"维新"于"后王"而"显"于"今世"的处世方式,曰:"君子位尊而志恭,心小而道大,所听视者近而所闻见者远。是何邪?则操术然也。故千人万人之情,一人之情是也;天地始者,今日是也;百王之道,后王是也。君子审后王之道而论于百王之前,若端拜而议。"(《荀子·不苟篇》)荀子使"百王之道"落实和凝结于"后王",以儒家"隐"于内在道德修养的方式为"操术"而"显"于"今世",则曰"故千人万人之情,一人之情是也",这是基于"天地始者,今日是也"的现实考虑,则曰"百王之道,后王是也"。一方面,荀子非常重视"隐"于内在之心道德修养的积累作用,曰:"积土成山,风雨兴焉;积水成渊,蛟龙生焉;积善成德,而神明自得,圣心备焉。"(《荀子·劝学篇》)通过持续不断的道德修养与积累,就可以达到"神明自得"而"圣心备焉"的最高道德修养水平。道德修养的积累就是"因袭"于"先王"文明成果的过程,则曰:"故不登高山,不知天之高也;不临深谿,不知地之厚也;不闻先王之言,不知学问之大也。"(《荀子·劝学篇》)从殷周时期"因袭"于"先王"的文明成果积累,随着社会历史的发展而至于战国时期天下统一大势的明朗,荀子把积累"先王"的文明成果明确为儒家治世学问的核心内容,即"不闻先王之言,不知学问之大也"。荀子继承孔子儒家传统,则以"因袭"于"先王"的文明成果为"隐"于内的道德修养内容,结合当时天下大势的历史发展,更加强调修养的积累作用,使内在道德修养得到扩展而"显"于"今世",也就是把"先王"文明成果落实于"今世"之"后王"的治世与教化实践中,因此,"后王"成为体现"先王"文明成果而"显"的前后一贯的历史阶段。

　　在荀子看来,"后王"就是"今世"之"先王",而"先王"就是古时之"后王"。在从"先王"到"后王"前后一贯而统一的历史时期,则儒家道德修养之学贯穿由"隐"于内而至"显"于外的思想线索,显示"隐"于内在道德修养为本,通过积累至于入仕为政而"显"于"今世"的为学方向与处世路径。荀子说:"彼后王者,天下之君也,舍后王而道上古,譬之是犹舍己之君而事人之君也。故曰:欲观千岁则数今日,欲知亿万则审一二,欲知上世则审周道,欲知周道则审其人所贵君子。故曰:以近知远,以一知万,以微知明,此之谓也。"(《荀子·非相篇》)荀子所谓"后王"并非特指"今世"的诸侯君主,既是所有"先王"的集合体,则曰"彼后王者,天下之君也",又包涵所有"先王"文明成果的凝结,则曰"欲观千岁则数今日,欲知亿万则审一二,欲知上世则审周道,欲知周道则审其人所贵君子"。儒家"因袭"于"先王"的道德修养成果积累和体现于"后王",则"隐"于内的道德修养成果"推而用之"于"后王","后王"即是把"先王"文明成果"显"于"今世"的载体,则曰"以近知远,以一知万,以微知明,此之谓也"。因此,"后王"不仅显示"先王"文明成果,而且能够使其进一步显著于"今世"而得到发扬,则荀子曰:"欲观圣王之迹,则于其粲然者矣,后王是也。"(《荀子·非相篇》)可见,荀子所指的"后王"不仅仅是"今世"的诸侯君主,"后王"包涵了"圣王之迹"与"于其粲然者"的文化概念,而且是儒家学说表达其由"隐"而"显"路径的社会基础。荀子曰:"略法先王而足以乱世术,缪学杂举,不知法后王而一制度,不知隆礼义而杀《诗》、《书》,其衣冠行伪已同于世俗矣。"(《荀子·儒效篇》)可以看出,荀子提出"法后王",不仅因为其承载了"因袭"和积累"先王"或"圣王"的文明成果,而且因为"法后王"适应了天下统一而"一制度"的社会现实需要。

从"先王"至于"后王",荀子继承了儒家"邦有道"则入仕为政而"显"于"今世"之外,以及"邦无道"则"隐"于道德修养之内的学说线索与处世路径,并结合春秋战国以来社会发展变化的历史与思想文化状况,不仅明确了儒家孔子、曾子、孟子以来重视道德修养而"隐"于内的思想与为学传统,而且在贯通"先王"与"后王"社会史发展的基础上融合并扩展了儒家"隐"于道德修养及其"显"于入仕为政的思想内容与处世路径,提出了合内外而由"隐"至于"显"的思想线索与处世方案。荀子说:"故君子务修其内而让之于外,务积德于身而处之以遵道,如是,则贵名起如日月,天下应之如雷霆。故曰:君子隐而显,微而明,辞让而胜。"(《荀子·儒效篇》)荀子强调"务积德于身"的道德修养积累而提升遵"圣王之道"的修养水平,由此,君子通过"务修其内"而"隐"的道德修养实现其"让"而"显"于外的为学与处世目标,则曰"如是,则贵名起如日月,天下应之如雷霆"。荀子提出"君子隐而显",即以"隐"为本而"显"的修养路径,也是通过内在道德修养积累而显著于入仕为政之外的处世方案,所以说"微而明,辞让而胜"。荀子"显""隐"合一而由"隐"至"显"的处世路径,既是依据春秋战国社会历史与思想文化发展分析基础上对儒家学说的继承与发展,体现了儒家道德之学顺应历史发展的明确思想线索与修养路径,又是后世儒家道德修养与入世思想关系的重要来源。

（作者工作单位为陕西师范大学宗教研究中心）

张载关学思想的格局与现实意义

刘　泉

　　明末清初之际的理学家王夫之曾高度评价张载(1020—1077年,字子厚,学者称横渠先生)的历史地位与学术贡献,认为:"张子之学,上承孔、孟之志,下救来兹之失,如皎日丽天,无幽不烛,圣人复起,未有能易焉者也。"①张载作为理学宗师,于北宋创立关学,成为传衍于关中地区数百年的儒学学派。关学继承了关中深厚的文化底蕴,自开派之初便彰显出"爱必兼爱""民胞物与"的关怀与包容,凝聚出"为天地立心,为生民立命,为往圣继绝学,为万世开太平"的理念与担当,以及"天人合一"的境界与归宿。张载哲学为关学所奠定的这一理论格局,影响着关学数百年的思想发展、关中文化的传衍变化以及中国传统文化的创造转化。放眼于今日,仍具有十分重要的理论意义与实践意义。

一、"爱必兼爱""民胞物与"的关怀与包容

　　张载关学的理论格局,在其仁爱观中有突出体现。在孔孟儒学血亲之爱(差等之爱)的基础上,张载通过《正蒙·诚明篇》"爱必兼爱"与《西铭》"民胞物与"的命题,将原始儒家的仁爱观提升到了更高的层次。

　　在《正蒙·诚明篇》中,张载提出:

　　性者万物之一源,非有我之得私也。惟大人为能尽其道,是故立必俱立,知必周知,爱必兼爱,成不独成。②

　　"爱必兼爱"是张载仁爱观念的标志性命题。"爱必兼爱"以"万物之一源"的"性"作为其宇宙根源。在张载的话语系统中,"性与天道合一","性即

---

　　① [明]王夫之:《张子正蒙注·序论》,见夏剑钦点校:《船山全书》第12册,岳麓书社1992年版,第3页。

　　② [宋]张载著,章锡琛点校:《张载集》,中华书局1978年版,第21页。

天道",二者与《西铭》"乾坤父母"同义。此"爱",是以乾坤、天道、天性为宇宙根源的公爱。对于孟子以来的传统儒家学者所一直批评"兼爱"以及强调差等之爱,张载这一石破天惊的提法,是对传统儒家仁爱观的重大突破。

《西铭》是张载所撰写的一篇著名的警示、训诫类短文。北宋洛学的程颢、程颐兄弟十分看重《西铭》的文字与义理,认为《西铭》之言是"扩前圣所未发"①,"秦汉以来学者所未到","孟子以后,未有人及此"②。因此,在北宋洛学的师传系统中,《西铭》具有极为重要的地位,甚至取得了与《大学》得以并肩的经典地位。

南宋时,朱熹的讲学之友刘清之认为:"本朝只有四篇文字好:《太极图(说)》《西铭》《易传序》《春秋传序》。"③朱熹本人则更是耗费十数年的精力与时间研探《西铭》,并与学友、弟子等在讲学中反复研讨,最终撰成《西铭解》,为《西铭》历代注中极为重要的一种。④ 从二程到朱熹,足见《西铭》这篇文字的地位与价值。⑤

现将《西铭》照录,全文如下:

乾称父,坤称母;予兹藐焉,乃混然中处。故天地之塞,吾其体;天地之帅,吾其性。民吾同胞,物吾与也。大君者,吾父母宗子;其大臣,宗子之家相也。尊高年,所以长其长;慈孤弱,所以幼吾幼。圣其合德,贤其秀也。凡天下疲癃残疾、惸独鳏寡,皆吾兄弟之颠连而无告者也。于时保之,子之翼也;乐且不忧,纯乎孝者也。违曰悖德,害仁曰贼;济恶者不才,其践形,唯肖者也。知化则善述其事,穷神则善继其志。不愧屋漏为无忝,存心养性为匪懈。恶旨酒,崇伯子之顾养;育英才,颖封人之锡类。不弛劳而底豫,舜其功也;无所逃而待烹,申生其恭也。体其孝而归全者,参乎! 勇于从而顺令者,伯奇也。富贵福泽,将厚吾之生也;贫贱忧戚,庸玉女于成也。存,吾顺事,没,吾宁也。⑥

张载提出"民胞物与"的著名命题,源自于作为人类及万物父母的乾坤天

---

　　①　[宋]程颐:《答杨时论西铭书》,见《二程集》,中华书局1981年版,第609页。

　　②　[宋]程颢:《河南程氏遗书》卷二上,见《二程集》,中华书局1981年版,第22页、39页。

　　③　[明]胡广等修:《性理大全》卷五六《论文》,见《孔子文化大全》,山东友谊书社1989年版,第3430页。

　　④　[宋]朱熹:《西铭解》,朱杰人、严佐之、刘永翔主编:《朱子全书》第13册,上海古籍出版社、安徽教育出版社2002年版,第141—147页。

　　⑤　关于《西铭》历代注的情况,请参见林乐昌:《正蒙合校集释》之附录,中华书局2012年版,第973页、996—1012页。

　　⑥　[宋]张载著,章锡琛点校:《张载集》,中华书局1978年版,第62—63页。

道这一宇宙根源意识。在乾坤天道的面前,所有人都应该将他人视为自己的同胞,要用仁爱之心去相互对待;对所有物类,都应视作人类的同伴,也应以仁爱之心对待。从仅限于人类的仁爱,到不局限于人类而谈仁爱,这使仁爱施与的范围得到了最大的扩展。就此而言,无疑是张载对儒家传统仁爱观又一个十分重要的发展。

总而言之,张载将人与万物所共同生存的宇宙看作一个纵横交织所成的关系紧密的大家庭。在这天地间,所有的一切,包括人和物,都是关系平等的成员。因此,张载哲学的宇宙观、自然观、伦理观,相互交织融合的特征就十分明显了。张载的"爱必兼爱"和"民胞物与",是一种平等之爱,但并不排斥差等之爱。这两种不同层次的爱,必将成为公共与私人两个领域的伦理原则的区分,并提供一定的启发。因此,"爱必兼爱"和"民胞物与"可以分别作为个人及家庭私德与社会公德的理论资源。平等之爱,更适用于社会公共领域;差等之爱,则应当被限定在私人领域的家族关系之内。因此,其所蕴涵的平等大爱的精神,是能为今人提供的积极的传统资源。在此基础上,以之批评和矫正差等之爱所带来的裙带关系在形式与公权的勾结,从而进一步改善以公谋私、权力世袭的恶性官场生态。张载仁爱观在当代的意义,于此方面将得到最为积极的凸显。

此外,"爱必兼爱""民胞物与"对重建现代人与自然的和谐具有更为重要的启迪性意义。张载仁爱观念要求,在人人和睦的基础上,人与自然也应和睦而处。人类若能将世间万物均视作自己的同伴且平等善待,那么人类及其所居住的自然环境、生态环境将更加美好,更适合人类及万物居处。①

二、"横渠四句"的理念与担当

在张载丰富的精神遗产之中,有四句名言被传诵千年而日盛,这便是被冯友兰先生称作"横渠四句"②的"为天地立心,为生民立命,为往圣继绝学,为万

---

① 以上所论,部分内容参考了林乐昌:《张载对孔子仁学的诠释:以"仁智"统一为中心》,载《唐都学刊》2013年第2期;林乐昌:《张载〈西铭纲要新诠〉》,载《中共宁波市委党校学报》2013年第3期。
② 冯友兰先生与"横渠四句"之种种关系,可略参沈素珍、钱耕森:《冯友兰对"横渠四句"的执著情怀》,载《东吴学术》2011年第2期。

世开太平"①。朱熹认为,"此皆先生以道自任之意"②。黄百家亦认为,这四句体现张载"自任之重"③。张岱年先生指出,"这四句可以说是表达了哲学家的宏愿"④。

有学者以之作为张载的学术宗旨,显然是不恰当的。根据林乐昌先生对此四句的考证与诠释,他指出:张载"四为句"涉及精神价值、生命意义、学统传承、社会理想等多方面的内容。它不仅是张载对自己一生抱负和理想的概括,而且还对当时、后世乃至现代的很多哲人志士都发挥过和继续发挥着极大的精神激励作用。若翻译成现代汉语,则可解为:"为社会确立精神价值,为民众指明生命意义,为前圣继承已绝之学统,为万世开拓太平之基业。"

具体说来,第一句,"为天地立心"之"心",既非指"人的思维",也非指"天地生物之心",而是指人的道德精神价值。据此,"为天地立心"应当指古代儒家圣人具有领悟"天地之仁"的能力,并以"天地之仁"的价值意蕴视作宇宙根据,从而"神道设教",为天下确立以"礼"与"仁孝"为核心的道德价值体系。第二句"为生民立命",张载视天下万民为一个命运的共同体,以上一句的道德价值作为万民安身立命之依据,使他们能掌握自己的命运,赋以生活的意义。第三句"为往圣继绝学","往圣"指历史上的圣人,张载等北宋理学家为挽救孔孟之后"学绝道丧"的局面,在传承孔孟"绝学"之时,更对儒学理论作了"六经之所未载,圣人之所不言"⑤的创新。第四句"为万世开太平",实现天下太平是周公、孔子以来儒家学者所最终追求的社会与政治理想,也是北宋朝野上下十分关注的议题。张载晚年归居横渠,与弟子一起进行井田实验与乡约实践,可

---

① 林乐昌先生指出:关于张载"四为句"的版本。常见版本有两种,包括南宋和清代各一种。南宋朱熹和吕祖谦合编《近思录》、南宋《诸儒鸣道》本所收《横渠语录》、南宋末吴坚刊本《张子语录》均作"为天地立心,为生民立道,为去圣继绝学,为万世开太平",属同一种文本。明版《张子全书》所收"四为句"沿袭了南宋文本。清代《宋元学案》卷十七《横渠学案上》有黄宗羲之子黄百家按语,引作:"为天地立心,为生民立命,为往圣继绝学,为万世开太平"。(黄宗羲、全祖望著,陈金生等点校:《宋元学案》,中华书局1986年版,第664页)张岱年先生认为,宋、明各本所传当为原文,《宋元学案》所引则经过后人润色,但流传较广。(张岱年:《试谈"横渠四句"》,载《中国文化研究》1997年第15期,第2页)此论甚当。本文将以《宋元学案》引述的四句作为诠释的文本对象。参见林乐昌:《"为天地立心"——张载"四为句"新释》,载《哲学研究》2009年第5期。另可参考肖发荣:《"立道""立极""立命"新探:"横渠四为句"的版本流变及其时代精神》,载《天府新论》2014年第4期。
② [宋]江永:《近思录集注》卷二,上海书店1987年据商务印书馆1933年版影印,第54页。
③ [明]黄宗羲、全祖望著,陈金生等点校:《宋元学案》,中华书局1986年版,第664页。
④ 张岱年:《试谈"横渠四句"》,载《中国文化研究》1997年第15期,第2页。
⑤ [宋]张载著,章锡琛点校:《张载集》,中华书局1978年版,第4页。

见他不仅关注并努力创造眼下的太平秩序,而且还以十分深邃的视野申发了对"万世太平"的渴望与关切。①

总之,"横渠四句"的前三句,意在为社会奠立长久的精神文化根基,体现了张载的远见卓识。"为万世开太平"这句话是古代知识分子以天下为己任的经典表述,也是最具中国风格并影响至今的大国和平理念。

三、"天人合一"的境界与归宿

钱穆先生晚年认定"天人合一"是"整个中国传统文化之归宿处",并深信这是中国文化对世界的重大贡献。② 先秦的"天人合一"思想,发生了从王权(神权)垄断向个人(人权)精神价值和生命意义的转型。③ 接续这一重要转型的方向,张载对"天人合一"的发展做出了重要贡献。此可归结为四点。其一,在历史上首用"天人合一"四字,并以思想命题的形式作了明确界定:"儒者则因明致诚,因诚致明,故天人合一。致学可以成圣,得天而未始遗人。"④此说,侧重从精神境界提升的角度揭示"天人合一"的实现进路,即经由为学的努力便可能达到"成圣"的理想,其为学法则是互为依据、交互为用"穷理"("明")与"尽性"("诚")两方面。其二,拓展了"天人合一"的依据,除《周易》外,张载融入《中庸》"自明诚——自诚明"的学说,以及"天之道——人之道"的原理等。其三,据《中庸》"诚"者"合内外之道",将"合内外"确立为达到"天人合一"的基本模式。张载在承认"天人有别""天人交胜"的前提下,强调扬弃差异,以实现天人的真正合一。其四,重视"本天道为用",这需要个人的修养实践、社会的治理实践和人类的自然实践等多类途径。

具体来看,张载"天人合一"思想主要可以从以下三个方面来理解:

首先,张载天观的两重含义。对"自然"的理解,整体上应包括"天"(太虚)在内。在张载的脉络中,"天"是自然万物生成的终极根源,又内在于其中;

---

① 以上所论,可参见林乐昌:《"为天地立心"——张载"四为句"新释》,载《哲学研究》2009 年第 5 期。

② 钱穆:《中国文化对人类未来可有的贡献》,载《中国文化》1991 年第 4 期。

③ 相关论述,可参见余英时:《论天人之际:中国古代思想起源试探》,联经出版事业股份有限公司2014 年版,中华书局 2014 年版。李泽厚:《由巫到礼释礼归仁》,三联书店 2015 年版。丁为祥:《发生与诠释:儒学形成、发展之主体向度的追寻》,人民出版社 2015 年版。康中乾:《中国古代哲学的本体论》,人民出版社 2016 年版。

④ [宋]张载著,章锡琛点校:《张载集》,中华书局 1978 年版,第 65 页。

作为"天道"("太和"之道)的终极根源和生成万物的主导力量,"天"足以作为自然的表征。同时,"天"(太虚)也是人的存在根源和道德价值根源。① 在张载的道德价值系统中,以"生生"之"仁"和"天秩"之"礼"为核心部分。"天"作为整体观念,融涵了自然、物质与伦理、价值诸含义。

其次,人伦道德与自然生态交织的两重意义。张载依据《中庸》"天一人之道""诚一明原理",强调人能够从"天之道"的自然运行过程中领悟出自己行为根据的道德价值观。在张载的学说中,礼与仁孝等价值被运用于人际关系、人天(自然、万物)关系中。因此,张载"天人合一"的人伦道德义与自然生态义交织于一,割裂则归约而有失偏颇。其双重意义,在中国传统社会的农业文明中更无法淡化与消解。张载的"天人合一",既构成了人类正确对待自然的基本态度和实践原则,也为我们实现儒学的现代"生态转向"提供了可能的传统资源。②

复次,张载"天人合一"境界的实现,对人的能力提出了极高的要求表现在"知"(知识)与"用"(实践)这两个层面。张载提出:"天人异知,不足以尽明。"③人必须"先识造化"④,由"尽明"("穷理")等工夫,从宇宙秩序中总结、归纳智慧。此所谓"知人而知天"。张载提出:"天人异用,不足以言诚。"⑤人必须"本天道为用","与天地参"⑥,因为人不可逃避的参与着宇宙运行的过程。通过"诚一明互动"的工夫,调节其自身的性情,提高道德,顺应自然秩序。此所谓"尽人道而参天地"⑦。

总之,人伦道德与自然生态之间的交织,使张载"天人合一"命题既具有了伦理境界意义,同时也具有了自然生态意义。这个蕴涵了古人对社会秩序和自然伦理的诉求的命题,同时也具有极强的精神境界意义,甚至是人类最终的唯一归宿。因此,张载"天人合一"思想是儒学史上天人之学的重要理论源头,也

---

① 林乐昌:《张载对儒家人性论的重构》,载《哲学研究》2000 年第 5 期。
② 杜维明先生首次提出了"儒学的现代生态转向"这一重大问题。参阅杜维明:《新儒家人文主义的生态转向:对中国和世界的启发》,载《中国哲学史》2002 年第 2 期。
③ [宋]张载著,章锡琛点校:《张载集》,中华书局 1978 年版,第 20 页。
④ [宋]张载著,章锡琛点校:《张载集》,中华书局 1978 年版,第 206 页。
⑤ [宋]张载著,章锡琛点校:《张载集》,中华书局 1978 年版,第 20 页。
⑥ [宋]张载著,章锡琛点校:《张载集》,中华书局 1978 年版,第 178 页。
⑦ [宋]张载著,章锡琛点校:《张载集》,中华书局 1978 年版,第 178 页。

是今天阐发"天人合一"命题的重要根据。[①]

结语

自张载开始，关学便一以贯之地自觉担负起社会教化和经世致用的使命，对近代以来关中文化的形成与演变产生了重要影响。表现在政治理念上，则是"道学"与"政术"不二的担当；在社会理念上，则是践行"以礼为教"与"敦本善俗"的基层建设；在经济上，则关注民生，提倡多方营画以解决和丰富人民的物质生活。[②] 在关学发展的历史进程中，关学历代学人不拘泥于门户之见，广泛吸收程朱陆王等学派的思想资源，用以充实、壮大关学思想的理论体系。同时，随着时代的变迁和人们观念的改变，关学对于佛道、天主教及西学的思想也予以汲取。在明清时期，不仅形成了关中朱子学、关中阳明学的诸多学派，还形成了具有西学、新学特色关学学派。[③] 张载关学所奠定的理论格局以及其所衍生出的文化风气，必将在我们今天的中西对话、新丝绸之路的进程中扮演重要角色，为我国现代精神文明建设提供诸多借鉴和启发。

（作者工作单位为陕西师范大学）

---

① 上述所论，可参考许宁：《张载关学与生态文明》，林乐昌：《论张载的生态伦理观及其天道论基础——兼论张载生态伦理观的现代意义》，载张立文主编：《天人之辨：儒学与生态文明》，人民出版社2013年版，第139—148页、335—349页。

② 此三点，可参看林乐昌《张载关学学风特质论——兼论张载关学学风的现代意义》，载氏著《张载理学与文献探研》，人民出版社2016年版，第152—151页。

③ 关于关学史的历史演进及其特征，可参见林乐昌：《论"关学"概念的结构特征与方法意义》，载《中国哲学史》2013年第1期；刘学智：《关学思想史》，西北大学出版社2015年版；王美凤、张波、刘宗镐：《关学学术编年》，西北大学出版社2015年版；王美凤：《关学史文献辑校》，西北大学出版社2015年版。

论先秦儒学的社会和谐思想

刘　莹

在当今社会,法律、道德、宗教、风俗、文化传统等社会规范有许多关于处理人与人关系的内容。人与人之间的关系问题也就是社会的和谐问题,儒家的和谐的思想,本身就说明了矛盾的存在。人总是要面对利益的选择,人只有在与其他人发生关系中才能有利益的产生,单个的人无法生存下去,即使能生存下去,也不是我们这里所讨论的人了。因此说,所谓的和谐就是个体之间,个体与群体,以及群体之间利益的一种最佳的平衡状态。所以,人总要与各种各样的人发生各种各样的关系:小而言之,家庭、邻里、村落、单位;大而言之,社会、民族、国家、国际社会。人是利己的,这种利己缘于其自保和追求幸福的本性。但是,人在利己的同时必须照顾到他人的利益;民族、国家在追求自身利益的同时,必须考虑到其他民族、国家的权利问题。人不可能不追求自己的利益,我们作为一个民族、一个国家,我们不能不追求自身的利益;因为没有哪个民族、国家照顾我们胜过照顾他们自己。人总以自己为目的,考虑他人最终是为了自己;民族、国家必须以自己为目的,考虑其他民族、国家是为我们自身创造一个好的生存环境。因此,不管是人与人之间,还是国际之间,都必须和平共处,谋求和谐,在自身利益最大化的同时尽量也谋求他者的利益最大化。中国哲学追求的道德价值,在利益的选择上仍然具有永恒的借鉴意义。中国哲学在先秦时期就形成了完整的义利观,儒家认为道德价值大于个体的利益选择,就价值目标而言,儒家重视人的道德价值,墨家则重视人的功利价值,法家以权力和功利为价值目标,道家倾向于人的个体价值。从道德理性出发,儒家有自己的义利观和理欲观。所谓的义就是公利,即集体之利,所谓的利就是私利,因此孔子罕言利。他说:"富与贵是人之所欲也,不以其道得之,不处也;贫与贱是人之所恶也,不以其道得之,不去也。""不义而富且贵,于我如浮云。"这就是说,追求自己的利益是人之本性,关键要看是否取之有道,在不损害他人利益基础之上的利益才是正当的利益。在市场经济发达的今天,尽管中国古代哲学所讲的

"圣人"，实际上在现实生活中是很难找到的，"内圣外王之道"也从来没有成为现实，但是，在心口如一，言行一致中化理论的德性为实际的真诚，向先秦儒家的价值体系中寻找我们社交、思想的航标，以此为习，成就自己的人格，却是可以做到的。

一、仁爱与和谐

儒学思想是农业文明的产物，血缘关系是人类最基本的社会关系，世界各民族的原始社会都曾以血缘关系为纽带而形成氏族组织。儒家的仁爱，也正是这种血缘关系的升华，当然社会和谐的范围非常广，比如说人与人之间的关系，人与群体之间的关系，群体与群体之间的关系，甚至国家与国家，民族与民族的关系都包含在内了。我们把孔子的学说叫作"仁学"。孔子的弟子樊迟问"仁"，孔子回答说"爱人"。这种"爱人"的品德从何而来呢？《中庸》引孔子的话说："仁者，人也，亲亲为大。""仁爱"的品德是人本身所具有的，爱自己的亲人是最基本的，尤其是子女对父母之爱，父母对子女之爱。儒家强调"孝"的观念，这是对父母的一种自然纯真的情感，没有任何其他的虚假成分。子游问孝，子曰："今之孝者，是谓能养。至于犬马，皆能有养，不敬，何以别乎？"（《论语·为政》）这是说对父母的态度要尊敬、和蔼。子夏问孝，子曰"色难"（《论语·为政》），和颜悦色，使父母感受到心理的愉悦，这是做子女的最应也难做到的，因而是儒家所认同的基本伦理原则之一。但儒家认为"仁"的精神不能仅仅停留在爱自己的亲人上面，《郭店楚简》中说："亲而笃之，爱也；爱父，其继之爱人，仁也。"对自己亲人爱到极点，那也只能叫"爱"；爱自己的骨亲，扩大到爱别人，这才叫作"仁"。所以儒家认为"亲亲"必须扩大到"仁民"，并不停留在"孝"的层面，要以孝亲为本而推及到普天之下所有人民大众，要由己达人，常怀一颗仁爱之心，所以孔子说"仁者爱人"。孟子说"老吾老以及人之老，幼吾幼以及人之幼"。孔子的仁学主要是追求社会集体的和谐和稳定，集体的价值远远大于个体的价值。孔子所认可的是一种强烈的社会责任感，要在社会的利益、群体的利益面前舍弃自己的利益，选择集体的利益，要有"知其不可而为之"，"志士仁人，无求生以害人，有杀身以成仁"（《论语·卫灵公》）的社会担当。要对老百姓行"仁政"。《孟子》讲"仁政"非常之多，最重要的就是"民之为道也，有恒产者有恒心"，就是要使老百姓都能够有固定的产业，形成一种良好的道德规范和行为准则基础,所以孟子说:"夫仁政,必自经界始。"意思是说:"仁政"首先要使老百姓有自己的土地。如果没有固定的产业,就不可能有良好的道德规范和行为准则。今天建设和谐社会非常重要的恐怕就是怎么使老百姓有固定的产业,老百姓都富足起来,这样和谐社会才能够实现。就全人类社会说,就要使各国、各民族都能自主拥有其应有的财富,强国不能掠夺别国的财富和资源以及推行强权政治。儒家这一思想,对一个国家的"治国"者,对那些发达国家的统治集团不能说没有意义。"治国、平天下"应该行"仁政",行"王道",不应该行"霸道",不能欺辱那些不发达的弱国,不能压迫老百姓。

二、礼制与和谐

任何社会的发展都离不开社会的有序,社会各行各业各安其职,部门之间和谐发展,社会只有处于一定的秩序中才能健康发展。从原生态社会,到次生态社会,即从氏族社会进入文明社会的初期,除了仍然以血缘为纽带维持氏族和部落的稳定之外,更用来源于祭祀、巫术、占卜等活动中的"礼""乐"来规范社会,调节人与人之间的关系。"礼"是秩序的体现,"乐"是和谐的体现,儒家向来以这种礼乐文明的社会为和谐社会的典范。春秋时代,"礼崩乐坏",社会失序,臣弑君,子弑父。《郭店楚简·六德》所说"夫夫、妇妇、父父、子子、君君、臣臣,六者各行其职而狱犴无由作也","观诸《诗》《书》则亦在矣,观诸礼乐亦在矣,观诸《易》《春秋》则亦在矣"。这种礼制,主要是一种人文教化的观念,在主观上是用血缘血亲和道德伦理教化人,把人的行为纳入到合适的制度和规范之内,使整个社会系统文明而又有序。《礼记·表记》说:"殷人尊神,率民以事神,先鬼而后礼,……周人尊礼尚施,事鬼敬神而远之,近人而忠焉。"殷人是以上帝和鬼神确定统治阶级的合理性,周人则强调德治的作用,周初的统治者已经认识到"天命靡常",所以"以德配天""敬天保民"。周人对王权的宗教祭祀之礼更加完备,确立其制度化法典化的政治内涵,与冠、婚、乡、射、朝聘等礼相并行,有"礼治天下""德行天下"的美誉。孔子说:"导之以德,齐之以礼",这是儒家调节社会关系的主要内容。孔子甚至把礼推到了绝对的原则。他说:"一日克己复礼,天下归仁焉。"(《论语·颜渊》)事物的发展,往往是物极必反,"礼制"的发展在历史的长河中逐渐虚伪化和形式化,孔子早就注意到了这个问题。他说:"人而不仁,如礼何?人而不仁,如乐何?"(《论语·八佾》)《论语·阳货》说："礼云礼云,玉帛云乎哉? 乐云乐云,钟鼓云乎哉?"由此看来,孔子是以仁为主,外在的礼乐为辅来保证人与人之间的和谐相处。礼制的出现,自然是人类进入文明社会的重要标志。

三、德治与和谐

在中国的上古时代,从氏族社会进入文明社会的过程中,有一个凭借圣王的美德和人格魅力来统治社会的传统,就是尧舜禹的时代。这个时期有大量的传说,传说并不是无稽之谈,它是那个时代集体的追忆,反映着特定时期的社会文化。社会的和谐,不仅是亲亲关系上的人与人之间的和谐,以及由此所推及的"仁民爱物""民胞物与",也是社会、集体、部门之间的和谐。礼乐文明是社会和谐有序的象征,礼乐文明的核心观念是"德治"。尧、舜、禹、汤、文、武、周公是古代"德治"的表率。这些圣王所统治的时代被称为"大同""小康"之世。《礼记·礼运》说:"大道之行也,天下为公。选贤与能,讲信修睦,故人不独亲其亲,不独子其子。使老有所终,壮有所用,幼有所长,矜寡孤独废疾者皆有所养。男有分,女有归。货,恶其弃于地也,不必藏于己;力,恶其不出于身也,不必为己。是故谋闭而不兴,盗窃乱贼而不作。故外户而不闭,是谓大同";"今大道既隐,天下为家,各亲其亲,各子其子,货力为己。大人世,及以为礼,城郭沟池以为固,礼仪以为纪,以正君臣,以笃父子,以睦兄弟,以和夫妇,以设制度,以立田里,以贤勇智,以功为己。故谋用是作,而兵由此起。禹、汤、文、武、成王、周公、由此其选也。此六君子者,未有不谨于礼者也,以著其义,以考其信,著有过,刑仁里让,示民有常。如有不由此者,在势者去,众以为殃,是为小康。"人们普遍认为"大同"社会是天下为公的社会,"小康"社会是天下为家的社会,"大同之世"是一个没有任何私心的社会,是在禹之前的社会,可称作原始共产主义的社会。小康社会是私有概念出现以后的社会,在这一社会,人在为自己利益考虑的同时,也要为他所附属的不同层次的群体谋益。这是自我利益最大化的最佳途径,舍此,别无真正的最佳途径。这也是满足不同层次、群体,乃至民族、国家,甚至国际社会利益最大化的最现实的选择。我们应该与我们隶属的不同层次的利益群体保持一致,这是个人主义、集体主义、民族主义、爱国主义、国际主义、世界主义的伦理基础。

早在中国文明的初始时期,在中国幅员辽阔的土地上,分布着众多的部落和民族。当时的部落联盟的领袖就提出了"协和万邦"的观念。《尚书·尧典》歌颂尧能由近及远的团结天下民众:"克明峻德,以亲九族,九族既睦,平章百姓;百姓昭明,协和万邦。"这是人与社会和谐的典范。《逸周书·大聚》载周公之语:"且闻禹之禁:春三月山林不登斧,以成草木之长;夏三月川泽不入网罟,以成鱼鳖之长。"这是人与自然和谐的典范。《荀子·王制》说:"圣王之制也,草木荣华滋硕之时则斧斤不入山林,不夭其生,不绝其长也;鱼鳖鳅鳝孕别之时,网罟毒药不入泽,不夭其生,不绝其长也;春耕夏耘秋收冬藏四者不失其时,故五谷不绝而百姓有余食也。……"这体现了人与自然和谐相处,顺应自然规律的理念。在当今社会,我们对自然缺乏敬畏之心,肆意掠夺,随心改变很多自然的东西,总是相信科学可以改变一切,结果,也就受到了大自然的惩罚。在自然面前,人总归是渺小的。

四、结语

"生活于某一社会共同体的民族都有一定的价值体系,这一体系通过文字形式表达出来,便被视为该民族最具有代表性的经典。经典告诉人们一种生存样法。"[1]事实上,我们一直生活在某种文化传统之中,儒学以及经典所反映的核心价值观,不仅具有一定的意识形态的性质,更重要的是它早已成为我们普遍的生活观念。儒家以《礼记·礼运》所讲的"大道之行,天下为公"的社会,或至少是有序的"小康社会"为理想社会,这是儒家思想中最富有生命力的部分。无论哪一种社会制度,都离不开仁爱;离不开社会的有序,以及公民个体道德修养的养成与辅之以刑罚;离不开社会的稳定与和谐,这些都是变中之常,是永恒的价值和原则。

(作者系贵州大学中国文化书院讲师)

---

① 姜广辉主编:《中国经学思想史》第一卷《前言》,中国社会科学出版社 2003 年版。

儒学与传统

传统的继承与创新

陈　静

　　"第四届儒学联席会议"在西安召开，是一件令人高兴的事情。我要对这次会议的召开，表示祝贺，同时感谢大会邀请我参加这次会议。虽然"联席会议"已经是第四次召开，但是因为我是第一次参加，所以还不太了解"儒学联席会议"的宗旨。以我的猜想，不同的社团一起开会，大概是想综合更多的研究力量，共同探讨代表着中华文化主流的儒学如何可能获得新的生命力，将以什么样的理论形态成为开启中国"旧邦新命"的精神力量。在我看来，更新传统和发扬传统，应当是同一件事情，因为中国"旧邦新命"的开启和实现，就是中国传统思想、传统文化的自我更新；而传统思想、传统文化的自我更新，就是中国"旧邦新命"的敞开和实现。

　　大家知道，从20世纪80年代开始以来，文化热开始兴起，到了90年代，又发展为国学热，进入新世纪，这股热潮更是发展成为全国上下一致的文化关心。尤其是党的第十八大以来，以习近平为总书记的党中央高度重视中华优秀传统文化。2016年5月17日，习近平同志主持召开哲学社会科学座谈会，强调哲学社会科学的发展，要体现"继承性、民族性"。他指出："中华优秀传统文化的资源，这是中国特色哲学社会科学发展十分宝贵、不可多得的资源"，"要坚持古为今用、洋为中用，融通各种资源，不断推进知识创新、理论创新、方法创新"。习近平同志强调：

　　中华民族有着深厚文化传统，形成了富有特色的思想体系，体现了中国人几千年来积累的知识智慧和理性思辨。这是我国的独特优势。中华文明延续着我们国家和民族的精神血脉，既需要薪火相传、代代守护，也需要与时俱进、推陈出新。要加强对中华优秀传统文化的挖掘和阐发，使中华民族最基本的文化基因与当代文化相适应、与现代社会相协调，把跨越时空、超越国界、富有永恒魅力、具有当代价值的文化精神弘扬起来。要推动中华文明创造性转化、创新性发展，激活其生命力，让中华文明同各国人民创造的多彩文明一道，为人类提供正确精神指引。（"两创"：创造性转化、创新性发展，以简洁的口号把继承传统和更新传统的任务交给了每一个中国人,尤其是交给了我们这些研究传统文化的学人。这也是我理解"儒学联席会议"的宗旨,是要联合各个社团的研究力量,共同探讨传统的更新与保持的原因。)

认真反思从 20 世纪 80 年代以来围绕传统文化所发生的思想趋势,对于传统文化的态度明显具有日益热情的倾向,整体发展则具有明显的阶段性。在我看来,这个过程大致可以划分为三个阶段:一是 20 世纪 80 年代的文化热;二是 20 世纪 90 年代的国学热;三是新世纪以来尤其是十八大以来的"两创":呼吁传统文化的理论新表达。

20 世纪 80 年代文化热刚刚兴起的时候,冯友兰先生有一个评价,他说这次文化热与五四时代的文化热完全不同,五四时代的文化热是反传统的文化热,这一次的文化热是拥抱传统的文化热。冯先生的评价是很准确的,从 20 世纪 80 年代以来,我们对于自己的传统确实越来越怀着温情的敬意,五四时代的反传统态度被逐渐扭转了。概言之,在 20 世纪 80 年代的文化热中,尊重传统的基本立场初步建立起来了。我们不再像过去那样,径直把传统与封建等同,与腐朽挂钩,而是越来越相信,中华文明一以贯之地传承了 5000 年,她自有其宝贵的文化精神,这个精神是今天的我们仍然需要的。我们不仅需要她来向世界说明我们自己,也需要她来充实我们自己,甚至,我们通过发扬和创新传统文化,是在探索一条道路,这条道路对于世界的未来发展也具有意义。态度的改变,可以说是 20 世纪 80 年代文化热的基本特征。

到了 20 世纪 90 年代,文化热发展成为国学热。如果说 20 世纪 80 年代的文化热是从反传统的文化立场改变为回归传统的文化立场,那么,从 20 世纪 90 年代以来的国学热又是什么性质的现象呢? 我认为,20 世纪 90 年代的国学热,本质是民间兴起的道德复兴运动。为什么这样说? 因为 20 世纪 90 年代的国学热既不是出自学术的引导,也不是出自政府的倡导。虽然在国学热起来之后,政府的引导和鼓励也进来了,学者的参与和推动也进来了,但是这次国学热的基本动力,是来自民间的道德要求。国学热是民间要求重建社会道德的文化表现形式。从 20 世纪 90 年代以来,各地都出现了许多自发的读书会经典讲会和读经班。还有许多民间资金支持的会议和出版物。而这些活动的初衷,都不是仅仅对经典有"理论的"兴趣,而更是要从经典中获得"道德的"教化。这一点,正好是传统对待经典的态度,而有别于现代的知识态度。

我自己是做中国哲学史研究的,按照现在的文、史、哲学科归类,属于哲学的领域。这种现代的学术分科现在看来是有一些问题的,因为分科不仅把整体形态的传统文化或者说传统经典分裂成为不同学科的研究对象,更重要的是改变了对待传统文化和传统经典的态度,把过去知行合一的态度变成了单纯知识的态度。我们这些做研究的,面对经典首先是把它们对象化,进而把它们历史化,视为关于过去时代的知识。面对研究对象我们首先被告知,研究要客观,客观、客观、还是客观,这是一个研究者必须具备的研究态度。我们所受的学术训练,都要求我们以一种客观了解的态度,去阅读经典,通过经典去了解一个已经消逝了的时代。在我们与经典之间,横亘着历史。而对于传统的读书人来说,学习经典的过程就是领会圣人教诲的过程,经典的教导当然是圣人在自己的时代说出来的,但是经典的精神却没有古今的时间之差,它们是一以贯之传承着的。《论语》展现了许多情景,这些情景让我们了解到孔夫子和他的弟子们如何的行事,如何的忧乐,如何的思考。就能够在《论语》中读到孔子和众弟子的行迹思绪而言,我们与传统的读书人大概是一样的。但是,对于隔了时间距离的我们,那些情景是发生在公元前某年某天的一件事情,而对于传统的读书人来说,那是圣人先知觉后知、先觉觉后觉的一个事例,是圣人展示"天理"的一次宣教。《春秋》也是一样,"事则齐桓宋文,义则丘取之矣"。对于传统读书人来说,"义"是义,"事"是"义"的载体,也是义;而对于知识化阅读的我们来说,"事"是事,"义"也是事。传统对经典的阅读,是为了践行其中的道理,按照经典的教诲去做,是知行合一的。而我们的研究是对象化的、历史化的,是知识形态的。尽管思想的力量、学术的探讨也是非常重要的,但是近代的学术确实更强调知识的客观性,不再直接面对实践。这种情况在西方也是一样的,英国历史学家柯林伍德在《自传》中就写道,当时盛行于牛津园的实在论对于道德哲学的理解是:"道德哲学只是关于道德行为的理论,对于道德行为的实践并无影响。……我作为一个道德哲学家站在这里,我将尽可能告诉你们合乎道德的行为是什么,但不要指望我告诉你们该怎么做。"当研究纯粹知识化了,它就与实践互不相干了。

而20世纪90年代以来的国学热,显然不是出自知识的要求,而是出自实践的需求,这一点是十分明显的。我也参加过一些民间召开的会议。大约是2013年,陕西榆林召开了一次"国学与当代文化建设"的会议,我获邀与会。那张邀请函给我留下了深刻印象,它列出了"仁、义、礼、智、信,忠、孝、廉、毅、和"十大义理,并且说要"努力使这些优秀传统文化,重新回到我们日用常行的生活中,从而起到正人心,美风俗,广教化,育人才,和谐身心,和谐家庭,和谐社会的作用"。在会议主题的设定上,也强调从自身、家庭、学校、企业、社区等不同层面以国学为资源进行文化建设。显然,这不是对传统的价值理念进行历史的、文本的和思想的理论研究,而是直接捡择出传统中的基本价值信条,用于"正人心,美风俗,广教化",用于塑造人格和形成社会风尚。这是 20 世纪 90 年代国学热的普遍特点。这个特点也影响到了学者的撰著风格,这个时期的好些学术文章,都具有价值维护的特点,重点在于宣示价值立场,而不是对价值进行理性的思辨和学术的论证。

党的十八大以来,尤其是习近平总书记提出"双创"以来,对于传统文化的思考显然更加深入了。我们不仅要温情地面对传统,不仅要捡择一些传统的价值信条来指导自己的生活,更要在整体上实现传统的"创造性转化"和"创新性发展"。传统的价值无可怀疑,"体现了中国人几千年来积累的知识智慧和理性思辨",是"我们国家和民族的精神血脉",我们相信她具有"跨越时空、超越国界"的永恒魅力。但是,我们的任务不仅仅是"薪火相传、代代守护",更需要"与时俱进、推陈出新"。因此,维护传统的永恒价值,使她在改变了的时代中重新呈明,得到"创造性转化"和"创新性发展",就是我们这个时代面对的任务。

这并不是首次出现这样的任务。我们的先辈已经一次次面对了这样的任务。汉代大儒董仲舒在为大一统政治做理论论证的时候,就借春秋大义,说《春秋》"大一统",意思是《春秋》是充分肯定天下一统的。大一统政治制度是秦汉以来的创建,但是董仲舒却说这就是《春秋》内蕴的精神,而他之所说,还真的是成系统,有条理,有着相当深刻的内在脉络的,而不仅仅是表达一个态度,宣示一个维护的立场。董仲舒又说,王者接受天命,要改变居室服色,表达天命之所在,但是,"若其大纲、人伦、道理、政治、教化、习俗、文义,尽如故,亦何改哉? 故王者有改制之名,无易道之实。"(《春秋繁露·楚庄王》)这就在继承传统和更新传统(用董仲舒的话来说就是"更化")之间实现了合一,是对在变与不变中以变来坚持不变、以不变来达成改变的最好说明。程朱理学也是同样,他们是在更新传统,在改变汉唐宇宙论形态的学术传统,建构以心性学为基础的新理论,但是他们却说,自己是在继承孔孟的道统。宋明理学的"道统说",也是以改变而言继承,以改变而坚持继承的历史经验。我们今天又一次面临着继承与更新的历史任务,正如习近平总书记所说:"中华文明延续着我们国家和民族的精神血脉,既需要薪火相传、代代守护,也需要与时俱进、推陈出新。……要推动中华文明创造性转化、创新性发展,激活其生命力。"

那么,传统应当如何更新? 这是一个难度很大的问题,确实需要大家一起来努力探讨,逐渐达成共识,逐渐形成一套新的表达。这套表达既来自传统,又与已经变化了的现实密切相关,而不是在传统和现实之间还横亘着历史的距离。新的理论终究是何种样态? 我回答不了。这个问题,也不是能够一言以蔽之地来给予回答的。但是我认为,要消除传统和现实之间横亘的历史距离,实现传统的更新,有两点是必须纳入思考的:

一、对人的理解

传统社会与现代社会对于"人"的理解是不同的。儒家对于"人"的基本理解,是强调"德性"是"人"的本质。孟子就说,人之异于禽兽者几稀,人禽之间这一点点差异,就是人内蕴"德性",是德性的存在。但是,由于德性的外显,在传统社会中往往与伦理叠合,例如,朱熹在论说仁义是人的内在德性时就说,孩提之人,见父自然知孝,见兄自然知悌,这里的父子兄弟关系,是人的伦理关系。可是儒家认为,正是这种关系,显现了人的德性。于是,传统社会对于"人"的理解,往往是借人的"角色"或者"身份"而实现的,以至于离开"身份"就看不到"人"。简单地说,传统社会里的人,都是以身份来显示自己,是角色化了的人,人与人彼此相见,也是以角色身份在礼制的规范下相互面对。例如,朱熹就论说过面对应该跪拜的人,如果仅行揖礼,就是不合适的,反之也一样,该揖的跪了,也不恰当。也就是说,人们应当如何对待,要看彼此处于什么样的角色关系之中。例如,我是学生,您是老师,我见您的时候就用学生面对老师的方式和礼节与您相见。除此之外,我就不知道该如何面对您了。但是现代社会对"人"的理解,首先强调"人"是独立的个体,拥有自由意志,其现实表现。则是法律体系下的平等个人。在这种理解之下,人与人之间的关系,首先是你是一个人,我也是一个人,大家都是同样的个人,然后才有在相互承认的基础上建立起来的各种具体关系,例如师生关系。我是您的学生,我见您当然会表示对于老师的尊重,但是师生关系只是我们之间的一层关系,我们之间更基础的关系,是一个独立的个人与另一个独立个人的关系。人与人的关系在先,然后才是师生、父子、兄弟之类的角色关系,这里所谓的"然后",是逻辑的在后而不是时间的在后。理解了传统社会和现代社会对于"人"的不同理解,很多儒学的基本问题都需要重新解释,例如公私关系,就需要从过去的公私贯通,到现代的公私重新划界,并创造新的公共生活领域。当然,这些问题都可能从儒家本身的思想资源中,获得重新解释的根据。但是我们必须认识到,传统社会过于重视"角色"和"社会身份"的"人"感,需要有所改变,而要把"为仁由己"的自主决定所表现的"主体"感强化出来。

二、道德的实现方式

在传统社会中,因为道德和伦理的紧密叠合,道德是直接规范人的,道德的规范往往直接表达为对社会成员的行为要求。又因为传统社会是相对简单的熟人社会,所以,相互的评价和舆论的制约,往往成为落实道德规范的方式。这样,道德在直接规范社会的同时,也很容易表现为道德强制。这种强制往往表现为舆论的强制,表现为社会团体对于个人的强制。而现代社会是依靠法律系统组织起来的,所以,对于社会的规范也要凭借法律条款来实现。道德并不直接地强制地规范社会,道德是法律的基础,要通过法律来实现对社会的规范。当然,道德也是个人品性的境界,是个人对自身存在的觉解和修养所达到的程度。社会当然鼓励和赞赏高妙的道德境界,但是却不能以这样的境界来要求人,尤其是不能强制性地要求人。我认为,如果不能改变道德与伦理的叠合,不能改变道德强制的老旧习惯,传统的创造性转化就是不可能的,更不用说创新性发展了。

要实现传统的"两创",涉及的问题当然不止这些,但是我认为以上两点是非常重要的,也是很基本的。如果我们认为我们传统的一些基本义理是普遍价值,是"古今适用,老少咸宜"的,我们必须思考落实它们的制度环境和社会条件。董仲舒有一句话,叫作"天不变道亦不变",这句话反过来说就是:当"天"变了,"道"也是要变的。当然,董仲舒也说,"王者有改制之名,无易道之实"。也许,在与时俱进的改变中,真正改变的不是传统的精神,恰好是发扬传统的真精神,使这个真精神与改变了"天"即现代社会能够彼此吻合起来。只有这样,传统才能对于我们的生活发生积极地引导作用,而不是仅仅表现为关于过去生活的知识。

2013 年在榆林开会的时候,见到了香港来的冯燊均先生,他对于儒学在民间的普及工作非常热心,也常常捐资赞助这样的活动。他说了一句话,让我很感动,他说:"我们要做一个堂堂正正的中国人。"如果我们的传统不能获得创新性发展和创造性转化,我们要堂堂正正,恐怕有点困难。因此,我们要努力!

(作者工作单位为中国社会科学院哲学所)

性心情的三维向度

罗安宪

中国哲学标举性、心、情,中国哲学与西方哲学最大的不同在于它是由性、心、情展开的三维向度,其主体是心性之学。

心性之学涉及三个基本的维度,亦即三个主要的概念,一是性,二是心,三是情。

一、性者,人之天性,本字为生

《说文解字》曰:"性,人之阳气性善者也。从心,生声。"何谓性? 孟子引告子之言曰"生之谓性"。《尔雅》曰:"性,质也。"性是物类天生的本性或特质。庄子曰:"性者,生之质也。"(《庄子·庚桑楚》)荀子曰:"生之所以然者谓之性。"(《荀子·正名》)性是物类天生之本性或特质,所以,同一物类,其性亦同。赵歧曰:"凡物生同类者皆同性。"(《孟子注·告子上》)[1]牟融曰:"物类各自有性,犹磁石取铁,不能移毫毛矣。"(《理惑论》)"故金刚水柔,性之别也。"(《南史·张充传》物各有其性,其性不同,故其用也有异。人类认识事物,重在认识事物的特性,人类利用事物以实现自己的目的,也应依循事物的特性。

由物性而有人性,物性是物类的本性或特质,人性是人类的本性或本然之性、天然之性[2]。人性根源于人之天,故称作"天性"。《中庸》说"天命之谓性",这里的"命"既有"命令"的含义,又有"命定"的含义。就前者而言,强调其"必须"如此;就后者而言,强调其"必当"如此。"性"是天之所命,这是必须

---

① 焦循:《孟子正义》,中华书局 1987 年版,第 1987 页。

② 钱穆:"中国人用一性字来说万物之相同处。不论有生无生,每一物则必有其一性。此物之性,即是此物之特质,乃其与他物相异之所在。此性又称曰天性,即自然之性。乃指其自己如此,自生即有,与生俱在,一成而不变。"(钱穆:《中国文化特质》,载汤一介主编《中国文化与中国哲学》1987 年缉,第 31 页。)

并且必当的,是不能也是无法逃避的。郑玄解释说:"天命,谓天所命生人者也,是谓性命。"(《礼记正义》卷五十二)孔颖达解释说:"天命之谓性者,天本无体,亦无言语之命,但人感自然而生,有贤愚吉凶,若天之付命遣使之然,故云天命。"(同上)"性"突出的是人的先天的本质,故可以曰:性者,人之天。

(一)儒家:性有善恶

儒家之人性论,根基于其仁义之道。儒家对于人性之论证与说明,目的在于要为其所张扬的仁义之道确立一根基与现实之出路。作为儒学之开山始祖,孔子一生讲得最多的是仁。然孔子之论仁,主要局限于仁本身,即何为仁,为什么行仁的层面上。至于如何行仁,在孔子那里,还不是问题的重点。①孟子处处以孔子之继承者自居。孟学对于孔学之发展,主要即在于"为仁之方"方面的发展。孟子自觉地将孔子仁学的终点作为自己仁学的起点,并通过对"为仁之方"的论述,而建立了自己的心性论。

在孟子看来,人之为人,在于人先天地具有恻隐、羞恶、辞让、是非之心。人都有"四心",有人的外形而没有"四心",是不可能的。人有"四心",是人之为人的标志。所以,人的本性就其本原意义而言,原本就是善的。②这种本原的、先天性的善,正是人为仁向善的基础;人本身原有的恻隐、羞恶、辞让、是非之心,正是人为仁向善的发端。所以,儒家所宣扬的仁义礼智,并不是外在于人或强加于人的东西,而是根源于人性,并且是由其发育出来的东西,是人性中本有的东西:"仁义礼智,非由外铄我也,我固有之也。"(《孟子·告子上》)为仁行义不过是使人性之中本有的善端得以发扬光大而已。

与孟子不同,荀子并不认为人天生就具有为仁向善的倾向。为仁向善,在荀子看来,完全出于人的有意作为,即出于人之"伪",特别是出于"圣人之伪"。虽然荀子也像孟子一样,认为人性是人秉受于天的,是先天的,是天赋的。但是与孟子不同,荀子将人与动物所共有的好利恶害的自然本性,当作基本的"人之性"。③如果顺乎人的自然本性,必然导致人与人之间的相贼相残和社会的

---

① 孔子论人性,只限一语:"性相近也,习相远也。"(《论语·阳货》)性何以相近,习何以相远?孔子未予明言,因为孔子所关注的主要问题是仁义本身,而非如何推行仁义之道。

② 对于孟子之性善论,有两种理解,一种是性本善,一种是本性向善。两说虽都有一定之根据,但"本善"是根据,"向善"是功能,无有根据,功能亦无从发挥。所以孟子言性善,主要是从"本善"立论的。

③ 通览《荀子》一书,荀子从来没有所谓"人性"的概念,全书讲到"人之性"者,共有40处,而无一处讲到"人性"。传统所谓孟子认为人性善,荀子认为人性恶的观点是不对的,只能说荀子认为"人之性恶"。

混乱。所以，人之本性为恶。在荀子看来，君子小人就其天性而言，并没有什么不同。"凡人之性者，尧舜之与桀跖，其性一也；君子之与小人，其性一也。"（《荀子·性恶》）人之实际的不同，完全在于后天的力量，完全在于他们所生活的环境和个人的主观努力，即在于"注错习俗之所积耳"（《荀子·荣辱》）。"慎习俗，大积靡，则为君子矣；纵性情而不足问学，则为小人矣"（《荀子·儒效》）。

孟子和荀子均承认人有好利恶害的本能，荀子将这一本能称为"人之性"，而这一"人之性"是人与动物相共的。孟子虽也承认人与动物这一相共的本能，他却不认为这是人之所以为人者，人异于动物之根本所在，在于人先天地具有恻隐、羞恶、辞让、是非之心。这才是人之所以为人者，才是所谓的"人性"。荀子论性，只承认人与动物相共的因素，承认"人之性"，而没有孟子之所谓人之所以为人者，亦即"人性"的概念。

然而孟子之性善论突出人之先天因素，荀子之性恶论强调人之后天作为。人之为仁，既不能不根于先天，但亦不能忽视后天之努力。只强调先天，而不注重后天，只有根据而无功夫；只注重后天，而不承认先天，则只有功夫而无根据。后代儒学发展之切实问题，正是如何将孟子与荀子结合起来，亦即将本体与功夫如何结合起来的问题。董仲舒、韩愈的"性三品"说，以及张载、二程的"天地之性与气质之性"的理论，都是为了调和孟子、荀子的问题，为了将本体和功夫结合起来而发的。

（二）道家：自然而自由

在道家看来，道是万物之本原、本根，亦是万物之本体。道在具体物上之彰显，即是"德"。德来源于道，得自于道。得自于道而成为物之本体，而使某物成其为某物者，就道而言，就物之得道而言，是德；就物而言，就某物之所以为某物而言，是性。[①] 天有天之道，人亦有人之道；天有天之德，人亦有人之德；天有天之性，人亦有人之性。天道是道的具体显现，天德是天自道之所得，天性是天道、天德之落实而使天之所以为天者。道——德——性，在道家是一以贯之的。天道、人道、某物之为某物之道之总体是道；天、人、物自道而得而成为天、成为人、成为物，此自道之所得者，即是德；天、人、物自道而得而落实于天、于人、于

---

① 张岱年："宇宙本根是道，人物所得于道以生者是德，既生而德之表见于形体者为性。"（张岱年：《中国哲学大纲》，中国社会科学出版社 1982 年版，第 194 页。）

物,此之落实使天方为之天、人方为之人、物方为之物,此之落实者,即是性。道落实于天,为天性;落实于人,为人性;落实于物,为物性。道并非虚而玄的东西,它必然要向下降临,它必然会得到具体落实,它必然要化为具体物的生命,成为具体物的主宰和灵魂。由道而德而性,就是由一般而具体。性不是别的,正是道在具体物上之现实显现,由此,性亦可谓之曰"道性"。

《老子》一书无"性"字,但老子并非无性论。性所关涉者,为人的主体性方面。老子所注重者,为道之普遍性、恒常性,而于人之个体性、主体性并不甚关注。① 然老子对于德有充分的说明。对于德的说明,其实即是对于性的说明。老子之所谓"德",其实即是后代之所谓"性"。② 德者,得于道者也。得于道而为物之根本者,即物之性也;得于道而为人之根本者,乃人之性也。

老子曰:"上德不德,是以有德。下德不失德,是以无德。上德无为而无以为,下德无为而有以为。"(《老子》三十八章)在老子看来,道之本性即是自然无为,自然无为乃支配宇宙万物之根本法则,也是人类应当信守之基本行为准则。"上德不德","不德"并非无德,"不德"是不以德为意,不以施德为动机,其行为不过是内在心性之自然显发。"不德"故本有,"不德"故不失。本有而不失,故为"常"。"常德乃足,复归于朴"(《老子》二十八章)。如此之"常",即是原初、原始,即是自然,即是"朴"。

如果说,老子所突出者,为性之本然、自然,那么,庄子则更强调性之本真、自由。"马,蹄可以践霜雪,毛可以御风寒。龁草饮水,翘足而陆,此马之真性也。虽有义台路寝,无所用之"(《庄子·马蹄》)。"马之真性",亦即马之自然本性。马之自然本性,即是在天地之间自由自在,亦即所谓"龁草饮水,翘足而陆"。自由而自在是马之真性,所以对马而言,并不需要什么"义台路寝",并不需要什么巍峨宽大的寝卧之榻。马如此,其他生类也莫不如此。"泽雉十步一啄,百步一饮,不蕲畜乎樊中"(《庄子·养生主》)。泽雉十步一啄食,百步一吸饮,当然很是艰苦,但却绝不愿意被人囚拘于鸟笼之内。

---

① 唐君毅:"先秦诸子中,道家之老子书中虽有关联于人性之思想,而未尝环绕于性之一名而论之。盖老子之论道,重在视道为客观普遍者,亦如墨子之言天志兼爱等,皆重其为一客观普遍之原则。老子与墨子,皆客观意识强而主观意识弱之人。人之情性则属于人生之主体,故二人皆初不直接论性。"(唐君毅:《中国哲学原论》原性篇,中国社会科学出版社 2005 年版,第 22 页。)

② 徐复观:"《老子》一书无性字,《庄子》内七篇亦无性字;然其所谓'德',实即《庄子》外篇、杂篇之所谓'性'。"(徐复观:《中国人性论史》,上海三联书店 2001 年版,第 369 页。)"性是德在成物以后,依然保持在物的形体以内的种子。"(同上书,第 332 页。)

自由而自在是动物之本性,又何尝不是人之本性?"彼民有常性,织而衣,耕而食,是谓同德。一而不党,命曰天放。故至德之世,其行填填,其视颠颠"(《庄子·马蹄》)。民之织而衣,耕而食,就如马之"龁草饮水,翘足而陆",鸟之"栖之深林,游之坛陆,浮之江湖",此亦民之常性,名曰"天放"。天为天然、自然;放为自在、自由。民之本性、常性即是自然、自在而自由。所以,民之本性与动物之自然本性是相通的、一致的。自由而自在是人之自然本性,在自然状态,人之本性获得了最充分的体现。"至德之世,不尚贤,不使能。上如标枝,民如野鹿。端正而不知以为义,相爱而不知以为仁,实而不知以为忠,当而不知以为信,蠢动而相使不以为赐"(《庄子·天地》)。自然、自在是人之本性、常性,不尚贤、不使能,人人不求、不为仁、义、忠、信,而仁、义、忠、信自在其中。

二、心者,人之人

心,本义是人之心脏。《说文解字》曰:"心,人心,土藏,在身之中,象形。博士说以为火藏。"《黄帝内经》曰:"心者,五脏六腑之大主也,精神之所舍也,其脏坚固,邪弗能容也。容之则心伤,心伤则神去,神去则死矣。"(《黄帝内经·灵枢经·邪客》)"心者,生之本,神之变也"(《黄帝内经·素问·六节脏象论》)。心为人生命之根本,亦是人精神活动之基础。

"心"在中国哲学中也是复杂的范畴,约而言之似有三义:一为思维器官。如孟子曰:"心之官则思。"(《孟子·告子上》)荀子曰:"治之要在知道,人何以知道?曰心。"(《荀子·解蔽》)朱熹曰:"所谓心者,乃夫虚灵知觉之性,犹耳目之有见闻耳。"(《朱文公文集》卷七十三)二为身之主宰。如荀子曰:"心者,行之君也,而神明之主也;出令而无所受令。"(《荀子·解蔽》)朱熹曰:"心是神明之舍,为一身之主宰。"(《朱子语类》卷九十八)王阳明也有"身之主宰便是心"之语。(《传习录》上)三为人之所以为人者。在这一意义上,心即是性。如孟子说:"心之所同然者何也?谓理也、义也。"(《孟子·告子上》)陆九渊说:"在天者为性,在人者为心。"(《语录》)陈献章说:"人具七尺之躯,除了此心此理,便无可贵,浑是一包脓血裹一大块骨头。"(《禽兽论》)王阳明也说:"所谓汝心,亦不专是那一团血肉。……所谓汝心,却是那能视听言动的。这个便是性、便是天理。"(《传习录》上)

如果说,性是指人之先天的、本然的方面,即人之天然之质。那么,心则是指人之后天的、实然的方面,亦即人之内在精神,或是人之精神的主宰。由性而心,即是由先天向后天的落实。人之性必显于人之心,由人之心,亦可见出人之性。人之为人,不在于性,而在于人之内在精神。虽然人性不同于物性,但人有性,任何一物亦有一物之性,其性虽有不同,但有性,却是相同的。但是人不仅有性、有人性,而且有心。有心,是人有是非、有判断、有意志,懂得什么该做、什么不该做的基础。每一物都有性,但只有人才有心。人之所以为人,虽然与人性有关,因为人性不同于物性,不同于兽性,但更重要的是因为人有心,因为只有人才有心,心才是人之所以为人的根本所在。所以,心者,人之人。

(一)儒家:自作主宰

儒家之言心,往往是与性联系在一起的。性是人之成仁之先天根据,是人之先天的性德,而心则是人之后天之下功夫处,是人之所以异于禽兽的根本所在。

心作为一个独立概念,在孔子的思想中尚未出现。① 在孟子的思想中,"心"已经是一个非常重要的范畴。孟子讲心,往往是与性联结在一起的。在孟子的思想中,性之与心,是一体而两面的东西。人性所表明者,是人之所以为人之本质属性。这一本质属性,孟子以为,就是人先天所具有的恻隐、羞恶、辞让、是非之心。此心既是人之心,亦是人之性。② 孟子认为"人皆有不忍人之心",人亦皆有羞恶之心、辞让之心、是非之心。人有"四心",是人之所以为人的标志。"今人乍见孺子将入于井,皆有怵惕恻隐之心"。"乍见"即是当下一

---

① 《论语》中有两处关于"心"的重要段落,一是《为政》篇中的"七十而从心所欲不逾矩",二是《雍也》篇中的"回也,其心三月不违仁"。此二处之所谓心,既不是心意状态,也不是感知官能,而是作为身体之主宰之意识与意志力。这一思想的后代发展,即是王阳明所谓的"身之主宰便是心"。王阳明强调心,认为心是身之发令者、司动主静者,这一思想的渊源实来自孔子。然而孔子并未对"心"作扩展性的论述。

② 唐君毅先生认为,孟子言心性,乃"即心言性善"。"所谓即心言性善,乃就心之直接感应,以指证此心之性之善。此谓心之直接感应,乃不同彼自然的生物本能、或今所谓生理上之需要冲动之反应者。简言之,即与自然生命之要求不同者。由是孟子之言,乃大与告子之以生言性者异趣。此心之性为善,又兼可由心之自好自悦其善以证之。缘是而孟子之养心之工夫,亦唯是正面的就此心之表现于四端而扩充之,直达之,另无待于曲折之反省。"(唐君毅:《中国哲学原论》原性篇,中国社会科学出版社2005年版,第13页。)

刹那间良知的自然感发,亦即良知自身的本性显现。① 由"乍见"之一刹那所呈现出的良知的自然感发,是良知自身真实无伪的显露。由"乍见"之一刹那,可证人皆有恻隐之心;由人皆有恻隐之心,进而可知人亦皆有羞恶之心、辞让之心、是非之心;由人皆有"四心",进而可证人皆有良知。人之良知是人性的自然真实的表露,亦是人性本质的直接呈现。由人皆有良知,可以证实人的本性原本是善的。由心而知而性,这是由下向上的一种追溯;由心而知而性,这也就是孟子的思想逻辑。所以,在孟子看来,人性与人心本是二而一的东西,人性即是人心,人心即是人性。从人之所以为人之角度,从不学而能、不虑而知之天赋之角度看,是人性;从其居于人之内心,支配人之思想和行为之角度看,则是人心。

与孟子将心与性密切联系起来不同,荀子将心与性严格分离开来。荀子认为,心之为心,约有二义:一为思维之器官,如其云:"治之要在于知道。人何以知道? 曰:心。"(《荀子·解蔽》)二为身之主宰,如其云:"心者,形之君也,而神明之主也;出令而无所受令。"(《荀子·解蔽》)然而,不管是感官之心,还是身之主宰,在荀子这里,心只具有主观性,心与性是没有关涉的。

从汉代到唐代,儒学在心学方面并没有多大的建树。宋明理学在心学方面的重大建树,表现在两个方面,一是"心统性情"论,二是"心外无理"论。"心统性情"论为张载所首倡,后为朱熹所大力发扬。在张载看来,性是体,情是用;性是静,情是动。而心不仅兼体用,而且主动静。所以,"心统性情"。人能做功夫处正是心,心、性、情三者之中,起主导作用的也是心。

朱熹对"心统性情"有极高的评价:"伊川'性即理也',横渠'心统性情'二句,颠扑不破。"(《朱子语类》卷五)并且,也对这一理论有重要的发挥。什么是心? 朱熹认为心是身之主宰。"心者,人之知觉,主于身而应事者也"(《朱文公文集》卷六十五)。心是人对外在事物产生感应的主体,也是对人的身体起制导、主宰作用的主体。外在事物通过人的感官而作用于人,反映到心而对其做出反应,但是这种反应并非被动地反映,而是经过思虑、经过反省、经过掂量,而

---

①　徐复观:"'乍见'二字,是说明在此一情况下,心未受到生理欲望的裹胁,而当体呈露,此乃心自身直接之呈露。而此心自身之直接呈露,却是仁之端,或义体智之端。'非所以内交于孺子之父母'数句,是说明由此心呈露而采取救助行动,并非有待于生理欲望之支持,而完全决定于此一呈露之自身,无待于外。由此可见四端为人心之所固有,随时机而发,由此而可证明'心善'。"(徐复观:《中国人性论史》先秦篇,上海三联书店2001年版,第149页。)

给出的积极的主动的反应。正因为如此,所以,心不仅是感应的主体,而且是主导、宰制的主体,不仅是制动的主宰,而且是主静的主宰。"心,主宰之谓也。动静皆主宰,非是静时无所用,及至动时方有主宰也"(《朱子语类》卷五)。

进而,朱熹对张载提出的"心统性情"作了重要的发挥。"心统性情"的"统"字,在朱熹看来,有二重含义。第一重含义,这里的"统"字是兼有、包括的含义。"仁义礼智,性也,体也;恻隐羞恶辞逊是非,情也,用也。统性情该体用者,心也"(《答方宾王四》,《朱文公文集》卷五十六)。第二重含义,"统"又包含有主导、宰制的含义。"性是体,情是用,性情皆出于心,故心能统之。统如统兵之统,言有以主之也"(《朱子语类》卷九十八)。

如果说,"心统性情"在张载那里,还只具有一般的意义,张载也未对其作具体的说明,那么,朱熹则对"心统性情"的理论不仅有具体的说明,也有重要的发挥。[①] 因为性是天之所命,情是性之所动,所以,人于性情方面无法做功夫,无法用力。然而,"心统性情",人须用心、尽心,还须养心,人所能作功夫的所在,正在此心。就心、性、情的关系而言,起主导作用的不是性,当然更不是情,而是心。以程朱为代表的宋明理学的心性论,所突出和强调的正是心。

以二程和朱熹为代表的程朱理学的核心概念,是所谓的"理"。因为是"理",所以他们的学说也被称为"理学"。以陆象山、王阳明为代表的宋明理学的另一流派,虽然并不反对理,但他们坚持认为,"理"并不在人心之外,离却人心,别无所谓"理",他们的口号是"心外无理""心外无事"。因为强调心,所以他们的学说被称为"心学"。

在陆象山看来,人虽然只是宇宙间的一物,但它不是普通的一物。因为人有自己的主观意识,所以它将整个世界当成一个对象性的世界。"四方上下曰宇,往古今来曰宙。宇宙便是吾心,吾心便是宇宙。"(《杂说》)没有人,虽然也有世界,但不是现在意义上的世界;而如果没有世界,那么根本就不可能有人,人不能在这个世界上孤立存在。所以,不能离开人孤立地谈论宇宙,更不能离

---

① 牟宗三认为朱熹的心统性情包括横说与纵说两个方面:"横说的'心统性情'是:心认知地统摄性,性在心之静时见,而行动地统摄情,情即是心自身之发动。纵说的'心统性情',朱子是就孟子说,即恻隐是情,仁是性。在此,心与情为一边,性为一边,实只是性情对言,'心统性情'并无实义,只是就之发动为情须关联着性以说明此情之所以然之理,其实义是在横说处。朱子时常以这横说纵说两种心统性情义来解孟子:当说恻隐是情、仁是性时,是纵说,当解尽心知性时,则是横说。在人时有这纵说横说两义;但在万物处,则只有纵说,而无横说。而且心与情都只是虚说之喻解,故只成理气之关系。"(牟宗三:《心体与性体》下,上海古籍出版社 1999 年版,第 432 页。)

开宇宙孤立地谈论人。人以宇宙为事,宇宙以人为心。"宇宙内事,是己分内事;己分内事,是宇宙内事"(《杂说》)。因为与人对应的是整个的宇宙,人所面对的也是同一个宇宙,所以,宇宙有同理,人类有同心。"心,只是一个心。某之心,吾友之心,上而千百载圣贤之心,下而千百载复有一圣贤,其心亦只是如此"(《语录》)。人有同心,物有同理。而理,并非就是一种纯然客观的存在,并非一种如此这般的样态性的存在,理是人对于事物个中究竟的体认。离开人甚至可以有物、有事,比如离开人还可以有天、有地,虽然离开人的天、离开人的地并不是现在意义上的天与地。但是,离开人,则根本不可能有理。人之所以为人,在于人有心,人之所以能够体认理,也因为人有心。所以,理与人不可分离,实际上是理与人心不可分离。正因为此,陆象山说:"人皆有是心,心皆具是理,心即理也。"(《与李宰书》)"心即理也",这样的心当然不是人体内跳动着的心脏,而是人的知觉,是人的良知,是人的本心。

王阳明继承了陆象山的这种思想。在王阳明看来,理不在人心之外,就在人心之中。什么是心? 王阳明说:"心者身之主宰,目虽视而所以视者心也,耳虽听而所以听者心也,口与四肢虽言、动,而所以言、动者心也。"(《传习录》下)心并非就是那一团血肉,而是那知觉灵明,是那视、听、言、动的性。这种知觉灵明是人身体的主宰,也是人之所以为人的所在。我们不能设想人没有这样的知觉灵明。人没有这样的知觉灵明,不仅人与动物无别,人亦将不复存在,并且,没有这样的知觉灵明,世界也将不复是如此这般的世界,世界也将不复存在。如果说,"心即理"的"即"在陆象山那里最主要的意思是"不离""不分",那么,在王阳明这里,"心即理"的"即",虽然也有这样的含义,但也有"即是""便是"的含义,甚至第二种含义在王阳明的心目中占有更为重要的位置。"心即理"在陆象山那里,强调的是"心外无理";在王阳明这里,更强调:"心即是理"。

王阳明对陆象山"心即理"的发挥表现在两个方面:一方面明确提出"无心外之理",并进而指出本心即是天理,天理与本心无二无别;另一方面,于"无心外之理"之外,更进而提出"无心外之物"。

什么是物? 心与物之间的关系是什么? 王阳明指出:"身之主宰便是心,心之所发便是意,意之本体便是知,意是所在便是物。"(《传习录》上)"无心外之物"的"物",并非或并非主要是指身外的一草一木,而是我们人应当做的事,所以,"意之所在便是物"。"意之所在"亦即用意所做之事,如事亲、如事君;如仁民、如爱物。因为"物"是用意所做之事,而意是心之所发,"心之所发便是意",所以,"无心外之物",离开心,便没有物。

在程、朱理学那里,还只承认"性即理",但却否认"心即性",从而"心"与"理"还流于二,①从而在"理"上做功夫,所以,程朱认为人身修养的过程就是一个"格物致知"的过程。而陆王的心学则更突出和强调直接在心上作功夫,本心与天理无二无别。

(二)道家:虚心与游心

道家之心论与儒家之心论有很大之不同。虽然道家也有所谓本心之论,甚至也认为此一本心与人之本性有关联,但道家认为人之本性为自然,与此相关,人之本心亦是虚静;虽然道家也认为心为人之精神主宰,但更突出心为人之精神状态与精神生活;虽然道家也讲修养,其修养也是心之修养,但其修养却不是在心上作功夫,而是保守心之原本之清静灵虚。

道家之心论主要包括两个方面的内容,一是老子所倡导的"虚心",二是庄子所倡导的"游心"。

"虚心"即是涤除掉物欲观念,保守人的虚静之心。所谓"涤除玄览"(《老子》第十章),所谓"致虚极,守静笃"(《老子》第十六章),其意都是如此。老子的"虚心"说主要包括三个方面的内容:一是虚民心,二是虚君心,三是为道者之虚心。虚民心,即是要使民众保守一种自然淳朴的心理。使民众能够守住自然淳朴的性情,处于"安其居,乐其俗"的无争、无虑的状态。

相对而言,老子更强调"虚君心"。"虚君心"的第一要义是君道无为。"人法地,地法天,天法道,道法自然"(《老子》第二十五章)。"道法自然",道的本性、道的一切所作所为,均是自然而然的。人以道为法,也就是以自然为法。道是自然的,道也是无为的,人君依道而行,故亦应当自然而无为。"虚君心"的第二要义是作为君,没有自己的特殊利益。作为民众的领袖,天下百姓的利益,就是君的利益;天下百姓的危害,就是君的危害。"圣人无常心,以百姓心为心"(《老子》第四十九章)。这里圣人与百姓对举,相应以为义,此"圣人"就是人君。身为民众领袖,君主没有属于自己固有不变的希冀、愿望和追求,老百姓的利益就是君主的利益,老百姓的愿望与追求就是君主的愿望与追求。老子告

---

① 虽然朱熹亦有"心包万理,万理具于一心"(《朱子语类》卷九)之语,但在朱熹那里,心虽然可以"包"理,但毕竟心是心,理是理,理与心从本原而言,是分不是合。朱陆差分之关键不在于能不能合,而在于合是结果还是本然。

诫统治者："圣人不积,既以为人己愈有,既以与人己愈多。"(《老子》第八十一章)"虚君心"的第三要义是为君者应当具有宽广雄厚的胸怀,应当能够容纳天下一切贤良与愚不肖。"圣人无常心,以百姓心为心。善者吾善之,不善者吾亦善之,德善。信者吾信之,不信者吾亦信之,德信"(《老子》第四十九章)。人君作为天下百姓的领袖,应当无条件地爱护天下百姓。天下贤良之士要爱护,天下一切愚者、弱者、不良与不肖者,也应当爱护。善良者,我以友善的态度来对待;不善者,我也以和善的态度来对待。守信者,我以诚信的态度来对待;不守信者,我也以宽宏的态度来对待。作为天下百姓的领袖,应当无保留、无遗弃地保护、爱惜天下所有人等。"是以圣人常善救人,故无弃人;常善救物,故无弃物"(《老子》第二十七章)。"无弃人",就是无所遗弃地爱护一切人。

"虚民心"与"虚君心"主要是一种政治原则,一种政治行为。"为道者"之虚心则主要是一种个人行为,是一种修养身心的行为。"为道者"是立志要过"道"所彰示的生活的人,是立志要以"道"作为自己生活指南的人。老子以及整个道家学派,从来没有强迫、甚至没有要求人们必须过"道"所彰示的生活。他们只是宣示了这样一种生活,这种生活是一种自然、淳朴、恬淡、安逸、无争、宽厚、包容的生活,他们只是认为这是一种美满的生活。为道者以道为法,而道不可言。老子认为世间之物,最接近道的莫过于水。"上善若水。水善利万物而不争。处众人之所恶,故几于道。"(《老子》第八章)因为水最接近于道,为道之人以道为法,亦当以水为法。以水为法,就是处下而不争。处下而不争,亦只是一个"虚"。

老子思考问题的重点还是社会的治乱。从社会角度、从社会治乱的角度立论而观人,老子突出人的自然,从而强调"虚心"。庄子立论的出发点则是个体的人。庄子虽也肯定人之自然,但庄子更推崇和强调者,则是人之自由。[①] 由于强调人之自由,所以庄子标榜"游心"。

庄子很关注个体人等之生活状态,故很在意人心之现实情形。因为人之为人,即在于人之有是心。在庄子看来,"夫哀莫大于心死,而人死亦次之"(《庄子·田子方》)。人死,是个体生命的终结。世界上最可宝贵者是生命,故人死为可哀;然人之为人,正在于人之有是心,心死而徒具有一副躯壳,似人而非人,

---

① 蒙培元:"庄子哲学的根本目的,是实现心灵的自由境界。"(蒙培元:《心灵超越与境界》,人民出版社1998年版,第208页。)

有人之形而无人之实,则更其可哀。一方面,庄子反对心灵之遭受威压,反对心驰于物,反对心为外物所役使而苶然疲役;另一方面,庄子亦反对心之死寂无感。表面看来,庄子很矛盾,其实并不矛盾。反对心驰于物,反对心为外物所役使,并非要使心处于寂而无应的境界,而是要使心处于虚、静、清、明的境界。不为外物所役使,亦即名利、恶欲观念不荡于胸中。虚静而清明的境界,才是庄子所追求的精神境界。

庄子把心灵之自由自在称作"游"。"逍遥游"之所谓"游",实际上不是别的,就是心游,就是神游,就是精神的解放和自由。①"游"一字,在《庄子》书中凡113见,除《齐物论》三言"子游"为人名外,其余110次,均为动词用法。探究庄子之所谓"游",约有三意。一为形游,二为神游,三为心游。形游者,身体之游闲也,形之无拘束也;神游者,精神之游驰也,神游万里之外也;心游者,心灵之游乐也,精神之自由也。庄子最为推崇的,是心游,是心灵的解放,是精神的自由,即"游心于物之初"(《庄子·田子方》)。心游即是心灵之自由。这种心灵之自由,根源于性之虚静与空灵,是人所本有的。"且夫乘物以游心,托不得已以养中,至矣"(《庄子·人间世》)!"乘物以游心","物"者,身外之物也,既指身外之物事,亦包括对人生有重大影响之功、名、利、禄之类;"乘"者,凭也,假借也。"乘物"者,物为我役,物为我所用,如此,方才可以"游心"。外物只是人得以心游之凭借或工具,心游才是最为宝贵和关键的,才是目的,当然不能为工具而牺牲目的。在庄子看来,人生最为关键的是把守自己生命之根本,以己役物而不是以物役己,也就是所谓"物物而不物于物"。(《庄子·山木》)"物物"者,以己役物也;"物于物"者,以物役己也。如此,方谓之至人;如此,方为人之至;如此,方能"游心"。

由性而心,是由天而向人之降落,亦是人之现实之肯定与落实。老子强调人性之自然、本然,故突出人心之虚静恬淡;庄子强调人性之自由、本真,故亦突出人心之自在与自由。自然、自在而自由,根自于道,由道而成性,由性而成人之心,成为人之精神,成为人之精神之本真,成为人之精神生活。此一精神生

---

① 陈鼓应:"庄子哲学中的'游'是非常特殊的。他大量使用'游'这一概念,用'游'来表达精神的自由活动。庄子认为,要求得精神自由,一方面,人要培养'隔离的智慧',使精神从现实的种种束缚下提升出来;另一方面,要培养一个开放的心灵,使人从封闭的心灵中超拔出来,从自我中心的格局中超拔出来。(陈鼓应:《老庄新论》,上海古籍出版社1992年版,第231页。)"在老庄看来,'游心'就是心灵的自由活动,而心灵的自由其实就是过体'道'的生活,即体'道'之自由性、无限性及整体性。总而言之,庄子的'游心'就是无限地扩展生命的内涵,提升'小我'成为'宇宙我'。"(同上书,第231页。)

活,即是道家所推崇的精神生活。此一精神生活之基本内容,亦是自然、自在而自由。所以,道家之心性论,到庄子才形成一系统。① 自然、自在而自由,为一整体,本身亦不可分离。

三、情者,人之我

情,本义为人之情绪、情感。《说文解字》曰:"情,人之阴气有欲者。从心,青声。"情一字,其出现亦甚早。《尚书》:"天畏棐忱;民情大可见,小人难保。"(《尚书·周书·康诰》)

何谓情? 荀子曰:"性者,天之就也;情者,性之质也;欲者,情之应也。"(《荀子·正名》)《礼记·礼运》曰:"何谓人情? 喜、怒、哀、惧、爱、恶、欲,七者弗学而能。"严遵曰:"因性而动,接物感寤,爱恶好憎,惊恐喜怒,悲乐忧恚,进退取与,谓之情。"②王充曰:"情,接于物而然者也,出形于外。形外则谓之阳,不发者则谓阴。"(《论衡·本性》)韩愈曰:"性也者,与生俱生;情也者,接于物而生者也。"(《原性》)简而言之,人之主观对于外在物、事所发生的情绪反应,即是所谓的情。

性、心、情三者既有联系又有区别。性是指人之先天本性,突出者为人之先天性的因素;心是指人之内在精神,突出者为人之为人之主体性因素;情是指人之主观情感,突出者为我之为我之情绪感受。佛教之所谓:"如人饮水,冷暖自知。"其所言者,即是人之情。由性而心而情,愈来愈主观化,亦愈来愈个性化。性虽然已经是人,是人之性,但还是人之天,所以,性即天;人之为人,不在于性,而在于人之内在精神,所以,心即人;而我之所以为我,根本之因并不在于性,亦不在于心,而在于我之情,所以,情即我。我之性、我之心与人莫不相同,所谓性之同然也,心之同理也,而我之情却不可能与任何人相同。我之喜怒哀乐,惟有我得以知,惟有我才能真正体验。

中国哲学对于情,一般持一种否定与压抑的态度。

---

① 韦政通:"儒家要到孟子,才开始发展出所谓的心性之学,才使心性概念占有重要的地位。道家则始于庄子。孟子与庄子同时而不相知,他们的心性思想是各自在本派宗师的基础上发展出来的。这个双峰并峙的发展,对中国后来的思想史,是一个很大的关键,因为孟子和庄子,为中国建立了两个同样不朽但型态相异的生命哲学的典型。"(韦政通:《中国思想史》上册,上海书店出版社2003年版,第125页。)

② 严遵:《老子指归》,中华书局1994年版,第45页。

(一)制情复性

儒家对于情的基本态度是制情,亦即对情采取压制的态度。儒家讲情,往往将情与性联系起来,如认为:性是体,情是用;性是静,情是动;性是未发,情是已发,等等。

孔子于情无有明论。[①] 孟子认为,情与性有关,性本善,而情则有善有不善。"乃若其情,则可以为善矣,乃所谓善也。若夫为不善,非才之罪也"(《孟子·告子上》)。"才",即人天生之才质,亦即所谓性。在孟子看来,情有不善,非由性之不善也。

先秦时代,儒家情论最有特色的是荀子。荀子讲情,往往亦与性合而言之。"性者,天之就也;情者,性之质也;欲者,情之反也"(《荀子·正名》)。性是人天生的、先天性的因素;情是性的内在实质,也是其实际内容;欲是情对于外在物的实际反应。

既然情是"性之质",所以,在荀子看来,性既为恶,情亦为恶。"从人之性,顺人之情,必出于争夺,合于犯分乱理而归于暴"(《荀子·性恶》)。情是性的实际内容,是性的实际表现。与孟子性善而情有善有不善之论不同,荀子既主张性非善,所以性的实际内容、实际表现,当然也非善。人之情性既为邪、为恶,所以应当用礼义、法度来引导它、矫正它。"故人知谨注错,慎习俗,大积靡,则为君子矣;纵情性而不足问学,则为小人矣"(《荀子·儒效》)。君子、小人的区别不在于性情上有差别,而在于君子懂得情性之不善,从而能够"慎习俗,大积靡",不断学习、修炼、上进;而小人则"纵情性而不足问学",所以愈来愈堕落。"小人可以为君子,而不肯为君子;君子可以为小人,而不肯为小人。小人君子者,未尝不可以相为也"(《荀子·性恶》)。

荀子情论与正统儒家思想有两点根本的不同:一是他公然承认情恶而非善,不像正统儒家所主张的情有善有不善;二是他对于人欲并不采取简单地压制的态度,而是主张"养欲"。"礼起于何也?曰:人生而有欲,欲而不得,则不能无求。求而无度量分界,则不能不争;争则乱,乱则穷。先王恶其乱也,故制礼义以分之,以养人之欲,给人之求。使欲必不穷于物,物必不屈于欲。两者相

[①] 《论语》一书"情"字凡二见:"上好信,则民莫敢不用情。"(《子路》)"如得其情,则哀矜而勿喜。"(《子张》)此两处均与性情之情无关。

持而长,是礼之所起也"(《荀子·礼论》)。人生而有欲,这不仅是天然的、自然的,也是无法杜绝、无法避免的。既然如此,不可能对人的欲完全采取压制的态度,但也不能任其恣意横行,否则,必将导致社会的混乱。所以,必须"养人之欲,给人之求",必须通过礼义来约束人之欲。荀子认为,人不仅好利恶害,而且好声、好色、好味、好愉佚,这一切也都是人之情性本自具有的。"若夫目好色,耳好听,口好味,心好利,骨体肤理好愉佚,是皆生于人之情性者也;感而自然,不待事而后生之者也"(《荀子·性恶》)。人既有好声、好色、好安逸、好愉乐的本性,就应正视人的这种性情,就应当规范、引导、以至于养育人的这种性情。而礼与乐就是引导、养育人情的重要手段。礼是规矩、是制度、是规范,与礼之人为制作不同,乐是由乎人情而自然生发的。"夫乐者,乐也,人情之所必不免也"(《荀子·乐论》)。乐是人情之所必不免也,人不能无乐。礼的作用是"别异",是使人各守其分;乐的作用则是"合同",是使全体社会成员达到精神上的统一。"乐合同,礼别异。礼乐之统,管乎人心矣"(《荀子·乐论》)。一合同,一别异。礼与乐,都是应乎人情,管乎人心的。荀子认为乐是顺乎人情而自然生发的,通过乐可以使人的情感得到抒发。并且,在荀子看来,通过礼乐不仅可以规制人的情欲,还可以维护社会的和谐,还可以改造人心。

宋明理学对情有更为深入的论述。宋明理学论情,往往将其与性联结起来,认为性静情动;性体情用;性是未发,情是已发。在二程看来,性是情之静,情是性之动。程颐明确说:"自性之有动者谓之情。"(《程氏遗书》卷二十五)情既是性之动,其动必有所发用,因其发用不同,故有不同的局限性。程颐认为,在对待情的问题上,重要的是应当做到"性其情"而不应"情其性"。"约其情使合于中",这是"性其情";而"纵其情而至于邪僻",这是"情其性"。"性其情"是人的本性控制着人的情欲,而"情其性"则是人的情欲完全失去了应当的控制。

朱熹关于性情的基本观点是性静情动,性体情用。性是未发,情是已发。未发而一性浑然,故谓之中;已发而七情迭用,故有所谓和。"情之未发者性也,是乃所谓中,天下之大本也。性之已发者情也,其皆中节则所谓和也,天下之达道也。皆天理之自然也。妙性情之德者心也"(《太极说》)。在朱熹看来,性情不离,如果不以体用、已发未发表明其动静关系,则其间之奥妙本无以言之。"性情一物,其所以分,只为未发已发之不同耳。若不以未发已发分之,则何者为性、何者为情耶"(《答何叔京十八》,《朱文公文集》卷四十)? 体圆用偏,故有恻隐、羞恶、恭敬、是非之异,然其本体,则是一味圆通的。此外,朱熹也以天理与人欲来讲述人之情。所谓天理,在朱熹看来,也就是儒家所宣扬的仁义礼智。天理既是人伦之常,也是心之本然。"盖天理者,此心之本然,循之则其心公而且正"(《辛丑延和奏札二》,《朱文公文集》卷十三)。与天理相对的是人欲。"人欲者,此心之疾疢,循之则其心私而且邪"(《辛丑延和奏札二》,《朱文公文集》卷十三)。在朱熹看来,天理与人欲是对立的。"己者,人欲之私也;礼者,天理之公也。一心之中,二者不容并立"(《论语或问》卷十三)。天理与人欲不可并立,是程朱理学的基本观点。程颐即说:"人心私欲故危殆,道心天理故精微。灭私欲则天理明矣。"(《程氏遗书》卷二十四)所以他们的基本口号是"存天理灭人欲"。

陆王心学与程朱理学是对立的,但在"存天理灭人欲"的观点上,则是完全一致的。王阳明说:"吾辈用功,只求日减,不求日增。减得一分人欲,便是复得一分天理,何等轻快洒脱!何等简易!"(《传习录》上)将天理与人欲完全对立起来,是有问题的。人之情并非就是恶的、坏的。人之有欲亦是天然而有的,是不可磨灭的,也是无法完全压制的。宋明理学将天理与人欲完全对立起来,以为存天理就必须灭人欲,这种观点是有问题的。

(二)性其情

与儒家之制情相同,道家对于情基本上也采取排斥和压制的态度。但道家同时也强调性其情,特别是庄子,更强调"不失其性命之情","任其性命之情","安其性命之情"。

老子以自然无为为本。在老子,自然无为既是天地万物之理,即道理;也是君王治国御民之术,即道术。从社会统治着眼,老子主张"不见可欲,使民心不乱","常使民无知无欲"(《老子》三章)。在老子看来:"五色令人目盲,五音令人耳聋,五味令人口爽;驰骋畋猎,令人心发狂。难得之货,令人行妨。是以圣人为腹不为目。故去彼取此。"(《老子》十二章)老子此处所言者,为"人"而非"民"。民着眼于政治统治,是从君王之立场发论;人则着眼于人之为人之本质,是从一哲学立场发论。"五色""五音""五味""驰骋畋猎"云云,皆为人之可欲之事。如此之事,如此之欲,破坏了人自然纯朴的本性,使人为身外之事、身外之物而奔波忙碌,所以应当予以否定。

一般认为,庄子是无情论者,或非情论者,这似乎是确有根据的,其最主要之根据,当是《德充符》中庄子与惠子之对话。惠子谓庄子曰:"人固无情乎?"庄子曰:"然"。然庄子所反对的情,是具体的情,是有其特定含义的情。庄子所反对的情,是给人带来伤心与苦恼,使人为其角逐、为其忙碌,因其劳心而伤性的情,亦即以好恶内伤其身的情。如此之情,也就是所谓的物情。"人之有所不得与者,皆物之情也"(《庄子·大宗师》)。对于这样的情,庄子是持否定态度的。因为这样的情,使人为外物所役使,使人丧失了生命的本真。这样的情,实非人之情感,而为人之情欲。

庄子否定物之情,因为这种情使人为外物所役使,使人沦落为工具,沦落为外物之奴隶。除此种情外,庄子并非认为人别无其情,他亦认为人有常情。"吾所谓情者,言人之不以好恶内伤其身,常因自然而不益生也"(《庄子·德充符》)。不以好恶内伤其身,常因自然而不益生,这才是真正的情,才是人之常情。如此之情,也就是庄子所谓的"性命之情"。"彼至正者,不失其性命之情"(《庄子·骈拇》)。"吾所谓臧者,非所谓仁义之谓也,任其性命之情而已矣"(《庄子·骈拇》)。性命者,天之所赐物之所受也。人对于性命,只能做到安分而守己,而不能有什么非分之求、非分之想。如此之情,即是性命之情。林疑独曰:"性命之情,即正性、正味、正色、正声,万物之所自有者。"(褚伯秀:《南华真经义海纂微》卷二五引)①"性命之情",即是根自于人之本性之情。在庄子看来,人之本性是虚静恬淡、寂寞无为,所以人之性命之情亦是虚无恬淡而常因自然。"达生之情者,不务生之所无以为;达命之情者,不务知之所无奈何"(《庄子·达生》)。达生之情,不追求生命所不必要的东西。生命之所必要、所不可少者,是人生命的延续及进一步的发展,是人精神生活的自由与自主。达命之情,不追求生命所无可奈何的东西。

人世间总有这样、那样的不得意,总有一些无可奈何,此即是人之命。人在命运面前是无能为力的。既然无能为力,何不采取一种超越的态度,采取一种无可奈何的态度。所以,达生之情、达命之情亦是性命之情。② 因为这样的情有助于保守人精神之自由、自在和心性之宁静、淡泊,而精神的自在和心性的宁

---

① 《中华道藏》,华夏出版社 2004 年版,第 14 册,第 153 页。

② 唐君毅:"庄子所谓复其性命之情之实义,即不外化除一切向外驰求之心之知,或收回此心知,以内在于人生当下所遇所感之中之谓。是之谓知与恬交相养。人有所感而生情,人一时只感此所感而非他,是为命。人之所以能感所感而生情者,即吾人之生命之性。合性与命,为一性命之情。性命之情之所在,即吾人之生命之当下自得自适之所在,亦即生命之恬愉之所在。人心知不外驰而止于是,是谓以心复心,以复性命之情。"(唐君毅:《中国哲学原论》原性篇,中国社会科学出版社 2005 年版,第 29 页。)

静、淡泊,正是庄子所努力追求的,正是庄子理想的精神生活,故此庄子对其持肯定的态度。① 可以看出,庄子对于情的认识和态度,也是和他对于人性的认识以及他的人生追求紧密联系在一起的。

四、结论

有性、有心、有情,而后方才有人。所谓人,其实即是性、心、情的合体,性是人之天,心是人之人,情是人之我。人,实则是性、心、情三维结构的一个合体。儒道两家由于对性、心、情的理解和定位不同,所以对于人的期许与定义亦很不相同。儒家强调性有善恶,强调心为身之主宰,强调情有恶,任情必为恶,所以,儒家突出和强调人的社会责任、人的社会意识、人的社会角色,强调和鼓励人们做君子不做小人,强调君子小人的截然分别;道家强调性的自然与自由,强调虚心与游心,强调性其情,任其性命之情,所以,道家强调人的自然、自在、自由的精神状态。儒道两家的人论是与他们的性论、心论、情论一贯而相通的。

柏拉图将人的灵魂分为理性、意志、情感三个方面。其中情感的方面相当于中国哲学的情,而其理性与意志的方面,相当于中国哲学的心,但是缺少性的方面的因素。人是性、心、情三维结构的一个合体,这是中国哲学关于人的基本规定,也是中国哲学的重要特点。

相对而言,中国哲学于性与心有非常深入与精当的论述,而对于情,则语焉不详,甚至采取简单的压制的态度。而情为人之我,情所突出的恰恰是人的个体性因素,是个体人的因素,所以,中国哲学的一个基本特点,就是突出和强调人的社会性,而压制人的个体性。中国古代诗文中所表达的情,更多的是怀才不遇、生不逢时、感念君王、报效国家、人生感慨等方面的情,而很少关于人生的情调、情趣方面的情。中国哲学的未来发展,应抓住情这一契机,以实现人格规模上的重要突破。

(作者工作单位为中国人民大学哲学院)

---

① 罗光:“为什么性命之情,应该保全,人心之情则应舍弃呢? 性命之情和万物之情一样,皆为生理的趋向,称为天,称为性。乃是人生的天然规律。人心之情,却是人自己因知识而使心动,这种动便是‘人胜天’,人妨碍天然的趋向,使性命之情不能流行,生理上受损,便伤害自己的生命。因为人心之情,使人耗精费神,人气乃受损害。因此庄子主张‘有人之形,无人之情。’”(罗光:《中国哲学思想史》先秦篇,学生书局 1982 年版,第 543 页。)

论孝道的意义

张茂泽

一、孝道是中国文化的标识

任继愈先生说,忠孝是中国人的信仰。西方人不重视孝道,讲孝道是中国人的特点。与讲孝道相关,中国人重视家庭、社会、国家、天下,反对个人主义。重视家庭文化建设是中国文化的优秀传统。

二十四孝:

虞舜(上古)、汉文帝(西汉)、老莱子(春秋)、郯子(春秋)、曾参(春秋末战国初)、闵损(春秋)、仲由(春秋末)、蔡顺(汉朝)、董永(东汉)、黄香(东汉)、江革(东汉)、姜诗(东汉)、丁兰(东汉)、陆绩(三国)、孟宗(三国)、唐夫人(唐朝)、王裒(西晋)、吴猛(晋朝)、王祥(晋朝)、郭巨(晋朝)、杨香(晋朝)、朱寿昌(宋朝)、庾黔娄(南齐)、黄庭坚(北宋)

二十四孝故事中,大多体现了孝道的基本精神:全力尽孝,无私奉献。但有些却不值得提倡。例如:

埋儿奉母

汉郭巨,家贫。有子三岁,母尝减食与之。巨谓妻曰:"贫乏不能供母,子又分母之食,盍埋此子? 儿可再有,母不可复得。"妻不敢违。巨遂掘坑三尺余,忽见黄金一釜,上云:"天赐孝子郭巨,官不得取,民不得夺。"

恣蚊饱血

晋吴猛,年八岁,事亲至孝。家贫,榻无帷帐,每夏夜,蚊多攒肤。恣渠膏血之饱,虽多,不驱之,恐去己而噬其亲也。爱亲之心至矣。

因为它非人道以至于残忍,不科学以至于愚蠢。我们要传承优秀孝道文化,而不是全盘拿来,什么都继承。还是要批判地继承,去粗取精,去伪存真。

何谓孝道,如何算做尽孝,孝敬父母是否就是父要子死子不得不死,父父子子是不是家长制,这些都应科学分析。

二、古人论孝

(1)孔子论孝,说到无违、父母唯其疾之忧、敬养、色难、守丧三年等,强调孝敬父母是一种礼仪,要以仁爱为基础。

(2)曾子《孝经》论孝,将孝道阐发为天经地义的道德规范,解释了当时社会不同等级的人尽孝的不同要求。但其共同要求在于,强调子女尽孝,要做诤子,而不是"绝对服从父母",做顺民。

(3)孟子论"不孝有三无后为大"。

原文是:"不孝有三,无后为大。舜不告而娶,为无后也,君子以为犹告也。"

《十三经注疏》解释说:"于礼有不孝者三,事谓阿意曲从,陷亲不义,一不孝也;家贫亲老,不为禄仕,二不孝也;不娶无子,绝先祖祀,三不孝也。三者之中无后为大。"意思是,一味顺从,见父母有过错却不劝说,使他们陷于不义,这是第一种不孝;家境贫穷,父母年老,自己却不去当官挣俸禄供养父母,这是第二种不孝;不娶妻生子,断绝后代,这是第三种不孝。朱熹注解时,全部引用此说。

现在有人将"无后"解释为没有尽到后代职责,其实不通。因为,为不生孩子辩护,适应现代独身主义者,却并不符合古代农业社会小生产占主导地位劳动力数量的积累,是提高劳动生产力的捷径。传宗接代不仅是经济生产的要求,也是个人生命延续生生不已的需要,还是宗族开支散叶、人类繁衍的需要。在普通百姓看来,断子绝孙是最大不幸,儿孙满堂则是最大幸福。

三、"孝"字的意义

孝,开始出现于金文。上部像戴发的佝偻老人,唐兰谓此即"老"的本字;下部为子。意思是:子搀扶着老人。可见,"孝"字是会意字。

综合起来看,孝的本义是"善事父母",后来意义有丰富发展。概括而言,孝主要有几层含义。

（1）孝不仅是孩子对父母的感情、态度、规范，也是对君上、对自己的道德要求。

《孝经·开宗明义章》说："夫孝始於事亲，中於事君，终於立身。"孝道虽然从孝敬父母开始，但也包含侍奉君上在内，而归根结底，则在自己立身行世，具备必要的人性修养。

换言之，孝道不仅要求爱自己家人，而且要爱天下人。儒家爱有差等说，在孝道上表现充分。爱有差等，包含这样两层含义：

其一，爱人必须从孝亲开始。《孝经·圣治章》："故不爱其亲而爱他人者，谓之悖德；不敬其亲而敬他人者，谓之悖礼。"离开孝亲来谈爱人，是无源之水、无本之木。

其二，爱人必须从孝亲开始，发展到兼爱、博爱，泛爱众而亲仁，亲亲而仁民，仁民而爱物。子曰："君子之教以孝也，非家至而日见之也。教以孝，所以敬天下之为人父者也。教以悌，所以敬天下之为人兄者也。教以臣。所以敬天下之为人君者也。"（《孝经·广至德章》）这是老吾老以及人之老、幼吾幼以及人之幼的意思。理想的境界，就是张载说的"民无同胞，物吾与也"。

（2）就孩子对自己而言，孝有几个意义：

第一是爱护自己，保证自己的生存。《孝经》第一条就说"身体发肤，受之父母，不敢毁伤，孝之始也"；第二是发展自己，确保自己不断进步，立身处世，求道行道，美名留后世，为父母争光，为家庭争光。《孝经》第二条要求："立身行道，扬名於后世，以显父母，孝之终也。"（《孝经·开宗明义章》）

（3）就孩子对父母长辈而言，孝有这样几个意义：

第一，孝顺，善事父母。《尔雅》："善父母为孝。"《说文解字·老部》："孝，善事父母者。"包括养老送终，赡养老人，直到老人去世后，丧礼、祭礼都能尽量遵守实施。

第二，能继先人之志，传承优秀家庭传统，弘扬光大祖风。《中庸》："夫孝者，善继人之志，善述人之事者也。"善于继承先人遗志，善于发展先人事业，就是孝。

第三，从养老送终的意思引申出来两个意思：祭祀（《论语·泰伯》：大禹"致孝乎鬼神"，即祭祀鬼神）、丧服（如"戴孝"）。

尽孝道，孝敬父母、老人，主要用前两个意思。《孝经·纪孝行章》："子曰："孝子之事亲也，居则致其敬，养则致其乐，病则致其忧，丧则致其哀，祭则致其严。五者备矣,然后能事亲。"

(4)孝敬父母,是否就是愚孝呢?

《孝经·谏诤章》提倡孝子应该就是"诤子",不会盲目顺从,陷父母于不义。原文如下:

曾子曰:"若夫慈爱恭敬,安亲扬名,则闻命矣。敢问子从父之令,可谓孝乎?"子曰:"是何言与?是何言与?昔者,天子有争臣七人,虽无道,不失其天下。诸侯有争臣五人,虽无道,不失其国。大夫有争臣三人,虽无道,不失其家。士有争友,则身不离於令名。父有争子,则身不陷於不义。故当不义,则子不可以不争於父,臣不可以不争於君。故当不义则争之,从父之令,又焉得为孝乎?"

四、孝道的地位

(1)孝道的理论地位

第一,孝道是以家庭为基础,借助血脉基因的代代相传,实现天人合一的环节,也是每个人进行生命传递、文明发展的桥梁。子曰:"夫孝,天之经也,地之义也,民之行也。"(《孝经·三才章》)孝道是天经地义,相当于说是天地之间的自然规律、价值需要;孝道还是每个人的德行要求。

第二,孝道是人道的开始。有子曰:"孝悌也者,其为仁之本与!"孝悌是进行为仁修养的根本和开始。故《孝经·开宗明义章》注疏有孝是"道之要""德之本""德之至"说,即孝道是至德要道,是主要的、根本的人道内容,是道德的极致。

《孝经·开宗明义章》注疏还说"道由孝生",人道从孝道中产生。人之所以为人,人之所以异于禽兽,就在尽孝道。

第三,孝道教育是文明教育的开始。

《孝经》还说,孝是"教之所由生"的开始和途径。子曰:"教民亲爱,莫善於孝。教民礼顺,莫善於悌。移风易俗,莫善於乐。安上治民,莫善於礼。"(《孝经·广要道章》)这有几个意思:

其一,教育最早就产生于家庭文化建设的需要,产生于家庭文化传承的需要。在小生产的农业经济家庭中,家庭是基本生存生活单位,最重要的内容就是教育孩子尽孝道,维系家庭稳定,传递文明积淀,传承优良家风。

其二,教育的内容,教育孩子,教育子孙后代,应从孝道开始。因为"人之行,莫大于孝"(《孝经·圣治章》),孝道是各种德行中,最大的德行。

其三,孝道教育,对教育者而言容易进行,对受教者而言易于接受。因为这有血缘亲情、相同的生活条件、相近的生活体验、生育抚养和感恩情感为基础,既能随时随地有针对性地进行教育,又容易让孩子接受。

(2)孝德与其他德目

第一,孝与慈、孝与悌。就父子言,父慈子孝。孝,就父子言;悌,就兄弟言。

第二,孝与仁。仁是总德,孝仅仅是就晚辈对长辈而言的德目。

第三,孝与中庸。中庸是至德,是孝德的至高无上的标准。孝的相对性意义,如父慈而子孝,似乎父慈是子孝的条件。但在中庸至德这里,就升华为绝对的意义,无条件尽孝,而不管是否父慈与否。

第四,孝与忠。孝德之运用于社会政治活动中的下级对上级,即是忠。故孝德的训练,有利于忠德的培养。

五、孝道与治国理政

孝与忠,强调两者的统一性。尽孝可以为尽忠做准备,尽忠是更大的尽孝。因为国者大家,家者小国,故忠孝不能两全时,忠大于孝;由因为家庭是国家的一部分,国家是家庭的放大,故尽孝是忠君爱国的基础。故逻辑上说,不能尽孝,则不能忠君;既已忠君,则必已尽孝。

《尚书·君陈》:"惟孝友于兄弟,克施有政。"只有在家孝友于兄弟的人,才能在国将国家治理好。在这个意义上,孔子认为在家尽孝就是从政,至少可以说是从政的开始。

孟子:"道在尔而求诸远,事在易而求之难。人人亲其亲、长其长而天下平。"(《离娄上》)

《孝经·孝治章》提出"明王以孝治天下"的主张,主要内容有:"不敢遗小国之臣"要"得万国之欢心","不敢侮於鳏寡",要"得百姓之欢心",这样来"事其先君"。汉代就将这作为治国理政的指导思想。他们宣称自己就是以孝治天下,汉文帝尽孝成为二十四孝故事之一。

亲尝汤药:前汉文帝,名恒,高祖第四子,初封代王。生母薄太后,帝奉养无怠。母常病,三年,帝目不交睫,衣不解带,汤药非口亲尝弗进。仁孝闻天下。

六、现代孝道面临的问题

家庭变小,几世同堂罕见;家庭地位降低,不再是生产单位;独生子女出现,一对夫妇可能要养活八位父母,尽孝将不堪重负。但家庭是社会、国家的一部分。古人认为,家庭建设搞好是国家治理的基础。孟子直言:"天下之本在国,国之本在家。"(《离娄上》)今天我们可以说,家庭和谐稳定是社会和谐稳定的基础工作。这方面我们可以做更多的工作,以建设社会主义和谐家庭,树立和弘扬优良家风。将孝道纳入社会主义核心价值体系,将有助于社会主义家庭建设。

(作者工作单位为西北大学中国思想文化研究所)

中国传统人道主义及其出场路径

裴德海

人道主义作为一个完整的学说体系,是在资本主义取代封建社会的过程中逐步形成的。在此之前,人类的思想家们也都在其特定的历史条件下,将当时社会上关于人的本性等思想,作了一些概括,从而构成初级形态的人道主义。这些便形成了资产阶级人道主义的合理的历史渊源,并通过资产阶级人道主义,对马克思主义人道主义的合理出场起着传承的作用。

与哲学和其他学术思想一样,近现代的人道主义也可以从古代中国和希腊找到其历史的渊源。对于西方资产阶级的人道主义来说,其直接的来源是古希腊及欧洲中世纪的人道、神道思想。有资料显示,中国古代的人道思想是通过中世纪及以后的文化交流,特别是文艺复兴和启蒙运动的中西方学者对于中国古代文化的研讨,从而间接影响西方近代人道主义的。

那么,中国古代的人道思想究竟以怎么样的面貌呈现呢?主要集中体现于先秦时期诸子百家的著述中。后来,在两千余年的中央集权统治下,得以延续和阐发。其主体是儒家的思想体系,且以对人与社会的关系作为论证的基本内容,主要涉及人性及其道德评价等问题。而这个思路却又是"一以贯之"的,直到清末,依然未有实质性变化,与西方的由人道思想到精神思想,再到人道主义的否定之否定式演变有着很大区别,而这也正是中国未能形成自己所谓标识的人道主义的重要原因。

关于人及人性、人与外界的关系等问题,可以说是一个永恒的话题。自从人自觉为是人,意识到自己与动、植物的区别,以及感觉到自己的社会存在及社会的制约,就会对人的本质等问题进行思考和回答。从中国留下的最早的一些典籍,如《诗经》《尚书》《周易》《春秋》等,就已显现最初级的人道思想端倪。而较系统的人道思想,则表现于春秋、战国时期的诸子学说中。

一、儒家人道主义规定了人道主义的进路

诸子百家中对后世影响最大,并成为中华学术主体的,是孔、孟代表的儒家,其人道思想,也就成为中国传统人道思想的"主流"。儒家学说的特点,就是注重人的社会关系和伦理道德的研究,并把建立以官僚制度为主体的封建社会作为目标。

孔子作为儒家的创始人,他以天命观作为自己思想体系的基础,并由此而提出以"复礼"为宗旨,以"中庸之道"为方法论,以"仁"为核心,以"名、义、忠、恕、信、知、勇、利、禄、德"等为主干的范畴体系。在这种体系中,他的人道思想得到充分体现。孔丘并不注重探讨人的本质和人性等抽象问题,对人与自然的关系也注意不多。在他的观念中,人及其社会的存在是一个既成事实,也是一个相当现实和具体的问题。其关键在于如何对人的社会关系加以规定,并建立一套有效的机制来制约和协调社会关系。但这并不等于说他的体系是"非理性的",相反,他是以高度的理性认真地思考了当时的社会矛盾,才提出自己的社会理想的,而且在人类思想史上首次对人从总体进行规定和考察。这比古希腊学者偏重个体及人与自然关系的认识,以及后来基督教借助于上帝来说明社会问题,不仅更早也更加成熟。

孔子以天命观为基础形成了自己的思想体系。他很少谈神,而是大谈"天命",并把"天命"所归,并将其视为人世命运的主宰。这是自西周以来"天人合一"观念的演化。"天"的含义很多,既包括自然界的意思,也有自然和社会的创造者、支配者之意,还可以视为一种超常的"神力"。孔丘认为,人类社会的秩序,是受天意主宰的,"大哉尧之为君也,巍巍乎!唯天为大,唯尧则之。"尧时代是孔丘的理想境界,而尧的成功,就在于遵循了天意。而天意分别体现于君和民这两个社会的两极,进而通过孔丘这样的圣人而传达于社会。在孔丘眼中,天的意志是以"人事"表现的,天是无形的主宰人事的有目的的人格化的神。君王应以天命为原则,治理民众;民众也要以天命为依托,服从合乎天命的治理。民众行为违背了天命,君王有权予以制裁;君王的行为违背了天命,必然引起百姓们的怨恨,并由此而上达天知,天也有办法惩治这些君王。君和民是一体的,"民以君为心,君以民为体"(《论语·缁衣》),人类社会就是一个有机整体,它遵循着一条"中庸之道"而运行。理想的社会就是君主执行天命,并达

到"中庸"。"尧曰：'咨！尔舜！天之历数在而躬，允执其中。'"(《论语·尧曰》)

由天命观和中庸之道出发，孔丘认为人类社会应当按"礼"的标准，来建立相应的秩序，而这个秩序恰恰是天意之表现。"夫礼，先王以承天之道，以治人之情"(《礼记·礼运》)。"是故先王以制礼乐也，非以极口腹耳之欲也，将以教民平好恶，而返人道之正也"(《礼记·乐记》)。这里，孔丘提出了"天道"与"人道"的统一，而这种统一的集合，就是"礼"。礼即周礼，它从氏族的礼仪巫术演化而来，是一套烦琐的表示血缘关系和等级差别的规范和典章制度。周公将其总结为《周礼》(又名《周官》)，其核心和骨架就在于设立一套官僚体制来统治社会。孔丘以"复礼"为宗旨，对人类社会的总体性作出规定。

复礼的主要内容，就是"仁"。"克己复礼为仁。一日克己复礼，天下归仁焉。为仁由己，而由人乎哉"(《论语·颜渊》)。"仁"又要遵循"礼"，"非礼勿视，非礼勿听，非礼勿言，非礼勿动"(《论语·颜渊》)。而"仁"的含义，就在于从社会总体性来要求个体的人处理好相互的关系。"仁"这个汉字，也相当形象地表明了这一点。《说文解字》："仁，亲也，从人二。"二人为仁，意为"独则无偶，偶则相亲"(段玉裁)。孔丘把二人所构成的"相偶"关系，视为社会关系的基本形式，它表现于各种社会关系之中。而只有遵循"礼"的要求，才能处理好这种关系。由"仁"出发，孔丘进一步展开，提出名、义、忠、恕、信、知、勇、利、禄、德等一系列范畴，具体规定了人际关系的各个准则，并再展开于道、名、廉、耻、公、敬、孝、悌等几十个辅助范畴之中。这样，孔丘就形成了他的"仁学"体系。而"仁学"在一定意义上，也就是"人际关系学"。这是"天道"的"人道"化。孔丘的人道思想，也就体现于其中。"天命之谓性，率性之谓道，修道之谓教。道也者，不可须臾离也；可离，非道也"(《中庸》)。他要求社会成员们，不论是君、臣、民，还是父与子及其他亲属，以至乡党、邻里，都要各安其位，按照礼的要求，来为人处世。可见，孔丘的人道思想，是相当具体可行的。也正因此，它在中国两千余年的历史上发挥着巨大的作用。

儒家的人道思想演化到孟轲的"性善"论，才是中国古代人道思想的嬗变。孟轲注重讨论人性，他认为人的根本在于"性"，人性既是伦理道德的根据，又是统治者施政的基础。他强调人性是善的，由于人性善，所以人才讲道德，行仁政。善是人与动物的根本区别。"人性之善也，犹水之就下也。人无有不善，水无有不下"(《孟子·告子上》)。而且善性是先天的，恶则是后天养成的。人的先天性包含着仁、义、礼、智这"四端",其如人之"四体"。为了防止社会给人造成的坏影响,必须注重修养,"尽其心者,知其性也。知其性,则知天矣。存其心,养其性,所以事天也"(《孟子·尽心上》)。由此出发,孟子论证了比较系统的修身、养性、存心、寡欲,进而治国、施仁政、平天下的道理。孟子的这种思想,后来就成为连贯两千多年的儒家人道观的主体,对中国的文化产生着重大的影响。

当然,孟子的这种性善论,也不是绝对的权威,他不仅受到其他各家的非难,更受到荀子的反对。荀子明确地提出性恶论,他说:"人之性恶,其善者也伪也。今之人性,生而好利焉,顺是,故争夺生而辞让亡焉;生而又疾恶焉,顺是,故餐贼生而忠仁亡焉;生而有耳目之欲,有好生色焉,顺是,故淫乱生而礼义文理亡焉。然则从人之性,顺人之情,必出于争夺,合于烦分乱理而归于暴。故必将有师法之化,礼仪之道,然后出于辞让,合于文理,而归于治。用此观之,然则人之性恶名矣,其善伪也。"(《荀子·性恶》)荀子的这种人性论,虽然仍将人的本性视为先天的,但他更注重社会关系中害的一面,以社会环境来改造人性,使之适合于社会生活之利。从认识论的角度说,荀子的性恶论比孟子的性善论更为深刻,且二者互相对立统一,使儒家的人道思想更为全面。后世儒家的人道思想,基本上沿着孟、荀的思想,或是融合,或是各执一端。虽说性恶论带有某种"异端"倾向,但依然可归入儒家人道思想中。

秦汉统一中国以后,中国的意识形态逐渐归于以儒家为主体,在人道思想上,也是如此。但在不同的时代,也有一些人从先秦诸子中非儒家的思想,以至于外来的文化(如佛教)吸取营养,结合当时实际情况,提出一些见解。从主干来看,汉董仲舒(前179—前104年)倡导"罢黜百家,独尊儒术",进而在孔孟基础上提出人性三品说,将人分为三等,人性也就有三品:一是情欲很少,不教自善的"圣人之性";二是情欲很多,教也不能为善的"斗筲之性";三是有情欲,可为善亦可为恶的"中民之性"。他认为,社会上通常可见的是"中民之性"。教民为善,就应以"中民之性"为主体。由此,他进一步构筑了"三纲五常"的伦理规范,以论证封建统治的合理性以及治理社会的原则。董氏"性三品"说在当时影响很大,许多儒学者都据此而论人性。唐代儒学复兴的主将韩愈在人性问题上,就是按照这种"性三品"的思路,并写了《原性》一文,系统阐发了这一观点,提出"上者可教,而下者可治"的说法,承接先秦儒家人道思想,并进而开启了宋儒的天命、气质论说人性,以及天理与人欲之辩的大门。

儒家的人道思想,在宋代上升到一个新阶段。儒家在中国文化中的统治地位,不仅在于孔孟的创造和历代统治者以政治权利的维护和坚持,还在于其发展。汉董仲舒、唐韩愈之后,宋代张载、二程和朱熹又依据新的历史条件,对儒家学说进行了新的阐发,人道思想也是其中的重要内容。宋代理学,由张载发端,至朱熹而成一系统。张载以"心""气"为自己学说的基础,提出人具有"天地之性"和"气质之性"的二元说。"天地之性"是"天道"的表现,"天所性者通极于道,……天所命者通极于性"(《正蒙·诚名篇》)。因而,"天地之性"是至善的,是"天理"在人性中存在。而具体到每个人,由于阴阳二气的混杂配合,"气质之性"是善恶相混,恶由此生,只有像孟子所说的"养浩然之气"才能消除恶的成分,"克己""无私",回归于"天地之性"。程颢、程颐则接受了张载的人性说,并进一步发挥,出"天命之谓性"和"生之谓性"的二元说。前者强调人性为天理天道所决定,"道即性也。若道外寻性,性外寻道,便不是"(《洁南洛氏遗书》第一)。后者是从人生与气的关系论证,"人生气禀,理有善恶,然不是性中元有些两物相对而生也。有自幼而善,有自幼而恶,是气禀有然也"(《洁南洛氏遗书》第一)。气即性,性即气,养气及养心,"学者先务,固在心志"(《洁南洛氏遗书》第十五),而养心的关键,又在去"人欲"。而朱熹集合了张载和二程的人道思想,进一步将人性二元论加以发挥。他说:"性即理也,在心唤做性,在事唤作理。"(《近思录集注》卷一)"理"是绝对的,演化到不同的人和物上,"性"就有所变化。从"理"至"性",是以"气"为中介的。由于气禀不同,人性与物有别,各人之性亦有别。朱熹融合先辈儒家的人道思想,并吸纳了佛家和道家的有关思想(所谓"三教合一"),从理、气、天、命、性相统一的角度,对人性及人道做了比较系统的规定,从而将儒家的人道思想提到一个新阶段。

二、道家法家人道主义的丰富与平衡

除儒家外,谈论人道问题的,先秦时还有道家和法家。

道家以老、庄为代表,其人道思想的特点是自然人性论。老子认为,"道"是构成宇宙万物的始基和本体,它是"自然无为"的。人是万物中的一种,因而,人性也是自然的,是道的表现。"见表抱朴,少私寡欲",是人性的根本。由于人们抛弃了淳朴的自然本性,就产生了自私心、占有欲,使社会争斗不息,动乱不已。因而,他主张,"圣人之治,虚其心,实其腹,弱其志,强其骨,常使民无知无欲"(《韩非子·解老》)。进而,消除刺激、鼓励人们自私、自利的社会条件,回到原始社会状态,小国寡民,互不往来。这是一种相当深刻,却又极消沉的人道思想。庄子继承老子"道"的观念,认为道是宇宙万物的本体,人得道而生者为德,生而德之表现于形体者就是性。人性即"性命之情"。他否定仁义是人的本性,同时认为情欲也非性。他所说的"情",是指天地、自然之情,是道之情,人之情,即天然趋向。因此,人性是自然的,无善无恶的。只有顺其自然,无知无虑地生活,才能保全真性,求得全生,不损其性,不害生命。

法家的人道思想以韩非为代表。韩非则又继承了荀子的性恶论,并进一步加以发展。他将社会存在的各种具体恶的现象,如追逐名利,以及由此而来的各种冲突、矛盾,都归结为人性。"人无毛羽,不衣则不犯寒;上无属于,而下不着地,以肠胃为根本,不食则不能活。是以不免于利欲之心"(《韩非子·解老》),人人都唯利是图,而且人与人之间的关系也是以利害为准则。父母与子女、夫妻、君臣、君民等等,都是利害关系。韩非对于孟子的性善论及"父慈子孝,君渝臣忠,兄友弟恭,夫义妇顺,朋友有信"等伦理进行了批判,揭示了社会间的利害冲突。韩非主张以法治国,以法来规范人际关系。

道家和法家的人道思想,相对来说,比较注重人的个体性,这与儒家的注重总体性是相对立的。也正是从这种意义上,它们都在后来的封建官僚制度下,逐步被排斥于思想界的非主流地位。但它们的人道观,却也在一定意义上,弥补了儒家的不足。

三、佛教人道主义的拓展新的面向

在中国古代人道思想的演化中,还值得一提的就是佛教的有关认识。佛教自汉代传入中国,很快就与中国的道家玄学,以及儒家思想相结合。中国也出现了诸多高僧,他们以自己的系统研究,将佛教逐步中国化,而其人道思想也就属于中国文化的重要内容。佛教自身就比较注重人的本质、人性等问题,加之中国的儒、道学者对这些问题的关注,在中国的佛学弟子那里逐步形成了有自己特点的佛性人道说。几乎所有论佛的经典都在论人性,佛性实则人性的反映,不过佛教徒们则反果为因,从虚无的佛性来论实在的人性。这个过程,晋竺道生(364—434 年)起了发端性的作用。他不满足于佛教徒拘守背诵佛经的作法,提出"顿悟成佛","一阐提人皆得成佛"(《高僧传》卷七)的新观点,指出佛

性是人生来俱有的,人人都有佛性,只要善于领悟,就可见性成佛。唐惠能
(638—713年)是个不识字的禅宗师祖(第六祖),他讲佛的言论都是由其弟子
记载于《坛经》中的。他发扬竺道生的观点,认为人人都有佛性,人人都可以成
佛,只要去掉妄念就可显现固有的佛性。"自性若悟,众生是佛;自性若迷,佛
是众生"。"若识自性,一悟即至佛地"(《坛经》)。这样,人性与佛性就统一起
来了,所相关联的只在于悟与不悟。悟即佛性,不悟则妄,也不见人性。自修身
心,就是功德,即可成佛。这种佛性人道说,后来曾对程朱理学起到一定影响。
所谓儒、道、佛三教合一,也是中国人道思想的一大特色。而中国的佛教人性
论,与西方基督教的神道论也是大不相同的,它只是人性论的又一方面的表达,
不像西方神道论对人道思想的否定。

　　总之,中国的人道思想,虽未形成一以贯之的体系,但作为中国早期的人道
主义资源,其价值是为而易见的。另外有资料表明,中国古代人道思想还通过
各种渠道传入西方国家,对于西方人道主义的形成,特别是近代资产阶级的人
道主义产生了不可或缺的影响。

　　(作者系安徽大学哲学系教授)

论儒家的忠信传统

商原李刚

儒家的忠信伦理,形成了一种忠信之道和忠信传统,体现出儒家公共伦理的基本内容与传统,产生了深远的影响。合理地评价并创造性转换儒家的忠信之道,对当代中国社会最基本的公共伦理即诚信伦理建设有直接的意义。

一、儒家的忠信伦理最具公共伦理性质

忠信伦理是儒家的基本伦理之一。所谓"忠"即说实话,心口如一;信是干实事,即言行一致。忠与信合用,指说真话办实事,即真诚守信。这一基本含义在贾谊的《新书》中已经说得非常明确:"爱利出中谓之忠";"期果言当谓之信"(《新书》)①。由此可见,"忠"即内心想法与外在的言谈一致,不说谎话;"信"即"言必信,行必果",言行一致,不能食言;忠信之道合起来叫诚实有信。的确,从内心想法到意思表示,再到具体的行为之间,不但有时间上的间隔,而且有地点上的变化,中间环节不少,信息失真是难免的。因此,强调信息的真实性和一致性,是保证行为适当、秩序稳定的关键。在此意义上说,这一忠信伦理其实是一种信用,即要求行为人有一种确定性和可靠性的人格和行为,能为自己的行为后果承担责任,把自己的职责作为行为的最高准则;也就是行为主体有稳定的自我认同意识,其人格有显著的自我统一性。因此,忠信之道是维护社会公共秩序的基本伦理准则。

儒家非常重视忠信之道。孔子把"忠""信"作为其思想的核心之一,并把民众的信任看作最重要的政治资本,宁去兵、去食而不去信。孔子、孟子都反对小忠小信,强调忠信之道的社会价值取向,反对拘泥于外在俗套的忠信之道。从孟子的"五行(常)"学说到《白虎通义》的五常观念,忠信之道都被赋予很高

---

① 浙江书局:《二十二子》,上海古籍出版社 1986 年版。

的地位。具体来说,儒家从以下几个方面对忠信之道进行了论证:第一,从天地之道的高度,赋予"诚"和忠信以本体论的意义。孟子明确地说:"诚者,天之道;诚之者,人之道也。"(《孟子》)①《礼记·中庸》也说过同样的话。在郭店楚墓竹简中,恰好有忠信之道的专论,被编者命名为《忠信之道》。在这篇短文中,忠信之道被推崇到了"节天地"的高度:"不兑而足养者,地也;不期而可要者,天也。仯天地也者,忠信之谓也。"(《忠信之道》)这些思想,把忠信之道视为与天地一样崇高的基本价值,以取得人们的广泛认同。第二,从不同的角度对忠信划分了层次和类别。《忠信之道》提倡至忠、至信、大忠、大信:"不伪不害,忠之至也。不欺弗智,信之至也。"(《忠信之道》)②"太旧而不俞,忠之至也。陶而者尚,信之至也。至忠亡伪,至信不怀,夫此之谓此。大忠不夺,大信不期。"(同上)③至忠女土,为物而不发;至信女时,才匕至而不结。"(同上)④忠信之为道,与天地的运行变化规律一样,确定不移,与小忠、小信有根本的不同。事实上,所谓"至忠","至信","大忠","大信",主要是一种政治论理,是君道而非为民之道,与一般的道德伦理已有本质的区别。第三,关于忠信之道的作用,儒家有比较深刻的认识。孔子明确提出"民无信不立"的命题:"子贡问政。子曰:'足食,足兵,民信之矣。'子贡曰:'必不得已而去于斯三者,何先?'曰:'去兵'子贡曰:'必不得已而去于斯二者,何先?'曰:'去食。'自古皆有死,民无信不立。"(《论语·颜渊》)⑤孔子"主忠信"的思想,在《忠信之道》中有所发挥:"忠积则可亲也,信积则可信也。忠信积而民弗亲信者,未之有也。……忠之为道也,百工不古,而人养皆足。信之为道也,群养皆成,而百善皆立。"(《忠信之道》)⑥忠信之道的政治作用被推向了最高位置。其实,忠信在道德伦理方面有着更为广泛的意义。"樊迟问仁。子曰:居处恭,执事敬,与人忠,虽之夷狄不可弃也。"(《论语·子路》)⑦孔子显然是把"忠"作为社会交往中的基本公

①　阮元:《十三经注疏》,上海古籍出版社 1997 年版;浙江书局:《二十二子》,上海古籍出版社 1986 年版。

②　荆门市博物馆:《郭店楚墓竹简》,文物出版社 1998 年版。

③　荆门市博物馆:《郭店楚墓竹简》,文物出版社 1998 年版。

④　荆门市博物馆:《郭店楚墓竹简》,文物出版社 1998 年版。

⑤　阮元:《十三经注疏》,上海古籍出版社 1997 年版;浙江书局:《二十二子》,上海古籍出版社 1986 年版。

⑥　荆门市博物馆:《郭店楚墓竹简》,文物出版社 1998 年版。

⑦　阮元:《十三经注疏》,上海古籍出版社 1997 年版;浙江书局:《二十二子》,上海古籍出版社 1986 年版。

共伦理。孟子提倡仁义礼智信,把信放在更高的层次上。但在更多的地方,信被看作朋友交往之道,叫作朋友有信。这一准则,被纳入"五常"之后,得到了广泛的传播,形成了"信义如山"的价值传统。忠的政治含义更为明显,从"与人忠"向"忠于君"的愚忠方面发展。但在社会的下层,普通民众却非常珍惜忠义之德,代表了他们渴求正义的愿望。忠信合而为诚。中国人把它的作用概括为:"精诚所至,金石为开。"这种概括已经上升为一种求真求实的精神。第四,儒家的忠信之道,与仁义等原则既相联系,又有区别。《礼记·礼器》:"忠信,礼之本也。"①忠信是一种内在的道德。《忠信之道》说:"忠,仁之实也。信,义之期也。"②忠,是仁的内容;信,是义的目标。尽管仁、义、礼、智比忠信之道更为深刻,但忠信之道却是它们的基本组成部分。由此可见,儒家有着最为丰富的忠信之道的思想。

儒家的忠信传统具有社会的公共伦理的性质,在调整公共社会关系中被认为能起到非常重要的作用。这些思想从两汉开始基本被固定下来,并向两个不同的方向发展:一是统治阶级把忠信之道政治化,变成奴役民众的工具,特别是宋明理学以后完全走向了愚忠、愚信,甚至以死报君之"恩"。二是忠信之道在民间形成了义气当先的社会风尚。这些方面通过不同的途径活在我们的生活中,形成了新的大、小传统。但在激烈的社会转型期,儒家传统的忠信之道已不能适应新的社会发展,必须实现传统的忠信之道的创造性转化。

二、儒家忠信传统的理论困境

中国社会素称文明礼仪之邦。忠信是礼仪之本,礼仪是忠信的实现形式。儒家对忠信之道的提倡,推动了忠信之道的发展和进一步制度化。但这只是问题的一个方面。要彻底地认识这一价值观念传统,还应结合它的实践及其效果进行评价。

单从二十四史的记载来看,"忠""信"被广泛地用来评价人格及行为,如忠孝、忠义、忠勇、忠言、信义、信用,等等;从古至今,多少忠义之士受到正史的褒奖,多少言而无信的小人受到贬斥。忠臣义士的行为被大书特书,不断为后代

---

① 阮元:《十三经注疏》,上海古籍出版社 1997 年版;浙江书局:《二十二子》,上海古籍出版社 1986 年版。

② 荆门市博物馆:《郭店楚墓竹简》,文物出版社 1998 年版。

人树立榜样。《三国演义》等文学作品浓墨重彩地歌颂了"桃园三结义"行为。于是，从官方到民间，从上层到下层，中国人有意无意地促进了忠信之道传统的形成。在一定意义上说，这一传统增强了社会凝聚力，维护了社会的正常秩序，为社会树立了浩然正气。但是，在一定的历史条件下，忠信之道与落后的社会力量相结合，把某些政治和道德关系绝对化，给社会带来的僵化更是不可低估的。

　　具体来说，儒家的忠信之道在以下几个方面已难以适应现代社会的要求：第一，忠信之道的"乡土社会"性质，使它局限于"特殊主义信任"，只相信和自己有直接或间接的血缘关系的人，"圈子"观念非常严重。在中国古代宗法社会中，血缘关系与政治权力纠结在一起，整个社会形成了简单的上下层关系；个人只是代表着承担一定义务的某家的人，而不是独立地代表自己的个人。在这一社会中，个人通过家庭、家族和别人打交道，只能相信自己"家"中的人；忠信之道只能是"特殊主义信任"。超出这一范围，而形成横向关系，全面建立公共关系和公共伦理，便是儒家忠信之道的短处了。但是，在儒家的道德中忠信之道本身就是一种公共伦理，只不过是一定"圈子"中的公共伦理。这就为我们从传统到现代的转化提供了可靠的基础。第二，忠信之道要么单靠社会舆论维持，要么依靠暴力制裁推行，缺乏正常的制度保障机制。儒家的忠信之道，建立在自然经济和宗法社会的基础之上，忠信之道局限于一定的"小圈子"之内，无法建立一套制度保障机制，使忠信之道具有超出人身的职责意义。封建专制君主家国一体，不断加强崇拜意识，使忠信观念陷入狭隘的意义。因此，在多数情况下，忠信观念的建立和传播，主要依靠习惯、教育特别是社会舆论来维持；在道德和社会舆论无法制约的情况下，只好动用政治、法律等暴力手段，对背信弃义的行为实行严厉的制裁。这种办法更多地培养出了一批伪君子，使他们左右逢源，见风使舵而游刃有余。中国古代的"小人"如此之多，与此有直接关系。在许多时期，阶级对立不断加剧，忠信不能两全，忠于君就会失信于民，取信于民就会有欺君之罪。这种两难选择，在中国古代社会是一种正常现象，许多忠信之士，只好退隐山林，自得其乐。第三，过分强调了忠信之道的理想性，忽视了它的现实作用和局限，漠视利益关系对它的制约作用。按照儒家的理解，忠信之道应该提倡大忠大信，不应拘泥于小忠小信。这一方面说明还有比忠信之道更高的原则，另一方面表明儒家的忠信之道反对固守个人利益，强调国家和民族大义，强调"忠肝义胆"的理想性。在他们看来，忠信行为的选择不应受个人利益的影响。事实上,与所有的道德准则一样,忠信之道是历史的、具体的,它既有社会阶级、阶层的差异,又有民族、文化的对立,特别是受利益关系的直接制约。所谓忠信,其对象无非是社会生活中的人的物质的或精神的利益。因此,在古代用语中,惠、孚、望等常与忠、信相连,说明它之所以是最基本的社会公共伦理准则,根本原因就在于它和社会利益的这种直接的相关性。所以,忠信之道与社会的变革不可分割,应该是一种与时俱进的社会公德。在现实生活中,忠信之道直接调节着人们的日常交往,它的作用具有显而易见的广泛性。如果一味强调它的理想性,那就免不了走向虚伪。这是因为,道德自身的性质和内容并不取决于自身,相反,它时刻都离不日常生活和社会交往。我们今天强调忠信之道,首先应该注重它的广泛性。第四,儒家忠信之道是静态的,被动的,忽视了个人利益和竞争,过分地强调了个人的牺牲和社会责任。片面地强调忠信之道的理想性,势必会忽视个人利益,单方面地鼓吹牺牲"小我"以服从"大我",加重个人的社会责任和义务。传统社会的人,只能忠于上,忠于别人,就是不能忠于自己;只能信于国,信于家,信于人,就是不能信于自己。个人的责任是加重了,但个人的个性却被不断地扭曲了;为了树立一个忠信的社会形象,往往不惜牺牲自己健全的人格。

以上这几个方面的评估既不一定准确,也不一定全面。但就本文的目的来看,它至少说明儒家的忠信之道虽然"死而不亡",但进行创造性的转化却是必需的。21世纪是一个工业与后工业相错杂的世纪,我们中国社会的基础正在蜕变之中,忠信之道在农业社会虽然具有非常重要的地位,但它也不能不向工业和后工业社会转化。忠信之道在农业社会的重要作用是不言而喻的,我们也不用再去分析它的重要作用。但我们必须与时俱进,适应这一社会转型,重塑社会公共伦理。

三、儒家忠信伦理的重建

儒家忠信之道无疑代表人的社会行为的确定性和秩序性。就"忠"而言,它的基本含义为"诚",具体来说,其含义包含以下几个方面:一是内外一致的诚实;二是尽自己的努力的忠诚;三是公而无私的赤诚;四是对事业的尊重即诚敬。它的根据在于人格的完整性,即自己的内心意思与外在的意思表示一致,从而获得一种客观上的认同效果。"信"的含义离不开"诚",从"言行一致"到

"信义如山",都离不开意思表示与行为的一致,即传达真信息,是动机在于传达真信息的行为。忠是传达与自己的思想相一致的信息的行为;信是传达与自己的实际行动相符合的信息的行为①。因此,我们把它简称为说真话、办实事。因此,我觉得忠信之道的根本内涵,离不开"诚"与"敬"两个方面,即一方面必须诚实无欺,另一方面必须"敬事而信",即有敬业精神。这种精神和原则是现代中国社会最需要的公共伦理。

近代以来,中国社会在曲折中前行,尖锐的利益冲突摧残着忠信之道。经过反右、大跃进、"文化大革命"等运动,中国人的忠信之道有所动摇。新时期以来,解放思想,实事求是,不断呼唤着求真精神;人道主义和异化问题的讨论就是在呼唤人的真诚。从文化传统来看,诚实有信是我们的基本道德原则;我们有历史悠久的"实学"传统;马克思主义是一种求真务实的思想;诚实有信是中国民法的基本原则。从理论上说,这些方面正是建设诚实有信的伦理道德的有利环境。问题在于这些原则性的宣传如何具体落实在公共伦理的建设之中。

在近代以来的司法实践和民商法典的制定中,诚实有信与公序良俗原则一起支持着司法大厦。在民事行为中,民事行为的权利义务集中地体现在具体的法律行为特别是意思表示中,诚实有信自然起着至关重要的作用。因为在法律关系中,特别是在契约行为中,该原则是减少交易成本和获得交易安全的关键。只有稳定的、可预测的法律行为,才能维持法律关系的正常运转。这一实践给了我们一个基本启示,即道德与法律不可分,制度是树立忠信之道的关键。一方面,在制定中国民法典之时,应充分借鉴国外的先进的立法实践,把诚实有信原则贯穿在民法典的每一部分;另一方面,要通过各种组织及活动,把忠信之道作为工作的基本原则和评价的基本标准。在公民道德建设中,把忠信之道即诚实有信作为首要的道德规范。一个社会的真诚不断减少,意味着交易成本的上升和交易安全的破坏,意味着一切交易行为必须诉诸最严格的形式之中,会让交易形式淹没了交易行为本身。因此,健全法制、树立诚实有信的竞争规则,本身就是一种非常巨大的投资。

旧的农业社会基础正在改变,全面的工业化和后工业化时代必将到来,儒家的忠信之道产生的社会基础正在崩溃。因此,大力加强对儒家忠信之道的研究,广泛吸取国外的诚信观念,是非常必要的。特别是从不同的层次和方面,通

---

① 王海明:《新伦理学》,商务印书馆 2001 年版。

过家庭熏陶、树立榜样、道德宣讲、新闻舆论引导、学校教育等途径,全面树立忠信之道。同时,从忠信之道的现实性出发,注重人们的现实利益,使忠信之道的宣传落在实处。另外,把政治、经济、文化的力量结合起来,互相配合,互相促进,在全社会形成忠信之道的共识。

从根本上说,中国社会的个人正在成长之中,尚未完全成熟。中国的经济还比较落后,法制建设还不完善,个人的社会地位和经济地位还不是很高,个人的主体地位受到了很大的限制。在社会与个人的关系中,我们尚不能达到个人(自然人、法人、社会团体、政党)与政府之间的抗衡关系。因此,个人的权利和义务在各种落后的条件下难以对等行使和履行。所以,实现中国社会的忠信之道,关键的还是在于大力解放和发展生产力,而忠信之道是解放和发展生产力的有力推动力量。

应该注意的是,忠信之道即诚实有信并不是最高的道德原则。一个人不但要诚实,要善待他人,而且要有仁爱之心,要有无私品德,要有是非观念,这样才是一个品德良好的人。忠信之道并不是品德的决定因素,真与善也不尽一致,我们要给它一个合适的范围。

（作者系长安大学人文学院教授）

探赜"君子"人格

彭彦华

　　孔子平生教书育人，以培养造就"君子"为宗旨。孔子谆谆告诫弟子："女为君子儒！无为小人儒！"(《论语·雍也》，下引《论语》只注篇名)十分注意培养弟子的君子人格。在孔子时代，"君子"有两个基本含义：一是指统治者，一是指有道德修养和实际能力的人。在孔子学说中，虽然有些地方"君子"的含义是前者，但更多的却是后者。孔子说："圣人，吾不得而见之矣；得见君子斯可矣。"(《述而》)"所谓君子者，言必忠信而心不怨，仁义在身而色无伐，思虑通明而辞不专，笃行信道，自强不息。油然若将可越，而终不可及者，此则君子也"(按：最终能越及者，就是圣人了)(《孔子家语·五仪解》)。"圣人"是至善至美的，毕竟难以企及，但君子是可以达成的。用现在的话来说，德才兼备的人就是君子。在孔子看来，一个人有了知识并修养成为有道德情操的君子，其对人对事就可以做到通情达理、合情合理。君子应当具备智、仁、勇三种品质，孔子把这视为"君子之道"。人只有德才兼备，才能做仁人，行仁政，这便是君子之德、之风。孔子认为，人可由教育提升他的知识和道德修养，到达一种理想的品格，即君子人格。君子成为人们行为标准的体现者及道德修养的目标，某种意义上是民族精神和传统文化的承载者。在《论语》中，"君子"一词出现107次之多，绝非偶然的。孔子学说或可概括为君子学说。自从孔子提出阐扬君子与小人之辨后，引起历代学者的极大兴趣和重视。几千年来，一直是人们区分人的道德品行好坏的标准，君子是人们追求达到的理想人格目标，小人是人们所鄙弃的无德行者。正如胡适所说："孔子指出一种理想的模范，作为个人及社会的标准，使人'拟之而后言，仪之而后动'。他平日所说'君子'便是人生品行的标准"[①]。孔子所谓的君子人格有哪些内涵、特征或者标准呢？大致说来，

---

　　① 胡适：《中国哲学史大纲》，东方出版社1996年版，第86页。

应该有 10 种：仁、义、礼、智、忠信、勇、中庸、和而不同、文质彬彬与自强。凡是人之为人能够具备这 10 种素质者，就是君子。反之，凡是基本上不具备这 10 种素质的人就是小人。孔子及先秦儒家汲汲于"君子小人"之辨，目的在于扬善抑恶，塑造仁德的理想人格。本文旨在探讨孔子、先秦儒家的"君子"人格，并结合自己的人生体验和感悟加以阐发，以期更好地展现君子人格的现实价值。

一、仁：君子"仁以为己任"

孔子将"仁者不忧，知者不惑，勇者不惧"定义为"君子之道"（《宪问》），认为君子泛爱众人，心胸坦荡，故无忧；君子富有知识，足以烛理，故不惑；君子果敢刚毅，有浩然之气，故不惧。这一思想对后世影响深远，以至稍后的《中庸》将智、仁、勇称为"天下之达德"。在孔子看来，"仁"是君子人格的基础，君子人格的一切特征都是在"仁"的基础上形成的。"人而不仁，如礼何？人而不仁，如乐何"（《八佾》）？"志于道，据于德，依于仁"（《述而》），正说明了君子人格的本原性。这一思想为后世儒者所继承。孟子说"仁者，人也，合而言之，道也"（《孟子·尽心下》），进一步说明了"仁"是一切德行的根源；什么是"仁"？怎样得到"仁"呢？第一，爱人。"樊迟问仁。子曰：'爱人'"（《颜渊》），一个人若能以爱心待人，也就是在行仁了。《礼记·中庸》说："仁者人也。"就是说，只有仁者才为人，不仁之人不成其为人。"爱人"是一个由近及远、由亲及疏的过程。"仁者人也，亲亲为大"（《中庸》），深得孔子思想精义的有子说："其为人也孝弟，而好犯上者，鲜矣；不好犯上，而好作乱者，未之有也。君子务本，本立而道生。孝弟也者，其为仁之本与！"（《学而》）有子认为孝悌是为人的根本。孝悌，所以齐家；不犯上，所以治国；不作乱，所以平天下。君子做人首先要在根本上用心思、下功夫。仁者由亲亲而达到"泛爱众，而亲仁"（《学而》）的理想境界。既可以独善其身，又可以兼善天下。这便是仁人君子了。第二，忠恕。孔子对仁爱的推广，主要采取一种由近及远、将心比心的方式。"忠恕之道"最能体现"仁"的内涵和为"仁"之方的。当子贡问孔子："如有博施于民而能济众，何如？可谓仁乎？"孔子回答说："何事于仁！必也圣乎！尧、舜其犹病诸！夫仁者，己欲立而立人，己欲达而达人。能近取譬，可谓仁之方也已。"（《雍也》)"其恕乎! 己所不欲,勿施于人"(《卫灵公》)。"恕",是"推及及人",以己之心去推度人之心,一方面推己所欲,给与人之欲,一方面己之不欲,不强加于人,要设身处地为别人着想。一个仁者,应有诚恳为人之心,此即为"忠";将诚恳为人之心推及于他人,便是"恕"。这是处人、处事和自处的一种尺度,一种基本原则。用曾参的话来说,"仁"就是对人"忠恕",许慎《说文》云"仁者兼爱",概言之,"仁"就是以爱心为动力,以"忠恕"为具体表现,去处理好各种人际关系,使社会充满博爱和秩序。第三,修己。孔子认为,"仁人"要修己、克己,不要强调客观条件,而要从主观努力上修养自己,为仁由己不由人,求仁、成仁是一种自觉的、主动的道德行为。孔子说"为仁由己,而由人乎哉"(《颜渊》)?"我欲仁,斯仁至矣"(《述而》)。子夏说得好:"博学而笃志,切问而近思,仁在其中矣。"(《子张》)第四,"仁以为己任"。孔子认为,人生的意义在于实践人伦道德,实现人生理想,完善人生价值,做一个"志士仁人",时时不违仁,处处与仁同在,要为追求真理而努力奋斗。孔子说"志士仁人,无求生以害仁,有杀身以成仁"(《卫灵公》),因为一旦抛弃了"仁",君子也就不成其为君子了。孔子说"君子去仁,恶乎成名? 君子无终食之间违仁,造次必于是,颠沛必于是"(《里仁》)。士志于道,很重要的就是"仁以为己任"(《泰伯》)。第五,具备恭、宽、信、敏、惠五种品质。据《论语·阳货》记载,当"子张问仁于孔子。孔子曰:'能行五者于天下为仁矣。''请问之。'曰:'恭,宽,信,敏,惠。恭则不侮,宽则得众,信则人任焉,敏则有功,惠则足以使人。'"(《阳货》)恭敬则不易遭受侮辱,宽厚就会得到大众拥护,诚信就能很好地立身处世,敏捷则工作效率高,慈惠才能与人和谐相处。一个人在做人过程中如果能体现出这五种品质,也就是在行仁了。

君子与小人在生活态度上迥然有别:君子追求的是怎样修养好品德,比如孔子称赞南宫适说:"君子哉若人,尚德哉若人",这个人是个君子,这个人多么尊尚道德(《宪问》);"君子尊贤而容众,嘉善而矜不能"(《子张》),而且,君子心胸宽广,视四海之内皆兄弟,发自内心地去爱天下人,不单是爱身边的亲人,爱有血缘关系的人。宽容、体谅他人,关心、帮助他人。对于君子而言,不是仁爱的事情不做,不是合乎礼节的事情不做,"仰不愧于天,俯不怍于人"(《孟子·尽心上》),所以"君子坦荡荡"(《述而》)。待人态度上表现出一种宏大的胸襟,豁然大度,厚德载物,不嫉贤,不妒能,所以能"成人之美"(《颜渊》)。小人心胸偏狭,悲悲戚戚,为人刻薄寡恩,嫉贤妒能,所以"成人之恶"(《颜渊》)。

二、义:"君子义以为上"

"义"即合宜合理。孔子对"义"十分重视,认为"君子以义为质"(《卫灵公》),而且把"义"看作是提高君子道德修养的重要途径,以为"主忠信,徙义,崇德也"(《颜渊》)。首先,在孔子那里义和利之间是统一的关系,并不是像董仲舒所说的那样"正其谊不谋其利,明其道不计其功"(《春秋繁露·仁义法》),是水火不容的矛盾关系。孔子并不一概反对人们的物质欲求和对富贵生活的向往,但追求富贵须以其道为原则,因为道才是士君子的最高追求。"富与贵,是人之所欲也;不以其道得之,不处也。贫与贱,是人之所恶也;不以其道得之,不去也"(《里仁》)。这段话并不表明孔子轻视富贵,孔子的本义是,"富与贵是人之所欲",不过,必须"以道得之"。如果不是合于正道的富贵,则甘愿处于贫贱,所谓"君子固穷"(《卫灵公》);假若是本着正道而得的富贵,则可心安理得地拥有。孟子所说"非其道,则一箪食不可受于人;如其道,则舜受尧之天下,不以为泰"(《孟子·滕文公下》)。正因为这样,孔子才说:"富而可求也,虽执鞭之士,吾亦为之。如不可求,从吾所好。"(《述而》)"吾所好"者是道义而非富贵,富贵的取舍全视道义而定,合则取之,不合则去之——"不义而富且贵,于我如浮云"(《述而》)。其次,孔子主张物质利益的取舍,应该以"义"为准则。反对贪得无厌,巧取豪夺,因此一再强调"见利思义"(《宪问》),孔子要求君子要优先考虑"义",做事时先想想合不合理,有没有违反道德和正义,心里要关心大众的要求、公众的利益,坚持以义制利的做人方式,所以"君子之于天下也,无适也,无莫也,义之与比"(《里仁》)。不仅如此,孔子更强调要"先事后得"(《颜渊》),"敬其事而后其食"(《卫灵公》),先把事情做好,再谈报酬。如果"义"和"利"发生冲突,一定要"先义后利"(《孟子·梁惠王上》),务必做到"义然后取,人不厌其取"(《宪问》)。荀子则更加明确地提出了"以义制利"的思想。只有"以义制利",使人人向善的方向发展,才能保证国家和社会的稳定,从而使整个社会和每个个人都得到真正的利益。这就是所谓的"以义制事,则知所利矣"(《荀子·君子》)。第三,在孔子心目中,作为君子,"义"的重要性要高于"勇"。据《论语·阳货》记载,当子路问:"君子尚勇

乎"时,孔子答道:"君子义以为上,君子有勇而无义为乱;小人有勇而无义为盗。"(《阳货》)

在孔子看来,从一个人处理义与利的态度上可以看出他是君子还是小人。孔子明确主张"君子喻于义,小人喻于利"(《里仁》)。一个人若优先考虑的是"义",那么,他就是君子。一个人若优先考虑的是"利",那么,他就是小人。孔子说"君子怀德,小人怀土,君子怀刑,小人怀惠"(《里仁》)。君子关心的是良好品德,小人关心的是田地收成,居处的安逸;君子关心的是遵守法律,不要违犯刑法,小人关心的是怎样得到利益和好处。显然,君子关心的是从公德方面着眼,小人是从私利方面出发。正所谓"君子爱财,取之有道",这个"道",在当代中国,就是指合乎社会主义法律与道德规范的正当挣钱手法,见利思义,不贪不义之财,不谋求制度和政策允许以外的私利;一个人若眼中见利忘义,贪得无厌,不要廉耻,罔顾法纪,私欲横流,行为损害他人、国家的利益,也就得不到公众的认同,"穷斯滥矣"(《卫灵公》),那才是一个唯利是图、人人讨厌的小人。同时,正由于君子处处想着道德和法度,言行处事便会适中,才会以道义来团结人。而小人则会处处想着利益和恩惠,为了一时的私利而相互勾结,以利相合,利尽则离,言行处事便会为达目的而不择手段,其结果"放于利而行,多怨"(《里仁》)。

三、礼:君子"立于礼"

"礼"是君子人格的外在规范,是指规范君子一切言行的准则。孔子认为"礼"是君子的立身之本,要求君子在平日的修养中要做到"兴于诗,立于礼,成于乐"(《泰伯》)。孔子教训儿子伯鱼说"不学礼,无以立"(《季氏》),指出不懂得礼法,就无法在社会上立身处事。孔子讨厌无礼的行为,当子贡问:"君子亦有恶乎?"孔子答道:"有恶:恶称人之恶者,恶居下流而讪上者,恶勇而无礼者,恶果敢而窒者。"(《阳货》)态度何其鲜明!他在斥责子路的无礼时,还提出了"礼乐不兴则刑罚不中,刑罚不中则民无所措手足"(《子路》)的观点,将"礼"与刑罚公正与否、民众安定与否、天下稳定与否相联系,极大地强调了礼的作用。在用人上,有礼与否,也是孔子所持的一个重要标准,"先进于礼乐,野人也;后进于礼乐,君子也。如用之,则吾从先进"(《先进》),宁可选用先学习礼乐的平民,而不用后学习礼乐的"君子"(此指贵族子弟)。身为君子者,一定要做到知礼,言行中规中矩。以射艺为例,孔子说:"君子无所争。必也射乎!揖让而升,下而饮,其争也君子。"(《八佾》)整个比赛过程都做到了彬彬有礼。《论语·学而》记载,"子贡问曰:'贫而无谄,富而无骄,何如?'子曰:'可也。未若贫而乐,富而好礼者也'"。孔子认为即使贫困也要乐观地坚持正道,不以环境困难而忧伤苦恼;即使富有也要以礼待人。子贡从而体会到像《诗经》里面所说的,如同雕琢玉器一样"如切如磋,如琢如磨"(《学而》),在生活的每个方面都力求合法度,不断地努力修养,提高自己的品格。那么,在君子的修养过程中,"礼"何以扮演如此重要的角色?对于这个问题,孔子的回答是:"恭而无礼则劳,慎而无礼则葸,勇而无礼则乱,直而无礼则绞。"(《泰伯》)这说明"礼"在培育君子的过程中作用巨大:一个人若仅注重自己容貌的端庄,却不知礼,就容易劳倦;只知谨慎,却不知礼,就容易流于懦弱;仅有敢作敢为的勇气,却不知礼,就容易盲行而闯祸;心直口快,却不知礼,就容易待人刻薄。"礼"既然有如此重要的作用,孔子力倡身为君子者要用礼节来约束自己的言行,以使自己的言行不至于离经叛道。孔子说:"君子博学于文,约之以礼,亦可以弗畔矣夫!"(《雍也》)这就是说,要把礼的精神贯穿在所学的知识里并在生活中践行。怎样才能做到"约之以礼"?那就是要做到"非礼勿视,非礼勿听,非礼勿言,非礼勿动"(《颜渊》)。身为君子者要知礼并能依礼而行的思想为后世儒家所继承。孟子说"君子所以异于人者,以其存心也。君子以仁存心,以礼存心"(《孟子·离娄下》)。明确主张君子之所以是君子,其不同于常人之处就在于"以礼存心"。当然,君子要守礼,就必须知道礼的实质,切不可只守礼的形式。那么,礼的实质是什么呢?这可从孔子回答"林放问礼之本"的言论里得到答案。孔子说:"大哉问!礼,与其奢也,宁俭;丧,与其易也,宁戚。"(《八佾》)可见,在孔子心中,就一般礼仪而言,其本质在于朴素俭约,而不在于铺张浪费;就丧礼而言,其本质在于用心来表达失去亲人的悲伤之情,而不在于仪式是否周全,关键要正心诚意。与君子相反,小人常常"无礼"或虚情假意地按"礼"的方式以待人接物。

四、智:"智者不惑"

身为君子者必须具备高超的智慧与能力,孔子说"知(智)者不惑"(《子罕》），"智"主要是一种道德理性能力。首先，"智者不惑"体现在对是非、善恶的认知和辨别上。智者之所以不惑，最根本的原因在于君子具备了理性认知和辨别能力，具备了道德理性，因而能够分清事物的是非曲直，而不至于颠倒黑白。孟子曾明确将"智"界定为人辨别是非的能力，他说："是非之心，智也。"（《孟子·告子上》）在荀子看来，能够明辨是非曲直，使自己的认识符合事物的实际情况，也就可以说是正确地认识事物了，这也就是他说的"明于事"。荀子说："知者明于事，达于数"（《荀子·大略》）。在荀子看来，明智的人对事物是清楚明了的，对事理也能融会贯通。实际上，儒家强调智者"明是非"的同时又能"辨善恶"，孔子早就注意到二者的内在关系，说"知者利仁"（《里仁》）。又说："未知，焉得仁？"（《公冶长》）"知者不失人，亦不失言"（《卫灵公》）。也就是说，具备了智德才能分清事物的曲直并明白其利害得失，才会以长远的眼光看事物，才能看到长远的利益，也才能做出正确的道德选择。其次，在儒家看来，智最重要的是对自己的认识，认识自己方能进一步认识他人，所以"不患人之不己知，患不知人也"（《学而》）。具有自知之明，正确地认识自己，被儒家看作是比"使人知己""知他人"更为高明的德性，儒家将之视作君子的基本德性之一。这一见解与儒家强调的"反求诸己"思想是相一致的。孔子有时甚至将"知人"作为"知"的定义，樊迟问"知"，孔子回答说"知人"（《颜渊》）。在孔子看来，所谓"知人"，主要指正确地认识人、客观地鉴别人、清醒地理解人。第三，"智者不惑"还体现为在具体境遇中的"知当务之急"，以及对于"时势"的判断。换言之，"智者不惑"既包含知道当下最着急的事，又体现为知道当下可以做的事。因此，真正"不惑"的"智者"，在具体的道德境遇中，能够权衡利弊得失，分清轻重缓急，知道先后顺序，迅速判断当下应该完成的最重要的任务。在孟子看来，孔子正是具有"识时势"之"智者不惑"的典范，"孔子，圣之时者也"（《孟子·万章下》）。人们只有了解这一点，才可以说是"不惑"之"智者"，也才能被称为君子，这就是孔子说的"不知命，无以为君子"（《尧曰》）。孔子对天命的敬畏，也就是对"道"的敬畏，他的生命已经与天道合而为一。在这种责任的敬畏意识面前，所引出的是一种严肃认真的生活态度。

　　孔子主张人的智慧不是天生的，而是通过后天学习获得的。"学"是君子内在修养和外在规范的获取方式，对于人格的形成有着极为重要的意义。《中庸》上说"好学近乎知,力行近乎仁,知耻近乎勇","学"的总要求是"博学于文"(《雍也》)。只有好学、博学,才能完成君子人格的内质修养,才能获得君子人格外在规范的知识。其具体内容和要求是:其一,要有学习的欲求和不懈的努力。所谓"见贤思齐"(《里仁》),"学如不及,犹恐失之"(《泰伯》)。其二,学习要庄重而严肃,要以培养君子人格为目的,否则,学了也无用,"君子不重则不威,学则不固"(《学而》)。其三,要虚怀若谷,择善而从。"君子食无求饱,居无求安,敏于事而慎于言,就有道而正焉,可谓好学也矣"(《学而》),"三人行,必有我师焉,择其善者而从之"(《述而》)。"见不善而内自省也"(《里仁》),面对"其不善者而改之"(《述而》)。其四,要有一定的方法。"学而不思则罔,思而不学则殆"(《为政》),"学而时习之"(《学而》),"游于艺"(《述而》)等,指出了思考、实践、娱乐式的学习等有益的方法。其五,强调严谨扎实的学风。"知之为知之,不知为不知"(《里仁》),"君子于其所不知,盖阙如也"(《子路》)。

既然君子博学而多识,所以君子的能力往往是多方面的,能胜任多方面的工作,而不是只能做某一方面的事情,这就是了"君子不器"(《为政》)的说法。同时,君子具备了丰富的知识,才能在面对是非善恶时保持清醒的头脑而不困惑迷乱,才能正确地认识作为道德主体的自我和他人,才有能力正确认识自己和处理自己与环境的关系,也才能在特定场合或境遇中"审时度势"、迅速判断当下可以做的事情和应该完成的最重要的任务。为了使自己能与外部环境和谐相处,必会自觉地约束自己的言行,小心谨慎,如履薄冰,做到"君子有三畏,畏天命,畏大人,畏圣人之言"(《季氏》),认为自己所担当的社会义务和责任是由天命决定的,具有不可辩驳的合理根据,所以使自己的言行"与天地合其德,与日月合其明,与四时合其序"(《周易·乾卦》)。与君子不同的是,小人对于自己的德性、能力大小及优缺点缺乏清醒的认识,好高骛远、妄自菲薄,"骄而不泰"(《子路》);而一旦遇到挫折,则转入自馁、自悲、怨天尤人,自然不能正确处理自己与周围环境的关系。又因"小人不知天命而不畏也。狎大人,侮圣人之言"(《季氏》),于人于事,肆意妄为,无所顾忌,不畏天命,轻视大人,侮慢圣人之言,结果自然是天人共诛之。这样一来,小人由于不明是非、善恶,又不好学,对"时势"常常缺乏正确的认识,所以心中"长戚戚"(《述而》),往往就会多忧多惧,瞻前顾后,患得患失。

五、忠信：君子"主忠信"

"子以四教：文，行，忠，信"（《述而》）。孔子强调君子要在仁和义的基础上讲忠和信，提倡待人接物应真诚，为人办事要尽心竭力。孔子主张"为人谋"要"忠"，为人忠诚，既要端正思想、态度，求其在我，搞好己与人的关系，极力把事情办好，又要待人如己，有成人之美的奉献精神。据《论语·卫灵公》记载，"子张问行。子曰：'言忠信，行笃敬'。"子张问孔子做人处事怎样才行得通，孔子回答说：说话要忠诚守信，行为要笃实认真。孔子认为，一个人只要真心诚意为别人做事，真心诚意与别人交往，认认真真地读书，踏踏实实做事，那就是做到了"忠"。此时的"忠"里并不包含后世所讲的"忠君"思想。在孔子看来，"忠"是君子必备的品质之一。孔子说："君子不重，则不威；学则不固。主忠信。无友不如己者。过，则勿惮改。"（《学而》）曾参对此心领神会，所以才说："吾日三省吾身——为人谋而不忠乎？与朋友交而不信乎？传不习乎？"（《学而》）将"待人是否忠诚"作为每日第一件需要反思的事情，对"忠"的重视溢于言表。孔子又进一步说："君子不以言举人，不以人废言。"（《卫灵公》）君子不因别人的话说得动听就抬举他，也不因为这人有缺点就不理会他所说的话。君子要懂得分辨别人的说话，要了解他说的话是不是有诚意，是不是合理。有些人话说得动听，但说的话和做的事并不一致，这些人就不值得信赖；相对来说，尽管有些人曾犯过错，或者品行有问题，如果他提出的是合理的意见，就要加以考虑和接受。与此相反，小人一般既没有坚定的信仰，又往往缺乏诚心，还习惯于将一己私利放在头等位置，为了谋取一己私利，常常"朝三暮四"，巧言令色，阿谀奉承，自欺欺人。

"信"从"人"从"言"，指说话算数，言行一致。在孔子看来，与人交往时必须讲究诚信。孔子一生致力于"信"的教育，他主张交往中，"朋友信之"，"与朋友交，言而有信"（《学而》）；做事："敬事而信"（《学而》），"信则人任焉"（《阳货》），"人而无信，不知其可也"（《为政》）。因此孔子要求人"言之必可行"（《学而》），并以"言而无信"为耻。孔子提出"以直报怨，以德报德"（《宪问》），一切依赖中正、正直。孔子说："君子于其言，无所苟而已矣。"（《子路》）需要指出的是，孔子并不将"信"看作是绝对的、无条件的，而是认为"信"要服从"义","义"为更高的原则。孔子的弟子有子说"信近于义,言可复也"(《学而》)。就是说,我们对别人的诺言如果是合乎正义的就可以实行它。在"信"与"义"不可兼得这种特殊情况下,提倡人们牺牲"信"而成就"义"。正如孟子所说:"大人者,言不必信,行不必果,惟义所在。"(《孟子·离娄下》)如果一个人不问青红皂白而只知信守诺言,那就是"小人",是末等的"士"。这一点从孔子与子贡的下述对话里可以明确看出来:"子贡问曰:'何如斯可谓之士矣?'子曰:'行己有耻,使于四方,不辱君命,可谓士矣。'曰:'敢问其次。'曰:'宗族称孝焉,乡党称弟焉。'曰:'敢问其次。'曰:'言必信,行必果,硁硁然小人哉!——抑亦可以为次矣'。"(《子路》)由此可见,依孔子的观点,从"信"的角度看,有两种类型的"小人":一是平日说话习惯于信口雌黄,出尔反尔,言而无信者,正如《增广贤文》所说:"易涨易退山溪水,易反易复小人心";另一是过于迷信"信",甚至即便牺牲"义"也要守"信"者。由此看来,君子守信讲究通权达变,小人守信拘泥而不知变通。

六、勇:"君子有勇"

孔子将"勇"作为君子的"三达德"之一,其重视"勇"的程度由此可见一斑。孔子认为,身为君子者,为人必须做到果敢、刚毅、刚强、刚正、耿直,而不能软弱无能。同时,孔子认为,君子之勇需要以仁义礼智为规范,否则便是小人之勇、匹夫之勇。第一,勇于仁。君子之勇者好仁,而小人之勇者不好仁。"志士仁人,无求生以害仁,有杀身以成仁"(《卫灵公》)。能做到杀身成仁,便是君子之勇。反之,"好勇疾贫,乱也;人而不仁,疾之已甚,乱也"(《泰伯》)。专凭敢作敢为的胆量,却不知礼,就会盲动闯祸。好勇而不仁,那就是小人之勇。第二,勇于义。"见义不为,无勇也"(《为政》)。这是说君子应该见义勇为。见义不为,则无君子之勇。第三,勇于礼。君子不争,争而有礼。"君子矜而不争"(《卫灵公》),君子争而有节,勇而有礼。"勇而无礼,则乱"(《泰伯》)。勇而无礼,就是小人之勇。第四,勇于智。"好勇而不好学,其蔽也乱"(《阳货》)。不好学则无智,无智而有勇,是小人之勇,只会犯上作乱而已。第五,勇于耻。孔子认为,君子要"行己有耻"《里仁》),要有知耻之心,即有道德的自觉,有所不为。《中庸》上说"知耻近乎勇",在过错面前,不害怕改正错误。知

"耻"是一种自我检讨,自励自勉,发奋改善的良好品质。孔子说"见贤思齐焉,见不贤而自省也"(《里仁》),"过而不改,是谓过矣"(《卫灵公》)!孟子继承了孔子的思想,把"知耻"看作为人所必备的道德修养,"耻之于人大矣"《孟子·尽心上》)。"耻"也就是"羞恶之心"。总之,在孔子心中,作为君子,"义""礼"的重要性要高于"勇"。勇,应是有义、有礼之节制,而且还要好学,才是可取的。慎言慎行是君子之勇,妄言妄行是小人之勇。小人之勇与君子之勇,在境界、度量上是不可同日而语的!

七、中庸:"君子中庸"

孔子是讲辩证法的:他重视忠,却批判愚忠,"邦有道,则仕;邦无道,则可卷而怀之"(《卫灵公》);君子进也可,退也可,无可无不可,形势使然,便是"时中";他重视信,却是讲大信而不是小信,"君子贞而不谅"(《卫灵公》)。君子不愚,不固守小节、小信,而讲究大节、大信。君子应该是能随时间、地点、条件的转移而采取不同的方法,做到具体问题具体分析,而不是把什么都规定好,然后按照方案去做的本本主义。君子要做到"时中",辩证地看问题,做到合理恰当,在现实生活中,一个人若能以"时中"的方式去待人接物,那就是君子。反之,做事不彻底,浅尝辄止,虎头蛇尾;做人模棱两可,是非不分,庸碌无能和俗气,这就是在做小人。因此,"仲尼曰:'君子中庸,小人反中庸。君子之中庸也,君子而时中;小人之反中庸也,小人而无忌惮也'。"(《四书章句集注·中庸章句》)据《论语》记载,"子贡问:'师与商也孰贤?'子曰:'师也过,商也不及,'曰:'然则师愈与?'子曰:'过犹不及'"(《先进》)。这个论断很有名,体现了辩证法思想,常为后人所称引。孔子讲中庸,《论语》中有关的言论还有四处:孔子说:"吾有知乎哉?无知也。有鄙夫问于我,空空如也。我叩其两端而竭焉"(《子罕》)。"中庸之为德也,其至矣乎!民鲜久矣"(《雍也》)。"尧曰:'咨尔舜,天之历数在尔躬,允执其中,四海困穷,天禄永终。'舜亦以命禹"(《尧曰》)。"不得中行而与之,必也狂狷乎,狂者进取,狷者有所不为"(《子路》)。以上四段话明白浅显,容易理解,这是教人认识事物或真理与行事的方法论。孔子认为一切事物之所以正确在于它有一定的"度",达不到或超过这个"度",就是错误。中庸所说就是认识这个"度"的方法。这个道理本不难懂,但做到这一步而不犯错误却很难,因为这个"中"或"度",是因时因地因人而异的,没有一个一成不变的标准,所以孔子慨叹执"中"之难!"两端",用今语表达,即事物之所以构成的矛盾两方面。"执其两端",是人要把握这矛盾的两方面,做到深知洞晓。"用中",不是取两个方面之中间,是在矛盾的两个方面里取一个主要的、有决定意义的方面。因为一个事物中的矛盾主要方面是变化的,把握它极难,要有灵活性。进一步说,"用中",是人的主观上的灵活性准确、恰当地适应事物发展变化之客观灵活性。对于"中庸"一词的解释,最著名的要数北宋著名学者程颢和程颐。据《二程遗书》卷七记载,二程兄弟对"中庸"的解释是:"不偏之谓中,不易之谓庸。中者天下之正道,庸者天下之定理。"这里的"中",就是适中、适度、时中,也就是恰到好处之义;"过"和"不及"都是偏,都不合于道,都不是恰到好处。"中"没有"两端"或"中间"之义,在孔孟儒家看来,各执一端与专执其中都有失偏颇,他们非常反对这种处事态度。"庸"则是永远保持恒常之态,既要"择善固执",又能随着事物的不断发展变化而调整选择最佳的方位和方式,以达到一种和谐平衡的状态。在先秦儒家那里,"中"是相对于事和情形说的,"中"会随时变易,要真正做到中庸,必须有权变思想,这就是《中庸》所说的"君子而时中"。"时中",也就是随时变易之中,君子必须因时而不断调整自己,与时偕行,与时俱进。即具体问题具体分析,要根据客观事物的变化确定自己的认识和实践上的最佳抉择。正如南宋陈淳在《北溪字义·经权》里所说:"权,只是时措之宜。'君子而时中',时中便是权。天地之常经是经,古今之通义是权。问权与中何别?曰:知中然后能权,由权然后能中。中者,理所当然而无过不及者也。权者,所以度事理而取其当然,无过不及者也。"可见,一个善守中庸的君子就是既要固守中正之道又能敢于打破常规的人,以便将面临的不同事情都能处理得恰到好处。荀子也一再强调"君子"要能把握"与时屈伸","与时迁徙"的原则。所以,后世儒家强调,"道之所贵者中,中之所贵者权"(朱熹:《四书章句·孟子·尽心章句上》),"惟善变通,便是圣人"(《二程集·河南程氏遗书卷第六》)。

八、和而不同:"君子和而不同"

在君子之道中,孔子讲究以"和"为审美追求的内在精神。在人与人相处上,孔子的第一条原则是"君子周而不比,小人比而不周"(《为政》),"君子矜而不争,群而不党"(《卫灵公》)。君子普遍地对待人不偏私,小人偏私而不能公正普遍地对待人;君子待人公正、宽和,团结合群却不结党营私,不搞小圈子就可以得到更多的朋友,更多的助力。相反,小人待人存着私心,只就利益和某些人互相勾结。其次,孔子主张取人不求全责备,待人既往不咎。孔子说:"君子易事而难说也。说之不以道,不说也;及其使人也,器之。小人难事而易说也。说之虽不以道,说也;及其使人也,求备焉。"(《子路》)这是说,在君子手下工作很容易,讨他的欢喜却难。不用正当的方式去讨他的欢喜,他不会喜欢的;等到他使用人的时候,却衡量各人的才德去分配任务。在小人手下工作很难,讨他的欢喜却容易。用不正当的方式讨他的欢喜,他会欢喜的;等到他使用人的时候,便会百般挑剔,求全责备。人无完人,求全责备则将天下无人。再次,孔子提倡"和为贵"(《学而》)。强调君子坚持在不同声音、不同观点的前提下对于他人要宽容,要与人为善,协调合作,和谐相处。孔子说"君子和而不同,小人同而不和"(《子路》)。以"和"与"同"作为区别君子与小人的标准之一。君子以"和"为准则,但不肯盲从附和,而敢于阐述自己的意见;小人处处盲从附和,不敢提出自己的见解。在孔子看来,一个人在与他人相处时,如能做到"和而不同",那就是在做君子;若是"同而不和",那就是在做小人。

　　"和"与"同"的做法是大有差别的。按照中国先哲的说法,所谓"和",就如五音合奏,音质不同;唯其不同,才可合而为美妙的音乐。又好比五味调和,风味各异;唯其各异,方能调而为可口之佳肴。所谓"同",则是他人言是,己亦言是;他人曰非,己亦曰非,完全丧失自己的个性和主见(参见《左传》昭公二十年晏子论和与同)。"和"意味着允许不同个性、不同意见和对立面的共同存在。而"同"则是取消个性,取消差异的绝对同一。所以《中庸》说,君子应该"宽裕温柔,足以有容也;发强刚毅,足以有执也。"所谓"有容"就是能"和",能够容纳与自己意见不一的人;所谓"有执",便是"不同",有所执着,有个性,有主见。可见,用作处理人际关系的准则的"和",本是指具有不同个性的人与人之间要彼此尊重,相互理解、沟通,而达到同心同德,协力合作,养成一种共生取向、执两用中、身心和谐发展的独立人格,不要为了一味求同而放弃自己的个性,以至于形成一种依附性的人格;并且,要于不同意见或不同个性中谋求一种"执中"或和谐的状态。与此相反,"同"是指抹杀不同人的个性来谋求单一性的一致之义。君子简重宽宏,自有义理在胸,严己宽人,懂得忍让迁就。凡事可以协商调和,但君子有独立的人格,会坚持正道;小人不论朋友的优劣,表面上好像很合得来,心里却各怀鬼胎,缺乏和衷共济的诚意。正如朱熹所讲:"君子尚义,故有不同;小人尚利,安得而和。"古人云"君子之交淡如水",君子这种纯洁无私的正直的交往,理应建立在相互平等、尊重的基础上。人们向往淡如水的君子之交,首先应让自己心清如水,当每一个人都成为君子,世界将变得清澈、和谐! 此即《中庸》所云"致中和,则天地位焉,万物育焉"之境界!

九、文质彬彬:"文质彬彬,然后君子"

在孔子看来,君子应该是内在精神"仁"与外在规范"礼"的有机统一,即"文质彬彬"。"文"的概念比较复杂,相当于"文化教养",即通过学习而得的文化知识素养和文雅庄重的风度仪容,通常又可以将之理解为以"礼"为主的礼乐修养。"质",即内在于人的朴实本性,通常又将之理解为以仁为主的道德品质。孔子说:"质胜文则野,文胜质则史。文质彬彬,然后君子。"(《雍也》)认为一个人若朴实多过文采,就显得有些粗野;若文采胜过朴实,又有虚浮之嫌。只有文采与朴实相互协调的人,既要有高尚的品德,又要有横溢之才华,才可称得上君子。孔子说:"君子去仁,恶乎成名?"(《里仁》)又说:"君子义以为质,礼以行之,孙以出之,信以成之。君子哉!"(《卫灵公》)在孔子看来,理想的君子应当做到文质统一,不可偏废。《论语·颜渊》:"棘子成曰:'君子质而已矣,何以文为?'子贡曰:'惜乎,夫子之说君子也! 驷不及舌。文犹质也,质犹文也。虎豹之鞟犹犬羊之鞟。'"就是说,道德品质对于人固然重要,但没有了礼乐文化的熏陶,人还不是一个文化人。可见,"文质彬彬"是形容一个人既文雅又朴实,这是中国传统文化所推崇的一种修身境界。孔子的这一主张为后世学者所发扬光大。如《孟子·尽心上》说:"形色,天性也;惟圣人然后可以践形。"认为人的身体相貌是天生的,一个人即便天生丽质,假若其心灵不美,这种外在美也没有什么值得称道之处;只有通过自己的修身养性,用素养美来充实自然美,使自己兼顾心灵美和外在美,这种人才称得上是圣人。程颐主张一个人若是"君子",其"文"与"质"就要相互平衡,而不能"文过质"。程颐说:"君子不欲才过德,不欲名过实,不欲文过质。才过德者不祥,名过实者有殃,文过质者莫之与长。"(《二程集·河南程氏遗书》卷二十五)"文质彬彬"的观点对当代中国人的做人方式仍有一定的启发意义,它告诉人们,在做人时要将自然美与素养美、仪表美与心灵美有机结合起来。

十、自强:"天行健,君子以自强不息"

君子总是自强不息,精进不已,各方面都精益求精,追求完美。首先,孔子认为,君子心里总是存着上进的要求。孔子说:"君子上达,小人下达"(《宪问》)。这是说,君子见贤思齐,不断追求进步,小人却自甘堕落。一个人如果心里自信要成为君子,那么他就会从修养品德、知识各方面求进步,而且日日向上;相反,以追求财富利益、安逸的生活为目标,心里只想着私利,品格就会日渐卑下了。孔子非常赞赏《周易》的思想包括其中的做人之道。孔子曾说:"加我数年,五十以学《易》,可以无大过矣。"(《述而》)他阐发《周易·乾卦》象辞的思想,就特别强调"天行健,君子以自强不息",这说明孔子将"自强不息"作为君子必备的品质之一。其次,君子要有高度社会责任感和深沉历史使命感,要有承担责任的精神和勇气。君子是一个积极的弘道者,一方面他们需要不断地"修己",另一方面他们在学有余力之际又出来做官以使百姓安乐,实现有道之治,也就是"修己以安人"(《宪问》)。这正是君子对"道"追求的内外两个方向。内,就是内在的修身养性,成就君子人格和圣人人格,也就是内圣。外,就是对外部世界生命和社会民生的关怀,也就是外王。"修己"体现了君子的道德自觉性,而"安人"则体现了君子的社会责任感和历史使命感。修己之极致即内圣,安人之极致即外王,君子人格不仅是道德完美的人,而且追求事功,实现治国平天下的理想。在孔子看来,君子是可以"大受"之人,"君子不可小知,而可大受也;小人不可大受,而可小知也"(《卫灵公》)。"可以托六尺之孤,可以寄百里之命,临大节而不可夺也。君子人与?君子人也"(《泰伯》)。说明只有君子之"德""才""位""智"兼备,才堪重任。同时,孔子强调君子要有承担责任的精神和勇气,能客观地认识到自己的不足和别人的优点,在与人发生误解或矛盾时,君子自然是反省自己言行中的不足。"君子求诸己,小人求诸人"(《卫灵公》)。《礼记》里有段话很能说明这个道理,《礼记·射义》篇中说:"射者,仁之道也。射求正诸己,己正而后发,发而不中,则不怨胜己者,反求诸己而已矣!"认为射箭的道理就是仁德的道理,射箭时先要求端正自己的姿态,站得端正、要领正确才发箭,发箭后射不中,不会埋怨比自己优胜的人,反过来探求自己射不中的原因!为此,君子总是奋发努力,要求各方面做到最好,事情做得不好,要从自身探求原因,予以检讨和改善。而且,知错能改:"君子之过也,如日月之食焉:过也,人皆见之;更也,人皆仰之"(《子张》)。与君子相反,"小人之过也必文"(《子张》),小人将自己看得如此之重,犯了错误一定巧为掩饰,巧言辩解,文过饰非。一旦与他人发生纠纷时,总觉得自己简直是真理与美德的化身,过错都在他人身上,自然只会"求诸人"(《卫灵公》)。第三,君子重践履。孔子强调要做"躬行君子"(《述而》),强调所学必须付诸实践落实到日常生活待人处事上来,反对空谈和言行不一。子贡向孔子请教怎样可算是一个君子,孔子说:"先行其言,而后从之"(《从政》)。他认为,要把说的话实行了,然后才说出来。孔子又说:"君子耻其言而过其行"(《宪问》),认为君子以自己说的话超过他自己所能做到的为可耻。一个君子,说的话要尽力履行,所以说话前要慎重考虑,先用行动实践了,再把道理说出来。如果把事情看得太容易,说了而做不到,反而招致别人的批评。许多人总是希望得到别人的认可甚至赞美,或把自己的能力估计得太高,这就犯了说了而不能做到的过失。最后,孔子主张,学不是"为人",为了炫耀于人,而是"为己",是为了充实自己,成就自己、完善自己。孔子提倡"为己"之学,反对"为人"之学,要求"下学而上达"(《宪问》),人生精神境界的提升。《荀子·劝学》云:"君子之学也,以美其身;小人之学也,以为禽犊。"再进一步说,学习和工作都是为了达到自己的理想,从而体会到成功的喜悦,孔子说"人不知而不愠"(《学而》),说的也是同样的道理!

　　综上所述,孔子从诸多方面分析了"君子"和"小人"品德修养和做人态度的不同,以"小人"反衬"君子",从而阐释了做人的道理。总的说来,君子是用一种"兼容多端而相互和谐"的思想来处理天人、人我和身心关系。君子人格实际上是一种具有仁爱、平等、尊重、宽容、自律、刚毅、通达、担当等人格特质,且具共生取向、执两用中、身心和谐发展的独立人格,具备和谐精神的典型人格正是孔子及先秦儒家等人所倡导的君子人格。其实,我们每个人的内心、基因里、血液里都渗透着这些内容。1926年10月3日,近现代学术史上集疑古之大成的疑古大师顾颉刚,在厦门大学纪念孔子诞辰的会议上做了题为《孔子何以成为圣人》的演讲,演讲时说道:"各时代有各时代的孔子,……春秋时的孔子是君子,战国时的孔子是圣人,西汉时的孔子是教主,东汉后的孔子又成了圣人,到现在又快要成为君子了。孔子成为君子并不是要薄待他,这是他的真相,这是他自己愿意做的。"孔子的确是君子,但不是正人君子,更不是伪君子,而是有血有肉讲原则知变通的真君子。今天我们很有必要在全社会倡导"争做君子"活动,这是发挥传统文化优势,做好新时期思想教育工作和党建工作的新举措,是激活每个人的文化基因,加强党性修养的新理念。共产党员首先是人,党性的前提和基础是人性,要做一个好党员,首先要做一个好人,也就是君子。君子之心,人皆有之。每个人的人性中都有一种向善之心,愿意摆脱小人的劣根性,具有努力成为一个君子的愿望与追求。其实,每个人的学习与进步、修养与提高,都是在追求成为一个君子的过程。从优秀传统文化美德中汲取营养,是确立社会主义核心价值观的必修课。既然如此,界定和培育君子人格就是在当代培育和谐文化,建设和谐社会的一项重要举措。

（作者系中国孔子基金会学术部主任,研究员）

寻言观象，寻象观意

——从易辞、易象看《周易》中的以人合天之道

张文智

言、象、意之间的关系问题是易学研究中一个十分重要的问题。在"书不尽言，言不尽意"的前提下，《系辞传》提出"圣人立象以尽意，设卦以尽情伪，系辞焉以尽其言"的命题。王弼将这段文字提炼为："夫象者，出意者也，言者，明象者也。尽意莫若象，尽象莫若言。言生于象，故可寻言以观象；象生于意，故可寻象以观意。意以象尽，象以言著。"（《周易略例·明象》）受玄学的影响，王弼进一步主张："得意在忘象，得象在忘言。"这不能不说是对言、象、意关系的一种偏离，他对"圣人之意"的理解也因此而失真。本文拟沿着王弼提出的"寻言以观象"、"寻象以观意"之思路，探讨《周易》所蕴含的以人合天之道，以期正确把握《周易》中的"圣人之意"。篇幅所限，我们在此只就今本六十四卦卦序（亦称文王六十四卦卦序）、乾坤两卦及备具乾坤四德的屯、随、临、无妄、革等卦为对象进行分析。

一、《周易》的基本架构及其所蕴含的"圣人之意"

正如《系辞传》所云："易者，象也。象也者，像也。""圣人设卦、观象、系辞焉而明吉凶，刚柔相推而生变化。"《周易》与其他经典最大的不同之处在于，它有一套由八卦和六十四卦组成的卦爻符号系统，这就给后人留下了进行无限想象的空间，从而也导致易学内部诸派之间的纷争。其实，《周易》的这套卦爻符号系统排列得很有规律，蕴含着深刻的道理，且与卦爻辞之间有内在的联系。广义地讲，今本六十四卦卦序也可以看作是一种象。另外，易图也是人们进入易学堂奥的一把金钥匙，也可以视为一种象。尽管自宋代图、书之学兴起之后，易图之学受到不少易家的批评与质疑，但部分易图确实有利于我们把握《周易》的要旨。因此，我们在此抛开以往的纷争，仍借用相关易图来阐发我们的问题。

先天八卦图与后天八卦图是易图学中最重要的两幅图，对我们理解今本卦

序的建构原则很有帮助。先天八卦图据《系辞传》"易有太极,是生两仪,两仪生四象,四象生八卦"一段文字推导而出,图示如下:

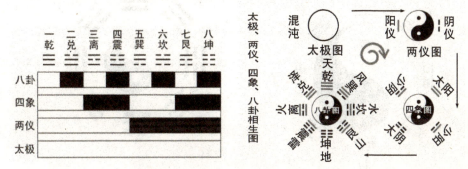

虽然此图被邵雍(1011—1077年)称为先天图以后在后来的易学界引起许多争议,但据此图式确实可以说明今本《周易》的许多奥义,所以笔者在此仍借用其名其图以阐明《周易》的哲理内涵。

先天八卦图常被看作是一幅"天地自然之图"。如果我们把自己置于面南背北的立体宇宙场景之中,则上为天(用乾卦[☰]表示之),下为地(用坤卦[☷]象征之);左为日[☲],象征太阳从东方升起;右为月[☵],象征月亮每个农历月(下同)的初三日黄昏时首先从西方出现;震[☳]、兑[☱]表示阳气逐步息长,至乾卦[☰]而阳气息长至极;阳极则阴生,巽卦[☴]表示一阴出生,与艮卦[☶]一起表示阴气渐次息长,至坤卦[☷]而阴息至极。阴极则阳生,所以坤[☷]后紧接着又是震卦[☳]。在此图式中,纯阳之乾[☰]与纯阴之坤[☷]相对;一阳二阴之震[☳]与一阴二阳之巽[☴]相对;一阳二阴之坎[☵]与一阴二阳之离[☲]相对;一阳二阴之艮[☶]与一阴二阳之兑[☱]相对。此图式与《说卦传》中的"天[☰]地[☷]定位,山[☶]泽[☱]通气,雷[☳]风[☴]相薄,水[☵]火[☲]不相射"一段话可以相互印证。

需要注意的是,先天八卦图象征的是阴阳二气之间的相互对待、消长盈虚和循环往复,这里的八卦象征的是"气"的消长盈虚与循环往复而不是"物",具体的"物"的象征则在"后天八卦图"中展现出来。《周易》首先讲"天地定位"(即《系辞传》所说的"天尊地卑"),而其主旨主要展现是的天地交合、阴阳交易以后产生的万物之间相生、相合、相融、相续之情状(即《系辞传》所谓"卑高以陈,贵贱位矣"及《咸·象》所云"天地感而万物化生")。阴阳相交、相合则吉,阴阳相分、相离则凶是《周易》隐含的主要观念。这些观念主要体现在后天八卦图中。

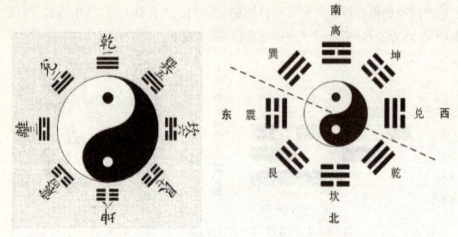

在这一图式（上右图）中，八卦代表的是具体的物及其属性，如乾、兑为金，坤、艮为土，震、巽为木，坎为水，离为火，等等（详见《说卦传》）。在先天八卦图（上左图）中，乾在上，坤在下，在此则乾在下而坤在上；坎卦属阳而被置于下方阴位，离卦属阴却被置于上方阳位。这样安排即是为了彰显在后天世界阴阳通过交合而产生万物的理念。坎为水，震为木，水生木必藉土，故将艮土置于坎、震之间。巽为风气，与天相接，故其位置与乾卦相对。兑金与离火相克，故将坤土置于离、兑之间，以成连环相生之序。故此图式亦有五行连环相生、相合之意。

显然，先天八卦以乾坤天地为主，而后天八卦则以离坎日月为主，后天世界金、木、土的生化皆受坎离所代表的水火调剂之影响，过寒过热皆不能生化。丹道有"取坎补离""后天返先天"之说，而作为儒家密理的《周易》亦隐含有"后天返先天"之意。这一点可以从六十四卦的排序特点及由卦爻辞与卦爻象所展现的"圣人之意"看出。

八卦相重而成六十四卦。从今本《周易》六十四卦卦序之大的框架来看，上经三十卦始于乾[䷀]坤[䷁]。坤[䷁]生于乾[䷀]，而乾又统于"乾元"（即《乾·彖》所云"大哉乾元，万物资始，乃统天"）。"乾元"乃"乾之有元，天之有先"[1]之意，故"乾元资始，独接先天"[2]太极。"太极形始于〇，乃变为☽"[3]。故《周易》上经的开始即寓有"太极生两仪"之义。上经又以坎[䷜]离[䷝]结

---

① 列圣齐释：《易经证释》第一部《乾卦》，正一善书出版社 2005 年版，第 148 页。
② 《易经证释》第一部《乾卦》，第 44—45 页。
③ 列圣齐释：《中庸证释》，圆成出版社 2004 年版，第 17 页。

束,坎离为后天八卦之主。因此,上经寓有由先天太极至"天地定位",至"刚柔始交"(《屯·彖》)①,然后再渐次过渡到后天世界之意。《周易》下经由三十四卦组成,始于乾坤交合而成的咸[☲☶]②恒[☳☴]③两卦。咸卦[☲☶]象征的是少男[☶]对少女[☲]的追慕与两情相感之速④,代表爱情的开始;恒卦则象征男女成婚之后要天长地久。然后,阴阳之间进一步交合转化,到最后乾坤阴阳达到最充分均衡的交合而形成既济[☵☲]未济[☲☵],作为下经的结束。上经象天道即天地万物生化之序;下经象人事即人生万事之状。⑤ 既济未济由作为后天八卦主干的坎[☵]离[☲]组成,而未济又象征事物没有结束以预示下一轮变化的开始。

1 乾	2 坤	3 屯	4 蒙	5 需	6 讼	7 师	8 比
䷀	䷁	䷂	䷃	䷄	䷅	䷆	䷇
9 小畜	10 履	11 泰	12 否	13 同人	14 大有	15 谦	16 豫
䷈	䷉	䷊	䷋	䷌	䷍	䷎	䷏
17 随	18 蛊	19 临	20 观	21 噬嗑	22 贲	23 剥	24 复
䷐	䷑	䷒	䷓	䷔	䷕	䷖	䷗
25 无妄	26 大畜	27 颐	28 大过	29 坎	30 离	31 咸	32 恒
䷘	䷙	䷚	䷛	䷜	䷝	䷞	䷟
33 遯	34 大壮	35 晋	36 明夷	37 家人	38 睽	39 蹇	40 解
䷠	䷡	䷢	䷣	䷤	䷥	䷦	䷧
41 损	42 益	43 夬	44 姤	45 萃	46 升	47 困	48 井
䷨	䷩	䷪	䷫	䷬	䷭	䷮	䷯
49 革	50 鼎	51 震	52 艮	53 渐	54 归妹	55 丰	56 旅
䷰	䷱	䷲	䷳	䷴	䷵	䷶	䷷
57 巽	58 兑	59 涣	60 节	61 中孚	62 小过	63 既济	64 未济
䷸	䷹	䷺	䷻	䷼	䷽	䷾	䷿

① "刚柔始交"即"乾坤始交",因为《杂卦传》有"乾刚坤柔"之说。
② 咸卦由否卦变化而来,即是说否卦[䷋]的上九爻下交于六三爻即两爻互换位置——乾[☰]坤[☷]交合——而成咸卦[䷞]。
③ 恒卦由泰卦变化而来,即是说泰卦[䷊]的初九爻上交六四爻即阴阳交合而成恒卦[䷟]。
④ 《杂卦传》称"咸,速也"。
⑤ 列圣齐释:《易经证释》第一部《图象》,正一善书出版社 2005 年版,第 124 页。

　　这是从《周易》六十四卦排序的大的框架来说的。而这种排序还有另一个明显的特点，即每两个相邻的卦形成一对，六十四卦共三十二对。每一对卦之间的关系或是阴阳爻性完全相反，如乾卦[䷀]与坤卦[䷁]之间的关系，后人将这种关系称为"变"；或是一个卦上下颠倒之后即为另一卦，如屯卦[䷂]与蒙卦[䷃]之间的关系，后人称之为"覆"。这就是孔颖达总结的六十四卦之间"两两相耦，非覆即变"的规律。这一规律说明，至少每一组之两个卦形成一个小的循环，这一循环亦可以用太极图 ☯ 来表示，如屯卦[䷂]与蒙卦[䷃]为一循环，前者下卦震[☳]为雷，有奋迅上升之势，上卦坎[☵]为云，有云蒸之象，整个卦则有气之上行之象；后者上卦艮[☶]为止，下卦坎[☵]为水而下行，整个卦有气之下行之象。两个卦合起来的气行之象正好可以用太极图 ☯ 来表征。后面的其他各组卦之间的关系亦与此相类，皆表征着阴阳二气之间的往来、开合。其实每个卦自身也是一个小的循环，即《系辞传》"变动不居，周流六虚，不可为典要，唯变所适"所要表达之意。另外，有的八个相比邻之卦形成一个循环，有的六个相比邻之卦形成一个循环，有的四个相比邻之卦形成一个循环。如屯[䷂]蒙[䷃]为二阳四阴之卦，紧接着需[䷄]讼[䷅]两卦则为四阳二阴之卦，以上四卦即形成一个阴阳爻数之间的对待与循环；同样，师[䷆]比[䷇]为一阳五阴之卦，而紧接着的小畜[䷈]履[䷉]两卦则为五阳一阴之卦，亦是一种阴阳爻数的对待与循环。

　　由以上这些特点可知，文王六十四卦卦序体现的是由先天太极至乾元至乾坤两仪（乾坤二元），再由乾坤交合而产生万事万物，即由先天八卦至后天八卦的生化过程及规律。循其根源，六十四卦、三百八十四爻皆由先天太极生化而出，则六十四卦、三百八十四爻皆有太极之理。从宇宙生成论的角度来看，先天太极是宇宙生成的源头，故后天通过"乾道变化"生成的万事万物皆源于先天太极。从本体论的角度来看，先天太极是万事万物生成之根本，万事万物皆含有先天太极之性。而通过卦爻辞及《易传》的进一步阐释可以看出，圣人作《易》的宗旨即"圣人之意"是教导人们如何由后天返回先天太极之道。

　　道不可见，而德可见。道为本体，德为发用。通过《易传》的阐发可知，与丹道派通过"取坎补离"来达到由后天返天的方式不同，易教的后天返先天主要通过由德返道来实现。如《坤·象》之"厚德载物"，《蒙·象》之"果行育德"，《小畜·象》之"君子以懿文德"，《豫·象》之"作乐崇德"，《蛊·象》之"振民育德"，《大畜·象》之"君子以多识前言往行、以畜其德"，《坎·象》之

"常德行、习教事",《晋·象》之"自昭明德",《蹇·象》之"返身修德",《升·象》之"君子以顺德,积小以高大",《渐·象》之"君子以居贤德善俗"等等,皆昭示人们在各卦所预示的情势下如何由德返道的。没有明确提到"德"的《大象传》,如《师·象》之"容民畜众"、《履·象》之"君子以非礼弗履"等皆寓有由德返道之意。另外,《乾·文言》中的"德博而化""进德修业",《系辞传》提到的"崇德广业""盛德大业"及其隐含的"德位相配"的观念等等,皆为人们粗略地指出了由德返道即以人合天之道。而《周易》所蕴含的以人合天之道,首先表现在乾坤两卦之中。

二、乾坤大义及其所蕴含的以人合天之道

既然《系辞传》说"圣人设卦、观象、系辞焉,而明吉凶,刚柔相推而生变化","圣人立象又尽意,设卦以尽情伪,系辞焉以尽其言,变而通之以尽利,鼓之舞之以尽神",可知"象"在《周易》中不可替代的地位。但"象"又不那么容易把握。人们往往从《说卦传》所列八卦之象入手来解《易》,却又常常解释不通,故而东汉易学家虞翻等又从卦爻辞中找到了许多"逸象",并发明了许多解《易》体例。但虞氏的这些解释与体例多有牵强附会之嫌;民国期间的象数易学大家尚秉和(1870—1950 年)先生又从《焦氏易林》中发现 170 余个与《易》相关的"逸象",而这些逸象多据《说卦传》所列八卦之象推衍而出[1],所以尚先生根据《说卦传》所列八卦之象及其所发现的这些逸象在其《周易尚氏学》中对《周易》的解释亦多不能令人信服,多有牵强附会之处。导致这一结果的最根本的原因在于,虞翻、尚秉和等对卦象的理解太过依赖于《说卦传》所列八卦之象的模式,他们只部分地看到了后天八卦(亦称文王八卦)与文王六十四卦之间的内在联系,而没有注意它们之间的根本区别。王弼"扫象不谈",又太过于以"玄"理解《易》,而程颐则太过于以"儒"理解《易》。二者亦偏离了《周易》"易者,象也。象也者,像也"的象学特质。这些都需要进行纠正,以彰显《周易》之本旨。

如前所述,先天八卦图主要揭示的是阴阳二气之间的消息盈虚及道的循环往复,八卦在此符示的是气而不是具体的物;后天八卦图是一幅时空一体的动

---

[1]　张文智:《孟、焦、京易学新探》,齐鲁书社 2013 年版,第 234—246 页。

态模型,八卦在此所代表的主要是物。而今本《周易》六十四卦除了含有八卦所象征的"物"的因素之外,更重要的是要彰显与人密切相关的"事",也可以这样说,今本《周易》六十四卦极尽天下之人事,而其建构模式则是本天道以立人道,开天文以立人文。不了解文王六十四卦卦序的建构原则,就不能理解《周易》由先天到后天的推演模式,也不可能理解每个卦、一组两卦及一组多卦中阴阳二气的循环往复模式,亦不可能理解每卦内及组卦之间"气"的流转。依据本文第一部分对"先天""后天"关系的认知,我们在这一部分对乾坤两卦的要义进行分析。

众所周知,乾坤两卦是进入《周易》堂奥的门户,全面把握乾坤两卦的要义对我们全面把握整个《周易》六十四卦系统的微言大义,贯通《周易》各卦爻之间的内在联系,具有十分重要的意义。因此,我们在这里首先对乾坤两卦的卦爻辞、卦爻象等内涵进行分析,旨在揭示以乾坤两卦为纲领的整个《周易》所蕴含的以人合天之道。

乾卦的卦辞为"元亨利贞"。历代易家对这四个字的解释多从字面上进行理解,从而局限了其应有的含义,而"此四字之释,非仅字之义也,必先知乾包全易而卦具全德,方可以此四字度之"[1]。"元亨利贞四字者,四象也"[2],则一日之朝夕昼夜,一岁之春夏秋冬,皆可以此四字象之。这样,由"元亨利贞"四字所显之乾象既是一个全象,又是一圆象:"元亨利贞"四字乃"天道之全,乾象之圆,统御一切,无内外,无始终"[3]。而具体来说,则"元"为气之始生;"亨"为气之大达;"利"为气之初敛;"贞"为气之终伏。就其气象言之,则"元"示乾之大生,如春之仁;"亨"示乾之大长,如夏之盛;"利"示乾之大成,如秋之收;"贞"示乾之大伏,如冬之藏。

易教本天道以明人事,若乾卦只彰显上述自然之象,则与人无干,故必落实于人事吉凶。从德性之角度言,则"生者,仁也;盛者,礼也;成者,义也;伏者,信也。此四者,德之见也,而智寓于中,则用之藏也"[4],故元、亨、利、贞分别与仁、礼、义、信相应。从吉凶之角度言,则"元"主升发;"亨"主通达;"利"主制禁;"贞"主潜默。元亨对应春夏,与人通达顺利之时相应;利贞对应秋冬,与人

---

① 《孟、焦、京易学新探》,第26—27页。
② 《孟、焦、京易学新探》,第26页。
③ 《孟、焦、京易学新探》,第145页。
④ 《孟、焦、京易学新探》,第29页。

受阻塞难之时相应。人在通达顺利之时很容易自满,而在受阻塞难之时又易于过度沮丧、自暴自弃。易教讲求中道,据刘大钧先生统计,《彖传》与《象传》中仅对"中"的称谓就有"中正""正中""得中"等等二十九种提法。而这些称"中"的卦爻都是吉卦、吉爻①。所以,《周易》主张人在"元亨"之时,就要想到"利贞"之时将会到来,这样就可以永葆"元亨"。基于这一理念,乾卦《文言传》提出了"乾元者,始而亨者也;利贞者,性情也"这一说法,而《乾·彖》则有"乾道变化,各正性命。保合太和,乃利贞"之说。

　　这里的"利贞"乃自修之道。要想正确理解这里所说的"性命"、"利贞"之义,首先要了解《周易》所说的宇宙本始及人的性命本源。为了防止人们被乾卦卦辞"元亨利贞"所束缚而不能上达宇宙本源与宇宙本体,《乾·彖》指出:"大哉乾元,万物资始,乃统天。云行雨施,品物流行。大明终始,六位时成,时乘六龙以御天。"这段话的总体意思是,在乾之中乃有"乾元"之存在。乾之为物为纯阳,"而乾元犹阳之精,……与坤元同主生成。坤元阴精,顺承有终。乾元资始,独接先天。以太极之初,元气浑沦,独为阳也。而两仪既分,仍为阳精,故其德并坤,其气且在乾先也"②。也就是说,宇宙本源、本体为先天太极,"太极形始于〇,乃变为☯"③。所以,这两个图同时并用才能完整地表达出"太极"之义。这一宇宙生成观念在《周易》古经中无法看出,而首揭于《系辞传》:"易有太极,是生两仪。"在后面这个被后人称为两仪图的图式中,阳仪代表乾元,而阴仪代表坤元。"乾元"乃"乾之有元,天之有先"④之意。但乾元统天而不离天。乾主大生,天下万物无非"因元气而成形,因乾德而为用,此天下生化之机所自流行以生生不息也",⑤故"云行雨施,品物流行,大明终始,六位时成"皆乾元之流行与发用。这里不说"始终",而说"终始",正是因为能终而复始,唯元气能之。"乾元出天之先,入地之后。天尚由其统御,况其下者乎! 故乾元之气不可见,由六位见之。阳出于地,升于天,行乎六位,包括上下。此乘六龙而御于天也"⑥。这就是"时乘六龙以御天"之应有之义。

---

①　刘大钧:《周易概论》,齐鲁书社 1988 年版,第 29—30 页。

②　列圣齐释:《易经证释》第一部《乾卦》,正一善书出版社 2005 年版,第 44 页。

③　列圣齐释:《中庸证释》,圆成出版社 2004 年版,第 17 页。

④　列圣齐释:《易经证释》第一部《乾卦》,正一善书出版社 2005 年版,第 148 页。

⑤　《易经证释》第一部《乾卦》,第 45—46 页。

⑥　《易经证释》第一部《乾卦》,第 48—49 页。

　　乾卦与其他卦的不同之处在于,他卦之变化出于乾坤,由于乾卦为全《易》之第一卦,看起来无所出,因为乾卦在后天为独尊独大,像是无所承续,"然无所承,而有所本。……乾之所本道耳。故乾之变化本于道,道之变化,自然者也,无变而变,无化而化,虽有变化,不见变化",而变化者乃道体所见之用也。故"夏变而暑,冬变而寒,天如故也;云化而雨,气化为风,天如故也;……所变者皆见于用,见于天之下,物之上,于天未尝变也"①。也就是说,天下万物虽千变万化,而"天"并未变。"凡天之变化,必见于地,故必先及人"②,故人的生死、寿夭、穷通、智愚等亦是天道变化之结果。但在变化之中亦有不变不化者存焉,因为人"受生而得中气,同于乾元之气也。变化者,谓之命;不变化者,谓之性。性则体也,命则用也。……性不变而永存,命随变而时化"③。天道虽变而不失其常,人道变而易失其常,乃因人常为情识所左右,其灵明、静净之性常为不正之情识所遮蔽、掩盖。易教旨在教人变而不失其常,故教人以"致中和",即变而不失其正之意。"保合太和既致中和也。……性者不垢不净,不增不减,纯乎无为,而情则有待于正"④,性命皆正则能致中和而保合太和。因此,这里的"保合太和"之境界,要从《中庸》所说的"中和"的角度来理解:"喜怒哀乐之未发未之中,发而皆中节谓之和。"这样才能理解"致中和,天地位焉,万物育焉"的内功与外行。正性命必自自修始,而"乾之四德,元亨利贞,天之序也,在人则先利贞而后元亨,以人道重在己也。修己以成诚,然后成人成物;修己以正心,然后正人正国,修己以全生,然后安天下。皆在己也"⑤,而至其极致,则"内有其道,外见其德。内见性命之正以达利贞,外致治平之功以孚元亨"⑥。可见,这里的"利贞"即《大学》"格致诚正"的内功修为,而"元亨"则为《大学》"修齐治平"的外在表现;"利贞"为内止至善之境,"元亨"为外明明德之行。而在《中庸》,"利贞"为"成己"之内功,"元亨"则为"成人成物"之外行。以上就是"乾道变化,各正性命。保合太和,乃利贞"所应有之含义,也是《乾·文言》"利贞者,性情也"所要表达之意。

---

① 《易经证释》第一部《乾卦》,第49—51。
② 《易经证释》第一部《乾卦》,第51页。
③ 《易经证释》第一部《乾卦》,第52页。
④ 《易经证释》第一部《乾卦》,第55页。
⑤ 《易经证释》第一部《乾卦》,第56页。
⑥ 《易经证释》第一部《乾卦》,第57页。

　　如前所述,乾之先有"乾元",而"乾元资始,独接先天"①太极。"太极形始于〇,乃变为☯"②。除了"乾元"之外,下文还要讲到"坤元"。另外还有"乾元用九""坤元用六"之说。乾坤"二元既两仪(☯)也,二用即两仪之德"③。《乾·用九》:"见群龙,无首吉。"《乾·象》对此的解释为:"用九,天德不可为首也。"而《乾·文言》则有"乾元用九,天下治也","乾元用九,乃见天则"之说。"用九"乃象外之象,超越于六十四卦之具体卦爻之象之上,以"用九居(乾)六爻之上,而得'无首'之占"。"'群龙'者,众善人也,在天界言,则出三界;在道德言,则纯至善;在易言,则太极之初也。……此太一元气、天地中气由乾之用而寓于各爻卦之中也。"④而"〇"为"太极之原"⑤。由此可知,"乾元用九"之象,《大学》之"至善"之境,《中庸》之"至诚"之境、"中和"之体,皆可用"〇"来符示之。藉此本原与本体,《乾·象》"自强不息"之说也就不难理解了。

　　《乾·象》曰:"天行健,君子以自强不息。"乾之所以为天下之至健者,"以其出于先天,成于纯阳,清虚光明,故为至刚","其体至坚而至精粹,其化也至虚灵,……佛以之喻性,即以其如乾之纯也"⑥。因此,乾之至健之性与人之至诚之性亦皆可用"〇"(太极之原)来符示。《中庸》有云:"至诚无息,不息则久,久则徵,徵则悠远,悠远则博厚,博厚则高明。博厚配地,高明配天。"这里的"无息"即"不息"之意。不息"根于守中,守中之至,通于至诚","能不息而后能止,能守中而后能化"⑦。因此,这里的"不息"有既"能止"又"能化"两方面的属性。"止"为道之体,"化"为道之用。人只有做到"不息"才能成全道之体用。对《乾·象》在此说的"不息",亦应如此理解。天因其"健"而成其元亨利贞之常德,"人则必先自修、自励、自警惕、自勤慎,先求其利贞,而后达于元亨。故必先自强,而后能不息也"⑧。乾卦九三爻辞"君子终日乾乾,夕惕若厉,无咎",亦指此意,而"自强不息"实据此爻辞而发,无非是教导人们以人合天,以期人们做到"先天而天弗违,后天而奉天时"。

　　①　《易经证释》第一部《乾卦》,第44—45页。
　　②　列圣齐释:《中庸证释》,圆成出版社2004年版,第17页。
　　③　列圣齐释:《易经证释》第二部《坤卦》,正一善书出版社2005年版,第101页。
　　④　列圣齐释:《易经证释》第一部《乾卦》,正一善书出版社2005年版,第89页。
　　⑤　《易经证释》第一部《乾卦》,第169页。
　　⑥　《易经证释》第一部《乾卦》,第66—67页。
　　⑦　列圣齐释:《中庸证释》,圆成出版社2004年版,第198—199页。
　　⑧　列圣齐释:《易经证释》第一部《乾卦》,正一善书出版社2005年版,第68页。

　　阴阳交合则生,相离则化,是后天世界阴阳变化的总纲。文王六十四卦以乾坤为首,"明各卦皆自乾坤出,而坤又在乾后,明阴之生于阳"①。文王后天卦序主要彰显后天之生成,故乾卦[☰]虽为纯阳之体,而有阴位(指二、四、上之爻位)在;坤卦[☷]虽为纯阴之体,而有阳位(指初、三、五爻之爻位)在,因"后天之象,必合阴阳而后生成。……乾无坤无以见其功,坤无乾无以成其用,故坤纯阴不独含阳,且为纯阳之应,亦即纯乾之所契接交合,而为生化终始之德所见也"②。因此,在后天世界坤对乾的意义亦十分重大:"凡天之所生,皆成于地;凡乾之所始,皆终于坤。……乾之德皆见于坤,乾之用皆明于坤。……故坤之辞皆自乾出。……观坤之辞,必合乾辞;释坤之象,必本乾象。以二者相生相成,而后成天下之生成;同变同化,而后主天下之变化,非独一可以生成变化者也。"③

　　坤卦卦辞曰:"元亨,利牝马之贞。君子有攸往,先迷后得,主利。西南得朋,东北丧朋,安贞吉。"④在《周易》中,人为三才之一。在每一六爻卦中,三爻、四爻为人爻。易教为人道立,天道非人不明,地道非人不通,故"乾之德用,行成于坤,而倚于人"⑤。乾主气,坤主形⑥。气无方体,故乾卦元亨利贞"四德周流;东西南北,四方广被;春夏秋冬,四时应候;来往反复,四行同达。无所滞也,无所择也。比天之覆,无所外也;比天之行,无所止也"⑦。而坤则不然,其"必承乾始能成用,交乾始能成德,不得独立以有为也"⑧。因此,坤虽备乾之四德而有所限,以应四方而有所宜,以行四时而有所得丧⑨。乾为性,坤为情,故坤卦卦辞重在"贞","故以'安贞'为吉,而守牝马之良,本是足以利往,由是足成'元亨'"⑩。就乾坤天地之间互涵互摄而言,"天以阳摄阴,地以形含气,互抱以行,相交以替,方圆旋转,莫知其极。气包形外,而又通于形中,乃成生化之机纽也"。乾卦之所以取象于"龙",乃是因为乾卦皆阳爻,"阳者气之清也,动而轻

① 《易经证释》第一部《乾卦》,第5页。
② 列圣齐释:《易经证释》第二部《坤卦》,正一善书出版社2005年版,第6页。
③ 《易经证释》第二部《坤卦》,第15—16页。
④ 《易经证释》第二部《坤卦》,第18页。
⑤ 《易经证释》第二部《坤卦》,第19页。
⑥ 列圣齐释:《易经证释》第二部《乾坤大旨》,正一善书出版社2005年版,第163页。
⑦ 列圣齐释:《易经证释》第二部《坤卦》,正一善书出版社2005年版,第26页。
⑧ 《易经证释》第二部《坤卦》,第26页。
⑨ 《易经证释》第二部《坤卦》,第27页。
⑩ 《易经证释》第二部《坤卦》,第24页。

灵,升而邈冥,上下太空,飞腾而潜形。故名曰'龙',以其生于水而出于水,飞于天而通于泉。此阳气之自然,为生机之最全,故比之龙,非真龙也"。而坤卦之所以取象"牝马",乃因"牝马者,地类也。……非如天马之行空也。天马为龙,故飞在天;牝马非龙,故行于地。……唯应天行,非地自行,故不可先,先则迷途。随天以行,是为'后得',故'主利'也。'西南'者地之所向,气之所合,故'得朋'也"。乾既率先,则坤者宜后,故做到"安贞"才能得"吉"。人虽在天地之中,但近于地而远于天,故在大自然面前应效法坤道。可见,坤卦乃以利贞为本,以顺承为上,所彰显者亦无非是以人合天之道。

　　《周易》强调在变化之中有不变者在,"坤爻至上六,其道已穷,其数已极,则变而之乾,为坤消以复于乾之象,以其有坤元存,不随数而尽。卦虽消,其元不灭,则坤之大用永不失,故有用六之象,以见坤元永存也"[1]。《坤·用六》曰:"利永贞。"在《周易》这里,乾元、坤元为变中不变之存在,故坤之用六,"亦如乾之用九,以示阴阳二元,非随形物生灭者也。……六十四卦,唯乾坤有此象焉,以元气之存于天地也"[2]。故坤用六之象亦为象外之象,不可用具体卦爻来符示。于"用六"之德,《坤·象》有云:"用六永贞,以大终也。"以"其用无尽,而克终天下之终,是曰'大终'。……乾元用九,以开其始;坤元用六,以复于不息"[3]。只要明了《大学》内圣外王、内功外行之说,《中庸》"至诚无息""德至道凝"之说,自不难理解上述文字之义。"君子成德达道,必正性命为本,保太和为基。先利贞之行,而后成元亨之期"[4],圣人谆谆于此,无非让人们明白并践行以人合天之道。

三、备具乾坤四德之卦所寓示的天人合一理念

　　在今本《周易》六十四卦中,除了乾卦卦辞有齐整的"元亨利贞"四德之外,卦辞备此齐整的四德者尚有屯[䷂]、随[䷐]、临[䷒]、无妄[䷘]、革[䷰]等卦。由于这些卦皆在乾坤之下而由乾坤变出。天地既奠之后,乾主元亨,坤主利贞。既然元亨利贞四德在坤卦中已受时地之限制,它们在上述各卦中自然更

① 《易经证释》第二部《坤卦》,第98页。
② 《易经证释》第二部《坤卦》,第99页。
③ 《易经证释》第二部《坤卦》,第102—103页。
④ 《易经证释》第二部《坤卦》,第104页。

受时地所限。尽管如此,我们亦能从中看出这些卦所预示的天人合一、与时偕行之理念。我们在此仍从卦象入手,对上述各卦备具四德的缘由进行简要分析,以进一步理解整部《周易》所蕴含的以人合天之道。

屯卦为文王六十四卦之第三卦,为乾坤所生之第一卦,其辞曰:"元亨利贞。勿用有攸往,利见侯。"屯卦[䷂]上坎[☵]下震[☳]。自先天至后天之生化言,"天一生水",坎[☵]为水,为先天至后天初生之机;自后天八卦图所示后天生化次序言,"帝出乎震",震[☳]为生机之始见,即《屯·彖》所云屯为"刚柔始交"①之后所生。故屯为"物之始生,天地生化之初见",乾之四德如初生之种子,备包于屯卦之内,故屯卦备具乾坤四德。又因此卦二爻为阴爻,五爻为阳爻,"六二为坤正位,九五为乾正位。适当其位,乃昭其德。故屯卦之继乾坤,能见乾坤之用。……屯之大用,亦体乾坤而不失,是以为生化之始,万物之初,足为一切矜式也。故屯卦虽异乾坤,而功用则绍乾坤而立其始"②。值得注意的是,上述备具乾之四德之卦,除了临卦之外,其他各卦亦皆为二爻为阴、五爻为阳之卦而得天地之正且二、五相应。屯卦内卦震虽有奋迅之势,奈前有坎[☵]陷,中互艮[☶]止,故"勿用有攸往",而有"盘桓""邅如"之象,但毕竟屯卦备具四德,且初九又"以贵下贱"而"大得民",故仍以"利建侯"为占。屯为天地初生之象,易道重生,更重生生之本,生生之本为先天太极,故屯卦仍重利贞,以最终达至元亨。

随卦亦备乾坤四德,其辞曰:"元亨利贞,无咎。"随卦[䷐]上兑[☱]下震[☳]。兑为阴,震为阳,兑随震,为阴从阳之象。"阳以乾行,震应乾而兑应坤。坤顺承乾,兑以从震,故曰'随',言随乾化也"③。"阳者正也,从正则道大而用光,功弘而德美。此随之四德具备,有同于乾也。卦之备四德者,皆如此例,而随尤著"④。可直接与随卦相比照的是其上下象相易之后的归妹卦[䷵]。既然随卦为阴从阳之象,归妹卦则为阳从阴之象。前者为四德具备,而后者则为六十四卦中唯一一个四德全无之卦,其辞为"征凶,无攸利",与未济"无攸利"相类,故《杂卦》有"归妹,女之终也;未济,男之穷也"之说,皆因阴阳不交之故。《杂卦传》又曰"随,无故也",《随·象》亦曰"天下随时"之说,"已往之事皆

---

① "刚柔始交"即"乾坤始交",因为《杂卦传》有"乾刚坤柔"之说。
② 列圣齐释:《易经证释》第二部《屯卦》,正一善书出版社 2005 年版,第 5 页。
③ 列圣齐释:《易经证释》第三部《随卦》,正一善书出版社 2005 年版,第 135 页。
④ 《易经证释》第三部《随卦》,第 136 页。

故"，而"随以变生而删除往事，本刚动之德，致更张之功，其道颇宜，其时亦合，时至则变，时至则新。既曰随时，自非守旧，凡称时者，必指新言"①。因此，随有随时变易、与时偕行之义，与革卦有相通之处，只是"革为变之大而显，随为变之约而隐"②。随之"向晦入宴息"（《随·象》）与革之"治历明时"（《革·象》）皆有因时变易之义，只是前者为一日之计，而后者则为一岁之计③，其同异之处易可了然。据其象义，则随有四德，"而人道必自利贞始。利者，义也。贞者，正也"④，如此才能免咎，并在此基础上随时日新才能抵于元亨。

《序卦传》曰："临者，大也。""凡易卦称大，必因乾"⑤，临备具乾之四德，故称"大"，其辞曰："元亨利贞，至于八月有凶。"临卦[䷒]上坤[☷]下兑[☱]，上地下泽，二阳居初、二爻，为阳长阴消之象，故《临·象》曰"刚浸而长"，"阴消则柔易刚，阳长则小变大，故临称大"⑥。据十二辟卦之序，临为十二月卦，其先为复卦[䷗]（十一月），其后为泰卦[䷊]（正月），与后天八卦图中之艮卦相应，为"成终成始"之卦，"如梅先春而花，见天地之心，其道精而德弘，故能体乾而化坤"，故说"临天道也。唯天为大，而临则之，故备四德以同于乾"⑦。在后天世界，阴与阳相互消长，无一日之停，长于前者必消于后。临之覆卦为观。临[䷒]为阳长阴消，观[䷓]（八月）则阴长阳消。"临为十二月卦，当春之先，正得阳刚上升之气，以应天道生发之令，而一届八月，气已变，令已换，则反为观而阴长阳消，是其凶也"⑧。"八月不利于临，非卦之凶，及时之灾也。时属天道而趋避在人事，是虽凶，犹可免"，其要仍以利贞为本，以期于元亨。况临既备四德，周于四时，苟能知时且以利贞为基，则无时不宜，无时不与天相合矣。

《序卦传》曰："复则无妄矣，故受之以无妄。"无妄亦备具乾坤四德，其辞曰："元亨利贞，其匪正有眚，不利有攸往。"复卦[䷗]上坤[☷]下震[☳]，一阳来复，以震化坤而成乾，"见天地之心"，与颜回"克己复礼""三月不违仁""有不善未尝不知，知之未尝复行"（《系辞传》）之德相应。故复有"约情复性""继

---

① 《易经证释》第三部《随卦》，第 140 页。
② 《易经证释》第三部《随卦》，第 146 页。
③ 《易经证释》第三部《随卦》，第 160 页。
④ 《易经证释》第三部《随卦》，第 143 页。
⑤ 列圣齐释：《易经证释》第三部《临卦》，正一善书出版社 2005 年版，第 73 页。
⑥ 《易经证释》第三部《临卦》，第 68 页。
⑦ 《易经证释》第三部《临卦》，第 75 页。
⑧ 《易经证释》第三部《临卦》，第 79 页。

善成性"之义。无妄[☰]上乾[☰]下震[☳],有"震动于下,天明于上"之象,"光明磊落,其志可见,仁义礼信,其智可知,故备四德而与天道相同"①。无妄二至四爻互艮[☶]为止,三至五爻互巽[☴]为顺,总的卦象为"艮止于中,震动于下,以成其体。……乾健于外,巽顺于中,以成其用。……行以高明,则巽以乾大,动而止定,则震以艮安。内安外大,人心之所存守也,人事之所光大也,故曰无妄,言其真诚而无欺饰也"②。故"无妄"即"诚","诚者,天之道也"(《中庸》),无妄因之而备具乾之四德。《序卦传》又说"无妄,灾也",后人对此多不能解。如上所述,无妄中互艮巽,"顺以止,道之本也",故孚中和之德,而于其本象,下震有决躁之势,上乾有过刚之嫌,"躁以贾祸,则震不能遂其生化之功而毁于暴;刚以自用,则乾不克成其高明之德而败于浮。浮与暴,皆过也,反于中和、悖乎顺止故也,而灾实生焉。……而趋避之道,唯诚与四德,四德亦诚之所发。……无妄固自复来,欲免于灾,仍当师复,即以乾而用坤也"③。而"天下之灾,恒与妄相来去,妄苟无矣,灾亦莫生。故曰'匪正有眚',实以明正则无灾,真则无妄也。……易之命名,凡曰'无'者,皆原有也。……则无妄正以其易妄而名之耳"④。

革卦与随卦有相类之处,故亦备具乾坤四德,其辞曰:"巳日乃孚,元亨利贞,悔亡。"革卦[☱]上为兑泽[☱],下为离火[☲],有"水火相息"(《革·象》)之象,但二者相合则成其利,以"天地之间,非水火不(能)生化"⑤。水润下而火焰上,故在此卦中,上者降而下者升,虽然上下二卦因"不相得"而情志有殊,"而所至终可孚合,故能兼乾坤四德,而为'文明以悦'之行。如天时依序以变,春夏秋冬,终必有始,则革又何害焉!……天地尚以革而成其德,况于人乎"⑥!革卦上为泽水,下为离火,若火势微,则为水所灭,其象为"泽中有火",则其旨"非水灭火,乃火蒸水",然必取火盛之日才能成其蒸腾之用,故以巳日为孚,"以巳火之日能助离之德,蒸兑泽之水。水遇热而化,始著其生成变化之功。……,此'巳日乃孚',取于火之能变易水耳"⑦。这里的"悔亡"即"无悔"

---

① 列圣齐释:《易经证释》第四部《无妄》,正一善书出版社 2005 年版,第 165 页。
② 《易经证释》第四部《无妄》,第 160 页。
③ 《易经证释》第四部《无妄》,第 168—169 页。
④ 《易经证释》第四部《无妄》,第 170—172 页。
⑤ 列圣齐释:《易经证释》第六部《革卦》,正一善书出版社 2005 年版,第 214 页。
⑥ 《易经证释》第六部《革卦》,第 214—215 页。
⑦ 《易经证释》第六部《革卦》,第 217 页。

之意，"由无妄念，始无悔心。无妄者，诚也。至诚则刚。刚之至者，妄欲不生，则金刚之体，其坚韧不可毁折。道之成也，亦如之。故形而上者，水火相炼以成真身；形而下者，水火相息以成生化，皆必自水火始"①。"孚"者，信也，合也，为革之要义，"不孚不为革"，故革必"顺乎天而应乎人"，故"革者必孚，孚于天下，孚于后世。天下后世皆利其革，革斯当矣"②。

以上是对备具乾坤四德之卦之象义所作之分析，其他尚有具其三德、二德、一德者乃至诸德不具者，但各有其卦象之根据，而其所寓亦无非是以人合天之道。因篇幅所限，就不在此一一进行分析了。

结语

综合上述，文王六十四卦之排序已彰显出从先天太极到后天六十四卦所符示的万事万物之生化之序，而后天之中有先天，变中亦有不变者在。易教的宗旨是教人以人合天即由后天返先天，即经由人道以合天道。道不可见，而德可见。对人来讲，通过践行各种卦象所启示的德行而能进德修业、崇德广业乃至盛德大业，就能以德合道，最终实现德至道凝。六十四卦首于乾坤，"自先天言，天地犹晚出；自后天言，乾坤乃始成"③。其余六十二卦又由乾坤变化而出，但"太极之气，正在━━━之中"，"苟不克见此极，徒逐于━━━之象而求其变化，是将陷于徇情逐物之弊，而不能自正性命也。故习易者必时时求见其太极焉"④。能做到这一点，才能在乾道变化中各正性命而保合太和。人虽居天地之中，但远于天而近于地，则人所见者，皆地所载也，"故卦以坤为人事之始，而因坤以孚乾，因地以顺天道也"⑤。既然"乾先元亨，坤先利贞"⑥，人道亦应先做到"利贞"才能最终达至"元亨"。乾主气，为道之全，以四德来象之；坤主形而包于天，虽具四德而有时地所限。坤之下亦有备具四德之卦者，其四德亦受时地所限制。而这些备具乾坤四德之卦者除临卦之外，有一个共同特点，即五

① 《易经证释》第六部《革卦》，第220页。
② 《易经证释》第六部《革卦》，第220页。
③ 列圣齐释：《易经证释》第二部《乾坤大旨》，正一善书出版社2005年版，第143页。
④ 列圣齐释：《易经证释》第一部《全易大旨及习易要例》，正一善书出版社2005年版，第82—83页。
⑤ 列圣齐释：《易经证释》第二部《乾坤大旨》，正一善书出版社2005年版，第145页。
⑥ 《易经证释》第二部《乾坤大旨》，第145页。

爻为阳,二爻为阴,乃"孚乾坤正位",故备具乾坤四德①。而临则以其在春之先,居"成终成始"之位,"刚浸而长",以刚化柔,以坤复乾,故亦备具乾坤四德。分而言之,屯、临寓有易道生生之旨;随、革彰显与时偕行、因时变革之意;无妄则以"诚"为基,"诚者,天之道也"(《中庸》)。其他未能备具乾坤四德者,亦皆以利贞为主,其旨无非是教人易情为性,由利贞而返于元亨。《大学》、《中庸》为儒门心法,《易经》则为儒家之密理。明白了《大学》内止至善、外明明德之说,《中庸》成己成物之说及中和、不息之境,自不难理解《易经》"各正性命""保合太和"即以人合天之旨。

　　(作者工作单位为山东大学易学与中国古代哲学研究中心)

---

① 列圣齐释:《易经证释》第六部《革卦》,正一善书出版社 2005 年版,第 211 页。

略论中国的"根文化"建设

刘家全

一、文化之"流"

我们现在都有一个共识,就是中华民族的复兴必然伴随着中华文化的复兴,或者说,中华民族的复兴,在精神层面主要指的是中华文化的复兴。

对于大文化视域,人们过去一直把其分为主流和非主流,通常的表述就是,精神家园文化(在西方主要表现为宗教文化,在中国主要表现为道德文化)是主流文化,而政治文化、经济文化、文艺文化等等,则是非主流文化。在中华传统文化里面,儒家文化是主流文化,而道家、释家还有法家等等,则是非主流文化。笔者在此前也认同这样的分类,并因此还主编"中华主流文化丛书",主办"中华主流文化网"。

实际上,这样的分类存在着问题。按主流和非主流分类,那就意味着中华精神家园文化和其他各种文化,同时在一条历史长河里从过去流淌到了今天,而且随着中途各个文化支流的汇入,主河面渐趋宽大。但实情并非这样,中华精神家园文化中途多次被变造,"水质"变异,"水流"变窄,甚至有时就直接中断了。至少在体制性主导性方面是这样。

那么,这就给我们提出了一个问题,中华精神家园文化和其他各种文化到底是一个怎样的关系? 现今的时代,各种文化如政治文化、经济文化、文艺文化等等都很流行很热闹,文学家获得了大奖就成了人们的精神导师,从事艺术的名人动不动就被追捧为全国的范儿,甚至北大名教授还说"一个章子怡能顶一万个孔子"。章子怡当然代表着流行的文艺文化,而孔子却代表着传统经典的价值文化。那么这些各种各样的文化之间的关系到底是什么? 这些问题都是值得人们深思的,而且极需要给出一个确定的答案。

二、文化之"树"

出于对这些问题的思考,笔者认为以一棵树的各个部位比喻各种文化比较恰当,为此笔者设置了"文化树"这一文化符号。"文化树"首先要确定的是树根的部分。借助现代网络技术中"根服务器"这样的名称,笔者提出了"根文化"的概念。所谓"根文化"就是作为一个民族或国家的民众精神家园而存在,对其他文化产生潜在导向性影响,或者直接生发其他文化的基础性文化。而其他文化,如政治文化、经济文化、文学文化和艺术文化等等,则应分别为杆文化、枝文化、叶文化和花文化。这样就帮助人们在理解各种文化时,能够比较准确地定位各种文化。

根文化:精神文化;

杆文化:政治文化;

枝文化:经济文化;

叶文化:文学文化;

花文化:艺术文化。

三、文化的"根"与"土"

新时期以来,中国共产党非常重视国家思想文化建设,认为中华优秀传统文化是国家思想文化建设的沃土,这就是"沃土论"。这样的主张比起之前对中华文化的评价已经非常之高了。但笔者认为,沃土与大树虽然关系密切,但毕竟不是同属类的事物,而传统文化与国家思想文化却都属于文化范畴,是同一类事物。所以传统文化应该是"文化树"的"树根"而不是"泥土"。事实也正是这样,中国并不是一片未长任何"树木"的光秃之地,而是各种"文化树木"已经成林,只有在民族原有文化树的树根上才能生发或嫁接后来的各种文化。所以,无论是本土形成的还是外来引进的政治经济文艺文化,均是"树杆"之上的文化,它们的存在与发展,是建立在原有的"根文化"基础之上的。由此分析,"一个章子怡能顶一万个孔子"的说辞,就相当于说一棵树上的一朵花能顶该棵树下的一万条根那样荒唐。

四、文化资源

讨论"文化树"必然涉及"文化林",必然涉及"文化生态",必然涉及中国本土三种文化资源和外来两种文化资源。本土三种文化资源首先是中华传统文化,本文化不论从时间顺序还是从内容影响力来看,都只能是"文化树"之根,故简称"根文化",这里可总归为儒家文化;其次是革命文化,特指"改革开放"前的执政党正统文化。此文化从时间顺序或者从内容影响力来看,显然应当为"文化树"之"杆",可简称为"革命杆文化";第三就是"改革开放"特色文化,是"改革开放"以来执政党的主导性文化。此文化从时间顺序或者从内容影响力来看,当然也应为"文化树"之"杆",可简称"改革杆文化"。外来文化主要为西方的市场与商业文化,此类文化可归于"资本文化"或"市场文化",从时间顺序或者从内容影响力来看,应为"文化树"之"枝",可分别称为"资本枝文化"与"市场枝文化"。这两种文化同时交集在社会舆论方面,成为呼应市场化改革的主导性文化。虽然近年来西方宗教在中国迅速传播,也可归于"根文化"系列,但其基本未进入体制内主导国家文化,在此不予讨论。这里只将三种本土文化资源和两种外来文化资源入论。

五、文化生态

上文已指出,"根文化"就是一个民族或国家民众的精神家园文化,是一个民族或国家民众赖以生存的精神命脉,是影响人生观、价值观的价值理性文化。在西方表现为宗教文化,由独立于政体的教会组织体系来传播弘扬践行。在中国百年前表现为儒家文化,该文化属于教化之学而非信仰之宗教,因为没有独立的教化组织体系,故一直结合在时行的政体中,历史上就是所谓的"政教一体""以吏为师"。"改革开放"之前的半个世纪,中华"根文化"被"革命及救亡之运动"消解,但由于"革命杆文化"异常强大,故而也能暂时替代成精神家园文化。"改革开放"之后,"革命杆文化"又渐渐被丢弃,西方"资本文化"大举侵入,成为新的观念文化的主杆和经济文化的繁枝,但"资本杆文化"与"革命杆文化"不同,后者兼有精神家园的功能,而前者则是直接排斥精神的。于是,中国的"根文化"严重缺失问题彻底暴露。在此情况下,国人完全处于失魂状态,精神家园荒漠化,道德无依无着,社会颓唐败坏成为时代主潮。

六、"根文化"缺失描述

(1)社会指导思想偏差,以经济建设为中心,"革命杆文化"被淡化,被消解。"革命杆文化"中的阶级斗争理论与实践理应放弃,但"革命杆文化"中的利他主义、集体主义、崇尚崇高和精神追求也被丢弃,分别为利己主义、个人主义、迷恋低俗和物质欲望所取代。现在我们社会的主要问题,正是丢弃了"革命杆文化"中这一积极成分,而民族传统的"根文化"又呈缺位的结果。

(2)在淡化"革命杆文化"的同时,中华"根文化"继续受到体制性轻视,受到社会流行意识的贬损,受到来自左右两股文化势力的夹击。早年执政党曾将"革命杆文化"与中华"根文化"相对立,以批判中华"根文化"欲使"革命杆文化"取而代之,致"革命杆文化"少了民族"根文化"的滋养,使"革命杆文化"成为无源之水,无本之木。当今执政党的执政合法性一半来自"革命杆文化",现在要恢复民族"根文化",与长期以来"革命杆文化"有意与民族"根文化"对立的传统不符,但要放弃"革命杆文化",执政党又失去了文化合法性,这是由过去将两种文化长期对立带来的逻辑悖论。

(3)大举引进西方启蒙运动文化,这种文化在解放人,提倡竞争,增强社会活力方面有一定的正作用,但因为不是西方的"根文化"即宗教文化,主要是商业文化与政治文化,故最多只能达到"杆文化"的程度,这种性质为启蒙文化的商业与政治文化,在其他方面副作用突出。比如在人生观方面流行享乐主义;在伦理观方面流行个人主义;在方法论方面流行实用主义;在经济观方面流行"人是经济动物论";在文化观方面流行低俗文化;在道德观方面流行消解崇高,纵容堕落;在社会观方面流行无序竞争,两极分化;在政治观方面流行精英垄断权力。这些都是每一位社会成员的亲身经历,并不需要举例证明。

七、重建"根文化"的正当性

(1)一个正常社会必须要有"根文化",而且"根文化"应当主导别的文化,以作为全体社会成员的精神家园、道德律条、是非标准与价值理性。否定"根文化"的主导性,在"根文化"方面主张多元化,是完全糊涂的、错误的。最显著的例证就是,西方社会虽然非常强调多元与包容,但在"根文化"方面从来没有多元化过。美国总统宣誓就职时手只能按一本书——《圣经》,而不可能再按《古兰经》或《论语》。中国的历史经验也是这样,近几十年的现实教训也在这里。器物文化、经济文化、文艺文化等都可以多元,政治文化就已经不能多元了,而"根文化"更是只能一元,必须一元。

(2)在中国,由于没有类似西方教会那样承载"根文化"的独立组织体系,对于"根文化"的传承与弘扬,只能依赖于政体,这是必然的选择。哪怕因政体出现执政危机,从而牵累到民族的"根文化",正如同袁世凯当年复辟帝制与尊孔同行,结果导致严重伤害儒家文化的那样,也只能是这样,因为在中国别无选择,复兴中国的"根文化"只能寄望于政体。

(3)既然建设国家"根文化"寄望于政体,政体就要勇于担责,理直气壮地坚守"革命杆文化"中那些符合中华"根文化"的成分。尤其是当前执政党应管好自己的思想文化阵地,如各级党校就应该成为"革命杆文化"中合理成分的传承者;执政党主管的媒体也应该是"革命杆文化"中合理成分的传播者。现在的问题是党校有的学者带头反对这些合理成分,执政党管的一些媒体带头消解这些合理成分,这正在导致因"革命杆文化"中正确成分被消解而使全社会失去道德底线。

(4)在坚守"革命杆文化"中合理成分的同时,要重建中国的"根文化",这就是将革命小传统与民族大传统对接,将"革命杆文化"与中华"根文化"融合,形成新时期的中国主导性文化。这种可能性完全存在:一是"革命杆文化"的社会终极追求是平等正义和谐,这正是儒家提出的大同世界构想。而中国革命运动中,凡是遵循儒家思想原则和方法的,革命运动就发展,比如抗日战争时期的民族团结共赴国难;凡是偏离儒家思想原则和方法的,革命运动就遭受失败,如井冈山后期的"左倾"和"文化大革命"时期的激烈阶级斗争。

(5)在这样的对接与融合过程中,更多地要尊重中华"根文化"的取向与主导性,"根文化"是根本大道理,而"杆文化""枝文化"则是次级道理。符合"根文化"的就融合,不符合的要好好研究,必要时就扬弃。另一个就是近几十年的"改革开放",最主要的一点是符合中华"根文化"的,这就是政府放权让社会发育,包括发展民办经济与事业。儒家早就倡行经济、教育由民众来办的主张,儒家的社会自治就是大社会小政府的构架。

(6)"改革开放"以来发展社会事业与民办经济与教育,其实就是在补中华

"根文化"主张的课。但"改革开放"以来,我们的社会由于受到西方商业文化的巨大影响,"根文化"还没有取得相应的主导地位。中华"根文化"所反对的"上下交征利""见利忘义"成为社会的流行文化,社会两极分化随之加速。孔子强调民众"不患寡而患不均",而西化的商业文化却严重忽视中华"根文化"的主张。还有儒家的义利观没有落实好,儒家主张"义以为上",孟子早就告诫"上下交征利则国危矣"。我们的社会这几十年来为了配合市场经济,却一直在持续批判中华"根文化"早就提出过的正确的义利观,于是见利忘义成为明目张胆的行事法则。

八、如何建设"根文化"

建设中国的"根文化",应当从许多方面抓起,这里只粗线条地提出几点:(1)国家要高度重视"根文化"的建设,应清楚我们的"根文化"原本就呈缺位的现状。应形成这样的共识:只有建设好"根文化",其他文化才能随之而建设好。同时也应明确,中国的"根文化"只能是以儒家文化为主的传统文化,而不是别的。为此,国家应当采取引导性举措,比如公务员考试,应加进有关"根文化"的试题。大学升学考试应考"根文化"的内容。(2)在执政党所管的媒体舆论界,要明确一个原则:对"根文化"只能传播弘扬敬而颂之,不能随意抹黑胡乱评价。应彻底纠正将"枝、叶、花文化"与"根文化"对立起来,或者将"枝、叶、花文化"凌驾于"根文化"之上的荒唐观念。(3)在大中小学尽快推进中华"根文化"教育,编定"根文化"教材,内容以取之儒学经典为主,成为大中小学的必修课。这一点非常重要,因为中国没有独立的宗教体系,精神家园文化便没有一个组织体系来专门传播弘扬践行,而这一切在西方是由独立的教会系统来进行的。由此在中国,精神家园文化只能靠政府推动,由各级各类学校具体落实,也就是继续走中国特色的教育兼教化之路,让各级各类学校成为建设中国人精神家园的主要场所。

如此经过几十年始终不懈的努力,才有可能使中华民族的"根文化"成为中国崛起的坚强基础。

(作者系陕西省孔子学会副会长,西北大学现代学院董事长、荣誉院长)

论白沙心学的忠孝价值观

刘兴邦

任何民族、任何国家、任何时代,甚至任何一种文化都有其核心价值观。中国传统文化的价值观可以从不同的层面进行概括,忠、孝价值观是其核心价值观。忠即忠于祖国、忠于人民,它是价值之魂,它是优秀民族精神的支撑。孝即孝敬父母是价值之基,它是良好家风的基石。白沙心学"士不居官终爱国,孙当从祖是名田"(《陈献章集》第411页),是忠孝价值观的集中体现,"士不居官终爱国"是白沙心学以忠为核心的爱国主义价值观的彰显,"孙当从祖是名田"是白沙心学以孝为核心的孝亲价值观的必然要求。忠、孝价值观构成了白沙心学价值观的核心内容。

一

"士不居官终爱国,孙当从祖是名田",是陈白沙喜得孙子陈田时写下的著名诗篇。这首诗既可以说是陈白沙本人的明志诗,它表明陈白沙虽然没有做官,却终生坚守爱国主义价值观。这首诗也可以说是陈白沙的家训诗,它表明陈白沙告诫孙子陈田要尊敬祖父,像祖父一样具有爱国主义价值观。忠、孝价值观是白沙心学的核心思想,是陈白沙一生艰难而自觉的选择。"使内不遗于亲,外不欺于君,进退取舍概于义,此古人难之,非直今曰也"(《陈献章集》第176页)。"内不遗于亲"是指孝敬父母,"外不欺于君"是指忠于君主、热爱祖国。在家孝敬父母,外出做官忠于君主是中国古代知识分子的必然选择,也是其价值观的根本体现。在中国传统社会中,忠与孝常常存在着矛盾与冲突。所谓忠孝不能两全,即忠孝在一个人身上很难同时存在。陈白沙看到了孝忠不能两全的矛盾,他要求自己做到孝忠两全,并把忠孝两全作为自己的价值观。"君亲于我皆无尽,忠孝须君两不惭"(《陈献章集》第492页)。父母生养了自己,国家培养了自己,国家与父母对自己有无穷无尽的恩情。因此,忠于祖国、孝敬父母是自己应尽的义务和责任,自己应当做到问心无愧。陈白沙深深体会到母亲的养育之恩。陈白沙是遗腹子,陈白沙的父亲在陈白沙出生前的一个月就去世了,陈白沙是在寡母的抚育下长大成人。同时,陈白沙年少时体弱多病,母亲为把陈白沙抚养成人,付出了比一般的母亲更多的艰辛和劳累,倾注了对陈白沙更多的爱。母亲的养育之恩、母亲的爱在陈白沙的内心深处凝结成一颗伟大的孝心。陈白沙爱母亲、孝敬母亲。"缘臣父陈琮年二十七而弃养,臣母二十四而寡居,臣遗腹之子也。方臣幼时,无岁不病,至于九岁,以乳代哺,非母之仁,臣委于沟壑久矣。臣生五十六年,臣母七十有九,视臣之衰如在襁褓。天下母子之爱虽一,未有如臣母忧臣之至,念臣之深者也"(《陈献章集》第2页)。陈白沙深深体会到国家的培育之恩。陈白沙自幼读书,他20岁乡试中举,后来三次参加礼部会试,虽然三次礼部会试都未成功,但都凝聚着国家对自己的培育之恩。"臣自幼读书,虽不甚解,然于君臣之义知之久矣。伏惟我国家教育生成之恩。陛下甄陶收采不遗卑贱之德,至深至厚。于此而不速就以图报称于万一,非其情有其不得已者,孰敢骛虚名,饰虚让,趑趄进却于日月之下,以冒雷霆之威哉!臣所以一领乡书,三试礼部,承部檄而就道,闻君命而惊心者,正以此也"(《陈献章集》第2页)。陈白沙深深感谢国家的培育之恩。母亲的养育之恩和国家的培育之恩深深地扎根于陈白沙的心中,养成了陈白沙孝敬母亲、忠于祖国的忠孝价值观。

二

热爱祖国是白沙心学价值观的重要内容,也是陈白沙终生坚守的座右铭。陈白沙说:"士不居官终爱国,孙当从祖是名田。"(《陈献章集》第410页)"士不居官终爱国"是白沙心学价值观的高度概括和集中体现。在陈白沙看来,对国家忠、热爱祖国是每个人必须坚守的核心价值观,不论是做官的人还是普通百姓,都应该热爱自己的祖国。陈白沙一生坚守和践行热爱祖国的核心价值观,他终生没有做官,没有享受朝廷的俸禄,却热爱祖国,时刻关心祖国的前途、民族的命运。陈白沙不仅本人坚守和践行热爱祖国的核心价值观,而且要求自己的子孙也应该像自己一样,坚守和践行热爱祖国的核心价值观。陈白沙认为热爱祖国不是小部分人的事,而是所有人的事。不是一代人、两代人的事,而是子子孙孙的事。

白沙心学热爱祖国的价值观不是空洞的口号和说教,它具有丰富的思想内容,并体现于实际的行动中。白沙心学热爱祖国的价值观首先是对国家前途和民族命运的关心。"天下功名无我关,只缘我自爱江山。若对江山元没兴,纸钱灰冷未知闲"(《陈献章集》第648页)。在陈白沙看来,个人的功名利禄是无关紧要的,祖国的大好河山、国家的前途命运是每个人必须关心和爱护的。如果一个人对祖国的大好河山都不热爱,他就没有领会到人生的价值和意义。因此,一个确立了热爱祖国的价值观的人,当祖国的大好河山遭到侵犯,国家的前途命运受到威胁时,就应该义无反顾地保卫自己的祖国。这种爱国主义的价值观首先表现为弘扬民族气节,振奋民族精神。陈白沙家乡新会厓门是南宋王朝最后灭亡的地方。陈白沙对于南宋王朝的灭亡痛心疾首,他写下了《吊厓》诗表达了悲愤的爱国之情:"天王舟楫浮南海,大将旌旗仆北风。义重君臣终死节,时来胡虏亦成功。身为左衽皆刘豫,志复中原有谢公。人众胜天非一日,西湖云掩鄂王宫。"(《陈献章集》第402页)南宋王朝最后一位皇帝乘坐的船只漂浮在南海的海面上,保护皇帝将帅的大旗倒下了,南宋王朝最后灭亡了。在这场保卫南宋王朝的战争中,有人坚持民族气节,振奋民族精神,为保卫南宋王朝而壮烈牺牲。有人却丧失民族气节,抛弃民族精神,出卖南宋王朝而苟且偷生叛国投敌。陈白沙对南宋王朝的灭亡十分痛心,对为保卫南宋王朝,坚持民族气节,振奋民族精神而牺牲的民族英雄无限崇敬。"少读宋亡厓山诸臣死节事,辄掩卷流涕"(《陈献章集》第868页)。特别是对为保卫南宋王朝而牺牲的民族英雄文天祥、张世杰、陆秀夫更是十分崇敬:"宋有中流柱,三人吾所钦。青山遗此庙,终古厌人心。月到厓门白,神游海雾深。兴亡谁复道,猿鸟莫哀吟!"(《陈献章集》第367页)陈白沙不仅在思想深处崇敬文天祥、张世杰、陆秀夫三位民族英雄,赞颂他们视死如归的民族气节,坚韧不屈的民族精神,而且在实际行动中建祠、作诗歌颂他们的英雄事迹,表彰他们的民族气节。为了缅怀这些民族英雄,弘扬他们的民族气节,他多次去厓门凭吊,建议当地官员建祠立碑纪念。在陈白沙的积极建议下,在当地官员的支持下,纪念这些民族英雄的"大忠祠"在厓门最终建成。"厓山大忠祠、慈元庙之建与夫祀典之举也,皆发议于先生(白沙先生)与副使陶某(陶鲁)、右布政刘某(刘大夏)、佥事徐某(徐礼)共成之"(《陈献章集》第877页)。在建成"大忠祠"之后,陈白沙又积极筹备纪念为忠于南宋王朝、保护南宋少帝赵昺而不失民族气节投海而死的杨太后,以表彰杨太后的民族气节。"慈元庙之未建也,先生梦一女人后饰,立于大忠之上,曰:'请先生启之'。后十年建庙,即其所也"(《陈献章集》第877页)。在陈白沙的积极倡议下,纪念杨太后的"慈元庙"在"大忠祠"建成后十年建成,陈白沙亲自写了《慈元庙记》一文,表彰杨太后视死如归的民族气节和民族精神。"前有东山后有徐,慈元风教万年垂。岭南他日传遗事,消得江门几句诗"(《陈献章集》第644页)。"大忠祠""慈元庙"所显现的爱国主义价值观流传千古。现今"大忠祠""慈元庙"已成了江门(五邑)地区爱国主义教育基地。与此相关,陈白沙对背叛祖国,出卖民族利益、丧失民族气节的变节投降者给予无情的批判。在推翻南宋王朝的战争中,原南宋官吏张宏范可谓出力不少。张宏范原是南宋官员,后来投降变节元朝统治者,并率领元朝军队追杀南宋军民,一直追杀到新会厓门,最后消灭了南宋王朝。张宏范为了表彰自己追杀南宋军民,消灭南宋王朝的功绩,在厓门择石立碑,其碑文为"张宏范灭宋于此"。陈白沙对张宏范的叛变投敌、丧失民族气节的可耻行为十分愤慨。为了揭露张宏范叛变投敌的羞恶嘴脸,陈白沙在"张宏范灭宋于此"的碑文前面加上"宋人"二字,使碑文变成了"宋人张宏范灭宋于此"。这样,既揭露了张宏范叛变投敌的丑恶嘴脸,也警示后人不要学张宏范,不要叛变投敌,要保持民族气节,要坚守爱国主义价值观。

白沙心学的爱国主义价值观不仅表现在坚持民族气节、弘扬民族精神上,而且表现在热爱人民、惩治贪污腐败上。白沙心学继承了中华民族优秀的民本主义思想文化传统,认为人民是国家的根本,要热爱人民,注重民生,关心人民疾苦。白沙心学认为人民决定国家的兴衰存亡,决定国家的前途命运,提出了"州亡州复在民"的思想:"州亡州复在民,何关于公之一念?"(《陈献章集》第27页)一个地方的兴旺发达,一个国家的兴衰存亡是由人民决定的,它不以地方长官、国家的最高当政者的主观意志为转移。当政者能得到人民的支持和拥护,国家就会兴旺发达,反之,当政者如果失去人民的支持和拥护,国家就会衰败灭亡。因此,当政者应该把人民作为国家的根本,关注民生,关心人民的疾苦。当政者一切举措必须以民生为前提,以民生为归宿。一食一衣以民生为出发点,一举一动以民生为落着点,"一食之费必计","一役之兴必计"。"甚矣,公之厚于民而薄于躬也,一食之费必计,曰:'民其不聊生。'一役之兴必计,曰:'民其不堪命。'故人之遂其生养者,若赤子之慕慈母;人之免于涂炭者,若枯槁之遇春风"(《陈献章集》第108页)。当政者对人民要宽厚,对自己要刻薄。吃饭时要计算这顿饭的费用,不要铺张浪费,因为还有很多老百姓没有饭吃。兴建一项工程时要计算这项工程的费用,不要搞形象工程,要考虑百姓的承受能力。当政者帮助百姓过上好生活,就像慈母帮助婴儿过上好生活一样。当政者帮助百姓免除灾难,就像春风能使枯树重新发芽生长一样。一句话,当政者要以百姓的忧乐为忧乐,要以百姓的是非为是非。"盖民之所好,好之;民之所恶,恶之"(《陈献章集》第 142 页)。百姓所喜欢的事,当政者要喜欢,百姓不欢喜的事情,当政者不应该欢喜,一切以百姓的好恶为标准。当政者要尽量办好百姓喜欢的事情。当政者要了解民间疾苦,关心百姓困难,为百姓排忧解难。特别当百姓遭受到严重的自然灾害和繁重的苛捐杂税的双重压迫时,当政者更应帮助百姓度过苦难,使百姓过上安居乐业的生活。"去年无雨谷不登,今年雨多种欲死。农夫十室九不炊,天道何为乃如此! ……科征不停差役多,岁岁江边民荷戈。旧债未填新债续,里中今有逃亡屋。安能为汝上诉天,五风十雨无凶年"(《陈献章集》第 319 页)。当政者要把百姓背井离乡、流离失所的苦难告诉上天,使天下太平,百姓安居乐业,使苦海变成富裕的瀛洲:"西邻多窃盗,村村夜支更。为语长官道,能无患盗情? 家家愁日暮,处处望秋成。饥羸饱食粟,苦海变蓬瀛。"(《陈献章集》第 372 页)使饥饿的百姓吃上饱饭,使苦难的世界变成幸福的瀛洲,这是当政者的担当和责任。

白沙心学的爱国主义价值观还表现在惩治贪官污吏上。贪官污吏侵吞国家财产,剥夺百姓利益,是国家的蠹虫,人民的公敌。他们的贪污行为败坏了社会风气,破坏了国家的安定,从某种意义上说是最大的卖国行为。陈白沙对贪官污吏深恶痛绝,认为贪官污吏侵吞国家财产,危害百姓的生计,比公开抢夺的强盗有过之而无不及。"贪官污吏侵渔百姓甚于盗贼"(《陈献章集》第 127页)。白沙心学主张铲除贪官污吏,使社会的法制得以执行,使百姓要求社会清廉的良好愿望得以实现。"此辈不除,虽有良法美意,孰与行之? 窃谓徭法虽更,必痛惩一二贪黩,然后法行之可久也"(《陈献章集》第 127 页)。白沙心学铲除贪官污吏的主张,在某种意义上维护了社会的公平正义,体现了其爱国主义价值观的特色。

三

孝是白沙心学价值观的基本内容,白沙心学孝道价值观是对儒家文化孝道价值观的继承和发展。中国古代伟大的思想家、教育家、儒家学派的创始人孔子提出了"孝悌也者,其为仁之本与"(《论语今读》第 30 页)的思想,认为孝道价值观是儒家文化的根本,从而确立了孝道价值观在中国传统文化中的地位,规范了中国孝道价值观的理论框架和价值取向。陈白沙以其特殊的人生经历对以儒家为代表的中国传统的孝道价值观进行了创造性地继承和发展,丰富和充实了中国传统孝道价值观的内容。前文我们说过,陈白沙是遗腹子,他在寡母的抚育下长大成人。因而陈白沙对中国传统的孝道价值观的体会比一般人要深刻得多,陈白沙的孝心比一般人要真切厚重得多。白沙心学的孝道价值观以中国传统的孝道价值观为基本框架,保持着中国传统孝道价值观的基本内容和理论特色,主要表现为对母亲深深的孝敬之心,"有道于此,匪难匪易。能者谓贤,不能者耻。母疾子侍,弟扶兄醉。尧舜之道,孝弟而已"(《陈献章集》第 89 页)。白沙心学认为,孝道价值观的核心内容是"母疾子侍,弟扶兄醉",即孝敬父母,顺从兄长。在陈白沙看来,以孝敬父母、顺从兄长为特征的孝道价值观,不管时代怎样变化,个人的人生经历如何不同,但其基本价值取向是不变的。陈白沙认为,孝敬父母、顺从兄长的孝道价值观是人的自然本性的表现,它不因人而异,不因物而变:"爱亲,人子之至情也,不待教而能,不因物而迁,人之异于圣人也,岂相悬绝若是邪?"(《陈献章集》第 44 页)孝敬父母,顺从兄长是孝道价值观的核心内容,是每个人天然具有的本性。不管是普通人还是圣人,都应具有尊敬父母的孝心。一个人如果没有孝敬父母的孝心,那就不是真正意义上的人。一个儿子不孝敬自己的父母,就不是真正的儿子。"抑闻之,子不私于亲,非子也;士不明于义,非士也"(《陈献章集》第 196 页)。孝敬父母是孝子的基本前提和必然要求。当然,由于个人的条件不同,每个人孝敬父母的具体做法可以不一样,也没有必要都一样。每个人可以根据自己的情况,采取不同的孝敬父母的做法。但是,必须遵守共同的孝道准则,那就是不能违背根本的孝敬原则。只有不违背孝敬原则的孝,才是最大的孝。"仆闻之,君子之事亲也,尽其在我者,不必其在人者,苟吾之所为不畔乎道,不衍乎义,则其为孝也大矣,禄之失得弗计也"(《陈献章集》第 200—201 页)。白沙心学认为,孝敬父母就是充分发挥自己本心所有的孝心,不必仿效别人的具体做法。在白沙心学看来,每个人孝敬父母的方式是多种多样的,只有内心思想情感上的孝心才是最大的孝。"具足于内者,无所待乎外,性于天者,无所事乎人。又非但事亲一事为然,一以贯之。其所称孝,非常所称。常所称者,丰其养,厚其葬,生之封,死之赠而已耳"(《陈献章集》第 48 页)。在一般人看来,父母在世时在物质生活上好好的赡养父母,使父母衣食无忧。父母去世时给予厚葬,使父母在天堂享受人间的荣华富贵。父母在世时,封以各种荣誉,父母去世时,赠以各种称号。白沙心学认为,这是平常人所称的孝,不是真正意义上的孝。在白沙心学看来,真正意义上的孝是思想感情上的孝。这种思想感情上的孝体现了孝的本质特征和核心价值。陈白沙所称道和尊崇的孝与孔子所称道和尊崇的孝是一脉相承的,但又融入了自己人生经历和亲身感受。孔子曾提出了孝与养的区别。在孔子看来,物质上赡养、照顾父母是必要的,也可以说是儿子对父母的孝心,但这不是真正的孝。因为人也能给马给牛等动物提供食物,养活它们,不能说人对牛马有孝心。儿子只有在情感上、思想上尊敬父母,使父母身心愉快,心情舒畅,那才是对父母最大的孝。"子游问孝。子曰:'今之孝者,是谓能养。至于犬马,皆能有养;不敬,何以别乎?'"(《论语今读》第56页)孔子认为,思想感情上孝敬父母是区别人与动物、判断人是否具有孝心的标志。陈白沙结合自己遗腹子的特殊人生经历,继承发扬了孔子这一思想,并把它贯彻到实际行动之中,从而丰富和充实了孝的内涵。陈白沙在思想情感上具有孝敬母亲的心,并把这种孝心融化到母亲的内在心理之中,使母子之间心心相印,情感相通。"(白沙)孝弟出于天性。事太夫人甚谨。太夫人非先生在侧辄不食,食且不甘。先生在外,太夫人有念,辄心动亟归果然"(《陈献章集》第873页)。陈白沙对母亲十分孝敬,侍奉母亲仔细、周到。这种仔细、周到的孝心沉淀到自己的心灵深处,并转化为母亲对他的一种慈爱之心。儿子孝敬母亲,母亲慈爱儿子,母子心心相印,情感相通。每当陈白沙不在他母亲身边,他母亲就不吃饭,即使吃饭也没有味道。陈白沙有时因事外出不在母亲身边,他母亲就会惦记他。只要他母亲惦记到他,陈白沙就会心有感应,并且立即回到母亲身边。陈白沙的孝心已经转化为一种内在的心理情感,凝结为思想上的孝心,从而体现了白沙心学孝道价值观的本质特征和理论特色。陈白沙的母亲晚年时,虽然年事已高,但身体却非常健康。相反,陈白沙本人的身体却十分衰弱,常常疾病在身。陈白沙十分担忧自己在母亲去世之前而离母亲而去,不能尽到养老送终之孝心。因此,陈白沙在母亲年过70岁以后,每天晚上都沐浴更衣向上天祈祷,祈求上天保佑自己,使自己在母亲去世之后才死去,以尽自己养老送终之孝心。"太夫人老耋,康强如壮,先生以古稀年顾多病,常虑一旦身先朝露,不能送太夫人终。故自太夫人七十年之后也,每夕具衣冠秉烛焚香,露祷于天曰:'愿某后母死'。"(《陈献章集》第873—874页)陈白沙的孝心感动了上天,也许是上天有灵，保佑陈白沙在其母亲去世之后才去世，成全了陈白沙养老送终的孝心。为了保全对母亲的孝心，陈白沙在母亲去世后再也不穿锦缎制作的华丽衣服。并对人说，母亲去世前，他穿锦缎制作的华丽衣服是为了让母亲高兴。"后丧太夫人，服阕绝不衣锦绣，曰：'向者为亲娱耳'。"（《陈献章集》第873—874页）同时，陈白沙为了尽孝顺母亲之心，在母亲去世之前，他尽力满足母亲的兴趣爱好，使母亲在精神上愉悦、开心，"太夫人颇信浮屠法，及病命以佛事祷，先生从之。御史王某曰：'此见先生变通处也'。"（《陈献章集》第873—874页）对于佛教文化，白沙心学虽然吸取了其中某些思想因素，但在基本价值取向上是持批判态度的。"青天白日照无垠，我影分明傍我身。自古真儒皆辟佛，而今怪鬼亦依人。蚁蜂自识君臣义，豺虎犹闻父子亲。贤辈直须穷到底，乾坤回首欲伤神。"（《陈献章集》第505页）可是，面对母亲相信佛法，并在有病时要求陈白沙以佛教仪式祈祷免灾除病时，陈白沙顺从了母亲。陈白沙顺从母亲，用佛教仪式为母亲祈祷免灾除病，虽然是一种变通权宜之做法，但它体现了陈白沙在思想深处对母亲的一片孝心，它从一个侧面体现了白沙心学孝道价值观的独特内容和理论特色。白沙心学的忠、孝价值观是中华优秀传统文化的重要组成部分，它对培育中华民族爱国主义价值观、培育中华民族的良好家风发挥了积极的作用，它对培育当代中华民族的国魂和家风仍然有重要的借鉴和参考价值。

（作者工作单位为五邑大学）

和谐：文化心性与时代价值的统一

陆永胜

中华文明源远流长，在灿若繁星的思想宝库中，有着非常丰富的和谐思想资源。无论是儒家、道家还是佛教都提倡和谐，注重人自身的和谐、人与自然的和谐、人与人的和谐以及全社会、全世界的和谐。和谐是中华文化的精髓。

一、中国传统文化视野中的和谐思想

（一）儒家的和谐思想

"和"是中国传统文化的一个经典范畴。最早在甲骨文和金文中都曾出现过。《易经》中"和"有和谐、和美之意。《说文解字》训"和"为两义：一是"相应也"，即唱和之和，最初来自于音乐；二是"调也"，即多种不同的事物、成分、因素，按照一定的规则和关系和谐地组合在一起，有着和顺、谐和、调和、和衷、和合、和睦、和谐、中和等多种相异又相近的含义。以孔子为代表的儒家思想提出了"和为贵"（《论语·学而》）的论断。儒家的和谐思想是在远古的巫术礼仪的"乐"和"礼"中孕育的。在汲取"阴阳五行"和"天人合一"的思想精华中得以形成，逐步深化和不断丰富，最终由宋明理学集其大成而加以辩证发展，从而形成了完整的理论体系。"和"在儒家思想体系中占有特殊地位，是儒家思想体系的核心之一。"和"构成儒家思想的最高境界。儒家追求的是人自身的和谐、人与自然的和谐、人与人的和谐以及社会的和谐、现世的和谐。

1. 人自我身心方面的和谐

身与心之关系，即人的物质欲望与道德情感之间的关系，儒家不是禁欲主义者，他们没有把人对物质欲望的追求和道德价值的弘扬绝对地对立起来，认为只要处理得当，两者可以并行不害，达到身与心的和谐。儒家的人生理想可分两个层面来谈：即人道层面和天道与人道相协调的层面。孔子认为理想的修养境界必须是人的行为与天道、人道和谐一致的。因为天道的特点是"贵其不已,如日月东西相从而不已也","无为而物成,是天道也"(《礼记·哀公问》),因此人必须"乐天",也即是要顺从、效法天道的始终不已、无为而成的法则。所以孔子说:"不能乐天,不能成其身。"(《礼记·哀公问》)这与《周易·文言》提出的"大人"的理想境界相一致:"夫大人者,与天地合其德,先天而天弗违,后天而奉天时。"能够做到"先天"准确地预见,"后天"又不违背天道规律,那就达到与天地合德,取得天道、人道整体和谐的境界。

儒家文化以实现社会、人、自然和谐统一作为价值理想,而为了实现这一理想,又总是将目标集中到人的身心和谐发展上,寄托在个体的人格完善上。孔子要人挺立自己的道德人格,轻视世俗的荣利,通过精神修养使身心和谐。因而主张妥善处理义与利、精神追求与物质追求的关系。以义利统一作为修身的基本原则,反对非义之利,唯利是图,反对利欲放纵,反对对物质的片面追求,做到"见利思义""义然后取"(《论语·宪问》),那么在对待其他问题上也就会处之坦然。在以道德自律为修身的基本途径方面,孔子提倡"内省""修己",加强修养,达到理想精神境界。孟子指出"饱食暖衣,逸居而不教,则近于禽兽"(《孟子·滕文公上》),认为精神生活比物质生活更有价值,向往更高的精神追求和崇高人格,就不会在物欲之海中随波逐流,就能保持内心的淡泊宁静,身正气和。《礼记·大学篇》曾对儒家的修身说做过系统地理论概括,提出"心正而后身修,身修而后家齐,家齐而后国治,国治而后太平",概括了儒家伦理学说的精髓,把修身提到治国、平天下的高度。儒家之"和谐",是人自身、人与人、人与社会、人与自然之间的全面和谐。通过"仁民"而"爱物"达到人与人、人与社会、人与自然的和谐统一。希望以修身为起点,以家庭和谐为基础导向人际友爱,国家稳定,天人合一,从而达到社会和谐即"大同"社会。

2. 人与自然关系的和谐

人与自然之关系,儒家主张天人合一,肯定人与自然界的统一,强调人类应当认识自然,尊重自然,保护自然,而不能破坏自然,反对一味地向自然界索取,反对片面地利用自然与征服自然。"天人合一"既是儒家的世界观和宇宙观,同时又是儒家处理人与自然关系的一种方法,一种思维方式。儒家认为人和万物都是天地所化生,人与自然乃是有机的统一体。既然人与万物都是天地所化生,同源共本,人就应该像热爱同类一样热爱自然之中的万物。孟子的"仁民而爱物"(《孟子·尽心上》),张载的"民吾同胞,物吾与也"(《正蒙》),程颐的

"仁者,浑然与物同体"(《二程集》)等,都是主张人与自然界的万物在本质上是一致的,人应该像对待自己的同胞一样热爱自然。

天人和谐在儒家思想体系里居于非常重要的地位。《易经》说:"大人者,与天地合其德,与日月合其明,与四时合其序,与鬼神合其凶吉。""天人合一"成为儒家追求的理想境界,他们认为人与自然应该是一个融洽无间的有机整体,"和"是人与自然相处的最高法则,人要尊重自然界的秩序,与自然界的变化相协调。孔子也提出自然界有其四时更替的规律。"天何言哉!四时行焉,百物生焉,天何言哉"(《论语·述而》)!人要保持自然的和谐状态,首先必须顺应自然规律。孔子说:"惟天为大,惟尧则之。"(《论语·泰伯》)就是说自然法则具有至高无上的地位,人的行为必须以自然法则为准绳。儒家生活在以农耕为基础的时代,所以他们多以农业生产来谈人遵循自然规律的重要性。孟子主张天人相通,人性即天性,强调"亲亲而仁在,仁民而爱物"。由"仁民"推及"爱物"。《中庸》说:"能尽人之性,则能尽物之性;能尽物之性,则可以赞天地之化育;可以赞天地之化育,则可以与人地参矣。"人与天地万物融为一体,就能够实现整个宇宙的整体和谐,做到"万物并育而不相害,道并二而不相悖"。荀子说"春耕,夏耘,秋收,冬藏,四时不失其时,故五谷不绝,百姓有余食也"(《荀子·富国》),春生,夏长,秋熟,这是自然界的规律,人类的农业生产活动必须顺应这种客观规律性,因时制宜,不失其序,才能让自然为人类提供丰厚的物质回报。

儒家认为人作为万物之灵,不能只是消极地去顺应自然规律,而是应该承担特殊的使命。《中庸》说"可以赞天地之化育,则可以与天地参矣",所谓"与天地参",即天地自然虽然有其自身规律,但人可以认识自然界的规律,并能通过其行为积极主动地去干预自然,使其更加完美和谐,更能适合人类的生存和发展。总而言之,儒家认为人是自然的一部分,人与自然是共生共存的,人们能够根据客观规律认识、利用、改造自然,从而实现人与自然的和谐共处。

3. 人与人关系的和谐

儒家文化重视研究人与人之间的关系,追求人与人之间关系的和谐发展。孔子言礼仪制度之实行,以"和"为最高价值目标,视"和谐"为人际关系的理想状态。"和为贵、泛爱众"的处世哲学使儒家伦理文化中有许多关于"和为贵""和气生财""家和万事兴"的思想和语言。儒家重视建立融通的人际交往、有序的社会秩序、和谐的社会关系,创造"人和"的人际环境。在处理人与人的关系中儒家强调要关心他人,即"仁者爱人"。"仁"是孔子确定的最高道德准则,核心是"爱人",即对人的关心和尊重。孔子在论述某事物时,常执事物对立的两个面,如贫富、众寡、宽猛、张弛、知行、博约、文质、辩讷、勇怯等。他不认为"两端"中某一极一定优于另一极,而认为以仁、礼为中心协调各方,达到了"和",才是至善至美的。"礼之用,和为贵"表达的即是用"礼"来调节,达到"和"的状态,才可称为"斯为美"。孟子进一步明确指出:"天时不如地利,地利不如人和",视"人和"为事物成败的关键所在。贵"和"是儒家精神的精髓,强调人际关系要以仁义道德为基本准则。而"忠、恕之道"是孔子仁论在处理人际关系问题上的两个基本原则。所谓"忠"是指忠诚待人,"己欲立而立人,己欲达而达人"(《论语·雍也》);所谓"恕"是指宽恕待人,"己所不欲,勿施于人"(《论语·卫灵公》)。这是"仁者爱人"的两个不同方面、不同侧面。这便是儒家倡导的"忠、恕之道",亦是推己及人的仁爱之心。这是孔子处理人际关系问题的总的指导原则,即总的伦理道德规范。但是,社会是极为复杂的人际关系网络,包括不同侧面的、多种类型的人际关系。所以,孔子在《论语》中又把"忠恕之道"分别概括表述为仁、义、礼、智、圣、恭、宽、信、敏、惠等不同伦理规范,强调人人都要遵循人伦纲常。孟子把全部人际关系划分为五大类,提出五项规范人们行为的道德伦理标准,即"父子有亲,君臣有义,夫妇有别,长幼有序,朋友有信"(《孟子·滕文公上》),通常称为"五伦"。在"五伦"的基本架构内,人人各安其位,每个人都善尽自己的责任与义务,努力维系伦理间的和谐关系。在处理人际关系中,儒家还主张"泛爱众,而亲仁"(《论语·学而》),孔子认为,"仁"即爱人,仁是一种普遍的人类之爱。孟子进一步提出"亲亲"而及人,"老吾老以及人之老,幼吾幼以及人之幼"(《孟子·梁惠王上》),能做到这一步,就可以收到"爱人者人恒爱之"(《孟子·离娄卜》)的回报。同时,儒家文化强调"讲信修睦谓之人利"(《礼记·礼运》)。孔子说"与朋友交,言而有信"(《论语·学而》),试图构建以爱换取爱,以信任换取信任的人际和谐,从而实现"老者忘之,朋友信之,少者怀之"(《论语·公冶长》)的人际和谐关系,构建普天下人与人之间相亲相爱,和谐相处的理想社会。以"仁"为核心的儒家一整套纲常伦理构成了调整人类社会各种人际关系的基本准则。在孔子生活的周代宗法社会中,家国是同构的,社会的其他关系大多也是建立在血缘关系之上。社会是一个大家庭,君臣、上下关系可以看作是父子兄弟关系的延续,故孔子主张"弟子入则孝,出则弟,谨而信,泛爱众而亲仁"(《论语·学而》),由亲亲扩而充之，爱一切人。孟子主张"仁者爱人"要在"仁政"上体现出来，并认为"民贵君轻"，赞扬重视百姓利益，以仁义治天下的"王道"，反对凭恃武力、权术统治天下的"霸道"。荀子非常重视和谐，他认为，群体和谐是人类能够战胜万物的保证，而能够保持这种和谐首先是人与人之间的和谐，每个人必须处理好自己与他人的关系，才能实现"万物皆得其宜，六畜皆得其长，群生皆得其命"（《孟子·王制》）。孟子认为"仁"是人心所固有的良知良能，为孔子提出的"爱人"找到了一个人性的根据。孟子认为"爱人"要从亲亲开始，"亲亲，仁也"（《孟子·告子下》），"仁之实，事亲是也"（《孟子·离娄上》），然后由爱亲人推至爱一切同类，从而达致整个社会人际关系的和谐。

"齐之以礼"是儒家协调人际关系的又一个重要原则。在孔子看来，礼与仁是统一的。礼既是外在的强制性规范，同时又是建立在仁的基础之上的，是人内心道德情感的外化。孔子说："人而不仁，如礼何？"（《论语》）一切礼仪规范，都只是形式，而人的道德情感才是礼的内容和灵魂，没有仁的礼是毫无意义的。反过来说，礼这种外在的强制性可以帮助人们成就仁德。孔子说："克己复礼为仁。一日克己复礼，天下归仁焉。"（《论语·颜渊》）如果人人都能克己，依礼而行，就会成就各自的仁德，能以仁爱之心对待他人，社会关系自然就会和谐。孟子基本上继承了孔子关于礼的思想，认为"恭敬之心，礼之端也"（《孟子·公孙丑上》），即礼是人心固有之良知的外化，依礼而行就是以恭敬之心对待他人。荀子作为一个假设性恶论者，把礼看作是外在的强制性规范和"化性起伪"的工具。但和孔孟一样，荀子也把礼看作是协调人际关系的一种重要手段，"礼者，法之大分，类之纲纪也"（《荀子·劝学》）。荀子在根本上是肯定人能群，人为贵，人心古和人性朴的。

儒家为什么这么重视人际关系的和谐呢？荀子认为，人"力不若牛，走不若马，而牛马为用，何也？曰：人能群，彼不能群也。人何以能群？曰：分。分何以能行？曰：义。故义以分则和，和则一，一则多力，多力则强，强则胜物"（《荀子·王制》）。单个的人在自然面前是弱小的，但只要人能协和彼此之间的关系，团结起来就会形成强大的介力，去征服比自己强大得多的自然物，故和谐的人际关系被儒家看做是人类能够存在和发展的前提。

4. 国家与国家之间关系的和谐

中华民族历来注重处理民族间、国家间的关系，讲和睦、亲善、协调、和谐。"协和万邦"就是这种精神古老的表达。这和西方有些国家历来强调"征服世界"有着明显的区别。"协和万邦"语出《尚书·尧典》。这是一篇记载尧的政绩的文献。文中赞扬尧"克明俊德,以亲九族。九族既睦,平章百姓。百姓昭明,协和万邦"。意谓尧能重用有才德的人,以团结族人,又通过表彰百官中的贤者,使百官族姓的各个邦族都和睦相处。后来,《尚书》被奉为儒学经典,尧也被儒家尊为圣君。"协和万邦"成为中华民族处理民族关系、国家关系的准则。儒家学派创始人孔子的言行就体现"协和万邦"的精神。当时的中原华夏族的文化,已远高于周边诸族。孔子主张以德治教化来影响周边诸族,不赞成凭借武力征伐来统一天下。以后荀子又有"四海之内若一家"的类似说法。荀子说:"四海之内若一家,故近者不隐其能,远者不疾其劳,无幽闲隐僻之国,莫不趋使而安乐之。"(《荀子·王制》)这些说法很能体现儒家"协和万邦"的思想。同时儒家另一个重要命题——"和为贵"也被运用在处理民族关系、国家关系问题上。该命题是先秦儒家在探讨"礼"的本质、功能时提出的。他们强调礼的本质在于"和为贵",认为统合、和谐、协调才是礼的根本功能。他们认为先王之道运作得如此美好,全靠礼的和谐功能。当然他们也认为"礼"的作用还要靠"德"的教化来配合。总的来说,"和为贵"的提出在当时是一种新思想,一种大智慧,对后世产生了积极的影响。

与人际和谐相联系,儒家又提出社会整体的和谐发展,倡导"天下为公""克己奉公"的人生态度和整体主义的价值取向。儒家群己观的基本特征就是"群体本位","善群"和"公忠"是其核心的内容。由于儒家文化注重将宗亲关系推及整个社会,认为人不应该也不能脱离家庭、朋友、社会和国家而生活。所以荀子指出"人之生,不能无群"(《荀子·王制》)。人的存在和发展必须依赖群体力量,如果人彼此疏绝势必难以生存,所以,儒家特别重视国家和群体的作用,认为个人总是生活在群体之中,个人的命运与群体密切相关,与个人、局部的定位相比,群体、社会、国家是本位。因此,儒家强调个人对整体负责的精神和群体对个人的制约,主张以群体为重,从群体利益出发来处理人己、群我关系,要求人们奉献社会,忠于国家,牺牲个人。

儒家关于和谐社会的构想,以及关于天人和谐的理想境界,是建立在和谐思维的基础之上的。和谐思维是以"和"为核心的世界观、方法论。孔子处世行事注重"和而不同",表明不是无原则的调和。对于只为取悦于人的"知和而和","亦不可行也"(《论语·学而》),因为这是与世俗同流合污。这恰恰是孔孟最痛恨的"乡愿"(《孟子·尽心下》)的处世态度。

(二) 道家的和谐思想

先秦道家的和谐思想贯穿于它整个哲学思想体系的始终,体现在它的政治观、社会观及人生观上。概括起来,其和谐思想的基本内容包括天人和谐、人际和谐与身心和谐三个方面。

1. 天人和谐的自然和谐观

如果说儒家的和谐价值观是一种积极有为的"仁爱和谐"观的话,那么道家的和谐价值观可以说是一种崇尚自然无为、主张"和气生物"的"自然和谐"观。道家"自然和谐"观的典型话语,就是道家原始经典《老子》中的"人法地,地法天,天法道,道法自然"(《老子》第25章)。这是说人道的法则效法天地运行之道,天地之道的法则是自然而然的,所以人道也是自然而然的。这是道家以人合天以达到自然和谐境界的"天人合一"思想。先秦道家的天人和谐思想包括自然和谐、道法自然与以天合天三方面内容。

自然和谐是道家思想体系中最显著的特征。这里的自然,不是指自然界或大自然,而是指万事万物的一种存在状态、运动规律、思想观念、行为原则,即自然而然。道家创始人老子提出:"道生一,一生二,二生三,三生万物。万物负阴而抱阳,冲气以为和。"(《老子》第42章)这是道家的宇宙生成论,"道"是世界本源,即是"一";"一"生天、地谓之"二",天地产生阴阳之气;阴、阳二气相互作用化生万物。这句话的意思是说,道产生于混浊的元气,元气生出天和地,天地生出阴阳之气,阴阳二气和合化生出千差万别的物质,万物都包含着阴和阳,阴阳混合就生成新和气。显然,这里的"和气"就是讲的和谐。阴阳和谐或对立统一是宇宙的初始状态,又是万事万物发展必备的条件。庄子发挥了老子的这一思想,明确提出:"至阴肃肃,至阳赫赫;肃肃出乎天,赫赫发乎地;两者交通成和而物生焉,或为之纪而莫见其形。"(《庄子·田子方》)他认为宇宙万物是由天地阴阳交合而生的。从世间万物的角度看,万物亦各自是一个整体,一个小系统。人应辅助万物的自然发展,而不勉强去做违背其发展的事情。

"道法自然"中的自然,是形容"道"和宇宙万物的"本体如此""本性如此""自然而然"的状态。在道家看来,"自然"既是"道"的最本质特征,也是宇宙万物的最根本的法则,任何事物都必然受到这一宇宙法则的制约。老子提出"人法地,地法天,天法道,道法自然"(《老子》第25章),强调人要以尊重自然规律为最高准则,以崇尚自然、效法天地作为人生行为的基本依归。这里的

"自然",是自生自成、本性使然的自然,这里的"道",体现着整个宇宙的大和谐。这是老子所勾画的一幅关于宇宙大和谐的蓝图。庄子也把自然(道)看成一个和谐的整体,明确提出"天地与我并生,而万物与我为一"(《庄子·齐物论》),强调人必须遵循自然规律,顺应自然,与自然和谐,达到"天人合一"的境界,这也体现着"道"(自然)的和谐。庄子认为天下万物都有各自的本性,有自己发展变化的特定规律,人们正确的做法是顺应它们各自的本性,遵循它们各自的规律,不要肆意妄为;天下至德就是听任万物自然而然地生长发展,保持它们自然的禀赋和率真的天性;否则,必然会违背事物的规律,扰乱自然界的秩序,给原本和谐的自然界带来纷乱,甚至造成灾难。老子、庄子主张因循自然和天道,并不是否定人的价值和尊严。老子"道大、天大、地大、土亦大"(《老子》第 2 章),把人提高到与道、天、地同为域中四大的地位,这就高度肯定了人的价值和尊严,把人这个灵明之物同地球上其他生命体区别开来。天地万物中唯有人才具有这种理性和自觉,也唯有人类才能对天地万物的和谐负起责任。天地和谐了,环境优美了,人的利益和价值不但不会贬损,还会得到保证和提升。老子清醒地意识到按照自然规律行事、求得生态平衡的重要性。他说:"早服是谓重积德。重积德则无不克。无不克则莫知其极。莫知其极可以有国。有国之母,可以长久。是谓深根固柢,长生久视之道也。"(《老子》第 59 章)这是关系到治国安邦的大事,事实也是这样,历史上因破坏了自然环境而导致城毁国坏之事也是屡见不鲜的。

"道法自然",从正面讲,就是要求人类对于宇宙万物的态度是"以天合天"(《庄子·达生》)。庄子提出了"人与天一也"(《庄子·山木》)的命题。这里的"天',就是指自然,他认为人与天皆本于自然,所以是合一的。如何"天人合一",道家力倡"以天合天"。《庄子》中有许多这样的思想:"古之真人,以天待人,不以人入天"(《庄子·徐无鬼》),"忘己之人,是之谓入于天"(《庄子·天地》),"古之至人,天而不人"(《庄子·列御寇》),都是"以天合天"思想的不同表述。在道家看来,宇宙是一个充满生命活力的有机整体。人只是大自然有机体中的一员,而不是主宰万物的主人。道家反对人类妄自尊大,以自己为中心,把自然当成自己的征服对象和统治臣属的态度,反对人类仅仅为了自己的需要而违反自然规律、掠夺自然、破坏环境的行为。人类对于宇宙万物只能"放德而行,循道而趋"(《庄子·天道》),即只能依据自然之德而行,遵循自然之道而动,这就叫作'以天合天"。

　　道家认为,人与自然,人与人,人的身心本来是和谐的,只是由于违背了自然万物的运行规律才失去和谐。所以只有遵从"道",不违背自然规律,才能实现三者的和谐。道家的天人和谐观,不只是消极地顺应自然,它还讲究要利用自然之道来开创理想中的人文社会,其最终目的是要求人依据自然规律来改变违背天道的人道社会,而实现一个合乎天道的理想社会。道家的自然和谐观崇尚自然无为,主张返璞归真,要求达到人与自然的和谐一体,共生共荣。这对于保护人类生存环境的清净优雅,保护自然资源不被滥肆开发是有积极作用的。人类应该清醒地认识到,随着现代化波及全球,全球性自然资源过度开发利用而趋于枯竭,同时也大大改变了地球生物——人类以及各种动植物的生存条件,致使许多物种走向灭绝。现代的人类要生存发展,固然需要有为,需要开发,需要向自然界索取资源,但人类必须深刻领悟老子与道家的"自然和谐"观以及"知雄守雌""守柔曰强""反者道之动,弱者道之用"的辩证思维的战略意义,在安身立命中保持"少私寡欲,知足常乐"的平和心态,在待人处事中保持"不敢为天下先"的低调姿态,在建功立业中保持淡泊名利、功成身退的高风亮节,在治国实践中表现出"治大国若烹小鲜"那样恰到火候地安排国计民生的轻重缓急。倘能如此,则老子与道家的"自然和谐"观将在建设和谐社会、和谐世界中日益显示其作为文化软实力的积极作用。

　　2. 人际和谐的和谐思想

　　道家认为,人的"本真状态"是和谐的。"莫之为而常自然"、顺应"道""复归于朴",便会恢复失去的和谐。道家伦理思想的要义是顺应自然,即强调道德的自然性。在道家学说中,"道"是天地万物的根本,是自然的规律,是形而上的本体。"德"则是这本体与规律的外在显现,是国家政治和社会生活应遵循的准则,因而也是一种形而下的社会人生层面的东西。凡在社会生活中效法自然之"道"的便是有德,否则便是无德。在道家那里,"道"是自然的,"德"的内容便是顺应自然,即无为、致虚、守静、居下、不争、取后、抱朴守慈、清心寡欲,等等。这是道家所追求的人格理想,也是人际和谐的先决条件,更是对当时那个蝇营苟利、纷攘贪争的社会的否定。在道家看来,人的自然本性是无知无欲,质朴无华,如同婴儿一样纯真、自然,即"见素抱朴,少私寡欲"(《老子》第19章)。但是,由于"多欲"使人的这种自然本性受到破坏,而造成人际失和。《老子》指出:"罪莫大于可欲,祸莫大于不知足,咎莫大于欲得。"(《老子》第46章)此言意在指出人的最大罪孽莫过于纵欲,最大的祸患莫过于不知足,最大的灾难莫过于贪得无厌。所以老子主张"小贵难得之货","使民无知无欲"
(《老子》第 13 章),即要求人们不要过度地膨胀自己的欲望,无止境地追求社
会财富。庄子发挥老子的思想,也认为"多欲"是一种罪孽。在他看来,"多欲"
不仅在道德上由于追求"难得之货"而出现私欲、争夺、虚伪、欺诈等丑恶现象,
造成人际失和,而且也会导致人与自然的严重对立。道家认为"多欲"是社会
人际失和的重要原因,所以要想实现社会和谐,就必然由此得出"复归于朴"
(《老子》第 28 章)或"雕琢复朴"(《庄子·应帝土》)的结论。无论是老子的
"小国寡民",还是庄子的"至德之世",都描绘了一种人与人和睦相处,人与物
互不侵击的和谐社会,这也是道家所追求的最高价值目标。

3. 身心和谐的和谐思想

道家不仅看到了人与自然,人与人之间的和谐,而且还提出了人的身心和
谐思想。老子认为身心和谐的理想社会应是这样的:"小国寡民。使有什伯之
器而不用。使民重死而不远徙。虽有舟舆,无所乘之,虽有甲兵,无所陈之。使
民复结绳而用之。甘其食,美其服,安其居,乐其俗。"(《老子》第 80 章)这种理
想社会是建立在"虽有舟舆,无所乘之,虽有甲兵,无所陈之。使民复结绳而用
之"(《老子》第 8 章)的经济基础之上。道家把"天之道"这一客观精神视为使
人获得身心和谐的终极把握。因为在道家看来,"道"是无限大的,无所不包,
在这个无限大的"道"的对比下,有限世界中的一切,永远不可能是真正的
"足"。知足,就是知道了世俗社会的有限性,"知足不辱,知止不殆,可以长久"
(《老子》第 44 章)。只有知足,才会"不辱""不殆",也才可以进入真正而永恒
的"足"的境界——"常足",这就是庄子所说的"至贵""至富"。所有这些,只
有"有道者"才能拥有。一旦"以道观之",世俗社会的一切价值评判标准,诸如
穷达毁誉、美丑妍媸、是非善恶、胜负成败、君子小人、功名利禄、仁义忠孝、治乱
盛衰等,便自然"道通为一"了。所以,道家反复强调"知足",认为在现实生活
中,只有常常保持"知足"的心境,不走极端,"是以圣人去甚,去奢,去泰"(《老
子》第 29 章》),守护着生命的本身,守护着"道",才能实现由社会生命到超越
生命的飞跃,才能永恒地保持身心的和谐。

同时,老子哲学所提出的"主静说"和庄子所提出的"超脱说"都可以有效
地调节身心。人自身的和谐源于"自知"。老子认为,"企者不立,跨者不行,自
见者不明,自是者不彰,自伐者无功,自矜者不长"(《老子》第 14 章)。道家的
养生观建立在少私寡欲基础上,并以淡泊名利为基本特征。老子反对纵欲,也

反对禁欲,主张"欲不欲,不贵难得之货"(《老子》第64章)。老子主张保持和发扬人原有的素朴的自然本性,提倡返璞归真,敦厚朴实,反对浮华轻薄。浮华轻薄的礼义就是世乱祸首。阴阳和谐则无疾,内外和谐则无惑。所以人应该做到见素抱朴,少私寡欲认识到贪欲多私是罪恶的根源,亦是身心不和谐的根源。

　　总之,道家和谐思想能指导现代人实现自我心理的调适以促进现代人心理健康的发展。人们通过道家的心理修养功夫,保持人的心理平衡,对指导现代人实现自我心理的调适,以促进心理健康起到重要的作用。道家和谐思想也提醒我们人类不应只知一味地往前走,无限度地追求人文创造乃至财富、成就、功名、利欲,而无视它们所带来的消极性和负面影响,看不到人类文明进程的深刻矛盾性。因此,道家自然主义思想的一个内在意蕴,就是要批判和反省由文明进步所造成的人与自然分离的现象,寻找一种人与自然重新契合的生存方式。就人自身来说,自然主义的生活态度和价值取向无疑对消除现代社会生活所造成的紧张感、人与人、人与社会之间的异化性、人与自然之间的疏离状态,以及道德观念等方面的精神危机等,无不具有启迪意义。另外,道家和谐思想承认人与人之间的差异,但同时认为人天生具有同类感,正是这种同类感,才有可能使人的自爱扩大为爱同类。因而和谐社会必须有社会成员之间的互相认同与接纳。这种认同与接纳既取决于社会成员具有良好的心态,也取决于制度安排所给予人的希望。

(三)佛家的和谐思想

　　佛教是世界三大宗教之一,从成立至今已经有2500多年的历史。在佛教的庞大的教义体系中蕴含着丰富的和谐思想,其所具有的崇尚和平、和谐、慈悲、劝善、饶益众生等的性格和价值取向是今天我们用来建立和谐文化、促进世界和谐的宝贵的思想文化资源之一。佛教自汉代传入中国,即与中国的儒家思想、道家道教思想相融合,并流传至今,对民族的价值观、道德观、民族心理、民族情感、思维方式、行为方式、审美观念、文化共识等方面产生广泛而深邃的影响。佛教思想曾与百姓的生活习俗、道德规范融为一体,特定的宗教信仰为中国的传统文化烙下了很深刻的烙痕。佛教思想中的和谐观是佛教传统思想与社会发展相适应的一种文化,自有其精神文化和制度文化的内核和特征。

1. 中国佛学心性和谐思想

　　心性和谐思想在中国佛学中占据更为重要的地位。南北朝时期的涅槃佛性论诸家异说多从心神、心识角度解释佛性,以及隋唐佛学重心向心性论的偏移,均体现了中国佛学对心性问题的关注。中国佛学心性和谐思想在印度佛学心灵净化、心性本净观念基础上吸收融合了老庄玄学心性自然观念、体用一致思想,以及传统儒家的性善理论,具有融合中印佛学心性思想的特征。这突出地体现在中国佛教心性论对现实人生、现实人心和现世之用的关注上。中国佛学心性和谐思想的这种特征在中国佛学修行观、本体论和境界论当中均有具体体现。佛教认为"心"为万法根源,和谐社会应从"心"开始。"心生则种种法生,心火则种种法火""心净则国土净""心能造业,亦能转业",从"心"开始就是从"根"上开始。佛教专擅"治心",治心的基本理论和技术可归纳为"般若"和"禅定"。般若破除私我、扫荡执见,禅定调伏诸般身心烦恼,人身心趋于和谐宁静,人和社会才能和谐。人自身、人与人、人与社会的关系出现不和谐主要源于利益的纷争。佛教伦理的基石"缘起"智慧运用于社会领域主要揭示了人自身、人与人之间、人与社会之间存在相互依存、关联互动的关系。"缘起"简而言之就是"依缘而起"。"依缘"就是指事物发生和发展的依附条件;"起"就是指事物发生和变化。因此,"缘起"即其现象相互依存的关系,是事物借着种种条件而产生的原理。《中国大百科全书》中对"缘起"的解释是:"佛教教义。亦名缘生。'因缘生起'的略称。缘,意为关系或条件,所谓缘起即诸法由缘而起;宇宙间一切事物和现象的生起变化,都有相对的互存关系或条件。"世间现象无常,万物常常生灭变化,这种变化却是遵循规律的,在一定的条件下产生一定的变化。这变化遵循的法则就是缘起,就是法,称为此缘性。生命与世间诸现象是在事物所必由的条件与因缘之下产生,遵循着缘起的法则。这异于其他学派所主张的机械因果论,如世界由控制事物生灭的最高神所创;所有现象界的存在已经命定或由业报所固定等等。整个社会在佛教看来就是诸多因缘和合相聚构成的系统,个人不能离开他人和社会孤立存在,社会是由无数个人依种种规则结成的整体关系网。佛教认为众生正是妄执非实性的我,从而使人生充满种种苦难和烦恼,由"缘起"智慧得出的"无我"观念在于破除"我执"。由于世人存我执,必然会产生种种欲望,如人之"八苦"。而人要完全满足自己的欲望往往会与他人、社会整体的欲望相冲突,私欲得不到满足自会衍生种种痛苦,由此极容易导致人与人之间、人与社会之间关系的紧张和破裂,这不利于建设人们向往的和谐社会。

　　佛教的心性和谐思想是与其修行解脱观相关联的。解脱本质上是心的解脱,解脱的境界即是心的和谐状态,而不论是心灵净化还是智慧观照都是通过一定的修行方式达致心性的和谐。人人从净化自己的心灵开始,努力营造和谐的家园、和谐的社会,和谐的国家,直至营造和谐的世界。可以认为,在净化自己心灵的过程中应当将克制贪、嗔之心置于首位。相对而言,小乘佛教更为关注个体自身的心性和谐,大乘佛教则在关注自身心性和谐的同时,将心量扩展到社会人生乃至万物众生。中国佛学对大乘佛教智慧解脱观念的继承发展,则进一步将修行观念落实到世俗的道德践履当中,从而涵摄了传统儒家的社会和谐思想。

中国佛学心性和谐思想是中国佛学和谐思想的核心,中国佛学心性论在继承印度佛教心性论基本观念的基础上,适应中土思想文化环境,也形成了自身独具特色的内涵。从心性和谐思想而言,一是着重发展了般若中观学派的智慧解脱思想,通过强调自性自悟,进一步将修行观念落实到世俗的道德践行当中,从而涵摄了传统儒家的社会和谐思想;一是关注现实人生、现实人心及现实之用,体现在心性和谐思想上,就是在修行观、心性本体论、境界论当中,将内在精神的和谐与应对世间的智慧结合起来,将心性和谐推展到现实人生当中。中国佛学心性和谐思想对自心觉悟的强调,在启发人的生命自觉和超越、提高人的精神境界方面具有重要作用。同时,中国佛学心性和谐思想对心灵净化的强调,对于化解人类的纷争,对于促进当前和谐社会、和谐世界的建设具有重要现实意义。

2.和谐的家庭伦理思想

家庭是伦理实体,是个体最早接受道德熏染之场,家庭遵守的伦理精神,事实上也以"和"为核心,太虚大师将在家信众称为"家庭僧",并详细论述了家庭和谐的伦理基础及其推衍,由家庭和谐以至于民族、国民和国家的和谐。他说:"家族僧家族者何? 即依夫妇关系为根本所发生、所成立之人的群众是也。使人类无一夫一妇、一夫多妇、多夫一妇之伦理法,则所生之子女,但知母而不知父,即无父子关系;及既长大,无赖于母,且复不记有母,亦亡母子关系。既不知身所从生之父母,宁复知身所同生之兄弟、姊妹,以及父母所从生之高曾、翁媪,所同生之叔伯、诸姑者哉! 此既不知,宁复知自身及祖父子孙等妻女间接关系之亲戚哉! 故无夫妇必无家族群众,由家族群众而生遗传财产之关系,由遗传财产之关系而演成民族、国民、国家的群众,故无家族即无国家。儒家之五伦的人道,全以夫妇为基,故曰:'君子之道,造端乎夫妇'也。此以夫妇为基之家族的群众,原来必为合聚,初始即有能生父母、所生或同生弟兄三人或四人以上之合聚群众。此合聚群众,即应为夫唱妇随,父慈子孝,兄友弟恭之和谐者,且为合聚之最难分散,及事势上最易和谐者。故家族即最良好之和谐合聚的群众,亦最自然之僧也。此家族僧以儒教之伦理、及佛教之人乘,最得和谐合聚之理。"(《新僧》,《太虚大师全书》第 22 册)太虚大师是近代中国佛教的代表性人物,也是人间佛教的倡导者和践行者。他在谈论佛教之家庭伦理中将儒家之五伦融合其中,体现了文化之间的交融。可见,家庭伦理的本质也是和谐伦理。

中国佛教认为儒家和佛教的人乘伦理最具足、最基本的是"三皈五戒","三皈"的本质是建立起坚定的宗教信仰和道德信仰,"五戒"即不杀生戒、不偷盗戒、不邪淫戒、不妄语戒、不饮酒(不吸食毒品等乱性情用品)戒,中国佛教经常将此与儒家"五常"比较而视为类同。佛教的家庭伦理特别关注和谐地处理家庭中的各种关系,基本要求是相互关爱和尊重,家庭成员都是平等的。子女对于父母注重孝养报恩,孝顺父母有五方面的表现,"一者供奉能使无乏,二者凡有所为先白父母,三者父母所为恭顺不逆,四者父母正令不敢违背,五者不断父母所为正业"(《长阿含经》卷11,《大正藏》第 1 卷,第 71 页)。此外,还有其他类似内容的多种表达。孝作为佛教家庭伦理的重要规范,不但印度佛教重视,中国佛教更是有所发展。在中国佛教看来,佛教的孝是大孝,而儒家的孝只是小孝,报恩作为佛教伦理的重要道德规范,体现在子女处理与父母的关系上,是报父母之恩,对父母养育之大恩的回报,佛教称为"知恩报恩","父母恩重,抱之,育之,随时将护,不失时节,得见日月。以此方便,知此恩难报是故,诸比丘,当供养父母,常当孝顺,不失时节"(《增一阿含经》卷11,《大正藏》第 2 卷,第 601 页)。因此,子女对父母的孝顺和报恩,不只是对在家居士的要求,也是对出家僧的要求。同样,父母对于子女的关爱责任也有要求,主要是养幼和教化。

家庭伦理关系中的另一重要内容是夫妇关系,这一关系的处理原则包括相互的责任与义务两个方面。在六个方位中,西方代表妻,夫敬妻,最基本的是物质方面的供养,这和古代社会妇女的经济依赖性有关,"若有人能供给妻子衣服饮食卧具、汤药、缨、服饰严身之具,是人则是供养西方"(《优婆塞戒经》卷凡《大正藏》第 24 卷)。更进一步的内容还包括精神方面的关爱、尊重和信任,"一者相待以礼,二者威严不阙,三者衣食随时,四者庄严以时,五者委付家内"(《长阿含经》卷11,《大正藏》第 1 卷)。另外,妻事夫也有五方面的要求:"一者先起,二者后坐,三者和言,四者敬顺,五者先意承旨。"(《长阿含经》卷11,《大正藏》第1卷),另一种说法是:妻子对于丈夫有十三乃至十四个方面的行为规范。

整个家族中,族中成员和族亲之间也是相互关爱,家庭中人以五事敬待族亲,"一者给施,二者善言,三者利益,四者同利,五者不欺。"(《长阿含经》卷11,《大正藏》第1卷)族亲也以五事"亲敬"族中成员,"一者护放逸,二者护放逸失财,三者护恐怖者,四者屏相教诫,五者常相称叹"(《长阿含经》卷11,《大正藏》第1卷)。如此,家庭成员彼此尊重关爱、帮助,使得整个家庭"彼方安稳,无有忧畏",家庭伦理关系才会和谐。

3. 和谐的生态伦理思想

人生活在自然界(国土世间)中,作为其中的一类生命体,佛教认为虽然最为殊胜难得,但也必须尊重其他生命和自然万物的固有价值。因此,在与国土世间生命类型和诸存在物的相处中,佛教的和谐伦理思想体现出了对于动物伦理和环境伦理的关注和智慧,构成了其独特的生态伦理观。佛教的动物伦理一是基于心性平等的道德哲学原理,主张人和其他动物在生命本性上并没有差异,生命的价值都是相同的;二是基于缘起性空原则,认为每一种存在物都是众因缘和合而有,本无自性,万法相同。如何对待这类生命,佛教提出不杀生和护生的道德规范,支持这一规范的伦理精神是慈悲不杀生,不只是禁止伤害人类自身,更是广泛地涉及一切生命。对于有情众生之外的无情万物,山川、草木大地等自然物,佛教主张尊重其自然价值,体现出特殊的环境伦理观,其道德哲学基础在于缘起论,以缘起性空建立其"深层生态"的伦理观。这里不是人类中心论,而是依于缘起的性空平等。同时,基于心净土净的主体性原则,强调内心清净对于环境伦理的重要性,这是重"唯心"的理路。那么佛教从"依正不二"的角度论证两者的和谐,实际上是重"客体"的理路,"依"为山河大地等"国土世间",是生命存在所依赖的环境,"正"为人和其他各种生物的生命体的"众生世间",两者平等不二,体现出人与环境的和谐圆融。有一些佛教流派主张"无情有性",认为山河大地等"无情"之物也具有和人类生命一样的本性,这是价值平等的理论。佛教与社会上层建筑相比,具有特殊的宇宙观及相应的宗教仪式和宗教戒律,社会责任是建立人类"心"的文化,促进社会和谐。佛教具有巨大的辐射作用,强大的现实影响力,并渗透到百姓生活中的方方面面。佛教教义中的和谐思想对生态、世态、心态的平衡和和谐能产生一定的影响和促进作用。

佛教在本质上是一种陶冶心性、倡导平等和谐的和平主义宗教,尤其是中国化的佛教,更是吸收了儒家仁爱和谐与道家自然和谐的思想资源,形成了一套既治心又救世的和平和谐理论。在传统佛教的规仪中有所谓"六和敬",即教徒生活的六大准则,其内容为:身和同住,语和无净,意和同悦,戒和同修,利和同均,见和同解。这个"六和敬"的核心价值观念是"和",也是佛教教徒处世接物的态度。在经济、科技高度发展和人们物质生活日益富裕的今天,人们要合理利用佛教的和谐思想经常调节身心,在顺利的场合能做到不趾高气扬,忘乎所以;在遭遇逆境时能努力抑制嗔恚情绪,做到心平气和,既不悲观失望,也不怨天尤人,防止感情用事,以宽容、忍让、谅解等来处理自己与周边人们的关系。在对待自然的关系上,注意防止对自然界各种资源的过度索取和开发,着眼于经济的可持续发展,致力于保护环境和再生自然资源。同时,我们可以从佛教四谛教义对贪、嗔危害的说教中得到警示,引导人们注意克制贪爱之心,节制各种非分的欲望,做到廉洁奉公,生活节俭,避免奢华浪费,为社会民众多作奉献。

二、和谐在社会核心价值观中的地位和作用

在中华传统优秀文化中,"和"是妥善处理人与自然、人与人、人与社会关系的总原则。"和"的思想反映了中华文化对时空平衡的深刻认识。"和"不仅说明了事物在一定发展阶段上的稳定性,是异质相应相济而达成的和谐,而且还是对一切过度、极端做法的否定。这种认识的获得,对今天构建和谐社会具有重要的现实意义。自然、社会、人之间是一个相互关联的生生不息的生命系统。它们之间的和谐是万事万物得以存在和发展的最基本的条件和状态,所以建设社会主义和谐社会应从人与自然、人与人、人与社会的和谐三个方面努力,决不能违背"和"这一万事万物衍生化育的客观规律。在几千年"和"文化的熏染中以及"和"的思想境界的引领下,和谐思维成为中华民族生存的智慧,也是具有中国特色的辩证思维。它在历史上曾经支配着中华民族自强不息,生生不已。在当今的时代,和谐思维本身也将吸收西方注重竞争、斗争的思维中的积极因素得到新的发展。和谐思维也必将指引中华民族在构建社会主义和谐社会,争取世界和平、发展大业中,取得一系列"双赢""多赢"的成果。和谐精神

是古代文化价值取向的重要维度,东方古代文化均倾向于将和谐视为世界万物存在的本然状态,以及作为人自身生命、人格修养、社会、人与自然关系的理想存在状态和自身文化的根本价值追求。因此,在建构和谐社会的今天,我们要重视"和"的总目标、总原则,把和谐思维、和谐精神运用于实践之中。

党的十八大提出,倡导富强、民主、文明、和谐,倡导自由、平等、公正、法治,倡导爱国、敬业、诚信、友善,积极培育和践行社会主义核心价值观。富强、民主、文明、和谐是国家层面的价值目标,自由、平等、公正、法治是社会层面的价值取向,爱国、敬业、诚信、友善是公民个人层面的价值准则。在社会主义核心价值观中,和谐的内涵是中国传统文化的基本理念,集中体现了学有所教、劳有所得、病有所医、老有所养、住有所居的生动局面。它是社会主义现代化国家在社会建设领域的价值诉求,是经济社会和谐稳定、持续健康发展的重要保证。和谐与富强、民主、文明构成我国社会主义现代化国家的建设目标,也是从价值目标层面对社会主义核心价值观基本理念的凝练,在社会主义核心价值观中居于最高层次,对其他层次的价值理念具有统领作用。从价值目标生成的角度而言,和谐还是社会层面的价值取向和公民个人层面的价值准则的基础。和谐思想中个体身心和心性和谐观首先对公民个人层面的价值准则——爱国、敬业、诚信、友善具有精神支撑作用。一个人只有内在和谐才能做出积极的价值判断,爱国、敬业、诚信、友善是一个个体在对待他人、社会、国家关系时所做出的符合道德正价值的判断。其次,个体的和谐通过价值准则的外化,扩展到社会层面,形成社会总体的价值取向。自由、平等、公正、法治是现代社会人们基于人权、机会、尊严、法律等形成的价值取向。这种价值取向又指向和谐的价值目标。由此可见,和谐在社会主义核心价值观中既是价值目标,又是精神动力之源,基于社会主义核心价值观三个层面的辩证互动性,和谐也贯通于三个层面。和谐在社会主义核心价值观中的这种价值还体现在其内涵的其他方面,如自然的和谐观、人际关系的和谐观、家庭伦理的和谐观、国家间的和谐观等,虽然他们契入社会主义核心价值观的层面和角度不同,但都贯穿并影响着其他两个层面。所以,和谐在社会主义核心价值观中具有重要的地位和作用。

和谐在社会主义核心价值观中的价值还体现在其内涵对和谐社会的内涵及其建构的支持。和谐社会具有多方面的表现和深刻的内涵,其中人与自然的和谐、人与人的和谐,以及人自身的和谐,是和谐社会最主要的特征。人与自然的和谐为和谐社会提供了理想的生存空间,是人类社会得以生存发展的物质基础和精神依托；人与人的和谐是和谐社会的目标，和谐社会必须有社会成员之间的互相认同与接纳；社会成员的身心和谐是和谐社会的基点，人的自身和谐，才有其他和谐，才有和谐社会。儒家、道家、佛教在这些方面均有着深刻、独到的认识，包含着深刻的和谐思想精髓，蕴含了多方面、多层次的现代价值和现代意义。首先，和谐思想可以整合社会资源。人类社会是一个有多种社会资源要素组成的复杂系统。要素与系统是不可分离的关系。因而构建和谐社会就要整合社会资源，将其有序地组织起来，从而形成合力，互为依存，互相沟通。其次，和谐思想可以合理地整合社会结构。要实现城乡结构的和谐、区域结构的和谐、社会各阶层结构的和谐、文化结构的和谐以及利益结构的和谐。再次，和谐思想可以促进社会公平和正义。社会公平和正义，是建立在和谐思想基础之上的。社会公平和正义应当包括以下几方面的内容：保证社会成员的基本权利，保证社会成员从社会发展和进步中受益，确立机会平等和按贡献分配的规则，激发社会活力和调动人们的积极性；实现社会的安全运行等等。只要以和谐思想为指导，制定和执行正确方针政策和措施，只要社会成员以和谐思想规范自己的行为，社会公平和正义就一定会实现。总之，中国古代的和谐思想勾画出了古人对和谐社会的理想追求，因此在构建社会主义和谐社会的今天，和谐思想的精华是构建中国特色的社会主义和谐社会的重要思想基础和渊源，基于社会主义和谐理论总目标的要求，和谐思想在构建和谐社会的诸多领域方面，具有具体而重大的现实意义。

中国自古以来提倡以和为贵，发展至今，和睦可支撑家庭，和谐可支撑国家，和平能维系整个世界。和谐理念，在我国进入社会主义小康社会的今天显得尤为重要。小康社会的物质文明建设和精神文明建设已经达到一定水平，我国社会发展的趋势是科学、和谐和可持续发展，人的全面发展提上了日程。改革开放后，中国经济迅速蓬勃发展，取得了举世瞩目的成就。物质文明极大丰富的今天，我国提出了建立和谐社会，即和谐的自然生息世界，和谐的人文化成世界。天、地、人合一，生态、世态、心态三位一体的和谐、融汇与影响，是理想的人类生存环境。构建和谐社会，贫富两极分化不能日益扩大，那会打破世界的和谐；经济发展不能以消耗大量资源为代价，资源的过度开发利用会打破自然生息的世界平衡。然而 现代社会一方面有着现代科技文明与政治文明的丰硕成果，另一方面也产生了许多弊病，如生态失衡、环境污染、资源浪费、能源耗竭，等等。物质生活富裕的另一面是享乐主义，人欲横流；市场竞争普遍化的另一面是拜金主义泛滥、人性的扭曲和人格的沉沦;崇尚民主、自由、平等、公正、法治的另一面是极端官僚主义、个人主义、无政府主义、形式主义的泛滥;崇尚爱国、敬业、诚信、友善的另一面则是自私利己主义、个人功利主义、奢侈享乐主义,等等。这些问题在市场化的今天已经是不争的事实。如何解决这种种问题,人们在寻找纠偏补弊的制度良方与精神良药。其中一些物质、环境、资源方面的问题可以依靠发展科技、健全法制的办法去解决,或使之缓解,根本的解决在于人,在于人心。上述不符合社会主义主流价值观的种种弊病其实都可以在中华传统文化的和谐思想中找到根本的解决之道。例如传统和谐观中所固有的仁爱、礼让、诚信、孝敬、节俭、中道等精神,对治疗人情冷漠、不守信用、违礼犯法之类的精神弊病可以收到积极效果。和谐思想中的仁民爱物、协和万邦、追求自然、返璞归真、缘起性空、依正不二等思想对于平和心体,克服个人主义、自私自利以及妥善处理人与人、人与社会、人与自然关系中的争斗、浪费、专制、霸权等弊端也有很好的疗效。

三、树立和培育和谐观念的社会文化意义

当前树立和培育和谐观念不但具有重要的时代意义,也同样具有深刻的社会文化意义。儒家伦理文化蕴涵着丰富的和谐思想,它可以从多个角度为社会主义和谐社会的构建提供思想资源和方法论指导。"仁爱"是儒家和谐思想中人际关系理论的核心和道德标准,也是人与宇宙和谐的道德基础。树立"仁爱"的道德意识,倡导和实践"仁爱"的关怀伦理,营造良好和谐的社会氛围,是推动社会不断进步和促进人的全面发展的重要环节。儒家的"仁爱"关怀伦理,不仅蕴涵着"亲亲""仁民""爱物"(《孟子·尽心上》)等主张,还包含着"仁政"。在构建社会主义和谐社会的今天,这一思想对于处理人与人之间、人与自然之间的关系,以及实现执政党执政为民的理念方面都具有重要的现实意义。可见,"仁爱"作为新时期实现社会和谐的新机制、新手段,也是一种新的政治哲学、新的治国方略。另如"和为贵",昭示了和谐是天底下最宝贵的价值。"和而不同",揭示了和谐不是没有差异的同一,而是不同事物的共生共存状态。"和则多力",体现了和谐促成组织的凝聚力,从而增加组织的力量。"仇必和而解",说明任何事物的矛盾,经过冲突与斗争,最终必定以"和谐"的方式解决。儒家的和谐思想经过几千年的拓展和运用,体现在中国人生活世界

的方方面面,已经内化为指导我们分析问题和解决问题的最根本的世界观和方法论。

道家的和谐思想在现代也具有多方面的意义:首先道家和谐思想可以帮助我们转变发展观念,构建和谐社会。从石器时代的狩猎采集到农业革命,再到以机器生产为标志的工业革命,人类迫不得已地走上征服自然、强化生产、毁坏环境的恶性循环之路。在当今最富于远见卓识的智者感到为难的地方,道家思想的真实价值也就得到凸显:自然无为的生活方式也许是避免陷入生产强化恶性循环的唯一途径。道家先智似乎早就独具慧眼地看到无限制扩大生产与消费对人自身的危害,特别标举出"民居不知所为,行不知所之,含哺而熙,鼓腹而游"(《庄子·马蹄》)的生活理想,希望通过节制人的野心和贪欲来达到人口与自然资源间的平衡。道家思想反复强调的"恬淡寂寞无为""虚则无为而无不为""莫为则虚",从大处着眼可以理解为一种调节物我关系、天人关系的生态伦理。道家生态哲学的逻辑起点在于摆正人与自然的关系:人是自然的一部分,人与自然的关系是生死与共,唇齿相依的。所以不容忍人类把自己凌驾于自然之上的狂妄态度,也就不会导致征服、劫取自然的人类中心主义行为。庄子说:"天地与我并生,万物与我为一。"(《庄子·齐物论》)这样的"并生"关系是保证人类效法自然,顺应自然的理论前提。如果把"增长癖"看成结束了狩猎采集式生活方式的人类所患上的文明病症,那么其潜在的病根就在于人口本身的增长以及与人口增长成反比例的生存空间的负增长。老庄早在文明史的早期阶段就已经意识到这将是一个无法克服的矛盾,所以针锋相对地设想出一系列应对措施:一方面控制人口总量以保持生态系统的均衡,另一方面规劝个人少私寡欲,防止陷入无止境的物质追逐。"一受其成形,不化以待尽。与物相刃相靡,其行进如驰,而莫之能止,不亦悲乎!终身役役而不见其成功,苶然疲役而不知其所归,可不哀邪"(《庄子·齐物论》)!庄子的告诫不可不正视。其次,道家和谐思想可以消解自我中心主义,既然每一种文化都是自我中心和自我本位的,那么也只有站在无中心、无本位的立场上,才能够走向相异文化、相异的价值观念之间的相互理解和相互容忍。在庄子看来,不可能有一劳永逸的固定标准,相对的标准也只能在通过放弃自我中心后的交流中去寻求,去磨合。他提出的"吾丧我"命题,以及"心斋""坐忘"之术,一方面讲的是如何悟"道"的功夫,另一方面也是摆脱自我中心的感觉和思维方式的具体措施。道家的相对主义观念,或许能成为避免冲突、展开有效对话的一剂良药。(《庄子·秋水》说："以道观之,物无贵贱;以物观之,自贵而相贱。"由此看来,相对主义的眼光也就是"道"的要求,是一视同仁的平等待物之方。当今在全球化的境遇下,各个民族、国家尤其需要认真考虑"道"的这种平等原则。唯有首先自觉地放弃以往那种"自贵而相贱"的传统习惯,和平共处的理念才不至于沦为空话。再次,道家和谐思想可以矫正唯科学主义与技术万能论的认识偏颇。现代性以试图解放人类的美好愿望开始,却以对人类造成毁灭性威胁的结局而告终。今天,我们不仅面临着生态遭受到缓慢毒害的威胁,而且还面临着突然爆发核灾难的威胁。科学的本来目的是掌握和控制自然,把人类从自然的束缚下解放出来。现在人们终于发现,从自然束缚下解放出来的人原来是能够毁灭自然和自身的人。这种始料不及的恶果,其实早已为道家的智者所预见过。道家竭力呼唤人类回归自然,效法自然。在老子眼中的技术进步即是灾祸的隐患、人性的退化,因为一切人为的强化生产手段都违背自然的"朴"和"无为"状态,是和"道"相背离的。道家伦理中蕴含着的对抗唯科学主义和技术万能论的宝贵思想,将会提供十分有益的借鉴。如果人们采取了一种非道德的态度运用科学,世界最终将以一种毁灭的方式报复科学。因而,现代科学必须消除真理与德行的分离、价值与事实的分离、伦理与实际需要的分离。当然,要消除这些分离,就必须就我们对知识的整个态度进行一场自我矫正。在人类重新看待科学技术的这场认识革命中,道家和谐思想所体现出的超前智慧必能发挥积极作用。

在进入 21 世纪的现在,对佛教教义和伦理、戒规与规范中所蕴含的和谐思想应结合时代和社会环境进行既忠于原意又富有创新意义的诠释和弘扬,以发挥它们在构建和谐社会,促进世界和谐中的积极作用。中国佛学作为东方古代思想的一部分,体现出鲜明的和谐精神。中国佛学和谐思想是在印度佛学以心的解脱和心性和谐思想基础上,吸收融合中国传统儒家、道家和谐思想形成的。中国佛学和谐思想本身是一个有机整体,它以心性和谐思想为核心,是从心性和谐出发,关注社会及人与自然关系的和谐。中国佛学和谐思想中"善有善报,恶的恶报",有今世报(现报)、来世报(生报)、后世报(后报)等的说法,佛教称行为为业,善恶行为的报应即善恶业报。所以佛教的善恶因果报应的思想,长期以来最容易为普通信众接受,具有明显的劝善止恶,增强道德意识,维护社会安定的作用。佛教主张仁爱、慈善、和平,具有热爱祖国、慈悲济世、服务人群的优良传统。在中华民族的发展过程中,佛教通过其特定的信仰、组织及宗教礼仪等来强化民族意识和调节民族心理,从而加强民族凝聚力。

当今世界,虽然一些国家或地区经常受到局部战争、冲突和各种恐怖主义的威胁,然而从总的形势来看,和平、发展与合作仍是时代的主要潮流。各国佛教团体和广大信众有责任与一切坚持正义和爱好和平的各界人士、民众一道,为维护国际环境的稳定和和平,为营建亚洲和世界和谐的秩序而努力奉献。佛教教团内部以"六和"为组织原则和道德规范条目——身和共住、口和无净、意和同事、戒和同修、见和同解、利和同均,用以处理个人与教团、人与人之间的关系,维护教团正常的秩序和和谐协作的局面。佛教寺院、僧团严格地遵守戒律、清规,并且做到六和敬法,不仅可以使僧众在修行、学习上都得到保障,生活秩序得以安定,而且对教内外也可以起到示范的作用。佛教徒可以通过弘扬佛教教义理论,引导民众净化心灵,加强道德修养,从个人到家庭,从社区到社会,从一国到世界,建立彼此理解、宽容和友好合作的关系,营造和谐的家庭、和谐的社区、和谐的社会,进而构建和谐的亚洲和世界。在今天,佛教界以八正道和五戒、十善等带有道德理念和规范意义的思想所进行的传法活动,不仅对僧俗信众有道德教化的意义,也可通过自己的宣传、以寺院为单位的僧团的正面展示,推动社会公民的道德建设和文明礼仪的改进,促进营建和谐社会。

另外,佛教的缘起观有利于抑制人类中心主义发展。在当代科技的助威下,人类中心主义已经将人类带向生存的绝境。缘起观认为人与自然是相互依存的关系。正如种子缺不了土壤,鱼离不了水一样,人离开了自然是无法生存的。自然是人类生存基础中的基础。同时,缘起观也认为人与动物仅是处十六道中不同的道,并没有高低优劣之分,更不存在谁凌驾于谁的观念。人与社会是个体与总体的关系,个体的努力能促进总体的发展,总体的发展能为个体提供更好的条件和环境。所以,佛教的缘起观是研究宇宙、万物和人类的产生、发展和消亡等各方面之因果关系的活动重要法则之一,透过这些事实世界的现象关系,正确了解苦乐迷悟,从而去探讨人类真正价值的追求。

中国传统文化中的和谐思想具有深刻的思想内涵,是古代先贤对于人生、社会、自然等思考的智慧结晶。在当代文化传承、文化复兴、建设中国特色的社会主义和实现中国梦的历史进程中,它依然能够也必然能够发挥重要的作用,凸显出独特的社会文化意义。

(作者系贵州省高校社科基地贵阳学院阳明学与黔学研究院副教授,专职研究员)

顾亭林先生
《读李处士颙襄城纪事有赠》诗注疏

路毓贤

　　明末清初在我国历史上是最复杂、最动荡的时期之一,农民起义军、后金铁蹄与明朝政权的三角对垒,频繁而惨烈的战争已经形成了民不聊生的局面,激烈的阶级矛盾和复杂的民族矛盾更使这个时代雪上加霜,为世人所熟谙的"天下兴亡、匹夫有责"这一名言,就是这个时代中昆山顾亭林先生提出来的。

　　顾亭林先生,明万历四十一年(1613年)五月二十八日生于南直隶苏州府昆山县千墩镇蒋泾湾。顾亭林先生之父名同应,字仲从,又字宾瑶,自补诸生后屡试不售,秀才以终。亭林先生早年出嗣为从祖绍芾之孙。绍芾公不仅是一位书籍收藏家,而且还是一位潜心实学的学者,于学术主张"经世致用",亦工诗善书,能通绘事。认为"士当求实学,凡天文、地理、兵农、水土及一代典章之故不可不熟究"。亭林先生本名继坤、改名绛,字忠清,明季诸生。青年时发愤儒经之学,明末曾参加昆山抗清义军,南都失败后改名为炎武,字宁人,号亭林,自署蒋山俑。康熙二十一年(1682年)正月初九日因病卒于山西曲沃。亭林先生学问渊博,于国家典章制度、郡邑掌故风俗、乃至天文气象、河漕兵农及经史百家、音韵训诂之学,都有研究,与黄梨州、王船山并被世人尊为三大儒,士林无有敢犯其讳者,皆以亭林先生敬之。郭英德在《明清文学史讲演录》中指出:作为"人师"的顾亭林,在道德理想和文化实践两方面,都为后代读书人树立了不朽的人格典型,是在中国历史记忆中被国人及异邦学人最容易想起的思想家、史学家、语言学家。亭林先生与当时重气节的前明遗民一样,坚守"入清不仕"之准则,即使是戚党莫逆有仕清者,必绝交远之。

　　亭林先生的学术声望、诗文影响在当时名噪南北,尽管在古、今文经学相讥,理、经学相轻的学术氛围里,而盖世硕儒与之订交者甚众。当时仅就关辅之地而言,集宋、明理学与陆、王心学为大成的二曲先生及关中理学、文学巨擘富平李天生、华阴王山史和邰阳康孟谋等皆与之相莫逆。由于关中挚友多,亭林先生中晚年常到关中访友交游,对关辅人文河山也曾发出"秦人慕经学,重处士,持清议,实他邦所少;而华阴缩毂关河之口,虽足不出户,亦能见天下之人,闻天下之事。一旦有警,入山守险,不过十里之遥;若有志四方,则一出关门,亦有建瓴之便"(《清史稿·儒林列传·顾炎武》)的感慨,并留下了大量的诗歌吟稿。今就亭林先生《读李处士颙襄城纪事有赠》(有序)诗试作注疏,旨在欣赏。其诗录之如下:

处士之父可从,崇祯十五年,以壮士隶督师汪公乔年麾下,以五千人剿贼至襄城,死之。处士年十六,贫甚,与其母彭氏并日而食,力学有闻。越二十九年,始得走襄城,为汪公及其父设祭招魂以归。余与处士交,为之作诗。

踯躅荒郊酹一樽,白杨青火近黄昏。

终天不返收崝骨,异代仍招复楚魂。

湛阪愁云随独雁,颍桥哀水助啼猿。

五千国士皆忠鬼,孰似南山孝子门。

此诗笔者采用的是上海古籍出版社出版的王蘧常辑注、吴丕绩标校《顾亭林诗集汇注》本,西北大学出版社出版的张波编校《李二曲集》本有"'湛阪',原本作'少室';'国士',原本作'貂锦'。据《亭林诗文纪》《明诗记事》《晚清簃诗汇》改"之注。

亭林先生诗向来以用典取胜,难免稍有艰涩之憾。《顾亭林诗集汇注》对此诗虽汇注精确,碍于篇幅而显深度有限。故笔者增广注之,并加疏以释其源流精义,旨在与更多的读者共赏。

注一、处士五句:《李颙集·盩厔李氏家传》:"二曲先生之父名可从,为人慷慨有志略,喜论兵,而以勇力著,里中呼为'李壮士',壮士常自负其才,世不知我也,欲为知己者死。"崇祯壬午(1642年),李自成攻打河南,朝廷议定由汪乔年督师讨伐,中军监纪同知孙兆禄募集兵勇,壮士应征,临行时,抉自己一颗牙齿留给家人说:"我此行,誓不歼贼不生还家,无忆我,有齿在也。"汪乔年率军出潼关,得知河南襄城已被起义军占领,起义军又包围清军左良玉部于郾城,便留下一般步兵于洛阳,亲率精锐轻骑直奔襄城,壮士亦持戈跃马紧随孙兆禄而抵达。汪乔年即分贺人龙、郑嘉栋、牛成虎三路军驻守城东,以围魏救赵之计企图诱出郾城的起义军,当起义军杀出郾城到达襄城时,贺、郑、牛三部溃败而逃,加之左良玉部怯战未至,从而致使汪乔年陷入困境。汪乔年孤军奋战,亲自登城指挥作战,以孙兆禄参幕留中军,壮士随从孙身后,汪乔年看了几眼壮士,觉得奇怪,便问壮士道:"若何官?"壮士回答:"材官耳!"汪接着说:"若立功,题授若军职。"壮士拜谢:"敢不效死命。"起义军久攻不下,以在城墙根凿洞以填火药,随之火爆城塌。汪乔年指挥官兵在塌陷处以长矛抵抗,双方胶着一起,血可漂杵,尸叠成山。起义军后以门车攻城,官兵则以投坠大石还击,其他枪弩炮箭亦使起义军伤亡惨重。在守城作战中,壮士奋勇争先。大战之日又逢雨雪大作,起义军炸崩垣堞西隅,壮士受命取荆囤充土以复筑墙体,坚守如故。在起义军更加猛烈地攻击下,城墙的雉、堞尽碎,官兵终于力不能支,汪乔年自刎未遂,被起义军捆绑后仍大骂不已,后被割舌并磔刑处死,孙兆禄与裨将张国钦、张一贯、党亦威、李万庆及壮士皆为阵亡。

　　疏、全祖望《二曲先生窆石文》:"父可从,字信吾,以壮武从军为材官。"《明史·汪乔年传》:"字岁星,遂安(四川)人,天启二年进士,授刑部主事,历郎中、青州知府、登莱兵备副使、陕西右参政、按察使,自负才武,休沐辄驰骑习弓刀击刺,寝处风雨中。崇祯十四年,擢右佥都御史,巡抚陕西。时李自成已破河南,声言入关。乔年疾驰至商洛,而三边总督傅宗龙败没于项城,诏擢乔年兵部右侍郎,代宗龙,辄出关,是时关中精锐尽没于项城,乃收散亡,调边卒。十五年正月,出潼关。先是自成攻左良玉,良玉退保郧城,贼围之急。乔年曰:'吾闻襄城距郧四舍,贼老寨咸在,吾舍郧而攻其必应,贼必还兵救,则郧城解矣。郧城解,我击其前,良玉乘其背,可大破也。'诸将皆曰善。自成果解郧城而救襄城,良玉救不至,军大溃。乔年叹曰:'此吾死所也!入城守二十七日,城陷,死之。'"

　　注二、处士年十六四句:"并日而食",出典于《礼记·儒行》:"儒有一亩之宫,环堵之室,荜门圭窬,蓬户瓮牖,易衣而出,并日而食。上答之,不敢以疑;上部答,不敢以诌。其仕有如此者。""力学有闻"见亭林先生《广师》:"坚苦力学,无师而成,吾不如李中孚。"

　　疏、诸葛亮《后出师表》:"故五月渡泸,深入不毛,并日而食。"《清史稿·儒林传》:"颙父可从随征,兵败死之。时颙年十六,母彭氏,日言忠孝节义以督之。颙亦事母孝,饥寒清苦,无所凭藉,而拔流俗,以昌明关学为己任。有馈遗者虽十反不受。或曰交道接礼,孟子不却。颙曰:'我辈百不能学孟子,即此一事不守孟子家法,正自无害。'"

　　注三、越二十九年三句:据《二曲先生履历纪略》,崇祯十五年壬午(1642年)二月,自二曲先生父信吾公随汪乔年总制率秦地五千募兵出征李自成到至康熙九年庚戌(1670年)东十月,历时二十九年,二曲先生回忆当年自己尚幼,母子一直未得到信吾公的吉凶消息，日夜期盼其生还，当得知李自成入关，"乃始绝望。居恒抱痛，思及襄城流涕，愿一往，以母在也难之，唯奉太翁遗齿，晨夕严事。母殁，奉以合葬，名曰'齿冢'。服阙，欲往，苦无资斧，至是贷于乡人，得四金，乃斋沐吁天，哭告母墓启行，次月七日，抵襄，访太翁原寓主人，求其指引不得，则访襄人昔所瘗战亡之骨，绕城遍觅，滴血无从，乃为文悼于社，昼夜哭不绝声，泪尽血继，观者恻然。邑令张讳允中闻而哀之，询知为先生，亟郊迎入城，饰馆设宴。先生以斋戒坚辞，宿于社。张亦为文祷于社神，文具'招魂记'。十二日，先生为位于太翁原寓，致祭招魂。以太翁出征时尚未命名，自呼乳名狂号以告，闻着莫不泣下哀动阖邑。祭毕欲返，适骆公（钟麟）遣使来迎先生倡道于南，先生意不欲往，而襄城知县张允中与官绅士庶，方谋为太翁（壮士信吾）举祠（祀）起冢，以慰孝思。先生念非旬月可就，遂南行以俟其成"。康熙十年辛亥（1671 年），三月二十五日，二曲先生自常州、苏州、无锡、江阴、宜兴、靖江登坛倡道，荣饮盛誉而归抵襄城，县令张允中得知后，即以迎入城中，当时祠、碑已成，惟供桌未竣工，拟于次日致祭，当晚砌作完毕。次日自黎明起，阖邑之官绅士庶，争相虔祭。邑绅刘宗洙捐地，偕众起冢于西郊。镌太翁姓字、生卒年月以葬。先生斩哀哭奠，恭取冢土升馀，同魂牌捧赍而归。县令张允中率镇将、学博、阖邑绅衿，祖饯于十里铺，挥泪而别。四月五日，至华阴西岳庙，设五千游魂牌，告神致祭，俾各归原籍。初九日，回到盩厔家中，遂在母墓前哀诉告旋，并将从襄城带回的父冢之土附于母墓，次日率阖室亲眷举行恭祭并安置魂牌于家龛。与此同时，襄城官绅士在西郊所建之冢茔所植松、柏、楸、杨等葱郁成林，林道旁竖碑镌"义林"为记。自 20 个世纪始，此冢茔逐渐被毁夷殆尽，易为他用。

疏、据李红昌《许昌学院》学报 2011 年第 4 期"'双忠墓'墓志铭的发现对李自成襄城之战研究之意义"一文，2003 年在襄城县城西郊的汝河东岸，意外地发现了一块石碑，石碑是青石质的墓志铭，长六十七厘米、宽五十三厘米、厚二十二厘米。墓志铭正面共有一百零一个文字，铭文如下："西安府同知孙兆禄私谥忠文墓，直隶盐山县举人，崇祯壬午二月十七日死于战场；烈士私谥忠武李公信吾讳可从墓，陕西盩厔县人，男，出生于万历己亥十一月十九日子时，战死于壬午二月十七日。知县张允中立石，吏部候选同知眷侄刘宗洙奉祀。"此墓志的出现，《二曲先生履历纪略》中"义林"之冢应非为李壮士一人之冢，因与孙兆禄合葬，一为私谥"忠文"，一为私谥"忠武"，合为"双忠"之墓。

注四、余与处士交句：亭林先生与二曲先生自康熙二年至康熙十七年的十五年间,据吴怀清《李二曲年谱》,只有两次,分别是康熙二年十月于盩厔和康熙十六年于富平军寨之北的拟山堂。据周可真《顾炎武年谱》,共四次,第一次为康熙二年十月于盩厔;第二次为康熙十一年作《读李处士颙襄城纪事有赠》,注为"据诗,先生当与李颙相会,地点应在陕西,盖其冬春之际曾往盩厔过访李颙";第三次为康熙十六年于富平军寨之北的拟山堂;第四次为康熙十七年春,自太原至富平,"先寓李因笃家,抚子衍生及师李云沾自曲周来会于李颙家。旋挈衍生和李云沾同往华阴"。

疏、赵俪生《顾亭林新传》附录《顾炎武与张尔岐》:"二曲是王学派,他所使用持钵贫儿两句,恰好就是王阳明本人常说的话,所以顾可能听不进去,而露出'怃然'的感情。但他二人在当时的民族矛盾问题上是志同道合的,所以友谊不至于为了辩论程、朱和陆、王,为了辩论经验主义和理性主义而受到伤害。的确,二曲对顾的治学方法,一直是有意见的。他说:'不求于本而求于末,非圣人之学也。何谓求乎末,考详略,采异同是也。'"二位先生在这首次见面且又深入长谈中,在学术观点中虽有分歧,却因有火花而愈显精彩;在当时的民族矛盾问题上不仅志同道合,亦为恪守气节而互相钦佩。两位先生的第二次在富平军寨之北的拟山堂的会面,以"密迩先生,时至卧室盘桓,语必达旦"而显十分默契。通过亭林先生在 66 岁的《与潘次耕扎》:"中孚虽从象山(陆九渊)入手,而近颇博览,亦更亲于昔"句,可见集理学与心学之大成,无学不究的二曲先生"悔过自新""明体适用"之学术思想被集经学与考据学为大成的执牛耳者所接受了,这在中国哲学史上不能不说是一次古、今文经学,理、经学的"大握手"。

注五、"踟蹰荒郊酹一尊"句:踟蹰,同蹢躅,《荀子·礼论》:"蹢躅焉,然后能去之也。"《文选》(陆士衡·答张士然)诗:"絷身跻秘阁,秘阁峻且玄。终朝理文案,薄暮不遑瞑。逍遥春王圃,踟蹰千亩田。回渠绕曲陌,通波扶直阡。嘉谷重垂颖,芳树发华颠。余固水乡士,总辔临清渊。戚戚多远念,行行遂成篇。"《文选》(宋玉·神女赋):"望余帷而延视兮,若流波之将澜。奋长袖以正衽兮,立踟蹰而不安。"酹一尊,《说文》:"酹,餟祭也。"段玉裁注:《广韵》:"以酒沃地。"《辞海·酹酒》:"以酒撒地而祭,酹酒之制,古称祼,古祭祀祖先,享大宾,皆以酒灌地而后送爵。"

疏、此句写的是二曲先生来到襄城荒郊,驻足不前,为找寻父之遗骸而"绕城遍觅,滴血无从,乃为文悼于社,昼夜哭不绝声,泪尽血继"的场景。

注六:"白杨青火近黄昏"句:白杨,出典于《文选·古诗十九首》:"驱车上东门,遥望郭北墓。白杨何萧萧,松柏夹广路。"唐人李善注《白虎通》曰:"庶人无坟,树以杨柳。"青火,陆放翁《老学庵笔记·卷四》:"予年十余岁时,见郊野间鬼火至多,麦苗稻穗之杪往往出火,色正青,俄复不见。盖是时去兵乱未久,所谓人血为磷者,信不妄也。今则绝不复见,见者辄以为怪矣。"

疏、唐人刘沧《过北邙山》诗有:"白杨落日悲风起,萧瑟寒巢鸟独奔。"作者借此句之"白杨悲"和"青火近黄昏"既写出了二曲先生在襄城荒郊的悲怆之情,又表达了作者对明朝已亡的哀叹。

注七、"终天不返收崤骨"句:《文选·潘安仁·哀永逝文》有:"今奈何兮一举,邈终天兮不反"句。李善注:"天地之道,理无终极。今云终天不反,长逝之辞。"《韵会·返》:"通作反";宋庠《代李副枢乞终丧表》:"构闵终天。"此句之谓,可作"抱恨终天"解。收崤骨,《说文》无崤,作殽、肴二字。后因名以山而作"崤"。崤山,古属晋地,又名"嶔崟山",在今河南省洛宁县北,东接渑池,西邻陕县。山分东、西二崤,东崤长阪峻峭、峡谷幽黢,车难击毂,步以单行。传为周文王曾避风雨于此;西崤石板杂陈、荆棘塞道,势险形绝,鹤戾猿啼,亦有夏帝祖皋陵在此之说。此之"收崤骨",即指春秋时秦、晋之间的"崤关大战"六年后秦穆公于崤山为牺牲的秦军将士收埋遗骸并祭祀一事。

疏、据《左传》所载,秦、晋在晋文公时期,两邦和睦相处。尤在晋文公执政之初,秦曾有恩于晋。僖公三十年(前630年),晋侯、秦伯围郑,郑伯使烛之武说秦君,与秦结盟,派杞子、逢孙、杨孙戍守于郑,由此晋、秦两国生隙。僖公三十二年,晋文公去世。秦穆公发兵攻郑,蹇叔力阻,后因攻郑计划泄露而止。僖公三十三年春,秦军便顺势灭了滑国后回师。四月十三日,晋国军队在崤山中伏击并全歼了秦军,俘获了孟明视、西乞术、白乙丙三将帅回国。在晋襄公母后文嬴的劝说下,晋襄公放秦三将帅回秦。秦三将帅回到秦国后,秦穆公身着素服住在郊外,对着被释放回来的将士哭着说:是我违背蹇叔的话,使你们几位受到侮辱,这都是我的罪过。孟明视三人不仅没受到处罚,反而得到了重用。秦穆公经过几年的反思和准备,在文公二年(公元前625年),孟明视领兵攻打晋国又败绩。文公三年夏,秦穆公亲自率师攻打晋国,渡过黄河,烧掉船只,战取了王官和郊地,晋军不出战。秦军就从茅津渡黄河,在崤山收瘗三年前在此战死的将士遗骸,堆土树标,祭祀完毕然后回国。《清史稿·儒林列传·李颙》:"闻父丧,欲之襄城求遗骸,以母老不可一日离,乃止。既丁母忧,庐墓三年,乃徒步之襄城,觅遗骸,不得,服斩衰昼夜哭。"亭林先生此"终天不返收崤骨"句,藉崤山之战暨秦穆公崤山之祭以寓襄城之战和二曲先生抱恨终天而襄城觅遗骸暨招魂之事。

注八、"异代仍招复楚魂"句：异代，(1)《文选·班固〈幽通赋〉》："虞'韶'美而仪凤兮，孔忘味于千载；素文信而底麟兮，汉宾祚于异代。"李周翰注："宾祚，谓礼其后祚也。谓汉也。"宋王说《唐语林·豪爽》："大丈夫不能立功业，为异代之所称，岂可夺人爱姬，为己之嬉娱。"明沈德符《野获编补遗·礼部·议革张浚祀》："浚终不得侑食，则浚在当时已有定论矣。岂有见摈於本国，而崇祀於异代者。"(2)指后世之人。唐李咸用《览文僧卷》诗："虽无先圣耳，异代得闻'韶'。"(3)不同时代，不同世代。三国魏曹植《辨道论》："桀纣殊世而齐恶，奸人异代而等伪。"《南史·萧允传》："允又为长史带会稽郡，行经延陵季子庙，设苹藻之荐，托异代之交，为诗以叙意。"五代王定保《唐摭言·无名子谤议》："夫圣人用心，异代同体。"清姚莹《论诗绝句》之十二："力振衰淫伯玉功，卢、王、宋、沈未为功；考亭异代真知己，特识曾推'感遇'工。"(4)前代，前世。《新唐书·李绛传》："圣人选当代之人，极其才分，自可致治。岂借贤异代，治今日之人哉？"唐周繇《经故宅有感》诗："异代图书藏几箧，倾城罗绮散谁家。"宋李石《续博物志》卷七："刘向〈列仙传〉、葛洪〈神仙传〉、沈汾〈续仙传〉、曾慥〈集仙传〉，以异代事著于本朝者。"仍招复楚魂，古之招魂，可分招"生魂"与"死魂"两种，招生魂意在医病，招死魂以举行仪式为葬礼一部分，称作"复"。《礼记·丧大记》："复有林麓，则虞人设阶。"郑玄注："复，有司招魂复魄也。"《礼运》："升屋而号，告曰，皋某复。"汉代以后的招魂葬，一般是为指客死异乡、尸骨不得回归故土的死者所设的葬礼。见唐人张说《为魏元忠作祭石岭战亡将士文》："封尸死所，招魂故乡。"唐人张籍《征妇怨》："万里无人收白骨，家家城下招魂葬。"楚魂：(1)《楚词·招魂》："魂兮归来哀江南"，诗中言"楚魂"，多有追吊楚人之意。指楚王梦遇巫山神女。唐李贺《巫山高》诗："楚魂寻梦风飔然，晓风飞雨生苔钱。"清人王开沃《清平乐·题潇湘暮雨图》词："漠漠水云朝复暮，中有楚魂来去。"(2)指楚屈原。唐吴融《溪翁》诗："应嗟独上浔阳客，排比椒浆奠楚魂。"宋人刘筠《梨》诗："宋玉有情终未识，蔗浆无奈楚魂迷。"(3)指舜二妃娥皇女英。元人钱惟善《湘泪竹管》诗："翠帷尘滴不乾云，湘水无声楚魂咽。"(4)鸟名，传说为楚怀王灵魂所化。唐人来鹄《寒食山馆书情》诗："蜀魄啼来春寂寞，楚魂吟后月朦胧。"

疏、此句"异代"之本意应是"指后世之人"；"仍招复楚魂"应是表象上借楚人吊三闾大夫之意以喻二曲先生襄城觅父遗骸不得而招父魂之实。中国传统诗讲究的是借典含蓄,力避的是浮浅直白。用"复楚魂"代替"招忠魂",既有深层次的人文因素,又在格律上以"复楚魂"来呼应"收骑骨"更显出神来之笔。

注九、"湛阪愁云随独雁"句:《二曲集》原作"少室",少室即山名,少室山在登封县北,嵩山西。《顾亭林诗》徐嘉注本作"湛阪"。湛,《左传》杜预注:"襄城昆阳县北有湛水,东入汝;"阪,《说文》:"坡者曰阪"。湛阪:此指"湛阪之战",是春秋时期晋楚争霸的最后一战。晋与楚为争夺中原对宋、郑、曹、卫诸国的霸权,展开了一系列的战争,其中的"城濮之战""鄢陵之战",皆以各有胜负,旗鼓相当而鸣金。《左传》:"成公十八年(前573年),二月乙酉朔,晋侯悼公即位于朝,始命百官施舍责,逮鳏寡,振废滞,匡乏困,救灾患,禁淫慝,薄赋敛,宥罪戾,节器用,时用民,欲无犯时。"经过一番选任贤能,励精图治,霸业渐已复兴。襄公十五年(前558年)冬,晋悼公死,次年春正月葬晋悼公,平公即位后,晋联合诸侯在温地宴会结盟,夏六月,晋等盟军驻扎在棫林。初九日晋军攻许(今河南叶县西南),驻扎函氏(今叶县北),荀偃、栾黡率军攻楚,以报复在杨梁的那次战役,楚国的公子格领兵与晋军遭遇,激战于湛阪(今河南平顶山北),楚师大败而退。晋军就进攻楚方城(今河南方城至泌阳间)的外边,再次攻打许国,然后凯旋。愁云:(1)谓色彩惨淡,望之易于引发愁思的烟云。汉班婕妤《捣素赋》:"仿风轩而结睇,对愁云之浮沉。"南朝宋谢惠连《雪赋》:"岁将暮,时既昏;寒风积,愁云繁。"唐胡曾《咏史诗·苍梧》:"无计得知陵寝处,愁云长满九疑山。"宋吴文英《点绛唇·试灯夜初晴》词:"卷尽愁云,素娥临夜新梳洗。"(2)比喻忧郁的神色。元张可久《塞鸿秋·春情》曲:"疏星淡月秋千院,愁云恨雨芙蓉面。"随独雁、独雁:南朝梁简文帝《筝赋》:"觌独鴈之寒飞,望交河之水缩。"唐人独孤申叔《终南精舍月中闻磬》诗:"断绝如残漏,凄清不隔云。……羁人方罢梦,独雁忽迷群。"宋黄庭坚《听宋宗儒摘阮》诗:"寒虫促织月笼秋,独鴈叫群天拍水。"元王恽《春夜宴右相宅》诗:"别怀增惓惓,独鴈谩哑哑。"

疏、"湛阪愁云随独雁"句,为亭林先生借湛阪之战,以愁云随独雁而托喻出二曲先生失怙后的孤独状态和寻觅先父遗骸而未得的心情。

注十、"颍桥哀水助啼猿"句:颍桥,《方舆记要》:"许州襄城县颍水源出登封颍谷,至临颍西襄城玛瑙河,东北流达临颍,入颍水。"襄城县今仍有颍桥镇,颍水即春秋时之颍谷。《左传》:"隐公元年,郑伯克段于鄢。"郑伯即庄公,弃其母姜氏于城颖,而发誓道"不及黄泉无相见也",后颇懊悔。颖考叔是颖谷管理疆界的官吏,听到这件事,就把贡品献给郑庄公。庄公赐给他饭食。颖考叔在吃饭的时候,把肉留着。庄公问他为什么这样。颖考叔答道:"小人有母,皆尝小人之食矣,未尝君之羹。请以遗之。"庄公说:"尔有母遗,繄我独无!"颖考叔说:"敢问何谓也?"庄公把原因告诉了他,还告诉他后悔的心情。颖考叔答道:"君何患焉?若阙地及泉,遂而相见,其谁曰不然?"庄公依了他的话。庄公走进隧道去见武姜,赋诗道:"大隧之中,其乐也融融。"武姜走出地道,赋诗道:"大隧之外,其乐也泄泄!"从此,他们恢复了从前的母子关系。君子曰:"颖考叔,纯孝也,爱其母,施及庄公。《诗》曰:'孝子不匮,永锡尔类。'其是之谓乎?"据传这个隧洞,就是阴随沟,在襄城属颖桥镇附近。考叔墓就在该镇西门内,高大雄伟,一望便知。宋人梅尧臣《过颖桥怀永叔诗》:"昔送之官东郡时,夜阑对酒风揭屋。君今淮海予再过,古驿依依老槐绿。"哀水即哀号与泪水。助啼猿:唐皎然诗《赋得啼猿送客》:"万里巴江外,三声月峡深。何年有此路,几客共沾襟。断壁分垂影,流泉入苦吟。凄凉离别后,闻此更伤心。"唐戴叔伦《送人游岭南》:"少别华阳万里游,近南风景不曾秋。红芳绿笋是行路,纵有啼猿听却幽。"

疏,"颖桥哀水助啼猿"句,意借考叔之纯孝而爱其母,施及庄公之典,以"哀水助啼猿"来比拟二曲先生在襄城为父招魂时情真意切,悲痛哀号,从而感动当地官绅,亦爱其父,影响到县令官绅义筑"义冢"义植"义林"。其德可与踵考叔之武。

注十一、"五千国士皆忠鬼"句:五千国士,《二曲集》原本作"五千貂锦",貂锦者,貂裘、锦衣之谓,唐刘禹锡《和白侍郎送令狐相公镇太原》有"十万天兵貂锦衣"之句。此仍依《顾亭林诗汇注》本作"五千国士"。国士者,勇冠全国之人,《左传》:"皆曰国士在,且厚,不可当也";《史记·淮阴侯列传》:"信(韩信)度上不我用,即亡。何(萧何)闻信亡,自追之。居一二来谒,上(刘邦)骂曰:诸将亡者以十数,追信诈也。何曰:诸将易得耳,至如信者,国士无双。王必欲争天下,非信无所与计事者。""忠鬼",《中国历代人名大辞典·易雄》:"易雄,东晋长沙浏阳人,字兴长。少为县吏。自念卑贱,无由自达,因挂帻去。习律令及施行故事,交结豪右。仕郡为主簿。以不畏死难知名。举孝廉,迁春陵县令。元帝永昌元年,湘州刺史谯王司马承将讨王敦,雄募兵从之。敦遣将来攻,雄悍御累旬,城陷被执,不屈死。"

疏、西晋太安二年（303 年），司马乂、司马颖起兵讨伐司马颙，陆逊曾孙陆机统领二十万大军与晋惠帝军战于洛阳，荆州发生了著名的张昌起义。义军势如破竹，陈贞破长沙，执太守万嗣，将斩之，雄与义军争论曲直。义军怒，叱使牵雄斩之，雄趋出自若。义军又呼问之，雄对如初。如此者三，义军乃舍之。嗣由是获免，雄遂知名。举孝廉，为州主簿，迁别驾。自以门寒，不宜久处上纲，谢职还家。后为春陵令。当湘州刺史、谯王承既拒王敦，将谋起兵以赴朝廷。雄承符驰檄远近，列敦罪恶，宣募县境，数日之中，有众千人，负粮荷戈而从之。承既固守，而湘中残荒之后，城池不完，兵资又阙。敦遣魏乂、李恒攻之，雄勉励所统，捍御累旬，士卒死伤者相枕。力屈城陷，为乂所虏，意气慷慨，神无惧色。送到武昌，敦遣人以檄示雄而数之。雄曰："此实有之，惜雄位微力弱不能救国之难。王室如毁。雄安用生为！今日即戮，得作忠鬼，乃所愿也。"敦惮其辞正，释之。众人皆贺，雄笑曰："昨夜梦乘车，挂肉其傍。夫肉必有筋，筋者斤也，车傍有斤，吾其戮乎！"寻而敦遣杀之。当时见者，莫不伤惋。亭林先生引易雄"王室如毁。雄安用生为！今日即戮，得作忠鬼，乃所愿也"句与文渊阁大学士督师扬州的史可法之壮举来称颂襄城之战中战死疆场的五千秦地将士。

注十二、"孰似南山孝子门"句：孰似，疑问相同；南山，泛指住地南边的山，中国历史上尤以位于汉、唐长安城以南的秦岭北麓终南山最为有名，基于泛称，福建长乐亦有南山之名；孝子门，《汉书·第五伦传》："贤以孝行为先，是以求忠臣必于孝子之门。"

疏、唐人李吉甫《元和郡县志图志》："山曲曰盩，水曲曰厔"盩厔即以此得名，雅称二曲。终南山西段在盩厔境内，山麓北十里即县治。盩厔世代称终南山为南山，有镇曰终南，终南山古楼观老子说经台距县治东南三十六里，亭林先生于康熙二年十月访二曲先生后南行，曾有《楼观》诗。二曲先生之居在县治西南隅。大凡盩厔文人皆以二曲为誉。明有王三聘，号两曲；清有李中孚，世人尊称二曲先生，近有刘昆玉，著有《广两曲志》。《李二曲集·义林记序》："襄人悯烈士之忠，而怜二曲先生之孝也，于是，起冢西郭门外，镌姓字、庚甲于石而葬之，表于道曰'义林'。"亭林先生以"南山孝子门"句与"国士皆忠鬼"句相承，旨在借喻集勇、孝、忠、义为一体来称颂二曲先生有一门忠孝之殊誉。福建长乐县境塔坪山，当地世代亦称南山，长乐县宋时有以孝闻名之贤士邹异，世人尊称其为"南山孝子"，《长乐县志》立传于《孝悌》，传云："邹异，字士奇，邑西侍中坊人。有孝行，亲殁，葬南山，庐墓六年，有甘露芝草之瑞。元祐三年（1088

年），举经明行修，有司因改其里曰'宾贤'，坊曰'文行'。"县志又云："东隅，旧名德政里，宋元祐三年，孝子邹异应经明行修科，改名宾贤。"邹异死后亦葬南山，长伴父母，墓被称为南山孝子墓，墓前亭亦被称为南山孝子亭。

存疑、此诗题目于《李二曲集》有异，其写作时间与地点还须完善。题目，《顾亭林诗集彙注》为："读李处士颙襄城纪事有赠·有序"，"徐注：康熙十一年壬辰"。《顾炎武年谱》："康熙十一年，友人陆世仪卒于太仓；作'读李处士颙襄城纪事有赠'诗一首（有序）。"周可真注："据诗，先生当与李颙相会，地点应在陕西，盖其冬春之际曾往盩厔过访李颙。"《李二曲集·襄城记异·诗》有顾炎武"读襄城记异有感"一首。《襄城记异》中所有文与诗，皆为他人署名于嵩。惟《南行述》为门人王心敬纂。《南行述》是记述二曲先生在康熙九年十月至次年四月到襄城觅父遗骸未果而招魂，当地官绅建"义祠"、筑"义冢"、植"义林"暨此间赴江南倡道讲学之始末。其文为门人所纂，亦当二曲先生过目认同。依亭林先生长于考据，断无一字之虚。故"李处士颙襄城纪事"之篇应是《南行述》未正式定名前之原稿。关于《读李处士颙襄城纪事有赠》诗的写作成稿时间为"康熙十一年壬辰"，是后来人徐嘉注的，非为原稿所载。但是，《顾炎武年谱》却有写这首诗的时间是"康熙十一年"的记载。让人怀疑二曲先生是康熙十年四月才从襄城回到陕西盩厔，且在江南倡道讲学期间又因亭林先生不在江南而亦未曾相见，何以在半年内亭林先生就读到《南行记》原稿？经仔细核查《顾炎武年谱》康熙十一年之左右三年所有之事记与《李二曲年谱》康熙十一年之左右三年之事记，尚无二人活动的踪迹能有相遇之可能。再看《襄城记异》中之文与诗歌除襄城知县张允中的"记"、襄城士绅马永爵的"叙事"为当年所写外，其他人的文与诗歌皆于康熙十五年左右所作。笔者认为，此诗如果确为康熙十年与十一年冬春之际所作，那一种可能就是亭林先生在康熙十年于异地就收到了《南行记》的原稿。如此之急促，更不像二曲先生的处事风格。故此诗的写作时间在康熙十一年暨二人有过访之说仍需待考。

清初著名学者朱彝尊曾经为亭林先生作过一对联，即：入则孝，出则悌，守先王之道，以待后学；诵其诗，读其书，友天下之士，尚论古人。梁任公在《中国近三百年学术史》中认为，他平生最敬慕的是亭林先生的为人，曾说："深信他不但是经师，而且是人师。"

亭林先生不仅在我国传统的经学、史学、音韵学等研究领域占有重要地位，而且被尊为乾嘉学派的开端者。实际上，他还是一位杰出的诗人，一生写过大量的诗,也提出过许多卓有见地的文学主张。研究学问,余事为诗,虽学名掩了诗名,然其无学不究、高标超众的通才学养在不经意间充满着沉雄悲壮、浑厚苍凉、凝重劲健、艰涩老辣的艺术风格,无论是拟古咏史,游览即景,还是寄情凭吊,忆事怀人,在诗之境界上达到了思想与艺术的高度结合。亭林先生于诗一贯主张诗主性情,不贵奇巧的少陵宗法。正如沈德符《明诗别裁》中所说的"无不穷极根柢,韵语其余事也。然词必已出,事必精当,风霜之气,松柏之质,两者兼有。就诗品论,亦不肯作第二流人"的那样。以"独超千古,直接老杜"(《射鹰楼诗话》)的豪迈气概,在其诗的骨子里都深刻地蕴含着他那坚守气节、故国神游、耻合时流的高贵品格与精神,从而也使诗中字里行间的英雄浩气很天成地铸就了阳春白雪,和者盖寡的大雅诗品。

  (作者系陕西省政府参事)

传统与现代

走向现代的儒学①

杨国荣

一

儒学在今天似渐呈复兴之势。这既展示了儒学本身持久的生命力,也体现了社会变迁过程中的历史需要。然而,在儒学趋于"热"的背景之下,冷静的理性思考同样不可或缺。具体而言,这种思考指向两个方面:其一,儒学究竟是什么或何为儒学? 其二,儒学在今天应引向何方? 前者关乎对儒学的理解,后者涉及儒学的进一步发展。

儒学究竟是什么? 历史地看,儒学或者被视为心性之学,或者被归于经世之学,论儒学者则或以仁说儒,或以礼论儒。这些不同看法的背后,同时蕴含着对儒学的不同理解。类似的现象也存在于今天。以上事实表明,"何为儒学"或究竟应该如何把握儒学,在历史上并不是一个已经完全解决了的问题、在今天依然是一个需要进一步思考的论题。另一方面,儒学既有其相对确定的内容,又在历史过程中经历了变迁、衍化的过程,从而并不是完全凝固、封闭的体系。儒学的这种开放性,同时也使之在今天面临如何进一步发展的问题。

宽泛而言,对儒学的理解涉及多重方面。这里面首先需要合理定位理性认知和价值立场之间的关系。儒学作为历史中的思想形态,究竟包含着哪些方面的内涵? 其核心观念体现在何处? 这些问题主要关乎理性的认知。相对而言,价值立场更多地涉及价值选择和价值取向:在儒学的多重内容和观念中,究竟应当侧重于哪一个方面? 应以何为儒学的主导原则? 等等。以上两个方面并非互不相干:从逻辑上说,价值选择、价值立场的确定,需要以对儒学多重内涵

---

① 本文系作者在 2016 年 10 月举行于西安的"儒学核心价值及其当代意义"学术会议上的大会主旨演讲记录。

的把握为前提。

就儒学内涵的把握而言，首先不能停留在对已有概念的描述或重叙之上，而是需要在更广的理论视野之下，揭示历史上的儒学概念和理论系统在今天所具有的意义。以宋明以后所讨论的"本体"与"工夫"这两个概念而言，两者均属传统意义上的儒学范畴，而其中蕴含何种理论内涵和哲学意义，则是今天需要思考的问题。从现代的理论视域看，与"工夫"相关的"本体"大致包含二重含义。首先是人的后天发展之所以可能的根据，这一意义上的本体与"性相近"意义上的"性"有相通之处，而不同于西方哲学论域中的 substance（本体或实体）。"本体"同时也表现为内在的精神结构或意识结构，这种精神结构或意识结构既包含人的认知内容，也渗入了人的价值观念。以价值取向和认知内容为具体内容的精神结构，又构成人在后天展开多样工夫的内在出发点。作为工夫的根据和出发点，本体不仅从"如何"的层面为工夫提供了引导，而且也从"应当"的层面为工夫提供了动力；前者表现为本体中的规范意识，后者则展现为本体中的责任意识。本体中的规范意识关乎行为"如何"展开，即如何做；本体中的责任意识则涉及应当选择"何种"行为，即应当做什么，后一关切往往又进一步转化行为的动机，推动行为的发生。总起来，人的发展离不开内在根据，后天工夫也需要现实的出发点，而不能从无开始，从而，"本体"在二重意义上制约着人及其活动。以上视域中的"本体"，从今天来看依然有其重要的理论意义。

对儒学的理解，同时需要揭示它对于解决今天面临的社会问题和理论问题所具有的意义。这里，重要的不是迎合某种现代理论，而是关注儒学所蕴含的克服相关理论偏向的理论资源。以近年成为学界热题之一的正义理论而言，真正具有实际意义并需要加以关切的，并不是儒学中是否也有类似正义论的观念，而是正义本身是否存在自身问题以及儒学在解决这种问题上可能具有的意义。正义原则以肯定个体的权利为核心，这种原则对建立合理的主体间关系无疑有其积极意义，然而，仅仅关注于个体权利的彼此尊重，往往很难避免主体间的紧张和存在意义的失落：当主体间只是一种权利关系时，人便片面地呈现为一种法理意义上的存在，而人是目的这一规定亦常常因之而模糊。较之正义原则，儒家所主张的仁道体现的是一种不同的价值趋向。仁道的基本精神在于尊重和确认每一主体的内在价值，它既肯定主体自我实现的意愿，又要求主体间真诚地承认彼此的存在意义。这里不仅蕴含着人是目的的理性前提，而且渗入了主体间的情感认同。对于克服仅仅强调以个体权利为核心的正义原则可能导致的偏向,以上仁道观念无疑构成了重要的理论资源。

在从理论层面阐释儒学概念的同时,对儒学可能具有的历史限度,也需要有清醒的理性把握。时下,常常可以看到某种回归经学、将儒学研究经学化的倾向,这种趋向无疑值得加以思考。历史地看,经学的基本前提是以儒学为正统的意识形态或真理系统。在经学的传统中,对于作为经典的儒学文献,往往只能解释,不能批评。清代著名的经学家王鸣盛便明确指出,"治经则断不敢驳经"①。在此,经学即被视为思想的正统,其义理不允许有任何异议。经学的立场往往导致儒学的独断化、权威化。历史上,独断化、权威化曾使儒学失去了内在生命力,如果现在依然回归经学、以儒学为正统或以儒学为本位,同样也将使儒学本身失去生机。从以上方面看,今天所需要的显然不是儒学的重新经学化,而是扬弃经学的视域,以更为开放的眼光来看待传统儒学。

对待儒学的开放态度,具体展现于情感认同和理性把握的互动。情感认同和理性把握关乎前面所说的价值立场与理性认知,一方面,在对待传统儒学的问题上,总是涉及情感上的认同,后者既表现为对以往文化成果的敬意,也与价值取向上的正面肯定相关。另一方面,对儒学又需要加以理性的把握。情感认同和理性把握的统一,可以视为对儒学作合理把握的观念前提。仅仅侧重情感认同,往往可能重新导向经学意义上的卫道意识,现代新儒家在某种意义上便展现了如上趋向;仅仅强调理性认知,则容易将儒学仅仅看作认知意义上的对象,而忽视其内在的价值意义。可以看到,扬弃经学立场与注重情感认同和理性把握的统一,构成了儒学理解过程的相关方面。

二

如前所述,关于儒学不仅有如何理解的问题,而且也有怎样进一步发展的问题。儒学的这种发展,可以从形式和实质两个不同的层面加以考察。

从形式的层面看,儒学的发展首先需要在概念的逻辑分析方面给予必要的重视。在传统的形态下,儒学一方面有自身独特的概念系统,另一方面这些概念往往呈现文约义丰的特点。就积极的意义而言,文约义丰意味着内涵的多方

---

①　王鸣盛:《十七史商榷·自序》。

面性和丰富性;从消极的方面看,以上特点则常常表现为缺乏严密的逻辑形式,并容易导致理解上的歧义。注重逻辑分析,首先要求对这些包含多重内涵的传统概念作具体的辨析,使之呈现逻辑的清晰性。这种逻辑的辨析可以视为进一步推进儒学的前提性工作。与概念辨析相联系的是观点的论证。论点的提出,应当进行严密的逻辑论证,所谓言之成理、持之有故,便涉及这一方面。对于传统儒学中的观点,同样需要揭示其立论的根据和理由,并具体说明其何以在理论上能够成立。此外,对于今天的儒学研究来说,往往还面临逻辑重建的问题。冯友兰曾区分了实质的体系与形式的体系,在其传统的形态下,儒学更多地关注于实质的体系,而不是形式上的体系。尽管它实质上表现为具有内在关联的系统,但在形式上,这种系统并不是以逻辑推论的方式展开的。与之相联系,今天对儒学的把握和发展,需要进行逻辑的重构,这种重构包括揭示不同命题之间的逻辑关联,分析观点展开过程中的内在脉络,等等。

　　进而言之,注重不同观点之间的讨论与争鸣,也是儒学发展不可忽视的方面。儒学本身就是在论争过程中发展起来的,其中首先是儒学内部的论争。儒学在先秦时候就分化为不同的发展趋向,如孟荀之间的分野、更宽泛意义上如韩非子所说的儒分为八,等等。这种分化同时伴随着儒学内部不同观点之间的争论,所谓派中有派。与之相关的是儒学和其他学派之间的争论,百家争鸣便包含了儒学和其他学派之间的论争。无论是儒学内部的论争,还是儒学和其他学派之间的相互辩难,都从不同方面为促进儒学的发展提供了思想的活力。儒学在今天的发展同样离不开不同学派、观点之间的争论。事实上,时下也可以看到这一类讨论,所谓心性儒学、政治儒学、生活儒学等分野,便表明了这一点。这些不同理解的展开也每每伴随着儒学内部的争论。此外,儒学和其他学派之间的对话,包括与所谓自由主义的交锋,亦属儒学在现代涉及的广义论争。更进一步,儒学可以进入世界的范围,参与世界范围内的学术争鸣。通过以上多重形式的论争,一方面可以汲取多元的智慧和多重的思想资源,另一方面也有助于不断克服儒学可能具有的理论偏向。历史上的儒学是如此走过来的,今天儒学的演进,同样需要在新的历史层面上注重以上的理论发展方式。

　　从实质的方面来看,儒学的发展同样也面临多重问题。首先需要关注现实存在,后者意味着真切地理解和把握时代的现实需要。儒学在今天呈现复兴之势,并重新受到多方面的关注,这无疑折射了历史的需要。这种历史需要具体包含何种现实内容? 这本身需要切实地研究。同时,儒学的发展也必须把握其历史可能性:在新的时代背景之下,现实的社会发展形态为儒学重新融入社会生活的方方面面究竟提供了何种可能性? 在什么条件下,它可以成为有生命的思想资源和生活形式? 无视时代变迁,简单地追求复古式的回归,显然容易脱离现实的可能性。在这方面,对现实可能性和时代条件的具体把握,无疑十分重要。

　　宽泛而言,儒家的历史作用主要不是在事实的层面上解释世界,而是在价值层面上引导和规范社会生活。陈寅恪在谈到儒学时曾提及,儒学对中国文化影响最深的方面,体现于"制度法律公私生活之方面",而其"学说思想",则或有"不如佛道二教者。"①这里也蕴含着对儒学现实规范意义的理解。当然,陈寅恪对儒学的这一看法,本身也可以进一步讨论。更具体地说,儒家之长似乎主要在于通过确立普遍的价值观念和价值原则,建构与之相应的伦常制度,以担保社会的伦理秩序和政治秩序。儒家在中国两千多年的发展过程中经久不衰,与它所具有的以上历史作用显然分不开。历史地看,汉以后的朝代,即使是北方外来民族入主中原以后建立起来的王朝,最后几乎都选择儒家学说作为其主导的意识形态。从中,也可以看到儒学的历史功能和意义。

　　与以上历史作用相联系,儒学的核心主要体现于"仁"和"礼"之中。历史上,儒学常常被视为"周孔之道",后者的实质内容即"仁"和"礼":"周"即周公,其文化层面的历史活动主要与制礼作乐相涉;"孔"则是孔子,作为儒学的奠基者,其思想与"仁"的观念无法分离。这样,"周孔之道"背后所蕴含的,便是"仁"和"礼"的统一。

　　"仁"作为儒学的核心观念,既表现为普遍的价值原则,又与人的内在精神世界联系在一起。从价值原则的层面来说,"仁"的基本内涵即承认或肯定人的内在存在价值。作为内在精神世界的"仁",则主要展现为德性、人格和精神境界。相对于"仁"而言,"礼"更多地表现为具体的社会规范系统以及与之相应的社会伦理、政治体制。质言之,"仁"侧重于普遍的价值原则和内在的精神世界,"礼"则展开为外在的规范系统和伦理、政治体制。从历史的发展来看,儒学后来的演化过程往往围绕着"仁"和"礼"而展开。在这一过程中,一些学派和人物主要突出了"仁",而另外一些学派则更多地强化了"礼"。由此,"仁"和"礼"作为儒学原初核心两个相关的方面,往往呈现分化的形态。今天

---

① 《陈寅恪史学论文选集》,上海古籍出版社 1992 年版,第 511 页。

重新思考和推进儒学,其实质的指向是在新的历史层面上回归"仁"和"礼"的统一。

这种回归,在当代的背景之下又有其特定的历史前提。就中国近代的历史衍化而言,自从进化论引入以后,物竞天择、适者生存这一类观念一度成为思想的主流。这种观念的兴起,无疑有其历史的缘由,它对激发近代的民族危亡意识和自强精神也有其历史意义。然而,从人道或价值观的层面看,这一类观念又在逻辑上蕴含着如下趋向,即把人和其他的对象(包括动物)等量齐观,后者与传统儒学在人道领域上展开的"人禽之辨"构成了一个不同的形态,在某种意义上甚而可以视为"人禽之辨"的一种颠覆:人禽之辨侧重于通过区分人与其他存在(包括动物),以突显人超越于自然的内在存在价值,物竞天择、适者生存则似乎使人回到自然丛林中的存在形态。从确认人与动物的根本差异,到等观天人(人与物),这是值得注意的观念变化。同时,随着市场经济、商品交换的发展,人的物化和商品化也逐渐成为一种引人瞩目的社会现象。在商品交换中,人与人的关系往往被转换为物与物的关系,商品崇拜、金钱崇拜等各种形式的拜物教也随之出现。再进一步,随着科技的发展技术对人的控制以及工具对人的制约也越来越明显,人在某种意义上相应地愈益受制于技术和工具。从另一方面看,近代以来的民主、平等、正义等观念,与礼所蕴含的等序差异,也存在某种张力。如果说,物竞天择、商品化以及技术和工具的制约主要表现为对"仁"的消解,那么,民主、平等、自由等观念则更多地表现为对"礼"的挑战。

三

以上事实表明,儒学在今天的发展既关乎其原初的传统,又需要面对新的历史背景。以"仁"和"礼"的统一为题中之义,儒学的发展一方面不能仅仅限于仁学,另一方面也无法单纯地囿于礼学,其合理的指向表现为在更高的历史层面上重新回归"仁"和"礼"的统一。这种回归,同时意味着"仁"和"礼"的以上统一被赋予新的历史内涵。后者大致可以从以下方面思考。

首先是自由人格和现实规范之间的统一。"仁"关乎内在的精神世界,这种精神世界在现时代以自由人格为其具体内涵。自由人格以真善美的交融为内容,体现了人之为人的内在价值(人不同于物、不同于商品、不同于工具的内在价值),蕴含着合理的价值发展方向与实际的价值创造能力的统一。"礼"具有规范意义,与之相涉的现实规范系统表现为当然与实然的统一,并从不同方面制约着社会生活及社会行为。自由人格体现了人的价值目的和自主性,现实规范则为人的生活和行为提供了普遍的引导。

儒家注重成就自我,这里既关乎人格发展的目标(成就什么),又涉及人格成就的方式(如何成就)。从目标的确立到实现目标的方式与途径之探索,都无法略去形式与程序的方面。广而言之,儒家在主张成就自己的同时,又要求成就世界,所谓赞天地之化育,便体现了此点。成就世界展开为更广意义上的实践过程,其合理性、有效性,也更难以离开形式和程序的规定。就变革自然而言,从生产劳动过程到科学研究活动,都包含着技术性的规程。同样,在社会领域,政治、法律、道德等活动,也需要合乎不同规范的形式和程序。

自由人格诚然为成己与成物过程的创造提供了内在的根据,然而,作为个体的内在规定,人格的发展如果离开了规范的制约,往往包含着异化和主观化的可能。成就自我与成就世界的过程既要求以自由人格的创造趋向扬弃形式化、程序化的限定,也要求以规范的引导克服个体自主可能蕴含的任意性、主观性。自由人格可以视为"仁"在现代精神领域的具体体现,现实规范系统则可以看作是"礼"在规范层面的现代形态,其作用在于引导人的自由发展、社会的有序运行。可以看到,自由人格与现实规范的相互制约,构成了"仁"与"礼"在现代走向统一的具体表现形态之一。

这里需要克服两种偏向。其一,仅仅偏重于人格和德性,赋予人格以至上的性质,现代新儒家提出"内圣开出外王",以"内圣"为"外王"之本,在某种意义上便表现出以上特点。其二,过度地注重规范和程序,甚而强调规范万能、程序至上,由此导致规范本身的抽象化。在"仁"和"礼"的关系上,以自由人格和现实规范的互动来说"仁"和"礼"的统一,一方面意味着以自由的人格扬弃片面强化形式化、程序化所导致的抽象趋向;另一方面则要求通过现实规范对人格发展与社会运行的引导,以避免人自身成长过程中的任意化和社会运行的无序化趋向。

与自由人格和现实规范相关的是个体领域和公共领域。"仁"所体现的内在精神境界,往往更多地和个人、自我联系在一起,从而,其个体性规定比较突出,"礼"及其现代形态主要表现为人与人之间的交往和外在的社会规则,并相应地涉及公共之域。就其现实性而言,人的存在既涉及个体性或自我这一方面,又离不开社会的、与人共在的方面。从自我成就的层面看,个体选择与社会引导、自我努力与社会领域中人与人的相互交往和相互作用,构成了彼此关联的两个方面。在更广的层面上,社会和谐的实现、社会正义的落实,同样关乎个体领域与公共领域。按其实质的内涵,正义不仅以个体权利为关注之点,而且表现为社会领域中合理秩序的建立,从而,既关联着个体领域,也无法疏离公共领域。个体的完善展开于各个方面,它基于独特的个性,同时又离不开现实的条件,后者包括发展资源的合理获得与占有,亦即不同社会资源的公正分配。这种公正分配,同时表现为公共领域合理秩序的建立。不难看到,这里蕴含着个体之域与公共之域、成己与成物、自我实现与社会正义的交融和互动。从现实的形态看,个体之域与公共之域的统一既从一个方面体现了社会正义,又构成了正义所以可能的前提。

在当代哲学中,海德格尔、德里达等主要关注于个体领域,他们或者聚焦于个体的生存,并把这种生存理解为通过烦、畏等体验而走向本真之我的过程;或者致力于将个体从逻各斯中心或理性的主导中解脱出来,由此消解社会的建构起来的意义世界。与之相对,哈贝马斯、罗尔斯等,则主要将目光投向公共领域。哈贝马斯以主体间的交往为社会生活的主要内容,由此表现出以主体间性消解主体性的趋向;罗尔斯固然关注个体自由,但同时又一方面将道德人格归属于公共领域(政治领域)之外的存在形态,另一方面又强调个体品格可以由社会政治结构来塑造,由此单向度地突出了公共之域对个体的作用。

可以看到,从区分公共领域与个体领域出发,当代哲学往往或者仅仅强调公共之域对个体的塑造而忽视了个体的内在品格、精神素质对于公共之域的作用(罗尔斯),或者在关注于个体生存的同时,将主体间的共在视为"沉沦"(海德格尔),二者呈现为个体领域与公共领域的分离。如何克服以上分离?"仁"和"礼"的统一在这里无疑显示出其内在意义。如上所述,"仁"作为自由人格的体现,关乎个体领域,"礼"则涉及公共领域的交往,肯定二者的统一,既意味着让"仁"走出个体心性、由内在的精神世界引向更广的社会生活,也意味着通过社会秩序的建构和规范系统的确立,使"礼"同时制约和引导个体的精神生活。上述意义上"仁"与"礼"的统一,无疑将有助于扬弃当代哲学中个体领域与公共领域相互分离的趋向,而"仁"和"礼"的统一本身也将由此获得新的内涵。

从更广的价值层面看,"仁"与"礼"在现代的统一,同时涉及社会和谐与社会正义的关系。前面提及,除了内在精神世界,"仁"同时关乎普遍的价值原则；以肯定人的存在价值为核心，后者意味着对人的普遍关切。在传统儒学中，从"仁民爱物"，到"仁者以天地万物为一体"，仁道都以人与人之间的和谐共处为题中之义。相对于"仁"，"礼"在体制的层面首先通过确立度量界限，对每一社会成员的权利与义务作具体的规定，这种规定同时构成了正义实现的前提：从最本源的层面看，正义就在于得其应得，后者的实质意义在于对权利的尊重。

如前面已提及的，以权利的关注为核心，正义固然担保了社会的公正运行，但权利蕴含界限，并以确认个体差异为前提，前者容易导向于个体间的分离，后者则可能引向形式的平等、实质的不平等。如果仅仅注重权利，则社会便难以避免如上发展趋向。另一方面，以社会成员的凝聚、共处为关注之点，和谐固然避免了社会的分离和冲突，但在空泛的"万物一体"、"天下一家"的形式下，个体往往易于被消融在社会共同体之中。和谐与正义内含的如上问题，使正义优先于和谐或和谐高于正义，都难以避免各自的偏向。相对于此，"仁"与"礼"本身各自渗入了个体与社会的两重向度：仁"既关乎个体内在的精神世界，也以普遍的价值原则为内容；"礼"首先呈现为外在的普遍社会规范，但同时又需要内化到个体意识之中以得到具体落实，两者在不同的层面包含着个体性和普遍性二重规定。这种内在的二重性从本源的层面赋予个体与社会的统一以现实的可能，后者进一步指向和谐与正义的统一，并由此为社会生活走向健全的形态提供历史的前提。

要而言之，今天重新思考儒学，既需要收拾人心、重建意义世界，也需要变革社会、完善社会体制，"仁"和"礼"作为儒家的核心观念，在以上方面都有其独特的历史作用。

（作者系华东师范大学中国现代思想文化研究所暨哲学系教授）

儒学转型与民间社会的新维度

景海峰

　　随着儒学为越来越多的人所关注,引发了广泛的社会兴趣,儒学形态的多样性和理解的复杂性也日益地呈现在人们的面前,是从经典描述来定位,还是着眼于现实生活中活的形式? 是重视经典的学习和儒学知识的普及,还是在日常生活中推广儒家做人的道理并且实践之? 入路的多样性和选择的复杂性,让一般的老百姓眼花缭乱、无所适从,而社会上对儒家的理解和看法也是五花八门、莫衷一是。如何应对儒学复兴大潮中所呈现出来的这些问题,学界在不断地思考,处理我们熟悉的、作为学术研究对象的儒学内容和今天现实生活中所展现出的、复杂的儒学形态之间的关系,也越来越成为一种真实的挑战。在这种情况下,很多学者着眼于所谓"民间社会"层面的考查,用实践性的眼光来分析儒学所发生的变化,试图从民间性来说明今天儒学发展的复杂问题,并且对未来儒学的走向做出大胆的寄望,欢呼民间儒学的兴起。但是说到民间社会,实际上这是一个很难界定的概念,究竟什么是"民间社会",并没有一个准确而恰当的定义。可能学术界的研究,比如说政治学、法学、社会学、人类学或哲学,一般在讲这个问题的时候,看法都有可能不太一样,所以它并没有一个固定的模型。什么叫民间? 按一般老百姓的理解,大概就是与官方对应的,就是一个体制外的。从今天的社会结构来讲,它不是一个单位,不属于企业或机关,而是私人性的,或者属家庭这样的场合,它不是官方背景的,不是单位体制的,这大概就是最通俗的理解。这样一种民间社会,它的内涵究竟是什么? 把儒学和民间社会联系起来,对于我们理解与分析当代儒学的境况究竟又有哪些意义? 这是需要进一步分析和探究的话题。

一、"王官学"与民间性

　　从儒学的视野来看民间社会,实际上是广大无边的。儒家学派在创立之初,它所依赖的思想资源主要是周代的礼乐文化或三代文明的遗产,那基本上是从贵族文化延续过来的,即带有"官"的背景。西汉末年的大学问家刘向、刘歆父子提出、被《汉书·艺文志》所沿用的一个说法,就是"诸子出于王官"。所谓"王官学",就是所有的先秦思想和各家各派,原本的身份都是属于官学,都有贵族教育的背景。我们经常说孔子开了私人讲学的先河,也就是说,在孔子之前,当时的文化教育都是官方背景的。孔子是以一个"布衣"的身份开始了"私学"的新历程。所以从源头上来讲,"官"和"民"实际在儒学一开始就包含有这两个方面。新文化运动的时候,胡适写了一篇特别有名的文章,讲"诸子不出于王官",对刘歆以来、以及当时章太炎的说法提出了批评。他强调诸子学术"皆春秋战国之时势世变所产生,其一家之兴,无非应时而起"①,应该从思想的时代性和新思潮的意义来理解诸子的兴起,强调它的草根性,而不是完全跟所谓贵族的旧文化联系在一起。这是在五四时代,因为要强调社会变革、提倡平民文学,所以围绕着"官"和"民"的问题就发生了一个历史性的翻转。

分辨儒学的"官"与"民"的身份,其意义和价值何在?我是这么理解的,如果从儒学的庙堂身份和经典传统来讲,它肯定跟历代的统治阶级和主流文化形态,跟中华文明一脉相承的基本价值是联系在一起的。这个身份特征对整个中国文化的延续、对中华文明的成长是非常重要的,相当于是一个主干性的东西。因为它是一个国家的主流文化形式,所以便与政治统治和文化权力这些内容联系在一起,这个身份是非常重要的,也非常自然,因为儒学能有那么大的影响力,它肯定是有这个背景的。当然除了"官"的身份之外,我们说儒学也不光是高居于庙堂之上,它也是深入于民间的,跟我们中国人的日常生活有着非常密切的关系。这种关系就不能完全按照体制的或庙堂的视角来理解,而应该看到它是深入民间、走入生活状态的,是和社会更广泛的层面结合起来的,所以我们今天讲儒学和民间社会的关系,大概就是从这个意思来的。

民间社会是一个非常复杂的场域,如果按照一般对民间的理解,大概除了官方形态以外的、在体制之外的,都可以归入到所谓民间的范围之内。但儒学发展和成长的过程,特别是它的知识形态和思想创造,往往又是和体制化的安排联系在一起的,并不是所谓自发的形式。譬如隋唐科举考试兴起之后,它相

---

① 胡适:《诸子不出于王官论》,见姜义华主编:《胡适学术文集·中国哲学史》上册,中华书局1991年版,第596页。

当于是一根指挥棒,成为按体制的意志来调节的特别方式,只有按照体制化儒学理解的路子走,才能获得相应的身份和地位。所以整个科举时代,一直到清朝末年绝大多数读书人都是受这个体制引导的。当然在宋代理学兴起以后,尤其是书院这种方式,也体现出了很浓厚的民间色彩。但书院的成分是比较复杂的,有些跟科举制度和官方的背景比较密切,有些可能是游离于主流系统之外的,这个层次和边界的划分比较复杂。宋明以后,整个书院的发展历史实际上就是在不断地中和科举体制的要求和民间的一些理解,通过这种调节的方式,把"官"和"民"的意愿融合在一起。明代心学兴起之后,尤其是阳明后学的形态,其民间性的色彩非常浓厚,有些人物就很难说跟当时的儒学主流是一条阵线,可能包含了一种歧出的、自发的意识和力量,想重新给儒学增添活力。所以在整个中国历史上,儒学发展的过程是非常复杂的,我们很难按照一个模式来讲儒学。但从总的形态来讲,儒学的学理或士大夫的背景是非常强的,尤其是它的经典系统,不管是汉代立五经博士还是隋唐后科举考试的制度安排,都使得整个对儒学的理解或儒学的传递是在一种秩序化的、权威化的结构里面来运行的。而到了现代社会,没有了这么一个体制环境,儒学在学界、在官府没有了,实际上在民间也没有了,变成了所谓的"游魂"。因为儒学跟整个现代的体制都脱钩了,原本在传统社会里面,儒学的每一个层面都有相应的社会制度保障及其附着的形式。而鸦片战争之后,随着西学的大规模进入,尤其是新文化运动之后,儒学的所有层面都处在了与社会现实脱钩的状态,既不是"王官学",也没有了真正的民间性。

二、"儒学在民间"与现代性

我们过去有一个说法,就是所谓的"儒学在民间",尤其是 20 世纪 80 年代,那个时候知识界对儒学已经相当隔膜,大都是反传统的想法。有些先生就说:在城市里面、在高校和知识界已经看不到儒学了,也就是一般公家身份的职业人身上已经找不到儒家的影子,但在广大的农村还能看到儒家的印迹,也就是儒学在乡下还有它深刻的影响,儒学在民间还有潜在的力量。这种存在状态,按照美国汉学家列文森的说法,就是一种"心灵的积习"或者是"珍藏在心中的影子",它还在潜移默化地对老百姓的生活有所影响,尤其是在广大的乡村社会,在一些老农的意识里面,在他们的日常生活中还能看到传统儒家的一些印迹,包括为人处事、日常生活中那些做人的道理,他们都还在亲身实践着。但我想在今天这个问题可能又有变化了,因为这二三十年中国社会的急速发展,农村之境况实际上跟改革开放以前,尤其是跟费孝通先生写《乡土中国》时的观察已经有了天壤之别。几十年前的中国还处在一个刚开始向现代化迈进的过程,有一些沿海的区域和都市可能受西方文化的影响比较多些,而稍微封闭一点的广大乡村地区可能还保留着传统的印迹。在一般农民的身上还有着浓厚的儒家色彩,在他们的道德意识和日常生活理念里面还有不少儒学的印迹。但这二三十年,随着中国社会的巨大变迁,随着都市化进程的急速展开,农村已经有了翻天覆地的变化,它的整个结构都改变了。[①] 当时的一些乐观的说法可能今天需要重新去思考,就是对所谓"儒学在民间"的理解要有一些改变。现在再讲儒学和民间的关系恐怕就不是当时的那个意思了。我们已不可能把儒学复兴的希望只寄托在固守乡土的老农身上。因为今天中国社会所面临的问题如果仅靠那一点点资源,这对于未来的社会发展所具的力量和意义都是有限的。所以如果说我们今天要重新给民间或民间社会做一个定准的话,应该在观念上做一些思考、有一些创新的理解。

当然我也非常赞赏,比如说现在有很多学者深入到乡村去做儒家文化的普及工作,从事乡村儒学的建设,这是很有意义的。[②] 因为现在的广大农村地区,也同样缺乏儒学的教育,这方面也处在一个传统缺失的状态,说农村比都市的儒学土壤要丰厚,或色彩要浓些,现在已不是这个情况了。乡村里的道德问题跟传统日渐远离的状况已经非常厉害,再加上现在很多人都搬到城里居住,整个状况跟过去的情形已大不一样。所以,现在除了做乡村儒学建设,在农村大力恢复忘却了的儒学记忆之外,更为重要的"民间"的眼界,应该转向今天的都市生活,这个社会状态已经渐渐地成为我们今天的主流形式。至少对于像北上广深为代表的这样的区域来讲,民间就不是一个乡村的意思,你在这些地方讲

---

① 社会学家贺学峰最近的调查数据显示,当前的农业人口结构已经发生了重大改变,农村户籍人口大致可分为四种情况:进城户、半工半耕户、纯农户和老弱病残户。以上的四种农户比例为,完全在城市生活、纯农业、老弱病残各占 10%,而候鸟式的占了 70%。也就是说,完全扎根在农村、以农业为生、与城市生活不发生联系的人口,目前只占到农村户籍人口的 20% 左右。参见其《农村社会结构已发生重要变化》一文,载《北京日报》2015 年 10 月 26 日。

② 有关这方面的情况,可参见:《儒家文化的根在乡村——专访乡村儒学发起人赵法生》,载《瞭望东方周刊》2014 年 9 月;《颜炳罡:背着干粮给孔子打工乡村儒学落地需"三化"》,见"凤凰国学网",2016 年 4 月等对谈和专访。

乡村儒学就没有太大的意义和价值,所以现在要讲"新都市儒学"。就是说在现代都市的生态环境下,我们怎样去发挥民间的活力,它不是政府组织的,也不是一种体制化的,而是在我们的日常生活中,在我们居住的现实环境里,怎样来体现和发扬儒学的精神,这对于今天都市化的社会结构来讲,才是最为急迫的问题。所以,民间社会可能有过去的图景、有过去的理解,但在今天,"民间"的意味和内涵应该是随着时代的发展在变化的。正像郭齐勇先生所说的:"现代儒学除了乡村儒学的重振,更为主要的则是城市儒学的建设。……我们所说的城市儒学的建设,是努力使中国文化的基本做人做事之正道,即儒家的仁义之道,透过家庭、学校、社区、企业、机关等现代公民社会的组织形式,运用网络等技术手段,亦可以尝试通过冠婚丧祭之家礼等宗教性的仪式,在每个国民的心中扎根,促进公民道德的重建。"①在中国历史上,所谓"官"与"民"或"公"与"私"的格局,在当下的这个"民间",可能就是所谓体制内和体制外的差别。它不是由体制的方式来组织和动员的振兴儒学的活动,而是由广大的市民、一般的老百姓从他们的日常生活中所产生出来的一种需求和想法,是从人们的内心所激发出来的一种对儒家思想的情感,现实需要儒学的滋养,或者在日常的生活中怎样去践行儒家的道德理想。所以,这些活动的开展,就是当下的民间社会和儒学发生联系的具体意义之所在。

来自民间的热望所展现出来的方式,实际上是有它自身的活力的,甚至是有它的魅力的。在儒学的传播和发展的过程中,民间方式扮演了相当重要的角色。如果运用得当,它可能对儒学的普及是非常有用的一种方式。因为所谓民间的儒学,或民间社会的接受形态,与正统的学理派、与义理层面的精英传递方式是有很大差别的。它的特点就是所谓"接地气",即跟日常生活有着非常密切的关系,是一种应用型的儒学,讲"活学活用",有非常强的切己感和现实关怀。也就是说,民间的传递方式有着很强的草根性,它可能不太讲特别理论化或系统化的东西,而是就日常生活中的问题,以一种实用的眼光来谈思想或义理,往往有很强的生命体验或生活体会的意味在里边,跟日常的经验有一个紧密的联系,这是它的一个特点。这个特点恰恰与体制化之后的儒学研究或者学理性的儒学传统是大不相同的,对于经典化之后的儒学系统来说,这方面可能是一个缺憾。尽管历代的儒学大师也有面向生活实践的一面,但总的来讲,像

① 郭齐勇:《民间儒学的新开展》,载《深圳大学学报(人文社会科学版)》2013 年第 2 期。

经学研究的方式,基本上还是在一个比较小的圈子里面。而在今天,像大学的教授或博士们研究儒学,按照他们的理路来讲,这跟老百姓的日常生活还是有非常大的距离的。

民间儒学的另外一个特点,就是没有一个严格地按照学理来理解的儒学分际,它有时候是一种比较混杂的状态,可能是儒、释、道不分的。像民间儒学的很多实践活动,或者民间的儒学讲法,往往就有这个特征,到底是佛教的、还是道教的、还是儒家的,有时候分不太清楚。而这恰恰也可能是体现了中国文化的一个非常优秀的特点,就是它没有很强的排他性,不是说我是讲儒家的,就绝对不能沾染佛教和道教,有时候是把这些资源都拿来活学活用,把它混在一起,只要跟我的生命实践活动可以结合起来,不管是佛家、还是道家、还是儒家,反正都可以拿来为我所用。这个恰恰可能体现了中国文化没有排他性的特点,它有很强的统合力或者包容性,可以容纳其他的一些不同思想体系的东西,这可以说是儒、释、道各家所共有的很重要的特征。因为跟西方文明相比、跟基督教传统相比,中国文化恰恰在这点上有很强的优势,排他性较小。这个特点在民间社会尤其显著,民间儒学的身上就表现得特别突出。如果说所谓民间性对中国文化的普及起了很大的作用,一方面它是儒学在社会底层传播的结果,另一方面实际上也体现了中国文化的这个特点。

三、寻找新的“公共空间”

我们今天讲重构儒学,实际上是在重新培植一种土壤,因为传统的民间社会、农业社会或“乡土中国”,已经不是我们想象的图景了,它已经是一个遥远的历史回响和记忆。随着中国纳入所谓“世界体系”,在现代化的急速奔跑当中,整个的社会结构都变化了,我们今天的生活环境已经彻底改变,跟历史上的或古典形态的儒学所赖以生长的社会土壤已经很不一样了,我们一定要有这个清醒的认识。所以不管是提倡儒学也好、弘扬儒学也好,都不是要回到过去的那种乡土中国的儒学状态中去,那不是我们未来儒学复兴的目标。我们今天需要的实际上是重新培植儒学的土壤,这个土壤就是我们每个人的心田和心灵里面的种子,也就是要找回我们已经失落了的、作为中国人之所以为中国人的那些根本价值。这个话说起来好像很抽象、很玄虚,但实际上我们每个人,我们的生命体悟,我们对这个世界的感受,我们与他人的交流,我们为人处事的基本方式,我们做人的态度,这实际上是每个中国人都在不断思考的一些东西。过去的一些价值或对于我们的一些引导,可能跟儒学的很多价值是有相当距离的,甚至是冲突性的,比如说斗争哲学。经过一段痛苦的历程和一种深刻的反思之后,我们今天来重新思考这些问题,试图从儒学里面寻找生命的价值源泉,这实际上就是在重新培植心灵的土壤。原来我们的心田可能是已经处在了比较荒芜的状态,我们现在要使它丰厚化,使它能够把这种精神的力量怎么样培育和发挥出来,所谓复兴儒学就是这个意思。

就民间社会而言,在现代化的过程中传统的一些东西都已经逐渐瓦解,甚至是一去不复返了。随着工业化的步履和现代化的加快,我们原有的对儒学的一些记忆,包括建构在农业文化形态上的好多东西,现在实际上跟我们的生活已经相距甚远。在现代中国或当下的社会,除了"现代化"对儒学的解构之外,还有一种过去对儒学长久的政治批判,这给几代中国人的心灵造成了非常严重的创伤,使得我们对传统往往是陌生化的,甚至是带有了某种敌意,将其视为是一个包袱,视为是前进道路上的一种障碍。这种心理或观念在我们几代人的思想意识里面是非常强的。所以我们现在讲民间社会,就面临着怎样从那种对儒学错误的、或者陌生的、或者不理解的状态之中走出来,重新找回我们的价值根源,重新找到我们的精神家园,实际上就是这样一个问题。

在现代化的过程中,可能对儒家传统或古典文明形态都会造成一种瓦解或某种毁坏,比如在日本、韩国、越南,这些在历史上受儒家思想影响的地区,随着现代化的实现,可能都面临着传统和现代的纠结。中国也面临着这方面的问题,过去说走向现代化就要抛弃传统,就是在按照这个告别意识和二分逻辑来对待儒家资源的。但经过这几十年后,我们认识到了这种简单的片面的对待传统价值是一种幼稚的方式。因为一个文明的历史长河不可能把它切断,它总是在一种非常多样化的情景之下慢慢地流淌,所以不管你意识到了还是没有意识到,它实际上对这个文明一代一代的人都有一种潜移默化的影响和作用。现在我们聪明了,都意识到我们的文明传统不是包袱,而是丰厚的资源,是我们精神的养料,是我们生命的源泉。我们目前的这些想法,跟几十年前对儒家、对传统的理解已经有了非常大的变化。但除了现代化对传统的冲击和解构之外,我们今天所面临的另外一个问题就是需要填补过去留下的一些空白,因为几代人对儒学的东西实际上已经很疏远了。特别是在 1949 年以后,大陆对儒家思想、儒家文化的继承弘扬实际上是中断了,儒学的土壤在一轮又一轮的大批判中都把它给铲除掉了，所以我们这几代人是处在心灵荒芜的状态，跟儒家的价值，包括它的基本经典都非常的陌生。这也就是为什么今天有那么多的人提倡读经，包括国学热的兴起，都跟这个特定的情景和状态有很大的关系。所以今天所谓的民间社会，还是处在一个逐渐培植的过程当中。它一方面有自发性，另一方面也反映了今天的时代潮流，大家都在向这个方向努力，要把传统的活力挖掘出来，使儒学生长的土壤丰厚起来。这跟过去对待传统的态度、对儒家的错误理解和"告别"的情绪是很不一样的。对儒学价值的重新认识和挖掘，就是在培植一种民间性，激起一种新的时代风气和产生新的意义。也就是说，并没有一个固体性的"民间"，好像几所老房子或几颗老树立在那里，"民间"实际上是一个活的图景，是一个活动的形态，也是一个逐渐呈现的东西，即在社会思潮的不同作用之下，可能开始出现的这么一种景象。

从儒学的现实情景来思考，所谓民间性的理解又可以和时下的一些学术概念来做一个联想和比较。比如"市民社会"，跟今天所讲的民间社会在语用上就非常接近，有时候在翻译的时候，可能法学、政治学或者研究黑格尔哲学，用"市民社会"比较多。后来法兰克福学派，像哈贝马斯这些人讲公共领域、公共空间问题，今天比较多的就用了"公民社会"这个说法，但传统上或我们老百姓俗用的还是民间社会。实际上，这几个概念在内涵上是有交叉的，我们所讲的"民间"多少有一点点中西合璧的味道，不光是回到传统的所谓乡土中国的民间性上，也包含了在现代的中国文化状态里面，怎么样来构筑这种新的空间，即公共空间、公民社会的问题。这种公共空间并不是一个现成的，它实际上是在一种文化运动中相磨相荡，一点一点来呈现的过程，逐渐在形成和扩大它的影响，儒家思想今天面临的实际上是这样一个话题。都市化的情景，这不是中国历史上特定的东西，它是在现代化的过程中出现的，是在农业生态逐渐向工业化文明形态过渡之后，人口大量迁徙，脱离了原来宗族居住的环境之后，变成了一个陌生人的社会和一种新的结构形式。这种都市化状态要不要儒学，或者说还有没有儒学可以生存的空间，这是我们今天要去思考的问题。所以今天讲儒学，就是要在所谓新的公共领域或公共空间的意义之下，来找它的生长点或结合部。这个东西不是一个现成的内容，不是说老祖宗已经把这个问题都交代清楚了，而是要靠我们新时代的中国人在新的环境下怎么样去做一种新的创造。儒学的魅力就是因为它有不断发展的可能，"苟日新，日日新，又日新"，因为环境在不断地变化，在新的环境下，每一代中国人可能都面临着如何转化它的问题。

四、传统的复活

民间性所植根的土壤形成了无形的力量,成为后续发展的导引或者吸附力,常常使后人着迷,欲罢不能,这可能就是文化的魅力,也就是我们常常所说的那个"传统"。传统有时候好像只是一个历史的概念,实际上它是一种记忆的绵延,可能是在几代人之间,从祖辈有这个生活的感受,后来有意识地承接下来的东西,慢慢就构成了一个传统。儒家之所以有那么大的影响力,在中国历史上绵延不绝,几千年下来,到今天我们还在讲儒家的思想,就是因为它构成了一个强大的传统,只要你生活在这片土地上,都会实实在在地感受到它的力量。儒学对生活的浸润,体现在每一个细微的环节上,你的每个观念或行为可能都有一些潜移默化的印记,有时候可能是学理上的、比较清晰的一种灌输,有时候则是一种生活态度和行为细节上的不经意间的顺应。大概就是儒家在整个中华文明里的主要价值和意义所在。它对于这个文明形态来讲是一个强大的支撑,就是一说中国文化,一说中国人,肯定马上就会想到儒家。

传统是非常奇妙的文化现象,又是很复杂的历史观念。美国人类学家罗伯特·雷德菲尔德在20世纪50年代写过一本书,提出了两个概念,即所谓"大传统"和"小传统",后来这套理论对整个文化研究都有很深的影响。像20世纪80年代海峡两岸学术界在研究中国传统文化以及传统和现代化的关系时,经常会引述到所谓大、小传统的说法,亦有"精英文化"与"大众文化"之分或"雅文化"和"俗文化"的区别。像是主流的"官学"或者学理化、体制化的那种系统,学者们在一种比较规范的研究方式下所形成的内容,可能就构成了一个所谓的大传统,它是一个社会不断地正面弘扬和传递的东西。譬如一般讲到儒家,肯定就是孔子、孟子、荀子构成先秦的这个阶段,然后到两汉的经学,一直到隋唐,宋明时代即是理学,到今天一说儒学,肯定就是新儒家,即熊十力、牟宗三这些人,这大概就是所谓的大传统。它在文化记忆里面始终是具有典范意义的形态,这个就是大传统。那么小传统是什么东西呢? 就是广大的民间社会的形态,可能没有很强的学理性,甚至是杂乱无章的,若隐若现,一会儿跟儒学有关系,一会儿又跟儒学没有关系了,但它始终是一种涌动的、有活力的东西。有时候它只是表现在心中或者在行动上,不一定有系统的语言表达,更谈不上文字的书写,可能就是一些观念的记忆或暗中在支配你对生活的态度的那些东西,这大概就是所谓的小传统。这个小传统与书写的大传统有很大的区别，它不是靠典籍的传递，而往往靠生活的记忆，靠日常行为的一些潜移默化影响的力量，所以这个跟所谓的士大夫文化或所谓的精英文化在形态上就有很大的区别。

这两个传统在儒家里面都有，儒家有很强的主流形态的陈述和传衍历史。每个阶段都有典范人物，有不断传承的经典叙述形式，它构成了很强的文化架构。但儒家除了这个外，之所以在中华文明的发展史上扮演了那么重要的角色，两千多年后我们还在这里讲儒家，就是因为它有很丰厚的民间社会的土壤，在小传统方面也发挥了巨大的功能和力量，以至于它深深地扎根到我们每个人的心里。可能在不同的时代，人们对它的有意识的亲近和接纳的程度不一样，比如在隋唐时期佛教兴盛的时候，一般的老百姓可能比较多的接触到佛教。到了"五四运动"以后，随着"批儒反孔"风潮的兴盛，一般人可能也跟它有了一个比较大的距离。但是我们说，通过一些特殊的观念传递方式或潜移默化的影响，在百姓的日常行为中，儒学还是有强大的力量的。包括像"文化大革命"时"批儒反孔"那么厉害的风潮，很多人的处事方法以及对做人道理的把握，实际上还是受到儒家的影响。包括今天在市场经济的大潮下，有商业文化的猛烈冲击，可能不少人对儒家有陌生感或有很大的距离感，但在很多人的心目中，依然还有儒家观念的记忆，在做事情的时候，或在处理一些问题的分寸上，好像这些东西一下子就跳了出来。我们每个人应该都有这种体会，这大概就是小传统在起作用，它有时候是看不见摸不着的，像气息一样在不经意间就在传递和蔓延，在我们的日常生活中发挥着功能和作用，这大概就是小传统。后来有学者说，这个东西应该才是大传统，因为一个文明、一个文化形态能够保持长久，能够发挥巨大的能量，如果没有了这个东西，那典籍写得再精妙都没有意义，所以这个东西才是最重要的，它才是大传统。而士大夫的那种精神性文化形态才是一个小传统，因为那是比较狭窄的，是象牙塔里面的东西。在20世纪80年代的文化讨论里，对这两个概念有很有意思的论辩。由此我们说，"民间"的意味在未来儒学发展或复兴的过程中就显得特别重要，如果我们现在只是把经典的东西恢复一些记忆，让学生读一些经典，或者推广读经运动，只是做一些书本上的活动，这大概对大传统记忆的恢复会起到一些作用，让大家对经典文化有一些亲近感。但我们怎样把这些东西落实到每个人的日常生活当中，和每个人的日常生活、学习、工作状态有所结合，成为一种活生生的形态，这大概才是最为重要的，也就是刚才讲的小传统的问题。而这个东西是现在最为缺乏的，是今天我们讨论所谓"民间"的最重要的意义之所在。

　　从小传统的散乱无章和缺乏有序性而言,民间社会或民间自发的热情往往表现出相当的复杂性。民间的想法和行动可能是从各种资源里面迸发出来的,它的出发点和目标都不一样,这里面难免会有一种盲目的色彩,凭着一腔热情,有时候发展方向或对儒学本质的把握就会出现偏离,这在中国历史上向来如此。所以传统上儒学大师都要辟佛老,对民间混杂的现象有一种理性批判的精神,要去做鉴别工作。实际上儒学在发展过程中,就不断地面临着怎样恰当地对待和处理民间性的问题,一方面民间对儒学的发展和繁荣非常重要,但另一方面又不能完全随顺着民间的想法和意愿走,今天依然还是面临着这个问题。一方面民间很有活力,对传统的复兴有兴趣,对国学普及有热忱,对儒家思想的实践有一种渴望,但另一方面往往又处在一个自发的状态,缺乏很好的引导或系统的训练,这里面难免就会产生一些泥沙俱下的情况。现实中有些不好的苗头,甚至跟儒学没有什么关联,八竿子打不着,甚至可能是反儒学的观念或倾向,也都打着儒学的旗号招摇过市,这对儒学就不是一种弘扬,而是成为一种伤害。所以从这个层面,我想对学者而言,他们对儒学的知识掌握得比较系统,很重要的社会责任就是要有一种清醒的、理性的眼光,不能完全对民间的东西没有鉴别性,完全随顺着潮流走。他们应该扮演批判者的角色,要发挥这种文化功能,因为历史上的儒者就是这样的,对民间的东西不是一味地凑热闹,而是有自己的一些基本价值尺度,有一些标杆。如果说民间现象跟儒学的东西正好是悖谬的,或者是相反的,那就应该出来指正其不足,甚至对它有一种批判,这也是我们今天所面临的一个问题。很多学者对民间儒学有清醒的认识,我觉得这是有道理的,我们应该秉持一个比较客观的、有分际的态度,而不是说只要是打着儒学旗号就都是好的,那就失去了儒学所追求的"正道"。

　　(作者工作单位为深圳大学国学研究所)

传统儒行观念的现代思践新义

陆建猷

　　学派是自怀思想学说与自付社会践行的学术志愿共同体。儒家参与社会生活而导向社会观念的行止,被春秋至战国时期的学者概括成为《礼记》篇目之一的《儒行》。《儒行》讲述儒家的行止是:"儒有博学而不穷,笃行而不倦,幽居而不淫,上通而不困。礼之以和为贵,忠信之美,优游之法。慕贤而容众,毁方而瓦合。其宽裕有如此者。"[1]概括成文《儒行》的史实去今已远,而体认儒家践行之对现代儒学思践的意义,却成为我们砥砺现代民族思践应当修为的基础课。民族思践是民族国家历史积聚的思想意识及其能量活力。民族成员的普遍践行创生了支持国家社会进步而文明发展的善好思想意识,文化圣哲将这些反映民族观念善道的思想意识概括成为整体的民族精神,以观念文化的要义极致展示于后续时代,用以丰富而激励新的时代人们的坚持和发扬热忱。

一、孔子及其儒学吸收而开新了儒前圣哲的修德治教

　　中华文化经由儒前圣哲导向而经孔子承传发扬光大。儒前圣哲是孔子人生之前时代的往圣先哲。他们是孔子继承而发扬的华夏历史先辈,三皇五帝和禹汤文武周公,迭代传承建立起了儒前时代的往圣先哲道统,"修德治教"是这些往圣先哲建立中华思想文化的主要传统遗产。他们对中华思想文化的传统奠基,才使得孔子人生及其创立儒家学派实践不至于横空出世,而是理据可依与承传有故的文化连绵。这些思想文化的传统因革与传承,是我们今天温习孔子思想与砥砺现代民族精神的基础课。

　　文化是人类与自然交互下生成的人文成就。文化表现人对自然属性进行人文改造和主观利用的物质与精神兼含的文明形式,司马迁以《史记·五帝本

---

① 《礼记·儒行》,引自《十三经》,国际文化出版公司1993年版,第585页。

纪》记述中华文化的历史演进,将中华文化的自觉创造史溯至轩辕黄帝时代,对于黄帝开创华夏文化的践行事迹概括说:"举风后、力牧、常先、大鸿以治民;顺天地之纪,幽明之占,死生之说,存亡之难;时播百谷草木,淳化鸟兽虫蛾,旁罗日月星辰水波土石金玉;劳勤心力耳目,节用水火材物,有土德之瑞,故号黄帝。"①文化从人文属性与自然属性的交互兼和之时开始其进程。选举贤能以组建部落领导集体而创建社会政治体制,探索天地万物的自然属性以利人类生存而得出自然法则,开创农业和认识资源而驯化动植物以开启人文智慧,是黄帝之为中华人文初祖的不朽功绩,因之而受后世深长缅怀景仰。黄帝导向初民以开创文化而走出蒙昧,从建立物质性规范和智能性观念而为文化内涵,由修德治教而进向与时文明的文化自觉。

社会在文化力量牵引下积累自体的惯性传统。历史怎样沿袭?历史以思想、道德、风俗、艺术、制度等要素实现自体的沿袭,它在沿袭中将自体运行方式的文明性从初级推向中级,进而以历史生活主体的自觉程度提升而进向文明的高级。黄帝创建的部落政治体制、导民探索自然法则、修德治教以开启人文智慧,以沿袭意义的惯性机制沿袭下来。尧承黄帝、颛顼、高辛而传于虞舜,虞舜承尧而传于夏禹,夏禹之后居帝王之位者,劣者有夏桀和商纣而优者有成汤。文化的主流趋势始终沿着善道法则,因此进步与发展是历史进路上正能量标志。

社会进至周代有了文武周公的德治仁政。周代推行"分地以封诸侯"的分封制,建立天子与公侯伯子男的等级秩序,将政治体制的礼制与前古以来业已发达的音乐联袂并行,构造了周代借鉴夏商二代而兼综一体的礼乐政刑体制要素,创造了令孔子赞美不已的"周监于二代,郁郁乎文哉!吾从周"②的集大成式的时代礼乐文明。文王武王周公之为西周早期的政治主体,对于去古未远的夏桀与商纣的暴烈政治记忆犹新,因而也就甚为谨重前代圣哲创立的思想文化善道。《尚书·周书》将他们的心藉告诉于后世,说他们"经德秉哲"③于前代之英明,"不敢自逸"于当世之民监,政治自谨与文化自觉遂成为时代特质,因而承传与发扬的价值观念和文化精神遂累积成为道统机制。晚生于孔子的亚圣孟子,将此传统机制命名为儒家"道统",由此也表明传统是文化的历史连

---

① 《史记·五帝本纪》,中华书局 1959 年版,第 6 页。
② 《论语·八佾》,引自《四书章句集注》,上海古籍出版社 1995 年版,第 81 页。
③ 《尚书·周书》,引自《十三经》,国际文化出版公司 1993 年版,第 101 页。

续体。

　　传统包涵着人世代际对价值意义统一而恒稳的认识。民族国家的世代人们何以能够古今团结一致？传统及其内涵多样性的价值意义发挥着机制元素作用，其机制的元素正是这思想、道德、风俗、艺术、制度。思想之为人脑机能活动，反映人类对于存在的思维意识认知，前代人的思想启示后世人思；道德之为人的言行规范，成为约束社会成员意识及其言行的准则，前代建立而受历史生活检验符合社会生活基本秩序的道德规范，也是后续时代人们认同而遵守的准则；风俗之为地域人群具有的习尚，表现人们在自然条件下的生活方式与社会环境下的心理观念，稳态而沿革都在传习轨辙上运行；艺术之为人们反映现实的意象形式，历史的古典形式对现代美识产生启示，现代艺术借鉴而吸收古典艺术；制度之为节制与限度兼含的准则，反映社会生活基本秩序与行为法度的制度，表现为对社会生活主体及其关系的常稳态规制，因而呈示传统与现代连绵一体的适用与遵循的常性状况。从上述性质看去，人是社会历史与文化传统的存在。

二、儒家怀以治世立意而与其他学派共建社会价值观

　　民族精神是全体民族成员的思想与实践建树。建树民族精神的主体是传统社会生活中的士农工商"四民"群体，他们是现代国民的历史先辈，中华民族精神从他们的物质成就与精神创造中开始了历史积累及其进程。早期圣哲以及大批学者，以观念文化的理论形式概括华夏民族先辈的物质成就与精神创造。将中华社会在夏商周三代早熟成就概称为古典的礼乐文明，以理论化的文籍书典记载中国思想学说，以百家争鸣标示思想家群体的灿烂风采，给后续时代的民族精神奠定了深厚的文化前基。

　　儒家的学说与实践联袂接通了《六经》与自家后创的经典。经典以典范的书籍记述先民思想建树而开民族精神建构先河。经典是记述中国思想学说的元初书籍，它们是《易》《书》《诗》《礼》《乐》《春秋》，在孔子和老子之前陆续成书，经过孔子修订而成为中国元初书典《六经》，与印度元典的《吠陀》和《佛经》、希腊元典的《荷马史诗》和先哲文集、希伯来元典的《律法先知文集》和《旧约全书》与《新约全书》一道，标示"公元前 6 世纪前后 1000 年间"世界历史进程"轴心时代"的古典文明水平。《六经》载述的是中华民族在古典文明时期

业已臻善成熟的民族精神:《易》概摄变化移易法则的观念,《书》概摄国家社会政治的观念,《诗》概摄人的心志及其生活的观念,《礼》概摄社会生活礼义秩序的观念,《乐》概摄音乐调适心性情意的观念,《春秋》概摄分封制度下宗法伦理的观念,将社会生活的多维践行理论化为观念文化的精神建构。

经典的元初义理付诸社会教化培养社会人的精神。古代社会重视人的心性情意教化,以为社会生活文明源于社会人的精神文明,而人的精神文明何以产生? 它不是产生于刚性的暴力武化,而是产生于柔性的文化转化。天赋予人的是心性情意的质朴性,人的心性在原本质朴与利益欲望的倾向下,会生发出恶坏之对善道的违犯、僭越之对本分的越界、极端个性之对社会公义的冲突、过度物欲之对理性精神的腐蚀,这些作为社会问题冲击着社会秩序,因而需要以礼义制度进行节制。

孔子拓宽了社会教化的实践理据与常性稳态进路。远古圣哲就已经建立了修德治教的教化传统,他们既看到人的心性情意的初朴的直观性,也发现了经典原理之对社会观念的教化性,因此将经典推诸社会教化应用。《礼记·经解》记述着孔子揭示《六经》对于社会观念的教化作用:《诗》之教,使民众气质与社会风俗温柔敦厚;《书》之教,使民众了解历史而思想通达;《乐》之教,使民众胸怀宽阔而气象文雅;《易》之教,使民众懂得哲理而心境清静;《礼》之教,使民众谦恭俭朴而诚信庄重;《春秋》之教,使民众分析思辨而善于言辞①。圣哲开拓了经典原理与社会教化的应用结合之路,将民族精神培养建立在文化理性的基础上,使之获得了实践理据与常性稳态的教化导向方向。

儒家学说向社会观念供示观照现实与理想的理论。孔子在“礼崩乐坏”的春秋末期开展人生与创建儒学。这一时期的封建制从有序走向乱序,“礼乐征伐自天子出”的礼治有序,被“礼乐征伐自诸侯出”的割据乱序所代替,社会生活及其观念之域,向新兴学说呈示了时代诉求。孔子删修《六经》与创立儒家学派领先,以“仁义忠孝”与“修齐治平”为要,道家学派以“道”论世界事物生成及其变化法则,阴阳家以探索天体运动与地表物候法则而“敬授民时”,法家以“信赏必罚”的法治辅助礼制,名家以“正名定分”与“名称概念”为逻辑之论,墨家以“重孝兼爱”与“尚贤贵俭”为义,纵横家以“权事制宜”与“斡旋策动”为外交之术,杂家以“兼儒、墨,合名、法”的兼综之学参议国家政治,农家以

---

① 《礼记·经解》,引自《十三经》,国际文化出版公司1993年版,第549页。

倡导"君臣并耕"与"所重民食"为农业之学,小说家以"街谈巷语"与"道听途说"的小道语义表现社会舆论。

儒家与这些陆续生成的学派,以学说旨趣与应世指向不同,特质之间相互差异而对立并存,相互竞争而又彼此借鉴;以应世需要与标示品格,彼此之间则都与时迁移而应物变化,顺应社会发展和时代需求,而调整学说适应新机;以理论思维与实践应用为结合,则都发挥经世致用的观照现实之功,向社会生活及其观念供示文化化人职能,将文化教化与政道治世相切合。

儒学自体与时焕发着它的历史时代的形态精神:先秦时期表现为孔孟原创的儒学;汉唐时期表现为经学形态的儒学;宋明时期表现为理学形态的儒学;近现代表现为中西合璧的新儒学,学派及其学说的本质未改,而其入世治教与导向观念的重心则时易世变,表明儒学史今一贯地直切中国社会观念,其实质是当代学者龚建平博士对于学派及其学者精神的工夫论概称,"工夫可以简单地理解为:达到儒家道德人格境界或人生目标的方法与过程。相应地,工夫论则是说明工夫产生的理由和道德人格修养的方法与过程的理论"①。历代儒家学者正是怀具这坚若磐石般的工夫观念与立场,经德秉哲而时易世变、守质儒学而与时变量、承传道统而趋势开新的。

三、切于时代变化而开新儒家思想与践行的现代承传

思想文化怎样表现自己对人的生活及其观念的观照?这是一则久远以来的社会观念问题,人们依据思想文化所观照的视域差异,将其观照视域划分为"现实"与"彼岸",习惯将观照现实生活的思想文化视为世俗学说,而将观照彼岸信仰的思想文化视为宗教学说,随之将观照现实生活及其观念的思想学说称为"入世"之学,而将观照彼岸信仰的思想学说称为"出世"之学。儒家以及与之并生存世的诸子学派及其学说,多由平民学者创生于春秋末期至战国时期,其思想学说所观照的视域,是现实社会生活及其价值观念。因此"入世"与"世俗"就成为它们的思想与践行所指向和观照的视域,儒家以思想与践行联袂向中国社会观念树立了与时出新的楷模,为我们今天砥砺现代民族精神呈示着积极的价值意义。

---

① 龚建平:《礼记工夫论研究·儒家工夫》,西安交通大学出版社 2016 年版,第 13 页。

　　儒家在社会生活中的思想与践行怎样？鲁哀公曾经问儒行于孔子，孔子历述了儒者践行的十四个方面。此处选择《礼记·儒行》中的八个方面以供现实参鉴：一是穿戴衣帽得中适度，行为谨慎，谦虚推让而惭愧担当；二是行止恭谨以信用为先，行为以中正为要，生命以正当作为为义；三是不贵金玉而以忠信为宝，不企求土地而以合乎义理为基，不企求积蓄而以博学多闻为富有；四是不因财物赠赐予乐舞包围而见利忘义，面临威胁与恐吓之势，也不能使其贪生怕死而改变操守；五是坚执中正而不偏倚的立场，可以亲密而不可以劫持，可以亲近而不可以胁迫，可以杀害而不可以侮辱，生活居处素朴而不淫泆骄奢，饮食只求果腹而不敢铺张浪费；六是守死善道而一以贯之，以忠信为护身的盔甲，以礼义为抵御困难的盾牌，行动居处都以合乎仁义为准则，即使身遇暴政也不改所坚守的原则；七是坚持正道的出任官职的态度，出任官职是为社会民众效力，不能为己图谋私利，宽绰宅院也只是一室之用，荆竹柴门与素食布衣不以羞贫，官方以礼提拔时不敢迟疑，不被提拔之时也不谄媚巴结以求进用；八是理性地看待社会时代的情势，身处现时代而稽考古代人的经验事迹，为当今社会参照借鉴也为后世人们示以楷模，即使遭遇是非谗言与窘境险害，也不改变当初立定的初衷志向。以上择要举述的儒家践行，与现实价值观念的基本性有相通的参考意义。

　　儒家思想与践行是随时代情势而调适变革的趋新学说。孔子诞辰以及创立儒家学派的时间已逾二十五个世纪，二十五个世纪以来的中国社会已经越过了上古晚期、中古时期、近代时期、直至现时代，社会生活与价值观念都已时易世变，儒家学说也与时丰富而时代呈异。怎样提摄儒家主导而与相邻学派共构民族文化基因的学说精义呢？人们不难理解，世界观、人生观、价值观、审美观，是社会人普遍具有的主体精神元素，但这些主体精神元素需要付诸动态践行，那么人的日常践行主要是哪些方面呢？习近平同志概摄为下述方面：修齐治平、尊时守位、知常达变、开物成务、建功立业。文化基因支持国民的主体精神，主体的文化实践则支持社会发展。

　　孔子及其儒家思想与践行是中华传统观念文化的主干。传统是先代践行而积聚传来的文化连续体，先代的践行是他们在时代主题条件下的社会活动。习近平同志将其实践活动概括为："修齐治平、尊时守位、知常达变、开物成务、建功立业"，这一概括示人以确切而精要的义理。人们细思而不难理解这"五则"概括的精辟性："修齐治平"之说，取义《礼记·大学》"八条目"的后四条目，揭示人生使命的实践是一条阶梯进路，先辈就是在"修身、齐家、治国、平天下"阶梯上践行使命的;"尊时守位"之说,取义《周易》的"守位"与《道德经》的"善时",合意而成为"尊时守位",先民遵守事物在时空中运动的法则,用以保持人在天地人整体关系中的适当位置;"知常达变"之说,取义《老子》的"知常"与陆机《文赋》的"达变",合意而成"知常达变",表明先民明知事物常态性质,也通晓事物的变化;"开物成务"之说,取义于《周易·系辞传》,表明先民揭示事物的真相,确定事物的方法;"建功立业"之说,指表人生对于国家社会的功业建树与建设奉献。

现时代社会成员应当辩证地理解传统连续体的特性。文化传统在民族先辈的前赴后继创造和积累中传递,孔子及其所创立的儒家学派,坚持中华思想文化的传统硬核。孔子创立儒学的实践,前承尧舜与文武周公德礼仁政传统,中践"助人君顺阴阳明教化"使命,后启汉唐经学形态的儒学、宋明理学形态的儒学、近现代与时创新的儒学,自身就是一个思想文化史的传统连续体。在这一传统精神的浸润下,民族精神同物质成就与精神创造融合一体,民族价值观念在理性基石上获得坚实的矗立,大一统的民族共同体在恒稳而恒新的机制内得以凝聚。

传统从远古延伸而来,此可以说是它的顽固性,将思想学说、道德伦理、生活风俗、艺术赏识、制度规范等元素,收纳而贮存在连续体内,连绵不辍地传递至现时代;传统也对时代开怀,此可以说是其开放性,传统向人们坦示它没有束缚人的思想,没有垄断发展的机理,而是向后续时代留下了诸多空缺,等待人们以与时赋予的热忱,为其连续体添加新内容;传统还示人保留与沙汰,此可以说是其扬弃性,传统保持着涵纳与舍弃的合力机制。这一机制意识到历史生活进程存在着适世价值与碍害因素,传统的属人品性表明历史是人的意识支配下的活动进程,因而历史理性要求生活主体甄别良莠而自觉损益。因此,人们应该对于传统持以辩证而有分析的热忱,不可简单地以为传统是束缚人的旧时机制。

现时代是从孔子之前与孔子之时进步而来的中国当代社会。当代有自己时代的主题,但是时代主题下的世界观、人生观、价值观、审美观的善好性质,则是在传统浸润下培植起来的,它们是传统思想文化教益的结果。因为传统是一种现在完成时态的价值知识体系,而且现代人的社会生活及其价值观念实践,仍然处在上述观念的建树与践行中,"修齐治平、尊时守位、知常达变、开物成务、建功立业",也依然是人们价值观念的践行范围,谁能说支持现实生活及其观念基本性的传统价值过时了呢?

(作者工作单位为西安交通大学人文学院)

论社会儒学建构、君子共同体培育及当代儒门气象万千之展现

柳河东

　　"小政府大社会"是转型趋势,中国"社会治理"话题日益升温。国际大社会面临全球治理与生态危机的共同难题,新型家族共同体和虚拟社会发展,社会组织的地位和作用将逐步凸显。社会概念与儒学本义有着天然的血亲关系,社会儒学的倡导与建构,当代儒家社会组织的建设与发展,现代君子集团、君子群集、君子社会共同体的成长与壮大,或有助于当代儒学与现代社会的有机对接,全面相融,系统有为,展现当代儒林气象万千之盛况。本文试就社会儒学和君子共同体建构的时代背景和意义、理论构建、组织发展、群体壮大及与现代社会的系统接融,并争取有为、有位等进行论述与探析。

一、社会儒学和君子共同体建构的时代背景和意义

(一)社会巨大转型,呈小政府大社会发展之势

　　改革开放三十多来,中国经济持续快速发展,国内生产总值跃居世界第二位,但发展过程中的矛盾和问题日益突出,不仅面临着自然灾害、交通事故、劳资纠纷、贫富矛盾等传统安全问题,还面临着环境污染、食品安全、金融危机、恐怖主义等新型风险,尤其是功利主义强势导致价值紊乱、道德下滑、精神不振、生活奢靡、假冒伪劣、贪污腐败等,社会不和谐音符激增,社会道德危机和社会风险不断加剧。弘扬优秀文化,光大儒家文化优良义理、价值、精神,彰显儒学社会教化功能,进行社会治理和道德约束,以有效防范、化解社会危机成为时代必然。

　　市场经济的迅速发展,必然带来经济的多元化。根据"经济基础决定上层建筑"的论断,经济的多元化必将促进中国当代社会方方面面的多元化。政府与社会的关系将逐步重新定位:"转变政府职能,深化行政体制改革,创新行政

管理方式,增强政府公信力和执行力,建设法治政府和服务型政府",原有的政府为主导的治理结构将转变为多元化治理结构,政府将从无限行政权力向有限行政权力转型,实现从政府本位向社会本位的转变,呈小政府大社会走向。

社会组织在现代社会中发挥着连接党政与民众、市场与社会的桥梁和纽带作用。承担社会管理、服务、教化、扶贫帮困、公共事务、危机防范和化解职能的社会组织将蓬勃发展。当代儒家社会组织、现代君子共同体在发挥社会教化、提升国民人文素养和道德情操上的作用和优势将逐步显现出来,社会儒学建构亦迎来挑战与机遇。

(二)由"社会管理"向"社会治理"转型

2013 年,中共十八届三中全会通过《中共中央关于全面深化改革若干重大问题的决定》,专列一章部署"创新社会治理体制",并从改进社会治理方式、激发社会组织活力、创新有效预防和化解社会矛盾体制等方面对如何创新社会治理体制进行了阐述。这是中共成立以来首次在正式文件中提出"社会治理"概念,标志着执政理念由"社会管理"向"社会治理"转型的新变化。

1998 年《关于国务院机构改革方案的说明》首次出现"社会管理"一词。2002 年,中共十六大报告将"社会管理"明确为政府四项主要职能之一。为何时隔十多年之后,将"管理"转变为"治理"? 中国由原来的社会结构单一、利益诉求简单进入了利益格局复杂、社会诉求多元的时代,而且新局面还将日益加剧。管理主体单一、方式比较简单、机械,而治理则主体可以单一,亦可以多元,方式随参与主体的多元而多样、灵活。因此,社会治理不仅更适合当下与未来国情、社情,而且易于调动社会各方积极性,更行之有效。

《决定》提出,"创新社会治理,最大限度增加和谐因素,增强社会发展活力,提高社会治理水平"。"改进社会治理方式。坚持系统治理,加强党委领导,发挥政府主导作用,鼓励和支持社会各方面参与,实现政府治理和社会自我调节、居民自治良性互动"。"激发社会组织活力。正确处理政府和社会关系,加快实施政社分开,推进社会组织明确权责、依法自治、发挥作用。适合由社会组织提供的公共服务和解决的事项,交由社会组织承担"。

对社会儒学建构,对新兴的儒家社会组织、现代君子社会共同体来讲,这是加快自身发展,实现积极有为、争取有位的历史良机。

（三）执政党四大时期工作重心的转移、拓展与创化发展

"一阴一阳之谓道"。1919 年至 2039 年,120 年间,中国政治社会文化经历了或正在经历着"三十年河西、三十年河东"的演变发展:1919 年至 1949 年"三十年河西",反传统与全盘西化浪潮汹涌,西风劲吹,西方的自由主义、马列主义、宪政主义、基督教文化在中华大地上迅猛发展;1949 年至 1979 年"三十年河东",新中国成立了,中国人民站起来了,中华优良传统美德、价值、精神以中国化的马列主义方式重新彰显出来;1979 年至 2009 年"三十年河西",西方科技、市场经济、经营管理方式、生活方式、消费模式等,乃至价值观的引进和在中国大陆的强势发展;2009 年至 2039 年,随着大国经济崛起、国民财富殷实,传统文化自信增强,儒学复兴,国学光大,中华义理、价值和精神将再度彰显光辉。

与此同时,执政党在四大时期工作重心发生了转移、拓展与创化发展:1919 年至 1949 年,党的工作重心在军事、军队建设上,大批干部产生在战场;1949 年至 1979 年,党的工作重心在政权、政府建设上,大批干部产生在行政机关;1979 至 2009 年,党的工作重心在经济、工商金融企业建设上,大批干部产生在工商金融战线。前三个时期的每一初始阶段,党的工作推进和拓展均克服了巨大思想观念的阻碍和重重现实困难,后来均取得了巨大的创新性发展。2009 至 2039 年,党的工作重心将逐步转向社会治理、社会组织建设领域,大批干部将产生在社会工作领域。现处于起步阶段,同样不被时人看好,同样需要克服强大的传统思想观念阻碍和许多现实困难,但大势所趋,任何困难都难以阻挡。

历史是面镜子,历史中蕴藏着铁的规律。从以上分析中,我们不难看社会治理强化、中华文化复兴、社会组织发展的时代趋向。当代儒学迎来了儒家文化复兴与儒家社会组织的大发展,可喜与难得的双重历史机遇。

（四）全球日益一体化,国际社会面对人类共同难题

市场经济的迅速发展,现代工商金融的日益强势,跨国公司的强大,国际贸易的发展,国际交流的增多,国与国之际的关系日益不可分。通讯、交通的快速发展与便利,使得地球村概念越来越得到强化,而接近现实,国际关系史无前例的密切。

全球经济一体化给人类带来富足与便利的同时,也带来了危机与风险。在人类物质生活水平空前提高的同时,生存环境却日益恶化,人与大自然之间矛

盾日益尖锐,人类长存和繁荣面临严峻挑战:

　　资源过度消耗和枯竭:据有关统计,整个 20 世纪人类消耗了 1420 亿吨石油、2650 亿吨煤、380 亿吨铁、7.6 亿吨铝、4.8 亿吨铜。按照传统的消耗量计算,世界石油仅够维持 50 年,煤、天然气仅够开采 200~300 年。物种以惊人的速度减少和灭绝:世界自然保护基金会报告认为,在过去的 30 年里,地球上的生物物种减少了 35%,地球上平均每天就有一个物种灭绝。森林锐减和土地沙漠化:据联合国粮农组织统计,地球上每分钟有 2500 平方米森林被毁掉。世界沙漠化土地已经达 4800 万平方公里,几乎是中、印、美、俄四国国土的总和。

　　与此同时,还有全球气候变暖、海平面提升、臭氧层破坏、酸雨增多、湖泊消失、河水断流、热带雨林减少、电子垃圾猛增、海洋污染、太空污染,……全球性生态危机已严重威胁着人类的生存安全。

　　尽管国际关系日益密切,和平与发展成为主流。但是,今天世界上披着文明外衣的经济、资源、利益巧取豪夺行为随处存在。政治强权、军事霸权、文化独裁及其所引发的冲突和混乱随处发生,战争阴影驱之不散。全球核武随时有毁灭人类的威胁,据瑞典斯德哥尔摩和平研究所(SIPRI)报告:截止 2016 年 1 月全球共拥有 15395 枚核弹头,爆炸威力足以摧毁地球数十次。

　　人类社会共同危机的背后,实质上是道德危机,人类"贪欲"被现代工商利益空前放大,人类"良知"遭致现代功利主义的强大遮蔽。儒家文化不仅倡导积极入世、进取、刚健有为,而且主张克己、修身、秩序、包容、和谐、共生,人类历史上许多战争都是由排他性强的宗教或文化冲突引发,而讲求"义以为上""克己复礼""己所不欲,勿施于人""和为贵""协和万邦""仇久必和""天下大同"共同体理念的儒家社会很少引发战争。儒家信奉"天人合一",孔子与儒门先贤两千多年前就有超前的生态意识,"钓而不纲,弋不射宿"(《论语·述而》),认为"万物并育而不相害,道并行而不相悖"(《中庸》),儒家"天地与吾同体,万物与吾同气""致良知"以达"万物一体之仁"、人类与天地万物为巨大共同体的理念体现了极高智慧。

　　全球治理、世界和平、国际环保事业有待于当代儒学和当代儒家、现代君子的积极有为。社会儒学建构、当代儒家社会组织发展、现代君子群体成长亦将在史无前例的、更为广阔的国际舞台上,甚至宇宙空间思考与探索。

(五)传统血亲大家族消失,新型大家庭社会产生

　　儒家文化"齐家"的"家",不同于我们今天的小家庭,而是自成社会体系的

大家族。表面上是以血亲为连接纽带,实际上成员们是靠相互依存、经济互助、利益相关而紧密联系在一起的,实质上一个经济利益命运共同体。虽然,现代社会中以血亲关系和家族利益为纽带的传统血亲大家族退出了历史舞台,但是,以地缘关系和地区利益为纽带的现代地区大家庭、以同姓关系和现实利益为纽带的现代宗亲组织大家庭、以同事关系和共同利益为纽带的现代企业大家庭等现代新型大家族共同体又快速形成,并发展壮大。加上现代通讯、交通的快速与便利,现代社会竞争的激烈和强大的生存发展压力,这些新型大家族内部的沟通与凝聚不会逊于传统大家族。传统儒学"修身、齐家、治国、平天下"的结构,将以新的方式延续和创新发展,社会儒学建构、儒家社会组织发展、现代君子群体成长和作为亦会得到有力支撑。

(六)虚拟社会、网络社会的出现与快速发展

网络、通讯科技的高度发展,电脑、手机的普及,推动了 QQ、微信等的广泛使用。虚拟社会、网络社会的迅速出现与快速发展,成为现代社会的又一特征,已经并将深刻改变人们的生活方式、社会面貌。这将为社会儒学建构、当代儒家社会组织发展、现代君子群体崛起提供新的助推和新的施展空间。

二、社会儒学理论建构与现代君子共同体成长

(一)理论建构思考

关于社会儒学的理论建构定位,韩星先生在《儒学的社会维度或社会儒学》中将社会儒学与心性儒学、政治儒学相对应,认为三者在儒学体系中构成一种"三元合和关系";社会儒学的基本层面是"民间儒学""草根儒学"和大众儒学。涂可国先生在《社会儒学建构:当代儒学创新性发展的一种选择》中将社会儒学分为三个方面:思想内容的社会儒学、功能实现的社会儒学、存在形态的社会儒学,并对思想内容的社会儒学做了三个层次的定义:广义社会儒学、中义社会儒学、狭义社会儒学。对推动社会儒学的建构很有开创性意义。笔者在他们探索成果的基础上,提出如下思考:

将社会儒学进行两个方面的定位:广义社会儒学与狭义社会儒学。

广义社会儒学,即儒学体系,儒学总体上可称为社会儒学。社,古指土地神

和祭祀土地神的地方,现多指团体、机构。会,常用表示聚合、聚拢、集合,如会议等。"社会"概念本身有着浓郁的集体、团体意味,与以"仁"为核心价值,重视"家、国、天下"的儒学有着天然的亲合性。社会儒学,从概念上看比之心性儒学、政治儒学等,多了几分中和、包容、大气,而心性儒学、政治儒学概念上就将儒学旗帜显明地进行了专业,乃偏狭定位。

社会是个体、群体通过各种社会关系联合起来的集合体、有机体、共同体。人类社会迄今已大体形成以下七个层面的关系:

社会基本细胞:个人层面——身心关系

微社会:家庭、家族层面——家庭成员之间的关系、个人与家庭的关系

小社会:社区(乡村、机关、企业等)层面——人际关系,社区(机关、企业等)内部人与人之间,及人与社区(乡村、机关、企业等)之间的关系

中社会:地区(机关、大型企业等)层面——社际关系,地区(机关、大型企业等)内部社区(单位)之间的关系

大社会:国家(国际组织、跨国企业等)层面——区际关系,国家(国际组织、跨国企业等)内部地区(单位)之间的关系

超级社会:天下(世界)层面——国际关系,国与国之间的关系

超越社会:宇宙层面——天人关系,人类与自然万物的关系

按照《论语》之"修己、安人、安百姓""立己达人""成己成物",《大学》之"格物、致知、诚意、正心、修身、齐家、治国、平天下"的内圣外王进路,《中庸》"天命、率性、修道、教"的性命探求,与宋儒"为天地立心、为生民立命、为往圣继绝学、为万世开太平"的立学旨趣,王阳明"天地万物一体之仁"的境界,除了现代企业领域,传统儒学在古代社会于以上七个方面均有所探索、建树,形成了有经时济世情怀和功用的经学、理学、心学、实学等。当代儒学定位于社会儒学,面向整个人类社会乃至与人类密切相关的宇宙自然,实现全体大用,用现代"仁学"(内在激励与约束)、现代"礼制"(外在激励与约束),处理错综复杂的现代社会关系,促进个体、集体、地区、国家的全面发展与人类社会和谐进步,乃至人类与宇宙自然万物的和谐共生,发挥时代作用和功效。

狭义社会儒学:与文化儒学、政治儒学、经济儒学相对应,以社会力量为主导,以社会教育、教化、服务为手段,以促进社会治理、增进社会和谐为目标,与时俱进的、开创中的社会儒学。社会儒学与文化儒学、政治儒学、经济儒学构成当代儒学四位一体的和合共生关系。

文化儒学包括：经学、理学、心学、仁学、心性儒学、哲学儒学、伦理儒学、艺术儒学等。

政治儒学包括：公羊学、制度儒学、法制儒学、帝制儒学、民主儒学、宪政儒学等。

经济儒学包括：体制儒学、工商儒学、财金儒学、管理儒学、企业儒学、儒商管理学等。

社会儒学包括：教育儒学、宗教儒学、礼俗儒学、乡村儒学、社区儒学、社会组织儒学等。

社会儒学的最大优势与功能在于：因应时代变化与难题，将官方与民间、学界与大众、工商与大众之间的隔阂打通，促进文化精英、政治精英、经济精英与大众的联结，避免历史与当下的两极紧张和力量互消，形成社会教化、社会教育、社会激励、社会规范的合力，推动当代儒学与现代社会的系统对接，有机相融，积极有为。学者常口上强调学在民间，往往又放不下身段，融不进民间；强调独立意志，与官方保持距离，是不自信、不务实的表现，往往沦为清流。均影响了儒学的现代化与传播。而社会儒学或可促进学者下与民间、中与资方、上与官方的有效接合与融通。

（二）儒家社会组织

社会儒学建构与实施、现代君子共同体成长、发展、集结与作为的组织依凭和保障：当代儒家社会组织（儒学社团、儒家社团、儒教社团）。

弘扬儒学是高尚的事业，没有庞大的组织体系作保障，难以形成足够强大的合力，只会是小打小闹，有如小孩子"玩过家家"，于疯狂的功利主义统治之当世无大补。随着市场经济体制的完善和政府职能转变，现代社团在国家社会活动中的地位会越来越重要；伴着法制的建设步伐，现代社团会逐步走向正轨。当代儒家应抓住难得的历史机遇，建设起组织体系，依靠现代法人机制的有效保护，走出人存社存、人去社亡，人在学兴、人去学衰的历史怪圈，实现百年、千年长兴和力量的有效壮大。

外取西方成功的现代社团法人运作机制之优长，内承中华儒学之智慧和精神，建设富有生机活力的现代儒家社会组织：儒学社团、儒家社团、儒教社团，聚合全世界、全国各方面的力量，形成振兴儒林、复兴中华文化的合力。

国际性：国际儒学联合会、世界儒家社团联合会、世界儒教联合会、世界儒商联合会、国际儒商联盟等的建设。

全国性：中华孔子学会、中华儒学会、中国孔子基金会、中华儒林事业发展联合会、中国儒教协会、中国儒商研究会、中华儒商联合会等的建设。

地方性：省、市、县级当代儒家社会组织建设。

基层性：城市社区与农村当代儒家基层组织建设，如：儒学讲习堂、孔学堂、国学馆、儒学传播中心等，推动"接地气"、生活化、大众性的工作开展。

道场性：文庙、书院、先贤祠、宗祠等的管理运营组织建设，如，国家级的两大文庙（北京孔庙、曲阜孔庙）、30多座省级文庙、300多座市级文庙、近3000座县级文庙管理委员会或理事会的建设与运营等。

实体性：当代儒家科研、教育、培训、传媒等实体性机构的建设，如，国家级的中国儒家文化大学、省级的儒家文化专修学院、市级的儒家文化专修学校、乡村与社区的学堂等。

产业性：当代儒家养老、抚幼、济困福利产业的培育与建设。

（三）现代君子共同体

社会儒学建构与实施、当代儒家社会组织构成与建设的主体力量：关心、热爱、支持或信仰儒学，有情怀、有修为、有担当、有奉献精神的表率人群，即当代儒家、现代君子群体。

文化的复兴，实质是价值与精神的复兴。中华文化的复兴，根本上讲是中华民族优良价值与精神在现代生活中的活化、光大。而这又依赖着人，依赖着能够用生命去践行、弘光之的社会优秀群体。当代儒家、时代君子将通过群体的成长、挺立、壮大、积极有为而推动中华文化的复兴。

君子成长、挺立的过程是追随圣贤足迹，不断超越自我，涵养君子情怀，培养君子精神，养成君子心性，铸就君子人格，从小我走向大我，向社会发光发热、不息展现社会价值的过程。

当代儒家、现代君子当从"学、思、践、弘"四个字做起，树标杆、立楷模、做表率，成为现代社会的道德模范和精神脊梁。

学习：由于历史原因，百年来文化中断、经典蒙尘、古圣先贤智慧精神不传已久，今天一切有志成为时代君子的人，均当摒弃功利、浮躁之心，以补课的心态，心存敬畏，认真学习中华经典，从中华文化母乳中汲取有价值的营养和正能量，开启生命大慧；学习古圣先贤的优秀品格、高尚德操、优良精神，内化于心，外化于行,提升生命的境界。

探思:每个时代有每个时代的特点和社情,当代儒家应当立足当下,针对现代社会的实际情景,善于思考,勇于探索,大胆创新,对传统儒家思想、理论、礼仪、规制等进行现代性、创造性转化发展,使之适合当今社会生产、生活方式,行得通,接地气,有吸引,大众喜闻乐见,能够推广开。

践行:因为要开风气,做到知行合一是件很不容易的事,现实生活中要面对强大的不良世俗风气和力量的影响,甚至阻挠。当代儒家须得有坚强的精神信念,不因外界的影响和内心的困闷而动摇自己的行动。世风的转化,不是一朝一夕之事,当代儒家还要有坚韧的战斗精神和持续行动的能力。要立身行道,立志弘道,有为有位亦很重要,当代儒家还应修炼得充满智慧,拥有才干,积极有为,在现代市场经济和政治文化生活中展现才能,体现和实现价值。

弘扬:言传莫过身教,宣说不如力行。对现实社会的积极影响与改造,榜样的力量是无穷的。当代儒家不是高高在上的道德说教者,而是礼仪践行之表率、国民道德之楷模,是正仁心、明信义、致良知的时代先锋、时代君子。以组织为依托,以集体的力量,以接地气的现代生活、工作方式,通过鲜活生命的彰显,使儒家传统中骨子里的、血脉中的不朽东西,能够穿越历史时空的恒常价值和精神,如忧患意识、担当情怀、力行作风、反省能力、克己工夫、尚学品格、高尚情操、坚强意志、厚宽胸怀、乐天知命、好礼乐群、奉献精神等,在新时代进行活化、弘扬、光大,造福家、国、天下。

三、与现代社会相融,争取有位与有为

传统儒家在中国历史上已有与古代社会互动相融两千多年的成功经验,这是我们的优良传统,也是我们的最大优势。社会儒学依托未来遍布全球全国、富有生机的、庞大而强有力的当代儒家社会组织和优秀的成员——当代儒者、现代君子群体,在保持独立自主的基础上和前提下,与现代社会全方位、系统性的良好对接与相融,有机互动,积极有为,在现代政治、经济、文化、社会等各领域、各行业呈现出"当代儒门气象万千"之状。

(一)在现代社会治理与行教中积极有为

积极建构社会儒学理论,发展当代儒家社会组织,壮大团体力量,抓住国家

由向小政府大社会转型,政府由"社会管理"向"社会治理"转变,"激发社会组织活力""重点培育和优先发展行业协会商会类、科技类、公益慈善类、城乡社区服务类社会组织"的历史契机,与当前"党委领导,政府主导,鼓励和支持社会各方面参与"的社会治理方式主动接融,勇于担当,善于作为。

在社会教化上作为:政治教化因与生俱来的强制性、说教性,往往条条、刻板、僵化,流于形式。民间教化优势在于灵活、生动、接地气,但因主体不明,缺乏公信力,常显得随意、松散、无力。而社会教化,以作为连接政府与民间桥梁与纽带的社会组织为依托,则能兼具二者之优长。当代儒家、现代君子依托各级儒家社会组织,积极走进广大乡村、城市社区,通过所管理的文庙、书院、讲堂,所经营的慈善、福利、教育、培训、宣传等机构,和所举办的祭孔、纪念先贤先儒、人生大礼(成童礼、成人礼、婚礼、丧礼、寿礼等)、单位重大活动典礼、传统节日、地方传统活动等礼乐教化活动,以春风化雨的方式潜移默化地推广儒家伦理和优秀价值理念,传播正能量,引导世俗人伦,为提升国民人文素养和道德情操,为建设人文大国,构建和谐社会做积极贡献。

在人文教育上作为:当代儒家、现代君子积极投身现代学校教育,做优秀的教育工作者、管理者、开创者和良师、名师,推动以儒学为主的中华优秀传统文化在校园内、课堂上、书本中有效弘扬。与此同时,发挥各级儒家社会组织动员、调动、整合社会资源的能力,积极推动现代书院、现代私塾、国学早教、儒家文化专修教育机构等民办教育建设事业,让大、中、小学生及少儿适时接受儒学经典、国学经典教育,加强中华文化熏陶,接受圣贤智慧和精神的哺育、滋养,促进励志、修身、养性、增才、启慧,提升人文素养,增强人生发展后劲,为国家和民族培养优秀人才和时代君子。

在宗教创新发展上作为:顺应全球宗教稳定发展的大势,学习国外宗教发展和管理的成功经验,依照现代政教分离原则,积极推动现代儒教、孔教的创化发展,让儒家义理和中华文化价值精神,以礼乐教化、道德敦化、伦理规范、现代宗教熏染的形式全面进入中国人民的精神生活,培固牢靠的中华文化信仰。同时,积极与其他宗教良好互动,学优取长,大力支持本土宗教道教、佛教的发展,促进基督教、伊斯兰教等外来宗教的进一步儒家化、中国化,相辅相成,借力打力,维护中华文化的主体地位。

(二)在建设现代政治命运共同体上积极有为

促进政治儒学建构与实施,实现与中国现实政治秩序的对接、相融,用儒家的王道仁政、大一统等优秀理念和政治智慧应对时代难题,提升现代政治文明。

在国家政治层面:发挥参政、议政作用。一方面当代儒家、现代君子作为个体,以才智、能力、素养,积极入政、从政、参政、议政、为政、服政、拥政、监政;另一方面以组织的名义和力量,通过人民代表大会、政治协商会议、重大会议与论坛等各种正规途径,推动传统儒家的王道仁政、礼乐刑政、内圣外王、修齐治平、大一统等优秀理念和经验在现代政治生活中创化发展,发扬光大,为现代政治文明建设做有价值的贡献。

在社会治理层面:积极发挥参与、担当作用,充分利用政府转变职能,鼓励社会力量参与社会治理的历史机遇和现存的"基层群众自治制度",推动乡规乡约(社规社约)的建设和当代儒家基层社会组织、现代乡绅、族长共同治理乡村(社区),建设书香乡村(社区)、礼乐礼仪乡村(社区)、人文乡村(社区)、和谐乡村(社区)、美丽乡村(社区)。

在法制建设层面:推进现代法学与传统儒学、仁政礼制的融通,积极建构与发展法制儒学、儒家法学、现代礼制,将儒家文化中的政治智慧、治理经验、不朽价值、优良义理、伟大精神,通过进入宪法、法律、法规,而上升为现代国家意志和精神,促其在当下的活化与光大,推动和提升现代民主法制文明。

(三)在建设现代经济命运共同体上积极有为

促进经济儒学的建构与发展,实现与现代市场经济的对接、相融,使"以义制利""义利统一"的儒家价值观从宏观,到中观,至微观全面融入现代市场经济体制,改良和提升现代经济建设。

宏观:经济体制的接融与改良。儒学和市场有着天然的亲合力,他们的成功联姻,不仅是现代中国的福,更是未来中国的福。日本、韩国、新加坡在创造性地运用"以义制利""义利相辅"的儒家市场经济伦理,约束、改良和推动市场经济发展方面取得了优于西方市场经济的效率和成就,打破了西方长期以来主张唯有新教伦理能够促进资本经济发展的神话。学习借鉴日本、韩国、新加坡的市场经济发展模式和成功经验,建设以"以义制利""义利统一"为基本理念的当代儒家市场经济伦理理论,通过法制建设途径,促进中国特色市场经济体制的完善和中国市场经济的稳健、高效发展。

中观:企业治理的接融与改良。支撑现代国家经济发展和国民财富积累的背后,是一群卓越企业集团的成长与发展。创新和弘扬儒学,转变传统的重义轻商观念,提倡"学而优则工商",建构企业儒学、儒商管理学,指导与扶持现代儒商企业、儒商财团、儒商银行、儒商产业、儒商事业的发展,实现物质财富与精神财富协同增长。

微观:企业家、资本家、工商金融精英与从业人员的正心修身。当代儒家、现代君子积极投身现代工商业,学而优则工商,工商优则学,开创现代市场经济中"修身、齐家、治企、富天下"内圣外王之新辉煌。以儒家伦理引导、改良、驾驭现代市场经济和现代工商业,用儒学义理教育和熏陶企业家、职业经理人、从业人员,抑制功利主义的过度泛滥,使义利统一起来,使得个人、企业、家(地方)、国、天下利益兼顾周全,达至良财与美德相映生辉。

(四)在建设现代文化命运共同上积极有为

促进文化儒学建构与弘扬,实现与中国现实主流文化的对接、相融,实现传统儒学的返本与开新,在中华新文化、新文明建设中积极有为。

文化是国家的命脉、民族的灵魂,也是一个地区、团体的核心竞争力与软实力之所系。60余年来,主导中国主流意识形态的是中国化的马克思主义、中国特色社会主义理论;30多年的改革开放,特别是市场经济的快速发展,基督教文化、伊斯兰文化、佛教文化迅猛发展,自由主义、宪政思潮等也有所发展。中国现实文化成一元主导、多元竞发的格局。

存在,即有合理性。强大的存在,则必有其强大存在的因由和优势。儒家文化作为历史上的强大文化,与今天中国现实存在的主流文化——中国化马克思主义不是对立关系,而是相辅相成的关系。实现儒家文化与马克思主义有效对接与相融,实现相生相荣,创造出更灿烂的中华优秀文化,方是明智之举。

儒家文化在数千年的发展历史中,因胸襟开阔,勇于吸收诸多异质文化之优长,为我所有,为我所用,才有了日新不息、不断辉煌与绵延不绝。对待基督教文化、伊斯兰文化、佛教文化、自由主义、宪政思潮等发展势头良好的"新贵"文化,亦应采取虚心好学、积极纳长的态度。

在文化儒学创新发展上,应坚持精英儒学与大众儒学、理论研究与转化应用、学术钻研与普及传播、精品艺术与生活日常结合并重。特别是学界要摒弃"文人相轻"、小家子气的门户之见、派系之争,胸怀坦荡,鼓励儒学内部的多元化、多向化发展。

不仅要大力传承经学、理学、心学、仁学,还要创化发展心性儒学、哲学儒学、伦理儒学、艺术儒学等,更要广泛开展接地气的儒学现代化、当代化应用性理论研究。举办儒学学术会议、讲座、论坛、读书会、培训等,开展形式灵活多样、大众喜闻乐参的国学经典诵读、儒学普及活动。

依托各级儒家组织,团结与聚合各种力量,加强电影、电视、戏曲、音乐、舞蹈、美术、书法、摄影、小说、诗歌、散文、报告文学、微电影等大众儒家文化艺术创造,利用广播、电视、报纸、刊物、网络等大众媒体,推动儒学大众化传播与普及,提高大众学习传承儒家文化的热情。

（五）在建设"世界和谐"的现代超级社会人类命运共同体、"天人和谐"的现代超越社会宇宙共同体上积极有为

积极发展当代儒家国际性社会组织,在联合国宪章框架下积极开展活动,实现全球儒学、儒家、儒教、儒商、儒官等各界、各阶层同仁的大联合,壮大实力与影响力,推动国际儒学、生态儒学的建构与实施,在建设"万邦协和""世界和谐"的人类命运共同体、"天人和谐"的宇宙社会共同体上积极有为。

在尊重世界各国、各民族优秀文化的大前提下,推动儒学在世界的创新和复兴,有似于欧洲文艺复兴运动一样,高扬儒家人文主义、仁道主义、天下主义,在全球倡导儒家"四海之内皆兄弟""天下为公"的天下观,"协和万邦""和为贵""与邻为善"的邦交观,"和而不同""己所不欲,勿施于人"的"包容""和谐"理念和价值,化解国与国、民族与民族之间的根本矛盾,减少或消除军事对抗、军备竞赛,制止战争,促进人类和平与发展,建设"多元一体,和而不同;仁行天下,和谐共荣"的国际政治经济文化社会新格局,维护世界和平,建设和谐世界。

积极在全球倡导儒家文化关于环保和生态安全的观念与思想,弘扬儒家"万物并育而不相害,道并行而不相悖","日月星辰、禽兽草木、山川土石,与人原只一体"之"万物一体之仁"的极高智慧和博大情怀,"天地与吾同体,万物与吾同气""为天地立心,为万世开太平""民胞物与"的自然与人文终极关怀,建构以"仁民爱物""天人合一"为核心价值与理念的国家生态伦理、全球生态伦理、宇宙生态伦理,让数千年的儒家生态智慧活化于今,广为流传,以有效促进人类与自然的和谐相处,化解人与自然的矛盾,消解人与自然之间的张力,保护人类家园地球与宇宙,改善人类的生存发展环境,建设和谐地球、和谐宇宙,实现人类族群繁荣永续。

（作者工作单位为山西省当代儒学研究会）

参考文献

1. 韩星. 儒学的社会维度或社会儒学？——关于儒学发展方向的思考[C]. 第三届"世界儒学大会"论文,2010 年 9 月.

2. 社会儒学建构:当代儒学创新性发展的一种选择[C]. "纪念社会儒学建构:当代儒学创新性发展的一种选择孔子诞辰 2565 周年国际学术研讨会"论文,2014 年 9 月.

3. 中共中央关于全面深化改革若干重大问题的决定[R]. 中国共产党第十八届中央委员会第三次全体会议通过,2013 年 11 月.

4. 邵光学,刘娟. 从"社会管理"到"社会治理"——浅谈中国共产党执政理念的新变化[J].《学术论坛》2014(2).

5. 柳河东. 儒学的当代使命及其现代复兴之路[C]. 第三届"世界儒学大会"论文,2010 年 9 月.

6. 陈克明. 群经要义[M]. 北京:中国人民大学出版社,2009.

儒学与当代社会的科学对接

周世范

一、解读孔子"一以贯之"的道

孔子说："吾道一以贯之。"(《论语·里仁》)曾子解释说孔子"一以贯之"的道就是忠恕之道。(同上)后学基本上接受此说,两千多年来没有人提出不同的看法。但根据我 50 多年的学习研究,感觉问题并非那么简单。孔子本人曾说："夫仁者,己欲立而立人,己欲达而达人",(《论语·雍也》)是为忠。又说："其恕乎! 己所不欲,勿施于人。"(《论语·卫灵公》)显然,忠恕之义都是就"仁"有感而发的。其实,仁只是中庸之道的重要组成部分。而从教育入手,通过仁和礼,实现中庸,才是孔子一以贯之的道。在这里,教育是出发点,中庸是归宿,而仁和礼则是其中间环节。受教育的对象是普罗大众,教育的内容是与时俱进的,理论与实践是紧密结合的。仁的高标准是"己欲立而立人,己欲达而达人"。仁的最起码的要求是"己所不欲,勿施于人"。礼的高标准是"礼之用,和为贵"(《论语·学而》)。礼的最起码的要求就是"非礼勿视,非礼勿听,非礼勿言,非礼勿动"(《论语·颜渊》)。实现中庸就是无论做什么事,其结果都要力争达到一种无过无不及、恰到好处的状态。

孔子说："君子有九思:视思明,听思聪,色思温,貌思恭,言思忠,事思敬,疑思问,忿思难,见得思义。"(《论语·季氏》)又说："君子之于天下也,无适也,无莫也,义之与比。"(《论语·里仁》)也就是说,天下事,无定格,没有规定必须怎么做,也没有规定不能怎么做,而是怎样做恰当合理,就应当怎么做。

孔子从教育入手,通过仁和礼,实现中庸的思想是一个完整的体系,绝不能割裂开看。否则,无论谁说得多么好听,多么天花乱坠,那都不是孔子所谓的"吾道一以贯之"的道。

抓住了孔子一以贯之的道,也就抓住了孔子思想的真谛。

孔子思想铸就了中华民族的性格。性格决定命运。为了国家的繁荣昌盛，民族的兴旺发达，我们一定要明道、信道、爱道、弘道。明道就是要抓住本质，掌握真谛；信道就是要坚定信念，义无反顾；爱道就是要心道合一，以身行道；弘道就是要发扬光大，锲而不舍，功在当代，利在千秋。

二、珍惜国人弘道的不懈努力

自 2500 多年前孔子开创儒学以降，千百年来无数仁人志士与普罗大众都在默默地为儒学大厦加砖添瓦，为儒学百花园灌溉锄草。

战国时，孟子讲："居天下之广居，立天下之正位，行天下之大道；得志，与民由之，不得志，独行其道；富贵不能淫，贫贱不能移，威武不能屈，此之谓大丈夫。"（《孟子·滕文公下》）

汉武帝采纳董仲舒的建议，决定"罢黜百家，独尊儒术"，绝不是一时的感情冲动，而是充分考虑当时的形势，为国家的统一，民族的团结，社会的安定，做出的理性选择。国家设五经博士，弘扬儒学。在全国提倡孝道，以尊老爱幼、怜贫惜弱为时尚。

宋代开国宰相赵普讲："半部论语治天下。"

范仲淹提出："先天下之忧而忧，后天下之乐而乐。"（《岳阳楼记》）

张载号召："为天地立心，为生民立命，为往圣继绝学，为万世开太平。"

文天祥说："人生自古谁无死，留取丹心照汗青。"（《过零丁洋》）

南宋国家规定以朱熹编订的《四书集注》作为全国读书人的教材，并规定为科举考试的必读书。

清代林则徐讲："苟利国家生死以，岂因祸福避趋之？"（《赴戍登程口占示家人》）

郑板桥说："些小吾曹州县吏，一枝一叶总关情。"（《潍县署中画竹呈年伯包大中函括》）

还有千百年来国人所信奉的：

"钱财如粪土，仁义值千金。"

"为人莫做亏心事，半夜敲门心不惊。"

"千经万典，孝义为先。"

"一年之计在于春，一日之计在于晨，一家之计在于和，一生之计在于勤。"

"责人之心责己,恕己之心恕人。"

"士为国之宝,儒为席上珍。"

"羊有跪乳之恩,鸦有反哺之义。"

"良药苦口利于病,忠言逆耳利于行。"

"人有善愿,天必佑之。"等等。

国人在自觉或不自觉地弘道过程中,经过千百年的耳濡目染,潜移默化,逐步形成了儒学的核心价值观。我大致梳理了一下,可用20个字来概括:

仁　义　礼　智　信

温　良　恭　俭　让

诚　敬　忠　孝　节

谦　敏　宽　勇　廉

这20个字,有的表示人们内心的道德情感,有的表示人们外在的行为规范。

三、促进儒学与当今社会的科学对接

1985年英国出版的《人民年鉴》把孔子列为世界十大思想家之首。1988年,75位诺贝尔奖获得者在巴黎会议的《宣言》中声称:"人类要在21世纪生存下去,必须要从2500年前孔夫子那里去寻找智慧。"当今是一个需要孔子的时代。联合国镌刻着孔子的格言:"己所不欲,勿施于人。"如今除我国外,全世界已经建立了500多所孔子学院及孔子课堂,成为中国文化走出去的载体。

2014年2月12日,国家最新公布的《关于培养和践行社会主义核心价值观的意见》,把中共十八大提出的24个字确定为社会主义核心价值观的基本内容:

富强、民主、文明、和谐;

自由、平等、公正、法制;

爱国、敬业、诚信、友善。

它共分为国家层面、社会层面和个人层面三个层次。

目前,我们需要把千百年来形成的儒学核心价值观与当代中国及世界的各种价值观进行科学的对接。只有对接得好,我们未来的道路才能越来越宽广,越走越顺畅。

在不同价值观的对接过程中,有三种情况要特别注意:

第一种可以直接拿来为我所用,实现无缝对接。

第二种经过加工改造后,为当代社会生活服务。

第三种针对全球不同地域、不同国度、不同种族、不同宗教、不同人群的不同要求,实行差异化转化对接。关键是"发展才是硬道理",管用才是好办法。要充分展示当代儒学的开放性和包容性,变通性和适应性,以及不可或缺的原则性和灵活性。

总之,儒学一定要走出象牙塔。让我们在发展中继承,在继承中扬弃,积极参与社会生活,不断展现自身活力。国家社会也要更加自觉地关注儒学,关爱儒学,呵护儒学。我们一定要像爱护自己的眼睛一样,保护好老祖宗给我们留下的思想文化珍品。

（作者系西安外国语大学教授,陕西省孔子学会理事,陕西中和文化交流中心主任）

东瀛之国话书香

尹　波

　　东瀛之国日本,乃中华传统文化圈重要的一环。徐福东渡、鉴真东渡,遣隋使、遣唐使,皆是一个时期的代表而已。这种交流,必然包括文化。笔者应京都大学之邀,于 2016 年 9 月 1 日—9 日赴日本讲座、交流。流风之余,就京都、东京地区部分图书馆所藏中国古籍,以所到先后,聊书怀焉。

　　因为对中国传统文化的敬重,大凡流传到日本的书籍,皆珍宝视之,不仅保存完好,甚至很多在中国国内已失传的古籍,在日本还能找到。近几年国内已影印出版有诸多图书。每个图书馆,不管是公立还是私立,在阅读之前必须要先洗手,图书还要平整的置于桌面,只能使用铅笔。阅读时不要站立,以免影响他人。如果需要原书与电子版进行比较,原书不能在电脑旁阅读。一般而言,对于研究所需资料基本可以复制,有的甚至可以用自带的相机、手机照相。说明了对文化的敬重,不仅在于爱护,更在于研究利用。

一、京都大学人文科学研究所图书馆

　　这是一座具有上百年历史的四层高日式建筑(右图)。在武田时昌教授的引领下,我们有幸进入了珍稀版本所藏地。举目望去,京都大学尽收眼底,仿佛在强调文化的高地。三楼珍藏的敦煌卷子,宋版《史记》《汉书》,《资治通鉴纪事本末》,《永乐大典》(一册)都用专门定制的小木箱盛放,净手开箱,一本本、一页页从眼前流淌,都在述说着一个个精彩的故事。比如《永乐大典》,就是专门有人从中国带到日本售卖,而最终被京都大学所收藏。

二、京都大学附属图书馆

京都大学图书馆很多,收藏中国古籍的是京大校本部附属图书馆(下图)。这是位于京大校内一栋赭红色的新式建筑,在武田时昌教授的引领下,通过一楼到达地下层,厚厚的防盗门上写着:贵重书库。彰显着这些书的珍贵。经过换鞋,戴手套,我们进入了书架陈列的房间。这里收藏着反映日本历史各时期的抄本、写本,其中有诸多是抄自中国古籍,皆予装订,有的用文件夹,有的用专门订制的木箱。抬眼望去,有清家文库、岛田文库、近卫文库、陶庵文库(和书之部)等;随手翻去,有《史记集解》抄本、《论语义蔬》抄本、孝经抄本,等等。

三、尊经阁

从名字来看,就知道这是专门收藏中国古籍的图书馆。它是被称为"华族"之前田氏私家图书馆(下页图),历经数代人收集,并专门辟有一栋楼保存。目前属于公益财团法人前田育德会。在阳光照射下,这座毗邻驹场公园、隐藏在树荫中的略显斑驳之红色建筑,视乎在静静地讲述着它不平凡的故事。

这是一座管理极为严格的图书馆。阅读书籍,要提前一个月申请,获得他们同意后发给同意函,只能在预约的时间前往阅览。进门后经过门厅,放包净手,来到与阅览房间毗邻的一个房间,聆听工作人员全部的管理规定,认可之后,才能阅读书籍。否则,他们不同意提供书籍阅读。阅读时,读者和工作人员同在一个约40平方的房间中(4个工作人员)。笔者估计,这里四张大桌子最多也只能接待8

人阅读。进门左侧两角落各置一壁完,塑一坐一立披甲武士像。房间右侧角落悬挂一记事阅读黑板,上用白色粉笔写着预约读者的日期、名、单位:某月某日,某某氏,且用括号注明单位。阅览时间为 10:00—16:00 点。

四、静嘉堂文库

这是在中国最负盛名的一个私立图书馆,因清代藏书名家陆心源后人把其毕生所珍藏的皕宋楼藏书全部卖给日本岩崎氏而闻名。我们经过长长的绿荫环绕之路,来到了一座始建于 20 世纪 20 年代的具有英国风格的二层建筑(下图),辉煌、雄伟,彰显着不一样的故事。

同样是在一个月之前的预约,同样是进门脱鞋,经过客厅。客厅中布置有两个沙发、一个茶几,壁炉上悬挂有胡怀德为岩崎氏所题“静嘉堂”。放包净手,忙碌中的工作人员友好地接待了我们,并取出我们所需书籍。一楼有专门的阅览室一间,约60余平方米,可以在无人干扰的环境中静静阅读。房内整洁、优雅,悬挂着陈宝琛"道家蓬莱"题字;房外青松摇曳,桂花飘香,真乃读书盛地也。如有资料复制,皆于允诺,但需半个月左右告之费用,包括复制费、邮寄费,付款后用邮寄的方式寄送资料复印件。阅读时间规定为10:00—16:30。

五、东洋文库

这是竖立在街边的一座现代化建筑(下图),其中古籍阅览在第三层,目前归属三菱财团,属于国会图书馆分馆。1961年该文库应联合国教科文组织的要求附设了东亚文化研究中心。这是它与日本其他文库最大的不同之点,也是以后东洋文库在日本学术界享有盛名的一个重要的原因。每到上午10点,可通过窗户看到书库一景。仍然是预约、净手。阅览室提供有工具书,方便查阅。这里工作效率高,提书快,可节约不少等候时间。研究所需零星资料复印,约几天就可取到。阅读时间在座位牌赫然写着:"复写受付时间:9:30—16:15(时间严守)。"

六、国会图书馆

一栋现代化的建筑(下页图),与国会大厦相隔不远。这是公立图书馆的代表,整洁有序。外籍人士需凭护照办理阅读证,然后到古典籍资料室进行阅览。午餐在馆内设有专门的地方(三楼、六楼),可节约不少阅读时间。惟其整点提书方式,即所需书籍在 10 点、11 点、12 点、13 点、14 点、15 点、16 点整点时间才能提取,所以,一定要计划好,预先递交书单。阅览时间为 9:30—17:00。

七、内阁文库

这是毗邻日本天皇所居皇宫以及东京国立近代美术馆的公立图书馆,是日本国立公文书馆的一部分,是效率最高、给读者最方便的图书馆(下图),外籍人士凭护照登记,领取佩戴阅览证以及读者号。进入专门的古籍阅览室后,根据读者号在网上填取需要阅读书籍(免去用纸本填单之烦琐),数分钟后,图书柜台处则呼唤取书了。这里可任意抄写、拍照,阅读时间较私立图书馆长,座位牌上写着:"利用诸本受付时间:9:15—17:00。"

八、书店一条街

如同中国的琉璃厂一样,在东京的神保町也有专门的书店一条街(下图)。这里店铺林立,琳琅满目,甚至街边也被利用展示各种书籍,而各类书籍数不胜数。日本的漫画享誉世界,故书店中随处可见(日本电车中处处可见广告)。与中国古籍有关的主要是内山书店、山本书店、东方书店,其中内山书

店因和鲁迅交往而在中国名气最大,郭沫若先生题字的"内山书店"高悬店门,三层皆是中国的图书。而东方书店则是图书销售兼出版的一家书店,地下一层,地上两层。中国新出版的古籍在这里都能找到,如笔者所参与的《巴蜀全书》中的《宋会要辑稿》(上海古籍出版社)、《张栻集》(中华书局)、《华阳国志新校注》(四川大学出版社)等等。不惟如此,他们还用日文出版反映中国传统文化的书籍,并办有刊物《东方》等。同时,他们还与全球最大的数字图书馆——中国知网合作,在日本推广中国的论文检索系统,方便日本学者检索中国的论文。其发展迅猛,大有后来居上之势。

华灯初上,雨后的神保町更有文化的清新漫出,这是中国文化的影响! 文

化强国,不仅是强的中国,也是强的汉文化圈!

　　时光流梭,图书馆的时间总觉不够,而参观的图书馆也不够,如东京大学图书馆、东京大学东洋文化研究所、宫内厅书陵部(图书馆)、杏雨书屋、天理大学图书馆等等,都只有待以下次了。好在文化没有国界,特别是中国传统文化,是愈久愈纯,愈久愈浓,愈久愈香,且万里飘香。

　　(作者工作单位为四川大学古籍所)

关中孔庙遗存及其当代价值探析

王长坤　李　彤　马启慧

经济全球化促进了不同文化的交流和融合,面对新一轮"文化殖民"的扩张态势,我们应该保持本国民族文化的多样性和独特性,增强文化认同感和文化自觉,提高文化软实力和国际影响力。在此时代背景下,孔庙作为中国传统文化中儒学的载体和象征,对其进行科学、合理、有效地保护和利用就显得尤为紧迫与必要。尤其是近年来,随着人们对传统文化的重新认识,各地方也开始重视起对文物的保护工作,陕西关中各地孔庙修缮、复建工作也已经不同程度地展开,这不仅使陕西现存孔庙得到更好地保护、开发和利用,更能对我们传承和弘扬民族文化有所裨益。

一、孔庙的起源和发展

孔庙,全称"大成至圣先师文宣王庙",又称"夫子庙""文宣王庙",简称孔庙,是祭祀中国古代伟大的思想家、政治家、教育家孔子的场所。据《左传·哀公十六年》记载,公元前478年,即孔子逝世的第二年,鲁哀公为表达悲痛之情,将曲阜的孔子故居三间辟为收藏孔子生前的衣冠琴车书等的场所,并派兵卒守护,一年四节予以祭祀,建筑规模和内容都非常简朴。这个由孔子故居改成的庙堂,就是中国历史上第一座同时也是影响最大的孔庙——曲阜孔庙。据《史记·孔子世家》记载"后世因庙,藏孔子衣冠琴书至汉代二百余年不绝"[①]可知,从春秋战国时期直至汉代,对孔庙的祭祀一直持续着。魏晋南北朝时期,汉代儒学一统天下的局面被打破,儒学的发展随着道教的兴起受到了严峻的挑战。但是由于统治者继续重视儒学,儒学的传播并没有中断。太和初年(477年),

---

① 《史记》,中华书局1959年版。

北魏孝文帝下诏书令全国各郡县所有学子均祭祀孔子,从此确立了国家在学校内祭祀孔子的礼制,同时为庙学合一奠定了基础。太和十三年(489 年),北魏孝明帝在其首都平城(今山西大同)立"先圣庙",这是曲阜以外建立的第一座孔庙。同时,也是京城建立的第一座孔庙,大同孔庙的建立表明作为国家行为的修建孔庙已经开始在华夏各地出现。此后,全国各地郡县都开始大力修庙祀孔。南北朝时期,各地开始修建孔庙,北周在京师长安(今西安)修建孔庙祭孔,标志着关中地区有了孔庙的历史。

隋唐时期,随着国势逐渐强盛,统治者开始注重文化及礼制建设,全国各地孔庙的建造有了更进一步的发展。乾封元年(666 年),唐高宗登上泰山行封禅大礼,在返回长安城途中经由曲阜,亲以太牢之礼祭祀孔子,并追赠孔子为太师。他看到庙宇规模狭小,便诏示重加扩建。开元二七年(739 年)唐玄宗追祀孔子为"文宣王",孔庙也被称为文宣王庙,简称孔庙。到了宋代,由于当时君主对孔子的封祀进一步升级,孔庙在中华大地上也开始大规模建造。据统计,我国现存孔庙中,约 70% 都是始建于宋代的。元大德十一年(1308 年),武宗加封孔子为"大成至圣文宣王",这一封号是孔庙在中国历史中影响最为深远的封号。同时,各地也开始大兴修建孔庙,孔庙在中华大地上遍地开花。

明清时期,统治者更加重视祭祀孔庙和修建孔庙的活动,孔庙也得到了进一步的发展并且形成了自己的建筑群模式,孔庙祭祀孔子的礼仪也逐步规范化。崇德元年(1636 年)清皇太极曾下诏"建庙盛京,遣大学士范文程致祭"(《清史稿·册十》)[①],这是东北地区的第一座孔庙——沈阳孔庙。顺治二年(1645 年),顺治皇帝追祀孔子为"大成至圣文宣先师";光绪三十二年(1906 年),光绪皇帝改孔子之祭由中祀升为大祀,这项举措将祭祀孔庙的规格推到顶峰。清代是中国孔庙发展的鼎盛时期,中国境内现存的孔庙建筑几乎都是经历了清朝大规模的维修、扩建和重修。

鸦片战争以后,随着儒学独尊命运的没落,遍布全国的孔庙建筑也随着清王朝的结束而日渐衰落。截止 1949 年中华人民共和国成立以前,全国大约建造了各级学校文庙 1749 所。现在遗存的文庙大约有 509 所,其中保存比较完整的约有 60 所,基本完整的约有 109 所,保存中心一组的约有 53 所,保存大成

---

① 赵尔巽等:《清史稿》,中华书局 1977 年版。

殿等零星建筑的约有 287 所①。在各地孔庙的保护利用上,完整或比较完整的孔庙大部分被改做了博物馆,小部分被学校或其他单位占用,只有零星遗存的孔庙处于无人管理的境地。

二、关中孔庙的遗存状况

关中,一般是指西安周边地区,这里的关是指"潼关"。关中地区,又称关中平原或渭河平原,系地堑式构造平原,位于陕西省中部,介于秦岭和渭北北山之间。关中孔庙始于唐、宋,在元代得到了发展,兴盛于明代,终于清代末期。虽然唐、宋、元、明、清各个朝代在陕西关中地区实施的政治、经济、文化政策、措施不相同,但在大力推行儒学广修孔庙方面则是相同的,这五个朝代在关中各府、州、县设孔庙作为祭孔与官学的所在,关中孔庙的形制以曲阜孔庙为蓝本,具有极强的延续性。目前,关中地区留存下来的孔庙或孔庙建筑遗存共 21 所,完整的仅有韩城孔庙 1 所,较为完整的有西安府孔庙、蒲城县学孔庙(大成殿已毁)、咸阳市学孔庙、耀州州学孔庙 4 所;保存中心建筑的有户县县学孔庙、泾阳县学孔庙、礼泉县学孔庙;仅存大成殿的有铜川市学孔庙、旬邑县学孔庙、兴平市学孔庙、渭南县学孔庙、合阳县学孔庙、华县州学孔庙、富平县学孔庙、华阴市学孔庙等。其中西安府学孔庙、韩城市学孔庙、耀州州学孔庙和咸阳市学孔庙被列为国家级文物保护单位;户县县学孔庙、蒲城县学孔庙、兴平市学孔庙、旬邑县学孔庙、华县州学孔庙、铜川市学孔庙、泾阳县学孔庙、礼泉县学孔庙、渭南县学孔庙、合阳县学孔庙被列为省级文物保护单位;还有七所未被列入国家级和省级重点文物保护单位的孔庙,分别是富平县学孔庙、华阴市学孔庙、蓝田县学孔庙、临潼区学孔庙、三原县学孔庙、凤翔县学孔庙以及凤县县学孔庙。

这些孔庙与全国其他地区的孔庙无论在建筑上还是用途上都具有相似性,他们都突出反映了陕西关中地区当时的建筑制度和文化发展;这些孔庙无论是从建筑上还是文化特征上都是研究关中地区古代文化的宝贵资料。关中地区现存的孔庙建筑在全国现存孔庙建筑中占有比较重要的地位,而其保护现状也各不相同,参差不齐。

---

① 孔祥林等:《世界孔庙研究》,中央编译出版社 2011 年版。

关中地区现存孔庙一览表

序号	名称	地理位置	现存状况	时代	保护级别	备注
1	西安孔庙	西安市碑林区三学街15号	照壁、棂星门、戟门、泮池、太和元气坊、两庑、碑亭等	明	国保(1961)	大成殿1959年毁于雷火
2	韩城孔庙	韩城市老城东学巷	总体院落保持完整	明	国保(2001)	
3	耀州孔庙	铜川市耀州区学古巷	棂星门、戟门、大成殿、东西庑	明	国保(2001)	耀州文庙大成殿被文物界专家和学者誉为"西北第一殿"。
4	咸阳孔庙	咸阳市中山街53号	大成殿、东西庑	明	国保(2006)	民国初年将原明洪武四年(1371年)所建城隍庙第一道木牌楼迁建于孔庙最南端(原棂星门位置)。1963年将明代咸阳城隍庙的部分建筑拆迁,于原孔庙戟门、明伦堂位置建成现在的一殿和三殿,在明伦堂西侧建成现在的偏院正殿和偏院前的小牌楼。
5	户县孔庙	户县东街近钟楼处	大成殿、明伦堂、崇圣祠、藏经阁、东西庑	清	省保(1992)	2008年重修了戟门、棂星门和泮池,整体建筑格局基本保留典型明清建筑风格。
6	蒲城孔庙	蒲城县红旗街1号	照壁、棂星门、戟门、明伦堂、崇圣祠	明	省保(1992)	大成殿于1976年因火灾被毁,现在的大成殿是2005年重新修建的。
7	兴平孔庙	兴平市县门街东路29号	大成殿、东西庑	明	省保(1992)	戟门是在原址上重建的
8	旬邑孔庙	咸阳市旬邑县	大成殿	明	省保(2008)	孔子及贤士塑像为2006年重建
9	华县孔庙	县城东北角少华中学西侧	大成殿、东西庑	明	省保(2008)	
10	泾阳孔庙	泾阳县孔庙街	大成殿、戟门、东西庑	清	省保(1992)	
11	合阳孔庙	合阳县城中心东大街中段	大成殿、明伦堂、尊经阁、两庑	明	省保(1992)	
12	礼泉孔庙	礼泉县县城内中山街	大成殿、戟门、崇圣祠、东西庑	明	省保(2003)	

续表

序号	名称	地理位置	现存状况	时代	保护级别	备注
13	渭南孔庙	渭南市临渭区老城街北侧95号	大成殿	明	省保（2003）	
14	铜川文庙	陕西省铜川市第一中学校园内	大成殿	明	省保（2003）	
15	富平孔庙	富平县老城正街	大成殿、东西庑、泮池	明	县保（2004）	
16	华阴孔庙	华阴市委院所在地	大成殿	清	县保（1989）	
17	蓝田孔庙	蓝关镇城隍庙巷		明		20世纪90年代初大成殿被拆除运至蔡文姬纪念馆
18	临潼孔庙	不详		唐		大成殿于1959年移入华清池，建成飞霜殿，后又经重建，已不复原貌。
19	三原孔庙	原址在县府巷东南角，今公安局所在	木牌坊	元		仅存门前木牌坊一座，现移植于文峰木塔文管所门前。
20	凤翔孔庙	不详		清		仅存一块《凤翔府重修文庙学宫记》，保存较好，现立于县博物馆。
21	凤县孔庙	凤县职业中学院内	大成殿	明		近期恢复了两庑、崇圣殿，在大成殿立孔子及弟子像。

三、关中孔庙的当代价值

关中孔庙在经历了漫长的历史变革以及历史变迁之后能保存到今天是一件非常不容易的事情。在中国两千多年的文化融合中，孔庙的功能已经远远超出了纪念性建筑本身的含义，孔庙在当代的存在。体现了儒学在中国传统文化中的主流地位。根据文化遗产的不可再生和不可替代性，可以将关中孔庙的当代价值概括为教育价值、社会价值、科学价值、艺术价值和史学价值五个方面。

1.教育价值：传承精神命脉

教育价值是指孔庙通过其自身所蕴含的丰富教育遗产内涵对人所产生的政治教化、学校教育、文化教育、社会教育、劝学等功能。历史上的统治阶级为维护其封建统治，利用文庙的教育功能在意识形态方面的优势，以达到德化天地，礼仪四邦之目的。孔庙作为文物部门，在向人们展示文物的过程中，充分发挥其德育的思想导向功能、品德创造功能和性格优化功能,潜移默化地发挥育人作用。习近平在出席纪念孔子诞辰 2565 周年纪念大会时指出"优秀传统文化是一个国家、一个民族传承和发展的根本,如果丢掉了,就割断了精神命脉"[①]。孔子思想体系对中华民族精神的形成产生了极其深远的影响,将孔子思想的精华部分利用孔庙传播出去,教育后人,引导广大青少年树立正确的人生观、道德观,同时也可以为青少年的德育教育提供一个极好的场所。

2. 社会价值:弘扬传统文化

孔庙蕴含着丰富的政治教化、社会文化教育、劝学等功能。步入孔庙,追忆孔子"弟子三千、贤人七十二"的宏大教育场景,体会"学而不思则罔、思而不学则殆"(《论语·为政》)的学习思辨法则,对学习中国传统文化,增强民族自豪感和自信心具有不可替代的现实价值。

孔庙不仅可以在国内传播传统文化、发扬儒家思想、增强民族自豪感和自信心,而且还将中国文化传播到了海外。西汉时孔子思想就传入越南,它很早就收到中国儒家文化的影响,也是亚洲国家中现存较多孔庙的国家之一。除了越南之外,印度尼西亚、缅甸、泰国、菲律宾、马来西亚、新加坡等也建立了孔庙或尊孔的标志性建筑。这些书院虽以教书育人为主,但受到中华传统文化的影响,也具备了庙学合一的文化属性,在书院内尊崇孔子。

3. 艺术价值:呈现景观艺术

艺术价值是指孔庙这种教育文化遗产作为历史上的遗存而在其建筑设计、景观布局、艺术风格等方面为我们所带来的积极的、丰沛的艺术情感教育。

孔庙,是东方建筑风格的具体体现,充分显示了我国古代劳动人民的高度智慧和创造才能,在中国古代建筑史上占有重要地位。首先,关中孔庙沿用了我国传统建筑群中轴线,左右对称,布局严谨的特点,在门、坊、殿、庑、堂、阁、亭等中国建筑古典元素的设计上体现着关中地区的地方特色;其次,关中孔庙散发着浓厚的雕塑、书法、园艺等中国艺术气息。孔庙里的雕刻是中国石雕艺术的上品,尤其是大成殿的石柱雕龙,更是石雕艺术的佳作。同时,一些关中孔庙内种植着珍贵的园林植物,与建筑群交相辉映,古朴典雅,是孔庙园林艺术的体现;最后,关中孔庙是关中地区传播儒家文化的场所。从孔庙的祭祀功能而言,祭孔是孔庙文化的核心符号,在祭祀孔子的历史过程中,还形成了独具一格的

---

① 杨明:《不能割断"精神命脉"传承优秀传统文化》,载《光明日报》2014 年 10 月 29 日,第 13 版。

乐舞艺术。祭孔乐舞的内容以颂扬孔子生前的业绩为主,是乐、歌、舞三位一体的综合艺术。祭孔礼仪场面宏大,古朴娴静,而庄严肃穆的祭孔气氛与金碧辉煌的大成殿,更形成了完美的艺术统一。祭孔乐舞以其平和的曲调,适中的节奏,典雅的歌词,谦恭的舞步,凸现出中国古代雅乐博大精深的思想意蕴,其具有地方特色的祭孔乐舞和礼仪具有极高的艺术内涵和价值,与孔庙形成了完美的艺术统一。

4.科学价值:凝聚科学智能

科学价值是指孔庙在教育学、考古学、建筑工程学等方面展现给社会、人类的重要的、有价值的技术和科学价值。通过文献的整理和调查可以发现关中孔庙的整体形态、建筑风格、环境关系、技术特征等都注入了古代工匠的智慧,是能工巧匠用心设计和建造的,反映了人类文明史中的科学技术成就,具备极高的科学研究价值,为聚居学、建筑学、人类学、社会学等各个学科提供了实物研究素材。

孔庙内独具特色的建筑、雕塑、园艺等资源,凝聚了关中地区广大劳动人民的智慧结晶,体现了不同时期的关中地区劳动人民探索科学技术的过程。例如,韩城孔庙的照壁、棂星门、泮桥、戟门、大成殿、崇圣祠等精美的主体建筑是研究我国古代建筑技术的宝贵样本;孔庙内粗壮的古柏等年代久远的古树和植物是植物学、生物学的珍贵研究据;关中现存的孔庙基本上都被重修、重建或扩建过,这也充分体现出我国在文物保护方面的高超技艺。

5.史学价值:探究历史轨迹

孔庙具有较高的史学价值。孔庙见证了中国两千多年封建社会发展的历程。在各地孔庙的发展史上,留下了丰富的遗存和资料;通过对有关孔庙历史的研究,可以了解孔庙建筑与祭孔活动的兴衰;透视中国封建时代政治、经济发展的状况,对儒家乃至中国古代思想文化的演变进行深入的探讨。

各地孔庙在建立、修缮、祭祀的过程中,留下了许多碑刻和匾额。这些碑刻和匾额具有较高的史学价值。据考察,关中地区每所孔庙内都有许多保存完整的碑碣。这些碑碣包括祀孔碑、谒孔碑、修建孔庙碑、功德碑等,这些碑碣无论从年代跨度上、数量上,对研究关中地区古代历史文化乃至中国古代历史文化,都是价值极高的宝库;唐代著名书法家虞世南撰文并以正楷书写的"孔子庙堂碑",现存摹刻现仅存两处:一处在西安府文庙,称"陕本"或"西庙堂碑";另一处在山东成武,称"成武本"或"东庙堂碑",现由该县文物室收藏,历来为书家所喜爱。从碑刻和匾额的史学价值来看，这些风格不同各具特色的碑刻和匾额都是难得的珍品。

关中孔庙是历史留给关中地区的具有珍贵价值的文化遗产，它需要融入现实社会并实现其自身的文化价值，现实社会也需要利用孔庙的文化价值来达到实现中华民族文化传承、增强中华民族文化认同感和提高社会整体文化素养的目的。在探讨孔庙的文化价值利用这一问题上，究其根本，孔庙作为以儒家文化为主体的中国传统文化的重要象征，应努力寻找与当代社会和现实生活的契合点，才能使孔庙本身所具有的珍贵文化遗产价值能更好地得到利用，从而进一步实现孔庙自身价值的提升。

（作者工作单位为西安理工大学马克思主义学院）

儒家仁和文化及其对现代
社会发展的启示意义

梁振洲

一、儒家仁和文化的重要内容

"仁"最早产生于春秋时期,《左传·成公九年》曰:"不背本,仁也。"《国语·晋语》谓:"爱亲之谓仁。"由此可见,早期的"仁"的基本含义即为"爱人"。基于以上看法,孔子明确提出"仁者,爱人也"。孔子把"仁"作为最高的道德境界,仁爱是做人的最高标准。儒家思想主要包含"仁、义、礼、智、信、德、文、君子"等内容,而"仁"又是整个儒家思想体系的核心。"仁"是孔子理想中最高的政治原则,又是最高的道德准则①。他第一个把整体的道德规范集于一体,形成了以"仁"为核心的伦理思想结构,包括孝、弟(悌)、忠、恕、礼、知、勇、恭、宽、信、敏、惠等内容。孟子曰:"恻隐之心,仁也。"后人遂以爱为仁。提到了"仁"固然不可脱离"爱"。本文认为"仁"是一种内心境界的外在显现,贤者仁之。爱是一种有趋向性的动作形态,爱应该是有针对性,是专对某些人或者特定的对象付出的情感。而仁,是没有针对性的,可以理解为一种所谓的大爱。可以肯定一点,那就是"无爱之人,不生仁心"。"爱"是"仁"的内在要求与根本精神。爱由心生,大爱无疆,爱之大者,生悲仁之心。以"爱"来释"仁",实乃儒家之通义,两者有区别亦无有区别。毫无疑问,儒家仁爱价值观是对个人主义核心价值观的超越。从"身体发肤,受之父母,不敢毁伤,孝之始也",到孟子到"仁远乎哉?我欲仁,斯仁至矣"(《论语·述而》),再到"亲亲"思想都表明儒家思想对生命的珍视及对自身人格尊严的追求。孟子以"性善论"为出发点,强调了"仁者爱人"的"仁爱说"阐述"亲亲""仁民"的合理性与必然性,进一步从人与自身、人与人、人与社会、人与自然等几个方面的要义使得儒家仁爱思想

---

① 朱熹注"仁"曰:"仁者,心之德,爱之理。"(《四书章句集注·孟子集注》),又曰:"仁离爱不得。"(《朱子语类》卷六),即为显证。

的内涵更加丰富。儒家学说将"仁爱"拓展到了"仁爱自身、仁爱他人、仁爱万物"相统一的更为宽阔的视域,为克服自私的个人主义的价值危机提供了重要的思想借鉴和精神资源。

"和"是儒家思想的基本理念和主要价值。"和"追求一种"真善美"统一发展的美好境界。"和文化"即是和谐文化①,是以和谐的内涵为理论基础的文化体系,是中国乃至当今世界最先进的思想文化,是创建和谐社会与创建和谐世界的前提条件。自古以来,中国就特别注重天、地、人的和谐统一。流传至今关于和谐、和平的成语更是不胜枚举:以和为贵、和气致祥、和如琴瑟、和衷共济、家和万事兴,……在中国古代神话中,关于和谐与统一的故事更是比比皆是。先民时期与伏羲、黄帝、尧、舜、禹等圣君明主有关的神话,无一例外都是向世人倡导大一统的观念、宣扬民本思想、对天地人和谐观念的崇尚。儒家对于"天人合一"提出了不少主张,孔子提倡以"仁"待人,以"仁"待物,即所谓"推己及人""成物成己"。

首先在人与自然的关系上,儒家孔子极力倡导"钓而不纲,弋而不宿"②,主张保护鱼鸟等自然万物。孟子主张"有恒产者有恒心""无恒产者无恒心",不违农时、尊重自然的"爱物论"。这些都是在强调生态平衡,实质也是强调人与自然的和谐。

其次,在人与自身方面,《礼记·大学》:"古之欲明明德于天下者,先治其国;欲治其国者,先齐其家;欲齐其家者,先修其身;欲修其身者,先正其心;欲正其心者,先诚其意;欲诚其意者,先致其知,致知在格物。格物而后知至,知至而后意诚,意诚而后心正,心正而后身修,身修而后家齐,家齐而后国治,国治而后天下平。"主张修身齐家治国平天下。由此可见,儒学认为修养身心的是齐家治国平天下的基础,主张通过减少人自身的贪念和欲望来明辨是非曲直分明。真诚待人,断恶修善,经营好自己的家庭。一屋不扫何以扫天下,家庭是国家的缩影,把自己家庭经营好了的人也一定可以把国家治理好。儒学认为能修身齐家的人便能让世界充满和谐,天下太平。

第三,在人与人之间的关系方面,儒家还提出了包括孝、弟(悌)、忠、礼、

---

① "和今言适合,言签到好处",按照这种解释,"和"便是和谐。杨遇夫先生曾在其《论语疏证》中说:"《说文》云:'和,调也。盉,调味也。'乐调谓之和,味调谓之盉,事之调适者谓之和。"

② 出处:《论语·述而》:"子钓而不纲,弋不射宿。"夫子用鱼竿钓鱼而不用渔网捕鱼。夫子用弋射的方式获取猎物,但是从来不射取休息的鸟兽。

知、恭、宽、信、敏、惠等内容来调节,其目的也是为了求"和"。孔子曾说:"君子和而不同,小人同而不和。"①而这些主张都是属于追求社会和谐的道德原则范畴。儒家学说长期发展形成了以"仁"为核心的伦理思想结构,而这些由"仁"发展而来的核心价值观内容都是实现"人和",儒家人与人的关系方面极力提倡宽以待人,创造"人和"的人际关系。人与人之间都能和谐相处了,那社会自然相对和谐发展。在人与社会关系方面来看,儒学在极力倡导大同社会。孟子也强调"天时不如地利,地利不如人和"。西汉时期的戴圣编辑的《礼记·礼运》篇中倡导"天下为公"的大同社会。儒家所谓的"大同"②社会就是儒家和谐完美的理想社会,也表达了古人对理想社会的美好追求,对后世产生了深远的影响。

综上所述,儒家核心价值观中的"仁爱说"不仅体现了身心和谐,而且还推及到了人际关系和谐、人与自然和谐相处的道德追求,其"身心和谐、人际关系和谐、人与自然和谐"之间也是密切联系的,这种和谐是儒家伦理学说追求的最高层次,是人与自身、人与人、人与社会、人与自然和谐统一的至高追求和理想境界。

二、儒学仁和思想对现实社会的启示意义

当今中国社会在改革开放和现代化建设的历程中,创造了一个又一个奇迹,实现着强国富民、民族复兴的百年梦想。当今之中国,到处充满勃勃生机,各项事业蒸蒸日上,中国特色社会主义事业显示出强大的生命力。拥有五千年历史的泱泱大国,也在向世界展示着耀眼的光芒。但是现代社会功利主义、拜金主义、享乐主义盛行造成人际关系的冷漠,人们生活越来越狭隘化和平庸化。一些党员干部见利忘义、损公肥私行为时有发生,以权谋私、腐化堕落现象严重存在。这些问题如果得不到及时有效解决,必然损害正常的社会秩序,扰乱社会的稳定发展。

儒家"仁爱观"在现代社会具有重要的肯定意义,但不能说是完美无缺的。儒家仁爱根植于以血缘为纽带的宗法社会,是对亲亲尊尊的宗法伦理的概括

---

① 和,不同的东西和谐地配合叫作和,各方面之间彼此不同。同,相同的东西相加或与人相混同,叫作同。

② 大同是中国古代思想,指人类最终可达到的理想世界,代表着人类对未来社会的美好憧憬。基本特征即为人人友爱互助,家家安居乐业,没有差异,没有战争。这种状态称为"世界大同",此种世界又称"大同世界"。

与升华,因而,不可避免地具有一定的历史局限性。从中国长远的历史发展来看,儒家"和文化"未能造就出真正的和谐社会,其根本原因在于传统"和文化"企图在不触动、不变革封建社会根本制度的前提下,通过补偏救弊来优化这个制度,实现其和谐理想,注定其大同社会的理想必然落空。综上所述,儒家思想中的仁和思想虽然与现代社会的发展有一定差距,一些思想已经过时,但它的合理内核无疑对我们现代社会仍然有积极的意义。

儒家文化的道德教育效果显著,甚至为世界所认同。儒家仁和思想依然是当代中国主流文化的重要特色。首先,有利于解决信仰危机,实现人的身心和谐发展。其次,儒家主张的道德追求有利于人与人之间和谐友爱相处。第三,有利于人与社会、人与自然和谐发展。社会治乱的根本在于人心,因此要从根本上达到社会的治理,就应当从人心的治理入手。儒家文化提倡仁、义、礼、智、信,提倡和平中庸,提倡人的道德修为和尊重自然的朴实唯物论主张有利于社会道德良性构建及人与自然和谐相处。

儒学文化中的仁和思想提倡宽容和谐的处事原则、求实乐观精神与不屈不挠的民族精神,对道德文化建设、思想建设等都具有重要的启示意义。和平与发展是当今时代的主题。党的十八大报告围绕"夺取中国特色社会主义新胜利","扎实推进社会主义文化强国建设",提出构建社会主义核心价值观;围绕"推进祖国统一",提出了"包容共济促和谐";围绕"继续促进人类和平与发展的崇高事业",提出了"中国将继续高举和平、发展、合作、共赢的旗帜,坚定不移致力于维护世界和平,促进共同发展"。这既是我们深入理解和谐内涵的政策理论依据,同时也是引领和谐行为的指路明灯。

(作者系海南省孔子协会执行会长、海口市孔子协会执行会长)

参考文献:

1.崔敬业,冯红.儒家的核心思想"仁"对现实问题的启示[N].东北农业大学学报(社会科学版),2011(6).

2.林存光.孔子:中国文明的守望者——试论孔子的"传统"观及其文化贡献[N].浙江工商大学学报,2009(6).

3.刘维兰,杨兆华.儒家核心价值观的多维审视及其当代价值[N].内蒙古农业大学学报(社会科学版),2014(3).

4.杨芳.儒家核心价值理念及其当代价值[J].学术论坛,2011(9).

5.于春梅.儒家和谐思想的基本内容及其现代意义[J].理论探讨,2007(3).

中国元素的跨文化传播

——以十二生肖为例

石鑫怡

一、中国元素的概念意义

著名广告人高峻认为中国元素应是"中国人喜闻乐见的形式,也是人们对某些事物表达自己意见的一种方式。它既是语言也是图腾,既是符号也是能让人感知的信心……不是简单的中国的历史和传统……中国元素其实是在今天的世界视野或融入世界视野中用到的中国传统"①。在郭有献和郝东恒教授的合著《中国元素与广告创意》②中,中国元素被划分为若干类别,例如人生哲理、家庭和经济伦理、饮食和节日文化、民俗事象和器物、民间游戏术,等等。综合这些,可以看出"中国元素"具有文化、符号和传播三个方面的特征,在时间上不局限于传统或现代,具有表现性。

广告从本质上说是一种文化现象,广告的跨文化传播客观上需要传受双方共同文化基础的支持,不同的文化背景是人们解释不同行为的参考标准,也是人们理解来自不同文化的广告内涵的主要制约因素之一。长久以来,中国元素常常应用于广告中。随着全球化的推进,越来越多的中国元素出现在跨国广告中。相应的,中国元素与广告传播的研究成为广告实务研究的一大热点,并取得可喜成果。这些原理和经验为其他领域的跨文化传播提供了借鉴和思路。

作为极具中国文化特色的中国元素,十二生肖自产生以来,就与人们的社会生活密切相关。它深入到人们生活的方方面面,在中国文化中的地位可谓根深蒂固。然而,关于生肖文化的定义,学术界至今没有达成共识,而对于生肖的起源亦无定论。持不同观点的学者在译名处理上难以统一,十二生肖的跨文化传播面临着亟待解决的误解和障碍。鉴于广告和文化具有同源性,我们可以借

---

① 周颖、章文颖、沈健:《对话高峻:寻找失去的中国元素》,载《成功营销》2007 年第 1 期。
② 郭有献、郝东恒:《中国元素与广告创意》,北京大学出版社 2010 年版。

鉴跨文化广告运用中国元素的理论和经验,来探讨十二生肖的跨文化传播,以提高中国元素的跨文化传播能力。

二、十二生肖的意义之网

(一)十二生肖源起

对于十二生肖的研究,有两个关键问题尚需探讨:一是十二生肖起源问题,二是十二生肖的原始形态问题(即十二生肖的原始形态是否是十二种动物)[①]。第一个问题学界讨论较多,如图腾崇拜说,动物习性说,天文(星象)说,游牧历史渊源,以及外来说,等等。尽管生肖起源问题说法众多,然而任何一种都找不到直接证据证明自己的观点。而对于十二生肖的原始形态是十二种动物的说法,部分学者也提出质疑。持不同观点的学者在译名处理上难以统一,这对于十二生肖的跨文化传播也带来一定的困难。

(二)十二生肖文化探究

生肖文化的来源问题是一个复杂的问题。由于其形成的过程极为漫长,其文化背景注定十分复杂,笔者更赞同这是各个因素相互作用的结果。根据史料我们了解到,生肖是一种标识性的文化,它既作为农历年的简称,又表示人们的属相,与生俱来,永恒不变,具有突出的标识功能。值得重视的是,生肖和动物之间因此被划下了一道鸿沟,以文化的依托和集结来区隔生肖与动物。人们时而把生肖与动物分开讲,时而又合并在一起谈。不管何种方式,只有根植于早期天文学土壤中,用于纪岁、蕴含丰富符号系统的才是生肖;反之,只关注科属、生态、习性和生活环境的仅仅是动物[②]。

(三)十二生肖的英译现状

1. 十二生肖英译国内版

关于十二生肖在国内的英译状况, 刘白玉教授在 2010 年第四期《中国翻译》上题为《对十二生肖汉英翻译的思考》[③]一文中, 对 1999 年至 2009 年中国

---

① 张丽华:《十二生肖的起源及墓葬中的十二生肖》,载《四川文物》2003 年第 5 期。
② 张丽华:《十二生肖的起源及墓葬中的十二生肖》,载《四川文物》2003 年第 5 期。
③ 刘白玉:《对十二生肖汉英翻译的思考》,载《中国翻译》2010 年第 4 期。

知网上(CNKI)涉及某个(或某些)动物生肖的英译做了一番统计(见表一)。笔者对刘教授的数据进行求证,并补充了 2009 年至今动物生肖的英译统计,得出下图结果(见表二)。

表一 十二生肖英译(1999—2009 年)

生肖	英文译名 1	英文译名 2	英文译名 3	英文译名 4
鼠	mouse	rat		
牛	bull	ox		
虎	tiger			
兔	hare	rabbit		
龙	dragon	tiger	Long	loong
蛇	snake			
马	horse			
羊	sheep	goat		
猴	monkey			
鸡	cock	fowl	rooster	chicken
狗	dog			
猪	pig	boar	hog	

表二 十二生肖英译(2009—2015 年)

生肖	英译一	英译二	英译三	英译四	英译五
鼠	rat	mouse			
牛	cattle	cow	ox	bull	
虎	tiger				
兔	rabbit	hare			
龙	dragon	loong	Long		
蛇	snake				
马	horse				
羊	goat	ram	sheep	Yang	Yaung
猴	monkey				
鸡	rooster	cock	fowl	chicken	
狗	dog				
猪	pig	hog	swine	boar	

　　通过表一、表二可以看出:有五种动物的翻译译名统一,其他几种动物都有两个及以上的译名(最多的达四种)。通过对比可以发现,表一中英文译名不统一的动物在 2009 年至今有了一个甚至更多的译名;部分动物采用了音译的方式,如"龙"的翻译"Long",以及今年中国日报给定的"羊"的翻译版本"Yaung"。

　　2. 十二生肖英译国际版(以"羊"为代表)

　　不仅国内学者在十二生肖的译名处理上未达成统一,国际世界对十二生肖的理解也各不相同。因十二生肖涉及十二个生肖,不便一一讨论。本文仅选取版本最多,争议最大的"羊"的翻译为代表进行探讨。

　　关于"羊"指何物的问题众说纷纭,goat(山羊)、sheep(绵羊)、ram(公羊)这三种译法都有其强大的支持者,更有人提出第四种说法——喜洋洋。国外各大媒体关于羊年的报道,也是莫衷一是。有些媒体关于"羊"的所指比较"迷糊",如《伯明翰邮报》中关于羊年的报道:"Chinese New Year in Birmingham 2015:Is it the Year of Goat, Sheep or Ram? "。CNN 也同样纠结:"Is it the Year of the Sheep, Goat, or Ram? "部分媒体态度较为明朗,如《华尔街时报》和《华尔街日报》认为羊即"山羊":"Year of the Goat – Share Your Photos. ";"Year of the Goat Photos and See Them on The Wall Street Journal" Strategies:Are You ready for Chinese Year of the Sheep?" "英国首相卡梅伦在《欧洲时报》发表的春节贺词则将"羊"译为"绵羊":"So in this, the Year of the Sheep let us celebrate just how much British Chinese communities bring to this country."《今日美国》则另辟蹊径派:" Lunar New Year celebrations to welcome year of 'any ruminant horned animal."奥巴马则选择中立:"So whether you're celebrating the Year of the Ram, the Year of the Goat, or the Year of the Sheep, may we all do our part to carry forward the work of perfecting this country we love. Happy New Year, Everybody. "

　　十二生肖文化的内在复杂性以及中西文化本身的差异使得十二生肖的译名处理变得复杂而有难度。随着中国经济的发展,中国文化的跨文化传播也越来越频繁,中国元素不可避免地"走出国门"。十二生肖作为极具中国特色的中国元素,分析和探讨的十二生肖文化的跨文化传播问题变得必然而必要。

　　在传统的广告活动中,广告就是一种宣传行为,一种劝服艺术,它关注传播效果的方式是看品牌/产品经由宣传得到了多大程度的认知①。跨文化传播可

---

① 段连城:《呼吁:同仁都来关心对外宣传》,载《中国翻译》1990 年第 5 期。

以看作是特殊的宣传行为和劝服艺术，其认知程度同样可以用来检验传播效果。关于认知，有一个很经典的比喻。一块石头被认知了，说的是哪些内容呢？是知道了它的：一、自然属性，如大小、物理化学特性等；二、它从何而来，如何产生；三、我们可以怎样制造它；四、它怎样消亡。……从"石头被认知"的例子可以看出，认知是对该事物从意义、起源到发展、变化等方面的全方位把握。可以说，无论是国内还是国际，对十二生肖文化的认知程度都是不够理想的。

三、问题分析

费孝通先生晚年提出"文化自觉"，即要对本民族文化有"自知之明"，明白它的来历、形成的过程，所具有的特色和它的发展趋向。显然，"文化自觉"是影响中国元素跨文化传播的首要因素。生肖是一种标识性的文化，与动物具有天然的联系，通过文化的依托和集结来区隔生肖与动物。十二生肖的英译现状表明，跨文化传播的文化受众未能（完全）理解生肖文化背后的内涵，更多地把生肖当成动物来看待，忽略了生肖和动物之间的差异。造成这一现象的原因除了十二生肖本身的复杂性和中西文化的内在差异外，还在于文化推广者对文化的理解不到位。对于本国民众而言，其对文化的片面理解或理解偏差势必会影响文化受众对该文化的认知。文化在心理上的显著作用是文化认同，在跨文化传播中，对自身文化身份的确认，对母体文化的熟悉和喜爱是跨文化传播得以成功的重要前提。因此，只有突破理解的瓶颈，才能有效地减轻甚至消除误解。

异质文化是整体文化中最具民族性与个性特质的部分[①]。由于十二生肖属于中国的本土文化，其历史、文化渊源都是源于"地地道道"中国文化。对于本国民众而言，要理清渊源纷杂的十二生肖文化已经不易，而对于跨文化传播的文化受众而言，十二生肖这种极具民族性与个性的异质文化就更不易理解。人们在认识和理解新知识新事物时，通常会从自己的生活经验出发，根据现有的生活经验进行理解。对于国际受众而言，当他们把生肖文化与自己的生活经验建立起联系，便会自然而然地把十二生肖理解为生活当中的各种动物，却很难理解这些动物背后特有的文化内涵，文化的误读就不可避免地产生了。

---

① 程颖：《中国元素与文化认同研究——以跨国品牌汽车广告为例》，安徽大学硕士学位论文2013年5月。

四、策略探讨

著名广告人胡国华指出："真正以消费者为中心的广告传播,应该将广告活动设想成品牌/产品和消费者(尤其是目标受众)的对话,对话中要有共享的意义,要建立关系,要双向传播。"①这一传播策略给我们的启示是,跨文化传播要考虑目的、对象、情境和策略。基于上述分析,我们可以总结出十二生肖跨文化传播的几个策略。

(一)明确目的,了解受众

在成功的跨文化传播中应首先明确的是文化是什么,传播什么(特色还是共有),给谁(大众还是官方),为了什么效果(广泛认知还是去除误解)。在全球化和中国经济快速发展的背景下,中国元素作为中国文化的表征以及中国文化形象的诉求,它的提出本质上是对文化对话的呼唤,是呼吁提升中国文化的影响力。

明确了跨文化的目的,接下来应该解决的就是文化误解问题。以往的文化走出去战略,往往把重点放在追求如何宣传文化,却忽略了与受众的"互动"。中国资深对外传播专家段连城先生说:"我们不可低估外国读者或听众的智力,但也切勿高估一般外国人对我国的了解水平。"②在进行文化对外传播时,首先要了解信息接受者,根据他们的接受能力和价值取向等因素选择合适的传播方式;在进行对外传播时要尊重受众的理解能力和自由选择的权利。只顾自说自话会导致信息传而不通,或是通而不受。

(二)构建语境而非强调符号

2015年3月28—29日,由《中国翻译》《东方翻译》杂志发起主办,广东外语外贸大学承办的"何为翻译——翻译的重新定位与定义"高层论坛在广外举行。包括许钧、仲伟合、谢天振等知名学者就翻译的重新定义进行了深度、全方

---

① 胡国华:《中国元素在广告创意中的应用研究——以2005—2009〈IAI中国广告作品年鉴〉为样本》,江西师范大学硕士学位论文2012年5月。

② 段连城:《呼吁:同仁都来关心对外宣传》,载《中国翻译》1990年第5期。

位的思考和探讨。仲伟合教授提出翻译的本质是"符号转换与意义再生"①。许钧教授提出："符号的创造,使用与装换,……促进的是人类各民族文化之间的各种形态的文化成果之间的交流和发展。"②这些学者们关于新时期翻译与翻译问题的探讨,对于中国元素通过翻译进行跨文化传播,同样具有启发意义。客观世界的同种事物,在不同的文化背景下含有不同的文化色彩。符号并不是意义的唯一来源,传播语境同样会影响意义建构。任何民族的语言都传递着该民族丰富的文化信息。只有真正了解了语言的文化背景,才能更加准确得体地使用这门语言。因此,跨文化传播的关键在于是否构建共识性意义。十二生肖作为一种文化符号,我们在跨文化传播中,要更加注重它所蕴含的价值意义和文化内涵。

人们在认识和理解新知识、新事物时,往往会根据现有的生活经验进行理解,越接近自己的生活体验,就越能引起共鸣③。这一现象启示我们:在跨文化传播中要重视"共同经验范围"。通过"共同经验"拉近与文化接受者之间的距离,使其对我们的文化产生亲近感,进而提高文化传播的效果。

(三)音译策略

生肖文化的传播障碍根本原因在于对生肖文化理解不全或者理解偏差。全球化语境下,我们对中国元素的跨文化传播抱着这样一种期待:中国元素作为中国文化的特色表征,不仅仅能作为一种本土的符号打通交流障碍,更要成为我们内心深处有一种共享的东西。因此,为了提高文化的跨文化传播能力,我们要做就是寻找有效的途径来构建文化共识,以避免或减少误解。基于上述种种讨论,对于生肖的翻译,笔者建议采用音译策略。

首先,由于生肖文化的传播由来已久,人们头脑中或多或少地对生肖文化有一定的概念,音译可以消除文化受众基于生活经验,对生肖文化产生的联想意义,从而避免生肖文化在其头脑中先入为主的概念意义所造成的理解偏差。其次,音译的翻译策略可以避免因强调符号而造成的表意不清。时代在变迁,文化在发展,十二生肖所蕴含的文化也在不断变化。我们无法确定十二生肖的

---

① 仲伟合:《对翻译的重新定义与定位应该考虑的几个因素》,载《中国翻译》2015 年第 3 期。

② 许钧:《关于新时期翻译与翻译问题的思考》,载《中国翻译》2015 年第 3 期。

③ 韦汉、章柏成:《图式理论和中国外语教学研究的回顾与前瞻》,载《西安外国语学院学报》2004 年第 3 期。

原始形态是不是动物,也无法确切指出十二生肖到底是哪种动物。如今,提起羊年,山羊、绵羊,或是以羊为原型的卡通形象在中国人看来都是接受的;羊年吉祥物,纪念品,无论是哪种羊的形象,都不会觉得不妥。这也足以说明,十二生肖所代表的意象在人们概念中的变迁。再次,音译无法在受众文化中找到对应,阻断了文化受众通过自身经验理解中国文化这一渠道,这在客观上制造了他们为了理解中国元素而学习中国文化的可能。音译因此间接地激发了文化受众的学习动机,激励他们积极学习中国文化,不断提高自身文化素养,以更好地理解中国文化的深层含义。

五、总结

十二生肖的翻译之所以存在争议,本质在于我们过于计较它作为符号所具有的形而上学的意义表征。这些形而上学的观点非但没有理清十二生肖文化的本质,反而让人们越来越不得其面目。跨文化传播应更加关注文化在心理上所发挥的作用,只有明白文化如何潜移默化地影响和支配人们的认知和情感,才能打动和沟通目标文化受众的密码,与文化受众分享中国文化的内涵。然而,跨文化传播还要继续,如何构建文化共识又是一个复杂而浩瀚的工程。这要求我们以保护和传播中国文化为己任,积极学习中国传统文化,不断提高自身文化素养,以严谨负责的态度,在中国文化的跨文化交流与传播贡献中有所作为。

（作者系四川外国语大学外国语学院研究生）